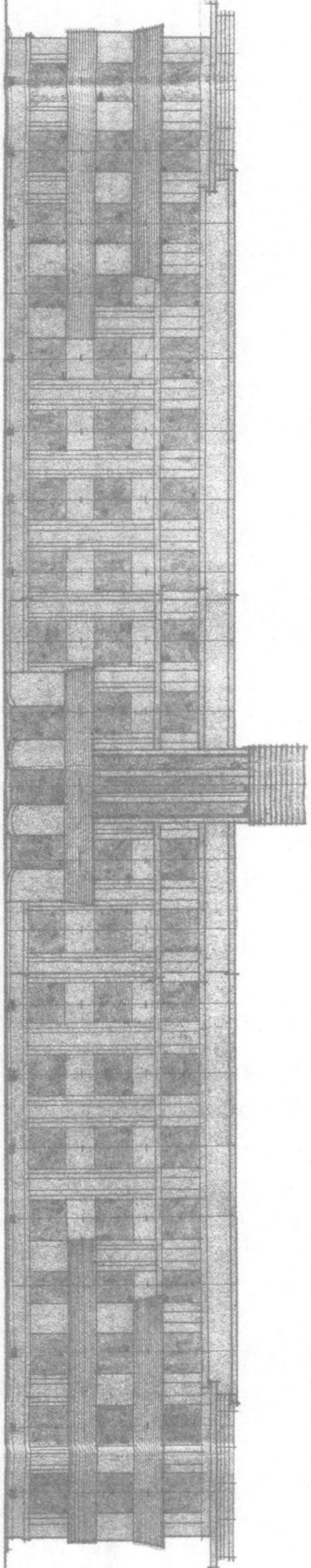

近代神戸の小学校建築史

川島智生
Tomoo Kawashima

関西学院大学出版会

神戸小学校（明治 17 年竣工）

湊川小学校（明治 31 年竣工）

須佐小学校（大正 9 年竣工）

野崎小学校・右から三人目が清水栄二（大正 10 年竣工）

長楽小学校（大正 11 年竣工）

神楽小学校（大正 11 年竣工）

室内小学校（大正 14 年竣工）

室内小学校　内庭（大正 14 年竣工）

二宮小学校（昭和 2 年竣工・筆者撮影）

二宮小学校ファサード詳細図

鵯越小学校（昭和３年竣工・筆者撮影）

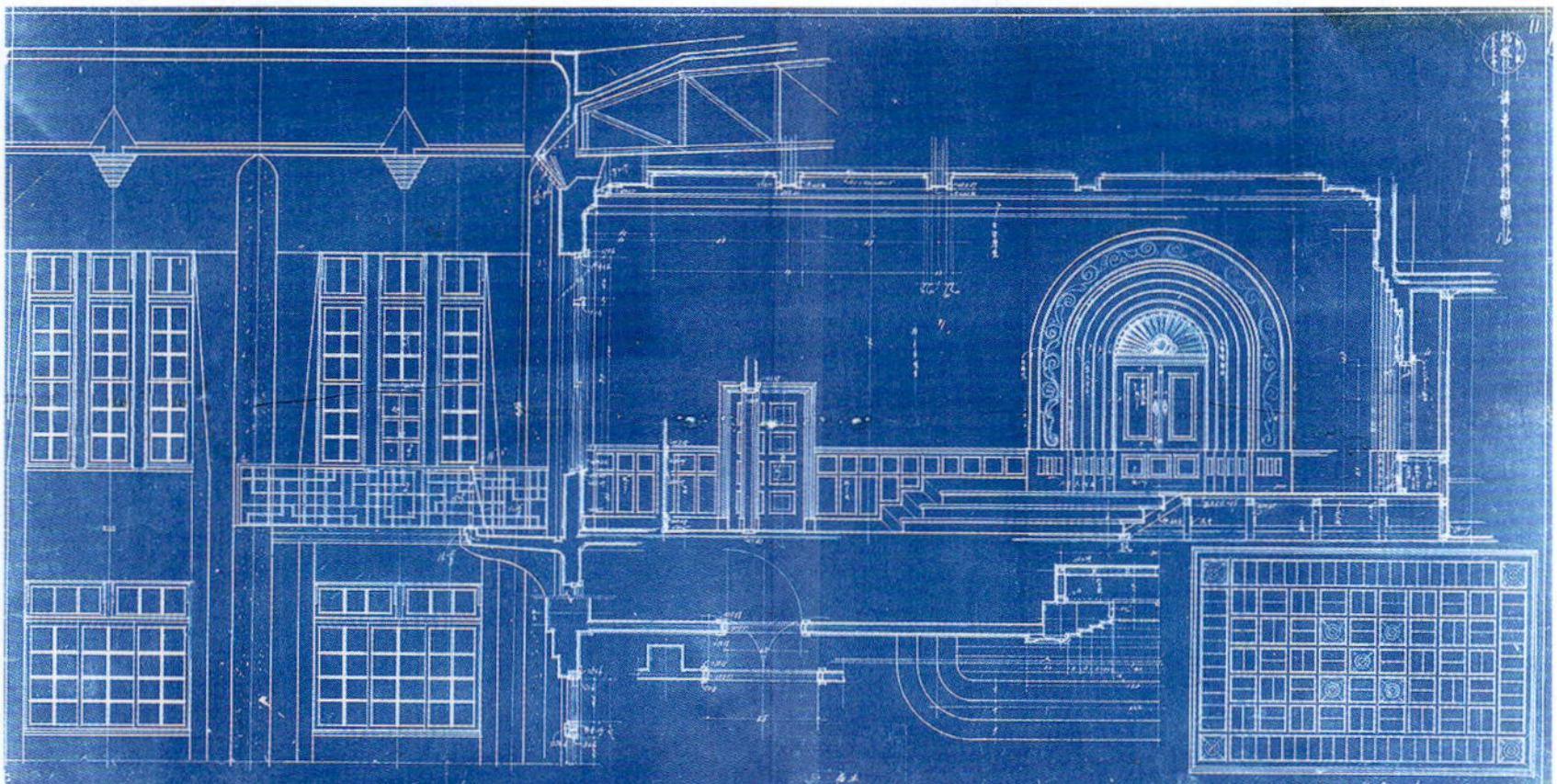

鵯越小学校 講堂 詳細図・展開図・天井伏図

西灘第三小学校（摩耶・昭和４年竣工）

魚崎小学校（昭和４年竣工）

魚崎小学校（筆者撮影）

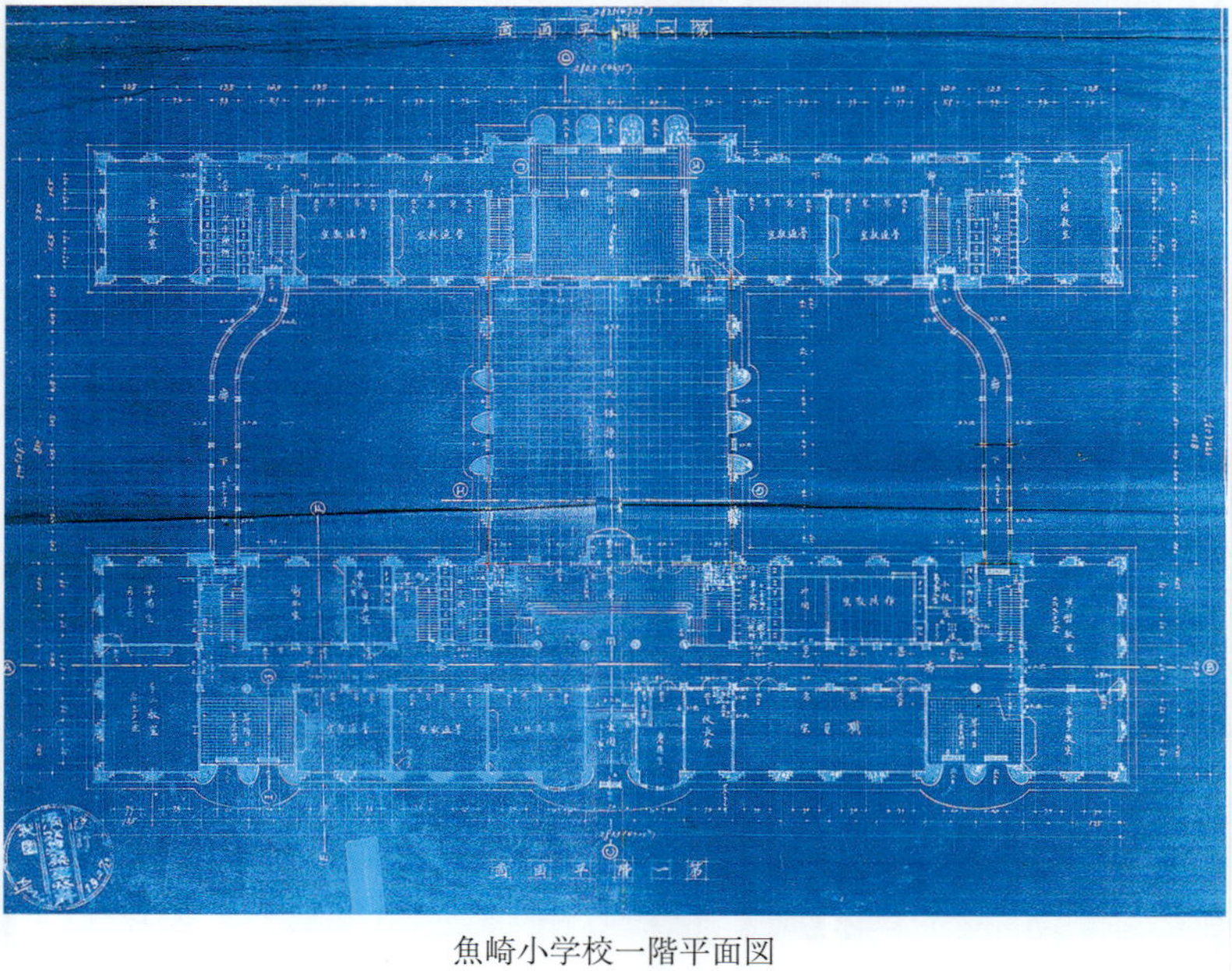

魚崎小学校一階平面図

二葉小学校（昭和４年竣工）

筒井小学校（昭和７年竣工）

本山第二小学校（昭和８年竣工）

川中小学校（昭和 8 年竣工）

川池小学校（昭和 10 年竣工・筆者撮影）

大黒小学校（昭和 11 年竣工・筆者撮影）

芦屋山手小学校（昭和 8 年竣工・筆者撮影）

大庄小学校（昭和 8 年竣工・筆者撮影）

鳴尾東小学校（昭和 11 年竣工）

近代神戸の小学校建築史

目次

第二章　大正・昭和戦前期の神戸市における小学校建築の成立と特徴

第三章　大都市近郊町村における小学校建築の成立
——兵庫県旧武庫郡町村

第四章　小学校をつくった建築技術者

＊ここで記す小学校という呼称は尋常小学校を意味し、高等小学校に関しては「高等」とつけて記載している。
＊書名や史料の引用に際して旧漢字は常用漢字に改めた。

序章　神戸の小学校が歩んだ近代

一　研究の目的

本書は、近代神戸の小学校建築について建築史学の観点から位置付けをおこなった考究である。わが国で最初の鉄筋コンクリート造校舎は神戸市の小学校で生まれた。そして関東大震災が起こる前にすでに一九校という数の校舎を完成させていた。その背景に市が一丸となって実施する鉄筋コンクリート造化計画があった。この間近世からの三都、東京・大阪・京都では各都市ともにわずか数校にすぎない。新興都市だったからこそ、このような先駆的な建設事業に邁進が可能となった。

都市神戸は明治の開港都市から出発し、工業都市となった大正期には経済力や人口で、わが国第三の位置にあった。昭和戦前期では六大都市のなかでもっとも鉄筋コンクリート造化率が高く、市域ほとんどの小学校で鉄筋コンクリート造校舎を有することになった。戦災をくぐり抜け、阪神・淡路大震災時までは、過半の学校で現役で使用がなされていた。

大正九年（一九二〇）から一二年（一九二三）というきわめて早い時期に一挙に鉄筋コンクリート造校舎を完成させていた神戸の小学校は、関東大震災復興小学校へ与えた影響も含めて、わが国の小学校建築の近代化を大きくリードしてきたという歴史がある。このようにほかの都市とは大きく様相が異なる神戸市の小学校校舎について、その成立過程ならびに建築様態、建設主体を解明し、史的な意味を探ることを、本書での目的とする。

わが国では小学校の校舎とは機能中心の「実用」の施設というイメージが強く、これまでなかば見過ごされてきた建築類型であった。だが考えてみれば、誰しもが通った義務教育施設であり、戦前までの過半の人の最終学歴の学校、つまりただひとつの母校であったともいえる。そのこともあって、記憶の原風景を形成することが多い。と同時に、全国津々浦々に建設されたことから、大衆化された公共の建築という観点では他に類例をみない数の多い建築類型となる。

翻って考えてみれば、建築技術の上では明治期の洋風化、大正昭和戦前期の鉄筋コンクリート造という、日本の建築の近代化の過程で欠くことのできない二大技術革新がきわめて早い時期に小学校校舎に採用され、それらがもっとも広範囲に普及していた。そのような意味では小学校建築はわが国の建築の近代化を解明する際の重要な指標になり得る建築類型といってよい。にもかかわらず、建築面からの研究は少なく、全体像を提示するものではなかった。おそらくは史料的な制約ならびに、各地に点在し調査に手間がかかり、研究成果があげづらかったことが背景にあるのだろう。ここでは長年の研究により、その空白を埋めることを試みた。

これまで小学校の建築研究はプランニングが主だったが、本書では地域が小学校を経営した学区制度との関連、校舎のなかでの教室と講堂の関係、建築スタイルの変遷など歴史意匠の手法、設計を担った市役所営繕課や民間建築家などの建築家像の系譜など、多様な分析を積み重ね、より精緻な全体像の把握を試みたものである。

このような内容の類書は筆者がすでに著わした『近代京都における小学校建築　一八六九～一九四一』[1]と『近代大阪の小学校建築史』[2]の二冊が挙げられる。東京での復興小学校については藤岡洋保博士の一連の研究[3]があり、教育史学の観点から小林正泰博士の『関東大震災と「復興小学校」』[4]がある。

本書は筆者の一九八五年～二〇〇五年の二〇年間にわたる現地調査に基づいた実証的な研究成果をまとめたものである。戦前期までに神戸市に六六校、西宮市に七校、旧武庫郡町村に二〇校、の計九三校の鉄筋コンクリート造校舎が建設されていた。一九九五年の阪神・淡路大震災の時点ではその内の三八校が現存しており、そのすべての現地調査を実施している。本書は調査時に撮影した写真をはじめ、発見したオリジナル図面や古写真などを収録した、きわめて史料的な価値の高いものである。

扱う対象は神戸市ならびに兵庫県旧武庫郡の町村を分析の対象とした。時間的枠組としては、上限を神戸での小学校の発祥時である明治五年（一八七二）とし、下限は第二次世界大戦開始の昭和一五年（一九四〇）に置く。この間の七三年間を考察の対象とする。この下限は昭和戦前期では最後に鉄筋コンクリート造校舎がつくられた年である。

二　本書の構成と要旨

第一章では明治期の神戸市の小学校校舎の成立と建築をみる。第一節では明治前期の小学校の建築様態をあきらかにする。新興の開港都市神戸では京都や大阪と異なり、近世よりつながる町組を基本とした学区制度が確立されなかった。よって一学区で複数校の学校が経営されるが、明治一〇年代後半に統廃合がなされ、一学区で一校に整理される。そのことを契機にして神戸の小学校は新築され、擬洋風校舎が三校誕生する。これら校舎の設計者の可能性を兵庫県土木課の建築技術者に探る。第二節では明治後期から大正前期の小学校の建築様態を解明する。この時期人口が激増していた神戸市では毎年のように小学校の新設がおこなわれる。校舎成立を文部省の小学校設備準則改正や神戸市の小学校建設費補助との関係を踏まえて論じる。この時期の校舎はすべて木造校舎であり、設計の際に教室の大きさが規格化されており、その数値を基本になかば標準設計でつくられていたことを解明する。この時期の校舎は神戸市土木課営繕掛の建築技術者によって設計がなされていた。

第二章では、大正昭和戦前期の神戸市における鉄筋コンクリート造小学校建築の成立と特徴をみる。第一節ではわが国で最初に小学校の鉄筋コンクリート造化計画を実施し、大正九年（一九二〇）の三校をはじめ、大正一二年（一九二三）までに合計一〇校を完成させた神戸市での鉄筋コンクリート造校舎の成立過程をあきらかにする。関東大震災以前にこのような多数の校舎を実現させていた都市は他になく、その背景にある次の二点、神戸市当局の積極的な促進と大正八年の学区制度廃止を指摘する。また鉄筋コンクリート造化を支えた河合浩蔵や置塩章などの建築技術者などの関わりの実態を解明する。プランニングの歴史を辿り、実現した鉄筋コンクリート造校舎の建築的な特徴を、校舎のなかでの講堂の配置に着目することで解明する。外観意匠の変遷を神戸市営繕課の建築技術者陣容の変化と関連づけて論じる。第二節は代表的な小学校建築の事例として、四つの時期（土木課時代・清水栄二時代・定型化時代・モダンデザイン時代）ごとに、時期を代表する数校を取り上げ、建設経緯や建築特徴、理念などを考察する。

第三章は神戸市の近郊町村における小学校建築の成立と特徴をみる。ここでとりあげる近郊町村とは兵庫県旧武庫郡の町村である。現在は神戸市灘区・東灘区・芦屋市・西宮市の一部・尼崎市の一部・宝塚市の一部からなる。第一節では鉄筋コンクリート造校舎の成立の背景には、この地方の町村の富裕な財政状況と、市町村合併に起因する政治的な駆け引きがあったことを指摘する。ここで建設された校舎の建築的な特徴を、設計に登用された民間建築家ごとに、プランと意匠面での特徴を論じる。登用された民間建築家が古塚正治や清水栄二に代表されるように、特定の町村の顧問建築家的な立場にあったことを解明し、鉄筋コンクリート造小学校の設計を事務所経営の基盤に据えていたことを指摘する。第二節は代表的な小学校建築の事例として、清水栄二設計の魚崎小学校、今北乙吉設計の本山第二小学校、和田貞治郎設計の本庄小学校の三校を取り上げ、建設経緯や建築特徴、理念などを考察する。

第四章では神戸市営繕課の設計者像を解明する。第一節では神戸市営繕課の組織と活動をみる。まず営繕課の設置理由を時代的な背景を踏まえ検証し、小学校校舎の鉄筋コンクリート造化と関連づける。次に技術者陣容の変遷から組織としての特質を浮上させ、建設された市造営物から建築活動を分析する。課長をはじめ技師、技手など、主に小学校建築に関わった技術者の経歴をとおして、設計を担った建築家像の位置付けをおこなう。第二節は日本トラスコン社による建築活動の解明をとおして、これまで設計者が不明であった、大正一二年までに建設された一九校の神戸市の鉄筋コンクリート造小学校の多くが日本トラスコン社による構造設計のもとで建設されていたことを指摘する。第三節はこれら鉄筋コンクリート造校舎の多くが神戸の建設業者の手によって請負われ、施工されていたことをあきらかにし、それら建設業者の経歴をとおして、鉄筋コンクリート造に特化した建設業者の実態を解明する。

第五章では小学校を設計したフリー・アーキテクト像について、第一節では清水栄二を、第二節では古塚正治を事例に検証する。第一節の清水栄二は神戸市初代営繕課長を務め、多くの鉄筋コンクリート造小学校校舎を設計し、後に建築事務所を開く。まずその経歴と建築活動から清水建築事務所の仕事を検証する。次に清水栄二の小学校建築について、その位置付けをおこなう。ここでは唯一の現存事例となり、文化財にもなった三重県の鳥羽小学校について、建設経緯や建築特徴を詳しく論じる。第二節は大正昭和戦前期に阪神間で最も成功した古塚正治について、その経歴と建築活動から古塚建築事務所の仕事を検証する。次に古塚正治の小学校建築について、その位置付けをおこなう。古塚正治は清水栄二らとともに武庫郡町村の多くの小学校校舎の鉄筋コンクリート造化を担っていた。

第六章では阪神・淡路大震災と小学校校舎について検証する。本書で対象とした鉄筋コンクリート造校舎が震災でどのような被害を受けたのかを分析する。

結章では校舎が明治から昭和戦前期をとおして、どのような変容を辿ったのか。またどのような建築家が関わったのかをまとめ、全体像の把握を試みる。

註

（1）ミネルヴァ書房、二〇一五年。
（2）大阪大学出版会、二〇一七年。
（3）「東京市立小学校鉄筋コンクリート造校舎の外部意匠」「東京市立小学校鉄筋コンクリート造校舎の設計規格」「東京市営繕組織の沿革」など、日本建築学会で発表された一連の研究。
（4）勁草書房、二〇一二年。

第一章　明治・大正前期の小学校建築

第一節　明治前期の小学校校舎の成立と建築特徴

一　都市神戸の誕生

慶応三年（一八六八）一二月七日の開港が都市神戸の淵源とされる。神戸とは開港地となり居留地が出来るまでは海浜沿いの半農半漁の集落であったようだ。その様態は明治二七年（一八九四）には次のように記される。

今より三十年の往時は寂寥たる一村落にして往還の路傍に酒匠船特等の家居僅かに点々たるに過ぎざり(1)

一方兵庫津は奈良時代から大輪田泊として栄え、平清盛が福原遷都を考えたのも、大輪田泊という港があったからにほかならない。近世には北前船や内海航路で栄え、およそ二万人の人口を有していた。当初兵庫で開港の予定であったが、朝廷の反対により開港は隣の寒村だった神戸村となる。開港とともに外国人居留地がつくられ、その様子は「其東端一区を割して外国人の居留地とし　其他を雑居地と定めしかば　利に敏き外国人は直ちに大厦高楼を建築し　宛然欧米大都の一部を顕出するの光景を呈せり(2)」というものであった。

神戸村は明治元年（一八六八）に生田、宇治野、北野、花隈、中宮の諸村と合併し神戸町となる。この時点での戸数は約千戸であった。桟橋や鉄道などの都市的基盤は兵庫と神戸の間、湊川東側に設けられることが多かった。のちに湊東区と呼ばれる地域である。ここには明治五年（一八七二）に新しい町の精神的な象徴として湊川神社が造営されている。明治六年（一八七三）には神戸の山手に県庁が移転する。居留地の外国人との関係を考えた上での移転であった。ここからは、明治一桁代は伝統的な町、兵庫と新興の神戸とはまったく別の町であり、その規模

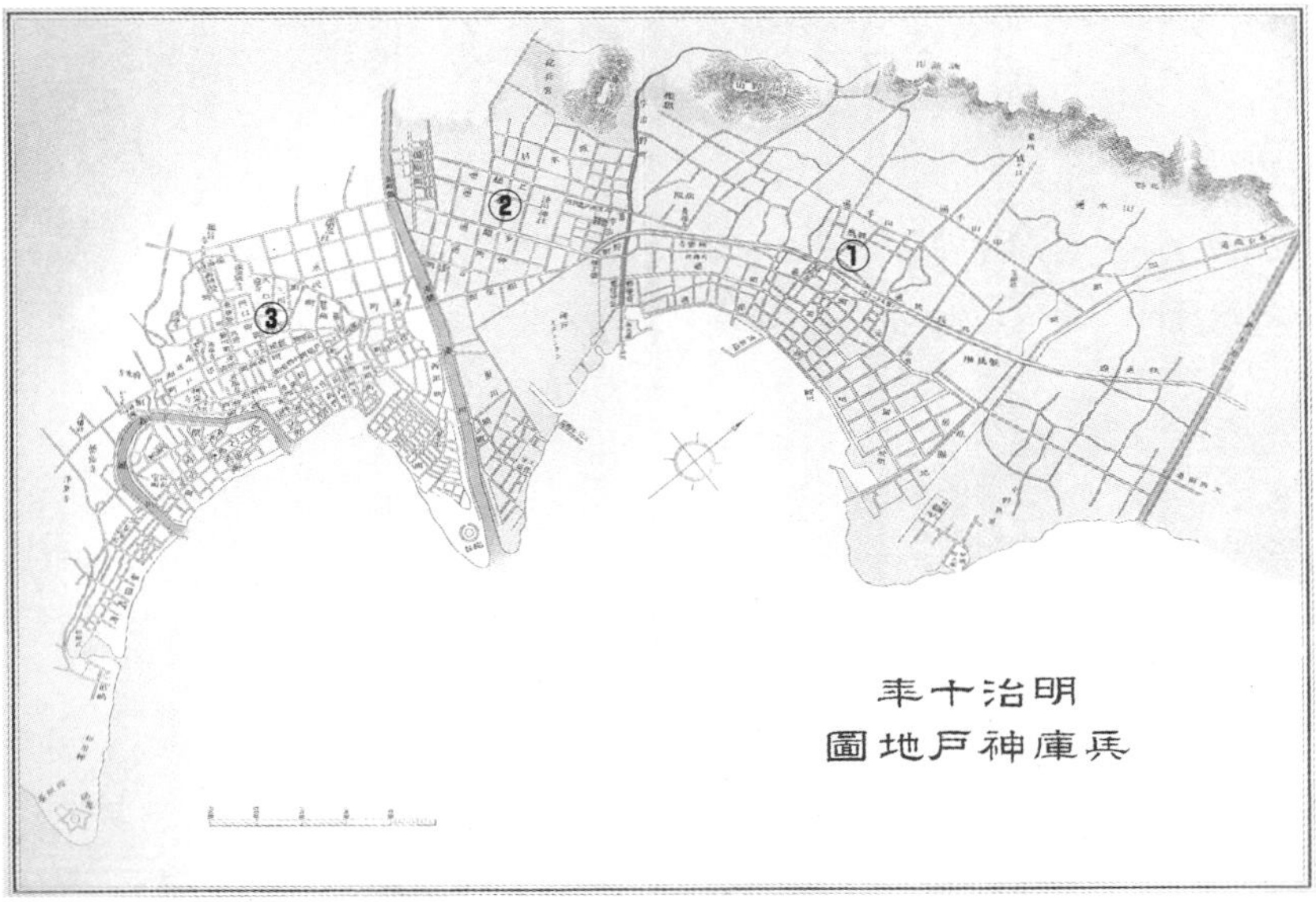

図 1-1-1　明治 10 年兵庫神戸地図
①は神戸校　②は相生校　③は兵庫校

も兵庫の方が遙かに大きかったことがわかる。ちなみに明治一〇年の人口をみると、神戸が一一、〇三一人に対して、兵庫は三〇、四〇八人と、三倍の差があった。当時の両住民の気風を示したものを次に示す。

明治十年頃迄は一條の旧湊川を隔て、兵庫神戸の住民は一般に其趣向を異にして兵庫は絶対的

写真 1-1-1　神戸区全景

保守主義を取り神戸は総じて進取的気風に富めり(3)

この時期、小学校は神戸と兵庫ではどのような違いをみせたのか。神戸は町が形成される過渡期にあり、町衆が育っていなかったこともあり、十分に取り組みがおこなわれていたとは云いがたい。一方兵庫には町衆の伝統があったことで、明治元年に明親館という和漢学を主とする民間学校が開校していた。この学校は明治三年（一八七〇）に外国語学校となり、学制発布以降は明親館を母胎に、明親小学校が誕生する。すなわち、神戸で最初の小学校であった。

このように兵庫と神戸というふたつの町からなる神戸では、京都や大阪と比較すれば、小学校の設置を担う町組は兵庫側に存在していたにとどまる。したがって町組の伝統が強固に機能していた京都や大阪とは違った形で小学校が成立していくことになる。

一方建造物の洋風化ということでいえば、外国人居留地のある神戸は関西でもっとも早く洋風化が進展していた。明治六年（一八七三）に居留地はほぼ完成しており(4)、そこでは外国人建築家の手によって多くの洋館が建設されていた(5)。そのような状況のなかで、兵庫県は明治六年に居留地に隣接する市街地の家屋について「西洋風に模擬セシメントス」(6)という方針を打ち出し、積極的に洋風建築の導入を推進していた。

明治一二年（一八七九）には神戸・兵庫の両市街に坂本村を合わせて神戸区が誕生する。両市街が一体化するのは市制が敷かれた明治二二年（一八八九）の頃である。

このような、洋風建築がきわめて身近に存在した神戸では、いったいどのような小学校校舎が建てられたのだろうか。本節では成立過程とその建築様態を明らかにする。ここでは京都や大阪と同様に明治二五年（一八九二）までの時期を、明治前期と便宜上呼称する。

なおここで取り扱う地理的な範囲は明治二二年の市制施行時に神戸市域であった、旧神戸区（現・中央区）、湊西区（現・兵庫区）、湊東区（現・中央区）、葺合区(7)（現・中央区）を対象とする。

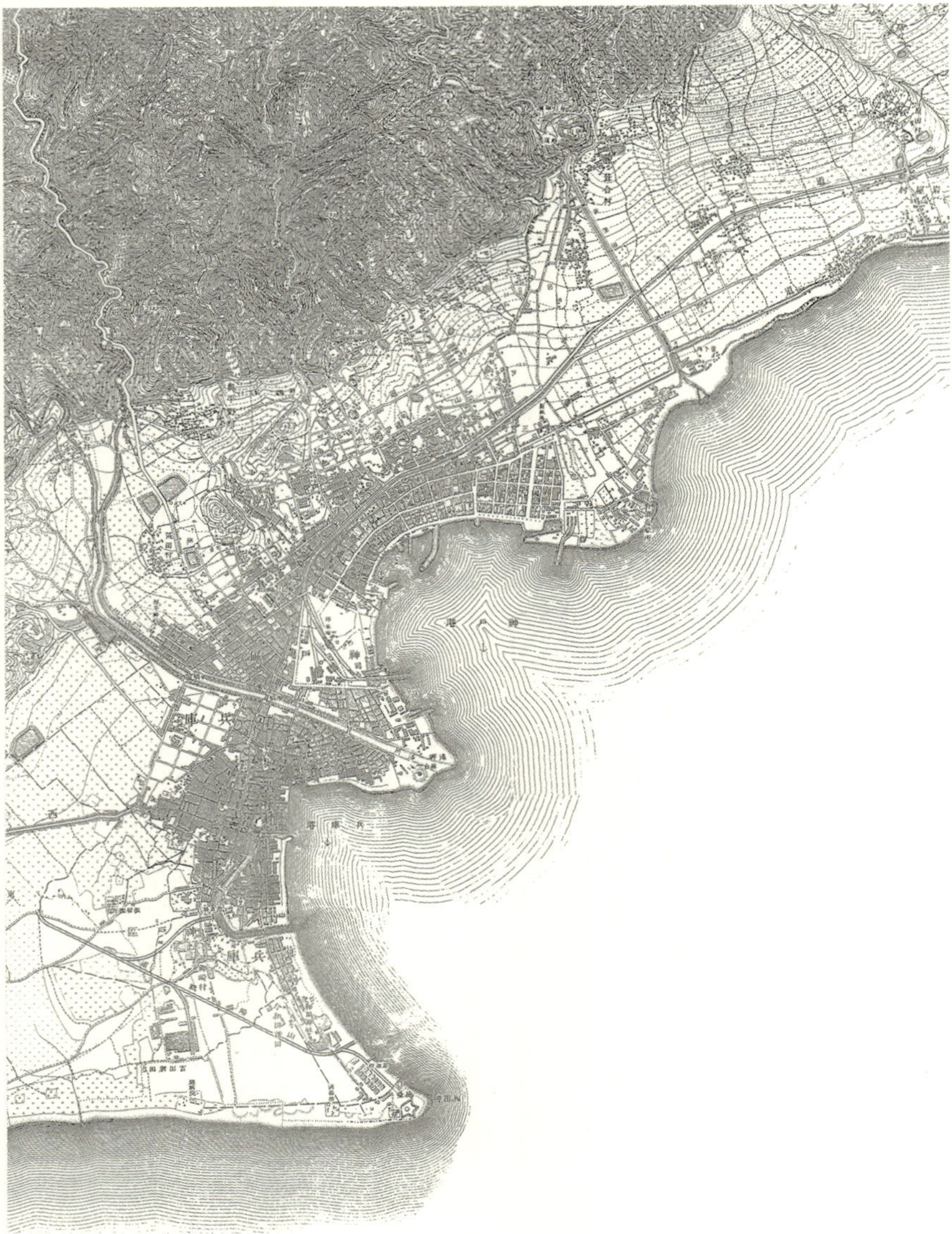

図 1-1-2　明治 19 年神戸市街図

二　成立過程

1　建設の時期

明治前期の小学校建設の様態をみると、明治六年（一八七三）から明治八年（一八七五）、明治一六年（一八八三）から明治一七年（一八八四）、と二つの時期に集中して建設がなされていることがわかる。最初の時期の成立様態は次のようなものであった。

明治五年七月学制の発布あるや五年より六年にかけ神戸市内に一時二十四の小学校を見るに至れるが、明治十四五年の頃迄は其設備教育方法等は実に不完全極まるものにして学校衛生の点など更に注意する所なく、其内容も従来の寺小屋を去ること遠からず、従而小学校の設置の後も手摺師匠と称する私学多く依然商売往来名頭等を商家の子弟に教授せり(8)

明治五年（一八七二）の学制発令直後では仏教寺院をはじめ民家、寺小屋、町会所、劇場などを仮校舎としてスタートする。表1-1-1に示したように神戸区で四校が、兵庫区で一二校が設置された。翌明治六年から明治八年にかけて、ほとんどの学校で別の敷地に移転し建設がはじめられる。その移転先は戸長役場や町会所などであることが多かったようだ。

次に建設がまとまっておこなわれるのは、明治一六年から明治一七年の二年間であり、表1-1-2に示した三校（神戸校、兵庫校、相生校）が建設された。これらの建設は神戸の小学校の整理統合の結果によるものであり、その背景には従来の学区内の各組が単独で小学校を設置し運営する制度が改正されたことがあった(9)。そのことは財政

表 1-1-1　明治初期・神戸区兵庫区小学校竣工一覧

区	校名	開校日	当初の校舎	その後の建設	階数	教室数	校舎の特徴	備考
神戸	神東	M 6. 2. 18	善照寺本堂	M 7. 10. 15. 戸長役場に校舎を増築	2	12		
	神西	M 6. 3. 1	私塾．．闘熟	M 7. 11. 戸長役場に校舎を増築	2	7	洋風の建て方	
	花隈	M 6. 3.	福徳寺本堂	M 7. 10. 5 戸長役場に校舎を増設	2	6		
	上田	M 6. 3. 11	徳照寺本堂	M 6. 10 徳照寺境内に校舎を新築	2	4	間口 7 間半、奥行 2 間半	M 12. 4. 14 に移転し、洋風小学校新築.
兵庫	明親	M 5. 10. 23	明親館の建物	M 8. 5. 元県庁跡に新築移転	2	12		2 階に講堂あり
	和田	M 5. 11. 23	肥後本陣跡		2	7		M 8. 10.　廃校
	七宮	M 5. 11. 28	民家	M 6. 12. 七宮神社内に新築移転	2	7		
	廣明	M 6. 2. 8			2			M 10. 9 廃校
	大路	M 6. 3. 3	藤の寺	M 8. 8. 21. 西大路町に新築移転	1	7		
	湊東	M 6. 3. 17	湊川西堤防上	東出町会所に移転	2	4		
	湊南	M 6. 6. 3	湊町土手下裏町		2	5		M 20. 3. 廃校
	湊西	M 6. 10. 13			2	4		M 20. 3 廃校
	湊北	M 6. 3. 1	芝居小屋布袋座			2		
	相生	M 6. 3. 1				7		
	福原	M 6. 3. 1						M 7. 6. 廃校
	平安	M 8.						M 9. 廃校

出典は『神戸市教育史第一集』昭和 41 年、『神戸区教育沿革史』神戸小学校開校三十年記念祝典会. 大正 4 年、『神戸小学校五十年史』神戸小学校開校五十周年記念式典会. 昭和 10 年、『兵庫教育五十年史』神戸市兵庫高等小学校. 昭和 3 年、『明親小学校創立六十周年沿革史』昭和 5 年、による。

表 1-1-2　明治 10 年代後半期・神戸の小学校竣工一覧

学区	校名	竣工年月	坪数	工費	プラン	意匠	成立経緯	経営主体	備考
1	神戸	M 17. 12. 12	900	20.623	H 型	洋風	区内 4 小学校併合	神戸部	請負．吉本甚八郎
2	相生	M 16. 4.						湊東部	明石城櫓建物の払い下げ
3	兵庫	M 16. 4.	379	7.390	H 型	洋風	区内 8 小学校併合	兵庫部	

出典は『神戸市教育史第一集』昭和 41 年、『神戸区教育沿革史』神戸小学校開校三十年記念祝典会. 大正 4 年、『神戸小学校五十年史』神戸小学校開校五十周年記念式典会. 昭和 10 年、『兵庫教育五十年史』神戸市兵庫高等小学校. 昭和 3 年、『湊川小学校沿革絵巻物』昭和 48 年、による。

面で小学校費の節約を目的としていた。

そのような制度的な運営をおこなう過程で、次になされたことが小学校の整理統合であった。その結果、学区内の本校は一校になり、それ以外の学校は分校となる。ここで本校と位置づけられた小学校に初等・中等・高等の三科が併置され、小学校の序列再編化がおこなわれた。

そのひとつである神戸区の中心の小学校と位置づけられた神戸小学校の建設経緯[10]をみると、連合町会で建設が決定され工費の大部分を各町と個人の寄付によったが、全体の工費（約二六、五三六円）とその当時の神戸区の一年間の収入合計額とがほぼ同額であったことからも、小学校の建築がいかに重要なものとして捉えられていたかが窺える。さらに神戸小学校の新築校舎の建設については、「日本の玄関として外人の来訪の多いこの地区が、神戸区四小学校を合併して、対面を考え教育費の調整をはかったもの」[11]との記述が見出されており、ここからは小学校校舎に開港地として相応しい洋風の外観が求められるという側面[12]があったことがわかる。このような新築とは、次に詳しくみる「兵庫県公立小学校建築法」の公布とも関連していた。

相生小学校の建設では明石城の解体された櫓の部材を船で運び、新しい校舎の建設に用いられたことが判明している。古材を転用する手法は木材が貴重な存在であった昭和戦前期まではよく用いられた。その経緯は大正二年（一九一三）に湊川小学校がまとめた『湊川小学校沿革絵巻物』[13]第三十一図に次のように記される。

> 校舎建築此議起り、赤石旧城楼櫓払下恩命に接されるや人皆感憤　直に委員と出張せしめ　解毀毀材木は海路東川崎濱辺に引取りたり　然るに十四年十一月一夜の風波に材木悉皆流失志　積日の辛苦空しく水泡に帰し断然工事と中止せんとなるに至り志の幸に再下付を命ぜられ　委員亦奮って明石に出張せり時に　旧藩士中二百年来雨露　此主恩を偲び樓樓解毀と快しとせざるものありと聞き委員云う等。竊に人夫を警戒して出張したりと云ふ。

城の部材を使って小学校校舎が建設される事例が現われていた。明治以降大きく価値観が変わったことが読み取れる。

2 「兵庫県公立小学校建築法」の公布

京都や大阪では府当局により、積極的に小学校建設事業の推進がおこなわれていたことが確認されたが、神戸では以上みてきた建設事業に行政当局はどのように関与していたのだろうか。史料的な制約もあって明治一〇年（一八七七）までの間の様相については判明しないが、明治一〇年には兵庫県当局によって「兵庫県公立小学校建築法」[14]が公布されており、そこからは兵庫県当局が積極的に洋風校舎を推進していたことが読み取れる。

それによれば、十一の項目にわたり学校建築の建設方法が挙げられており、その主だったものを列挙すれば、次のようなものであった。

（1）学校は洋風石造或は板張にて平屋に建築するを宜とす
（2）教場は生徒大凡三五名及至五〇名を入るるを率とし、長四間幅三間（生徒一坪に四名の割合）とし
（3）床は二尺或は三尺、天井は二間或は一間半を度とすべし
（4）洋風に建築するは、四間に三ケ所の割合とし、日本風は一辺全く窓を附し、硝子を用ゆべし

このような建築法に則り、明治一〇年代の校舎は洋風意匠でもって建設されることになる。その嚆矢として明治一二年（一八七九）に竣工する上田小学校[15]があり、続き兵庫、相生、神戸の各小学校が建設された。

では、ここで公布された「兵庫県公立小学校建築法」とは同時期に他府県で公布されたものと比較すれば、どのように位置づけられるのだろうか。同様の学校建設の手引書を公布していた県に山梨県があって、そこでは積極的に洋風の校舎を推進し実現させていた。明治四年（一八七一）から明治五年（一八七二）にかけて大阪府で擬洋風

校舎の建設を積極的に推進した藤村紫郎が山梨県の知事として赴任していた。「兵庫県公立小学校建築法」と同年の明治一〇年（一八七七）に公布された学校建設の手引書である「山梨県学校建築法ノ概略」(16)をみると、ここでは二五の項目にわたって詳しく建築の方法が示されていたものの、「洋風」という記述はなされておらず、「建家ノ外部ニハ白亜ニテ塗リ」という表現にとどまっており、さらには「日本風ニスル時ハ」という記述もあり、必ずしも兵庫県のように洋風一辺倒というわけではなかったと思われる。このことからも、いかに兵庫県側が外観の洋風化ということを重要視していたかがわかる。このことはわが国有数の外国人貿易港であったことを反映したものといえる。

次に洋風化をはじめとする「兵庫県公立小学校建築法」がどのように適応されていたのかをみる。

三　プランの特徴

1　明治一五年以前

この時期につくられたものは史料的な制約もあって、すべての校舎のプランの確認はできないが、明治六年（一八七三）から明治七年（一八七四）にかけて神戸区内に建設され

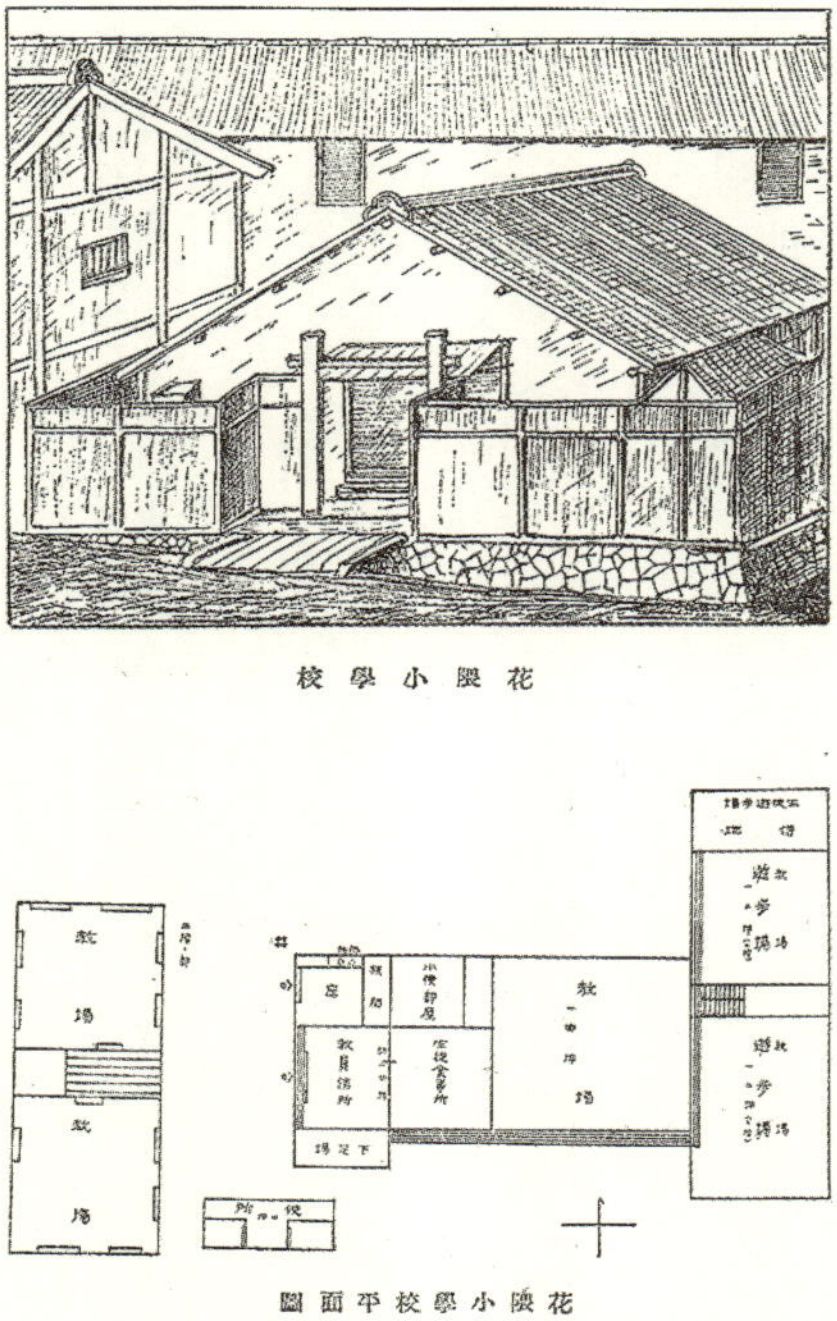

図 1-1-3　花隈小学校 平面図・外観絵図

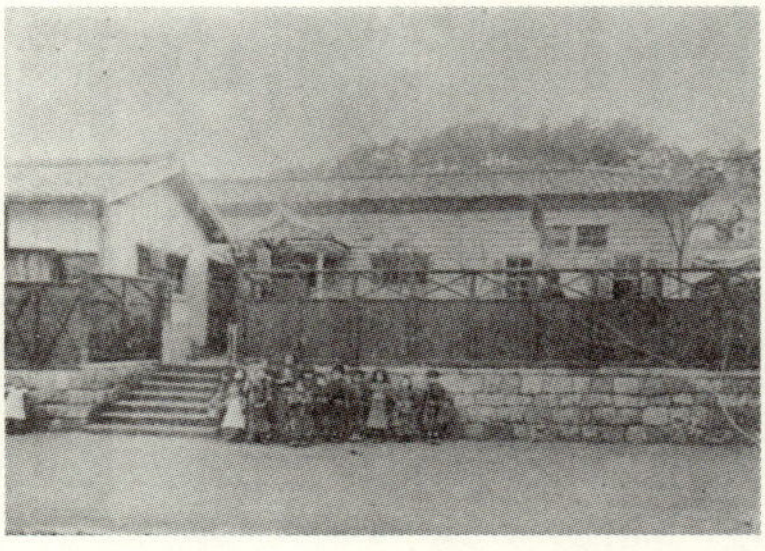
写真 1-1-2　上田小学校 外観

る小学校については、『神戸区教育沿革史』[17]によって平面図の内容をみることができる。それによると、小学校誕生時に仮校舎となっていた仏教寺院などからわずか一年から二年のうちに移転して、戸長役場の敷地内に増築という形で校舎が建設されていた。平面の形状はコの字やL形、階数は二階建のものが多い。教室数は四から九になっていた。さらに火の見櫓が設置されており、このことからは京都などと同様に消防という機能も含まれていたと考えられる。このように戸長役場という末端の行政制度と深い関わりのなかで設立されたことがわかる。

兵庫区内の八校の平面図[18]の内容をみると、神戸区と同様な平面を示すものが多かった。なお明治一二年（一八七九）に建設された上田小学校は「兵庫県公立小学校建築法」に影響され平屋造となったと思われる。

2 明治一五年以降

この時期に建設されるものは先述のように

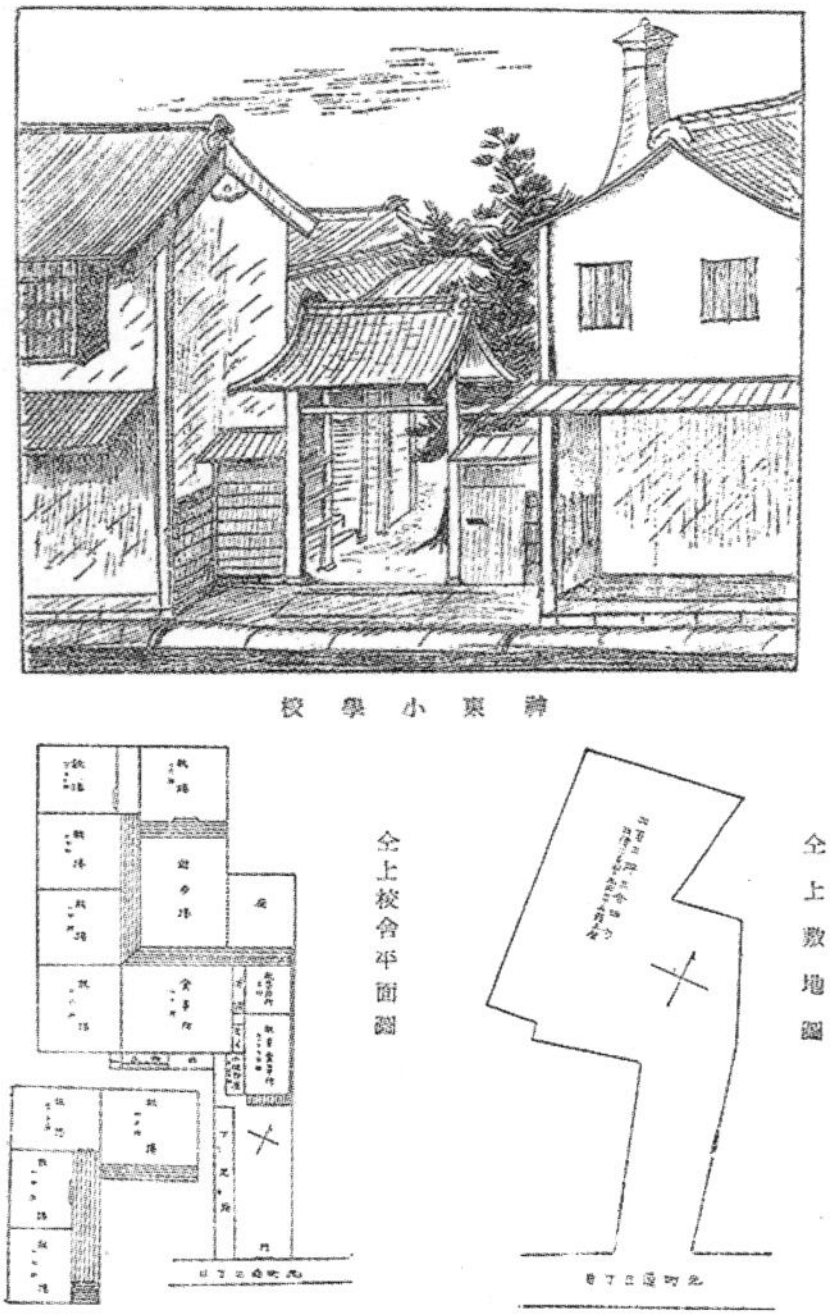

図 1-1-4　神東小学校 平面図・外観絵図

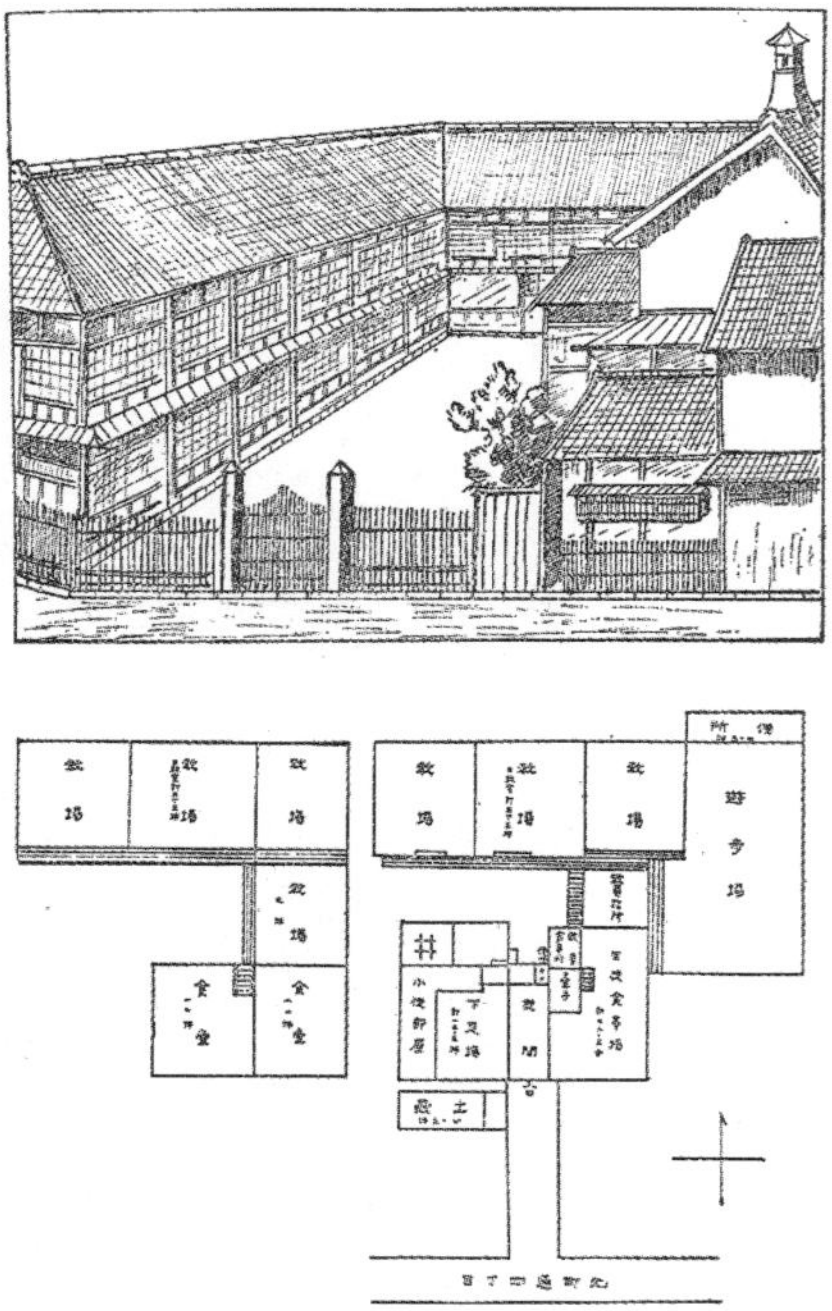
図 1-1-5　神西小学校 平面図・外観絵図

各学区に一校ずつ計三校があった。詳しい史料の見出せた兵庫小学校の配置図兼平面図（図１－１－９）と神戸小学校の配置図兼平面図[19]（図１－１－10参照）を比較検討することでこの時期での傾向を探る。

まず配置方法の共通する項目として、中央部に本館、本館の横に教室棟、本館の背面に生徒控室・食堂・雨天体操場が兼用にされた建物がそれぞれ設置されていた。とりわけ神戸小学校では建設当初から本館の両側に教室棟が配置され、シンメトリーとなったプランニングをとる。兵庫小学校でも明治一八年（一八八五）と明治二二年（一八八九）の増築の結果、教室棟が増設され左右対称の配置となる。プランの上での共通項は、本館はともに二階建で一階は教員室などの管理の諸室が、二階は講堂という構成をとる。残るひとつの相生小学校は平面図が見出せなかったために詳しくはわからないが、『湊川小学校沿革絵巻物』[20]の絵図からは二階建の本館と二階建の教室棟から構成されていたことがわかる。

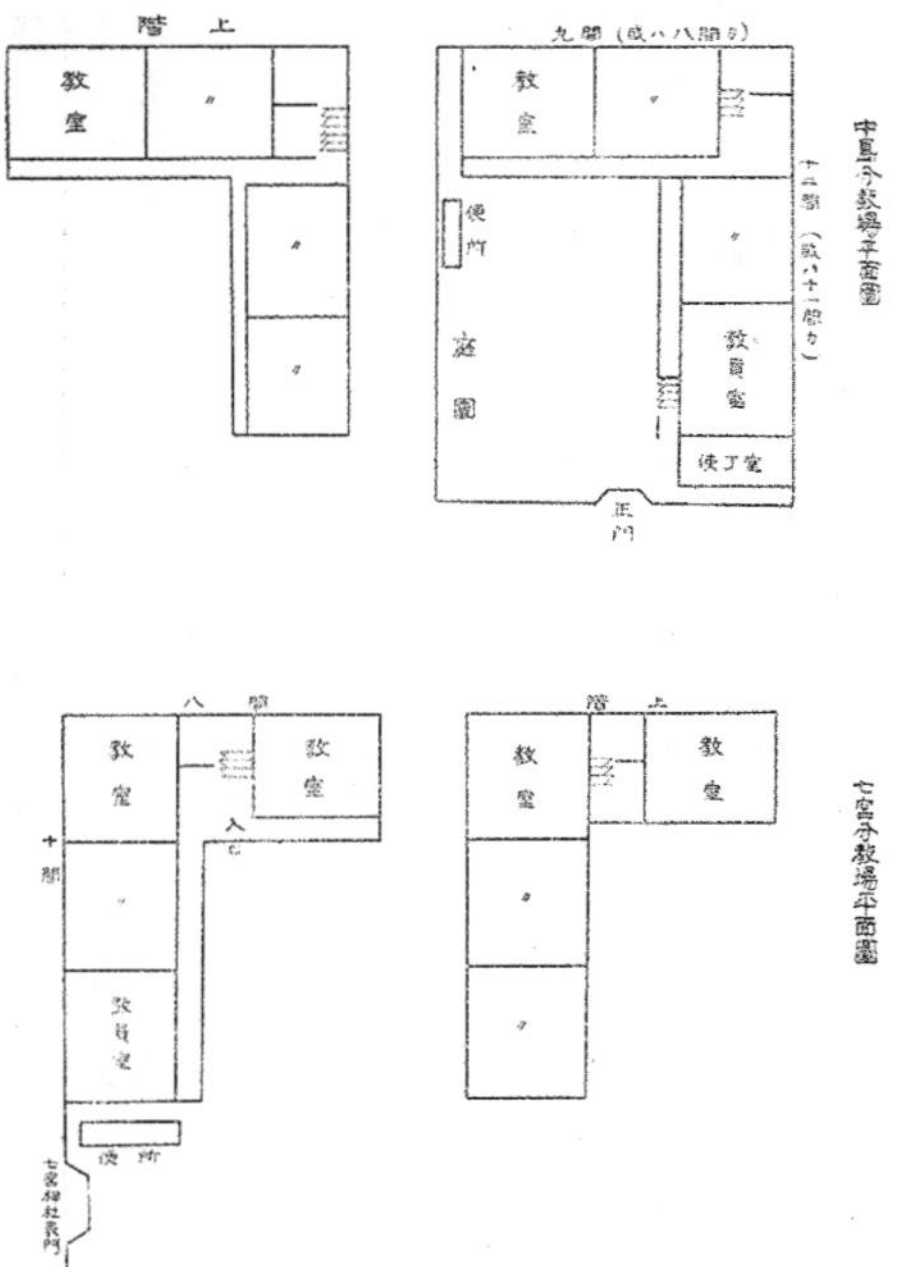

図 1-1-7　中島・七宮分教場 平面図

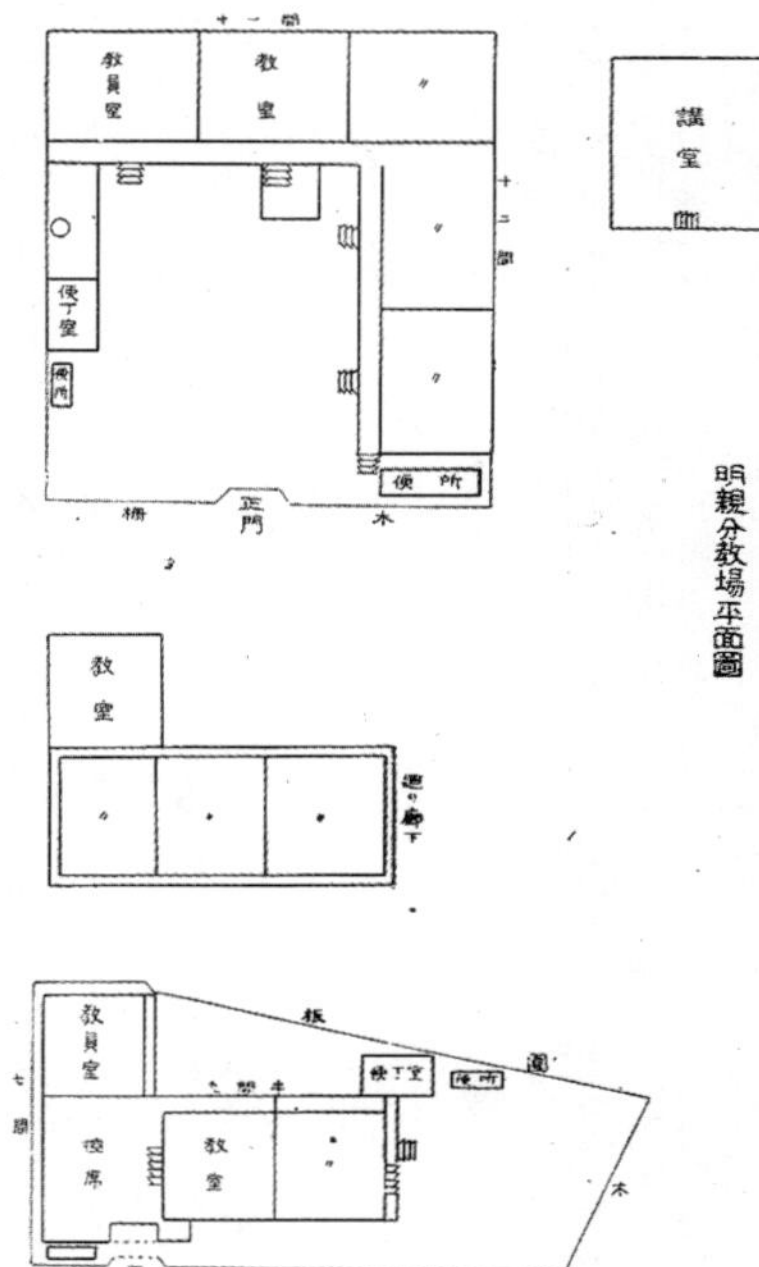

図 1-1-6　明親分教場 平面図

また、このようなタイプのものがこの時期に普及していったことは、当時荏原郡葺合村であった雲中小学校のプラン[21]からも窺える。明治二〇年（一八八七）に竣工した校舎の配置をみると、二階に講堂を有した本館の左右に教室棟を配置しており、あきらかに共通する要素がみられる。すなわちこの時期のプランの特徴としては、講堂を二階に有した本館と、教室棟が別々に配置される点にあった。

この時期の校舎の有した計画上のマイナス面は、神戸校が大正一〇年（一九二一）に鉄筋コンクリート造に改築される際にまとめられた「校舎改築の由来[22]」に次の六点が列挙されていた。

一　通気採光が不完全
二　中廊下の二重教室であるために出入不便にして混雑
三　講堂、職員室共に狭隘
四　特別教室の設備を缺く
五　運動場も狭くて男子の自由運動に適さない
六　教室数の不足で、そのためにゲーリーシステムの教室移動法を利用し、地理、歴史、理科、書方、図書は特別教室とし、普通教室は略々三学級に二教室を配当

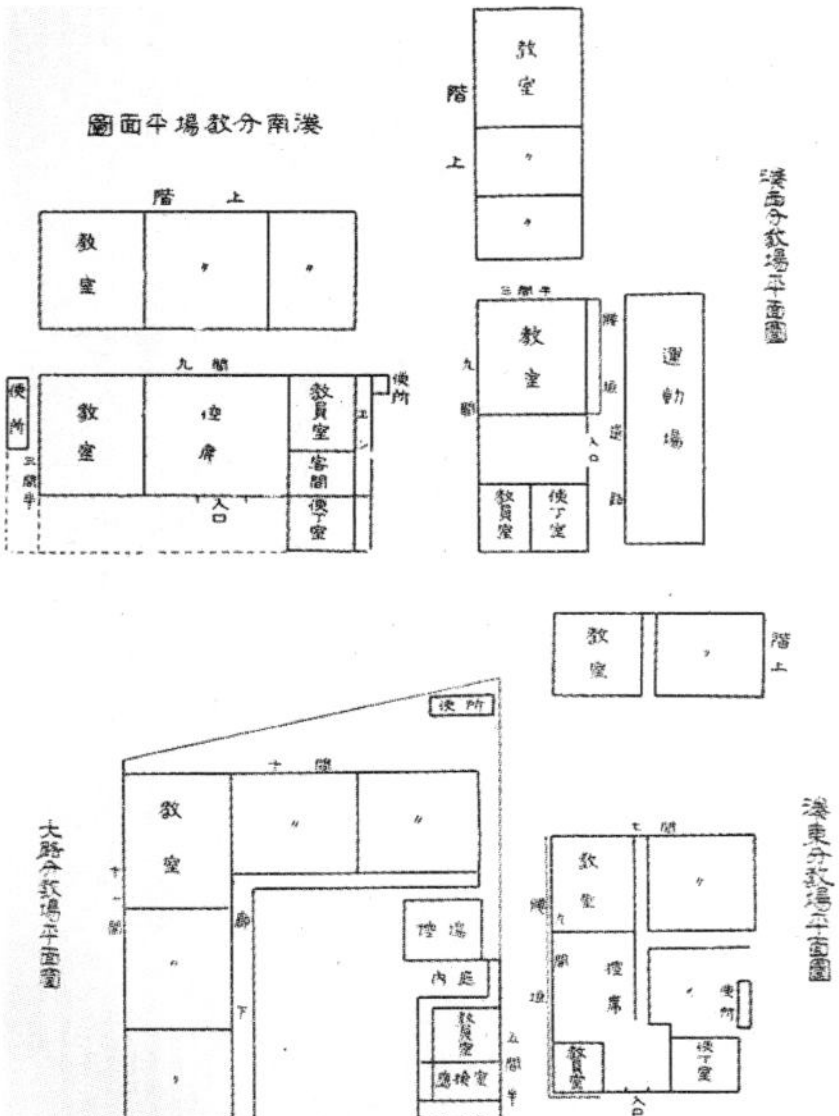

図 1-1-8　湊西・湊東分教場 平面図

図 1-1-11　相生小学校 上橋通『湊川小学校沿革絵巻物』

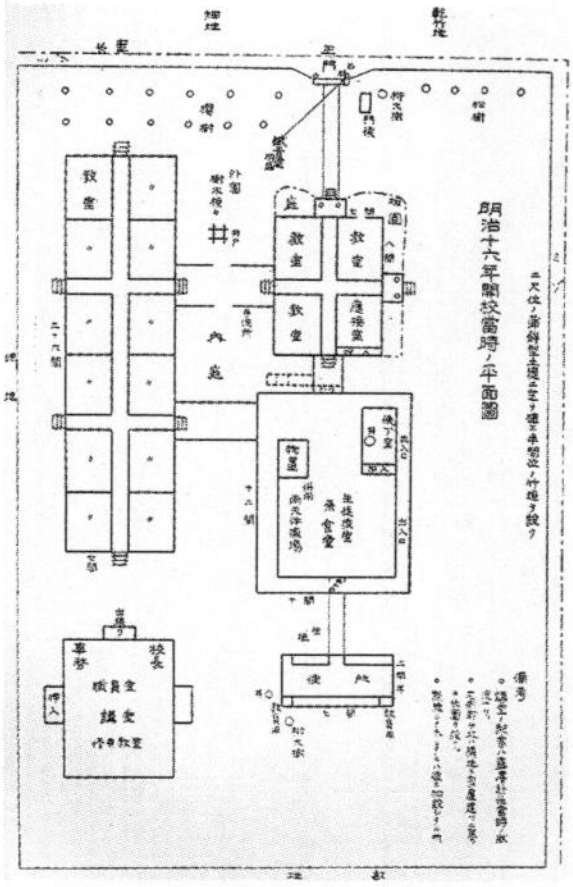

図 1-1-9　兵庫小学校 配置図

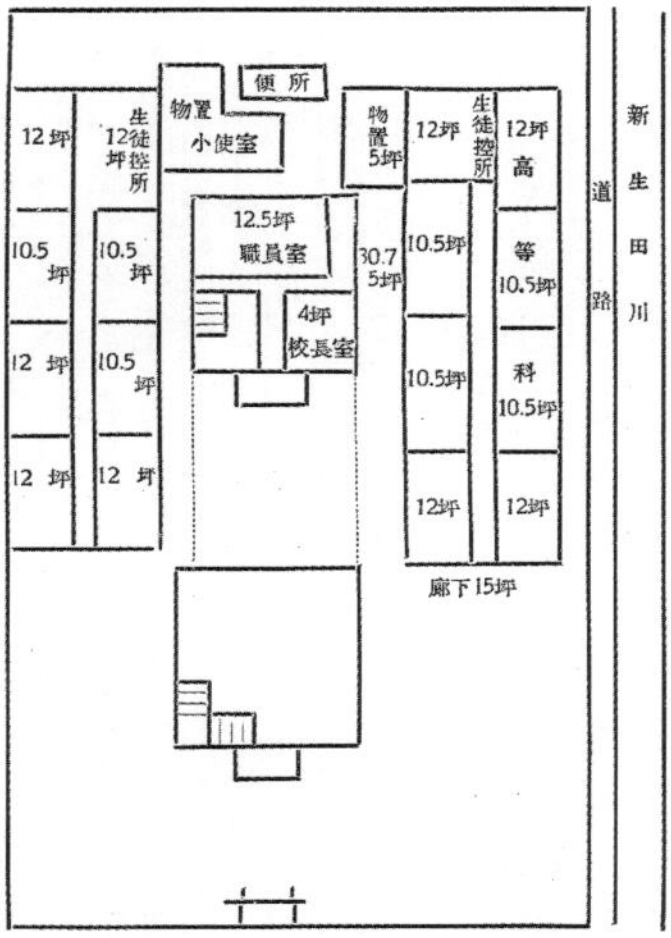

図 1-1-12　雲中小学校 配置図

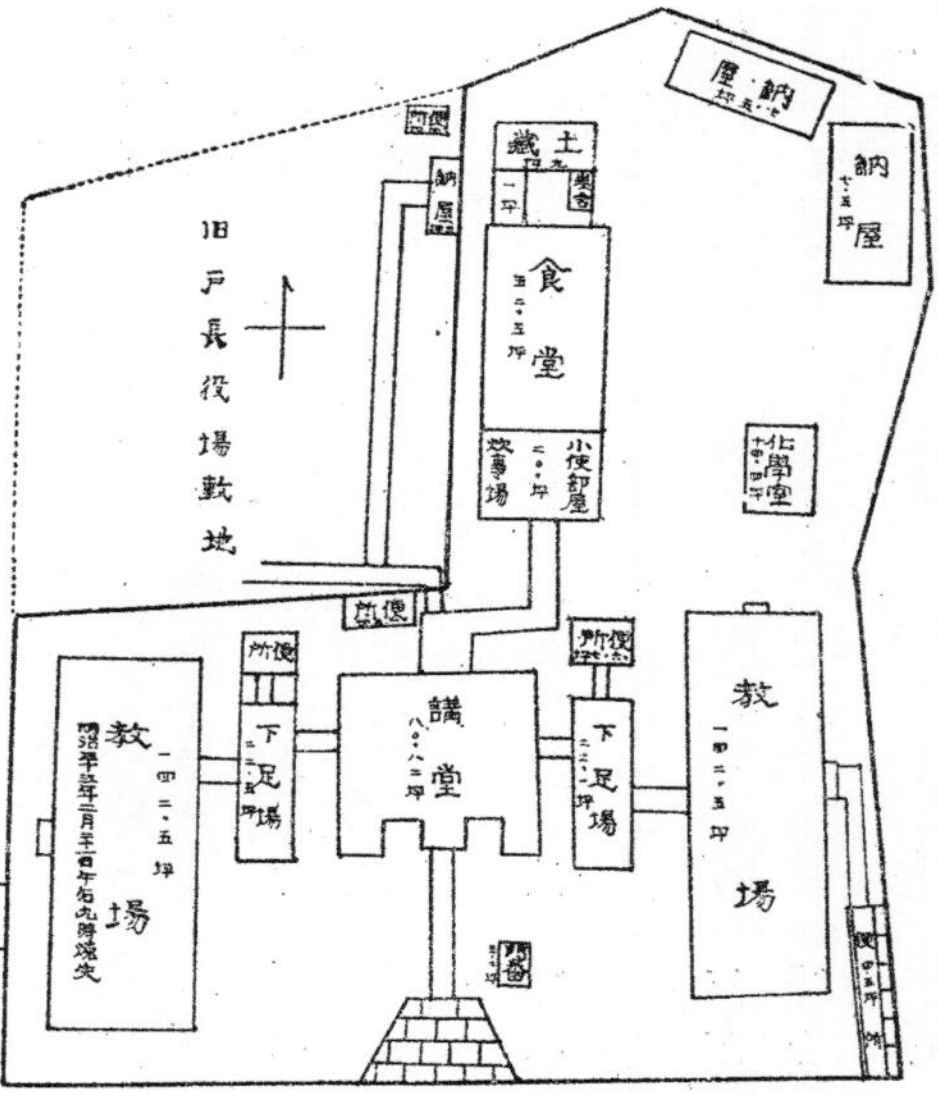

図 1-1-10　神戸小学校 配置図

すなわち、およそ三〇数年間で学校の空間が科学され、とりわけ室内環境工学上の観点から再検証の対象になっていたことがわかる。

四　意匠の特徴

1　明治一五年以前

この時期につくられるものは史料的な制約もあって、すべての校舎の外観の確認はできなかったが、神戸区の小学校については神戸区の全小学校校舎の外観絵図が掲載された『神戸区教育沿革史』(23)によってその内容をみることができる。ここから判明したことは、二階建ての簡素な和風の意匠で、防火楼が設置されていたことが共通した特徴となっていた。また戸長役場や会所の建物を利用することが多かったようだ。

すなわち、神戸区では明治一桁代においては洋風意匠のものはなかった。そのことは兵庫県当局による積極的な推進がおこなわれなかったこととも関連する。ただし居留地と隣接する荏原郡葺合村では明治七年（一八七四）に竣工する雲中小学校が平屋造ながらも洋風であったようだ(24)。

では神戸のもうひとつの中心であった兵庫区の小学校とはどういうものだったのだろうか。詳しい史料は見出せなかったが、兵庫の豪商たちによって慶応四年（一八六八）に設立された明親館という私学校を継承した明親小学校の校舎は明治八年（一八七五）に元県庁舎跡地に建設されるが、その校舎は「田舎の醤油倉の感のある質朴な建物」(25)と捉えられていたようだ。すなわち、明治一桁代では小学校に相応しい建築意匠は未だ表れておらず、模索中であったことがわかる。

写真 1-1-3　雲中小学校 小野柄通

写真 1-1-4　明親館 校舎

明治一二年（一八七九）になってはじめて、神戸区の上田小学校で洋風意匠のものが現れる。そこでは正面部分は「西洋造」で下見板張りの外壁となっていた。ただし、外観の「裏面」と内部は「日本造」となっていた。その背景には前述した「兵庫県公立小学校建築法」の影響があったものと考えられる。

2　明治一五年以降

この時期に建設される三校ともに洋風意匠の影響がみられる。相生校については鮮明な写真が見出せないために細部は不明だが、玄関ポルティコ・下見板貼・寄棟屋根・縦長窓などが確認され、前述の『湊川小学校沿革絵巻物』の中の絵と照合すると、両者はほぼ違いないことが読み取れる。兵庫校と神戸校については複数の写真が確認され、あきらかに洋館といえるものが出現していた。

写真 1-1-5　相生小学校 上橘通

写真 1-1-6　兵庫小学校 外観

写真 1-1-7　兵庫小学校 玄関廻り

写真 1-1-8　兵庫小学校 屋根部分

写真 1-1-9　神戸小学校 正面

写真 1-1-10　神戸小学校 講堂内部

　この二校のファサードをみると、共通して玄関部にポルティコが設置され、二階はベランダとなり、その上部はペディメントという構成となる。ベランダとペディメントを受けるのはトスカナ式の円柱で、一階二階ともに出隅部に三本の柱が設けられていた。ベランダには手摺が廻される。また外壁は下見板貼となり、胴蛇腹と軒蛇腹が施される。屋根は桟瓦の寄棟、縦長の窓、という共通した特徴が窺える。

　神戸の小学校で最初の本格的洋館ともいえる明治一六年（一八八三）完成の兵庫小学校は玄関部を突出させ、二階をベランダとするなど洋風意匠の影響が色濃いが、ペディメントの内側の意匠は樹木に隠れて判別ができないため、どのようなものであったのかは不明である。窓は開き仕様だが、半円アーチや鎧戸はなく、翌年に竣工する神戸校に較べれば、簡素な形と意匠にとどまっていたといえる。

　神戸小学校は左右に翼部を設け、開口上部をアーチの形状にするなど、より洋風化の傾向が強く現われていた。一方で和風意匠の装飾がベランダ上部のペディメントに設けられていた。このような最も目立つ場所に設けられていたことは効果的であった。モチーフは宝雲と鳳凰の装飾であり、左官彫刻による。このため当時は「鳳凰講堂」と呼称されていたようだ。その様子は次のようなものであった。

校舎は中央に二階建新式洋館の講堂が位置し、両翼に二階建校舎を控え、後方に食堂及灯事場一棟があって、恰も鳳凰堂の如き輪奐の美が市人の目をひき、堂々として県庁を壓していた[26]とある。

つまり、全体としては洋風が志向されながらも、細部には和風によるモチーフの装飾が表れ出ていた。このような和風意匠と洋風意匠の混在は擬洋風と呼ばれ、明治前期のわが国の建築の最大特徴であった。

五　代表的事例・神戸小学校

明治前期の神戸を代表する神戸小学校とはどのように捉えられていたのか。その成立ならびに建築特徴はすでにみたが、ここでは近代建築史のなかでの位置付けを試みる。

日本分離派建築会の建築家であり、神戸の最初の建築史家ともいえる滝沢真弓[27]は戦後間もない時期に神戸小学校について次のように記した。

文明開化型のもう一つの典型は明治十七年に出来た「神戸小学校」の講堂である。木造二階建で、様式はかなり気のきいたルネサンス風であったが、二階の中央ベランダ上の破風に鳳凰の彫刻が漆喰で浮出してあった。時の人呼んで「鳳凰講堂」といい、又「ビードロの講堂」ともいったそうだ。窓がすべてガラス張りでピカピカするのが人の目を文字通り幻惑したのである[28]。

神戸小学校が完成する明治十年代後半までの神戸における建築様態をみると、明治元年（一八六八）の居留地の完成を受け、神戸最初の洋館ともいうべき建物が同年九月に竣工していた。それはドイツ系商館四軒[29]であった。以降明治一桁代は続々と洋館が居留地に建設される。横浜居留地と異なり、神戸の居留地の建物は西洋系外国人が設計したものであり、擬洋風ではなく、最初から本格的洋館となった点に特徴がある。一方で日本側での建築は県庁舎など明治一桁代では和風が主であり、洋風建築は少なかった。

判明するものを挙げれば、明治二年（一八六九）の神戸病院（コロニアルスタイルで隅石仕上げ）、明治三年（一八七〇）の神戸電信局、明治六年（一八七三）の神戸税関（石造）など数棟の建物があるだけであった。神戸小学校の形態は神戸税関や神戸電信局と同じく、左右の翼部と中央部（玄関とベランダ）からなるルネッサンス式であり、半円アーチの開口部や鎧戸も含めて、外観上の影響をみることができる。おそらくはデザインソースのひとつであったのだろう。

滝沢真弓は神戸小学校と初代の兵庫県会議事堂の二つを明治前期の神戸を代表する建築として取り上げていた。その選択眼は「文明開化的日本の風貌」[30]にあったようで、現在でいう「擬洋風」のことを示す。滝沢真弓は「県会議事堂新築一件書類」[31]に用いられていた「西洋模造」という用語に注目し、「西洋模造」すなわち「擬洋風」こそが明治前期の建築を象徴するスタイルと捉えていた。そのスタイルが顕著に見出せた事例として、このふたつの建物を取り上げたのだろう。

県会議事堂は神戸小学校が竣工する二年前の明治一五年（一八八二）に完成していた。二階建て八角形の平面を有し、中央には細い塔を建てた。正面はヴェネツィアン窓を設け、半円アーチの菊の花弁を飾る。滝沢真弓は「当時神戸市内には未だこれと比肩し得る大建築なく、そ

写真 1-1-11　神戸税関

写真 1-1-12　県会議事堂

の山手に嘗って聳え立った姿は遙かの海上からも仰望せられ甚だ壮観[32]」と記す。塔の根本の屋根頂部までの高さは五〇・五尺（およそ五階建）あって、明治神戸のランドマークになっていたが、明治三五年（一九〇二）に腐朽により危険になったことを理由として取毀されている。実際には新しい県庁舎が完成し、不要になったことによるものだろう。

このような八角形の形態はアメリカの八角形住宅・オクタゴンハウス[33]を想起させる。一八六〇年前後の数十年間、アメリカ中に数千軒の八角形住宅が建設されていた。その影響を受けて建設された建物が明治一二年（一八七九）に竣工の福井県三国湊の龍翔小学校[34]であった。そこでは七六尺の高さがあり、木造ながらも五階建てとなっていた。おそらくは建設にあたって兵庫県関係者たちは三年前に完成したこの八角形校舎のことを知っていたものと思われる。

神戸小学校に戻る。滝沢真弓は次のように続ける。

この建物は後年多少の模様替をして諏訪山に移され「教育会館」として保存されていたが、不幸にも戦災で失われてしまった。

神戸小学校本館は大正一〇年（一九二一）の鉄筋コンクリート造校舎への改築時までは、神戸小学校の敷地内で使用されていたが、新校舎建設用地に引っかかり、取毀しが決まった、だが引き取り先が決まり、諏訪山に移築され、教育会館となる。移築されたことからは、大正期になっても名

写真 1-1-13　教育会館

写真 1-1-14　郡各町村組合立高等小学校

建築という意識が神戸小学校関係者のなかに受け継がれていたことがわかる。移築後の写真(35)をみると、ペディメント部分は平板的な三重丸の形に置き換えられており、鳳凰などの左官彫刻は見出せない。理由は定かではないが、三七年間という長年の歳月で彫刻が痛み移設できなかったのか、あるいは時代遅れのものと考えられて移設されなかったものと思われる。

その設計者については不詳だが、神戸小学校完成の前年の明治一六年（一八八三）に建設された兵庫小学校は、明治一八年（一八八五）に建設された氷上郡各町村組合立高等小学校(36)の校舎に共通した形態を示す。同高等小学校の玄関廻りならびに二階ベランダは兵庫校の形式と酷似する。そこでは二階ベランダは手摺り子を残したまま、内側に板が張られ、その上部には引き違いの窓となるなど、竣工後に改装がなされていることを考えれば、設計当初は兵庫校と同様に吹き放ちのベランダであったと考えてよい。

さてこの校舎には棟札が残されており、そこには実測官・兵庫県土木課七等属・中川文吉(37)とある。実測官とは図面作成に関わる者と考えられることから、おそらくは兵庫県土木課が設計を担ったものと考えられる。ここから類推すれば、兵庫校も神戸校も兵庫県土木課の建築技術者による設計と考えることができよう。ちなみにこの時点では神戸市は誕生していない。

施工は神戸布引に事務所を構えた吉本甚八郎(38)が担った。吉本は次節で詳述するが、明治神戸を代表する建築請負業者であって、近世より社寺建築請負業を営んでおり、昭和一〇年（一九三五）の時点で第一一代目を踏襲していたことから、神戸小学校は第一〇代の仕事であった。武庫離宮や湊川神社などの造営を手がけ、三井物産神戸支店や神戸桟橋上屋などの近代建築も担った。

六　小結

以上の考察の結果、次のような知見が得られた。

明治前期については、最初の成立時は寺院などを仮校舎として出発するが、一年から二年で戸長役場などの公共の敷地に新築移転することが多かった。次の建設時期は明治一〇年代後半であり、小学校の統廃合が建設に関連した。

明治一桁代の小学校は簡素な和風の意匠にもとづく校舎がおおかったが、明治一二年（一八七九）の校舎を嚆矢とし洋風の意匠が多くなる。明治一〇年代後半には二階を講堂とし、ペディメントやポルティコ、ベランダを設置する洋風意匠に基づく校舎が出現する。その背景には明治一〇年（一八七七）に兵庫県が校舎は洋風とする「兵庫県公立小学校建築法」の発令が関連する。

註

（1）『神戸市案内』船井弘文堂、一八九四年。
（2）南豊芝廼舎『神戸の花』明輝社、一八九七年。
（3）平井俊三『神戸大鑑』一九一五年。
（4）開港より三年が経った明治四年（一八七一）の居留地の様相をみてみると、「日本におけるすべての開港場のなかで、もっとも活気を呈している」という様相を呈していた。出典は「神戸バンド」『The Far East』英字新聞、明治四年四月一七日、『新修神戸市史歴史編Ⅳ近代・現代』一九九四年、二二頁。
（5）坂本勝比古による一連の研究に詳しい。
（6）「兵庫県史料・政治之部」『府県史料』国立公文書館内閣文庫所蔵。
（7）明治二二年の市制時に合併される。湊区の荒田村も同様。
（8）前掲註（3）と同じ。
（9）『神戸市教育史第一集』神戸市教育史刊行委員会、一九六六年。
（10）『神戸小学校五十年史』開校五十周年記念式典会、一九三五年。
（11）前掲註（10）と同じ。

(12) 市民の側から寄付をしてでも煉瓦造の区役所の新築を求める声が挙がっていた。そのことは「新築区役所は煉瓦造にす可し」『又新』明治一九年三月一六日、『新修神戸市史歴史編Ⅳ近代・現代』一九九四年、四六頁を参考。
(13) 現在は神戸市立博物館所蔵。
(14) 菅野誠・佐藤譲『日本の学校建築・資料編』文教ニュース社、一九八三年。
(15) 上田校は明治一五年に神戸区内の他三校と合併し、神戸校が本校となる。こちらは分教場となり、宇治野分校と名称を変える。
(16) 前掲註(14)と同じ。
(17) 大正四年五月に神戸小学校開校三十年記念祝典会から刊行されている。
(18) 『兵庫校教育五十年史』神戸市兵庫高等小学校、一九二八年。
(19) 前掲註(10)、前掲註(18)と同じ。
(20) 「湊川小学校沿革絵巻物」。
(21) 『雲中小学校創立六十周年記念誌』雲中小学校、一九三二年。
(22) 前掲註(10)と同じ。
(23) 発行は神戸小学校開校三十年記念祝典会、一九一五年。
(24) 前掲註(21)と同じ。
(25) 『明親小学校創立六十周年沿革史』明親小学校、一九三〇年。
(26) 前掲註(10)と同じ。
(27) 日本分離派のメンバーとして知られる。大正九年(一九二〇)に東大建築学科を卒業し、昭和六年(一九三一)より官立神戸高等工業学校建築学科教員となり、昭和二四年(一九四九)当時は神戸高等専門学校建築学科教授を務める。生年一八九六年~没年一九八三年。
(28) 「文明開化以後神戸の都市と建築」『建築と社会』第三〇輯第六号、日本建築協会、一九四九年。
(29) 坂本勝比古『明治の異人館』朝日新聞社、一九六五年による。
(30) 滝沢真弓「八角議事堂―調査顛末記」『建築雑誌』第八五七号、日本建築学会、一九五八年による。
(31) 前掲註(30)と同じ。
(32) 「文明開化以後神戸の都市と建築」『建築と社会』第三〇輯第六号、日本建築協会、一九四九年。

(33) レスター『図説アメリカの住宅』三省堂、一九八八年。
(34) 川島智生「擬洋風建築の極・三国湊の龍翔小学校について」『文教施設』第三七号、文教施設協会、二〇一〇年。
(35) 五章で詳述する清水栄二の遺した写真帖のなかに貼られていた。
(36) 柏原町立柏原高等小学校、氷上郡立柏原高等女学校などを経て、現在たんば黎明館となる。兵庫県指定重要有形文化財である。
(37) 四章で詳述する神戸市営繕課技師の中川初子の祖父。
(38) 『兵庫県土木建築大鑑』土木建築之日本、一九三五年。

第二節　明治後期・大正前期の小学校校舎の成立と建築特徴

一　都市神戸の急成長

本節は神戸市の小学校に関して、第一節に続く時代を考察する。ここで対象とする時期では小学校は学区制度にもとづいて経営されており、学区制度の変化が校舎に大きな影響を与えていた。ここでの時間軸としては学区制度の復活する明治二六年（一八九三）から、学区制度が廃止される大正八年（一九一九）までの間を対象とする。

神戸市では明治期から昭和戦前期までの間、小学校の新設がほぼ毎年のような頻度でおこなわれていた。このことは京都市や大阪市では顕著には現れなかったことで、その背景として神戸市は京都市や大阪市と異なり明治以降に急速に発展した新興の都市であったために、短期間での人口の集中と産業の発達があり、その結果として児童数の激増があったことを直接の原因とする。

この時期に出現する校舎では教室の大きさの確定や北側に廊下の設置など、文部省による指針にもとづいた内容による校舎のプランニング面の定型化がみられるが、外観に関しては和風意匠を強調するものが現れていた。そのような建築内容の校舎は大正八年（一九一九）の学区制度廃止時まで引き続き建設されていた。

ここであきらかにしたいことは、明治前期の擬洋風校舎から明治後期の校舎へどのように繋がっていったのかということの解明であり、その方法としてはこの期間につくられた校舎の建築内容を分析し、また校舎の成立過程と学区制度との関連をみる。

図 1-2-1　明治 20 年代神戸市街図

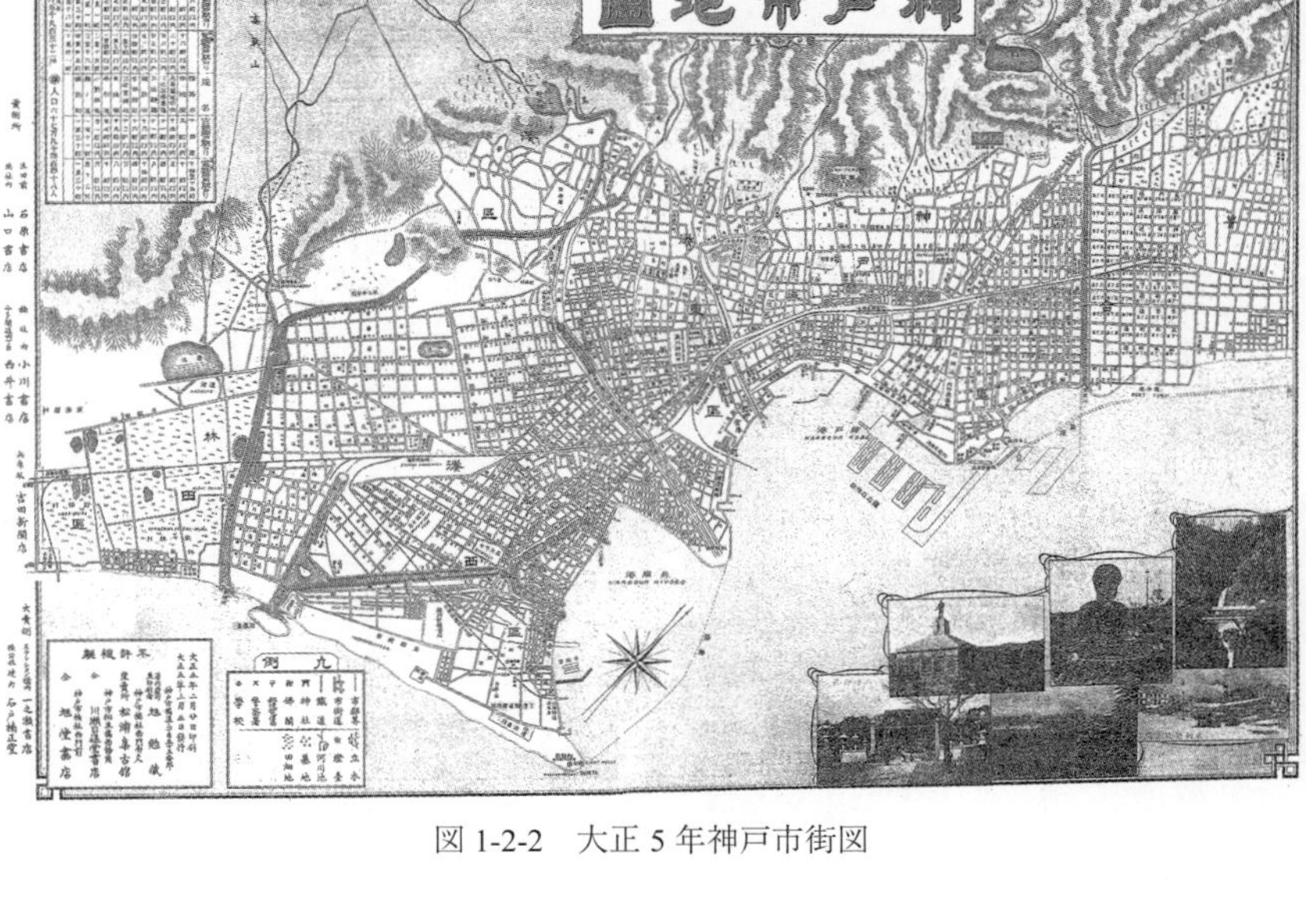

図 1-2-2　大正 5 年神戸市街図

二　成立とその背景

1　新設校の成立

明治後期から大正前期にかけて神戸市ではほぼ毎年のように小学校の新設がおこなわれていた。時間軸の順に通観すれば、明治二六年（一八九三）時には五校であったが、明治二九年（一八九六）の編入により湊村、林田村、池田村の計三校がそれぞれ含まれることになり八校となる。実際に新設がおこなわれるのは明治三三年（一九〇〇）からで、この年には一挙に六校が新設される。翌明治三四年（一九〇一）には七校が新設される。ここでは明治三三年から明治三四年の時期を第一の新設のピークと考える。つづく明治三六年（一九〇三）から大正元年（一九一二）までの一〇年間に一〇校が新設されていた。この間では明治四一年（一九〇八）に四校が新設されており、この年を第二のピークとする。さらに大正四年（一九一五）から大正七年（一九一八）には八校の新設がおこなわれ、この時期を第三のピークとする。明治二六年の学区制度復活から学区制度廃止時の大正八年（一九一九）までに計三一校の新設がおこなわれており、既存の八校をあわせ合計三九校となる。ここからは建設事業にピークの時期がほぼ三度あったことが判明する（表1-2-4を参照）。なお既存校舎についての増築は確認されたが、全面的な改築や移転した上での新築はこの時期の神戸市小学校ではおこなわれていない。

最初のピークの原因にはいくつかの要素が考えられるが、建設の直接の契機としては明治三三年の小学校設備準則の改正が影響を与えたものと考えられる。このなかで文部省は一学校の学級数は一二以下としなければならないとしていた。学級数の多い大規模校が中心であった神戸市の小学校ではその規制を遵守するために適正規模の小学校につくりかえる必要が生じた。したがい以後次々と小学校が新設されることになる。そのことがこの時期の小学校校舎の建設ブームに繋がったと考えられる。その背景には神戸市の急激な発展の結果としての人口激増があっ

表 1-2-1　神戸市の新設校一覧表（明治 33〜大正 7 年）

開設区	学校名	開設年月日	位置	開設事情
葺合	雲中尋常小学校	明治 33・9・1	葺合区熊内 4	雲中尋常高等小学校から、鉄道以北の尋常科児童 12 学級を分割収容、山手方面児童の通学上の便を図った（36・6・12 廃校、校舎は雲中尋・高校が使用）。
	小野柄尋常小学校	明治 34・4・1	葺合区生田川尻	生田川尻、熊内橋西詰の雲中尋・高校第二運動場にある校舎使用、雲中尋高校より尋常科 12 学級分割、開校した（のち男児の学校となる）。
	生田川尋常小学校	明治 36・6・12	葺合区小野柄通 1	雲中尋・高校の移転に伴い、その旧校舎使用し女児の尋常小学校として開校（のち女児高等科併設、昭和 9 年小野柄校と合併）。
	脇浜尋常小学校	明治 39・4・1	葺合区葺合町	葺合区東南部を学区とし、雲中・小野柄・生田川校より尋常科児童を分割 18 学級で開校した。（昭和 23・4 春日野校に統合）。
	若菜尋常小学校	明治 43・4・1	葺合区若菜通 5	区内 4 校の児童数増加を緩和するため、区内中央部に新設した。19 学級、尋常科男・女児 863 名で開校。
	筒井尋常小学校	大正 5・4・20	葺合区宮本通 7	雲中・若菜・脇浜の三小学校校区を分離開設。地名によって「筒井」の校名となる。5 年 12 月 22 日木造校舎完成。現、春日野校。
	二宮尋常小学校	大正 7・12・23	葺合区二宮町 3	雲中小学校区を分離して開設。7 年 11 月 24 日木造二階建校舎完成。
神戸	神戸尋常小学校	明治 33・4・1	神戸区中山手通 4	神戸尋・高校より尋常科男児の一部を分割、開校（37 年 2 月　諏訪山小学校と改称）。
	山手尋常小学校	明治 34・4・1	神戸区中山手通 4	神戸尋・高校より尋常科女児の一部を分割、開校（同年 6 月 1 日校舎完成）。
	長狭女子高等小学校	明治 34・4・1	神戸区長狭通 4	神戸尋・高校南付属地の校舎を使用、同校高等科女児を分割・開校（38・3・末廃校、児童は中宮校に収容）。
	中宮尋常高等小学校	明治 38・4・1	神戸区中山手通 6	尋常科児童は、諏訪山・山手校より分割、長狭女子高小の高等科女児と併せ収容（昭和 20・6 戦災焼失・廃校）。
	長狭尋常小学校	明治 38・4・1	神戸区長狭通 4	長狭女子高等小学校廃校跡に開設。神戸尋・高校尋常科女児を分割、収容（昭和 2・3・31 廃校）。
	北野尋常小学校	明治 40・7・1	神戸区中山手通 3	区内各校より転学の児童 953 名を 18 学級に編成開校。校舎は 40 年 12 月起工、41 年 5 月落成、北野天満宮の名に因んで決定。
	下山手尋常小学校	明治 45・4・1	神戸区下山手通 7	区内西南部児童の通学の便を図るため設立された。神戸・中宮・諏訪山校より尋常科男子を分割、817 名 18 学級で開校。
湊区	平野尋常小学校	大正 4・9・2	兵庫区下三条町	港山小学校校区を分離開設。当初の木造校舎は 4 年 8 月 20 日完成。校名は、この地方古来の総称にちなみ、「平野」となる。

湊東	東川崎尋常小学校	明治 33・9・1	湊東区東川崎町	湊川尋・高校東川崎分教場を独立させた。315 名で開校、湊東区の南に離れた飛地児童の通学を便にした。
	橘尋常小学校	明治 33・9・1	湊東区上橘通 4	湊川尋・高校橘分教場を独立させた。湊川校尋常科全男児 1300 余名を分割。21 学級で開校。
	楠高等小学校	明治 34・6	湊東区楠町 5	湊川尋・高校高等科男児全部を分割・開校した。
	多聞尋常小学校	明治 36・10・5	湊東区楠町 5	橘校より尋常科男児 390 名、湊川校より女児 290 名を分割、14 学級で開校・校名は大楠公に因み多聞とした。
	荒田尋常小学校	明治 42・1・6	湊東区洗心橋畔	区内 4 校（湊川・橘・多聞・楠）より 5 年以下の児童 816 名、18 学級で開校。
湊西	明親尋常小学校	明治 33・9・1	湊西区小河通 4	兵庫尋・高校明親分教場（児童 1200 余名、17 学級）をそのまま独立校とした。
	入江尋常小学校	明治 33・9・1	湊西区西出町	兵庫尋・高校入江分教場（児童 1238 名、17 学級）をそのまま独立校とした。
	和田尋常小学校	明治 34・4・1	湊西区和田崎町	兵庫尋・高校和田分教場を独立校として開校、区の東南方に離れた和田岬地区児童の通学を便利にした。
	大開一・二尋常小学校	明治 34・6・1	湊西区大開通 4	兵庫尋・高校大路分教場（永沢 1）を廃し、兵庫北部の男児（大開二）女児（大開一）に収容開校、昭和 7 年合併して大開小学校となる。
	道場尋常小学校	明治 37・7・16	湊西区須佐野通	区会は兵庫中央部に 1 校増設を企て、真光寺領内を借用して校舎を建築した。「時宗大道場」に因んで校名が決定された。（昭和 22・3　須佐・道場校統合・廃校）
	御幸尋常小学校	明治 41・4・1	湊西区兵庫鐘鋳場跡	区内南部の児童の通学に便して設置、児童 897 名、19 学級で開校した。（大正 3 年永沢町に移り永沢校、同 5 年兵庫女子尋常高等小学校と改称）
	永沢尋常小学校	明治 41・6・1	湊西区永沢町 4	兵庫尋・高校西北部に設立、地名に因んで校名が決定された。（43 年 3 月廃校）
	中道尋常小学校	明治 43・1・6	湊西区中道通 5	兵庫北西部発展に伴い設置、兵庫・永沢・大開第一・同第二から分割・開校した。同年 4 月の児童数 979 名、学級数 19。
	兵庫高等小学校	明治 43・4・1	湊西区永沢町 4	永沢小学校跡に開設、区内高等科男子全部を収容。（大正 3 年御幸校跡に移転、同 4 年 3 月廃校）
	川池尋常小学校	大正 4・4・1	兵庫区松本通 1	旧湊川堤下の「皮池」埋立地を校地とし、元兵庫高等小学校木造二階建校舎を移築した。
	水木尋常高等小学校	大正 7・4・1	兵庫区水木通 9	湊西区西部の発展に対処して開設された。7 年 7 月木造校舎完成。
林田	浜山尋常小学校	明治 42・7・12	林田区東尻池村	林田区内にあって、運河以東通学不便の地区児童のために開設、真陽校在学 3 年以下および東尻池村仮分教場児童計 377 名、5 学級とした。

林田	遠矢尋常高等小学校	大正 5･4･1	兵庫区和田宮通 6	運河南地区の人口増と、御幸小学校移転のために開設された。「遠矢浜」の古い地名から校名をとる。のち川中校と合併し、現、和田岬校となる。
	長楽尋常小学校	大正 5･12･7	長田区野田町 6	林田区西部の児童増加のため、真陽小学校から分離、開設された。「長楽浜」の古い地名によって校名を定めた。5 年 10 月 24 日木造校舎完成。
	真野尋常小学校	大正 7･4･1	長田区東尻池町 3	真陽小学校区を分離して開設、当地名の旧名「真野榛原」にちなみ校名とする。7 年 6 月木造校舎完成。のち苅藻通に移転。

出典：『神戸市教育史第一集』、開設事情の中の「尋」は尋常小学校、「高校」は高等小学校を略したものである。

た。ちなみに市制施行時の明治二二年（一八八九）の人口は一三四、七〇四人であったのが明治三三年（一九〇〇）には二四五、六七五人とほぼ倍増していた。そのため児童数も激増することになる。さらにくわえて就学率の飛躍的な上昇[4]があり、明治三二年（一八九九）までの就学率は五〇％前後に過ぎなかったものが、明治三四年（一九〇一）には九〇％を超えるといった様相[5]を呈していた。

第二のピークの背景には第一のピーク時と同様に人口の激増があり、明治四一年（一九〇八）には人口は三七七、二〇八人となり、明治二二年当時と比べ約三倍となっていた。が、直接の建設契機とし、明治四〇年（一九〇七）三月の小学校令改正によって決定された義務教育の就業年数の延長が関連していた。その施行は明治四一年四月よりおこなわれる。

第三のピークの背景には前述したものと同様に人口の激増があり、大正三年（一九一四）には四五七、一一六人、学区制度が廃止される大正八年（一九一九）には六三四、〇六三人と、この時期の人口増には驚異的なものがあった。直接の契機としては大正三年の神戸市当局による小学校建設費補助制度の確立[6]が関連していた。

以上のように建設の背景を考察してきた結果、神戸市には人口の著しい急増があって、そのことが主な原因と考えられるが、個々の新設のピークをつくりだしたものは教育制度の変化で、第一と第二のものは文部省による小学校令改正により、第三のものは神戸市による建設費補助規定の変化であったことが判明した。

2　学区制度と建設費補助規定

本節で対象とするこの時期の小学校の建設事業はいかなるものであったのか。この時期の小学校は市制施行以前の地域社会を単位とする学区によって運営維持されていた。神戸における学区制度を振り返れば、次のような経緯があった。

神戸における「学区」の歴史は、古くは、明治五年文部省が新学制を公布し、兵庫県を第四大学区、第二三中学区とし、神戸をその第一小学区、兵庫を第二小学区と定め、さらに、これを四組ずつに分けて、各組ごとに学校の設立維持にあたらせるために、「学区取締」や「学校世話掛」を設置したことに始まる。以来、幾多の変遷を見せつつ、いわゆる学区の制度は地域社会の推進、学校の経営に当ってきたが、それが廃止されたときは、神戸・仲町・兵庫の三戸長役場のもとに、その管轄区域と同地域に、それぞれ三つの学区を設定していた。したがって明治二〇年一月、三戸長役場廃止とともに、学区もまた廃止され、神戸区全部を一学区として、高等小学校二、尋常小学校四、簡易小学校七を維持し、その経費、経済を共通にすることとなった。(7)

明治二〇年(一八八七)に学区制は一旦廃止されたものの、二年後の明治二二年(一八八九)から復活していた。「市民の要望」(8)を理由としたが、神戸市の市制施行とも関連する。

そのため学区財政は神戸市の財政とは別のものであって、財政上は二重構造となっていた。この時期の神戸市の教育費はそのほとんどの部分(9)が学区の費用で賄われており、学区の歳入の多くは家屋税(10)に頼っていたために、各学区によってその歳入額には大きな差異が生じていた。そのため、次のような弊害も指摘されていた。

本市ニ於ケル現在教育費ノ大部ハ家屋税支弁ニ属スルモ、此ハ極メテ不公平ナル方法ニシテ、市ガ当然負担スベキ義務教育ノ負担ヲ、独リ家屋所有者ノミニ課セントスルガ如キ、頗ル公平ヲ欠クモノト謂ハザルベカラズ。(11)

神戸市での学区制度の特徴として、一学区の占める面積は行政区と一致しており、一学区で複数の小学校を経営していた。そのことは一学区で一校を経営する京都市や大阪市と異なり、東京市に近い形を取った。学区制度が施行されていたことで、校舎の建設事業については学区に全面的に委ねられ、その結果学区の経済力が校舎の建設内容に反映されることになる。明治三八年（一九〇五）の学事年報(12)によれば、次のような様相を呈していた。

神戸区ハ多大ノ財産ヲ有シ区中最モ富裕ナレバ教育上ノ設備モ亦整頓シ、湊東区・湊西区ハ（中略）教育上ノ規格モ遂行スルヲ得ベシ。葺合区ハ（中略）学事施設ニ欠陥ナシトセズ、林田区ハ亦負債アリテ学校ノ維持ニ余力アルナシ。若シ夫レ湊区ニ至リテハ其ノ資力極メテ薄ク教育上消極的設備ダモ成シ得ザル悲境ニ沈倫セリ。

少なくとも同一の都市内で本来は平等であるべきはずの義務教育施設の懸隔が、新たに編入された学区と従来からの学区との間で顕在化していた。表1-2-2は学区予算中の教育費の割合を示したもので、富裕学区の神戸区以外はほとんどが教育費となる。

このような制度上の制約ゆえに、人口増加が著しい周辺部の新興の学区では、児童数の激増を受けて校舎を増築したいにもかかわらず、財政難ゆえに叶わず、あげくの果てにひとつの教室を午前と午後にわけて別々の児童が使う二部授業を実施する始末であった。このように新興学区はきわめて劣悪な環境にあり、二部授業をする必要のなかった中央部の富裕な学区と教育環境では大きな格差が生じていた。

表 1-2-2　学区予算中の教育費（明治 36 年度）
（単位　円）

	歳出総額	教育費
葺合区	18.658	18.326
神戸区	63.328	38.576
湊東区	36.823	33.705
湊西区	48.617	44.658
湊区	4.594	4.505
林田区	8.929	8.835

出典：『神戸市会史第一巻明治編』

以上のような状況に対して、神戸市当局は明治三六年（一九〇四）には学区経費補助方法[13]を制定する。このことは神戸市当局による小学校校舎に対する建設費補助の最初の取り組みと捉えられる。次の神戸市による取り組みは、明治四〇年（一九〇七）一〇月の神戸市教育施設調査[14]であった。このことは同年三月の義務教育就学年度の延長決定を受け、「教育ノ設備ニ多大ノ拡張ヲ要スルモノアルニ依リ」[15]ということを直接の理由とする。その調査の結果として学区制度の廃止が打ち立てられる。

さらに調査報告書のなかで廃止への順序として、「学制統一・経済共通ニ進ムルノ段

表 1-2-3　学区別の校舎の現況一覧（大正 7 年 2 月 26 日）

学区	校舎の現状
湊区	・講堂を区画して教室に使用 ・一教室の児童数は多い時は七六名 ・既定の校舎敷地のみにては不足のため、隣地を借地 ・仮教室を設置 ・校舎の腐朽あるが使用止むなき
湊東区	・湊川校、荒田校 ・湊川校　講堂 11 間 28 間の立派なもの 応接室、職員室等完備 教室は明治 18 年頃の建築 空気の流通、光線の応用などに欠ける
葺合区	・特別教室なし ・裁縫の如きは廊下に薄縁を敷いて教授 ・高等二年生 1 学級 70 名と多い ・講堂二分して教室に充てる ・一、二、三学年に至るまで二部教授を為す
湊西区	・特別教室なし ・一、二、三学年まで、二部教授を為す ・職員室まで教室に応用 ・尋常五年生は 73 名と多し
林田区	・一学級の受け持ち 80 名と多し ・二部教授は尋常六年までを為す ・職員室は教室に充てる ・職員は教室の一隅に机を置き執務せる ・雨天体操場の半分までも教室に使用
神戸区	・設備完成せりと定評あり ・にもかかわらず二部教授を為す ・二部教授は校長が教室応用に苦心する ・一、二学年の二学級のみなるも、教室の中央に仕切りを為して区画せる

出典：『神戸市会史第一巻明治編』

階トシテ、今後小学校ノ新築ニ対シテハ一定の標準ニヨリ、年々予算ヲ定メ、市費ヨリ区ニ対シ経費ヲ補給ヲ為サントス」[16]という方向づけをおこなっていた。ここで注目されることは校舎建設にあたり標準化という見方が現れたということだ。しかし学区費の主な財源である家屋税に関しての解決策がまとまらず、明治四一年（一九〇八）時での学区制度廃止は見送られることになる。この時期の学区問題について、『神戸新聞』[17]では、学区の様態を次のように記した。

神戸市は現在湊東・湊西・神戸・葺合・林田の五大区域に学区を分割し、各区は別々に戸数、或は戸別割等の名称によりて、教育費を徴収し、学校建設其他総ての経営費に充当して一切他の区域の干渉を受けず、総て自己の区域内に於て処断するを以て、厳然割拠的有様を出現し居れり。

では他の大都市での状況とはどういうものだったのだろうか。学区制度は神戸市のように急膨張をした都市ばかりか、京都市など[18]でも校舎建設をめぐる学区間格差を解消するべく学区制度廃止の動きが明治三〇年代に高まっていた。神戸市と同じ新興都市であった横浜市では明治三四年（一九〇一）に学区制度廃止の布石のひとつとして高等小学校の市費経済への移行[19]が決議されており、明治四一年（一九〇八）三月に学区制度は六大都市で最も早く廃止されることになる。このような他都市の学区制度廃止への動向[20]も念頭にあったようだ。

実際に義務教育の就業年数延長がおこなわれた明治四一年以降は、神戸区を除く各学区の財政状態はますます危機的な状況を強めていく。そのような学区制度の弊害を緩和するために、大正三年（一九一四）に市立小学校建設及び設備費補助規定[21]が制定される。その特徴は補助の規定内容を明文化したことにあり、一例をあげれば大正六年（一九一七）の林田区の小学校新設ではその費用の半額を神戸市側が補助していたという事実があった。

この時期の学区別の校舎現況一覧（表1-2-3）をみると、講堂や職員室までもが教室に転用され、教室不足が深刻化していたことがわかる。また学区によって校舎の建築内容にばらつきが生じていたことが読みとれる。

大正六年（一九一七）には学区制度廃止の一番の問題点であった家屋税の問題が決着する。翌大正七年（一九一八）四月一二日の市会で学区制度の廃止が決定される。その結果市内の全小学校が神戸市による一律の経営となる。神戸市でこの時期に学区制度廃止が実施された背景にはいろいろな理由が考えられるが、大正四年（一九一五）以来わが国では第一次世界大戦の影響で好景気にあり、特に国際貿易港であった神戸市では未曾有の好況にあった。ちなみに大正六年の神戸市の税収は前年の大正五年（一九一六）のものに対し約倍増しており、空前の巨額を翌大正七年に繰り越すといった状況にあった。神戸市の財政規模はこの時期には東京市、大阪市に次いで第三位にあった。このような財政面での余裕が、それまでは学区費で賄われていた教育費の市への取り込みを財政的に可能にしたと考えてよいだろう。

三　建築内容

ここでつくられた建築は史料的な制約もあって、すべての小学校の平面と外観を確認したものではないが、神戸区の小学校六校、湊西区の明親小学校、葺合区の雲中小学校についてはそれぞれ平面と外観が、それぞれ確認されている。

1　プラン

まずプランニングに関しては中央部に管理部門を設け、コの字型やロの字型、フィンガータイプなどになる傾向が窺える。中央部の管理部門には職員室にくわえて講堂や学務委員室などを配置されていた。校舎棟のプランをみると、教室の北側が廊下になるなど文部省の推進した建築内容が確認される。また片廊下式の教室配置が多い。

次に教室の大きさはどういうものであったのかをみてみる。山手小学校の平面図には教室の坪数が記されており、そこからは主に一四坪と一七・五坪の面積のものがあったことがわかる。この2種類の面積の違いとは奥行きが三・五間で共通していることから、間口の差であったことがわかる。すなわちここでは四間と五間の二種類の間

表 1-2-4　明治後期大正前期・神戸市新設小学校竣工一覧

校名		竣工年月	坪数	工費	平面	意匠	設計者名	施工者	備考
葺合区	雲中	M 33. 9. 1	567						
	小野柄	M 34. 4. 1							
	生田川	M 36. 6. 12							
	脇浜	M 39. 4. 1							
	若菜	M 43. 4. 1							
	筒井	T 5. 4. 20							
	二宮	T 7. 12. 23							
神戸区	諏訪山	M 33. 4. 12	671	27. 702	ヨ	和風	大沢長次朗	吉本甚八郎	男児だけ第 2 期工事 M 34. 2
	山手	M 34. 5. 31	418	16. 582	ヨ	和風	大沢長次朗	杉本善兵衛	女児だけ
	中宮	M 38. 1. 28	380	18. 480	コ		大沢長次朗	吉本甚八郎	
	長狭	M 39. 4. 24	126	10. 491	＝		山崎於兎四郎		M 39 南校舎、M 42. 3. 12 は 2 期で北校舎
	北野	M 41. 5. 25	273	24. 450	コ	長屋門	山崎於兎四郎		
	下山手	M 45. 3. 29	260	26. 230	コ	長屋門	溝武大次朗	吉本甚八郎	
湊東区	東川崎	M 33. 9. 1							
	橘	M 33. 9. 1							
	多聞	M 36. 10. 5							
	荒田	M 42. 1. 6							
湊	平野	T 4. 9. 2							
湊西区	明親	M 32. 10. 2	472	36. 241	コ		大沢長次朗	田村市一	
	入江	M 33. 9. 1							
	和田	M 34. 4. 1							
	大開	M 34. 6. 1							
	道場	M 37. 7. 16							
	御幸	M 41. 4. 1							
	永沢	M 41. 6. 1							
	中道	M 43. 1. 6							
	川池	T 4. 4. 1							
	遠矢	T 5. 4. 1							
	水木	T 7. 4. 1							
林田区	浜山	M 42. 7. 12							
	長楽	T 5. 12. 7							
	真野	T 7. 4. 1							

出典は『神戸市教育史第一集』昭和 41 年。『神戸区教育沿革史』神戸小学校開校三十年記念祝典会。大正 4 年、『神戸小学校五十年史』神戸小学校開校五十周年記念式典会。昭和 10 年、『明親小学校創立六十周年沿革史』昭和 5 年。による

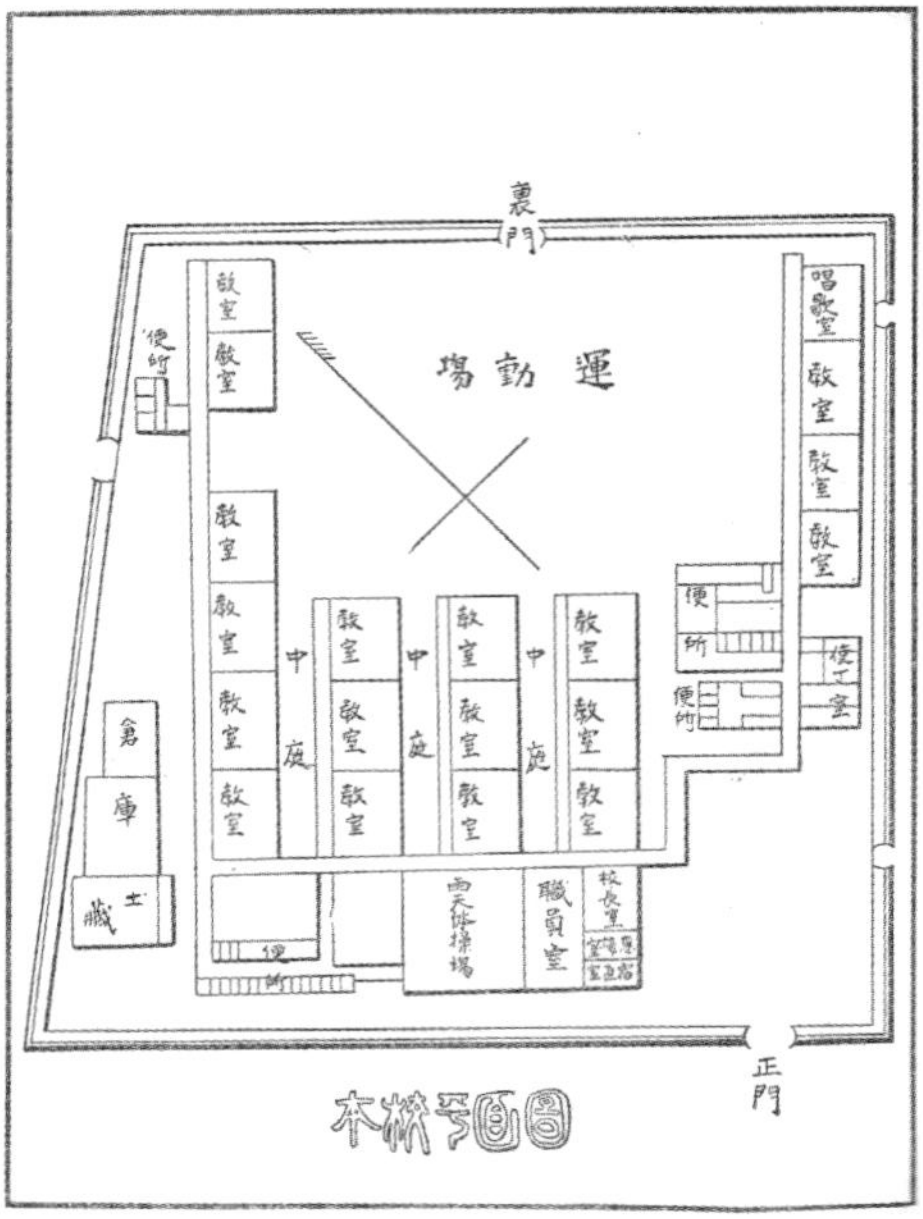

図 1-2-3　諏訪山小学校 配置図兼平面図

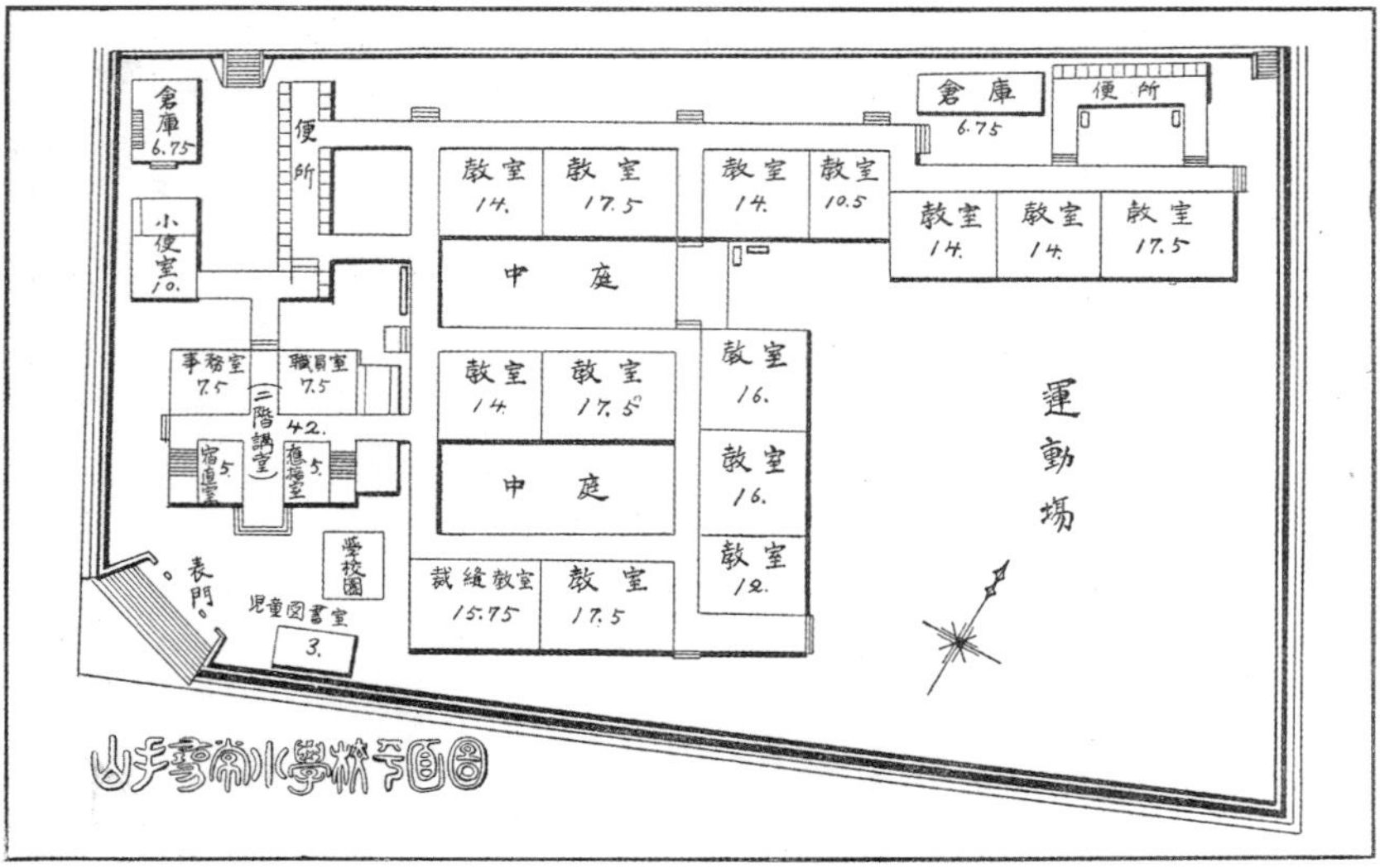

図 1-2-4　山手小学校 配置図兼平面図

写真 1-2-3　北野小学校

写真 1-2-1　大開小学校

写真 1-2-4　下山手小学校

写真 1-2-2　兵庫小学校

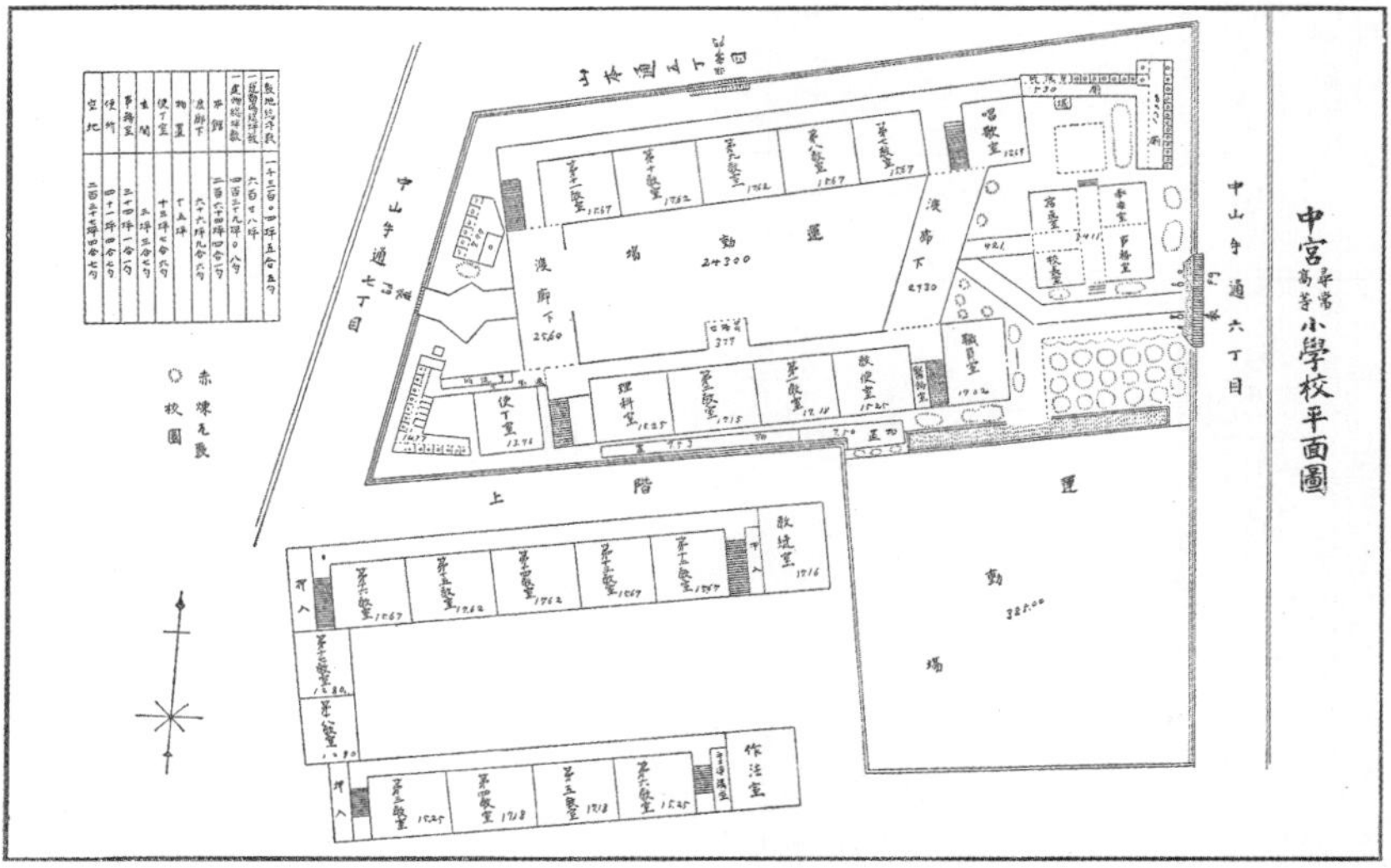

図 1-2-5　中宮小学校 配置図兼平面図

口から構成されていた。

また中宮小学校(29)では平面図によると一五・六七坪のものと一七・六二坪のものとの二種類があって、廊下幅は一間であって梁間は四・五間であったようだ。つまり教室の奥行きは三・五間となる。寸法が記載された平面図がすべての小学校について見出せた状態ではないので、全小学校校舎に適用されるわけではないが、少なくともこの二校に関しては教室の奥行きは三・五間、廊下の幅は一間と決まっていた。ここからは校舎の張間が四・五間であったことが確認される。また桁行方向は教室数および教室の間口の長さによって調整されるシステムとなっていたことがわかる。

さらに、玄関部の配置によって次の二つの類型が生じていた。ひとつは道路と玄関部の間に前庭があるもので玄関部に車寄せを設置していた。もうひとつは玄関部が道路に直面するもので、長屋門に類似した形態を示す。このようなプランが誕生した理由としては敷地が狭いなどの制約があったものと考えられる。長屋門型校舎の嚆矢は明治三四年（一九〇一）に建設された大開校であり、兵庫校（明治四一年）・北野校（明治四一

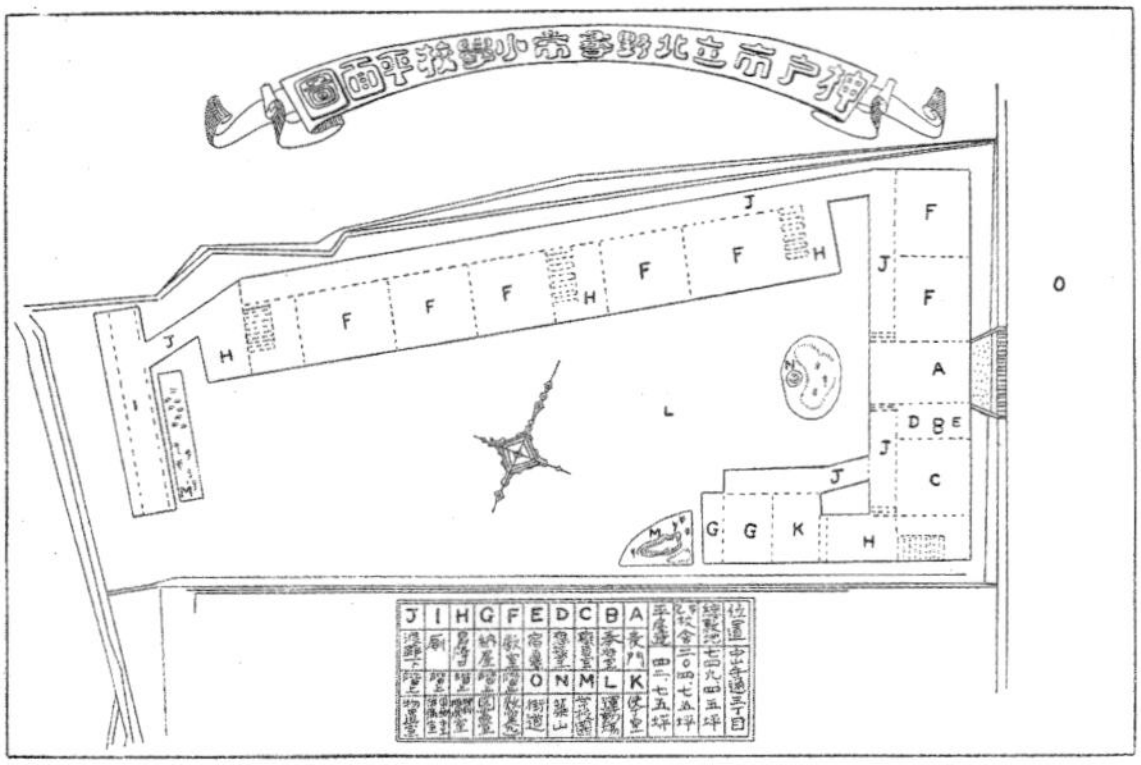

図 1-2-6　北野小学校 配置図兼平面図

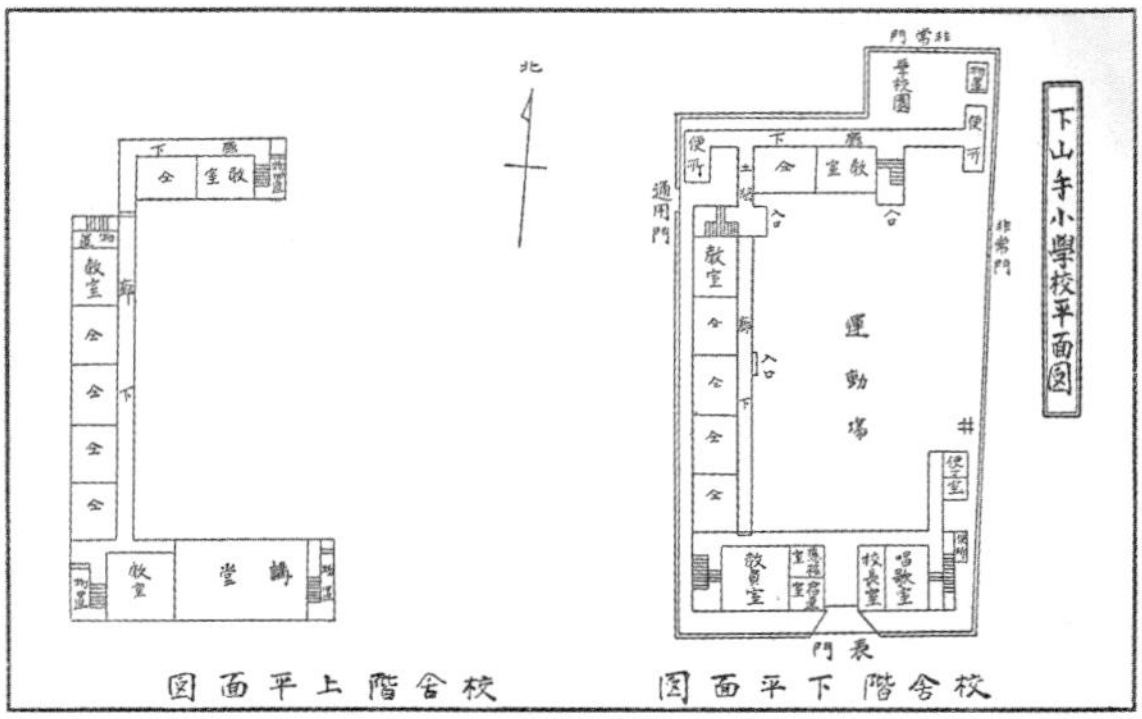

図 1-2-7　下山手小学校 配置図兼平面図

年）・下山手校（明治四五年）などで採用されていた。大阪市の小学校ではこの時期に数多くこのタイプの校舎が出現しており、何らかの影響を受けた可能性もある。このことは次にみる意匠面と深く関連する。

写真 1-2-5　湊川小学校

写真 1-2-6　湊川小学校 講堂内部（日英博覧会 出品）

写真 1-2-7　明親小学校 正面・明治後期

写真 1-2-8　明親小学校 校庭側

2　意匠

この時期の校舎の外観は一様に下見板貼の外壁を有し、屋根は桟瓦葺きの寄棟造りとなる。広義の意味では洋風スタイルの範疇に入るものだが、外観の写真から判別すると下見板の仕上げはオイルペイント塗ではなく、木地仕上げのままとなる。明治一〇年代から二〇年代の校舎がペンキ仕上げとなっていたのに較べると、簡素なスタイルという他ないが、この仕上げ手法は昭和戦後期まで続く。また明治三〇年代以降の校舎の窓は、それまでの縦長で幅の狭いものに対して、横長になりかつ面積が広がる傾向にあった。さらに欄間窓が設けられ、通風や採光面をより重視した教室空間になっていた。

この時期もっとも洋風らしさが強調された校舎は明治三一年（一八九八）に建設された湊川校の本館で、二階は講堂になっていた。そこでの玄関車寄せ上部は囲われた部屋で、三連のアーチが正面を飾る。前節で詳述した明治一〇年代後半に現われた三校とは異なり、ベランダ上部が完全に囲われていた点に特徴がある。外壁は白いペンキ仕上げとなり、窓は上げ下げ窓となる。神戸の小学校では洋風の木造校舎はこの建物が最後となる。なお湊川小学校は明治四二年（一九〇九）に英国のロンドンで開かれた日英博覧会に日本の小学校を代表するものとして選ばれ、「学校の設備や生徒の成績品」[30]を出品していた。同校を引継いだ神戸祇園小学校には当時の出品写真が残っており、校舎や教室などでの学習風景がみてとれる。また前節でみたように同校は大正二年（一九一三）には『湊川小学校沿革絵巻物』[31]をまとめており、神戸を代表する小学校であったことがわかる。

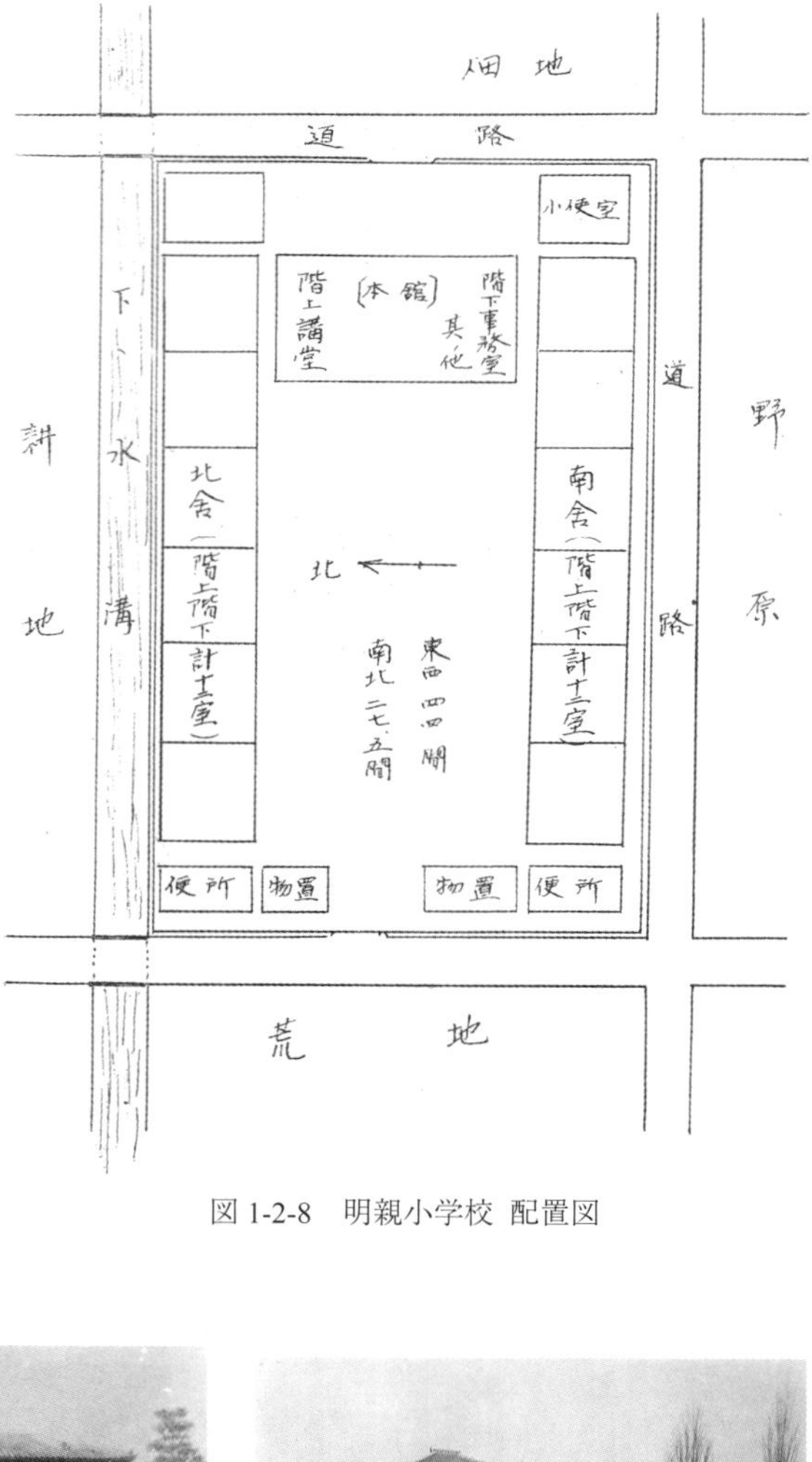

図 1-2-8　明親小学校 配置図

写真 1-2-10　雲中小学校

写真 1-2-9　真陽小学校

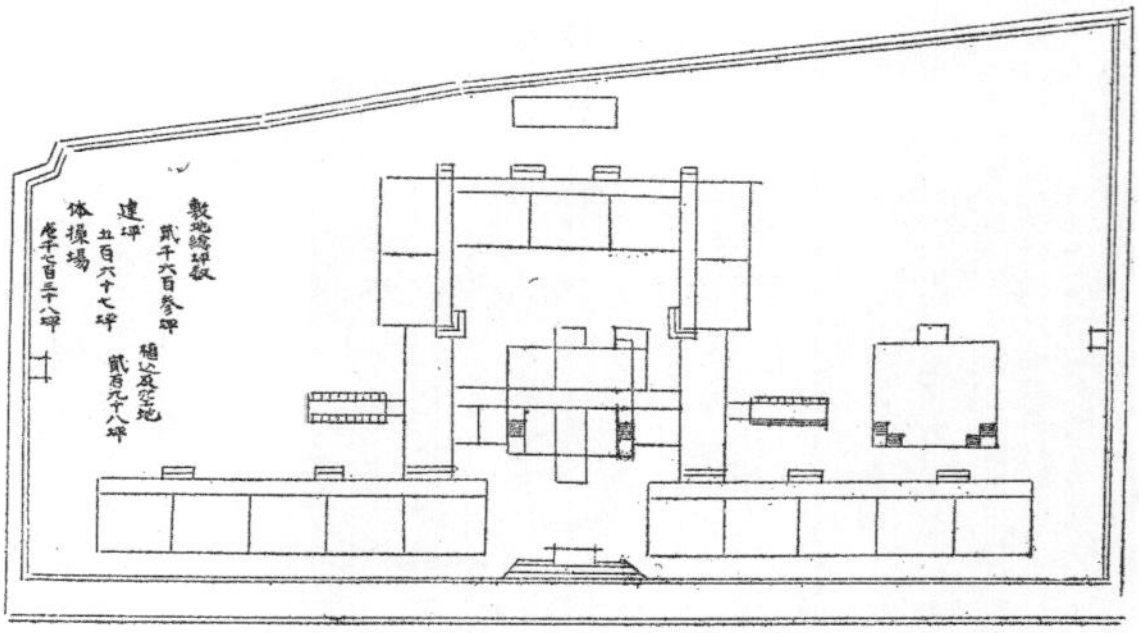

図 1-2-9　雲中小学校 配置図兼平面図

一方で玄関構えに限って和風意匠を示すものが多い。簡素な洋風の外壁にさながら取ってつけたかのように和風意匠が記号のように用いられていた。その嚆矢は明治三二年（一八九九）に改築される明親小学校である。また教室棟とは別に本館を設け、格式高い入母屋造の破風を二階正面にみせる小学校もあった。やはり明治三二年に改築された真陽小学校であり、破風は狐格子に懸魚で飾られる。このような玄関二階部を突出させる手法は神戸小学校や兵庫小学校でみられた玄関ポルティコを設け、その二階をベランダとするプランニングに影響を受けたものと考えられる。つまり洋風スタイルで実現されていたものが、和風スタイルに置き換えられた形であったといえよう。

この建物の外壁は真壁造となり、壁は押縁下見板貼、小壁は漆喰塗となる。すなわち完全に和風の構成を示す。明治三三年（一九〇〇）に建設された雲中小学校でも玄関に入母屋の破風を設けた本館を出現させていた。同年に新設の諏訪山小学校では、正門からみえる正面側は和風意匠の外観を示す。翌明治三四年（一九〇一）に新設された山手小学校では校舎棟と本館を別棟とし、本館は入母屋造の屋根をもつ和風スタイルであり、玄関には懸魚の付いた破風が付く。

正確な竣工年は不明だが、大正三年（一九一四）から大正八年（一九一九）の間に建設された湊川校の講堂棟は入母屋造屋根で葺かれていた。ここでは玄関構えもまた入母屋破風をみせるが、破風にはハンマービーム風の装飾が取り付き、和風と洋風が並置された不思議な外観を示した。この講堂は前述した明治三一年（一八九八）の洋館本館を改築したものと思われる。この講堂は戦争の空襲で焼けるまで存在した。ここでの窓割りは大正五年（一九一六）に完成する長楽校の外壁の取り扱いと共通する。

和風意匠を示すものにはさきに論じたプラン上での二つのタイプに呼応している。前者は和風意匠が積極的に取

写真 1-2-11　諏訪山小学校

写真 1-2-12　山手小学校

写真 1-2-13　湊川小学校 講堂（大正期）

写真 1-2-14　長楽小学校

写真 1-2-15　御影町御影小学校（明治 42 年）

写真 1-2-16　本庄村本庄小学校（大正 7 年）

り入れられたもので、車寄せや式台が設置され屋根は入母屋となるなど、玄関部まわりのファサードが強調される傾向にあった。後者は長屋門に類似した外観を示し、和風意匠の採用は消極的なものであり、外壁は下見板貼りで屋根は桟瓦葺の簡素な意匠であった。

神戸の小学校では京都や大阪のように、全体にわたって豪華な和風意匠を示すものは現れておらず、そのような意味では玄関廻りに限定されたものであった。

なお、同時期に建てられた神戸市に隣接する武庫郡御影町や住吉村、本庄村、本山村、精道村の小学校校舎ではいずれもが洋風意匠に基づくものとなっており[32]、神戸市の都市部とは違った傾向を示す。

四　建設主体

ここでは建設主体について設計と施工がどういった技術者によって担われたのかをみる。

この時期の校舎の設計は『明親小学校創立六十周年沿革史』[33]や『神戸区教育沿革史』[34]によれば、神戸市土木課営繕掛の建築技術者であったことが判明している。ここでは次の三人の建築技術者が小学校の設計をおこなっていたことが確認された（表1-2-4参照）。最初は大沢長次朗（明治三二年から明治三八年の間の小学校設計）で、次は山崎於兎四郎（明治三九年から明治四一年の間の小学校設計）となり、最後は溝武大次郎（明治四五年の小学校設計）であった。

具体的に卒業学校が確認できた技術者に大沢長次朗がおり、大沢は明治二五年（一八九二）二月七日に工手学校を卒業[35]した技術者であった。また明治四二年（一九〇九）三月に兵庫県立工業学校の第一回卒業生であった調子明男[36]が神戸市技手に採用される。明治期から大正八年（一九一九）までの間の神戸市土木課営繕掛の実態については職員録などの具体的な史料が見出せていない現時点では正確な把握はできないが、大正一〇年（一九二一）一月に清水栄二[37]が入るまでは高等教育を受けた建築技術者は確認できない。すなわち、この時期の神戸市に所属する建築技術者とは中等教育を受けた建築技術者から構成されており、このような建築技術者によって小学校は設計されていたものとみることができる。

なお神戸市営繕組織の始発点は明治二四年（一八九一）の土木課の設置[38]に遡ることができるが、そこにおいて営繕掛が設置されていたかどうかについては史料的な制約もあって詳しくはわからない。だが大沢が明治三二年（一八九九）に明親小学校を設計していた事実から、遅くとも明治三二年には土木課のなかに建築設計を担当する建築技術者が登用されていたことが確認される。

次に施工者をみる。表1-1-2ならびに1-2-4から読み取れるように四校で工事を担当していた吉本甚八郎[39]の存在が目にとまる。吉本甚八郎は武庫離宮や湊川神社などの社寺建築を得意とする請負業者であったが、明治一七年（一八八四）竣工の神戸小学校の施工以来、多くの小学校の施工を担当し、この点では明治期から大正前期にかけては神戸市内でもっとも多くの小学校を請け負った施工者といえる。

五　小結

以上の考察により次の知見が得られた。明治後期から大正前期にかけて、神戸市はこの時期人口激増期にあり、小学校は明治二六年から大正八年にかけては三一校の新設がおこなわれた。建設が集中する時期は三度あり、一回目が明治三三年から明治三四年、二回目が明治四一年、三回目が大正四年から大正七年であった。その要因としては一と二のものは小学校令の改正、三のものは神戸市による建設費補助規定の改正があった。

この時期につくられた校舎は教室の大きさや北側に廊下の設置など一定の定型化を辿っていた。その背景には文部省による建築基準があって、それに準じるものになっていた。

ここでの外観は和風意匠によるものが多かった。その内容は玄関部の配置によって二つに分類できる。ひとつは車寄せを設けるもので、入母屋造などの玄関部の意匠を有する。もうひとつは玄関部が長屋門に類似した形態を有するもので、簡素な意匠であった。

明治三二年以降に竣工の校舎の設計は神戸市土木課営繕掛に所属する建築技術者によるものであった。ここでの技術者とは工手学校などの中等教育を受けた者から構成されていた。

註

(1) 神戸、兵庫、湊川、雲中、の四尋常高等小学校に加え、宇治野尋常小学校があった。
(2) 湊山、真陽、西野の各小学校に前掲註（1）の五小学校を加え八校があった。
(3) 『神戸区教育沿革史』神戸小学校開校三十年記念祝典会、一九一五年。
(4) 神戸市学事累年統計表『神戸市教育史』第一集付表（二）による。
(5) その背景には明治三四年教育市長として知られた坪野平太郎の神戸市長就任が関連しており、坪野市長は一部授業を積極的に推進する。
(6) 『神戸市会史　第一巻　明治編』神戸市会事務局、一九六八年。
(7) 前掲註（6）と同じ。
(8) 『神戸市教育史　第一巻』神戸市教育史編集委員会、一九六六年。
(9) 前掲註（6）と同じ。
(10) 家屋の賃貸価格を基準としてその所有者に課する地方税。明治一五年（一八八二）従来の戸数制にかえ創設された。昭和二五年（一九五〇）固定資産税の創設により廃止となる。
(11) 明治四〇年の「神戸市教育施設調査委員報告書」『神戸市会史　第一巻　明治編』神戸市会事務局、一九六八年。
(12) 前掲註（8）と同じ。
(13) その規定内容については確認できなかったが区費補助という形をとっていた。前掲註（6）と同じ。
(14) 前掲註（6）と同じ。
(15) 出典は「明治四〇年神戸市事務報告」によるもので、『神戸市会史　第一巻　明治編』神戸市会事務局、一九六八年、参照。

(16) 出典は「神戸市教育施設調査委員報告書」によるもので、『神戸市会史　第一巻　明治編』神戸市会事務局、一九六八年、参照。
(17) 「学区問題と市当局」、明治四一年一〇月一一日付。
(18) 川島智生『近代京都における小学校建築』ミネルヴァ書房、二〇一五年で詳しく論じた。
(19) 明治三九年に一挙に六校の高等小学校を新設していた。掘勇良「横浜市建築局前史」『昭和を生き抜いた学舎、横浜震災復興小学校の記録』横浜市、一九八五年。
(20) 前掲註（6）と同じ。
(21) 前掲註（6）と同じ。
(22) 『神戸市会史　第二巻　大正編』神戸市会事務局、一九七〇年。
(23) 前掲註（22）と同じ。
(24) 前掲註（3）と同じ。
(25) 『明親小学校創立六十周年沿革史』明親小学校、一九三〇年。
(26) 『雲中小学校創立六十周年記念誌』雲中小学校、一九三三年。
(27) 菅野誠『日本の学校建築　資料編』文教ニュース社、一九八三年。
(28) 前掲註（3）と同じ。
(29) 前掲註（3）と同じ。
(30) 「校長と校風（十）湊川小学校　芥川梅次郎君」『神戸新聞』一九一二年六月一七日。
(31) 現在は神戸市立博物館所蔵。
(32) 『目でみる神戸市教育百年』神戸市立学校教育研究会、一九六六年。
(33) 前掲註（25）と同じ。
(34) 大正四年に神戸小学校開校三十年記念祝典会から刊行される。
(35) 工手学校第六回卒業者名簿による。『工学院大学専門学校のあゆみと会員名簿』一九九三年。
(36) 神戸市総務部人事課の記録による。調子明男は明治二一年一一月二三日に生まれ、大正一三年七月五日に営繕課技師、昭和九年七月九日に神戸市技師を退職している。大正期の木造小学校の設計を主に担当していた。
(37) 第二章・第三章・第四章で詳しく論じているが、東京帝国大学建築科を卒業した建築技術者で、小学校の鉄筋コンクリート造化を担当するために神戸市土木課に入り、大正一〇年一二月からは土木課技師に就任、大正一二年の営繕課の設置にともない、初代神戸市営繕課長に就任、大正一五年退職、同年清水栄二建築事務所を開設。

(38)『新修神戸市史　行政編　I市政のしくみ』神戸市、一九九五年。

(39)『兵庫県土木建築大鑑』土木建築之日本社、一九三五年、による。昭和一〇年の時点では吉本工務店と名称を変更していた。他に三井物産神戸支店、善福寺などを手掛けていた。神戸市土木建築組合の副組合長を勉めていた。

第二章　大正・昭和戦前期の神戸市における小学校建築の成立と特徴

第一節　神戸市における鉄筋コンクリート造校舎の成立と特徴

わが国での鉄筋コンクリート造の建築は大正期の小学校校舎に多くの成立をみる。鉄筋コンクリート造小学校として、わが国に最初に完成したものは、神戸市に新設校として建てられた須佐小学校(1)であり、大正九年（一九二〇）一一月三〇日に竣工する。翌一二月には雲中、荒田の二校に鉄筋コンクリート造校舎が完成する。以来次々と神戸市内に鉄筋コンクリート造校舎が竣工していく。その数は関東大震災のあった大正一二年（一九二三）の末までに一九校(2)が竣工していた。

一般的に鉄筋コンクリート造校舎は関東大震災以降に東京市を中心にして全国的に普及していくとされる。しかしながら関西での成立状況をみると、必ずしもそのような図式が該当するものではない。つまり、関西では耐震という要素とは違った要因によって、鉄筋コンクリート造化がおこなわれていた。そのことがもっとも端的に現れたものとして神戸市の鉄筋コンクリート造校舎の成立があった。

本章で対象とする神戸市の小学校においては、昭和一五年（一九四〇）の時点で六六校で鉄筋コンクリート造校舎を有していた。この時期の神戸市内の小学校数の合計が、七二校(3)であったことを考えれば、鉄筋コンクリート造校舎の占める割合は非常に高いものであったといえるだろう。しかしながらその成立経緯をはじめ、そこで展開された多様な試みなど、多くの点でその実情はあきらかにされてはいない。ここでは神戸市で実現された校舎の建築的な特徴を、鉄筋コンクリート造化が進む過程をとおしてみていく。

一　鉄筋コンクリート造校舎の成立経緯

1　鉄筋コンクリート造校舎の出現

神戸市ではわが国でもっとも早く小学校校舎に鉄筋コンクリート造が採用され、大正期に中央部[4]のほとんどの校舎の鉄筋コンクリート造化は実現していた。その実施の状況は大正九年（一九二〇）の三校をはじめ、大正一〇年（一九二一）には五校、大正一一年（一九二二）には四校、大正一二年（一九二三）には五校と、大正一二年までに一九校が確認される。つまり大正一二年九月におきた関東大震災以前の段階でこのような校数が成立していたことは、鉄筋コンクリート造への改築の動機は少なくとも関東大震災による影響でなかったことはあきらかである。

それではなぜ、神戸市ではこのように全国的にみても早い時期に鉄筋コンクリート造化がおこなわれたのか。当時の文献[5]によると、市会議員・竹馬隼三郎[6]の積極的な推進があったと伝えられている。理由としては、

> 経済上から言えば耐久力が大であり、保険料が低廉であり且つ神戸は地盤関係上基礎工事費が安く、火災にかかる憂も少ない[7]。

とある。

この背景には大正八年（一九一九）の雲中小学校、長狭小学校の火災による焼失があったようだ。大規模な建築である小学校校舎の焼失による経済的な損失は大きく、木造校舎の危険性が問われ、その解決策として、耐火建築と考えられた鉄筋コンクリート造がクローズアップされたと考えら

写真 2-1-1　竹馬隼三郎

表 2-1-1　小学校設備計画一覧

計画番号		1次	2次		3次	4次	5次		6次		7次	8次		9次		10次	施工数
実施期間		T 8～T 10. 5	T 8～T 12. 7		T 13～S 2	T 14～S 2	S 2～S 8		S 4～S 7		S 5～S 8	S 8～S 14		S 11～S 19		S 16～S 20	
計画内容	改増築	神戸 荒田 楠 橘 長楽	雲中 明親 長狭 諏訪山 兵庫	兵庫女子 湊山 真陽 湊川 山手	東須磨 遠矢 真野	入江 二宮 下山手	道場 湊川＊2 小野柄 大開 北野	楠＊2 須磨 脇浜	長楽＊2 平野 御蔵 筒井 水木	浜山 野崎＊2		川池 神楽＊2 摩耶＊1 名倉＊2 西郷＊1	成徳＊2 六甲＊1 遠矢＊2 東須磨＊2 多聞 小野柄＊2	菊水 東川崎 中道 稗田＊1 入江＊2 西灘＊5	灘高等＊4	RC はなし ※木造のみ	38(16)校
	新設		須佐 野崎 吾妻 神楽		室内 若松高等 蓮池 宮本 鴨越		二葉 板宿 川中				福住 成徳 名倉	志里池 大黒 千歳 吉田高等 若宮	池田	高羽 須磨高等			23校
竣工数＊3		5	14		8	3	9(2)		5(2)		3	8(9)		6(3)		0	61(16)校
金額（千円）		2,000	6,710		1,736	530	3,680		900		888	不明		6,423			
課長		浅見忠次	浅見忠次		清水栄二	清水栄二	鳥井信・ 藤島哲三郎		藤島哲三郎		藤島哲三郎	井上伉一		井上伉一		十河安雄	
主な設計者					加木弥三郎 熊本一之	梅本由巳 貞永直義	井上伉一 相原弁一 野坂和儀 森義弘 奥田譲 森卯之助		相原弁一 中川初子 松代昌次		相原弁一 森義弘	相原弁一 野坂和儀		野坂和儀 深田操			

備考　基本的には一切木造は除外している。＊1 は神戸市と合併前に鉄筋コンクリート造校舎を建設しており、神戸市編入後の増築設計によるもの。＊2 は鉄筋コンクリート造としては 2 期工事によるもの。＊3 は増築数は（　）に記した。＊4 の灘高等小学校は 1 期工事は 7 次計画に基づくもので木造校舎であったが、2 期工事は 9 次計画によるもので、ここではじめて鉄筋コンクリート造校舎となる。＊5 の西灘小学校は神戸市に編入以前に鉄筋コンクリート造を建設しており、9 次計画によるものは 3 期工事である。なお同校は昭和 7 年に灘尋常小学校と改称するが，昭和 16 年には西灘国民学校となっている。

出典：『神戸市教育史第一集』神戸市教育史編集委員会、昭和 41 年 3 月、による。営繕組織の建築技術者については各年度の神戸市職員録による。

れる。その導入の際に、鉄筋コンクリート造の建設費は従来の木造校舎に比べて高額になる実情に対し、鉄筋コンクリート造とは半永久的な建築であり、耐用年数が長いために、木造校舎より却って経済的であると説明がなされていた。

　そのような時代的背景のもとで、竹馬の提案は市当局によって取り上げられ、大正九年（一九二〇）には須佐小学校、雲中小学校、荒田小学校が鉄筋コンクリート造で試作されることになる。その後、神戸市は市内全域の小学校校舎の鉄筋コンクリート造化を決定する。そのため大正期から昭和二〇年（一九四五）までの間に、一〇次にわたる鉄筋コンクリート造による小学校校舎の建設計画（表2-1-1）が立てられ、合計六六校の竣工が確認される。全市域の小学校数が昭和一五年（一九四〇）の時点では七二校であることから、鉄筋コンクリート造化の割合は九〇%を越える。このように神戸市ではほとんどの小学校で、鉄筋コンクリート造校舎を有していたことがわかる。このような背景には、行政当局による鉄筋コンクリート造化に対する積極的な推進があったと考えられる。

写真 2-1-2　雲中小学校

2　背景としての学区制廃止

　大正期の鉄筋コンクリート造校舎の成立背景には、地域と大きく関わる学区制度の廃止があったと考えられる。なお、ここでいう学区制度廃止と、学区制度統一とは、同一の内容(8)を示す。

　神戸市では大正八年（一九一九）三月三一日までは学区制度を運用していたため、各学区が学区内の小学校に対して学区単位に独自の経営をおこなっていた。つまり、学区の小学校は財政的には神戸市当局から独立した状態にあり、学区の運営は学区内の家屋税(9)を財源としていた。そのため、校舎の建設事業は各学区の裁量でおこなわれ、神戸市とは直接の関連は持たなかった。

神戸市では明治後半以来人口増加が著しく、神戸区、湊東区、湊西区からなる中央部と、葺合区、湊区、林田区からなる周囲部との間に校舎の施設や教育内容に大きく格差が生じていた。(11)そのため、明治四〇年（一九〇七）以来学区制の統一が懸案となっていた。(12)しかし財政的に裕福な中央部ではあきらかに不利益になる統一には強く反対しつづけていた。その間にも周囲部への人口集中は進み、そこでは小学校の「必要なる施設すら出来ない(13)」という悲惨な状況にあった。

大正期に入ると、そのような事態はさらに深刻化するが、大正六年（一九一七）には神戸市当局による、廃止に向けての積極的な取り組みが開始され、大正七年（一九一八）七月には兵庫県知事による廃止の諮問に、市会は賛成の議決をおこなった。そのため中央部の学区では「平等思想よりの輿論は到底覆さるべくもなく、統一の実現は最早如何とも防ぐすべもなき情勢(14)」と判断し、一斉に改築の決議をおこなう。

神戸区では「区会は機先を制して起債を画して、神戸、山手、諏訪山の改築を決議し、（中略）学区統一と共に之を市に引継いだ(15)」とある。このような事情は湊東区や湊西区においても同様であり、各区あたり二〜三の数の学校が改築の対象とされていた。湊西区では明親小学校の改築が決議され、「区会は改築を条件として市に引継いでしまう(16)」という記述にも、そのことが窺える。ここからは中央部ではあきらかに不利になると予測できた学区統一に際して、そのことを見越して改築の事業決定をおこなっていたことが判明する。ただし、この時点では鉄筋コンクリート造は考えられていなかったため、このことは鉄筋コンクリート造への改築に直接繋がるものではない。

神戸市当局は学区制廃止を円滑におこなうために、中央部の学区の提案した校舎改築事業を引き継がなければならない状況にあったと考えられる。すなわち学区制廃止を認める代わりに、学区の改築事業を引き継ぐという、取引がおこなわれたと考えることもできる。その様子は「各学区に於ける教育関係一切の財産及び権利を無償にて市に引き継ぎ、同時に区の債務を無条件に市の負担となす(17)」ということであった。

神戸市は学区統一と同時に小学校の新設と増改築を木造校舎により実施していく計画を立て、設計は終了していた。そのために、六五〇万円の起債[18]をおこなっている。ところが大正八年（一九一九）九月の市会ではさきにみたように竹馬市議の提案を受けて、一部の校舎で鉄筋コンクリート造に設計変更がなされる。竹馬市議は建築委員[19]を勤め、有力な市議のひとりとして知られていた。この時期は学区統一がなされた直後であり、中央部の富裕な学区の市議は市会のなかでも発言力は大きかったと考えられる。

たとえば富裕な学区の最たる存在であった神戸区では、数百万円の区有財産[20]を学区統一後も所有していた。この時期に鉄筋コンクリート造に改築されるのは新設校を除けば、神戸校[21]をはじめとする中央部の伝統校が多かったことから、大阪の例[22]から考えてみて、中央部が学区制廃止を認めた見返りとして、早い時期に鉄筋コンクリート造への改築がおこなわれたと考えることができる。

さきに触れたように学区統一の理念とは、周囲部の校舎の整備が主たるものであったにもかかわらず。現実には中央部の校舎を中心に鉄筋コンクリート造に改築するために、起債による予算の多くが使われていたようだ[23]。これらのことを総合すると鉄筋コンクリート造校舎の成立に学区制廃止による直接の関連性はみることはできないが、学区制廃止という制度上の変化によって鉄筋コンクリート造校舎を成立させることに適した環境が醸成されていたと考えられる。

二　校舎の建築的な特徴

神戸市の小学校建築の特徴は、講堂を校舎の中央部三階に設置するプランの成立にあると考えられる。そのようなプランの成立には柱のスパンや階高などの規格化が大きく関連している。大正期から昭和戦前期をとおして神戸市は六一校の鉄筋コンクリート造の小学校を完成させ（一部増築のものを含めると六六校）、そのうち現時点では一七校が現存する。また三七校については設計者名が特定[24]できる。

1　標準化の試み

神戸市の鉄筋コンクリート造小学校の建設事業は計画事業ごとに共通した設計の基準によって建設がなされていたとみることができる。では標準化はいつごろ始まったのだろうか。神戸市の営繕課長であった井上伉一[25]によれば、昭和二年（一九二七）に神戸市営繕課に入った時点で校舎の雛形が用意されており、プランの定型化や、柱のスパン、階高などについての設計の規格化がすでにおこなわれていたという証言が得られている。

表2-1-2から読みとれるように、大正一二年（一九二三）以降、大正一四年（一九二五）までの間には新しい校舎の完成はなかったが、大正一三年（一九二四）には室内をはじめ東須磨、遠矢の三校の着工がはじまる。大正一二年竣工のものまでは米国トラスコン社[26]の構造設計によるものもみられたが、室内校以降は営繕課の内部[27]で構造計算がなされていたことが確認される。その際に、柱のスパンなど構造計算の基本的な寸法の規格化がおこなわれた可能性が強い。時期としては室内校の着工期以前の、おそらくは大正一三年前半まではおこなわれていたと考えられる。

その内容は雑誌『建築と社会』の昭和五年（一九三〇）二月号、に掲載された、「神戸市学校建築の方針[28]」にみることができる。これは神戸市立小学校の鉄筋コンクリート造校舎の基準を論じたものであり、執筆者は神戸市教育課長・横尾繁六であった。ここでは神戸市当局による市立小学校校舎の設計に対する方針が記されており、プランニングに関する内容と設計規格に関する内容の二つに区分できる。

まず、プランニングの定型化をみていく。定型化の内容とは「神戸市学校建築の方針」によると、「校舎は鉄筋コンクリート構造三階建塔屋付中廊下式を採り、講堂は中廊下式校舎の三階に設く」、とある。具体的には三階の講堂の真下の二階部分には普通教室が六教室あり、一階は職員室などの管理スペースの他に三教室があるというプランニングになっていた。一小学校校舎の基本単位はこのような要素によって構成されていた。そのため一文字型のプランを採る場合は校舎の両翼部の長さを伸ばすことで、教室数の大きさの増加に対応し、敷地が狭い場合はL

表 2-1-2　竣工一覧表

小学校名	行政区	竣工年	起工年	建設様態			事業計画	建築面積(m²)	延床面積(m²)	階数	平面	講堂		外壁の意匠			工費(千円)	柱間隔(m)	現存	設計者	施工者	出典	意匠の特徴	備考
				新設	改築	一部						校舎	別棟	柱型	平滑	庇								
須佐	湊西	T 9、11	T 8、12	○			2		5161	3	H		○	○				4、0				創立百周年記念誌	玄関部はポルティコ	
雲中	葺合	T 9、12	T 9、4		○		2	2141	5289	3	コ		○	○			384				田林工務店	雲中六十周年	玄関部にポルティコ	構造は日本トラスコン社
荒田	湊東	T 9、12				○	1			2			○	○						国枝博				本館のみ
野崎	葺合	T 10、5		○			2			3	E	○		○			169		○		金田組		玄関部はポルティコ	
楠	湊東	T 10、5				○	1			2			○	○			67				山本平三郎		車寄せ	本館のみ
神戸	神戸	T 10、10	T 10、1		○		1		3537	3	L		○	○			240	4、0		眞藤文次郎	浜口組・金田組	50 年史	1 階は吹放ち廊下	
山手	神戸	T 10、11	T 9、11			○	2	789	3507	4	−	○		○			243	4、0		丸川、新井	佐藤組	山手教育 40 年	階数ごとに室壁色変化	
諏訪山	神戸	T 10、10	T 10、4		○		2		4943	3	コ		○	○			310				田林工務店			
橘	湊東	T 10				○	1			2			○	○			68				山本平三郎		車寄せ	本館のみ
長楽	林田	T 11、5	T 10、6			○	1			3		○		○				4、55	○		井上福松		アーチ状の庇	
真陽	林田	T 11、5			○		2			2		○		○			227						ペディメント	
吾妻	葺合	T 11、8		○			2		5234	3	コ	○		○							山本平三郎		アーチ状の庇	
湊山	湊	T 11、4	T 10、7		○		2			2	L		○	○				2.7					車寄せ	
神楽	林田	T 11、12	T 11、2	○			2	1683	4059	3	コ	○		○			255	4、1			金田組	神楽教育史要	壁面にアーチの装飾	工費は坪 168 円 2 期あり
兵庫	湊西	T 12、3	T 10、1		○		2	1455	4263	3	コ	○		○			268				山下秀次朗	兵庫校教育 50 年	車寄せ	
明親	湊西	T 12、4			○		2		4118	3				○							大阪池田組		アーチ状の庇	構造設計は笠井正一
兵庫女子	湊西	T 12、5			○		2			3	コ	○		○									壁面に幾何学装飾	
長狭	神戸	T 12			○		2			3		○		○			190				山本平三郎			S 2 に神戸校に統合
湊川	湊東	T 12				○	2							○			156	2.7			山本平三郎			
東須磨	須磨	T 14、1					3			3	−	○		○				4		熊本一之			4 連アーチ	
遠矢	須磨	T 14、1			○		3			3	L	○		○										

室内	林田	T 14、8	T 13、11	○			3	1772	4224		ロ	○					28			加木弥三郎				内庭型
若松高等	須磨	T 15、3		○			3			3	L	○		○			227			梅本由巳	松村組			
宮本	葺合	T 15、4		○			3	1026	3003	3	L	○		○			157	4、09					片持梁のバルコニー	
蓮池	林田	Y 15、5	T 14	○			3	1719	5158	3	L	○		○			248	4、09		熊本一之	畑政七	創立十周年記念	片持梁のバルコニー	
入江	湊西	S 2	T 13			○	4			3	–	○		○			93			貞永直義	畑政七			2 期工事は S 10
二宮	葺合	S 2、8	T 15、6			○	4	977	2930	3	–	○		○			147	4、0	○	相原弁一	金田組	図画あり	6 連アーチ、バルコニー	
真野	林田	S 2、9		○			3			3	L	○		○			206				畑政七		片持梁のバルコニー	
下山手	神戸	S 2、11				○	4			3	–	○		○						梅本由巳	吉本工務店	閉校記念誌	6 連アーチ	
鴨越	湊	S 3、3		○			3		5006	3	コ	○		○			235	4、09	○	加木弥三郎	金田組	60 年のあゆみ	三角出窓、バルコニー	
二葉	林田	S 4、3	S 3、9	○			5	1567	4774	3	–	○		○			246		○	相原弁一	金田組	新築落成記念誌	6 連アーチ	
板宿	須磨	S 5、7	S 4、9	○			5	1594	4775	3	–	○		○			237			野坂和儀	清水組	創立 20 周年記念		
脇浜	葺合	S 5、9	S 4、10		○		5	1626	5135	3	L	○		○			232			鳥井捨造	畑政七	竣工記念写真帖	角部が曲面	
道場	湊西	S 5、11			○		5		4452	3	L	○		○			227			井上侊一	畑政七		アーチの開口	
須磨(西)	須磨	S 6、3	S 5、4		○		5	2602	5700	3	–	○		○			150	4、07		相原弁一	畑政七	近代建築画譜		
水木	湊西	S 6、4				○	6			3	–	○		○						松代昌次	清水組			
北野	神戸	S 6、7			○		5				–	○		○			249		○	森義弘	清水組			
御蔵	林田	S 6				○	6			3	–	○		○			59				畑政七·池田工務			
小野柄	葺合	S 6				○	5			3	L	○		○			81		○	森卯之助	畑政七·井上福松		パラポラアーチの開口	
浜山	林田	S 7、2	S 6、5			○	6	686	2108	3	–	○		○				4、07	○	森義弘	大林組			
成徳	灘	S 7、6	S 6、7	○			7	964	2967	3	–	○		○			215	4、07		森義弘	金田組			
筒井	葺合	S 7、10			○		6			3	–	○		○				2、05	○		鴻池組		庇や窓に大谷石使用	現在校名、春日野校
平野	湊	S 7、1				○	6				–	○		○							清水組			
名倉	林田	S 7、12	S 7、1	○			7		4076	3	–	○		○			187	4、07	○	相原弁一	畑政七	竣工絵葉書		
福住	灘	S 8	S 7、7	○			7	1825	5053	3	L		○		○	○	170	4、1		相原弁一	進木組	続学校建築図		

川中	湊西	S 8、9	S 7、11	○			5	2150	5446	3	コ		○		○	○	200	2、7		奥田譲	鴻池組	近代建築画譜	ガラスの連続窓	
大開	湊西	S 8、11	S 7、4			○	5			3	−	○		○						深田操				
多聞	湊東	S 10、9	S 10			○	8		3142	3	−	○		○						松代昌次	吉本工務店			
志里池	林田	S 10、11	S 10、1	○			8	2143	5564	3	コ		○		○		294		○	森卯之助	畑政七	創立20周年記念	階段に連続窓	
川池	湊西	S 10、12	S 10、3		○		8	1634	5304	3	L	○			○		298	4.09		相原弁一	原田組	創立40周年	便所部分が曲面	コーナー部に講堂あり
大黒	須磨	S 11、3	S 10、5	○			8	2018	4843	3	L		○			○			○	野坂和儀	中島組	新築落成記念	便所の窓庇が水平連続	
中道	湊西	S 11、10	S 11、1		○		9	1048	3016	3	L	○			○			4.1	○	市場一市	向井組	改築落成記念誌		
千歳	須磨	S 12、5	S 11、8	○			8	2076	5364	3	L		○			○	257	2、7	○	野坂和儀	金田組	神戸建築年鑑		
吉田高等	林田	S 12、5	S 11、5	○			8	2574	6000	3	L		○			○	265	2、7		奥田譲		神戸建築年鑑	手洗場が流線形	
灘高等	灘	S 12、6		○			7			3	−				○									S 7は木造
須磨高等	須磨	S 12、8	S 11、10	○			9	1913	5695	3	L	○			○		276				鴻池組	神戸建築年鑑		
若宮	須磨	S 13、3	S 12、6	○			8		5050	3	L	○			○			2、7	○	深田操	中島組	建築年鑑S 14		
菊水	湊	S 13、9	S 12、8		○		9	1085	3337	3	−	○			○			2、7	○	坂野秀雄	鴻池組	建築年鑑S 14		
東川崎	湊東	S 14、3	S 12、10		○		9		3742	3	L	○			○			2、7		野坂和儀	向井組	建築年鑑S 15		
高羽	灘	S 13、5	S 12、7	○			9		5054	3	L	○			○			2、7	○		金田組	創立50周年記念		
池田	林田	S 14、9	S 13、5	○			8		4378	3	L		○			○		2、7	○	深田操	宮崎工務所	建築年鑑S 15	階段室が連続窓	
計61校																								
摩耶	灘	S 11				○	8			3										森義弘			旧校舎に合わせている	
西郷	灘	S 10	S 10			○	8			3						○	75	2、7		中川初子	宮崎工務所			
六甲	灘	S 11、12	S 11、4			○	8			3							68				向井組	神戸市建築年鑑	旧校舎に合わせている	
西灘	灘	S 12				○	9			3		○												
稗田	灘	S 13、4	S 12、6			○	9		4378	3		○						2、7			金田組	建築年鑑S 14		
合計66校																								

備考：現存については平成8年12月1日時点のものを示している。主な出典は各学校沿革史および竣工記念写真帖を中心とし、『神戸市教育史第一集』神戸市教育史刊行委員会、昭和41年3月、や『神戸市建築年鑑』神戸市営繕課、昭和12年、各学校記念誌などで補足した。記載は竣工年順におこなっている。ここでの「計画」内容の呼称は市会によるものではなく「神戸市教育史」による呼称に従っている。また神戸市に編入以前にすでに鉄筋コンクリート造校舎を有していた、六甲、西郷、西灘、稗田、摩耶の5校に関しては、2期工事として昭和10年から14年の間に神戸市営繕課の設計により増築がなされていたが、既存の校舎の外観に合わせてつくられることが多く、小規模の一部増築に過ぎないため区分して扱っている。柱間隔の採取は図面が現存する場合は図面による。また、建築が現存する場合は実測をおこなった。なお設計者名の特定は図面の表題欄の押印から判断した。それに併せて聞き取り調査もおこなっている。行政区の名称については昭和戦前期に使用されたものを用いている。現在の行政区分を示しておくと神戸区、湊東区、葺合区は中央区に、湊西区、湊区は兵庫区に、林田区は長田区と名称が変更している。

型に校舎を配置することで、教室数の増加に対応できるシステムになっていた。

このように講堂を中心に配置することで、教室数の増減にフレキシブルに対応できるシステムになっていた。この背景には小学校の規模や敷地形状の多様性に加えて、児童数の急増により増築の可能性が考えられていたことがあった。また両翼部の端部には特別教室が配置されることが多かった。

しかしながら、採光や換気の上で条件の劣った中廊下式[29]の教室配置が積極的に採用されていくような事態はどうして生じたのかをみれば、神戸市の小学校では敷地が狭隘なことが多く[30]、中廊下式は一定の面積のなかではもっとも収容可能な教室数が多く、建設コストが安く済むプランであったと考えられる。また当時の神戸市の義務教育に顕著な特徴として、二部授業の割合がきわめて高く、その弊害が問題化[31]していた。さきにみた学区制度廃止の大きな要因が二部授業撤廃にあり、一校舎に含まれる教室数の一定の確保が必要になっていたことが考えられる。

では上記であげたような神戸市の指針はどの程度、実際に適用されていたのかをみると、講堂を三階に設置しその下は中廊下式の教室配置を持つ形式のものは、大正昭和戦前期に建てられた六六校のうちの過半の四一校に採用され、そのとおりに建てられていたことが確認される。

次に設計規格をみる。「神戸市学校建築の方針」によると、教室の大きさは「正味三間七分五厘と四間半」[32]とされていた。メートル寸法に換算すれば、六・八二五m×八・一九mとなるが、壁心ではないためにこの寸法に壁厚の数値を付け加えたものが実際の梁間×桁行の寸法となる。この方針が示された　昭和五年前後に建設された小学校校舎の桁行方向の柱の間隔の寸法をみると、四・〇五mから四・〇九mの間にあり、四・〇七mの数値[33]を示すも

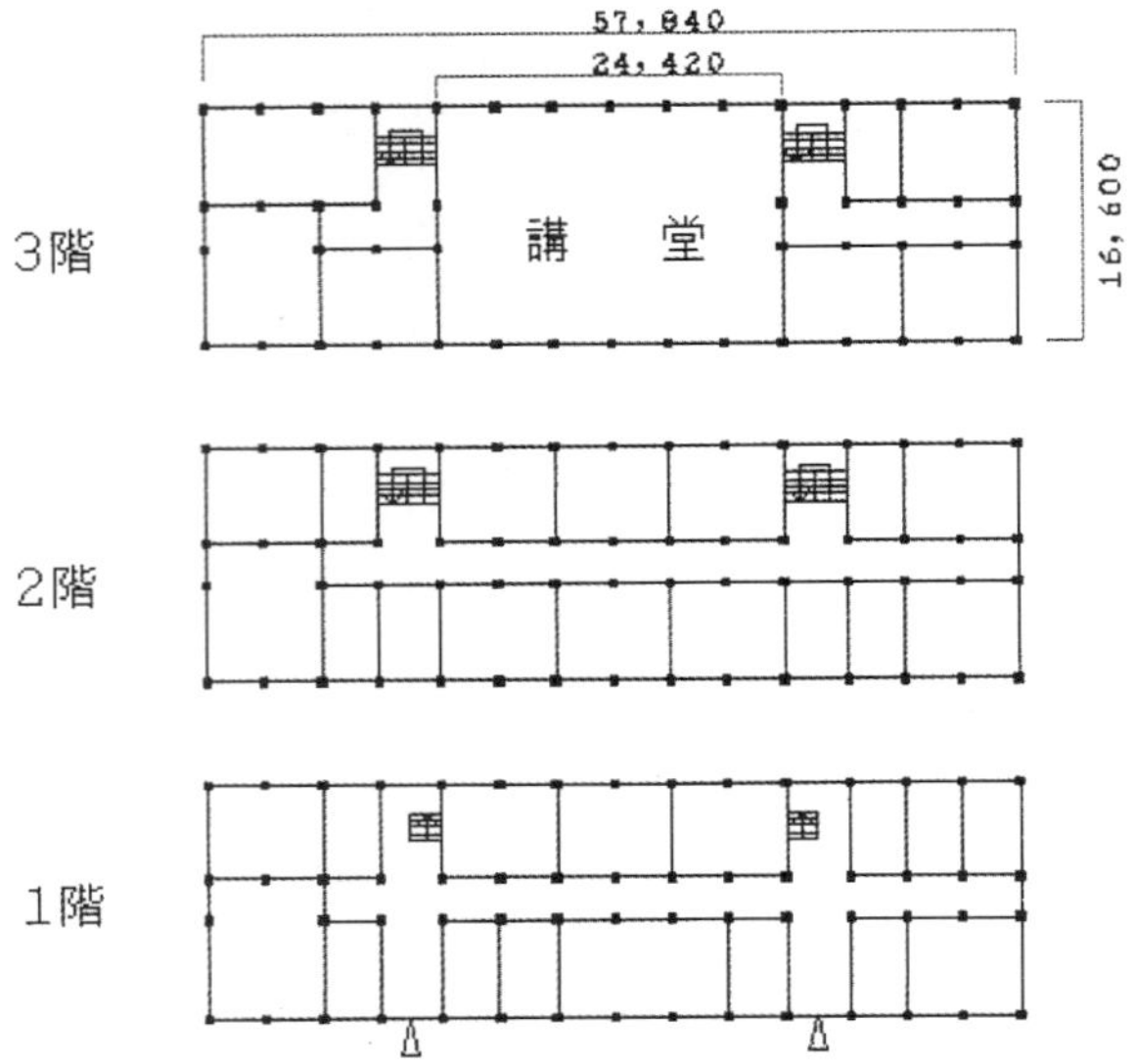

図 2-1-1　校舎各階平面図
成徳小学校のプランをもとに作成

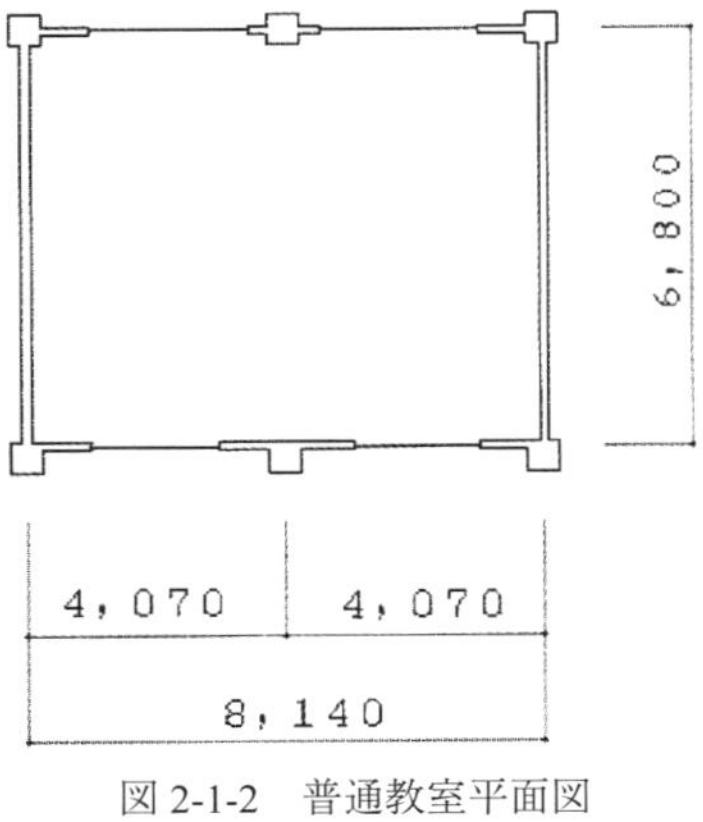

図 2-1-2　普通教室平面図

のが多いことがわかる。

ここではもっとも件数の多かった四・〇七mの柱の間隔を事例にとり考えていく。桁行長さの中心に入れられた柱によって、教室の桁行長さはほぼ二等分されている。梁間方向の柱の間隔はいずれもが六・八mである。このように四・〇七m×六・八mによってひとつの単位がつくられ、普通教室は二単位、すなわち八・一四m×六・八mから構成される。このことは上に述べた方針の内容とほぼ一致する。

さらに、その単位が普通教室以外にも適用されていることをみてみる。特別教室は、三単位(34)、階段や便所は一単位から構成されている。廊下の幅は「片側廊下の場合は正味一間二部五厘以上、中廊下の場合は正味十尺以上」(35)とされており、メートル法に換算すれば一・八三mと三・〇三mとなる。実際には中廊下は壁心で三・〇mの数値(36)が採用されていることが多い。

以上、判明した数値を先述した神戸市の定型化されたプランに具体的に当てはめてみると、講堂下階は普通教室が中廊下を挟んでそれぞれ三教室あるため、講堂の桁行長さは一教室の桁行長さ（四・〇七m×二スパン）×三教室分＝二四・四二m、梁間長さは六・八m×二教室＋廊下幅三・〇m＝一六・六mとなり、講堂の大きさは二四・四二m×一六・六mになる。このように教室の大きさを規定することが、講堂の大きさの決定へと繋がっていったと考えられる。すなわち講堂の大きさもこの単位によって構成されていることが判明する。

以上みてきた面積のユニット化に加え、平面計画上もっとも基本となる柱間隔に規格化がなされていた。桁行方向の柱の間隔の数値をみると、最初期である大正九年（一九二〇）から大正一〇年（一九二一）にかけては異なるもの[37]もあるが、大正一一年（一九二二）以降、昭和三年（一九二八）までの間に建設される、数値の判明した学校の多くでは一三・五尺[38]（メートル法に換算すれば約四・〇九m）になっていることが確認できる。この時期には柱の間隔に対する設計規格が存在していたと判断できる。さらに神戸市の方針が示された、昭和五年（一九三〇）以降に竣工するものをみれば、桁行方向の柱の間隔は四・〇七m[39]のものが多い。すなわち、従来の一三・五尺の柱間隔がほぼ継承され、一三・五尺に近い寸法になっていたことが読み取れる。

その後、昭和八年（一九三三）以降は二・七mの柱の間隔のものが現れ、同一二年（一九三七）以降はいずれの学校においてもこのような柱の間隔になっている。すなわち、柱間隔に対する規格が変更されたとみられる。ただし教室部分以外では引き続き一三・五尺が用いられていた[40]。二・七mの柱の間隔の採用により、桁行方向の教室内の柱の数が従来の一本から二本に増える。つまり、そこでは教室の桁行長さは二・七m×三スパンの八・一mとな

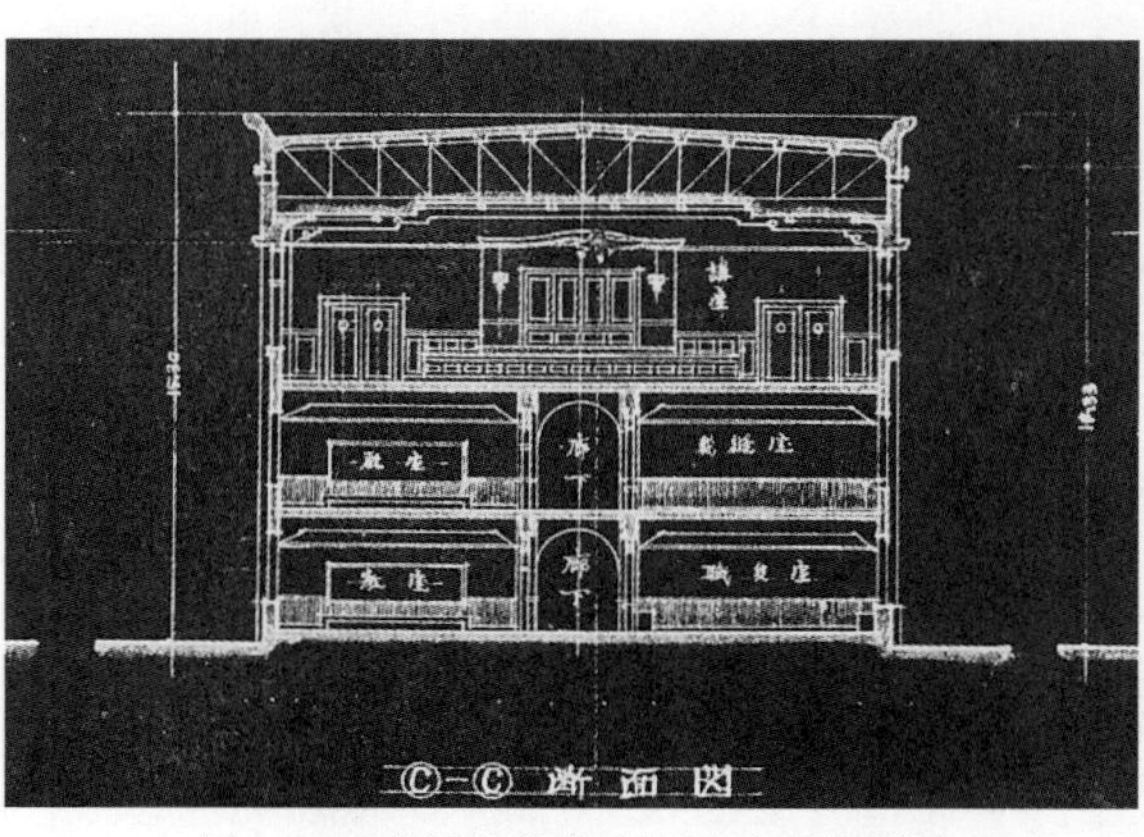

図 2-1-3　北野小学校 梁間方向の断面図

る。また、二・七m×六・八mが一単位となり、普通教室は三単位、特別教室は三単位に廊下の面積分が加味されるという構成になる。このように時代によって二つの設計規格があったことがわかる。

また、神戸市の方針によると、教室の階高は「各階共拾二尺」とあり、階高を一定にすることも試みられていた。(41) このことは柱のスパンとならび構造計画の標準化に深く関連する。ただし、校舎の講堂の高さは「建築物様式によりその都度決定す(42)」という神戸市の方針にみられるように一定ではない。つまり、構造計画の上で重要でない要素については、自由度があったようだ。

このような標準化の試みは他の都市での様相と比べると、どのような位置にあるのだろうか。神戸市では鉄筋コンクリート造化が非常に早い時期からおこなわれたため、それに伴い標準化も早くからおこなわれていた点が指摘できる。その内容はひとつはプラン、もうひとつは教室の大きさや柱の間隔の寸法などがある。

前者は講堂を校舎の最上階に設置するタイプの成立にあり、他都市と比較しても、きわめて早い時期に定型化がおこなわれていた。そのことに関しては次節で詳しく論じる。このような形式は神戸市の小学校に影響を受けた阪神間の市町村の小学校(43)や、大阪市の小学校の一部(44)にみられるだけで、東京市や京都市など他市の多くでは、校舎とは別棟の一階(45)に設置されることが多かった。

後者をみると、東京市では復興小学校の設計規格は大正一四年(一九二五)頃までにつくられており、(46) 大阪市では昭和二年(一九二七)に柱の間隔などの規格化(47)がおこなわれる。このような他市の様相と比較してみても神戸市では早い時期に設計の規格化がおこなわれていたといえる。

2　講堂の扱い方

神戸市の小学校校舎の最大の特徴は講堂を校舎の最上階に設置していたことにある。講堂と校舎の関係に注目すると、次のような三つの段階に分類できる。(表2-1-3参照)

（1）講堂は本館の二階で校舎とは別棟
（2）講堂は校舎のなかに取り込まれ、その位置の模索期
（3）講堂は校舎のなかに取り込まれ、その位置の確立期、およびに講堂の校舎からの別棟化

第一の段階としては鉄筋コンクリート造の最初の時期のものが該当し、ここでは講堂は校舎と別棟である。校舎とは別に本館として職員室などの管理部門を一階に配し、その二階に講堂が設置される。大正九年（一九二〇）から大正一〇年（一九二一）に竣工した校舎は野崎小学校と山手小学校を除けば、いずれもがこのように講堂と校舎は別棟に配置されている。校舎は三階建で一階は吹放ち廊下で教室配置は片廊下式となっている。このようなプランの背景には講堂や教職員室は教室とは性格の異なるものであるから、校舎とは別棟とすることが望ましいとする、明治前期以来の平面計画が踏襲されているとみることができる。この時期では概ね、講堂は雨天体操場と別の用途(48)を有するものと考えられていたようだ。そのためこのような講堂を重視するプランが現れていた。

第二の段階は講堂の位置を模索する時期と捉えられる。いずれもが校舎のなかに講堂が取り込まれている。講堂を取り込む方法は二つのタイプに分類できる。前者は校舎の最上階に設置されるもの、後者は校舎の一階に設置されるものがある。

まず前者からみる。大正一〇年竣工の野崎小学校(49)が講堂を校舎三階の最上階に設置する最初のものと判明する。ここでは一階が職員室をはじめ教室、二階は中廊下式の教室というプランになっていた。講堂を階上に上げるには、片廊下式の教室配置では梁間方向の長さが十分ではないために、中廊下式の教室配置が必要となったと考えられる。同じく大正一〇年に竣工する山手小学校(50)でも同様に講堂を最上階に設置するプランニングが採用されており、ここでは講堂が校舎の最上階に設置された理由は敷地が狭隘であったためだとされる。加え、野崎小学校も山手小学校もともに敷地が傾斜地にあり、講堂を他の学校のように別棟とすることが物理的に困難であったことも関連する。そのような条件を克服するために講堂を校舎と一体化させ、校舎の最上階に設置する方法が考え出され、

表 2-1-3　講堂の類型

図 ■は講堂部分を示す	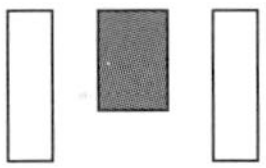	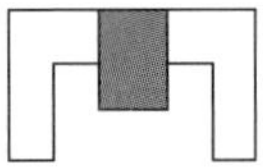	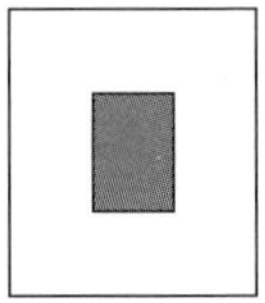		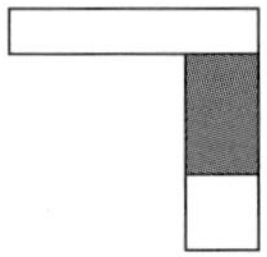	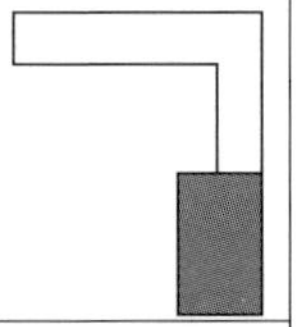
類型	別棟（本館）	コの字型	ロの字型	一文字型	L 型	別棟
校舎との関係	講堂は 2 階 1 階は管理部門	講堂は 3 階、中央下階は中廊下式	講堂は校舎の中心	講堂は 3 階、中央部下階は中廊下式教室	講堂は 3 階、下階は中廊下式教室	講堂は別棟で平屋建て
講堂の大きさ（事例）	諏訪山校 128、25 坪 ＝427,07 m^2	神楽校 24,6 m × 16,5 m ＝405,9 m^2	室内校 29 m × 14,5 m ＝420,5 m^2	成徳校 24,42 m × 16,6 m ＝405,37 m^2	鴨越校 24,3 m × 16,5 m ＝400,95 m^2	千歳校 24,0 m × 17,0 m ＝408、0 m^2
該当校	須佐 雲中 荒田*1 神戸 楠*2 諏訪山 橘*3 湊山*4 長楽	野崎 真陽*5 吾妻 神楽 兵庫 明親 兵庫女子	室内*6	山手*7　板宿　御蔵 東須磨　須磨　浜山 遠矢　筒井　成徳 入江　平野　名倉 二宮　水木　大開 下山手　北野　多聞 二葉　小野柄　菊水	若松高等*8　中道 宮本　須磨高等 蓮池*9　若宮 真野　東川崎 鴨越　高羽 脇浜　池田 道場 川池	川中 福住 志里池 大黒 千歳 吉田高等
時期	大正 9〜11 年	大正 10〜12 年	大正 14 年	大正 10〜昭和 13 年	大正 15〜昭和 14 年	昭和 8〜12 年
校数	9	7	1	21	14	6

出典：各小学校所蔵の図面や記念誌の略平面図を参考に作成　講堂の面積の算定は図面からおこなった。＊1 の荒田校、＊2 の楠校、＊3 の橘校は本館のみが鉄筋コンクリート造、＊4 の湊山校は L 型の平面であるが、講堂は 2 階にあり、1 階は管理部門の職員室などであるなど、講堂が別棟で本館である類型に近いと判断した。

＊5 の真陽校では 2 階建ての階上に講堂はあり､1 階は管理部門であるが、コの字の中央部に位置していることから、コの字の類型と判断した。

＊6 の室内校では詳しい図面に欠けたために、寸法が未記入の設備図面を分一であたることで面積を算定した。

＊7 の山手校は 4 階建てであるため講堂は 4 階にある。＊8 の若松高等校は講堂が 1 階にある。＊9 蓮池校は講堂が 1 階にある。

また長狭校、湊川校、灘高等校については図面などの資料に欠けるために講堂の位置の特定はできない。

この手法を採ることで運動場の確保という機能面からの要求に応えることが可能になった。

　この時点で講堂配置の方向性も決定されていた。野崎小学校では講堂の長手方向が校舎全体の梁間方向に並行に設置されていたが、山手小学校では講堂の長手方向は校舎全体の桁行方向と合せられる。ただ、山手小学校の講堂の位置は平面的に片側に寄っているため、図2-1-1の講堂を中心とし、左右対称になったプランとは少し異なるが、下階に中廊下式の教室配置をとっていることを考えれば、図2-1-1のプランのほぼ原形をなしているとみることもできる。

　このような講堂の配置方法は、昭和戦前期をとおし、戦後にまで踏襲されていくことになる。この類型には、表2-1-3に示すように多くの小学校が該当し、講堂の設置された本館が二階建であった真陽校を除くと、いずれもが三階建の三階部分に講堂が設置されていた。

　また、この時期の平面はコの字型が多く、中央部と翼部校舎は渡り廊下で連結されており、一階では吹放ち廊下、二〜三階は囲われた廊下となっており、プランニングとして従来の講堂を重視する木造校舎の延長線上に位置付けることができる。

　次に後者をみていく。室内小学校（大正一四年）[51]では講堂を雨天体操場と兼用とし、その上部は吹抜になり吹抜に面してギャラリー形式の廊下が二階、三階に回廊として設けられ、この廊下越しに

写真 2-1-3　野崎小学校

写真 2-1-4　山手小学校

写真 2-1-5　神楽小学校

各教室が対面するロの字型プランであった。つまり、講堂が校舎の中心に据えられていた。一方で、蓮池小学校や若松高等小学校のように講堂を雨天体操場と兼用とし、その上部に校舎が載るものがある。柱が講堂内の中央に現れるなど講堂としては不具合が多かったようだ。[52]ここでは講堂の機能よりも雨天体操場としての要素が強かったことが窺える。このようにこの時期には、講堂の配置に対して多様な試みがおこなわれていたと捉えることができる。

これらの試行には当時、営繕課長であった清水栄二[53]の理念が反映されたと考えられる。清水栄二は大正七年（一九一八）に東大建築科を卒業し、神戸市初代営繕課長に就任していた。竣工時の室内小学校の関係者の言[54]によると、「清水は非常に研究熱心であり、いろんな方針で学校を建ててみようと試みられて、違った建て方がおこなわれた」とある。そのことは神戸市営繕課時代より清水栄二の部下であり、のちに清水栄二事務所の所員となった梅本由巳の証言[55]によっても裏づけられ、「学校に相応しい建築のあり方」が追求されていたようだ。

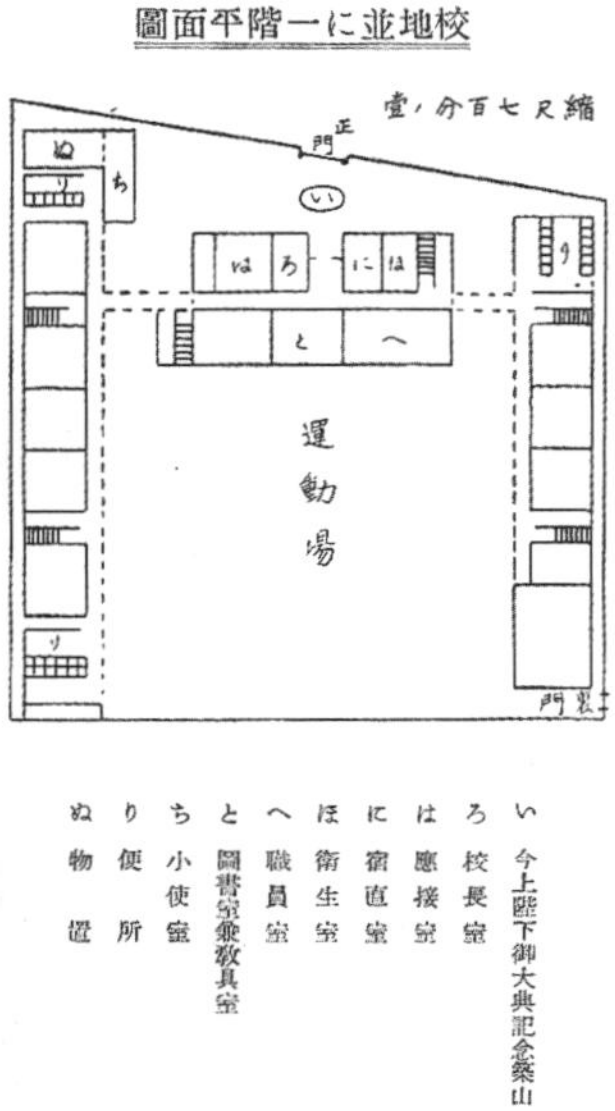

図 2-1-4　神楽小学校 略平面図

写真 2-1-6　室内小学校 講堂

第三の段階は講堂の配置の確立期と考えられる。

計画内容としては前述した第二の段階のなかの、講堂を最上階に設置するタイプを引き継いでいるが、敷地の形状の関係でL型のプランを採らざるをえない場合に講堂は中廊下式教室の上に載るが、一方の校舎は片廊下式の教室配置をとるなど講堂の配置は確定している。具体的には一文字型は二葉小学校以下一四校、L型は道場小学校以下一〇校が確認される。

また、この時期には講堂を最上階に設置するタイプと並立して、講堂を校舎から別棟化するプランを取る類型のものが現れる。講堂は一階に設置され平屋建になる。このように講堂を平屋建の別棟とすることからは、講堂が雨天体操場としての性格をより強めていたことが窺える。また、講堂の屋上が運動場からの外部階段によって直接繋っていることを考えれば、災害時の避難所[56]としての役割が考えられていたようだ。

このようにこの時期には講堂の意味が従来の内容から変容を遂げつつあったと考えられる。ただ、この類型は余裕のある敷地が必要であったため、周囲部と呼ばれた林田区や須磨区、灘区での新設校に多くみられ、どの棟であっても片廊下式の教室配置になる傾向があった。事例としては昭和八年（一九三三）の川中小学校を嚆矢とし、福住、志里池、大黒、千歳、吉田高等の各校がある。

このようにみてくると、校舎の平面計画は講堂を校舎のなかに取り込む形式と、分離して設置する形式の二種類があったことがわかる。ここからは平面計画を決定する上で、講堂の配置が重要な意味を持っていたことがわかる。

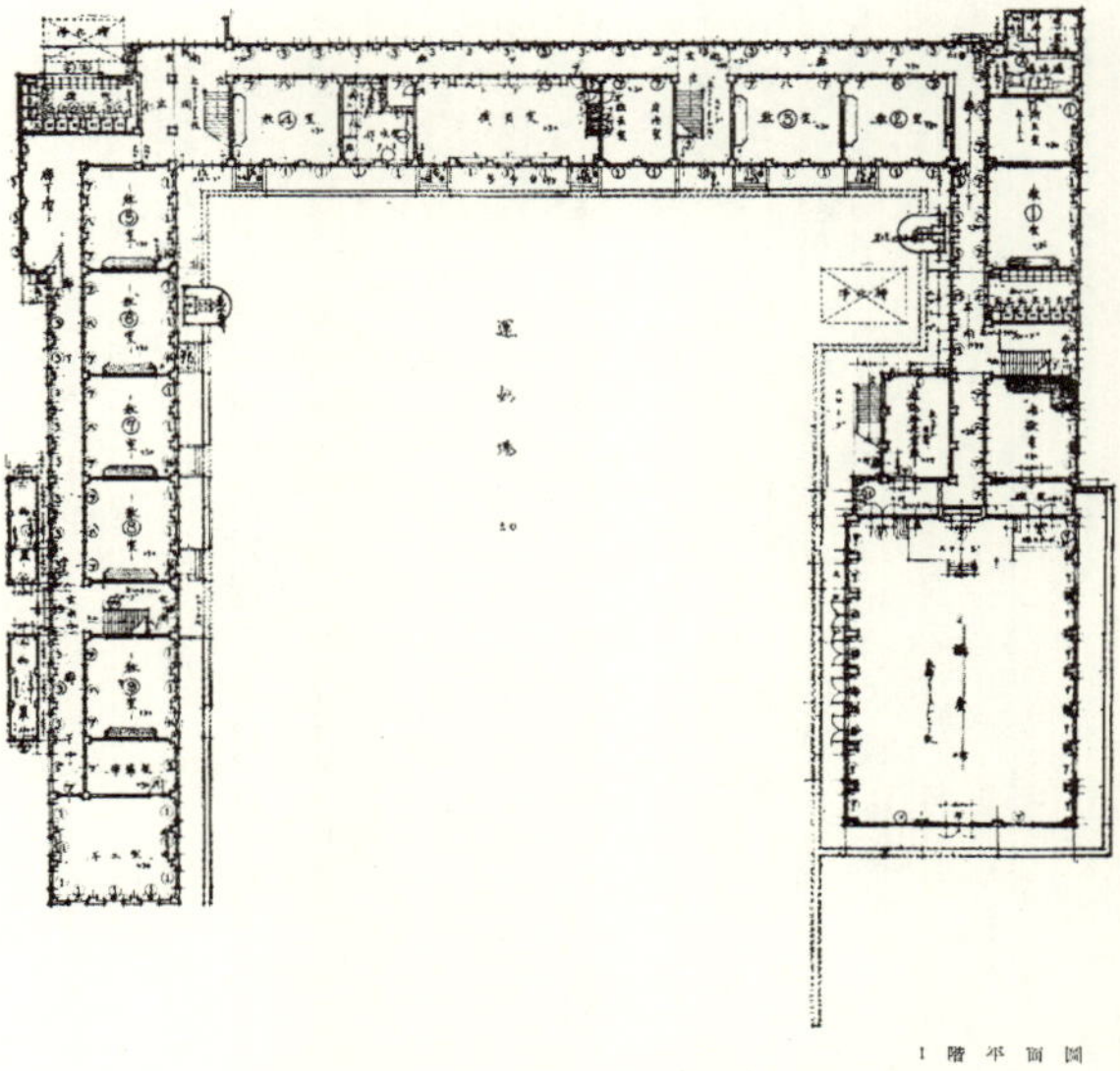

図 2-1-5　川中小学校 1 階平面図

三　意匠の変遷

神戸市の小学校校舎の意匠上の特徴は講堂をどのようにみせるかにある。それは講堂の階高が教室と比べて高いことを利用し、講堂を校舎の中央の最上階に据えることで、校舎のシンメトリー性を強調し、風格あるファサードを示すものである。このことは大正九年（一九二〇）から昭和一四年（一九三九）までの二〇年間をとおし共通してみることができる。なおここでは必ずしも街路に直面していなくとも建物の正面側立面をファサードと呼称する。

1　土木課営繕掛の時期

大正九年から大正一〇年（一九二一）にかけての時期は、設計組織として、営繕課は設置されておらず、土木課営繕掛の建築技術者(57)が設計をおこなっていた。ただ、構造面に関しては米国トラスコン社の設計に依拠することが多かったようだ。そのため営繕掛が関与することが可能であった部分は意匠やプランに限られる。この時期に竣工する校舎では玄関回りにポルティコが付けられ、ファサードやプランの上で左右相称の構成が表れることが多い。建物正面の車寄せ部分に装飾要素を限定し、立面全体としては平板なまでに簡素な意匠とする手法からは、明治期から大正期にかけての木造校舎における意匠面での設計手法との共通性を指摘できる。

さらに注目すべきは、大正一〇年に野崎小学校や山手小学校のように講堂を校舎中央部の最上階に設置し、校舎中央部を強調しシンメトリー性を有するファサード構成を持つものが出現していた。このようなファサード構成は以後神戸市の小学校校舎外観の基調となっていく。

2　清水栄二・営繕課長の時期

この時期には神戸市の営繕掛は営繕課に昇格し、清水栄二に代表される高等教育を受けた建築技術者が入るなど、設計主体に大きく変更があった。詳しくみれば、大正一〇年（一九二一）一月に清水栄二は神戸市役所営繕掛に入り、同年一二月に土木課技師となっている。大正一二年（一九二三）四月には営繕掛から営繕課へ昇格があり、清水栄二は初代営繕課長となる。その他の技術者については表2-1-4に示したが、大正一一年（一九二二）には熊本一之（広島工業学校・大正六年）、梅本由巳（兵庫工業学校・大正一一年）が、大正一三年（一九二四）には加木弥三郎（名古屋高等工業学校・大正一〇年）、大正一四年（一九二五）には貞永直義（京都大学・大正一四年）、相原弁一（神戸高等工業学校・大正一四年）が入る。この背景には業務内容がそれまでの木造建築の設計から鉄筋コンクリート造の設計に変化していたことが考えられる。

この時期はデザイン面の傾向により、二つの時期に区分できる。前期は大正一一年から大正一二年に竣工のもので、広義におけるセセッションの影響下にあり、後期は大正一四年から昭和三年（一九二八）に竣工のもので、表現派の影響が強い。なお当時、着工から完成までに約一年間の工期が必要とされていたことを考えると、清水が設計に直接関わるのは大正一一年に竣工するもの以降であるとみられる。なお、神戸市では大正一二年八月から同一四年七月までの二年間、校舎竣工はおこなわれていない。

まず前期をみる。この時期には前節でみたように講堂を校舎中央部の最上階に設置するタイプのものが成立していた。[58]そこでは①の時期の講堂を校舎の最上階に設置するものに較べ、弓形アーチ状の庇など装飾の布置に配慮が払われ、意匠に緊密さが増してくる。装飾が施された部分をあげると、校舎外壁の柱型の柱頭部[59]、講堂上部の壁面[60]、講堂上部の庇[61]、玄関車寄せ[62]、塔屋壁面[63]などがあり、セセッションに影響を受けた

写真 2-1-7　室内小学校

表 2-1-4　神戸市営繕課の技術者一覧

職位	氏名	在職期間	最終学歴	設計した学校名	備考
課長	清水栄二	T 10､1～T 15､8	東京大 T 7	室内、蓮池	後・清水栄二事務所主催
	鳥井信	S 2、5～S 4、2	東京大 T 5		前・神奈川県建築課長
	藤島哲三郎	S 6～S 9	京都大 T 12		前・神戸中央市場建設所
	井上伉一	S 2、12～S 16	京都大 T 14	道場	前・横浜市建築課
技師	調子明男	M 40～S 9	兵庫工 M 40	(木造の校舎)	
	相原弁一	T 14、4～S 15	神高工 T 14	二宮、二葉、西須磨、名倉、福住	後・京都大学営繕課
	野坂和儀	T 14､3～S 16､4	広島工 T 10	板宿、大黒、千歳、東川崎	前・神戸鉄道局
	森卯之助	S 4、4～S 15、5	名高工 T 13	小野柄、志里池	
	深田操	S 2、4～S 13、5	神高工 T 14	大開、川池、若宮、池田	前・清水組
	森義弘	S 5、1～S 16、4	神高工 T 14	北野、成徳、浜山	前・大阪橋本組
	奥田譲	S 6～S 12	東京大 T 15	川中、吉田高等	前・神戸中央市場建設所
技手	真藤文次郎	T 9、5～T 10、4		神戸	
	丸川英介			山手	
	新井進一郎			山手	
	吉永栄蔵	T 11～S 10	熊本工 M 42	二宮、二葉	
	熊本一之	T 11､12～S 2､2	広島工 T 6	東須磨、蓮池	前・西部鉄道管理局
	加木弥三郎	T 13､2～T 15､8	名高工 T 10	室内、鵯越	前・設楽建築事務所
	梅本由巳	T 11､4～T 15､8	兵庫工 T 11	下山手	後・清水栄二建築事務所
	貞永直義	T 14､4～T 15､7	京都大 T 14	入江	
	鳥井捨蔵	S 3、4～S 6、10	東京大 S 3	脇浜	
	松代昌次	S 4～S 14	神高工 T 14	水木、多聞	前・竹中工務店
	市場一市		神高工 T 15	中道	
	坂野秀雄		名高工 S 7	菊水	

備考：現時点で小学校の設計に関与したことが確認できた技術者を挙げている。ただし課長の鳥井信、藤島哲三郎は直接設計を担当した小学校はなかったようだ。なお、職位は神戸市退職時のものによる。また、取り扱う期間を昭和 15 年までに限定している。

表 2-1-5　設計担当者別竣工一覧

技術者名	職種	在職期間	出身校	大9	10	11	12	13	14	15	昭2	3	4	5	6	7	8	9	10	11	12	13	14	15
清水栄二	課長	T10.1-T15.8	東大 T7						室内															
加木弥三郎	技手	T13.2-T15.8	名古屋高工 T10						室内			鶴越												
梅本由巳	技手	T11.4-T15.8	兵庫工 T11								下山手													
熊本一之	技手	T11.12-S2.2	広島工 T16						東須磨	蓮池														
相原弁一	技師	T14.4-S15	神戸高工 T14								二宮			二葉	西須磨 御蔵	平野 名倉	福住		川池			高羽		
野坂和儀	技手	T14.3-S16.4	広島工 T10											板宿		筒井				大黒	千歳		東川崎	
深田操	技師	S2.4-S13.5	神戸高工 T14														大開					若宮	池田	
井上伉一	課長	S2.12-S16	京大 T14											道場										
鳥井捨蔵	技手	S3.4-S6.10	東大 S3											脇浜										
松代昌次	技師	S4-S14	神戸高工 T14												水木				多聞					
森卯之助	技師	S4.4-S15.5	名古屋高工 T13												小野柄				志里池					
森義弘	技手	S5.1-S16.4	神戸高工 T15												北野	成徳 浜山				摩耶				
奥田譲	技師	S6-S12	東大 T15														川中				吉田高寺			
市場一市	技手	S5-S15	神戸高工 T15																	中道				
貞永直義	技手	T14	京大 T14							入江														
坂野秀雄	技手	S11-S15	名古屋高工 S7																			菊水		
中川初子	技師	S6.4-S43	神戸高工 S6															西郷						

備考：設計図に押された担当者の判から確認して作成した。なお職種に関しては退職時の職位を記している。

幾何学的な装飾がみられる。とりわけ講堂部分の外観を中心にして、装飾が施されていたことが読み取れる。ただしこの時期の校舎は鉄筋コンクリート造にもかかわらず依然として柱や梁、スラブ以外は煉瓦造の帳壁[64]であった。

後期の外観意匠の特徴は、鉄筋コンクリート構造の特性を強調した形態が出現する点にあり、そのことは講堂正面の片持梁によるバルコニー[65]にもっともよく表れている。しかし一方で装飾的な意匠も用いられており、講堂上部のパラペット[66]や講堂上部の壁面[67]、講堂上部の小屋裏換気孔[68]、外壁柱頭[69]、縦長の突出窓[70]、玄関部[71]などにみられる。ここでも前期の外観意匠と同様に、講堂部分の外観を中心にしてデザインがなされていることがわかる。前期のものと異なる点は、装飾的な要素でさえもが、放物線に基づく曲面によって構成されることが多く、これは当時流行していた表現派の影響と考えることができるだろう。

このような外観意匠は当時、どのように捉えられていたのだろうか。市議会のなかでは、小学校の意匠が「必要以上ニ華美」[72]になっているという見方も現れており、行政当局も小学校の建築が贅沢な傾向[73]にあることを認めていた。

また、大正一二年（一九二三）の関東大震災の結果を受けて 大正一二年九月以降に設計されたものからは[74]、鉄筋コンクリート造の耐震性能の向上のために、柱と梁からなるラーメン構造に、鉄筋コンクリート造の耐震壁が梁間方向に入れられるようになる。

先述したように、この時期のファサード構成においては、講堂を校舎の最上階に設置するプランに由来する形式が主流となっていた。その状況は蓮池校に端的に窺うことができる。そこでは講堂が校舎の最上階に設置されてい

写真 2-1-8　蓮池小学校

写真 2-1-9　東須磨小学校

ないにもかかわらず、校舎の中央部の最上階への片持梁のバルコニーの設置と、その部分の屋上パラペットが他の部分より高く立ち上がることによって、あたかも講堂が最上階に設置されているかのような、中心性の強調されたデザインがなされていた。このように講堂を中心とした意匠が定着していたことが窺える。また、このことは市議会での「歌劇ノ劇場ヲ見ルヨウナ感ジノスル程ノ立派ナ小学校モ多数ニアル(75)」という発言からも窺い知ることができる。

後期についての以上のようなデザインを分析してみると、あきらかに多くは表現派に影響を受けたものであるが、東須磨校や二宮校のようにアーチを用いる意匠を併用したものもみられる。

3　ファサードの意匠が互いに類似する時期

この時期には営繕課の技術者陣営は大きく変貌を遂げていた。②の時期に積極的に新しい意匠を取り入れていた清水が退職し（大正一五年八月）(76)、その下にいた若手の技手(77)も一斉に市を退職するため、営繕課は大きく技術者の構成を変更する。そのため、井上伉一をはじめとする高等教育を受けた技術者が入る。

この時期にはさきにみたような定型化(78)されたプランと一定の設計規格（柱の間隔や階高など）に基づき、設計がおこなわれていたことで、一部の校舎を除けば、ファサードの意匠が互いに類似する点に特徴がある。また②の後期の時期の校舎と比較すれば、意匠は簡素な傾向にあったとみることができる。その背景には工費や坪単価の標準化(79)などの事由が考えられる。

史料的な制約もあって判明したものは一部に過ぎないが、昭和四年（一九二九）に完成する二葉小学校以来、工事費と延床面積は一定化し、約二五万円の工費で五、〇〇〇㎡前後の延床面積のものになっていく傾向が窺える。

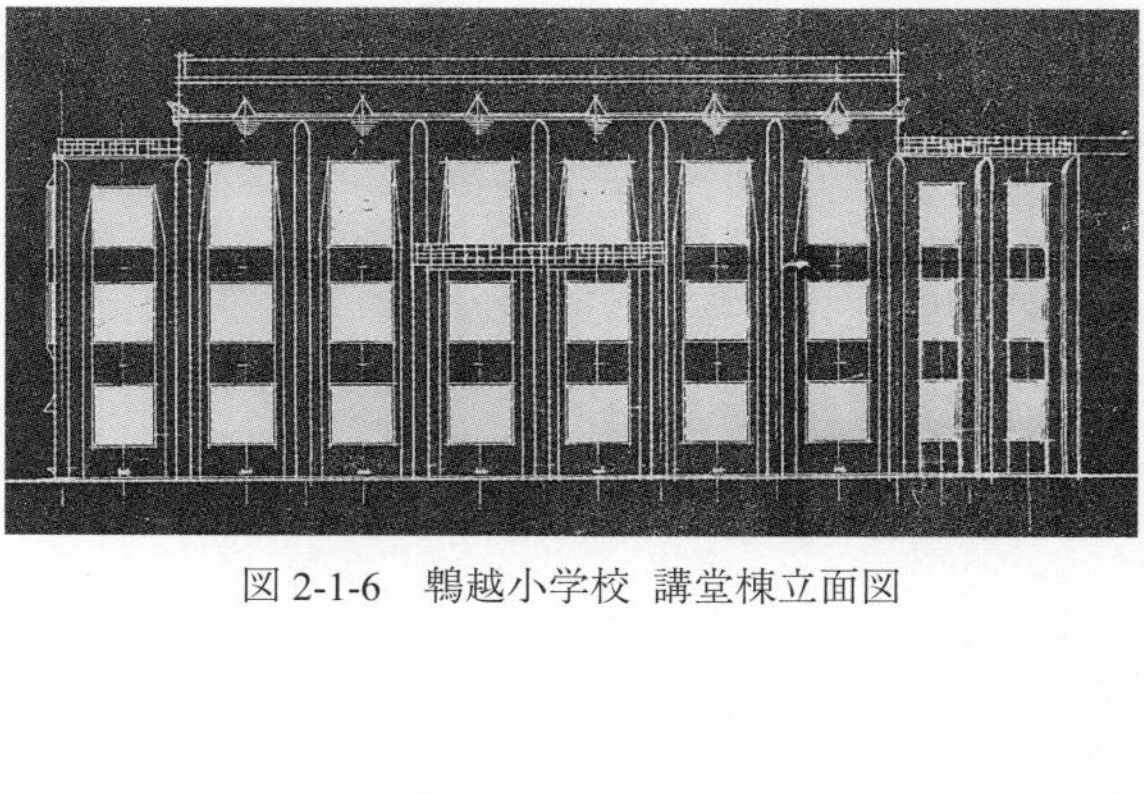

図 2-1-6　鵯越小学校 講堂棟立面図

しかしながら、講堂の小屋裏部分に該当するファサードの上部に限っては、各学校によって微妙にデザインが異なり、小屋裏換気口やパラペット、庇という機能上欠くことのできない要素を用いて装飾がなされていた。つまり、プランニングの標準化を進めていけば、残されたデザイン可能な部分は講堂上部に限られ、そこにのみ、設計者は自由にデザインすることができたと考えられる。なお、そのデザインには水平線の強調が共通してみられる。

4　無装飾を前提とした意匠に近づく時期

この時期はファサードが無装飾を前提とした意匠に変容する。この時期にはプランやデザイン上、二つのタイプ

写真 2-1-10　二葉小学校

写真 2-1-11　西須磨小学校

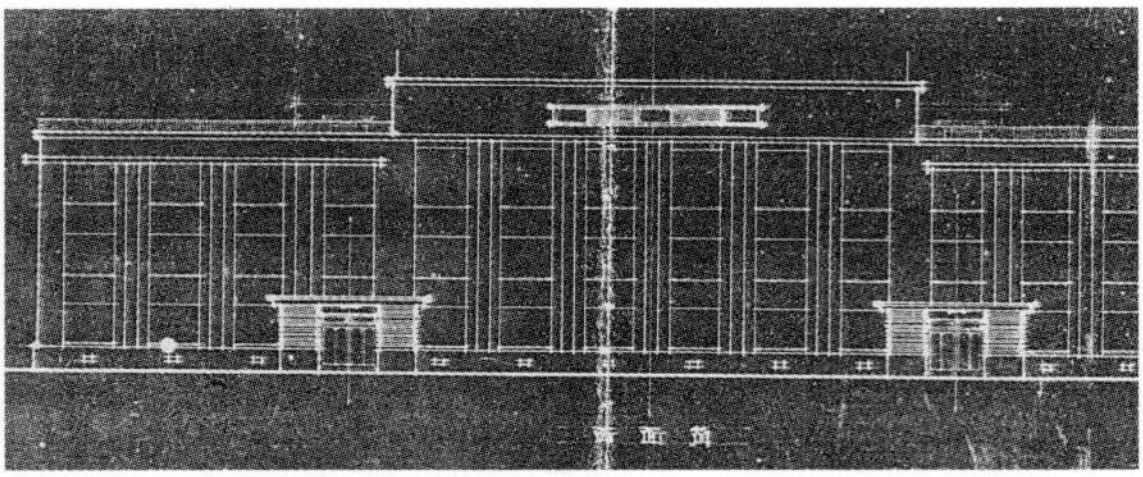

図 2-1-7　西須磨小学校 立面図

写真 2-1-12　板宿小学校

に分けられる。一つは講堂を別棟化するもので、もう一つは従来どおり講堂を校舎の最上階に設置するものとがある。

まず講堂を別棟化するものでは前述したように、より幅の狭い柱の間隔による外観意匠が採用される。その背景には藤島哲三郎に代表される神戸市中央市場臨時建設所[80]に所属した高等教育を受けた建築技術者が昭和六年（一九三一）から営繕課に配置され、技術者陣営に変化があったことが関連していると推測できる。デザインの変容にはさまざまな事由が考えられるが、その一つの理由にこのようなことが考えられるのではないだろうか。神戸市中央市場臨時建設所から移籍してきたひとり奥田譲は、外観の上で水平線を強調するために、桁行方向の柱の間隔の数値を従来の四・〇七ｍから二・七ｍに変更させた[81]ようだ。なお、昭和一二年（一九三七）には営繕課の内部に学校建築を専門に設計する学園係[82]が設置されている。

この時期の校舎に共通するものは、連続する庇と対になった連続する窓台[83]とによって水平ラインが強調される正面外観のデザインである。さらには水平に連続する窓[84]が出現している。ただし、連続窓が使用されるのは、階段室や手洗場、便所など、教室以外の場所に限定される傾向が窺える。

一方で、継続して建設がおこなわれていた、講堂を三階に設置し、中廊下式のプランをとる定型化された校舎でも、無装飾を前提とした意匠が現れていた。昭和一一年（一九三六）に竣工の中道小学校以来、壁面を

写真 2-1-13　川中小学校

写真 2-1-14　川池小学校

写真 2-1-15　中道小学校

平滑にし柱型を除去することで、より無装飾に近いファサードが実現される。さらに昭和一三年（一九三八）竣工の若宮小学校以来、定型化された校舎であっても、柱の間隔は四・〇七ｍから二・七ｍに変更される。[85]ただし講堂を最上階に設置する形式は踏襲されていく。なお、水平線を強調する庇などの設置はなされていない。

以上四つの時期の意匠をみてきたが、意匠の第一期は講堂配置の第一段階と第二段階、意匠の第二期は講堂配置の第二段階、意匠の第三期と第四期は講堂配置の第三段階に対応すると捉えることができる。また、すべての時期に共通する特徴は、講堂を最上階に設置するプランにもとづき講堂を中心にして、よりシンメトリー性を強調する意匠にあるといえる。

四　小結

神戸市における大正・昭和戦前期の鉄筋コンクリート造小学校校舎の建築的な特徴を考察した。その結果、以下に示す知見を得た。

神戸市では大正期から昭和戦前期までに合計六六校の鉄筋コンクリート造小学校を竣工させる。それを設計する組織として大正一二年（一九二三）に営繕課が設置される。そのメンバーとして清水栄二に代表される高等教育を受けた建築技術者が活躍する。

神戸市における鉄筋コンクリート造校舎の出現は大正九年（一九二〇）にはじまり、他の都市に比べてきわめて早い時期に建設がなされた点に特徴がある。その背景には大阪市のように学区制廃止（大正八年・一九一九）やひとりの市会議員による積極的な推進もあった。

そのような鉄筋コンクリート造校舎の設計においては標準化が積極的におこなわれていた。それは教室の大きさや柱の間隔、階高など多岐にわたっている。

また、平面計画上では講堂の扱いに大きな特徴があった。それは校舎の三階に設置し、その下の二階は中廊下式の教室配置とし、一階を職員室とする、きわめて特徴的なものであり、意匠面にも影響を及ぼした。

意匠面については大正九年から昭和一四年（一九三九）までの僅か二〇年間にさまざまなものが現れた。最初は木造校舎と同様に古典的なものの影響下にあり、建設が本格化する中でセセッションや表現派などの影響を受けた新しい様式が次々と現れ、昭和八年（一九三三）以降は水平線を強調した意匠や、無装飾を前提とした意匠を持つものが登場してくる。それらは営繕課のメンバーの変遷や標準化の進展を受けて展開されたとみられる。しかし、そのことは特に神戸市の小学校に限られたものではなく、他の建築と同様の傾向を示す。

註

(1) 設計図や建築全体を示す写真は見つかっていないが、玄関にポルティコが確認される。
(2) 表2-1-3参照。この数値は大正一二年までに限定すると、東京市や大阪市の数を凌駕していた。
(3) 『神戸市教育史　第一集』神戸市教育史刊行委員会、昭和四一年三月、八〇六頁。
(4) 神戸区、湊東区、湊西区からなる。とりわけ神戸区は富裕学区として知られた。
(5) 『神戸市小学校五十年史』神戸尋常小学校、昭和一〇年、三七七頁。
(6) 神戸市会議員で羅紗輸入業・竹馬商店の経営者、神戸商業会議所議員、兵庫県会議員を勤める。『兵庫県銘鑑』神戸又新日報社、昭和二年版、五五頁による。
(7) 前掲註（5）『神戸小学校五十年史』三七七頁。
(8) 学区廃止とは市による一律の経営を意味し、また学区統一もひとつの学区になるということから、市による一律の経営を意味する。すなわち同じ内容とみることができる。
(9) 家屋税を自由に徴収できたことによる。詳しくは伊藤貞五郎『神戸市長物語』神戸市政研究社、大正一四年、一二九頁。
(10) 大正期には学区の位置する場所によって中央部と周囲部に分けられていた。なお　中央部や周囲部という名称は当時の市議会や新聞などのなかでも使用されていた。

(11)前掲註（9）『神戸市長物語』一三〇頁。
(12)『神戸市会史　第一巻　明治編』神戸市会事務局、昭和四三年。
(13)『兵庫校教育五十年史』兵庫高等小学校、昭和三年、三六頁。
(14)『諏訪山校史』諏訪山尋常小学校、昭和五年、一〇六頁。
(15)前掲註（14）『諏訪山校史』一〇六頁。
(16)『明親小学校創立六十周年沿革史』明親小学校、昭和五年、四六〇頁。
(17)前掲註（13）『兵庫校教育五十年史』三七頁。
(18)『神戸市会史　第二巻　大正編』神戸市会事務局、昭和四五年、八二四頁。
(19)前掲註（5）『神戸小学校五十年史』三七七頁。ここでの建築委員がどういうものであったのかは詳しくはわからないが、竹馬は浅見土木課長に鉄筋コンクリート造校舎の模型をつくらせたとある。
(20)前掲註（9）『神戸市長物語』一三〇頁。
(21)大正一〇年までに神戸区内の神戸、山手、諏訪山、長狭の各校と、湊東区内の荒田、楠、橘の各校が竣工している。湊西区では少し遅れ大正一二年に明親、兵庫、兵庫女子の各校が竣工する。このように鉄筋コンクリート造化は当初、中央部に偏在していたことがわかる。とりわけ神戸区に集中しており、大正一一年二月二七日の市会での稲垣信三議員による「神戸区ガ特典ヲ以テ居ル」という発言からもその様相が窺える。
(22)第九章参照。
(23)大正一一年二月二七日の市会での稲垣信三議員による「六〇〇万円ノ経費ヲ費ッテ学校ノ建築ヲコンクリートニ改メルノハ結構ダガ、建築ヨリモ二部授業ノ撤廃ヲ先ニシタイ」という発言に端的にみられる。詳しくは前掲註（18）『神戸市会史第二巻大正編』八二七頁。
(24)表2-1-4参照。基本的には竣工図面表題の担当者の印鑑から判断した。加えて当時営繕課に所属した技術者、および物故した技術者の遺族への聞き取り調査もおこない補足した。
(25)筆者は平成六年七月九日に聞き取り調査をおこなった。井上は横浜市役所建築課を退職し昭和二年一二月に神戸市営繕課に技師として入る。その時点ですでに雛形があったという。
(26)『学校建築としての鉄筋コンクリート構造』日本トラスコン鋼材株式会社、大正一二年二月のなかに、雲中、諏訪山、兵庫の各校が列挙されている。堀勇良氏の御教示による。堀氏による「日本における鉄筋コンクリート建築成立過程の構造技術史研究」東京大学学位請求論文、昭和五六年によると、日本トラスコン社のカーン式鉄筋コンクリートは関東大震災によって被害を受けたために、その後は陰をひそめたとある。

(27) あとで詳しくみるが、この時期の大正一二年には営繕課が設置され、それまで日本トラスコン社や兵庫県営繕課の技術者に頼っていた構造計算を営繕課の内部でおこなうようになる。その中心を担っていくのが、営繕課長に就任した清水であった。清水は構造計算が得意だったようで、非常勤講師を勤めた神戸高等工業学校や関西工学校でも構造計算の授業を担当していた。

(28) 学校建築特集号であり、他に大阪市や横浜市の例が紹介されていた。この時期は標準化が各都市の小学校設計において試みられる。なお神戸市だけが建築技師でなく教育課長によって発表していたのは昭和四年から六年までは営繕課長が空席であったことによる。

(29) 計画学上からいえばもっとも条件の悪い形式と考えられたために、神戸市の小学校を除くと一部の大阪市の小学校に現れたに過ぎない。

(30) 青木正夫『建築計画学八　学校Ⅰ』丸善株式会社、一九七六年によると、神戸市の小学校の敷地である校地は、横浜市などの二五〇〇坪と比べれば、二〇〇〇坪内外と小規模な傾向にあった。

(31) 神戸市では明治末から大正期にかけて人口の激増があり、六大都市でもっとも二部授業の割合が高かった。

(32) 山手校は『山手教育四十年』昭和四六年、によれば、教室の大きさは三間七分×四間半であることがわかる。諏訪山校は『創立七十周年　諏訪山校』昭和四六年、によれば、三間四尺二寸×四間三尺であることがわかる。このように大正一〇年の時点で昭和五年に発表された神戸市の基準の大きさとほぼ同様の数値を示す。また、前掲註(30)『建築計画学八　学校Ⅰ』によると、東京市、横浜市、大阪市、神戸市の教室面積の比較がおこなわれており、神戸市がもっとも小さくて五四・七㎡でもっとも大きい大阪市の六四㎡と一〇㎡近く差異が生じている。この背景には明治後期に教室の大きさが三間×四間から四間×五間に拡がるということがあった。しかしその推移には時間的なばらつきがあって神戸市のように人口集中が著しい都市では教室数の確保のために理想である四間×五間を採ることが困難であったようだ。そこで従来の三間×四間の教室面積との中間の数値が採用されたとみることができる。

(33) 須磨（昭和六）、北野（昭和六）、小野柄（昭和六）、浜山（昭和七）、成徳（昭和七）、名倉（昭和七）の各校では四・〇七ｍが判明。

(34) 「神戸市学校建築の方針」によると「特別教室は普通教室の一倍半以上」とされている。

（35）前掲註（28）「神戸市学校建築の方針」による。

（36）竣工当時の図面によれば、東須磨、蓮池、二宮などの各校では九尺（約二・七二七m）になっていることが確認される。また成徳、福住、千歳、菊水、池田などの各校では三・〇mとなっていることがわかる。いずれもが柱心の寸法である。

（37）この時期に竣工した須佐、神戸、山手の各校では四・〇〇mつまり一三・二尺（三・九九九m）であったことが確認されている。出典を以下に記す。まず前掲註（1）の須佐校は戦後、明親校と名称が変更する。『神戸市立明親小学校の老朽度及び構造耐力に関する報告書』神戸市教育委員会、発行年不詳（昭和五〇年前後）による。調査に当った昭和設計事務所の因秀幸氏によれば、片廊下式の教室配置と柱の間隔などは神戸小学校と同じであったとの証言が得られている。また、山手校は『神戸市立山手小学校の老朽度及び構造耐力に関する報告書』神戸市教育委員会、昭和五三年一二月、に付けられた実測図面に明記されたものであるが、当時おこなわれていた寸法表記である尺貫法でないため、竣工当時の図面ではないと判断できる。そのため、この四・〇mは柱の間隔を正確に示すものではないと考えられる。さらに神戸校に関しては『神戸小学校の老朽度及び構造耐力に関する報告書』神戸市教育委員会、昭和五三年一二月、に付けられた実測図面による。

（38）竣工時の図面に明記された寸法は尺貫法に基づいていた。筆者が閲覧したものは竣工時の図面が発見できた、東須磨、蓮池、二宮、鵯越の各校である。なお竣工時の図面は見出せなかったが一三・五尺が確認されたものに吾妻校、神楽校、兵庫女子校がある。その出典は吾妻校に関しては、大正一一年竣工の校舎を撤去する際に作製された図面による。神楽校に関しては『神戸市立神楽小学校の老朽度及び構造耐力に関する報告書』神戸市教育委員会、昭和五三年一二月、に付けられた実測図面による。兵庫女子校に関しては改修図面に明記された数値による。また寸法の異なるものに長楽校があり、ここでは四・五五mつまり一五尺となっていた。出典は『神戸市立長楽小学校の老朽度及び構造耐力に関する報告書』神戸市教育委員会、昭和五一年一一月、に付けられた実測図面による。

（39）須磨、成徳については竣工時の図面が見出せた。北野、小野柄、浜山、名倉では校舎が現存するため筆者が実測をおこなった結果による。ただし福住校（昭和八）では四・一〇m、志里池校では四・〇〇mであった。

（40）階段や便所では二・七mのスパンでは納まらないために、一三・五尺が採用された。

（41）前掲註（28）神戸市学校建築の方針」『建築と社会』昭和五年二月、による。

（42）前掲註（28）「神戸市学校建築の方針」による。講堂の最高高さは一五m前後であることが多い。たとえば図面からは須磨校では一五・〇m、北野校では一五・三mと判明する。

(43) 六甲、魚崎、本山第二、本庄、大庄校など阪神間の小学校に多く見られた。これは神戸市の小学校の影響が考えられる。六甲校は当時六甲村であり、清水栄二と熊本一之が神戸市営繕課に在籍時に私的な仕事としておこなっていた。魚崎校は当時魚崎町であり清水の事務所によって設計されていた。このように講堂を三階に設置する形式が拡っていく背景には設計者が同一であったことも関連している。地理的な近さの影響も見逃せない。

(44) 学区制度が廃止されるまでの間に建設された小学校に限定され、富裕学区と呼ばれる地域の小学校に多い。具体的には久宝、汎愛、桃園第一、金甌、精華、集英など各校がある。設計者はいずれも民間建築家であった。しかし、設計主体が大阪市建築課にかわる、昭和二年の学区制度廃止以降の小学校では、三階建の校舎の一階部分が講堂兼雨天体操場になる、プランが大阪市の主流になる。上階は中廊下式の教室配置となっていた。

(45) 東京市の様相は古茂田甲午郎『東京市の小学校建築』建築学会パンフレット・第壱輯第六号・昭和二年、に記されている。京都市の小学校に関しては、筆者による拙稿「大正昭和戦前期の京都市における鉄筋コンクリート造小学校建築の成立とその特徴について」『日本建築学会計画系論文報告集』第五〇七号、平成一〇年六月、に詳しい。

(46) 前掲註(45)『東京市の小学校建築』参照。

(47) 前掲註(44)の内容とも関連するが、昭和二年の学区制度廃止を受け、校舎係が建築課に設置され、「一つの規準の下に一定の方針」(富士岡重一「大阪市小学校校舎の実情と其計画の大要」『建築と社会』昭和五年二月)ということがおこなわれ、標準化が試みられていた。柱の間隔も構造計画が決まっていたため、ほぼ同じ数値を示す。

(48) 舞台の設置や床に勾配をつけるなど、講堂として設計されていたことが明確である。雲中校では講堂とは別に一階に雨天体操場が設置されていた。しかしながら神戸市の小学校では一般的に雨天体操場は設置されることは少なかった。

(49) 昭和戦前期の増築時の図面による。葺合中学校所蔵。

(50)『山手教育四十年』山手小学校、昭和一五年、一二頁。

(51)「内庭」とよばれる講堂兼雨天体操場の様子は写真から窺える。このようなプランを有した小学校は鉄筋コンクリート造のものでは佐世保市の大久保小学校(大正一二年)があった。

(52) 蓮池校の講堂は改めて校舎の屋上部分に増築されて作られている。このことからは一階に講堂を設置する形式がいかに便利が悪く、適さなかったことが読み取れる。

(53) 大正一五年に市役所退職後、清水建築事務所を六甲村にて主催し、御影公会堂・魚崎小学校などを手掛け昭和三九年に死去。詳しくは拙稿「建築家清水栄二についての研究（その一）」『日本建築学会近畿支部研究報告集』平成元年度。
(54) 『むろうち三十年誌』神戸市立室内小学校、昭和三二年、のなかの「回顧談稲垣信二」による。
(55) 当時営繕課の技手であった梅本由巳による証言。筆者は昭和六二年に聞き取り調査をおこなった。梅本は神戸市退職後、清水栄二事務所にはいっていた。
(56) 東京市や横浜市の復興小学校の影響があったものと考えられる。
(57) 神戸校は技手・眞藤文治郎の設計、山手校は丸川英介・新井進一郎の設計が確認される。出典は前掲註（5）『神戸校五十年史』および前掲註（50）『山手教育四十年』による。なお、土木課長は浅見忠次であり、清水栄二は筆頭の技手として名前があがっていた。
(58) 前掲註（38）「神戸市立長楽小学校の老朽度及び構造耐力に関する報告書」にこのような表現がある。これらの装飾には煉瓦を使用していたとある。
(59) 楠、神戸、長楽、吾妻、神楽、明親の各校にみられる。
(60) 真陽、神楽、兵庫女子の各校でみられる。
(61) 長楽、吾妻、明親の各校でみられる。
(62) 楠、長楽、真陽、吾妻、湊山、兵庫、明親の各校でみられる。
(63) 山手、神楽、明親の各校でみられる。
(64) 前掲註（37）、山手校、神戸校、前掲註（38）、長楽校、神楽校を参照。
(65) 宮本、二宮、真野、鵯越の各校にみられる。蓮池校は最上階教室部分に設置される。
(66) 宮本校、鵯越校は上部にいく程外部にせりだす、真野校は左右に様式に則る装飾が付く。
(67) 東須磨校では四連アーチ、二宮校・下山手校は六連アーチが施されている。
(68) 鵯越校、宮本校でみられ、ともに表現派の影響の色濃い意匠が施されている。
(69) 室内、東須磨、若松、蓮池、入江、二宮、真野、下山手の各校はゴシック風、鵯越校はパラボラアーチの意匠となっている。
(70) 鵯越校で、表現派の影響と考えられる。

(71) 室内校は表現派風の装飾、宮本校と蓮池校は平面の上で放物線による曲面を持つ。

(72) 昭和五年一一月二六日の市会での飛田信議員による発言、出典は『神戸市会議事速記録第十號』(昭和五年十一月二十六日)。

(73) 前掲註(77)『神戸市会議事速記録　第十號』による。なお神戸市教育課長・横尾繁六は飛田議員の質問に答え、「近来ノ大都市ノ学校ガ非常ニ必要以上ニ贅沢ニナッテ行コウト云ウヨウナ傾キガアル」と述べている。

(74) 『神戸市立宮本小学校の老朽度及び構造耐力に関する報告書』神戸市教育委員会、昭和五二年一二月、による。梁間方向のみコンクリート壁体で桁行方向の袖壁及びに腰壁は煉瓦積である。

(75) 前掲註(72)『神戸市会議事速記録　第十號』による。

(76) 小学校校舎の現場管理をめぐっての長田セメント事件に端を発し、清水の営繕課運営に対する市会議員による追求があり、清水は退職する。その背景には営繕課内部の内紛があり、六甲村などの神戸市域以外の阪神間の鉄筋コンクリート造小学校を私的な仕事として清水が設計していたことが問題となった。

(77) 熊本一之や加木弥三郎、梅本由巳なども清水の後を追い神戸市を退職する。熊本は大阪市建築課に入り、加木は三菱造船に入り、梅本は清水建築事務所に入所となる。

(78) 脇浜(昭和五)、道場(昭和五)、小野柄(昭和六)、の三校ではアーチによる開口部の装飾がみられ、筒井校では柱型の本数が通常の二倍入り、階段壁面と玄関部に装飾が用いられている。

(79) 工費や坪単価に関して一定の基準があったことが推測される。表2-1-2や本文で示した数値からは大正期に竣工する②の時期の校舎と較べ、工費や坪単価が減少する方向にあったことがわかる。このようなことから財政面での制約が影響を及ぼしていたものと考えられる。その背景には世界恐慌による緊縮財政の影響があったようだ。

(80) 神戸市の中央市場を建設するために大正一四年に神戸市役所に設置された臨時組織で、営繕課とは特に関連はしない。

(81) 川中校が最初にこのような柱の間隔を適用し、奥田譲の設計であった。筆者が営繕課元技師の中川初子におこなった聞き取り調査(平成八年一一月二四日)によると、奥田は柱の間隔を短くすることで、水平線を強調した意匠を実現させたかったようだ。つまり奥田のなかでは水平線の強調は近代主義建築の意匠を表現する有効な手法であったようだ。このような背景には東京市や横浜市の小学校の意匠による影響があったようだ。当時中川は奥田の下で川中校の図面を作製していた。

(82) 学園係には相原弁一、森卯之助、深田操の三名の技師が配される。営繕係や公会堂建築係がそれぞれ技師数一名であったのと比較すれば、いかに重要視されていたかがわかる。翌一三年には営繕課は建築課と名称を変え、学園係も含めて三つの係は消滅する。昭和一四年には第一技術係、第二技術係、第三技術係、第四技術係、設備係に改組し、昭和一五年には第一工営係、第二工営係、設備係に改組する。詳しくは『神戸市建築年鑑』神戸市営繕課、昭和一二年。

(83) 福住、川中、大黒、吉田高等、千歳の各校でみられる。ただし池田校では連続する庇だけ。

(84) 川中、志里池、川池、大黒、吉田高等、池田の各校でみられた。

(85) 従来は講堂の小屋組は鉄骨造であったのが、桁行方向がこのように短くなることで、鉄筋コンクリート造の梁に置き替えられる。

第二節　代表的事例

一　土木課の時代

1　須佐小学校

（1）成立とプランニング

わが国で最初の鉄筋コンクリート造で建設された須佐小学校の成立をみる。この小学校は新設校として建設される。確認される最初の言及は大正九年（一九二〇）一月に刊行された『神戸市事務報告（大正八年）』であり、ここには「兵庫仮監獄跡鉄筋コンクリート造参階建小学校建築工事此工費金貳拾八萬六百九拾八圓也　但シ本工事ハ大正九年九月竣功ノ筈」とある。兵庫仮監獄跡に建設された小学校とは新設の須佐小学校にほかならず、ここからは大正八年（一九一九）一二月の時点で鉄筋コンクリート造校舎が計画されていたことがわかる。具体的な金額が記されていることから、この時点で設計は完成していたものと判断できる。『須佐小学校創立六六周年記念　思い出』[1]によれば、起工は大正八年一二月六日のことであった。

須佐小学校は戦後の学制改革により須佐小学校と道場小学校が合併し、昭和二三年（一九四八）より校名が明親小学校と改称される。明親小学校は大正一五年（一九二六）より校名は残したまま女子のみの高等小学校に変わっており、神戸では最古の伝統を誇る明親小学校は尋常科をもたない学校になっていた。戦後須佐小学校の名称は消えるが、昭和二四年（一九四九）開校の須佐野中学校に受け継がれる。その校舎は戦前までは明親小学校の校舎であった。

須佐小学校で実現した校舎はどのようなものであったのか。まずブロックプランは東北方向と西南方向に二棟の教室棟が並列し、その中央に本館が配置された形となる。同校では東北側校舎を北校舎、西南側校舎を南校舎と呼称しており、ここではそれに倣う。それぞれの教室棟の二階で本館の二階に橋状の木製の渡り廊下でつながるE字型をとっていた。このようなプランの構成からは従来の木造校舎のプランをそのまま鉄筋コンクリート造に置き換えたものとみることができる。鉄筋コンクリート造という新しい構造が活かされた点は南北の両教室棟の屋上の運動場化であり、屋上へ通じる階段塔屋がそれぞれの屋上に立ち上げられていた。本館棟に関しては屋上の使用は計画されておらず、屋上に上がるための階段は設けられていない。ここでの本館とは一階が職員室などの管理関連の室、二階が講堂になっており、このように本館を別棟として、配置する手法は神戸市においては明治前期より用いられた手法であった。

　須佐小学校の規模をみると、普通教室は二九室、特別教室は一三室の、計四二教室からなった。階数は三階建てで、延坪は一、五四六坪で、校地坪数は一、八三〇坪、屋上の運動場は三二三坪、講

写真 2-2-1　須佐小学校 本館正面

写真 2-2-2　須佐小学校 玄関側面

写真 2-2-3　須佐小学校 運動場から本館をみる

写真 2-2-4　須佐小学校 運動場

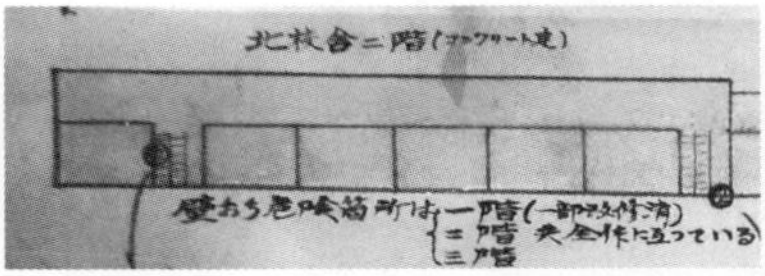

図 2-2-1　須佐小学校 北校舎二階略平面

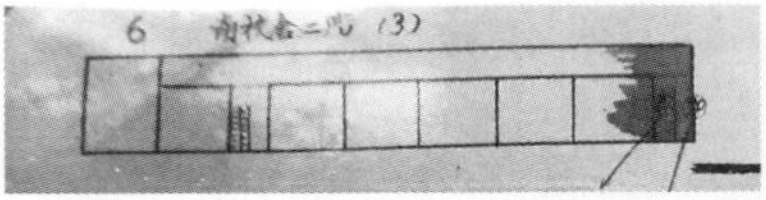

図 2-2-2　須佐小学校 南校舎二階略平面

写真 2-2-5　須佐小学校本館 玄関車寄せが消滅

写真 2-2-6　須佐小学校 階段室煉瓦壁

堂は一四〇坪であった。北棟の教室配置をみると、最北側に一教室があり、階段室が続き、五教室が連なり、また階段室がある。教室はいずれも普通教室の大きさである。計一八教室からなる。一方南棟の教室配置をみると、最北側に一つの特別教室があり、その隣は普通教室が一あり、階段室が続き、五教室が連なり、また階段室がある。特別教室数三をくわえると二一教室となる。合わせると三九教室となる。この他に三教室分が本館の一階に職員室や校長室と隣り合って中廊下式で設けられていたものと推測される。

(2) 構造とスタイル

構造をみると、柱・梁・スラブの骨組みは鉄筋コンクリート造のラーメン構造であったが、壁体はすべて煉瓦造になっており、耐震壁は設けられていない。すなわち震災を考慮する必要のなかった欧米の技術を直輸入した構造であった。須佐校は昭和一九年（一九四四）三月の空襲で焼失し、内部の木製仕上げのすべてを失う。そのため戦後改修工事がなされることになるが、焼けた講堂内部の写真からは、表面の漆喰が落ち煉瓦が剥き出しになった様子が窺える。本館玄関車寄せ部分も崩落したようで、接合する躯体部分の壁面は全面煉瓦の壁になっていた。

スタイルをみると、柱と梁の形が外部に表出するもので、窓などの開口部は大きくとられ、煉瓦造の袖壁が柱の両側に短い長さで付くものであった。そのため開口面積が広く、明るい教室が生まれていた。欄間窓は横軸回転窓になっていた。外観上唯一の装飾的な要素は玄関車寄せであって、六本のトスカナ式円柱が三角形のペディメントの車寄せ部を受ける形式になっていた。このような古典的意匠をみせる玄関車寄せは雲中校・野崎校などでも確認されることから、初期の神戸市の鉄筋コンクリート造小学校の本館車寄せに共通する特徴となっていたことがわかる。教室棟に関しては装飾的な要素が排除された外観であった。

設計ならびに施工について現時点では一切不詳である。代表的校舎2で取り上げる雲中小学校は日本トラスコン鋼材株式会社の構造設計によるものであることが判明している。ブロックプランは異なるが、教室棟の柱割や開口部の様態は酷似しており、同一の設計基準でおこなわれた可能性が高い。すなわち、日本トラスコン鋼材株式会社の構造設計とみることもできる。プランについては木造校舎の設計手法を踏襲していることからは、神戸市土木課営繕掛でおこなわれた可能性がある。

2　雲中小学校

(1) 成立と建築特徴

雲中小学校は大正九年（一九二〇）四月一五日に起工し、建設費三九万円を要し、一一月三〇日に竣工している。鉄筋コンクリート造になった理由は大正八年（一九一九）一一月一九日の火災で従来の木造校舎を焼失した復興であった。この時点で須佐小学校は鉄筋コンクリート造で建設されることがほぼ確定している。したがいその設計の手法が雲中小学校にも適用されたものと推察される。この年長狭小学校も火事で焼失している。

ブロックプランは南側を運動場としたコの字型の平面を有し、北棟ならびに西棟が教室棟からなり、東棟は本館で講堂棟となる。教室の配置は片廊下式となり、北棟では北側に廊下が、西棟では東側に廊下が配された。児童昇降口は北棟の中央部にあり、キャピタルの付いたトスカナ式円柱により玄関車寄せが構成される。その上部は二層三層にわたり大窓となり、その上部の壁は扁平アーチで縁取りがなされ、そこには菊の花弁をモチーフとした左官彫刻が設えられてある。大窓の両側は壁面が少しうしろ側に後退し、遠景でみるとヴェネツィアン・ウィンドーのような構成を示す。この中央部に限って、パラペット上部に三角形のペディメントが突出し、校舎全体の中心性を強調する。このような意匠は新設の須佐小学校にはなかったものであり、雲中小学校が葺合区の中心的な学校であったことで生まれたものだろう。つまり地域側からの、より学校にふさわしい外観という要望があったものと推測される。一方で本館側には須佐小学校の本館玄関車寄せと同一の意匠によるペディメントと列柱からなる装飾が設けられており、標準設計的な要因もあったものと考えられる。

写真 2-2-7　雲中小学校 竣工時

写真 2-2-8　雲中小学校 本館・玄関ポルティコ

雲中小学校では普通教室は三五室、特別教室は六室からなった。階数は三階建で、延坪は一、五九〇坪で、校地坪数は二、四一二坪、屋上の運動場は三四八坪、講堂は一五〇坪であった。建築面積ならびに延床面積はすでに建設中であった須佐小学校とほぼ同一規模であったことがわかる。プランニングとして階数は三層となるが、従来の木造校舎の平面を踏襲したものであり、違いはフラットルーフの屋上をそのまま運動場に用いている点であった。

(2) 日本トラスコン社の設計

雲中小学校の設計についての詳細は

定かではないが、アメリカ資本による日本トラスコン鋼材株式会社（以下日本トラスコン社と記す）が構造設計をおこなっていたことが判明している。そのことは竣工時の次の一文にあきらかである。「米国式鉄筋コンクリート三階建の壮麗な校舎」(2)とある。プランは木造校舎を踏襲したことから、神戸市土木課営繕掛の手によるものと思われる。意匠については上述したように須佐小学校と同一の造形意匠がなされていたことを考えれば、日本トラスコン社の可能性もある。

同社が大正一二年（一九二三）二月に刊行した営業用冊子『学校建築としての鉄筋コンクリート構造』には同社の設計部が手がけた学校建築一覧があり、雲中小学校は諏訪山小学校や兵庫小学校とともにトラスコン鉄筋を使って建設されたと記される。トラスコン鉄筋とはカーンバー(3)という明治三六年（一九〇三）に特許がとられた特殊な鉄筋を用いた方法によるもので、アメリカのトラスド・コンクリート・スチール会社が専売的に製造をおこない、日本では東京と神戸にあった米国貿易商会建築部が代理店になり一手に販売した。大正九年（一九二〇）には日本トラスコン鋼材株式会社が東京に設立され、米国貿易商会の業務を引継いだ。同社は大阪・横浜・神戸・福岡に支社、川崎に工場を設けていた。同社はトラスコン構造物の設計および監督のために東京帝大や名古屋高等工業学校などで高等教育を受けた建築技術者を多数擁しており、構造設計のみならず意匠面も手がける(4)ことがあった。

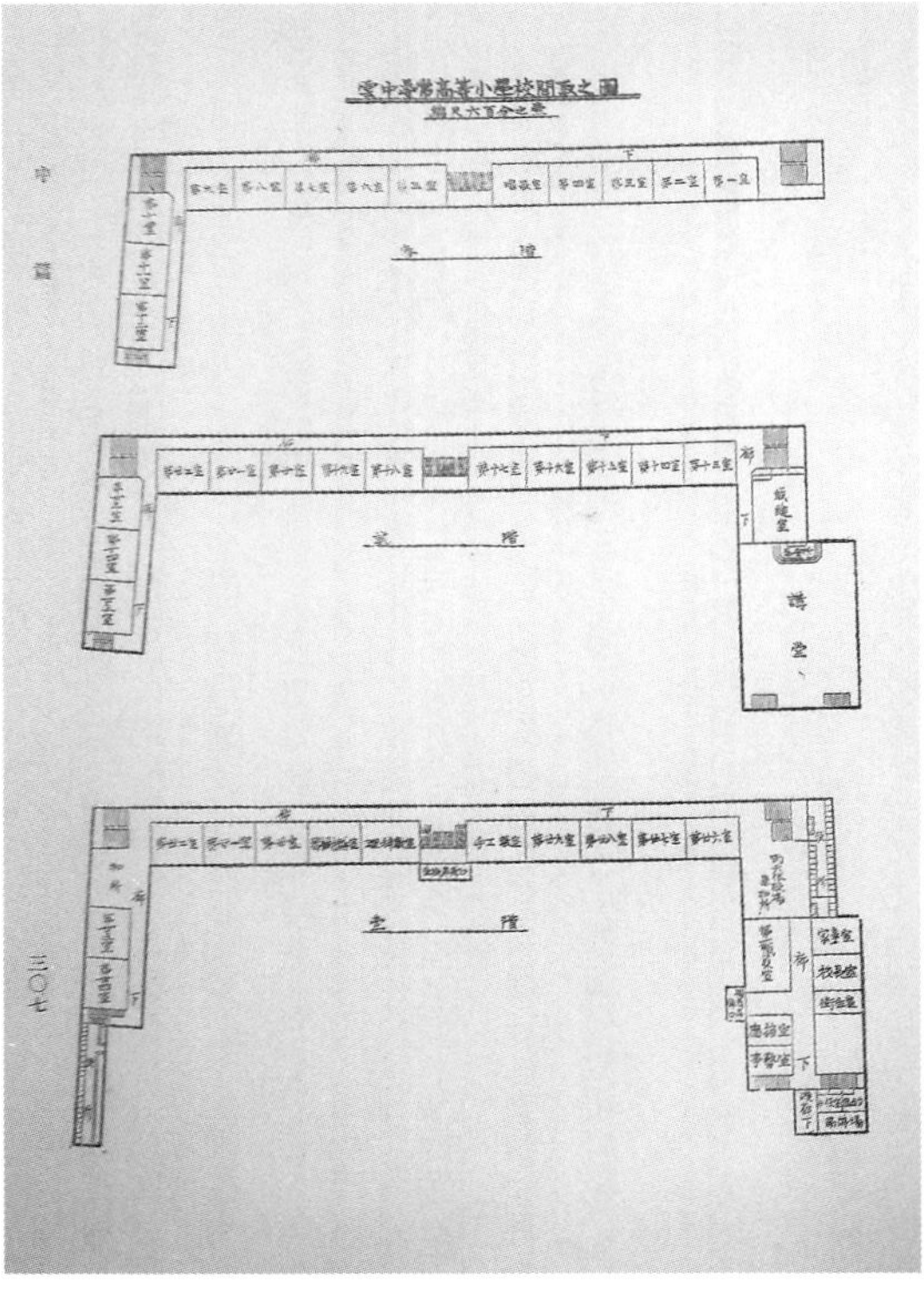

図 2-2-3　雲中小学校 各階平面図

同社のセールスポイントは従来の木造建築の僅か二〇～五〇％の割り増しで、耐久・耐火・耐震・耐風の理想的な鉄筋コンクリート造建築が出来るというものであり、学校建築では陸屋根ゆえに屋上が運動場として使用できるというメリットもピーアールされていた。

雲中小学校は須佐小学校と違い、施工者も判明している。田林工務店であり、大正期には本店を神戸市神戸区加納町に置く土木建築請負業であった。明治二二年（一八八九）創業で、大正二年（一九一三）より二代目の田林虎之助が継ぎ、兵庫県知事官舎をはじめ、神戸瓦斯本店、日本武徳殿諏訪山武徳殿、東京・神戸・京都の各基督教青年会館などを大正一桁代に建設していた。ちなみに大正七年（一九一八）に東京神田に建設された東京基督教青年会館は「カーン」式鉄筋コンクリート構造[5]であり、田林工務店は日本トラスコン社と深く関わって仕事をおこなっていた。

写真 2-2-9　雲中小学校 屋上

写真 2-2-10　雲中小学校 講堂

写真 2-2-11　雲中小学校 中央棟（工事中）

写真 2-2-12　雲中小学校 廊下（工事中）

鉄筋コンクリート造の建築技術をどのように習得したのかは定かではないが、大正一〇年（一九二一）以降は神戸市の鉄筋コンクリート造小学校を手がけ、雲中校（大正一〇年・三九万円）の他に諏訪山校（大正一二年・三一万円）があった。昭和に入ると東京ではヴォーリズ設計の東洋英和女学校（昭和七年・三〇万円）の請負をおこなっていた。田林工務店は現在存在しない。

ここに掲げた工事中の写真をみると、一点は中央棟の外観を撮したもので、駆体のコンクリートが打ち終わった直後で、足場がかかった様子が窺える。もう一点は廊下の写真でコンクリートの駆体が仕上がり、煉瓦の壁を廊下の両側に積み終えた時のものである。ここからはこの校舎が柱・梁のフレームとスラブだけを鉄筋コンクリートで立ち上げ、間仕切り壁や腰壁、袖壁などは煉瓦造であったことが判明する。この校舎は昭和四七年（一九七二）に解体され、現校舎に建替えられた。

3　山手小学校

(1) 中廊下式プランと講堂

大正一〇年（一九二一）一一月に落成した山手小学校は神戸区の神戸小学校・諏訪山小学校とほぼ同時期に建設されているが、神戸市の小学校では講堂を最上階に設ける形式を最初にとった校舎である。ちなみに神戸小学校・諏訪山小学校の両校ともに講堂は別棟の本館二階に設けていた。正確にいえば、前節で論じたように野崎小学校がこの形式の最初のものであるが、講堂の長手方向を校舎の桁行方向と合わせたも

写真 2-2-13　山手小学校

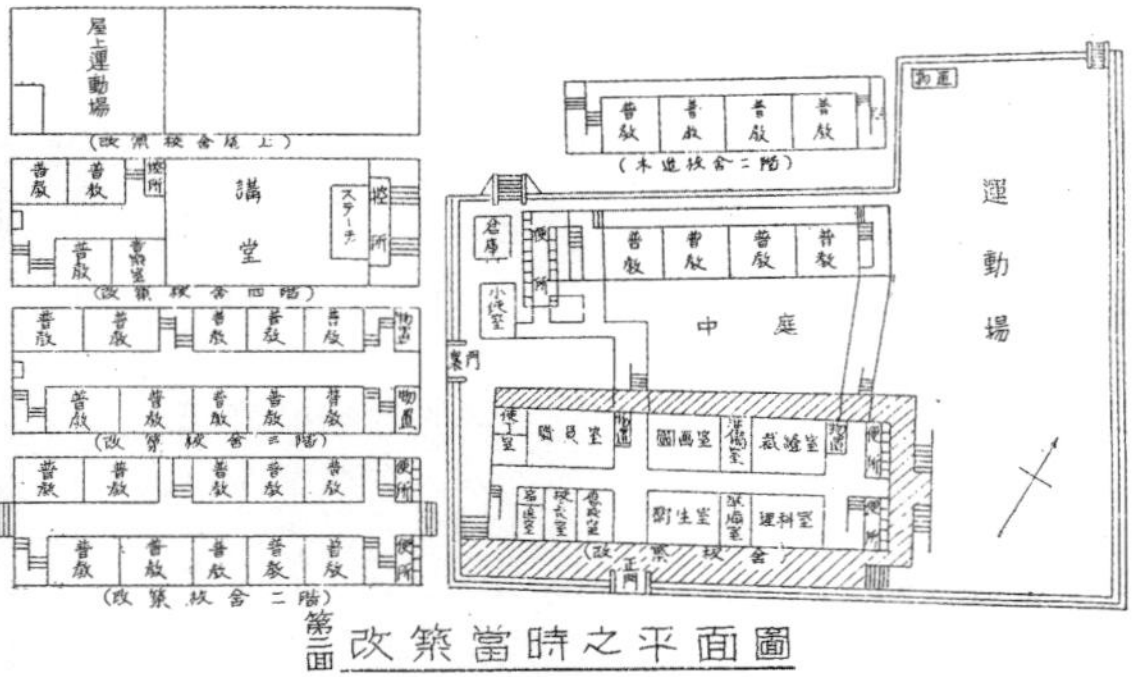

図 2-2-4　山手小学校 配置図兼各階略平面図

のとしては、山手小学校が最初の事例であり、この手法は昭和一三年（一九三八）の高羽小学校まで続く、大正から戦前期にかけての鉄筋コンクリート造神戸市小学校建築のプラン上の大きな特徴となる。その出発点という意味では重要な校舎といえる。

なぜこのようなプランが生まれたのかといえば、神戸市特有の校地の狭隘さが影響した。講堂を最上階に設置するプランは梁間の長さを確保するために必然的に下階が中廊下式教室配置となる。この校舎の建設経緯を記した『山手教育四十年』[6]に次のように中廊下式についての説明がなされる。「これは上部に講堂を設けたのと、二間の中廊下の両側に教室を設けて、比較的狭い土地に多くの室を得る考えから出来た」。

部屋配置をみると、普通教室二十三室、特別教室四室、講堂、職員室・校長室・衛生室などからなり、各階ともに中廊下式教室配置をとった。階ごとの構成では一階は管理スペースのほか、理科・図画・裁縫の各特別教室があり、二階と三階はすべて普通教室、四階は講堂のほか、音楽室と普通教室、屋上階は講堂上部以外が運動場となった。

（2）建築規模

次に建物としての具体的な大きさを検証する。寸法が記された設計図の類いが一切見出せていないために、詳細な分析は難しいが、前述の『山手教育四十年』ならびに『神戸市立山手小学校の老朽度及び構造耐力に関する報告書』（以下報告書と記す[7]）が史料として確認される。前者によれば、校舎の大きさは長さ二十八間（五〇・九六m）、幅九間四分（一七・一一m）とある。後者から判明するのは長さ五一・一m、幅一六・三四mの数値[8]で、前者と比較すれば長さは一四cm、幅は七七cmの誤差が生じている。長さについては近似していたが、幅は二尺以上もの開きがある。前者では中廊下の幅を二間（三・六四m）としたとあり、後者では三・〇mとしており、この違いが反映されたものと思われる。

高さをみると前者では六十三尺（一九・〇九m）とある。後者では一五・九五mとなる。この違いは前者の数値

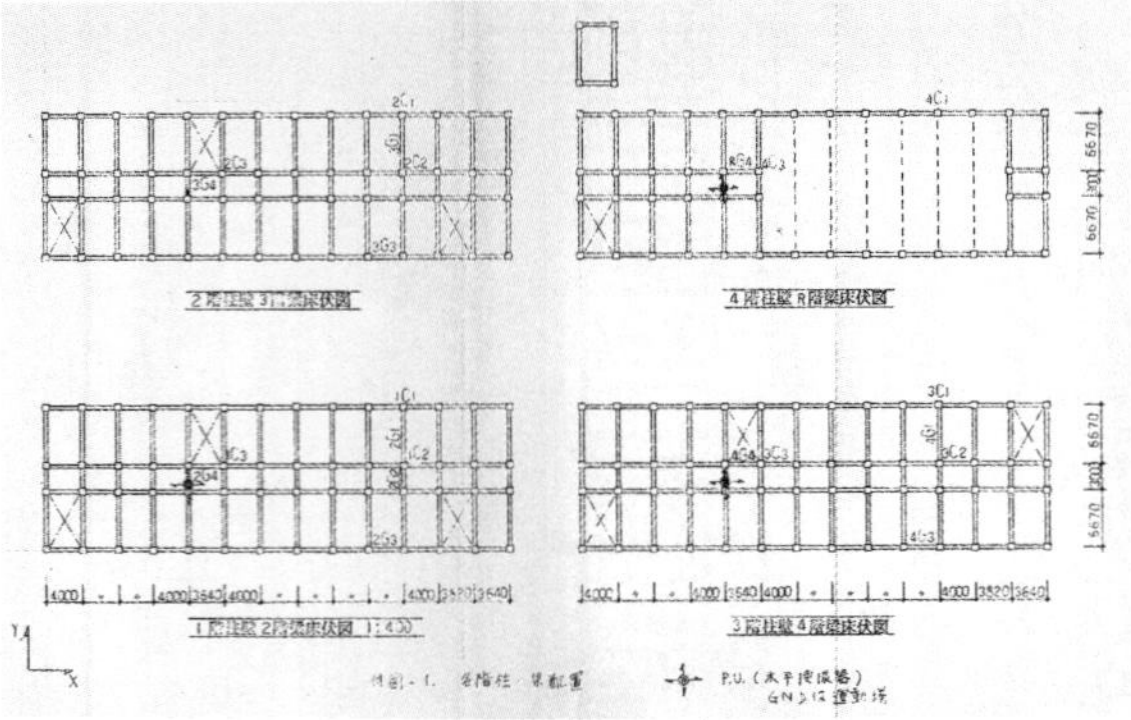

図 2-2-5　山手小学校 各階梁床伏図

が屋上塔屋までの高さを表わしたものであったことによる。この校舎は大正・昭和戦前期の神戸の小学校では唯一つの四階建校舎であり、階高を三mと換算すれば、六階建て以上の建物となり、この校舎が当時いかに高層建築であったかが読み取れる。

報告書には附図として各階の梁床伏図があり、ここからは各階ともに桁行が四・〇mスパンで柱が入り、梁間が六・六七m、三・〇〇m、六・六七mと三分割されて柱が入っていたことがわかる。桁行では階段室のみが三・六四mの幅となる。

『山手教育四十年』によれば、普通教室の大きさは、長さが四間半（八・一九m）、幅が三間七分（六・七三m）となり、この数値は一スパンあたり九・五cmの誤差が生じているものの、報告書の柱割の寸法を反映したものとなる。なお特別教室の大きさは長さが六間七分五厘（一二・二九m）、幅が三間七分となり、普通教室と較べ長さが一・五倍あった。講堂の大きさは長さ一五間半（二八・二一m）、幅九間四分（一七・一一m）、高さ一七尺（五・一五m）とある。講堂の面積は一四五・七坪となり、一、五〇〇人の児童を収容できたとある。全体の延床面積は一、六〇六坪で、工事費は二四三、六〇〇円がかかっていた。

（3）実現された新案

山手小学校落成時の新聞記事(9)には次のように評されていた。

鉄筋コンクリート校舎の欠点を補い種々考案設計せられたので、外観は兎も角も内部は頗る気持ちがよく神戸

写真 2-2-16　山手小学校 階段塔屋（筆者撮影）

写真 2-2-14　山手小学校 校庭側

写真 2-2-17　山手小学校 上下ともに教室

写真 2-2-15　山手小学校講堂 北側から（筆者撮影）

第一の美しい校舎が出来上がった。

種々の考案のなかで瞠目に価することは水洗便所の完備と教室壁面の色彩調節の二つであったといえよう。

水洗便所の採用からみると、全国の鉄筋コンクリート造校舎では最初に採り入れられた[10]もので、当時は「西洋便所」と呼ばれた。この時期神戸市では公共下水は敷設されておらず、一旦は煉瓦トンネルのタンクで醱酵および濾過され、清水になって下水に流れるシステム[11]となっていた。略平面図からは一階と二階にそれぞれ二箇所ずつ便所が設置されている。いずれも校舎の東端部に設けられていたが、三階・四階に便所の設置はなかった。屋上に給水塔が設けられなかったことから低層階に限定されたのかもしれない。

教室壁面の色彩調節について、大正一二年（一九二三）四月に神戸市の神戸・山手・兵庫・神楽の各小学校ならびに大阪の船場小学校と育英小学校を視察した東京市番町小学校首席訓導(12)、肥沼健次(13)は次のように記す。

教室の壁色　天井の白色は両市同様なるも、壁色に至っては両市多種多様であるが、主なるものは白、卵、水、碧混色等である。神戸市山手校の如きは、一階白色、二階卵色、三階水色、四階碧混色と上に進むに随ひ明暗の調節に留意してあった。

また『山手教育四十年』には「音楽室は天井及び柱が円形にされて、壁の色も薄桃色に塗られ」とある。このように室内意匠にも一定の配慮がなされた空間づくりがなされていた。

建築スタイルは柱型を外壁面に表わすタイプであり、講堂部分の高く上がった開口上部にはグラフィカルな矩形の装飾が付く。階段塔屋は溝が掘られた縦線と横線からなる装飾で縁取られる。パラペットの立ち上がりは手摺子が設けられ、それまでの須佐・雲中の各小学校とは意匠的な密度が異なる、より趣のある外観が出現していた。

（4）設計経緯

なぜこの時期に鉄筋コンクリート造校舎が採用されたのか。学区制度廃止の際に神戸区財産の無償提供の代わりとして、神戸区の中心地区にある神戸・山手・諏訪山の三校を鉄筋コンクリート造に改築するというバーター条件があったものと考えられる。つまり学区統一直前での神戸区による校舎改築事業用起債にそのことは表象される。この背景については前節で詳述したが、一部ここで繰り返すと、「区会は機先を制し、起債を画して神戸、山手、諏訪山の改築を決議した。而して学区統一と共に之を市に引継いだのである。正に大正七年十月である」(14)。この三校がほぼ同時期の大正一〇年（一九二一）一〇月から一一月にかけて相次いで竣工した理由はここにあった。

鉄筋コンクリート造建設事業を時間軸から整理すると、大正七年（一九一八）一〇月に起債がなされ、大正九年（一九二〇）一一月一五日に起工する。この時期では神戸で最初の鉄筋コンクリート造校舎の須佐小学校も竣工直前であり、未だ神戸市内には一棟の校舎も建ち上がってはいない中で、山手小学校の設計は大正九年夏頃までには終えられていたものと考えられる。

『山手教育四十年』には設計者について次のような記述がある。「設計者は市の土木課長浅見忠次氏、教育課長本庄太一郎氏、及び杉野校長の三人が立合い、教議の大綱に基づいて、教育当事者である校長の提案による基礎設計により、丸山・新居の両技手の製図となった」とある。ここから読み取れる、唯一の建築技術者は神戸市土木課営繕掛(15)の丸山英介・新井進一郎の両技手であったことだ。この両者は木造校舎の設計技術はあったものの、複雑な構造計算を必要とする鉄筋コンクリート造の設計が出来たとは思えない。そのことを示すかのようにあくまでも担った内容は「製図」を、とある。

山手小学校と同時に着工し、隣接地にあった諏訪山小学校は前節でみた日本トラスコン社が発行した『学校建築としての鉄筋コンクリート構造』に同社設計の校舎として、雲中・兵庫の各小学校とともに校名が記される。ただしこの時期は神戸市土木課には鉄筋コンクリート造建築を設計できる建築技術者はいない。だとすれば、構造設計はアメリカ式の日本トラスコン社が担っていたものと考えることもできる。なお山手小学校設計にあたっては「独・瑞・英・米などの建築物を参考にした」とある。

なお鉄筋コンクリート校舎誕生までの木造時代の増改築をみると、明治三四年（一九〇一）に平屋建の最初の校舎が出来、一六年後の大正六年（一九一七）と大正七年の二ヶ年にわたって増改築がおこなわれていた。その工事には三三、三五八円の工費がかかっている。設計は神戸市土木課営繕掛の技手、山名平之進と山下吉之助が担った。この時期は神戸学区が主体で建設事業を担っており、区会議員を中心に建築委員が任命され、そのなかに大正八年（一九一九）に鉄筋コンクリート造を積極的に推進した竹馬隼三郎の名前が確認される。

4 長楽小学校

（1）成立

大正一一年（一九二二）五月三一日に誕生した長楽小学校の本館（講堂棟）はそれまでの神戸市の小学校にはみられない、ヨーロッパ歴史様式の影響を受けた重厚な外観の建物であった。神戸市内に大正九年（一九二〇）から大正一二年（一九二三）にかけて建設された鉄筋コンクリート造校舎は一九校あるが、長楽・吾妻・明親・神楽の四校を除けば、一様に柱と梁からなる簡素な建築であり、外観にもそのことは反映され、玄関廻りにのみ、取って付けたかのような造形意匠をみせた。

長楽小学校の本館は同年八月完成の吾妻小学校や大正一二年三月完成の明親小学校と、外観意匠において共通するスタイルを示し、大正一一年一二月完成の神楽小学校もまた、意匠面で類似するスタイルを呈する。ここからはこの時期に誕生した外観を重視した校舎の出発点に長楽小学校があったと捉えることができる。

それは講堂棟を三階建とする新しい試みであったことと関連するものと思われる。それまでは本館として一階を職員室などの管理スペースや教室、二階を講堂とする形式は須佐・雲中・荒田・諏訪山の四校で出現していたが、いずれもが意匠面でのこだわりは玄関ポルティコに限られた。一方で講堂を校舎のなかに取り込む形式は四階建の山手小学校でおこなわれたが、特徴的な外観意匠を示すものではなく、それまでの延長線上にあったといえる。

写真 2-2-18　長楽小学校
（田園のなかでの竣工）

写真 2-2-19　長楽小学校（工事中）

写真 2-2-20　長楽小学校（竣工直前）

写真 2-2-21　長楽小学校 全景（左が本館）

この講堂棟の建設は第二回増築工事[16]の一環でおこなわれ、大正一〇年（一九二一）六月に起工し、大正一一年に五月三一日に落成している。その内容は鉄筋コンクリート三階建と木造二階建の二棟の建設であり、工費は一〇八、〇〇〇円であった。

(2) 設計者

この校舎建設に関する史料はほとんどなく、設計者は判明しない。後で詳述するが、長楽小学校の外観については他に類例をみないスタイルであり、アーチを巧みに扱ってファサードを構成する手法などから手慣れた建築家の設計を思わせる。

大正一〇年六月起工から逆算すれば、同年三月頃までには設計は完了されていた。この時期神戸市営繕課は誕生しておらず、設計は土木課営繕掛が担当するが、鉄筋コンクリートの構造計算できる高等教育を受けた建築技術者は同一〇年一月より神戸市土木課に勤務しはじめた清水栄二ひとりがいるだけだった。土木課長の浅見忠次については第四章で詳述するが、大正九年（一九二〇）の『兵庫県職員録』[17]によれば、神戸市では市長、都市計画部技師長、筆頭助役、次席助役に次ぐ高給を得ており、都市計画を除く技師のなかでは最高位にあった。だが専門は土木であって、鉄筋コンクリート造建築の設計を十分に担えたとは思えない。確認できる仕事としては明治三三年（一九〇〇）の布引ダムがある。

土木課に入って間もない清水栄二が新しい設計業務を担えたのかどうかは不明である。清水栄二みずからが関わった建築写真を貼ったアルバム[18]には、野崎・神戸などの小学校と並んで長楽小学校の外観写真がはさみこまれていた。おそらく清水栄二は大正一〇年前半期には次々に竣工する鉄筋コンクリート造校舎の現場廻りなどに追われていたものと思われる。同年九月一日現在の『神戸市職員録』では土木課筆頭技手となっているが、清水栄二が設計に取り組んだのは「市立小学校第二期増新築[19]」、つまり神戸市営繕課が誕生する大正一二年（一九二三）四月以降のこととみなければならない。

雲中・諏訪山・兵庫の三校は日本トラスコン社の構造設計に基づくことはすでに論じたが、同時期の須佐・神戸・楠・橘・真陽・兵庫女子などの小学校も構造計画や外観意匠などが酷似することからは、日本トラスコン社の構造設計の可能性がきわめて高い。つまり木造校舎の専門家しかいなかった神戸市土木課では主にプランだけを取りまとめていたようだ。

日本トラスコン社以外の設計者の可能性を探ると、大正一〇年前半期に神戸市土木課に関わった建築技術者として次の三人が確認される。置塩章、河合浩蔵、国枝博という三人の学卒者である。

置塩章は明治四三年（一九一〇）に東京帝国大学工科大学建築学科を卒業後、大阪の陸軍第四師団経理部で建築技師を務め、大正八年（一九一九）に兵庫県都市計画地方委員会技師として来神し都市計画神戸地方委員会の委員を務める一方で、高等教育を受けた建築技術者ということで兵庫県内務部土木課営繕掛長を兼務する。当時兵庫県は神戸市の上席に位置したことから、神戸市土木課長からの依頼があれば兵庫県土木課技師としては対応せざるを得なかったものと考えられる。他府県では市町村の小学校設計を府県営繕課が担ったケースも多い。

具体的な事例を挙げると、早稲田大学理工学部建築学科を大正九年（一九二〇）に卒業し、大正一〇年（一九二一）より兵庫県営繕課の技手として置塩章の下にいた笠井正一[20]は神戸市立明親小学校（大正一二年竣工）の構造計算を担ったことが判明しており、構造計算について兵庫県営繕課が業務としてサポートしていたケースがあったことがわかる。おそらくは日本トラスコン社が関わらなかった建物の構造設計を担っていた。

国枝博は明治三八年（一九〇五）に東京帝国大学工科大学建築学科を卒業し、朝鮮総督府技師を経て、大正八年（一九一九）に建築事務所・国枝工務所を大阪で開設していた。この時期に兵庫県庁舎ならびに神戸市庁舎の増築設計を担っており、その関係で荒田小学校の設計[21]の依頼を受けたものと考えられる。

河合浩蔵は明治一五年（一八八二）に工部大学校造家学科を卒業し、ドイツに留学した明治大正期の日本を代表する建築家であり、関西建築界の長老であった。明治三八年より神戸に河合浩蔵建築事務所を開き、民間建築の他に神戸市関係の仕事もおこなっていた。一例を挙げると、大正六年（一九一七）に竣工の神戸市水道局の奥平野浄水場急速濾過場上屋[22]などがある。また都市計画神戸地方委員会委員を務め、同委員の浅見忠次とは面識があった筈である。

昭和九年（一九三四）に神戸市営繕課長に就任する井上伉一への聞き取り調査[23]によれば、清水栄二が来て営繕課が出来るまでは河合浩蔵と置塩章が神戸市の鉄筋コンクリート造小学校の設計を担ったという。どの校舎を担当したのかは定かではないが、何らかの形で設計に関わっていたようだ。考えられるのは、日本トラスコン社が得意とした同一スパンが繰り返される片廊下式教室配置の校舎ではなく、小規模な本館タイプの可能性が高い。この時期本館だけが鉄筋コンクリート造となったのはこの長楽小学校以外に大正九年（一九二〇）の荒田校、大正一〇年（一九二一）の楠校・橘校があった。そう考えれば、国枝博が荒田小学校本館設計を委ねられたように、河合浩蔵に本館のみの長楽小学校の設計が頼まれた可能性がある。ただ河合浩蔵に関する年譜や作品一覧[24]には神戸市の小学校の設計の記述はない。

（3）プランと構造計画

まずこの講堂棟の構造的な解析をおこなう。詳細な設計図が見出せないなど史料的な制約があるが、昭和五一年（一九七六）に「老朽度及び構造耐力に関する報告書」（以下同報告書と称す）[25]がまとめられており、そこからは柱の間隔が四・五五mであったことが判明する。これまでの神戸市の小学校の多くは柱の間隔は四・〇m前後であり、ここでの数値は大きく異なったものになっていた。また柱の位置に梁が掛け渡されておらず、鉄筋コンクリート造の基本であるラーメン構造を構成していない箇所も複数にわたってあり、「木造的軸組を形成」との指摘があった。長楽小学校と同様に講堂を最上階に設置する山手小学校（大正一〇年一一月に完成）では梁と桁の交差部には必ず柱が設けられており、構造的な整合性はとられていたが、それより半年後の長楽小学校では不整合が目立つ軸組をとる。なぜこのような構造になったのかは定かではないが、構造設計が変更された可能性が高い。

同報告書によれば、講堂棟の大きさは桁行方向が三三・七一m、梁間方向一六・〇七五mあり、桁行は八スパン、梁間は三スパンからなる。桁行の両端は共に階段室で三・九八mのスパンとなり、その間の六スパンが講堂の大きさとなる。この六スパンも両端部分のスパンはともに幅が少し狭くなり、正面向って右は三・三二m、左は四・二三mとなり、左右対称性が微妙に崩されている。中央の四スパンのみが幅の広い四・五五mとなるが、このことは外観のありようを反映していた。すなわちちょうどこの四箇所にのみ、最上階の開口上部にセグメンタルアーチの形で庇が連なる。そのような意味ではファサードの意匠を重視したことで、このような柱割になったとみることもできよう。

四・五五mのスパンが採用された理由は定かではないが、このスパンは鉄筋コンクリート造のマリオン（方立状の小柱）で三分割される。その形はアーチ状の庇を貫き、パラペット下まで立上がり、アーチ状の庇とともにファサードを構成する重要な要素になっていた。このスパンがそれまで多かった四・〇mだと、三分割するには狭すぎて、意匠的なバランスが崩れてしまうということもあって広げられたのではないかと推察される。

梁間方向をみると、一階二階の中廊下式教室配置を反映して、柱の間隔は左右対称になっていたのかと思われたが、正面側から七・〇二五m、二・五三五m、六・五一七mとなる。なぜこのような寸法になったのかは定かではない。この柱間隔は桁行方向の両端部の階段室を除いた六スパンに限ってのものであり、階段室に関しては、正面側から五・七〇〇m、五・〇二五m、五・三五〇mとなり、教室がある部分とは異なる。この割合は遠目にみると三分割されたかのようにみえる。この数値は階段室並びに塔屋の大きさから生み出されたものであった。すなわち

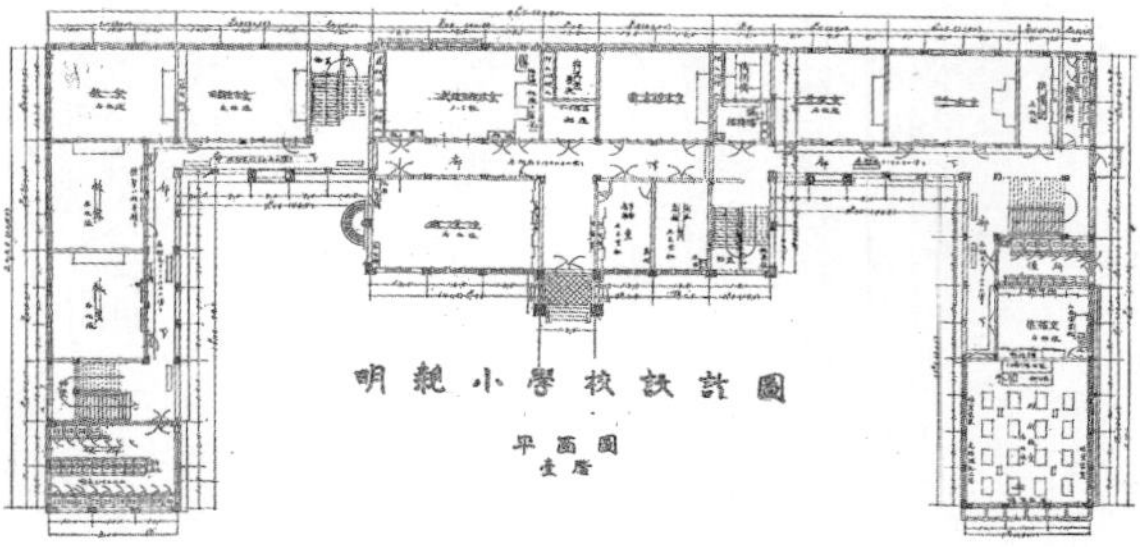

図 2-2-7　明親小学校 1 階平面図

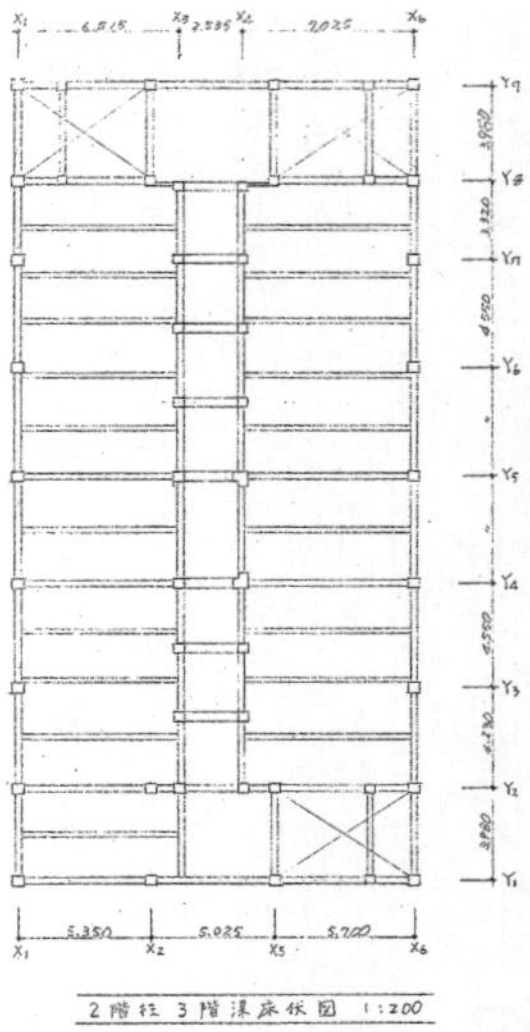

図 2-2-6　長楽小学校 二階柱三階梁伏図

中間部の桁は外壁面の柱に架け渡されておらず、途中で中断されていた。このことが木造的軸組と揶揄されたのだろう。

　このような階段室の柱割は外壁面に表出された柱型として、側面の外観に反映される。柱割に微妙な差異は生じていたが、さほど違和感が生じない範疇におさまっており、中廊下の桁を側面側まで延ばさなかったのは、側面側の外観を整えるものであったとみることもできる。

階高は一階が四・一〇m、二階が三・七〇m、三階はパラペット上端まで七・〇〇mとなる。異様に講堂の高さが外観上高くなっているのは、小屋組のトラスが建築では珍しく下路トラス(26)であったことによる。おそらくは屋上を運動場として使うために、上弦材が水平なこの形式が採用されたものと考えられる。ただし先行した山手小学校でも小屋組はキングポスト・トラスとなっており、講堂を最上階に設置するもののなかでは、神戸市の小学校で下路トラスの採用が確認されるものは長楽小学校唯ひとつであった。講堂の有効高さは五・〇〇mであり、半年後に完成する神楽小学校ではキングポスト・トラスであったが有効高さは長楽小学校と同値を示す。

　プランとしては、講堂下の二階には普通教室が中廊下式配置で六室、一階については職員室や特別教室などが中廊下式配置で入っていた。一方詳細な一階平面図(27)が見出せた明親小学校は講堂棟を中心にして、左右に翼部が設けられていたことがわかる。講堂棟は中廊下式教室配置を示すが、翼部ならびに繋ぐ部分はいずれもが片廊下式教室配置となる。ここでのスパンは一三・五尺（四・〇九ｍ）となり、講堂棟は桁行は六スパンの長さに一五尺（四・五五ｍ）幅の階段室がつく。

吾妻小学校については史料的な制約があり、プランは判明しないが、写真からは明親小学校と共通するプランニングで建設されていたことが窺える。このように、長楽小学校から吾妻小学校、そして明親小学校へとプランニングもファサードデザインと同様に引継がれていったことが読み取れる。

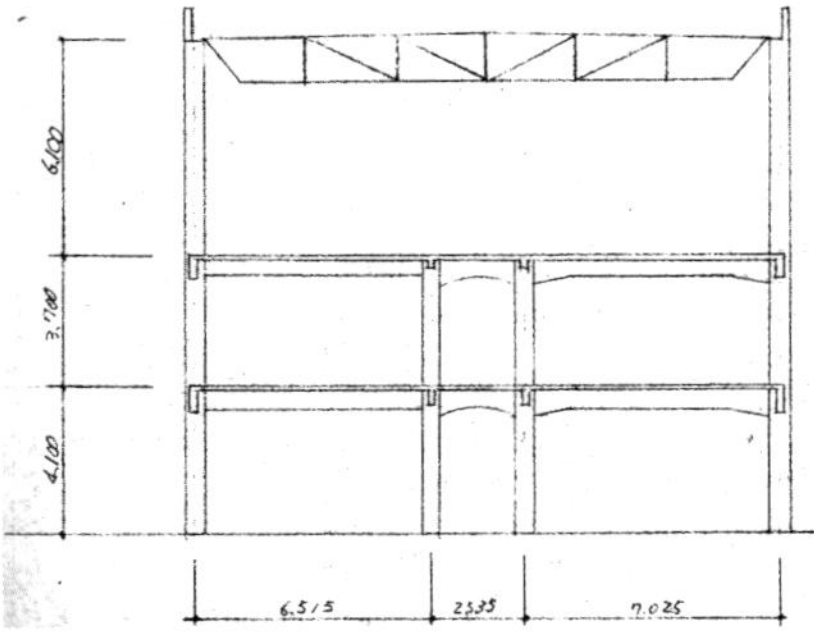

図 2-2-8　長楽小学校 柱梁断面図

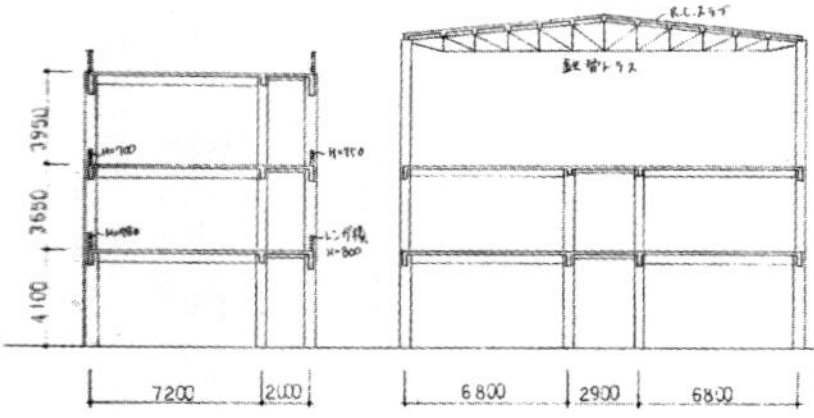

図 2-2-9　神楽小学校 柱梁断面図

（4）ファサード

最重視された外観を分析する。正面には四連のセグメンタルアーチ[28]形の庇を並べ、同じ形状の庇を側面側にも設ける。庇の出の深さは判明しないが、写真からは一尺半（四五・四五cm）から二尺（六〇・六cm）前後あるように思える。前述したようにマリオンが柱間を三分割し、アーチ状の庇との交差部にはアーチを途中で支えるかのように出梁が付く。アーチの中間に出梁を設けることは珍しい。本来アーチとは組積造ゆえに要石が頂部に備わるものだが、ここでは左右にふたつ出梁の形が出現する。出梁とは伝統的な木造民家に用いられる手法であり、一体化構造の鉄筋コンクリート造には不要のものである。このような出梁の採用からは西洋スタイルのなかに日本的な意匠を加味することで、新しいスタイルの創出が試みられた可能性がある。つまり新しく生まれた鉄筋コンクリート構造にふさわしいスタイルが模索されており、西洋一辺倒ではない、日本を意識したものが求められた結果、誕生したものとみることもできよう。塔屋をみると、開口部の真上から二方向にわたってコンクリートの出梁が跳ねだしていた。

ここで用いられたセグメンタルアーチは日本人に受容れられたセセッションスタイルによくみられるものであり、唐破風の曲線にも近似し、和風意匠との親和性があった。連なるアーチの迫り元には幾何学的な装飾が立体的に取付き、下部先端には丸い玉が嵌まる。正面向って右側の階段室の窓上部はセグメンタルアーチ形となるが、両端部は丸い玉で飾られる。このように細部に到るまでこだわった造形意匠が施されていた点がこのファサードの特徴である。

校庭に向って設けられた玄関車寄せにはアーチの迫り元には円柱が嵌まり、出隅部の角柱を挟んで梁間方向にある円柱と相まって歴史様式の風格を示す。正面扁平アーチの巨大な要石の両側には半球ならびにそこから落ちる水滴のようにみえる小さな半球が三つ、縦に並ぶ。このように古典的なスタイルのなかに、セセッションに影響を受けた意匠が現れ出ていた。

長楽小学校完成以降のファサードが共通する吾妻・明親の二校と比較する。長楽小学校の講

写真 2-2-23　長楽小学校 外観

写真 2-2-24　長楽小学校 西北側外観

写真 2-2-25　長楽小学校 講堂

写真 2-2-26　長楽小学校 講堂部分（教室として使用するが、左側窓上部にセグメンタルアーチの欄間窓が設置）

堂にはセグメンタルアーチ形になったガラスの欄間窓が嵌まるが、同様なセグメンタルアーチ形を講堂開口上部に設けた吾妻小学校ではその部分はブラインドアーチとなり、コンクリートの駆体に縦溝のモルタル仕上げと変更されていた。長楽小学校では彫刻的であった装飾は平板化され、グラフィカルなものになっていた。だがスパンを三ツ割にするなど長楽小学校と共通する要素は多く、そのスタイルは長楽小学校の延長線上にあった。明親小学校もまた同様のセグメンタルアーチ形を連続させる。長楽・吾妻の二校ではその数は四連であったが、五連になるなど多少の変化がみられる。

このような外観意匠の採用は、それまでの神戸市立小学校のあまりに簡素な外観への、ある種の反動があり、装飾性豊かな重厚なスタイルが出現したものと想像される。

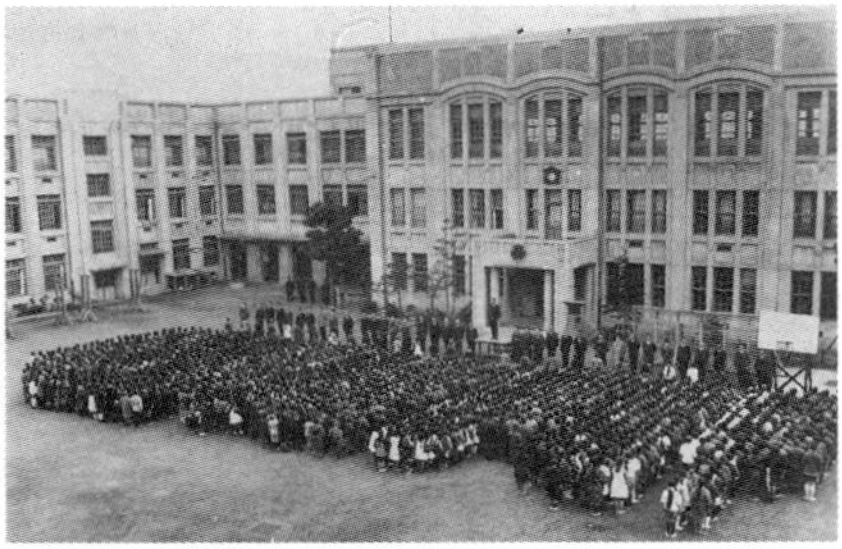
写真 2-2-26　吾妻小学校 外観

写真 2-2-27　明親小学校 外観

写真 2-2-28　神楽小学校 外観

（5）河合浩蔵による意匠との共通性

以上みてきた長楽小学校本館意匠と、上記で設計の可能性を指摘した河合浩蔵の建築作品との共通性を探る。ここでは大正中期に完成した川崎商船学校[29]と三井物産神戸支店[30]をみる。大正六年（一九一七）竣工の川崎商船学校はアーチを幾何学的に置き換えデフォルメするなど、独特の外観を示した。またアーキヴォールトの下部は三分割され、二本の柱が支える形をとる。大正七年（一九一八）完成の三井物産神戸支店は細部が幾何学的な装飾に置換されているが、パラペットを一段高く立ち上げ、唐破風に近い曲線をみせるなど和風につながる意匠が用いられている。また最上階のアーチ部分はセグメンタルアーチ形となり、そのブラインドアーチの部分に二本の縦線が入る。このように両者ともに長楽小学校のきわめて特異なアーチ廻りに類似する意匠が確認される。

写真 2-2-29　川崎商船学校

写真 2-2-30　三井物産神戸支店

写真 2-2-31　岩井勝次郎邸

河合浩蔵は大正三年（一九一四）に洋風スタイルの骨格のなかに和風意匠を引用した「和洋混在」[31]の岩井勝次郎邸[32]を完成させており、和風意匠へのこだわりをみせた建築家であったことを指摘しておく。

なお川崎商船学校は煉瓦造であったが、一部に鉄筋コンクリートが用いられており、日本トラスコン社による構造設計[33]で建設されていたことが判明している。三井物産神戸支店は鉄筋コンクリート造であり、震災後に解体した際にカーンバーを使っていたことが判明しており、こちらも日本トラスコン社の構造設計によるものであった。

確証はとれないが、長楽小学校の設計に河合浩蔵が関わっていたからこそ、和風意匠に通ずる独特な外観が生まれたのではなかったのかと想像することも可能だ。なおこの時期にこのようなデザインを試みることができる建築家は神戸市土木課の周辺には河合浩蔵以外にはいなかったことも指摘しておく。

二　清水栄二の時代

1　室内小学校

(1) 内庭型校舎の誕生

小学校建築のありようが大きく変わっていったのは平成になってからで、全国各地にオープンスクール形式の校舎が出現し、それまでの校舎の一般的な形式であった片廊下式あるいは中廊下式の教室配置が減りつつあるところがである。大正期の神戸には内庭型《ないてい》と呼ばれ、中央部に吹き抜けとなった講堂兼雨天体操場を設け、そのまわりに廊下がギャラリーのように廻され、そこに教室が張り付くという他に類例をみないロノ字型のプランニングの校舎が誕生していた。大正一四年（一九二五）に竣工した小学校である。新設校であり、戦前までの林田区、現在の長田区室之内に所在する。

この敷地の南側には明治三四年（一九〇一）に掘削されて生まれた新湊川が流れている。それまではこの界隈は畑地であり、まとまった土地が入手しやすい環境にあった。この校舎は昭和五四年（一九七九）に改築されるまで五四年間存在した。

ここではこの校舎の建築的な解明をとおして、鉄筋コンクリート造によって新しい空間が目指された歴史を究明し、どのような意味があったのかを具体的に検証したい。

起工は大正一三年（一九二四）一一月二三日、竣工は大正一四年八月二七日、敷地の造成は大正一三年六月一〇日からおこなわれていた。このことから設計は大正一三年前半までには終えられていたものと考えられる。設計は神戸市営繕課で、主任担当者は技手、加木弥三郎であった。他に関わった建築技術者としては、木造校舎を主に担った調枝明男（技師）、山本好太郎と三木作という二人の技手も手伝っていた。施工は畑工務店が請け負った。

プランは営繕課長、清水栄二みずからが考案していた。新設校であったので思い切った提案が出来たようだ。このことに関して同校育英会の稲垣信三[34]による次のような回顧談が残されている。

この学校が建つ時分には、大正十二年、三年からその話が湧き上って、大体普通教室、特別教室合せて三十教室を作るというのが眼目だったんですな、丁度その頃市役所に清水営繕課長という方がおりましてな、この方が大変研究心の強い人で、その時分にいろんな方式で学校を建ててみようというので、違う建て方をした訳です。（中略）そんな訳で、室内は一つ姿の変わった建て方というので、こんな建物をこしらえて、雨天体操場兼講堂ということにしてみたいというので、こんな形式をとった訳です。こうして出来上がったのだが、これまでにない珍しい建て方の学校が出来たというので、それはたくさん見学に来ました。北は北海道から、南は鹿児島あたりからも、それはまあ、随分大変なものでした。なんせ日本に二つとない学校やというて、何でもたしかドイツにこれを似たような学校があるとかで……[35]

室内小学校は大正一五年（一九二六）三月一二日に開校式を迎える。出席者には神戸市長黒瀬弘志や兵庫県営繕課長置塩章の名前がある。清水栄二が率いる営繕課は清水を含めて八人が出席している。清水は竣工にあたっての式辞[36]を読んでいる。以下に全文を記す。

神戸市立室内尋常小学校開校ノ式典ヲ挙ゲラルルニ当リ、ココニ其ノ工事ノ概要ヲ報告スルハ小職ノ光栄トスルトコロナリ　本工事ハ大正十二年度末市会決議ニヨル所謂二ケ年継続増新築案中新設校トシテ最初ニ竣工セルモノナルガ該増新築決議案ニヨル新鉄筋コンクリート校舎建築費予算ハ実ニ延坪当リ百六十円以下ニシテコレガ実施ニ就キテハコノ工費ヲ以テシテ果シテ市民ノ期待ニ副ウ如キ鉄筋校舎ヲ実現シ得ルカヲ危ウマレシモノ　加ウルニ大正十三年東京大震災後建築法規改正ノ結果ハ鉄筋及ビセメント使用量増加ヲ来シコレガ設計トシテハ幾多ノ試練ト改訂ヲ要セシモノ　急ヲ要スル学校増設事業ノ工事担当者トシテ　ソノ遅延ニ対スル責任ヲ回避スルモノニハアラザルモ　ココニ聊カソノ当時ノ実状ヲ披露スルモノナリ

幸ニ市会決議後建築材料ノ低買ト建築界ノ不況ハ工費ノ低落ヲ招致シ　ココニ在来鉄筋校舎ニ比シ　稍ニ見ルベキモノヲ実現シ得タルハ神戸市ノ為ニ慶賀ニ堪エザル所ナリ　尚コレヲ他都市ノ鉄筋校舎ト比較サルノニ当リ　当局トシテハ其ノ工費ニ就キテ充分ノ御調査アランコトヲ希望スル次第ナリ

本校建築ノ詳細ニ就キテハコレヲ印刷物ニ譲リ　ココニハ単ニ他ノ本市小学校校舎ト異ナル点ヲ述ブ

カクノ如キ形式ヲ採用セシハ既ニ購入セル敷地ニ対シ運動場ノ能率ヲヨクシ　同時ニ三十有余ノ教室ト講堂用ノ広間ヲ得ントセシニ外ナラズ　教室ノ方向中央部ノ広間ニ対スル換気音響等ニ就キテハ幾度ノ議論ト研究ノ余地アルハ論ヲ俟ルザレドモ　一面ニ於テハ多人数ノ集合教室ニ対スル出入其ノ他ノ点ニ於テ又相当ノ特色アルベキヲ信ズ　要ハ敷地ニ対スル配置ト工費ノ点ヲ御斟酌ノ上批判ヲ煩ハレ得バ当局ノ幸甚トスル所ナリ

終ニノゾミ本工事実施ニ際シ種々ノ御指導ト御援助ヲ賜ワリシ先輩諸氏並ニ最善ノ努力ヲ拂ハレシ従事員諸氏請負業者諸君ニ深甚ナル感謝ノ意ヲ表スルモノナリ

右報告ス

大正十五年三月十二日

神戸市営繕課長　清水栄二

この式辞のなかで清水栄二は室内小学校建設にあたって次の二点を強調していた。ひとつは坪一六〇円以下という鉄筋コンクリート造としてはきわめて安い建設費で完成させた点、もうひとつは教室の中央広間を講堂兼雨天体操場とした点、である。前者は不況が影響したとし、後者は運動場を広くとるためにおこなわれたとし、問題点は中央広間の換気音響であり、「幾度の議論と研究の余地ある」としていた。つまり、このプランニングは設計者みずからがひとつの試行と捉えていたことがわかる。そして半世紀後にこれが原因となって取毀しに到る。

次に室内小学校の澤田武哉校長の答辞(37)をみる。

> 三層ノ校舎ハ私等ヲ囲ンデ色彩モハナヤカニ落着を見セテ居マス　余程他ト異ナル建築ニ私達ハ不思議ノ眼ヲ見張リマシタ　私達ハ式ガ終ッテ帰ルナリ　父母ニ対シテ校舎ノ美シサ　知リ合ノ先生方ガイラッシャッテ嬉シイト言ウヤウナ事ヲドンナニカ力ンデ話シタ事デセウ　追々時日ガ暮レマシテ此ノ建物ノ特徴ヲ聞サレマシタ時　成程此所ハ斯ウダ（中略）此ノ建築様式ノ適ウ通リ生活ヲ打立テ永ク久シク校舎ノ美観ヲ保持シ、此ノ諸設備ノ恩恵ニ洛シテ行ウヤウコト願ヒマスル

「不思議ノ眼ヲ見張リ」とはおそらくは澤田校長自身の第一印象だったのだろうが、校舎に対しての「美」や「美観」という言葉からは、建築専門家ではない教育関係者にも強い印象の学校建築が生まれていたことが読み取れる。

室内小学校の出現は一般にはどのように捉えられていたのだろうか。開校式のことは当時の新聞記事(38)に次のように記されていた。

> 同校は在来の鉄筋コンクリートの型を破って、狭き土地に建築した中空型の間取で中空は児童の控室、雨天体操場、講堂と為し教室で囲んだ三層の校舎で、採光、音響、換気の調節緩和をはかり、天井は網入厚硝子を鉄柱で支え新しい米国式の建築様式を保った軽快な建築で、殊に床を板張りとした点は柔らかく

写真 2-2-32　室内小学校　西側外観

感じてよく、色調などもサンマーホテルの如く、別府行の汽船の如く、青年会館の如くと来賓は此の新しい試みに批評を加えて居た。

吹抜けホールを中心に据えたこのプランは他のどのタイプの校舎にも前例をみない空間を現出させており、他の学校建築と比較することはできなかったのだろう。そのため吹抜けホールといったことで同質の空間を持ち得たホテルや会館、汽船といった、学校建築とはまったく関わりのない建築類型と比較されることになる。つまりこれまでにはなかった画期的な空間をもつ校舎誕生の息吹がここからは伝わってくる。

(2) 建築概要とスタイル

清水栄二が自賛した低廉に済んだ建設費からみると、総工費は二八万八、五八九円で、その内訳は建築費が二二万七、八三三円、敷地費が一万二、八〇〇円、設備費が四万二、八三三円、残りが人件費と雑費五、一〇〇円となる。「開校記念　室内第二号」[39]によると、敷地面積は一、三五一・四〇坪、校舎の建築面積は五三七・二五坪、運動場は内庭・外庭・屋上の三カ所からなり、それぞれの面積は内庭一六二・〇〇坪、外庭四三二・〇〇坪、屋上三〇四・四四坪であった。興味深いことは内庭と屋上の面積を合わせると外庭、すなわち校庭の面積より広いということである。つまりそれだけ敷地が狭かったことで、内庭型プランが採択されたことが読み取れる。

竣工時の設計図は発見できていないが、神戸市営繕課が作成した「神戸市室内小学校新築工事仕様書」[40]によれば、一階の建坪（中央広間部分を含む）は五四四坪[41]、二階と三階はともに廻廊を含めると三七三坪、塔屋が一六坪で、延坪は一、三〇八坪とある。最高高さをみると、三階のパラペット頂部までは四一尺二寸（約一二・四八m）、塔屋頂部までは四七尺三寸（約一四・三三m）、広間土間から鉄骨棟頂部までは五〇尺二寸（約一五・二一m）となる。階高を三mと考えれば五層分が吹抜けの空間が誕生していた。

新設校の校舎はどのような部屋からなったのだろうか。普通教室が二六室、特別教室が八室、器具室が二室、教

写真 2-2-34　室内小学校 新湊川側の外観

写真 2-2-33　室内小学校 戦後の空撮

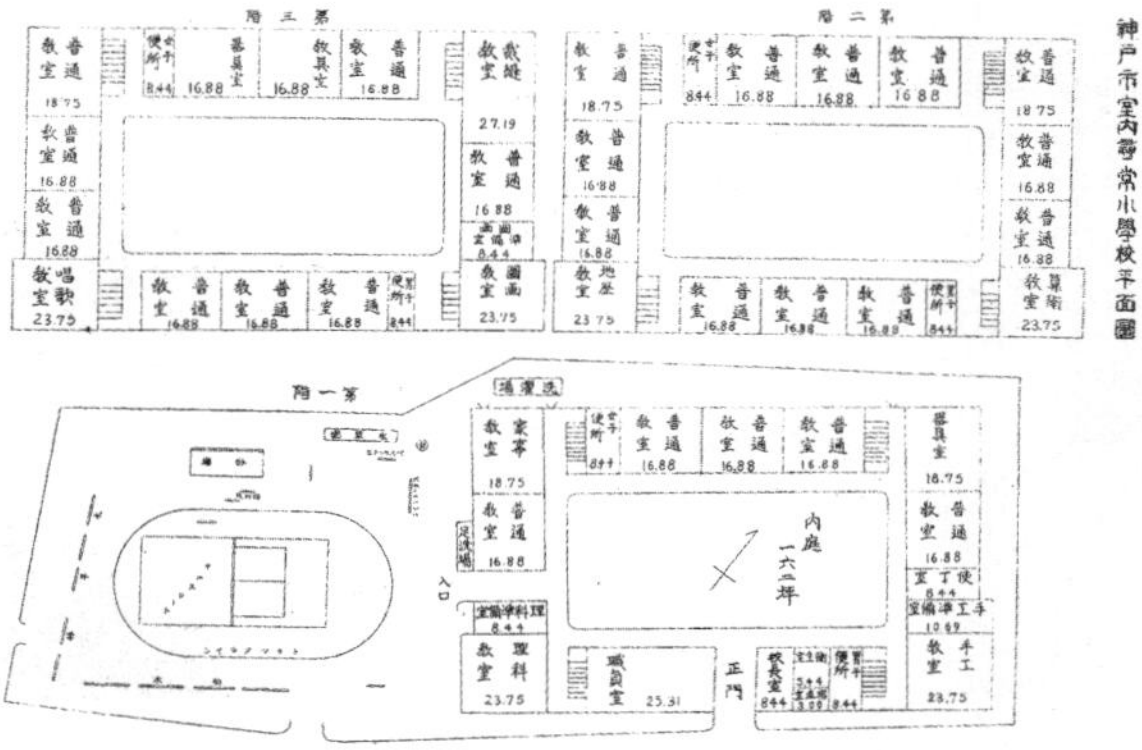

図 2-2-10　室内小学校 各階平面図

写真 2-2-35　室内小学校 玄関廻り

具室が一室、職員室、校長室、衛生室、宿直室、使丁室、六カ所の便所、洗濯場などからなった。特別教室は理科・手工・家事・地歴・算術・図画・唱歌・裁縫の八教室からなり、その配置場所は出隅部であった。

普通教室の大きさの標準は一六・八八坪（約五五・七〇㎡）、特別教室は二三・七五坪となる。普通教室の大きさを分析する。前節で詳述したようにこの時期、一教室分の桁行は一三・五尺（約四・〇九ｍ）ピッチの柱スパンが二つ分からなり、二七尺（約八・一八ｍ）となる。梁間は六・八ｍとなり、乗じると五五・六二㎡となり、ほぼ合致する。

この校舎は東西方向が南北方向より少し長く、東西軸には教室数は五、南北軸は四室となる。柱割は一三・五尺（約四・〇九ｍ）ゆえに東西軸は一二スパンで四九・〇八ｍ、南北軸は八スパンで三二・七二mとなる。ただし南北軸・東西軸ともに両端の特別教室の柱スパンが少し広く、その数値は定かではないが、その分を加算すれば前述の建築面積になる。また東西軸では南側の両端の特別教室がそこだけ東西方向にそれぞれ約一・八mほど飛び出していた。特別教室の面積を確保する必要から生じたものにくわえて、ファサード面を飾る目的もあったのだろう。

外観をみると外壁に柱型が突出するタイプで、柱頭飾りはゴシック風の意匠となる。外壁は火山灰入りの薄小豆色に着色されたモルタル[42]が塗られ、白い柱型を浮かび上がらせていた。四面ともに同様の壁面意匠となるが、ファサードは川に面した南側立面に設定されていた。その中央部には正門という呼称の玄関が設けられており、外側に突出した玄関ポルティコとなる。その造形は放物線ヴォールトからなり、内側の出隅部には幾重にも蛇腹状のモールディングが付く。その頂部要石部分にアカンサス模様の装飾が付く。この校舎の外観ではただひとつの具象的な彫刻であった。同様な玄関構えはもうひとつあり、西側の児童昇降口側にあった。

ファサードを構成する南側立面に戻ると、玄関を挟んで左右に三連ずつ引き込みアーチが連続する。一階の窓上の壁面が半円アーチ状に窪ませられ、柱型の間を飾り、正面性を演出する。また普通教室の外側に対になって設けられた階段室が塔屋になって屋上まで立上がり、その外側の東西端部には窓を小さくした特別教室が配されていた。

特異な形態の玄関ポルティコと並び、この校舎の意匠的な性格をよく示すものが屋上にある。遠景からでないとみえなかったが、トップライトの妻壁面に穿たれた左右七つの換気窓の形状である。セグメンタルアーチ[43]状になった立上がり面に沿って、上部が伸びるだけではなく、下部も階段状に迫り上がっていき、ある意味で不安定さをみせる。このようなアーチの連続は当時一世を風靡した表現派の建築家、ペルツィヒのベルリン大劇場[44]などに通ずる意匠とみることもできる。あきらかに外観からの視線を考えて、設計されたのだろう。

内部空間での特筆すべき意匠はガラス屋根を支える鉄骨トラスの小屋組とそこからぶらさがるシャンデリアにあり、陽光が射し込み内部空間を照らし出していた。また、吹抜けホールに面した片廊下の手摺りを支える手摺り子は鉄材でつくられており、その斜材のデザインが二階と三階では異なっており、二階では曲線となり、端部は内側に蔓状に巻き付く形となるが、三階では直線の斜材となる。このように階ごとに意匠がきめ細かく使い分けられており、いかにこの吹き抜けのホールが設計の際に重視されていたのかが伝わってくる。

(3) 建築特徴と空間特質

開校時に発行された「開校記念室内第二号(45)」によれば、校舎特徴は次のように記される。

一　敷地及間取の経済的使用
イ　東西に細長き地なるを以て校舎を東に集め、残余を運動場となし、中空型の間取をなせしこと
ロ　中空の部は児童の控室、雨天体操場、講堂となり、必要に応じて二、三階の廻廊を併用することにより、一大集会場となし得ること
二　材料の選定、色調、形態の起伏に意を用いしこと
三　採光、音響、換気の調節緩和をはかりしこと
イ　天井は鋼入厚硝子を田島式スカイライト、パバーにて止め付けしこと
ロ　屋根をロバートソン、メタル葺として反響を小ならしめしこと

以上が清水栄二が竣工時にまとめた建築特徴である。筆者が室内小学校を最初に訪れた一九八六年当時、すでに

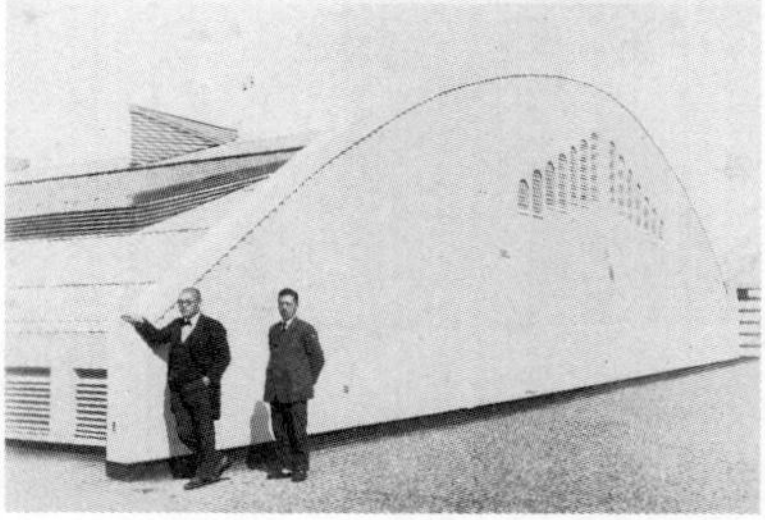
写真 2-2-36　室内小学校 屋上妻面側 竣工時

写真 2-2-37　室内小学校 屋上平面側 竣工時

内庭型校舎は取毀されており、実見は叶わなかったが、残された写真からはこの校舎が日常使用の実用的な建物というよりも、儀式や学芸会など非日常の際に魅力を発揮する空間であったことが浮かびあがってくる。実際に教室の学習風景を撮った写真は少なく、圧倒的に多くは学芸会などの際に撮られた写真であった。ここに掲げた写真からは今みても集会場の子どもたちの熱気が伝わってくる。二階三階の廊下に鈴なりになって一階の広間の舞台でおこなわれている劇に見入っている。また廊下の手摺りは鉄製で下が透けてみえるために、廻廊式廊下が臨時の観覧席になっていた。一五mを越える高さの吹抜け空間ゆえに、より一層の一体感が醸しだされている。こうみてくるとこの空間はまさに儀式や学芸会のために考え出されたものだと実感される。

創立三十年の折に、過去の校長も含めて教員が集まり「室内教育三十年を語る」[46]という座談会が開かれた。そこでは新しい試みの「特殊な構造をもつ」本校校舎ならではの教育観が語られていた。「校舎の特異性を生かし、学芸会は、内庭はもとより二階の廊下も利用しました。又十周年記念の時は、内庭を利用して展覧会を行いました」。あるいは「この校舎の構造では、一面集団訓練のしやすい面もあった。内庭の真中にいつも先生が一人立って、教室への出入を指導しました。四月には階段の上り下り、廊下の歩行を練習させ、いつも列をつくって通ることを訓練しました」などの意見からはこの校舎の空間特性をうまく活用した教育実践がおこなわれていたことが読みとれる。

一方で弊害を指摘する教員もいた。その言を次に記す。「内庭の騒音には、よわっています。その内に阪大の先生方の御力と当局の御協力によって防止策をこうじたいと思っています」。あるいは「内庭の反響には、昔から相当苦心がはらわれています。比々谷公会堂の音響防止を参考にしたり、キルクを圧縮したものを張ること、幕を張廻らすこと、鉄骨を基準に幕をつるなど、いろいろと考えられましたが、成功しなかった。内庭のほこりと換気設備をどうするかということも研究された」とあり、この空間のもつ一体性がマイナス効果を生んでいた。このことが静謐な学習空間が保てないことを口実に昭和五〇年代という早い時期での解体につながっていく。

内庭に対して、「害を超越してもっと利点があるかそれはわかりませんが[47]」と述懐した教員もいた。確かにマイナス面はあったものの、このような劇的空間を体験した子どもたちにとって、建築が果たす教育効果はあったに違いない。

清水栄二は完成後、竣工式までの間に教室の室内環境工学の実験をおこなっており、「教室と収容児童[48]」としてその内容を報告していた。つまりこれまで類例をみないプランゆえに、科学的な裏付けをとる必要があったのだろう。

完成して一二年が経過した昭和一二年（一九三七）には新聞[49]で室内小学校は次のように記される。

雨天体操場であるが、これは「三七メートル×二四メートル」で、講堂をかねており、これあるがため、雨天に際し十二分の運動ができ、何よりもの強味となっている。この講堂兼体操場ではバスケット・ボール、バレー、テニス、スケートなどがやれるほか、いつ何時でも全生徒に訓示を興へたり臨時小学芸会をひらくことができるのである。それは各教室の児童が一歩廊下に足を伸ばすと一階にも二階も三階もみんなその廊下が観覧席になっているので、生徒を一堂に集めたり、散らせたりするうえに極めて都合がいい。

空襲からも逃れた室内小学校だったが、半世紀が経過した昭和五一年（一九七六）頃より改築への動きが現われる。大正期に建設された鉄筋コンクリート造小学校はこの時期建替え期に入っており、雲中小学校が昭和四七年（一九七二）に改築され、須佐小学校は昭和五三年（一九七八）に改築と決まっていた。室内小学校で教員らによる改築促進の積極的な働きかけがあった。そのことは昭和五一年に作成された「神戸市立室内小学校校舎全面改築に関する請願に伴う署名依頼の趣意書[50]」に詳しく記される。その内容を原文のまま以下に示す。

神戸市立室内小学校は、大正十四年九月に新設され、創立当初は斬新な中空式方形校舎として、その構築様式を誇っていたようであるが、その後おこり得る種々の弊害も想定されず、教育活動上に近代的配慮を欠いた校舎であると言える。

その具体的な事例は次の通りである。

一　建築構造が中空式方形になっているため、小さな音でも大きく本館内に反響し、共鳴して静粛な教室としておちついて授業することができないばかりでなく、喧噪な教室にとじこめられた児童の永年にわたる相乗的な悪景況ははかり知れないものがある。この現状が児童のおちつきのない行為行動として現われ、その蓄積がひいては学力の低下につながる等、すべて障害との相関関係にあると言っても過言ではない。

二　建築構造上からくる採光や通風の悪さは、室温にもあらわれ、酷暑厳冬には忍耐の限界を超える（夏期三二℃・冬期暖房時五℃）室温となる。また、内庭を使用しての行事や、清掃時には、館内に立ちこめる浮遊塵埃のため、全館にわたって霧状にくもってみえる時もしばしばで、児童の保健衛生上からも容認できない。内庭に立つと全教室が一望できるので、全体指導として適切なようであるが、上記のような問題点があるうえ、独立した講堂がないために教育上さまざまな問題がおこっている。内庭で行われる諸行事や諸儀式のときは、全教室の授業に影響を与え、授業の中断はないにしても、児童の思考の中断は必至であり、且つ注意散漫になりがちである。このように独立した行事の場や全体指導の場が失われている教育上の障害はあまりにも大きい。

三　以上の他に、校舎建築以来本年で五十一

写真 2-2-38　室内小学校 内部ホール 竣工時

写真 2-2-39　室内小学校 学芸会

年の年月を経て、老朽が目立ち、あちこちに、小破修理では不可能な箇所や、危険の存在する箇所（内庭各階手すり）もある。特に、内庭への採光上、アーチ式裸鉄骨ガラス張り屋根、およびその構造に問題があり、資材の一部には耐用年限をこえているものがあるために、雨漏りがひどく、根本的な修理は校舎の全面改築以外にないと想定される。

以上の三点を検証していく。一点目は音響面であり、吹き抜けのホールゆえに音が上階に上がってくる現象を示している。このことは早い時期から問題になったようで、記念事業として防音装置が設置されている。二点目は採光や通風、塵などの室内環境工学に関する面である。塵を取るために毎日おが屑を撒布して箒で清掃していたという証言[51]が残っている。神戸市の小学校は全国的に珍しく土足で教室内に入るタイプであったことで、塵埃が余計に舞ったことが考えられる。ちなみに現在も土足の小学校が多い。三点目は内庭に面した各階のギャラリー形式の廊下の手摺りの高さに起因する危険性と内庭のガラス屋根から漏水が問題視されていた。すなわちこの校舎の有した建築的な特徴がまさに裏目に出た感がある。

おそらくは日々この空間で児童とともに過ごす教員にとって、この特異な空間は一般的な学校空間と異なり、あまりに異質なものと認識され、十分に使いこなせなかったのだろう。つまり、ホールでの一体感は儀式行事など非日常の際のものであり、日々教室でおこなわれる授業には差し障りの生まれ易い建築構造と捉えられた。あまりに非日常の空間に特化した点が問題化したようだ。

そのために「上記の通り、教育上の観点および建築

写真 2-2-40　室内小学校 全校生集合

写真 2-2-41　室内小学校 盆踊りの練習

上の観点からも、一日も早く本校の校舎を全面的に改築してくださるよう趣旨に賛同する方々の署名を集めここに請願するものである。昭和五十一年」となり、三年後の昭和五四年（一九七九）に改築に到った。

（4）内庭型プランのイメージソース

室内小学校のプランと空間を清水栄二は一体どこから発想したのだろうか。このような空間はフランスのギーズにあるファミリステールの共同住宅の内部空間を想起させる。また佐世保の大久保小学校には二層ながらもきわめて共通性の高い空間が既に建設されていた。

ファミリステール

まずファミリステールからみる。一八五六年に建設された労働者のユートピア住宅であるが、巨大なアトリウムを中心に据え、共同生活で必要とされる一体感が生まれやすい空間が誕生していた。室内小学校と比較すると教室と住戸の違いや階数の違いはあれ、多くの点で共通する。この中庭ではダンスや演劇がおこなわれ、人々が集まり憩いの空間になっていた。おそ

写真 2-2-42　ファミリステール 内部

写真 2-2-43　ファミリステール ダンスを興じる

らく設計者の清水栄二はファミリステールのことを雑誌かなにかで見て知っていたものと考えられる。第五章で詳述するが、清水栄二は東大建築学科卒業時の卒業設計で海浜の集合住宅を取り上げており、社会政策派的なまなざしを持って庶民住宅に対して関わった建築家であった。

ファミリステールはフランスの空想的社会主義者、シャルル・フーリエの構想に影響を受けて、実業家ゴダンがみずからの工場で働く労働者とその家族のためにつくりあげた工場ユートピアである。ガラス屋根の中庭を有する共同住宅が三棟、小学校、劇場、託児所、娯楽場、公園などからなり、約四五〇世帯、一七〇〇人が居住した。(52)現在もこの共同住宅は現存する。「建築が社会を変化させる」(53)と考えていたゴダンは建築の重要性を強く認識しており、魅力ある空間づくりに力を注ぎ、これらの一連の施設は「社会宮殿」と呼ばれた。(54)そして川を挟んで対岸にゴダン社の工場があった。

大久保小学校

室内小学校はきわめて珍しいプランと思われたが、実は室内小学校の建設の前年の大正一二年（一九二三）一一月五日に長崎県佐世保市の大久保小学校で、同様の内庭型プランの校舎が建設されていた。内庭の廻りに教室が張り付き、二階はギャラリー形式となり、天井はガラス貼

写真 2-2-44　大久保小学校 内庭

写真 2-2-45　大久保小学校 外観

りのトップライトとなる。竣工年からみれば、神戸の室内小学校が大久保小学校の影響を受けたとみるのが自然だろう。

大久保小学校は佐世保港が見下ろせる桜山砲台下の麓にあり、周辺は海軍関係者の住宅地として開けた土地であり、児童数が急増したために新設に到った経緯[55]がある。鉄筋コンクリート造二階建一部地階であり、佐世保では最初の鉄筋コンクリート建築であった。当時佐世保市の小学校は一〇校あったがすべて木造[56]であった中で、なぜこの小学校校舎だけに高額な費用を要する鉄筋コンクリート造が採用されたのだろうか。詳細は不明だが、海軍幹部が多く居住する地域ゆえに鉄筋コンクリート造化が図られたと伝わる。着工は大正一一年（一九二二）一二月二四日で、工費は二四万五、八四四円がかかっている。当時の木造工費の二倍以上を費やしている。大久保小学校が完成する大正一二年には佐世保市にはもうひとつの市造営物、長田病院[57]が鉄筋コンクリート造で建ち上がる。階数は大久保小学校と同じく二階建であった。外観は柱型を表出し、大久保小学校と共通するスタイルで、共に二階建であった。

この時期長崎市では大正一二年三月に城山小学校[58]が最初の鉄筋コンクリート造校舎で完成していた。城山小学校は大正一一年には着工しており、大久保小学校はその影響を受けたものとも一見思えたが、建築プランを中心に多くの違いがあり、直接は関連しないも

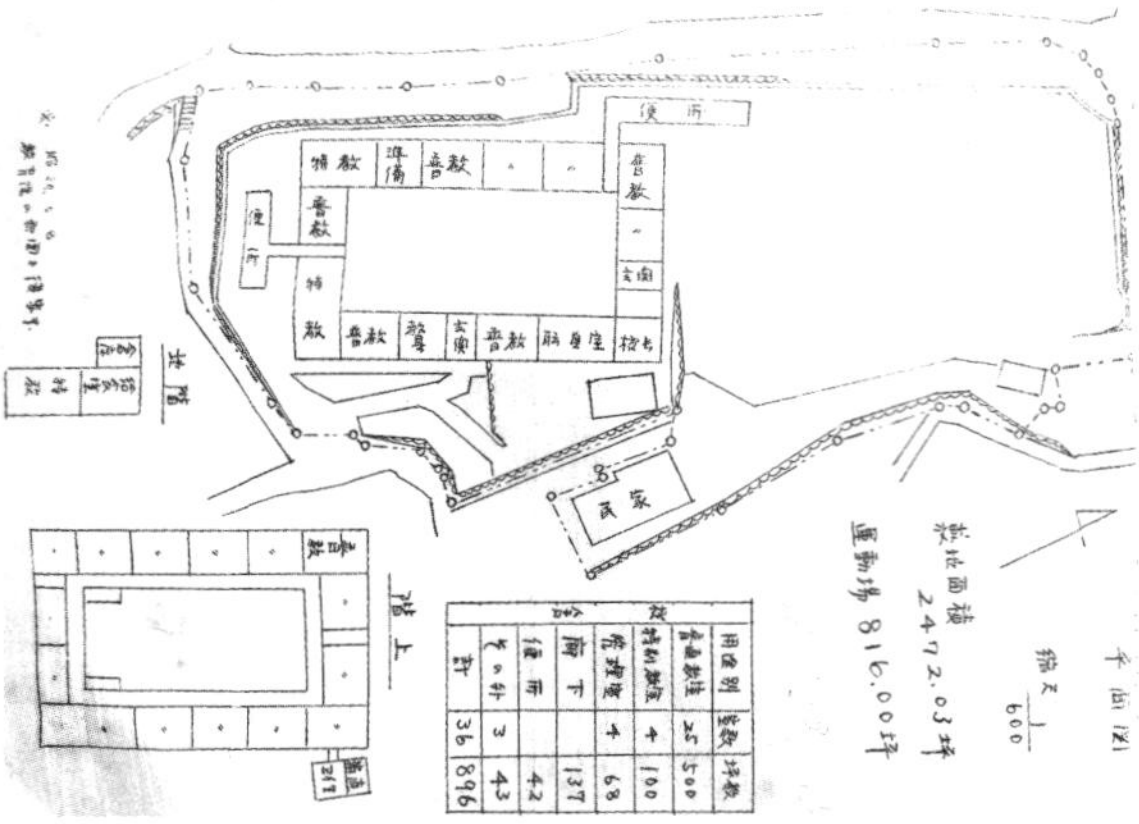

図 2-2-11　大久保小学校 配置図兼各階略平面図

写真 2-2-46　大久保小学校 取毀し前

のと思われる。

設計者ならびに設計の経緯については一切不明だが、大正期には佐世保市役所内部には鉄筋コンクリート造校舎を設計する体制はできておらず、外部の設計によるものと考えられる。スタイルも似ていることからおそらくは長田病院とセットで設計が頼まれたのだろう。長田病院と大久保小学校は佐世保市造営物では最初の鉄筋コンクリート建築であった。関東大震災以前の時期の着工ということから、神戸市の雲中小学校を設計した日本トラスコン社が設計ならびに建設に関与した可能性もある。日本トラスコン社は自社の鉄筋など材料を使用することを条件に、無償設計に応じることを宣伝しており[59]、これまで設計者名が不明の建造物は日本トラスコン社による設計であった事例が学校建築を中心に各地で数多く確認される。

大久保小学校の建築内容[60]をみると、同校は室内小学校と同様に細長い敷地であり、西南側に寄せられて校舎が建ち、東北側は運動場になっていた。校舎の大きさは室内小学校とほぼ同規模であり、桁行方向は普通教室が六教室、梁間方向は四教室が並ぶ。室内小学校では桁行方向の教室数は五となるが、二カ所の階段と便所が取り込まれているために一教室分が少なくなっている。一方大久保校では階段は内庭に設けられ、便所は二カ所とも校舎の外部にあるため、桁行・梁間ともにすべて教室が占めていた。梁間方向の教室数は両校ともに同一となる。

教室数をみると普通教室が二五室で室内小学校とほぼ同じで、特別教室は四室となり室内小学校の半分となる。二階建の大久保小学校に対して室内小学校は三階建で単純計算では一・五倍の室数が確保できるが、余剰空間はより広い特別教室の設置などに用いられていた。このように桁行・梁間の長さにくわえて、教室数まで同一ということを考えれば、室内小学校を設計する際に何らかの参考にした可能性もある。

外観のスタイルをみると、柱型が外壁に表出するタイプで、玄関上部のパラペット上に三角形ペディメントが立上がり、玄関部であることを示す。中央部の立上がったトップライトの切妻面は三角形破風となる。内部内庭の小屋組は鉄骨のトラス梁で構成され、ガラス屋根を支える点では室内小学校と共通する。異なる点は二階の天井スラブが二階床の張り出したギャラリーの長さ分だけキャンティレバーで付き出している点であり、ここから当初は内庭にガラス屋根を設ける設計ではなく、本当の中庭として使う計画であった可能性も考えられる。一方室内小学校では三階部分は教室の壁が屋上まで立上がっており、より空間を感じさせる設計になっていた。それにしてもなぜこのような特異な空間を内包する校舎が、鎮守府があったにしてもこのような新興の港町にできたのであろうか。

2 東須磨小学校

大正一四年（一九二五）一二月に竣工した東須磨小学校は神戸市営繕課技手を務めた熊本一之が設計を担った。熊本一之[61]は神戸市土木課に大正一一年（一九二二）に入った建築技手で、意匠を得意とする設計者であった。建設時の設計図[62]の表題欄には上司の営繕課長清水栄二と技師の調枝明男の印鑑とともに、設計の欄に熊本の印鑑が押してあることが確認された。工事は江藤工務店[63]が請負、請負金額は一三四、九〇〇円であった。

東須磨小学校は神戸市の小学校では講堂を最上階に設置し、桁行方向に沿って両側に中廊下式教室配置の教室棟を一体化させた最初の校舎であった。正確にいえば大正一〇年（一九二一）に完成の山手小学校も同様のプランをみせるが、外観上、講堂部だけを特別の扱いにしたものではなく、その部分のみが講堂ゆえに必要とされた高い階高を反映し、およそ五尺（一・五一五m）高く立上がったにすぎなかった。そのため、壁面構成は教室側と大きな違いは生じておらず、共通する意匠となっていた。

東須磨小学校では背面図から分一[64]であれば、七尺（二・一二一m）ほど講堂側は高く立ち上げられていた。また外壁面の取り扱いに講堂部分と教室棟では違いがあって、教室棟では柱型が突出していたが、講堂部分の壁面は柱型の外側に設けられ、さらに外壁は増打ちされ、外側に張り出すことになる。したがって額縁状のならびに両側の壁柱は平滑な壁面となって柱型は現われてこない。一方で楣《まぐさ》と壁柱に囲われた内側には柱型が表出された九本の柱が並ぶ。正確には付柱であるが、柱型の出が大きく、一階の腰壁から楣下まで垂直につながっているために楣を支える列柱であるかのようにみえる。

平滑な外壁面は教室側の東側階段室にも用いられており、このように平滑な外壁と柱型のある部分を同一のファサード内で使い分けていた点に、東須磨小学校の意匠的な特徴をみることができる。このことは半年後に完成する蓮池小学校でも表れており、両校の設計者が熊本一之であったことが関連するものと考えられる。

意匠について詳細にみていく。二葉の設計図が見出せ、そこからは楣の中央部には四連のブラインドアーチ（引き込みアーチ）が設けられ、その中央には菱形のセセッション風のメダリオンが嵌まっていたことがわかる。正面玄関詳細図によると、その仕上げは人造石洗出しとなる。また外観を整えるため

写真 2-2-47　東須磨小学校 中央部と東側（大正 14 年）

写真 2-2-48　東須磨小学校 中央部と西側（大正 14 年）

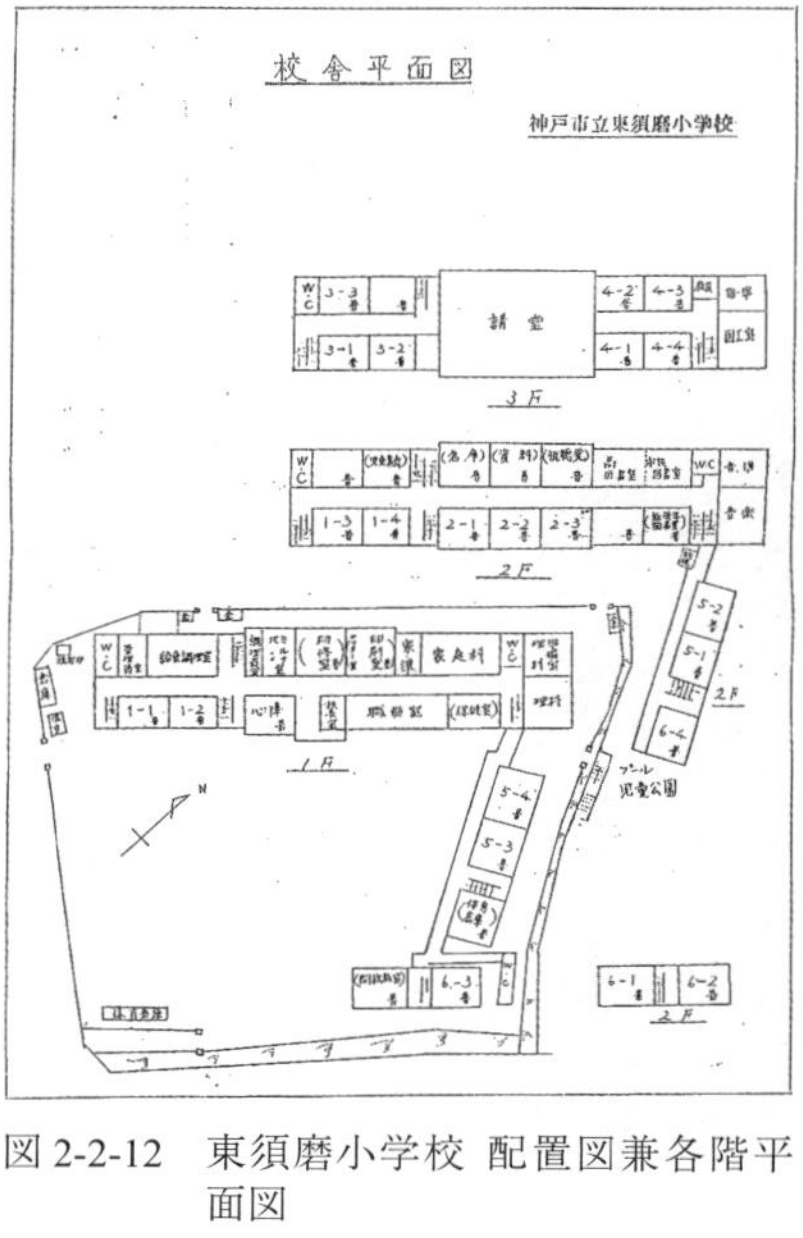

図 2-2-12　東須磨小学校 配置図兼各階平面図

写真 2-2-49　東須磨小学校（明治 39 年）

写真 2-2-50　東須磨尋常小学校（昭和 10 年）

に楣の頂部には唐草模様の装飾板が掲げられる。この校舎は運動場側が正面であって、そこには玄関ポルティコが付くが、出入りの開口部は二連のアーチとなる。このようにこの校舎には講堂廻りを中心に、ヨーロッパ歴史様式の影響を受けた意匠が要所に取り込まれていた。傾向としてはロマネスク風ともいえるが、柱型をみせるという点ではゴシック風でもあった。このようなアーチを用いる歴史様式の手法は二宮小学校や二葉小学校につながっていく。

なおこの小学校の特徴をなす四連アーチによるファサードときわめて酷似する外観を示す校舎が一年半後の昭和二年（一九二七）に東の郊外の六甲小学校に出現していた。設計は清水栄二であり、担当者は東須磨小学校の設計担当者の熊本一之であった。設計内容は微妙に変わっていたが、ほぼ同一の内容で外観も共通点が多い。

このように講堂部分を特別視する考え方は、大正一一年（一九二二）に建設された長楽小学校に遡る。続き吾妻、神楽、兵庫、明親、兵庫女子の各小学校に立て続けに建設されており、そこではアーチを用いるなど一様に正面性を強調した外観が現われていた。このような手法が東須磨小学校のファサード構成に用いられたものとみることができる。

ブロックプランをみると、鉄筋コ

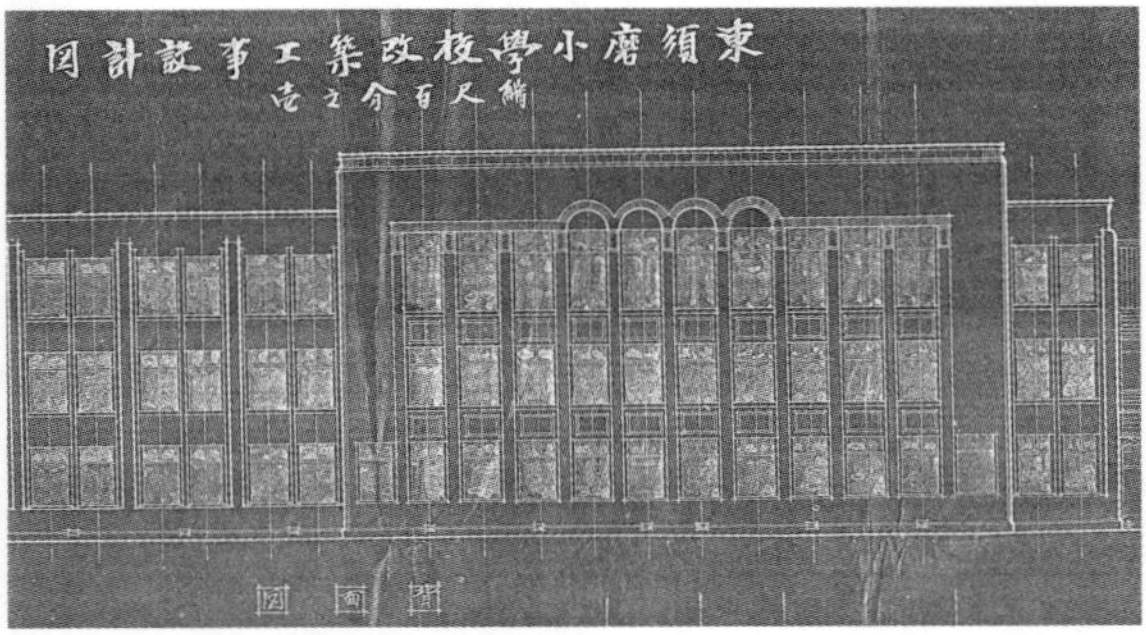

図 2-2-13　東須磨小学校 背面図

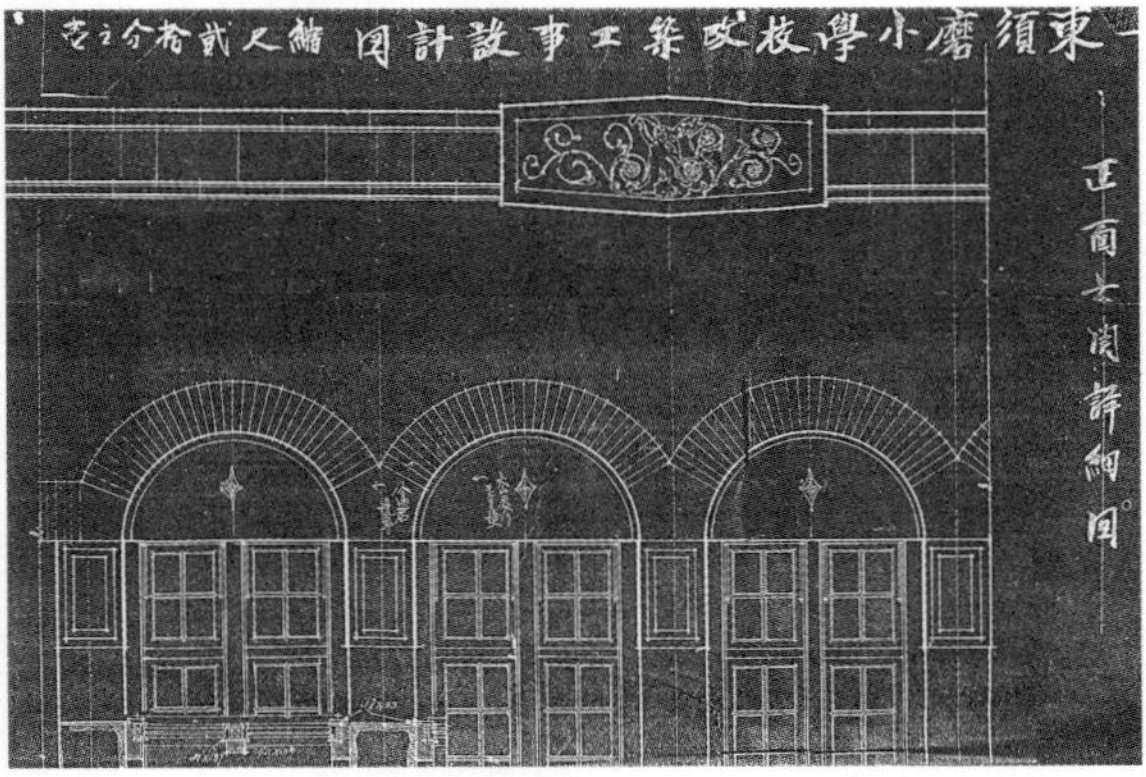

図 2-2-14　東須磨小学校 正面上部詳細図

ンクリート造の校舎は北側に一文字型で建ち、西側と東側には明治後期に建設された木造二階建校舎があった。一階は職員室などの管理スペースのほかに普通教室一〇室と特別教室が二室、二階は普通教室一四室と特別教室が二室、三階は講堂と普通教室八室、特別教室二室からなった。

3　蓮池小学校

(1) 外観スタイル

蓮池小学校は新設校で、大正一五年（一九二六）五月一〇日に校舎が完成する。設計は神戸市営繕課きってのデザインの名手だった熊本一之が担当した。この校舎の外観上の特徴は校舎中央部の三階に柱間六スパン、三教室分にわたる長さで帯状の巨大な水平見切り材(65)が設置され、正面性が強調されている点にある。

このような、柱型を断ち切り、ファサードを横断するかのような大胆な壁面構成は神戸市の小学校でははじめてのもので、以降にも現われてはいない。つまり外観上の新たな試行がなされていたとみることもできる。なおこの年から昭和三年（一九二八）にかけての三年間には宮本、二宮、真野、鵯越の四小学校においても、このように最上階に片持梁で張り出されたバルコニーを設ける手法が用いられたが、蓮池小学校を除くといずれもが装飾用の小さなものであった。これらは共通して講堂部分の桁行側二面に設置されていた。

蓮池小学校の水平見切り材を詳しくみれば、それは二階窓上部から放物線断面に基づく曲面で外側に迫出し、頂部は三階の窓枠下部の高さに合せられる。構造的には片持梁で張り出すが、要はその持送り部分が連続する曲面になっており、鉄筋コンクリート独特の自由な造形力が発揮されていた。外壁面からの付き出した長さは設計図など具体的に詳細を示す史料が見出せておらず、正確な寸法は定かではないが、おそらくは五尺（一、五一二m）前後はあったものと思われる。それは手摺りさえあればバルコニーと見まごうものであった。

ところが、蓮池小学校のこの部分に講堂はない。同校は同時に完成した若松高等小学校と同じく講堂は雨天体操場と兼用で一階に設けられていたが、西棟ではなく東棟であった。この形式は神戸市の小学校では最初のものであり、福住・川中の両校が竣工する昭和八年（一九三三）までは現われない。なぜ講堂ではない教室棟に、正面にもみえるような意匠的操作がなされたのか。実はこの時点で講堂を最上階に設け、正面性を強調する手法が神戸市の小学校では確立していた。すでにみた長楽、吾妻、神楽、兵庫、明親、兵庫女子の六小学校である。大正一一年（一九二二）から大正一二年（一九二三）にかけて竣工している。

蓮池小学校では講堂を別棟の一階に設けたことで、従来定石になっていた正面性を重視する外観が実現できなくなる。同校のブロックプランは東棟と西棟が北側で接合したL字型となり、東棟は本館と呼ばれ、一階には職員室や講堂が配され、中廊下式教室配置をとる。

写真 2-2-51　蓮池小学校 全景

写真 2-2-52　蓮池小学校 東側より

写真 2-2-54　蓮池小学校 正門

写真 2-2-53　蓮池小学校 西棟

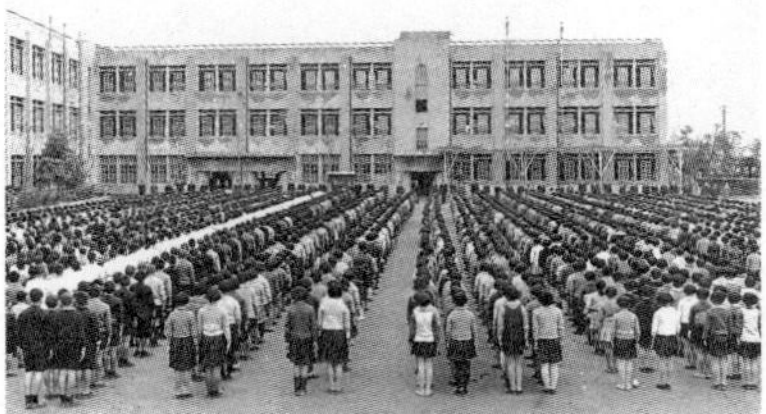

写真 2-2-55　蓮池小学校 東棟

一方、片廊下式教室配置を示すのが教室棟からなる西棟であり、その桁行方向の長さは長大なもので、二六スパン、およそ一〇六ｍにも及ぶ。ここでの桁行の柱の間隔は四・〇九ｍであった。西棟の長さは一一スパンの東棟に対して、二倍以上であり、そのために西棟が外観上の中心とみなされ、その中央部の外観に講堂らしさが演出されることにつながっていったものと考えられる。

最初にみたバルコニー状の水平見切り材にくわえて、その六スパン間のみパラペットがあたかもそこに高い階高を必要とする講堂があるかのように一際高く立上がっている。内側は屋上運動場が六スパンの区切りとは関係なしに二六スパン分の長さで広がっていた。つまり見切り材もパラペットも、単に外観を飾るための装飾に過ぎなかったことがわかる。

プランニング面で確認されることは、西棟は片廊下式教室配置ゆえに、梁間方向の長さが足らず、講堂を設けることができなかったということだ。昭和三一年（一九五六）には東棟三階の鉄筋コンクリート造の屋根スラブを取毀し、上部に鉄骨で階高を確保し講堂が設置されていた。中廊下式の教室が廃されて講堂に変えられた訳だが、ここからは戦後になっても神戸市の小学校では講堂を最上階に設ける手法が生き続けていたことが窺えよう。

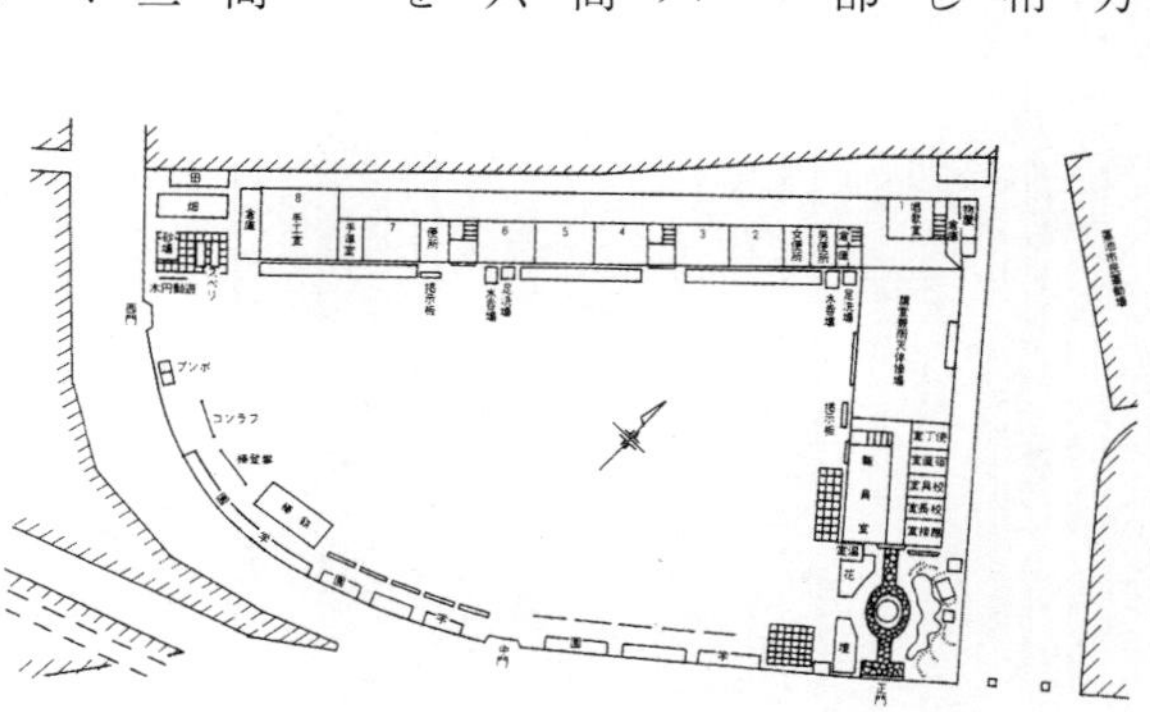

図 2-2-15　蓮池小学校 配置図兼 1 階平面図

さらに造形面について検討する。ファサード面の柱型は三階の梁上端の高さで切断され、その柱頭部は斜めに切断された形状を示す。また階段室の外壁面だけは柱型が表出せずに、柱型の外側の位置に外壁面が設けられることで、階段室だけが廻りの外壁面から飛び出しフラットな壁面をみせる。前述の講堂に似せられた正面六スパンの立面は左右の階段室で挟み込まれることで、より中心性を強める。また階段室の開口部はこの校舎では唯一の半円アーチが用いられ、外観全体を整える。

玄関・児童昇降口などの出入口は出隅部がアールとなり、昭和四年（一九二九）に完成の魚崎小学校の出入口の処理と共通する。ともに熊本一之が設計したからだ。正門も流れるような曲線美をみせる。これまでは須佐や雲中などの小学校のような平板的なスタイルに対する反発で、長楽や兵庫など大正一一年から一二年に完成する校舎では過剰ともいえる装飾が付いたファサードが現われていたが、ここに来てはじめてコンクリート造に特有の流れ出るような造形意匠が出現することになる。

このような造形意匠は当時どのように捉えられていたのだろうか。蓮池小学校の『創立十周年記念誌』(66)によれば、「セセッション式」とあった。

(2) プランニング

神戸市の小学校で講堂が一階に設けられたケースははじめてのことで、この時期同時に竣工する若松高等小学校も一階を講堂として、二階・三階に中廊下式の教室を配置していた。このことは当時神戸市営繕課長であった清水栄二の考えを反映したものであった。前年の大正一四年（一九二五）に完成した室内小学校では講堂を教室が取り囲むという内庭式のプランが採用されていた。室内小学校の設計経緯を述懐した稲垣信三「回顧談」(67)によれば、蓮池小学校の講堂が一階に設置された理由の一因が理解できる。

その頃市役所に清水営繕課長という方がおりましてな、この方が大変研究心の強い人で、その時分にいろんな方式で学校を建ててみようというので、違う建て方をした訳です。室内といい、神楽といい或いは志里池小学校もそうやった訳です。それまで講堂というものはみな三階においたものです、講堂を上に置くと難しい場合が多いというんで、いっぺん講堂を下に置いてみようというので計画を立てたんです。その中で蓮池は上が教室に要るというので、講堂の中に大きな柱を四本立てた。この講堂が非常に便利が悪いというので、今度は志里池をああいう風な講堂にした訳です。

なお稲垣信三の指摘した志里池小学校は清水栄二が退職した九年後に竣工しており、直接に関わりがあったとは考えられない。

蓮池校の校舎は第二期小学校拡張計画の一環で建設され、宮本、蓮池、若松高等の三校がほぼ同時に落成した(68)。工費は二二七、四〇〇万円、普通教室数は三八、特別教室数は六、建築面積は一、七一九㎡、延床面積は五、一五八㎡であった。工事は畑工務店が担った。神戸市側の現場監理は営繕課の高崎力造と野坂和儀が担当した。

4　二宮小学校

(1) 成立とプラン

大正七年（一九一八）に木造校舎で新設された二宮小学校ではその後児童数の急増を受けて、大正一五年（一九二六）に鉄筋コンクリート造校舎で増築がなされる。同年六月一五日に起工、昭和二年（一九二七）八月六日に竣工している。設計は技手の吉永栄蔵(69)と、神戸高等工業学校を卒業して間もない時期の相原弁一(70)が担ったことが判明している。大正一三年（一九二四）以降、吉永は営繕課では清水栄二営繕課長、調枝明男技師、に次ぐ位置にあって筆頭技手を務めた(71)。

この工事は鉄筋コンクリートの校舎の新築と木造校舎の移転の二つからなった。建坪を見ると、鉄筋校舎は二九六・〇二坪、延坪は八八八・〇六坪となる。工事費は一四万七、〇五〇円であった。一方木造校舎に関しては、建坪二九八・四一坪、延坪五四三・三三坪となる。移転費用は二万三、六九三円であった。全体の工事費用は、衛生排水装置や電燈電力装置、門壁及び運動場設備なども含めると、一三万七九六円となる。施工は金田組が請負った。

ブロックプランからみると、西側に鉄筋コンクリートの本館を設け、東側と北側に木造二階建ての校舎を配置し、中央部は校庭となる。大正七年の新築当時のプランと比較すれば、この時期東西南北に校舎があり、北棟は四教室、東棟は三教室、南棟は四教室、西棟は講堂兼雨天体操場と唱歌教室からなり、正門があった。大正一三年には校地拡張がなされ、東側方向に土地が買収されたようだ。その結果、木造校舎は全体に東側に一〇数m移設されることになる。講堂は撤去され、講堂が位置した場所に鉄筋コンクリート造本館が建設されることになる。敷地面積は一、四八七坪[72]であった。

本館のプランは中廊下式の教室配置を示し、三階に講堂を設ける形式をとる。一階の配置からみると、職員室、事務室、応接室、衛生室、普通教室三室、特別教室として手工室と裁縫室となる。二階は、一二の普通教室からなった。三階は講堂の他に特別教室は、理科・唱歌・図画教室からなる。

建て込んだ市街地であり従前の間口を広げられず、桁行方向は講堂の南側が二教室分、北側は一教室分となる。「二宮小学校増築工事壱階平面図」[73]によれば、一九八尺（五九・九九m）となる。柱の間隔は一三・五尺（四・〇九m）からなり、教室は一三・五尺の二スパン分、特別教室は三スパン分、階段室だけが一二・〇尺となる。梁間方向は五四・〇尺（一六・三六m）、教室の奥行きは二二・五尺（六・八二m）、廊下幅は九・〇尺（二・七三m）となる。

この図面には各室には採光面積が記してあり、普通教室では床面積が六一〇（単位は尺の二乗）[74]、採光面積は一一二とあり、採光面積は床面積の一八・三六％となる。この数値はほぼ五分の一であり、現在の建築基準法に照合すると基準に近い数値を示していたことがわかる。このように採光に対しても一定の考慮がなされていた。

柱のスパンを検討してみると、一三・五尺の中に、一本のマリオン（鉄筋コンクリート造の方立状の小柱）が入り、窓の幅はマリオンを挟んで四・〇尺（一・二一m）幅の窓が対で入る。窓の開口部の有効高さは七尺（二・一二m）あったことが確認される。図面には普通教室の前の廊下に下駄箱があり、子供たちはここで靴を上履きに履き替えることになっていた。

（2）スタイル

神戸市の小学校の中ではヨーロッパの歴史様式の影響をもっとも色濃く受けた校舎であった二宮小学校の本館

は、「神戸市二宮尋常小学校平面図」[75]に記された「設計概要」によれば、「鉄筋コンクリート近世式（ローマネスクヲ加味）」とある。その意味を外壁の造形意匠から検証する。

外観をみると、正面中央上部は六連のブラインドアーチ（引き込みアーチ）を見せる。そこにはそれぞれメダリオンがつく。メダリオンの形は四葉のクローバを象っている。柱型はアーチの頂部よりも少し高い位置まで立ち上がり、柱頭部はゴシック風に処理され、斜めの形状をみせる。さらにその上部、パラペットの笠木下のフリーズ部分には縦に掘られた溝が等間隔で入る意匠が施される。

このような三階上部の連続するアーチ形に対して、一階には巨大なアーキヴォールトによる二つの開口が穿たれる。三重の繰型がつく玄関である。その上部にはこの二連アーチに呼応し、同じ位置にふたつのバルコニーが設けられ、四本の出梁で受けられ、街路側に張り出す。このようにアーチを多用する外観であったことで、設計者側からは「ロマネスク」風と認識されていたのだろう。一方で柱型の表出は十分にゴシック風であったことも指摘されよう。

この壁面構成の基調は茶褐色の塗壁であった。それは上記の「設計概要」に記された「外部ハ茶褐色火山灰入モルタル塗[76]」を反映したものであった。前述のアーキヴォールト、柱型、メダリオン、フリーズにくわえて、屋上に上がる階段室の窓上部の二連のアーチ、弓型に突き出た窓台なども含めて、造形的特質を示す部材はいずれもが人造石洗出しの仕上げが選ばれていた。その色彩は花崗岩を模した白色系であり、茶褐色の壁のなかでは対比をなし、目立つことになる。その結果これまでの神戸市の小学校には無かったロマネスク色溢れる外観の校舎が誕生することになった。

なお「講堂鉄骨小屋組詳細図[77]」からは、アングルとバーを組み合わせてトラスが組まれ、屋根を形成していたことがわかる。また建具は取り壊しまで木製のものが使用されていた。

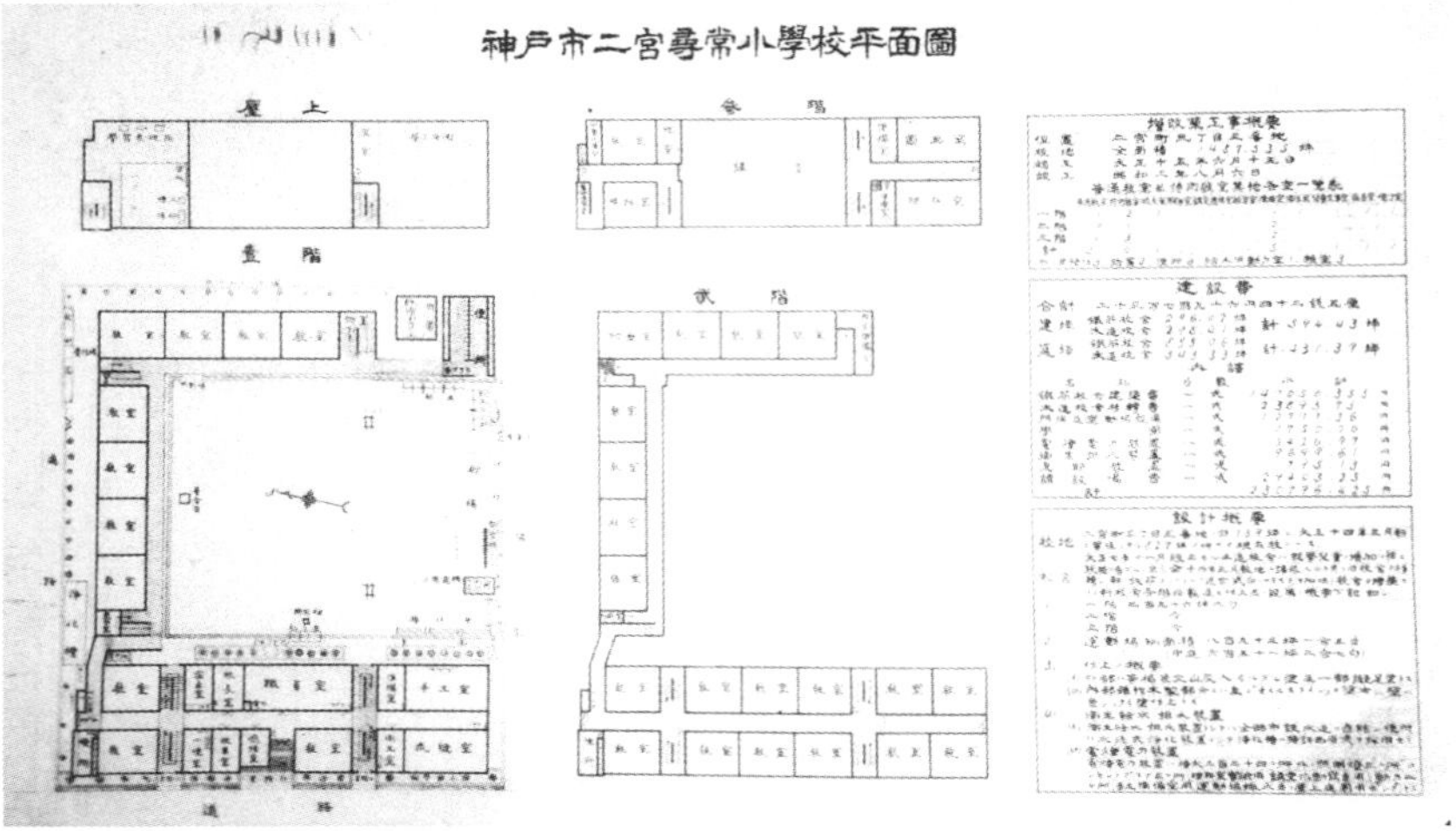

図 2-2-16　二宮小学校 神戸市二宮尋常小学校 平面図

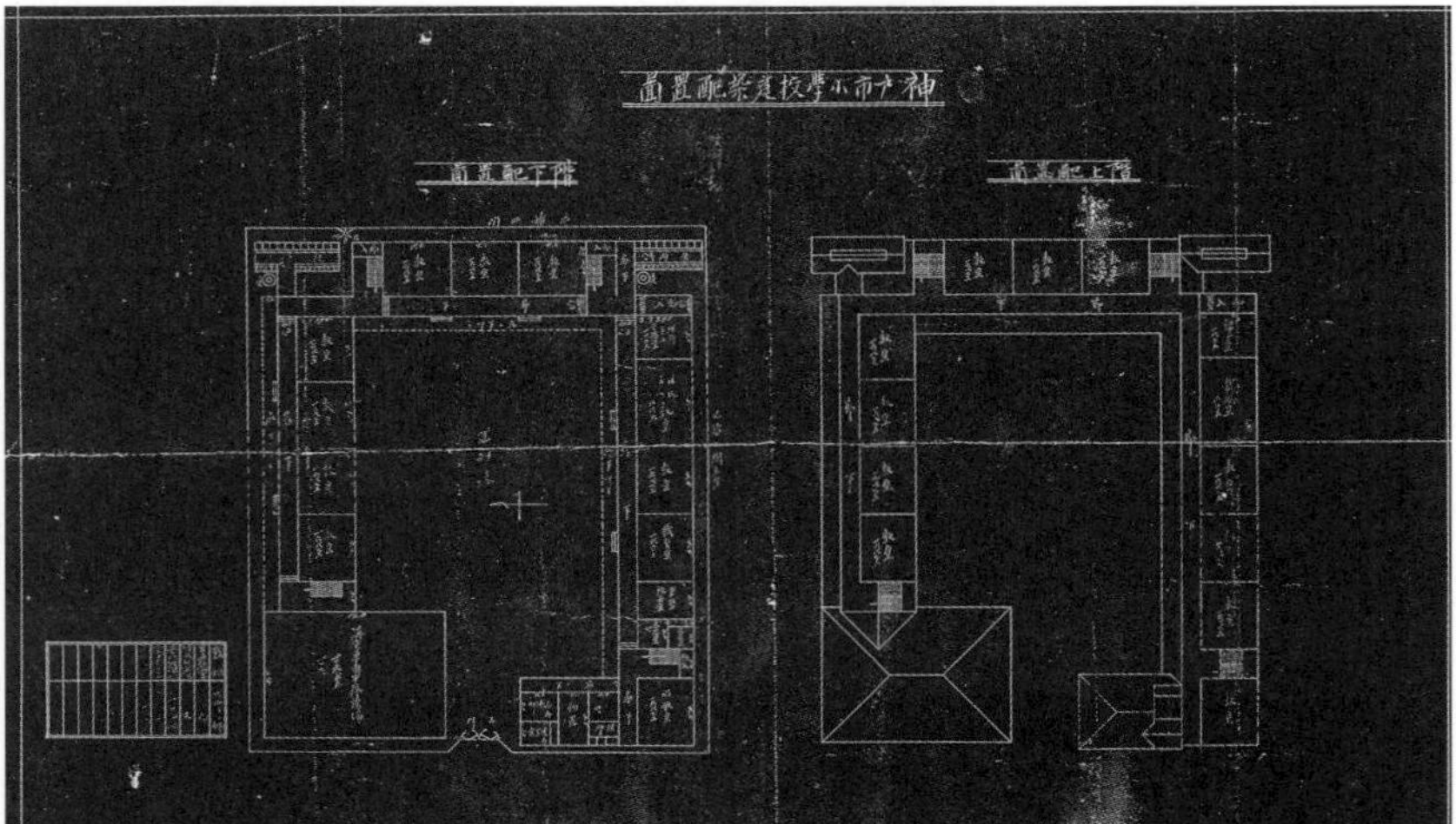
図 2-2-17　二宮小学校 木造校舎 1・2 階平面図（大正 7 年）

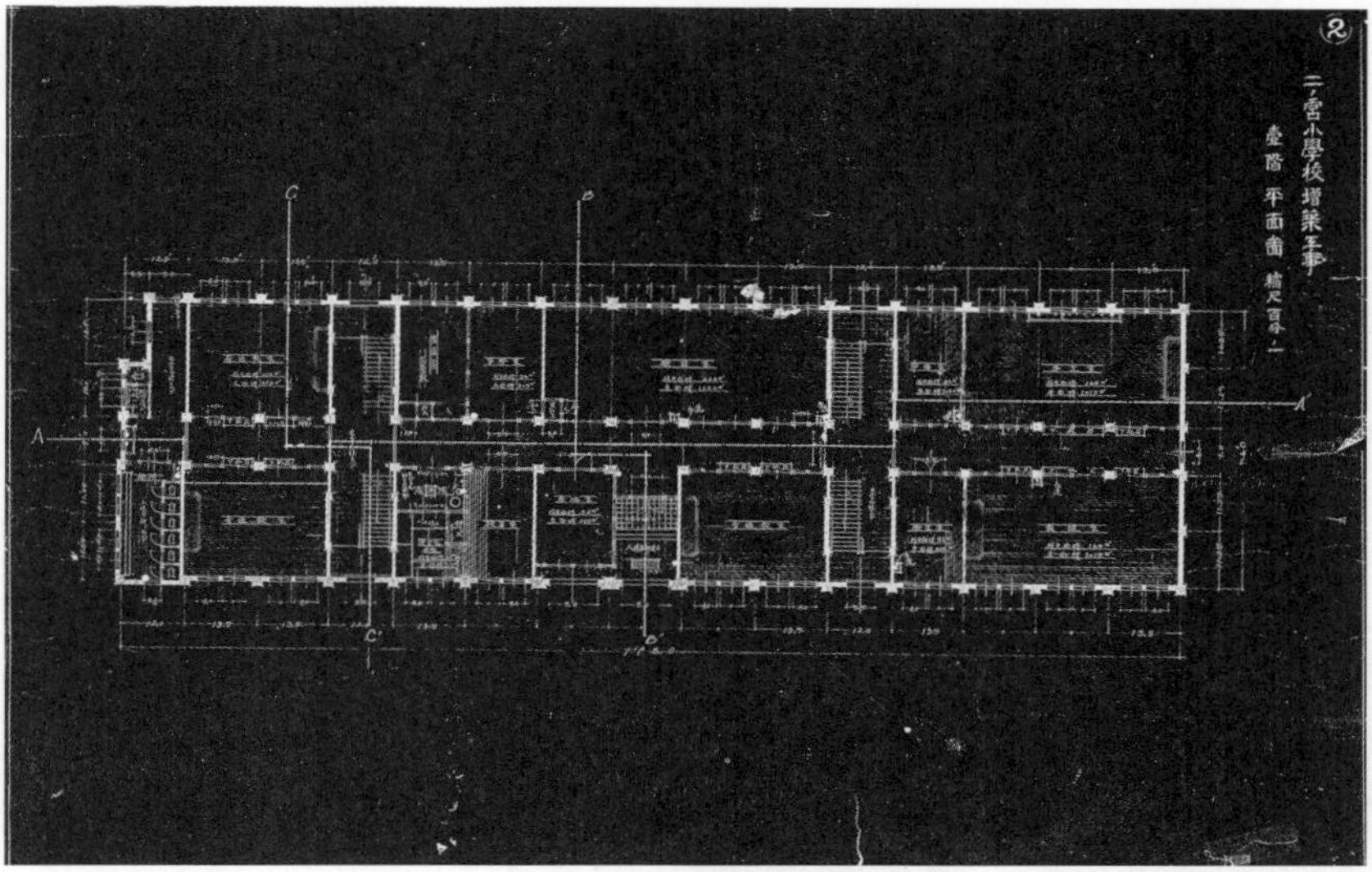

図 2-2-18　二宮小学校 1 階平面図

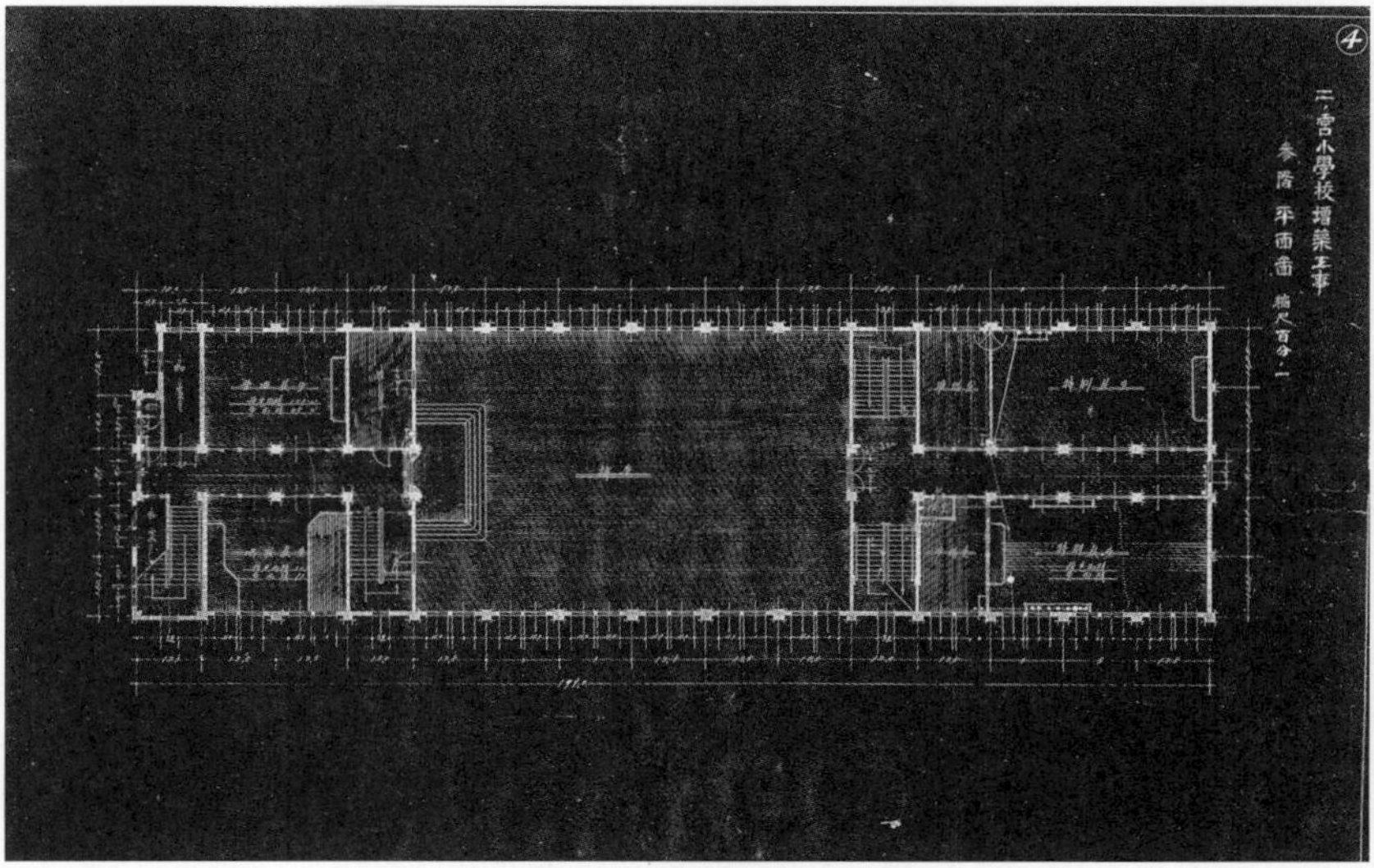

図 2-2-19　二宮小学校 3 階平面図

写真 2-2-57　二宮小学校 校庭側外観

写真 2-2-56　二宮小学校 竣工時の外観（北側より）

写真 2-2-58　二宮小学校 玄関（筆者撮影）

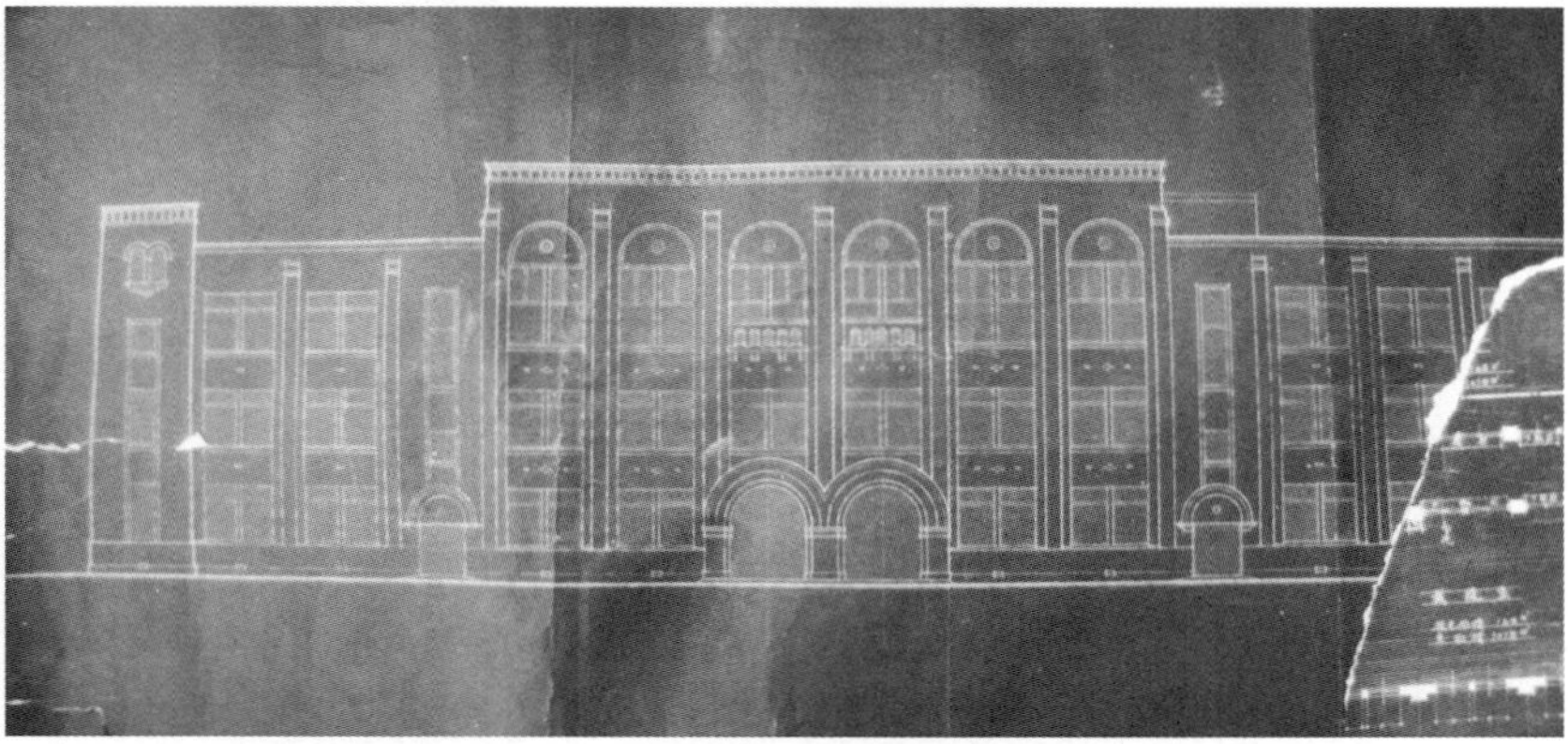

図 2-2-20　二宮小学校 正面図

5　鴨越小学校

鴨越小学校の竣工は昭和三年（一九二八）三月だが、設計は大正一五年[78]（一九二六）におこなわれていた。清水栄二時代の最後を飾る校舎であり、室内小学校とならび表現派の影響を受けた建築といえる。その造形的な見所は階段室の三角形の出窓や柱型頂部のパラボラアーチ、講堂小屋組換気孔の鋳鉄のカバー、うねるような曲線をみせる講堂のバルコニーなどが挙げられる。三階部分の講堂中央部のバルコニーは道路側の玄関上部と校庭側の東西両面に張り出されたもので、あきらかに外観を飾るために設けられた。各階を縦断する三角形出窓は清

写真 2-2-59　二宮小学校 講堂

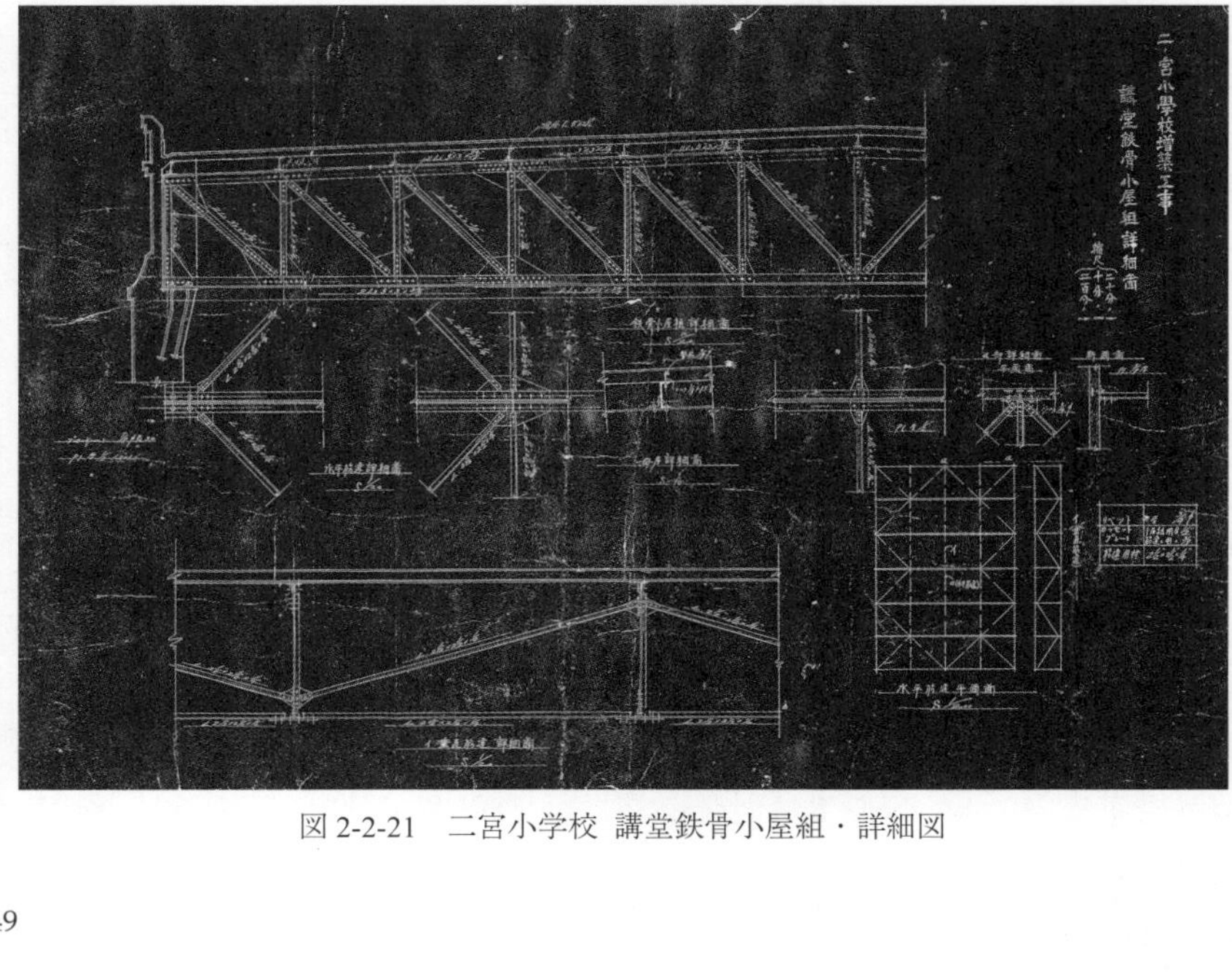

図 2-2-21　二宮小学校 講堂鉄骨小屋組・詳細図

水栄二が数年後に完成させる高嶋邸や御影公会堂に採用された造形手法であり、キュビズム建築にも通ずる意匠といえる。その内側は階段踊場になっていた。このようにここで現れ出た意匠はそれまでの歴史様式にもとづくものからの脱却が試みられていた。

神戸市の小学校でこのような三階部分の外壁にベランダを設けるケースは他に蓮池小学校（大正一五年完成）や宮本小学校（大正一五年完成）、真野小学校（昭和二年完成）の三校でみられる。蓮池小学校は講堂ではない教室部分に設けられ、宮本・真野両校では鴨越小学校と同様に講堂部分に設置されていた。宮本小学校は鴨越小学校と同じ講堂が東棟にあるプランを示した。

この校舎のブロックプランはコの字型をとり、東側に玄関部を構え、その最上階が講堂となる。この校舎は三棟からなり、南北軸の二つの中廊下式校舎と、東西軸の片廊下式校舎がつながってコの字型をなす。

一階は資料的な制約があって部屋数および内容は定かではないが、職員室などの管理スペースのほかに、普通教室数は九か一〇、特別教室数が二（理科と手工）ほどあったものと推察できる。二階は普通教室数が一五、特別教室数が二（唱歌と図画）、三階は普通教室数が一〇、特別教室数が一（裁縫）からなった。屋上は講堂以外の場所が運動場になっていた。

床組平面図[79]からは桁行方向は中廊下式も片廊下式もともに柱ピッチが一三・五尺（四・〇九m）となることがわかる。一方梁間方向は中廊下式と東西軸の片廊下式では異なり、前者は東西両棟ともに二二・五尺（六・八二m）・九尺（二・七三m）・二二・五尺（六・八二m）となる。後者は三〇尺（九・〇九m）となる。教室の大きさは間口が二七尺（八・一八m）、奥行きが二一・五尺となる。面積は五六・七七㎡となる。

工事費は二三五、〇九二円[80]であり、金田組工務店が請負っていた。設計は清水栄二の弟子のひとり、加木弥三郎[81]が担当した。神戸市営繕課の技手であった加木弥三郎は営繕課以前には設楽建築事務所にも在籍しており、アール・ヌーボーや表現派的な意匠を好んだ建築技術者だった。

写真 2-2-63　鵯越小学校 講堂バルコニー
（筆者撮影）

写真 2-2-64　鵯越小学校 講堂バルコニー・見上げ
（筆者撮影）

写真 2-2-60　鵯越小学校 東棟
（筆者撮影）

写真 2-2-61　鵯越小学校 校庭
（筆者撮影）

写真 2-2-62　鵯越小学校 西棟
（筆者撮影）

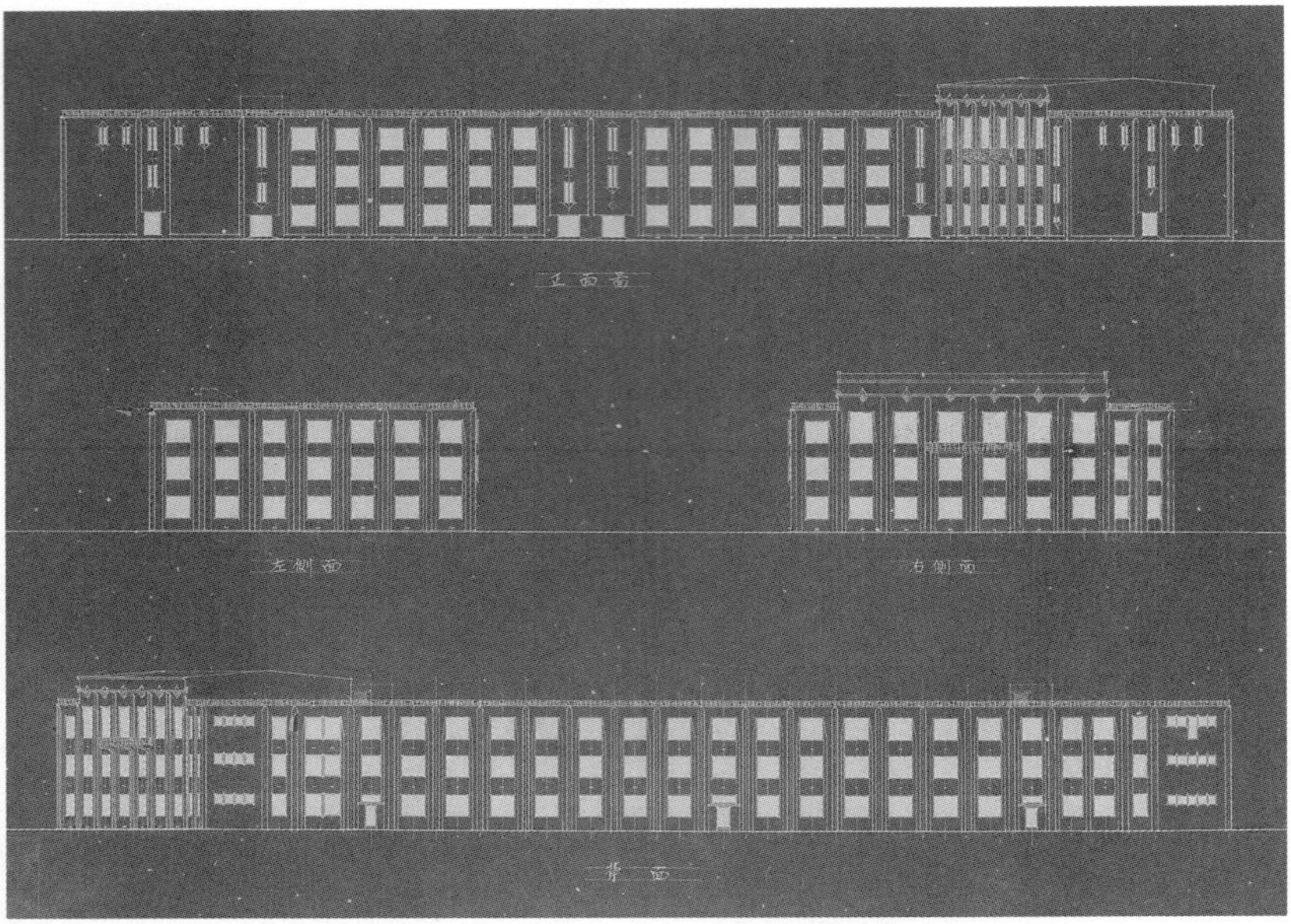

図 2-2-22　鴨越小学校 立面図

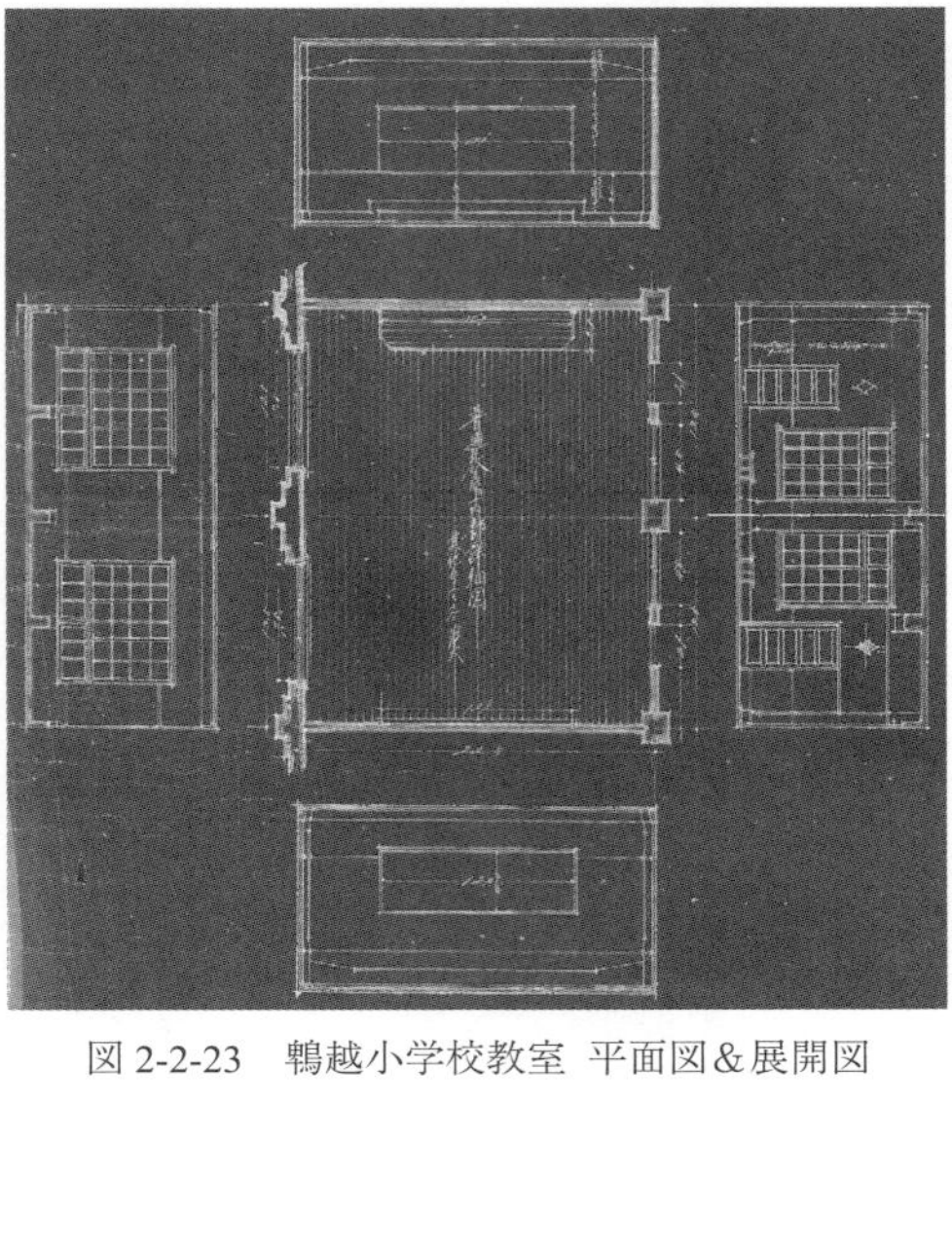

図 2-2-23　鴨越小学校教室 平面図&展開図

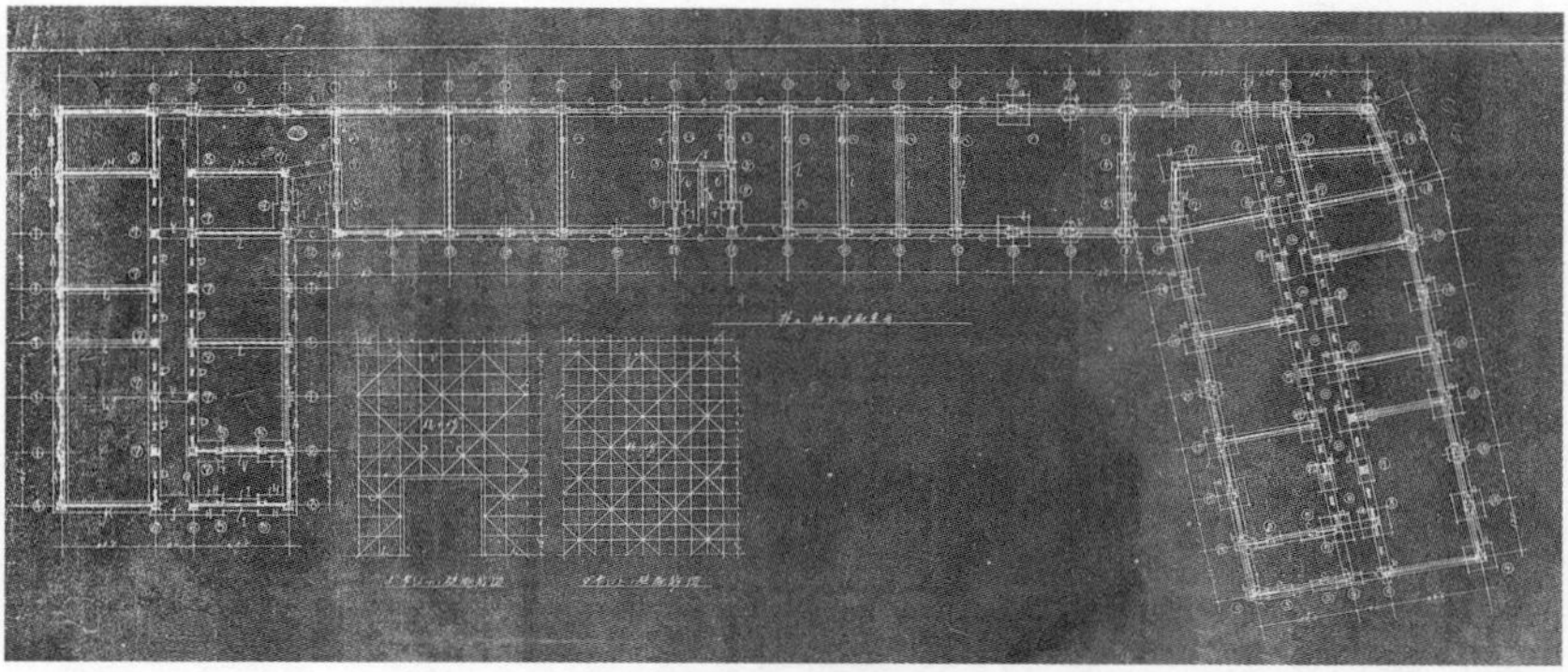

図 2-2-24　鴨越小学校 基礎伏図

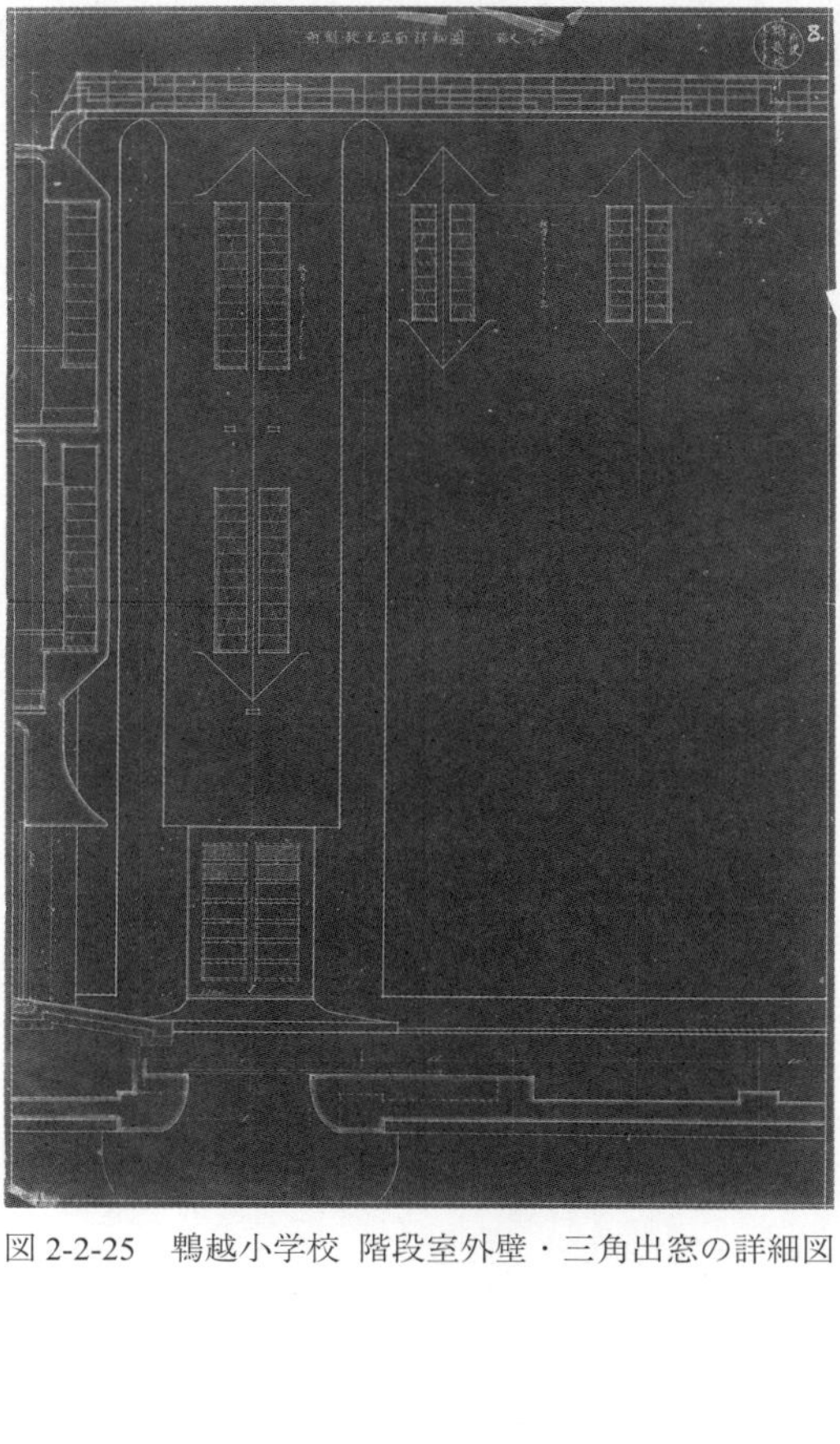

図 2-2-25　鴨越小学校 階段室外壁・三角出窓の詳細図

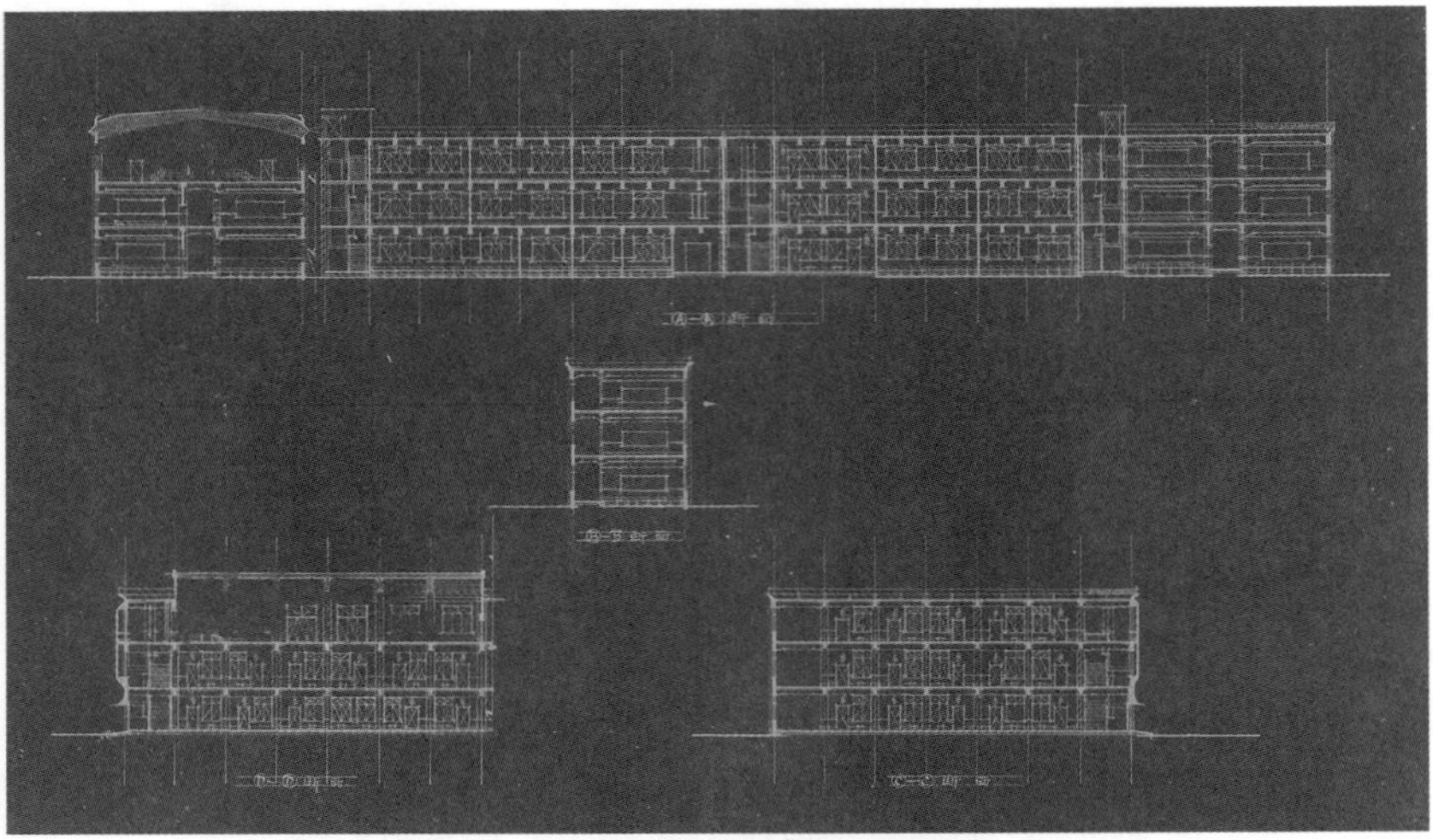

図 2-2-26　鵯越小学校 断面図

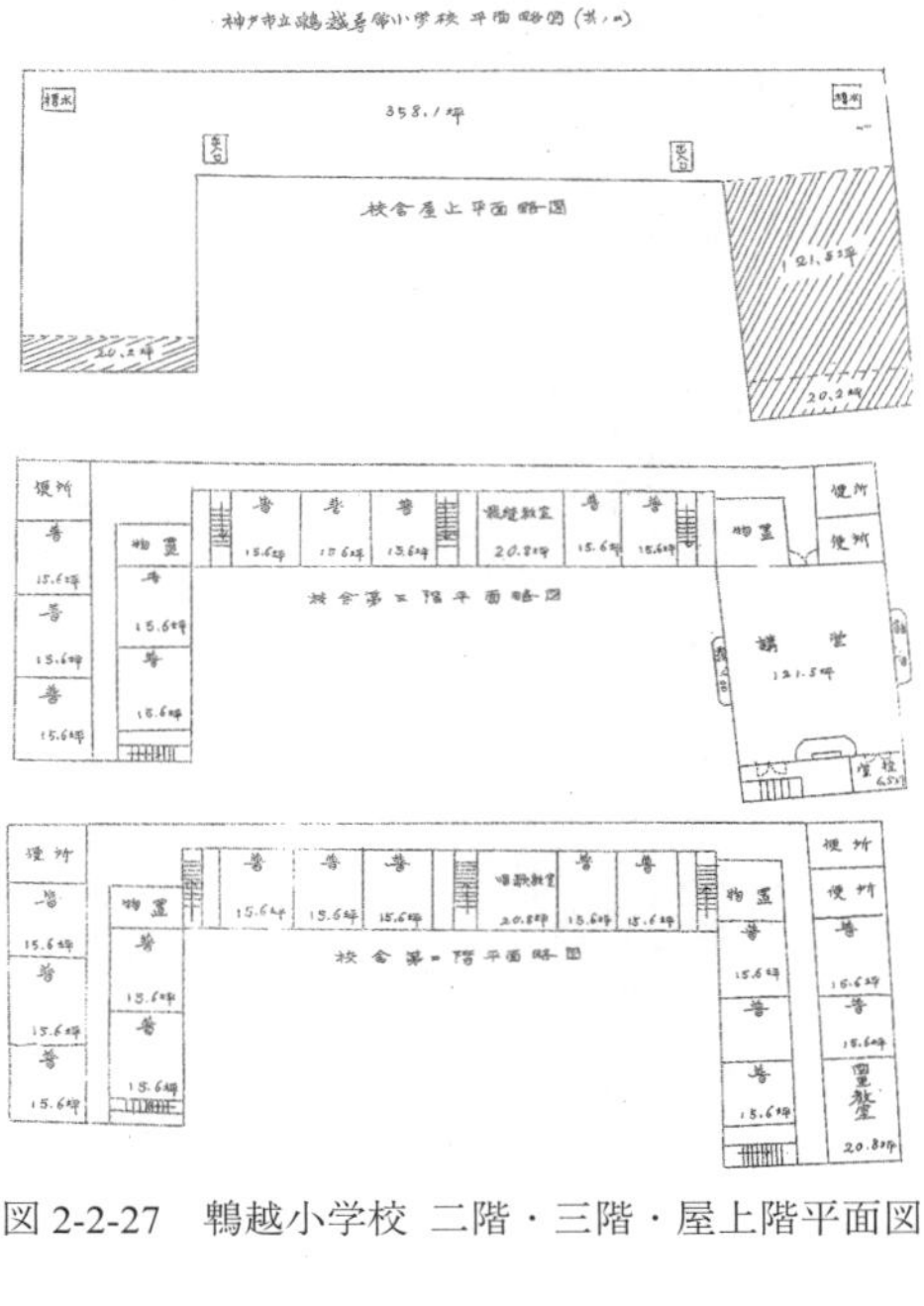

図 2-2-27　鵯越小学校 二階・三階・屋上階平面図

三　定型化の時代

1　二葉小学校・板宿小学校

（1）神戸市学校建築の方針

神戸市小学校の外観

昭和戦前期までの神戸市の小学校の外観をみると、とても小学校という初等教育施設にはみえない。一見中等か高等の教育施設にもみえる。それほどに風格のあるファサードがつくりあげられていた。それは左右に翼部が付き、中央部は高く持ち上げられ、ルネッサンスを基調としたファサード構成を示す。ここで取り上げる二葉小学校もまた半円アーチによって整えられたファサードを有する。

このような堂々とした外観を表わす校舎は同時期の大阪市や京都市の小学校においても出現していたが、いわゆる中心部の富裕学区に限定された。両市ともに学区制度のもとで建設されていたからだ。それに対して、神戸市では鉄筋コンクリート造校舎が出現する直前の大正八年（一九一九）に学区制度が廃止されており、全市共通の建設費ならびに建築設計によって建設されていた。しかも劇的に急成長した都市ゆえに、新設校が圧倒的に多かった。大阪市・京都市では新設校は周辺地域にあったが、多くは木造校舎による建設であって、鉄筋コンクリート造校舎は富裕学区に限定されており、そこでは一様に改築であったことと、対照的である。

すなわち神戸では新設校であっても、外観は計画内容とともにけっして劣ったものではなかった。むしろ新設校ゆえに思い切った大胆な試みがなされていた。そのことはすでにみた室内小学校に端的にみられる。大正後期から昭和戦前期の神戸市の小学校にはプランニングとスタイル面に共通項があった。中央部を高く持ち上げ、その最上階に講堂を設ける形式である。

ではなぜこのようなスタイルが求められたのか。このような形式は実に大正一〇年（一九二一）五月に完成の野崎小学校を嚆矢として、昭和一三年（一九三八）五月に竣工の高羽小学校に到るまでの実に一八年間の長きにわたって神戸市の小学校の基調をなすスタイルとプランとなっていた。講堂と校舎の関係については前節で詳述したが、計画的な面から考えれば、次の二点が指摘できる。一点目は敷地が狭く建築面積に制約が多かった神戸市の小学校ではこのように立体的に空間を積み上げることによって一定の校庭面積が確保できた。二点目は講堂の下階の一階と二階は中廊下式の教室配置ゆえに多数の教室が用意できたことも利点であった。

意匠面をみると大正後期から昭和初期一桁代前半の時期、すなわち一九二〇年代では校舎には記念碑的な美術建築らしい趣きが求められていたようだ。講堂を一階に設けた蓮池小学校（大正一五年完成）では必要がないにもかかわらず、最上階の教室部分の外壁面をデザイン操作して、あたかもそこに講堂があるかのような意匠を纏わり付かせていた。このような校舎を記念碑的な建造物とする意識がこの頃までは設計者のなかにはあったのだろう。[82]

このようなスタイルに変化が現われるのはモダンデザインの影響が強くなる板宿小学校が完成する昭和五年（一九三〇）以降のことで、講堂のある最上階部分の意匠が歴史様式から脱却して、より簡素化され、換気孔など機能的に必要な要素にのみデザインが限定される方向にいく。そのため外観上の引き込みアーチなどの曲線は消えていく。講堂を最上階に取り組むプランニングですら、川中小学校（昭和八年に完成）以降は敷地が狭い小学校にのみに限定され、半数近くの校舎では講堂は雨天体操場と兼ねて、一階に別棟として配置されていく。神戸市特有の校舎プランの終焉であった。

「神戸市学校建築の方針」の内容

神戸市教育課長は神戸市学校建築方針[83]を昭和五年（一九三〇）一月に発表していた。それは昭和四年（一九二九）まで営繕課長を務めた鳥井信[84]が中心になってつくりあげたものであり、そのために建築委員会が組織されたとある。そのことについて竣工時に二葉小学校長の松山久太郎は次のように式辞のなかで語っていた。

神戸市当局に於いては建築についても設備についても規制を統一して真に学区統一の実をあげようとの御計画がありまして三方面の調査が行われたのであります。其の第一は建築の調査であります。教育課営繕課両当局ならびに小学校長諸氏が其の衝に当られまして本市従来の経験に加うるに全国六大都市の長所をとり入れ、東洋第一を標榜して建築技術の上からは素より教育上、経済上慎重なる調査研究を遂げて所謂神戸市小学校建築案を樹立せられたのであります。(85)

大正八年（一九一九）に学区統一がなされて昭和四年（一九二九）で一〇年目を迎えるにもかかわらず、学校によって建築内容にバラツキがあり、そのことが教育の平等性から問題化していたことが背景にあった。東京市や大阪市の規格化の影響を受けたことも指摘される。東京市では関東大震災の復興小学校の建設のために規格化を立てる。大阪でも学区制度廃止を受けて大阪市が直接設計をする必要が生じたために規格化を立てつつあった。(86)

神戸市での標準化の流れについては前節ですでに論じたが、昭和二年（一九二七）五月三日から神戸市営繕課長になった鳥井信の前任者、清水栄二課長の時期に教室の大きさや構造設計については一定の標準化がなされていた。だが、講堂の位置や特別教室の種類などについては基準がなく、模索期にあった。そのため細かな規則が決められることになる。その雛形になったのは清水栄二が営繕課長の時期に設計された一一校の校舎から選ばれたものと考えられる。とりわけ講堂を最上階にするプランの東須磨小学校や二宮小学校などが参考とされたようだ。

清水栄二時代の最後の校舎は大正一五年（一九二六）設計の鵯越小学校（昭和三年三月に完成）であり、二葉小学校が設計される昭和三年（一九二八）前半期までの二年間は空白期となり、営繕課では小学校の設計はなかった。つまり空白期以前と以降では設計者も含めて、断絶があったとみることができる。そのため新たに二葉小学校を設計するにあたって、ひとつのモデルづくりがなされていたのだろう。結果としてそのことが「神戸市学校建築の方針」につながったと判断できる。したがい二葉小学校とは同方針に基づいた最初の校舎であったといえよう。

以下「神戸市学校建築の方針」の全文を記す。

敷地に関するもの
(1) 乾燥地矩形二千坪内外
(2) 工場、劇場、遊里に近接せざること
(3) 交通頻繁なる軌道又は街路に副はざること
(4) 成るべく埋立地等軟弱なる地盤又は湿地は之を避くること
(5) 成るべく小公園、遊園地に近接すること

建築に関するもの
(1) 建築物の基礎並に工法は市街建築物法及之等に附帯せる法令の内容以上たること
(2) 校舎は校地の西及北に鍵の手又は校地の西側に一列に建築すること
(3) 校舎は鉄筋「コンクリート」構造三階建塔屋付中廊下式を採り　講堂は中廊下校舎の三階に設く　但鍵の手形校舎の場合は北側校舎は片側廊下とす
(4) 教室の高さは各階共捨二尺とす。但し講堂の高さは建築物様式によりその都度決定す
(5) 普通教室の大きさは正味三間七分五厘と四間半とす
(6) 廊下の幅員
片側廊下の場合は正味一間二分五厘以上　中廊下の場合は正味十尺以上とす
(7) 廊下は各階共に吹抜廊下は採用せぬこと尚廊下の天井はなるべく「アーチ」型とすること
(8) 欄間の硝子は磨り硝子廊下の外側の硝子は透明硝子とす
(9) 校舎内部の壁は腰高迄全部板張りとす
(10) 教室廊下階段は凡て板張とすること
(11) 教室の欄干は廊下側出入口の上部のみに設くること
(12) 露台は原則として之を運動場に充当し学園の設置も之を認むること

(13) 奉安庫は将来別に之を設けず　講堂の奉安所を堅牢にして奉安庫兼用とす
(14) 講堂の「ステージ」は前面を階段とし（三尺）両側は出入口迄とし横より「ステージ」へ階段は「ステージ」の中に取入るること
(15)「ステージ」は二段として上段は取外し出来る様にすること
(16) 講堂の床は一間に付一寸宛後方を高くすること
(17) 特別教室は理科、手工、唱歌、裁縫の四室とし　準備室は理科手工に限り附設す
(18) 特別教室は普通教室の一倍半以上とす
(19) 運動場の近くに物置及便所を設く
(20) 運動場の排水溝は之を其の周囲に設く
(21) 便所は原則として水洗式便所とす

設備に関するもの

(1) 電燈線は埋設とし二階三階の普通教室には之を配線せす其他は全部配線す
但夜間学校を附設する校舎は全部配線す
(2) 水道管の主要管は露出し小管は之を床下に通し開閉栓はなるべく各部分的とすること
(3) 瓦斯管の設備は理科、手工室とし使丁室には配管のみとし竈は燃料式のものとす
(4) 特別教室の机は全部移動式とす　然して電気瓦斯水道管は机に取付けざるものとす
(5) 唱歌室の背部に大鏡を取付く
(6) 特別教室の教壇は唱歌室を「ステージ」式とするの外他の特別教室には之を設けず
(7) 普通教室の教壇は幅員二尺五寸とす
(8) 各教室とも上下塗板は一切之を設備せず
(9) 下駄箱は第一階の部分のみ全部に嵌め込とす

(10) 階段踊場の隅に塵の投入箱を設く
(11) 職員用の浴室を設くること
(12) 井戸及露台に「タンク」を設くること

(2) 二葉小学校

成立

昭和四年（一九二九）三月三一日に竣工[87]した二葉小学校校舎は神戸市新設小学校の建築モデルとして誕生する。そこでは教室の大きさや柱の間隔にくわえて、教室や講堂の配置にまでも基準が設けられる。各学校間の違いは外観などのスタイルや意匠面だけとなる。神戸市独自のものとしては、一階二階ともに中廊下式の教室配置をとり、その上三階を講堂とするプランニングであった。この形式は神戸市では大正一〇年（一九二一）の野崎小学校からはじまり、昭和一三年（一九三八）に竣工の高羽小学校まで四一校に採用されている。前節でみたように、この形式はまさに大正昭和戦前期の神戸市小学校校舎の最大の特徴と位置付けられる。

設計の体制[88]は鳥井信営繕課長の下で技手吉永栄蔵[89]、技手相原弁一[90]が担い、現場監理は山本好太郎、大寺辰治、大久保政一、飯田松太郎、の四人の技手がおこなった。請負は当時神戸を代表する請負業者の金田組工務店[91]であった。

建設の経緯をみる。大正後期より林田区や須磨区などの西神戸が急激な発展を遂げ、就学児童数が激増しており、神戸市教育課では昭和二年（一九二七）四月に駒ヶ林方面に一小学校の新設を予定し、同年七月の市会でそのことが決議されたことに端を発する。ただこの時点で駒ヶ林では小学校用地とする広い敷地は残っておらず、苦肉の策としてすでに住宅が建ち並んでいた土地を買収して敷地に充てることになる。校地の選定は地元の駒ヶ林協議会が建設委員会を組織してあたった。選定されたその敷地には一〇人の地主と二〇人の家主がおり、借家人は七十三世帯、三百五十人[92]が住んでいたことで、買収と立ち退かせが必要となり、これらの業務は神戸市とともに駒ヶ林協議会が担うことになる。すなわち、すでに市街地を形成していた土地を買収し立ち退かせる苦肉の策で、新設校の創出がここではおこなわれていた。

昭和三年（一九二八）八月には金田組工務店との間に建築請負契約が結ばれ、九月一日に起工し、翌昭和四年（一九二九）三月三一日に竣工する。すなわち設計は昭和三年前半の時期には完成していたものと考えられる。二葉小学校の竣工時には「新設校の基準(93)」という見出しのもと、次のように新聞に記された。

当校は今後の神戸市新設の基準としてつくられたもので、児童本位なのが特色でせう。例えば経済的な理由から三米幅の中廊下をつくり、雨天遊技場にあて、窓は全部三枚戸にして従来より遥かに採光通風率をよくした外、鉄筋建の冷さを緩和するため各階共腰板をはめ、板廊下をしき、更に光線の差を消すため各階の壁の色を変え、各階に便所をつけたなど本市では初めての試みでせう。

ここからは新しい試みとともに、ある意味で神戸市鉄筋コンクリート造校舎のひとつの到達点が示されていた。

建築内容

建築概要からみる。敷地面積は二、〇二五坪、校舎の建坪は四七四坪、一階・二階・三階ともに建坪は四七四坪で、延面積は一、四四四坪となる。神戸市の新しい基準である敷地面積二、〇〇〇坪前後に合致する。総工費は四八七、九八八円で、内訳は校地買収費一二〇、八五五円、家屋移転費四八、一三〇円、借家人補償費五、〇〇三円、整地費一三、三〇〇円、建築費二四六、三二七円、設備費五三、〇七六円、植栽費一、二九五円であった。ここでの設備費とは建築設備を意味し、水道や電気、ガスの設備工事ならびに装置費を示した。

ブロックプランは一ブロックのなかで約半分の面積を占める。東側は民家が蝟集し、西側と北側、南側が道路となる。したがって南北に長い敷地となる。校舎は東側に寄せられて南北軸の校舎が建つ。前記の方針とは異なり、西側に寄せられることなく配置されていた。

室配置（図2-2-28）をみると、一階中央部には職員室などの管理部門が、三階中央部には講堂が配される。特別教室は端部に設けられ、一文字型プランの左右には翼部となり、正面にむかって突き出し、左右対称性を強調する。階段室の位置も定まり、四か所が設置され、便所の場所も決められていた。一階は普通教室数が九、特別教室数が二、二階は普通教室数が一八、三階は普通教室数が九、特別教室数が二、となり各階ともに中廊下式の教室配置になる。

外観は中央部最上階講堂部分のパラペット立上がり部分に六連の引き込みアーチ(94)をみせるスタイルである。外壁面は深い彫りを刻むかのように、アーチの迫り元は下がって凸型の柱型となり一階基礎につながる。左右の玄関ポルティコの開口も半円アーチとなり、左官彫刻によるアールデコ風の装飾模様がつく。内部は中廊下式となるが、梁のハンチは半円アーチとなる。また階段の勾配が緩くなり、子どもたちの昇降に配慮がなされたものになっていた。

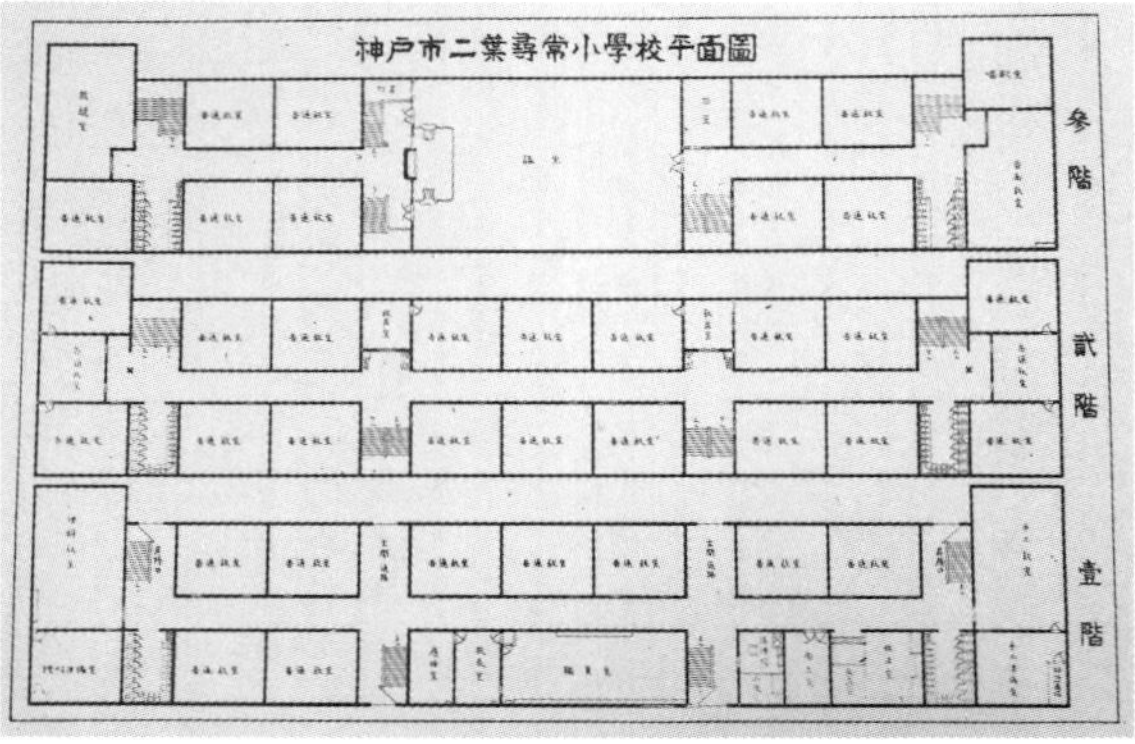

図 2-2-28　二葉小学校 各階平面図

（3）板宿小学校

新設小学校設計図

昭和四年（一九二九）六月と明記された一枚の建築図面(95)がある。図面名称は「新設小学校設計図断面図」とある。図面の右上には神戸市役所営繕課の表題欄がある。そこには学校名をはじめ、図面番号や図面名、縮尺、製作年月、制作者名として課長・技師・製図・浄写の各担当者が印鑑を押す欄からなる。この図面では校名は「新設」

としか記入はないが、図面番号三三葉のうち№5とある。つまり三三枚の図面が一校を設計するのに必要とされていたことがわかる。縮尺は一／二〇〇とある。課長・技師・製図・浄写の印鑑を付く欄は空白である。

　この図面には横断面図が二枚、縦断面図が一枚、平面図が三枚の、計六点の図面が収載されている。横断面図は講堂の部分と屋上に通ず

写真 2-2-67　二葉小学校 全景

写真 2-2-67　二葉小学校 中廊下

写真 2-2-66　二葉小学校 玄関

写真 2-2-68　二葉小学校 講堂

図 2-2-29　新設 小学校設計図・表題欄

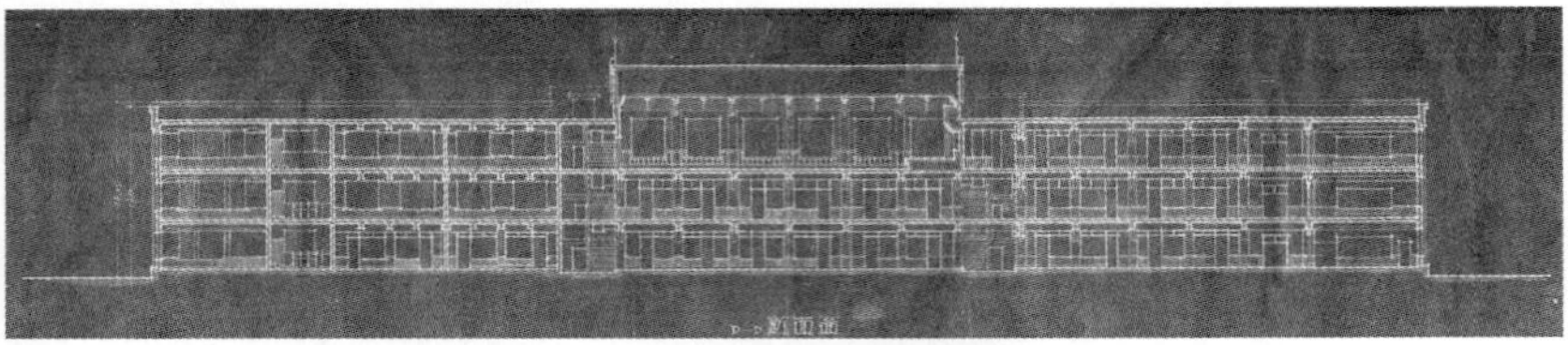

図 2-2-30　新設 小学校設計図・縦断面図

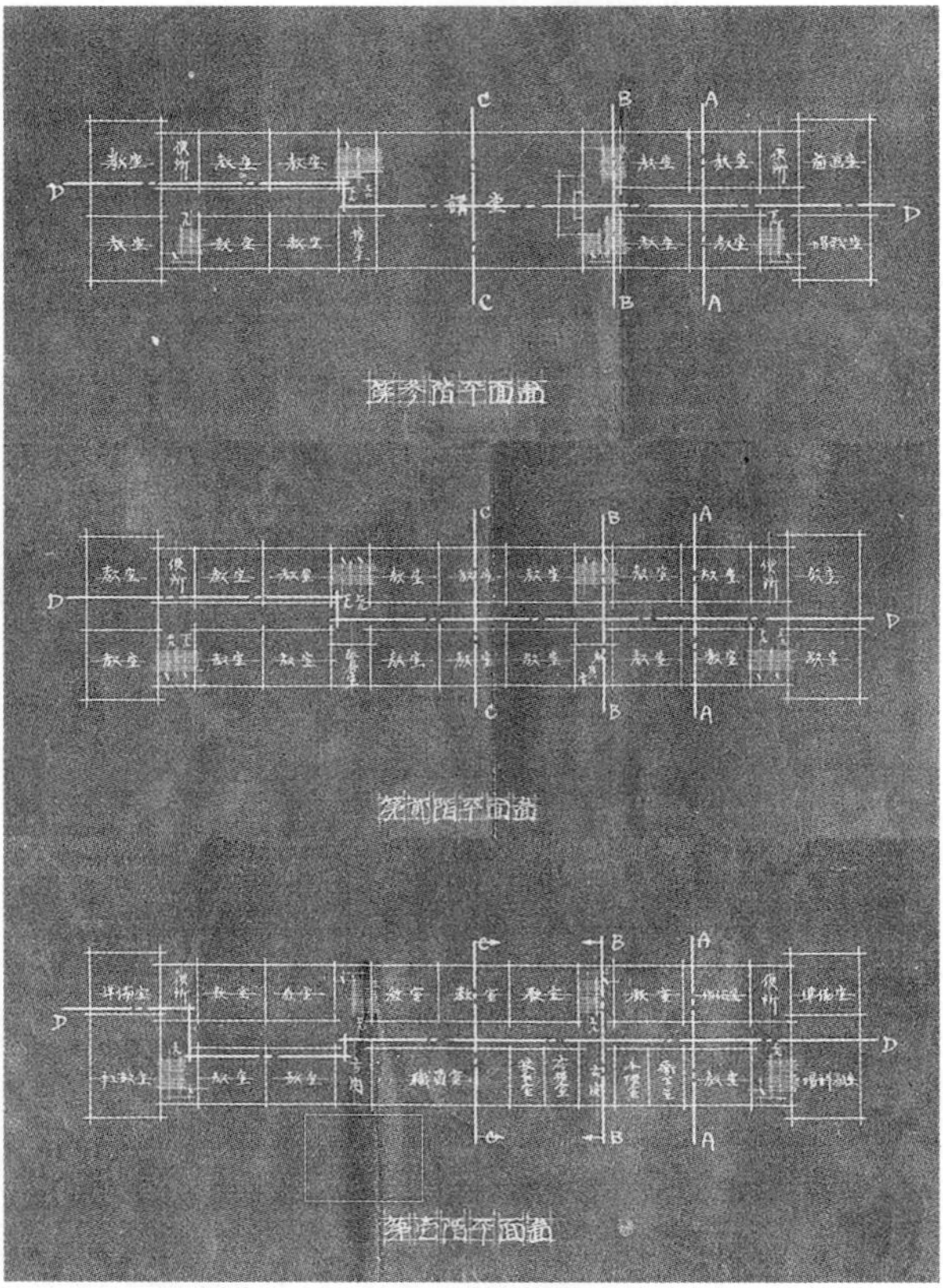

図 2-2-31　新設 小学校設計図・略平面図

る階段室の部分で切り取られたものである。平面図は一階・二階・三階の三点からなるが、いずれもが単線で表記され、断面図の位置を示すための略平面図である。だが各部屋割ならびに部屋名が記され、全体像が把握できる内容である。ここから判ることは前述の二葉小学校とほぼ同一のプランを示す。おそらくは二葉小学校の図面をほぼそのまま用いたものと考えられる。

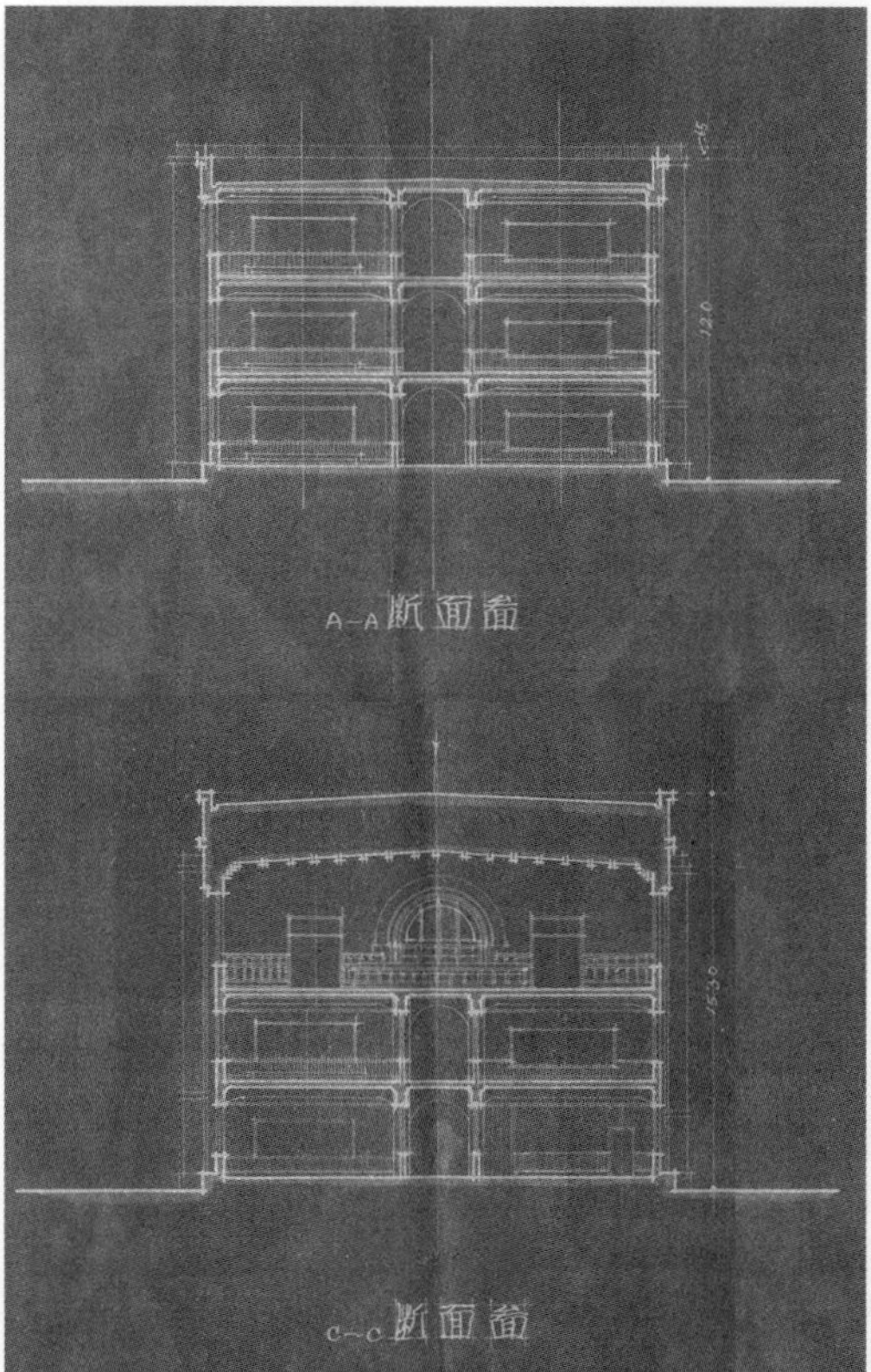

図 2-2-32　新設 小学校設計図・横断面図

さて昭和四年（一九二九）六月という時期から、この一年後前後に完成した小学校を探すと、板宿校、脇浜校、道場校の三小学校が該当する。脇浜小学校は出隅部玄関がアールとなったスタイル、道場小学校はL字型配置と、この二校のプランとこの新設校図面は大きく異なる。板宿小学校だけが一文字プランであったことから同校の可能性が高いとみることができる。図2-2-32のC～C断面図をみると、講堂舞台正面に半円アーチ形の御真影奉遷所が描かれてあり、実際に建設された板宿小学校の講堂のものと瓜二つであった。このようなことを考えれば、この図面が板宿小学校の設計図であったと判断できる。

板宿小学校の建設経緯(96)をみると、昭和二年（一九二七）七月二九日に学校新築の件が市議会で議決され、菊池小学校という校名が決まり、昭和四年八月二日に兵庫県知事より建築が許可される。前記の図面には「昭和四年六

写真 2-2-69　板宿小学校 外観

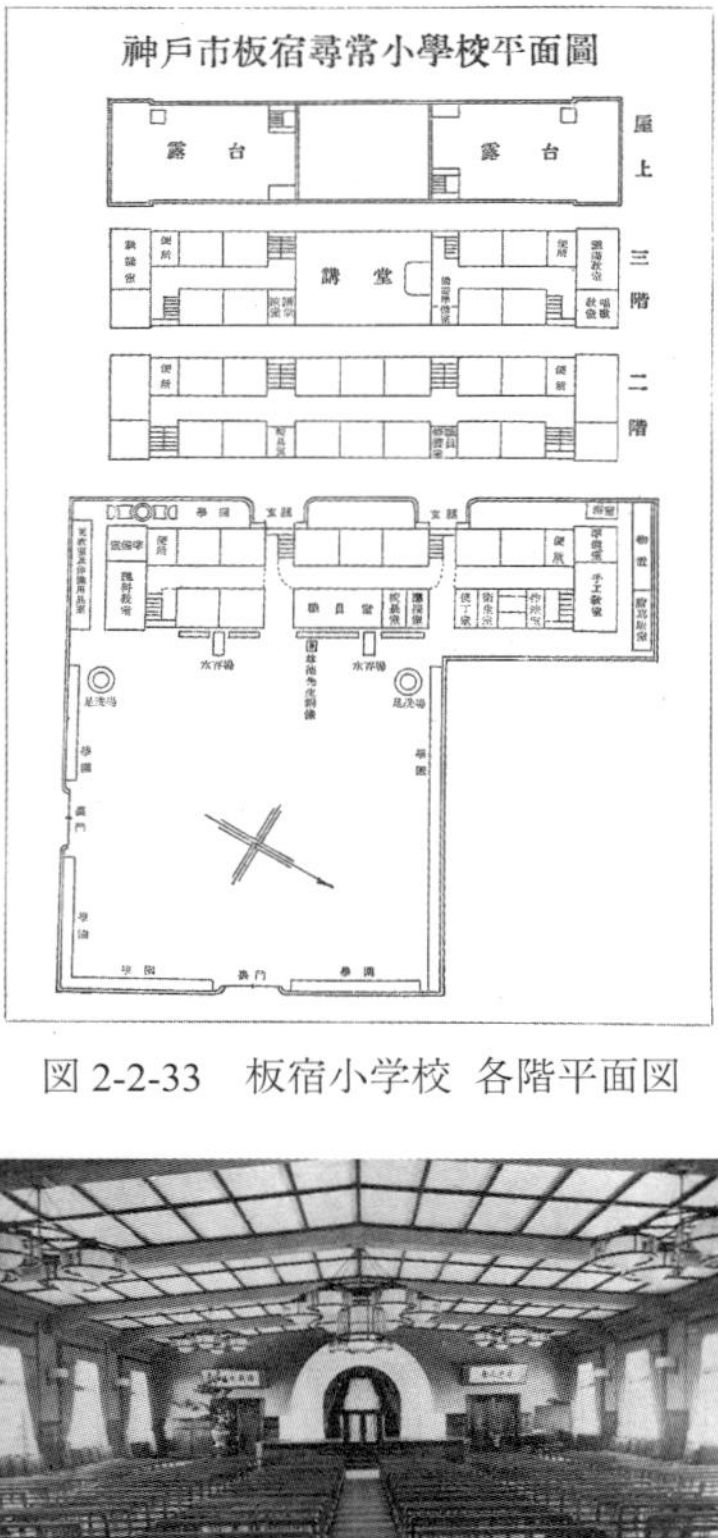

図 2-2-33　板宿小学校 各階平面図

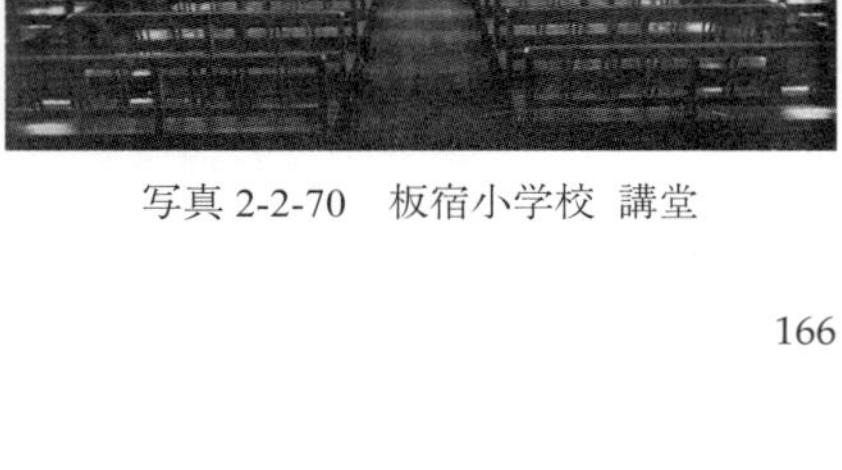

写真 2-2-70　板宿小学校 講堂

月」とあることから、この時期に図面が作成され、建築届けが出されたものと考えられる。同年九月二日に請負契約は成立し、清水組[97]と請負契約が結ばれる。同月一〇日に起工し、翌昭和五年（一九三〇）七月二五日に竣工する。この間に校名が板宿小学校に改称される。八月二八日に兵庫県知事より使用許可が出され、九月二日に開校を迎えた。

建築内容

校地面積からみれば二、〇七九坪と神戸市の方針にそったものであったことがわかる。建坪は四八三坪、延坪一、四四六坪で、普通教室は三六室、特別教室は五室と、二葉小学校とほぼ同規模となる。建築費は二三七、六四七円、設備費は二二、二一三円であった。

プランニングは二葉小学校と共通したが、外観は意匠的に小屋組換気孔を矩形として強調してみせるにとどまる。わずか一年ほどの時間差で大きく外観の印象は異なることになる。

2　成徳小学校

(1) 成立

新設校として昭和七年（一九三二）四月に開校された成徳小学校は同年六月に鉄筋コンクリート造三階建校舎を完成させる。新設の経緯は児童数の急増にくわえて、同じ旧六甲村の六甲小学校の立地が旧六甲村の西北部に偏りすぎているという地域からの要望が強く、その結果東南部の現所在地に設置が決まる。その頃の旧六甲村の様子[98]は次のようなものであった。

写真 2-2-71　成徳小学校 正面（竣工時）

神戸市東灘の勢の赴くままに昭和四年四月当地方が市部に編入せられたのであったが、その前後より今の灘区、就中当地方の東南部徳井及び八幡中央方面の発展殊に著しく、着々として進む道路の整備、公設市場の設置、市バス網の拡大、上水道ガス施設等市の矢つぎ早の積極経営に生活の利便は一層加はり、且つ其の地勢概して高燥開豁にして空気清浄、山海の恵又豊かなるため旧市内その他よりの轉住者陸績として日に多きを加ふる有様であった。

校地の南には大正一五年（一九二六）に神戸と大阪を結ぶ阪神国道が完成しており、この時期インフラが整備され、急激に都市化が進展しつつあった。校舎完成を記念して刊行された『成徳校史[99]』によれば、昭和四年（一九二九）四月に六甲村が神戸市に引継がれた際に、神戸市助役の渡邊静沖[100]に六甲村最後の村長清水五郎は小学校新設の必要性を伝えており、おそらくは合併のバーター条件のひとつになっていたものと推察される。合併後は六甲村の中心をなす八幡と徳井の両集落が協議会をつくり、新設促進の運動を起し、建設費ならびに敷地の土地代金として、六万円が神戸市側に寄附されることになる。

このような地域の熱意が実を結び、昭和五年（一九三〇）一一月二六日の市会で新設が決定される。予算は二四九、〇八五円であった。昭和六年（一九三一）七月一八日起工し、翌昭和七年（一九三二）六月七日に竣工する。設計は昭和六年六月[101]に完成していた。図面の表題欄に記された当初の校名は「八幡」であった。設計は営繕課技手の森義弘[102]が担い、その上には技師の井上伉一[103]がいた。この図面には井上の印鑑が技師名の箇所に押される他は無欄となる。

（2）「設計梗概」と仕様書

「八幡方面新設小学校　新築并付帯工事（図面二十五枚）建築事務所用[104]」と表紙に墨書きされた書類がある。建設にあたって作成された仕様書である。神戸市役所営繕課のゴム印が押され、計七九枚からなり糸で綴じられる。最初に通則と設計梗概が記され、工事種別の仕様書がきて、項目ごとの数量が記入される。

設計梗概からは校舎の建築内容が読み取れる。面積からみると、校地総面積七、〇三五㎡、建坪九六四㎡、延坪二、九六七㎡、一階・二階・三階ともに九六四坪となる。高さについて、校舎では地盤よりパラペット上端までは一二・三m、講堂部は一五・二m、一階の床上端までは〇・五m、二階は四・一m、三階は七・七m、塔屋軒上端は一四・〇mとある。

設計梗概については仕様を示す貴重な史料と考えられ、以下に原文を記す。

本館構造仕様

鉄筋混凝土造三階建講堂部ハ鉄骨小屋組トス

屋根　校舎屋上運動場及「ペントハウス」ハ鉄筋混凝土版ノ上ニ防水層ヲ張リ押ヘ「シンダー」混凝土打チノ上　防水「モルタル」塗仕上ゲ屋上遊歩場ハ「クリンカータイル」張リ仕上ゲトス
　　講堂部屋根　鉄筋混凝土版上ニ防水層張リトス
壁　主体、鉄筋混凝土間仕切ハ　講堂部妻通リ階段室及全対象部　両側壁ハ厚二十五糎(105)（cm）其他厚十五糎（cm）鉄筋混凝土造其他一部木造
仕上　外部火山灰入リ防水「セメントモルタル」仕上一部人造洗出シ腰廻ハ人造石洗出シ仕上ゲ　一部万成石貼付ケ内部プラスター塗　一部ブロケード塗　腰板張リ長押付キ木部「オイルステン」塗「ワニス」及「ペンキ」塗リ　一部人造石研出シ及「タイル」張リトス
天井　講堂格天井「ボード」張リ一般プラスター塗一部竿縁天井トス
床　一階混凝土叩キ、二、三階鉄筋混凝土版各階共床板張リ亜麻仁油塗リ一部「フローリングブロック」張リ、人造研出シ「モルタル」塗リ及び「セメントタイル」張リトス
窓出入口　窓木製外部窓三枚引違及び引違、一部スチールサッシュ嵌殺シ一部辷リ出シ及び廻転、内部引違全下部ニハ換気装置取設ケ　出入口木製外部四枚折畳トシ　屋上ハ引分ケ　内部引違引分ヲ片引キ片開キ及両開キ　奉安所ニハ防火「シャッター」ヲ取設ケモノトス

ここからは梁間方向の壁厚が一様に二五cm厚で、耐震壁になっていたことがわかる。また外壁面は火山灰入モルタルがこの時期まだ使用されていた。おそらくは仕上げの着色材としての役割もあったようだ。

上記の「図面二十五枚」とは設計の際に作成された図面の枚数であり、「建築事務所用」とは営繕の現場事務所に置いておく書類であったことを示す。なお成徳小学校の正式な名称は工事中まで、「神戸市六甲村八幡方面新設市立尋常小学校」であった。

（3）規格化された設計

建設のために二五葉の設計図が作成され、そのうち№3の「平面図」[106]の内容が判明している。それは一階・二階・三階・屋上の四枚の図面からなり、一階だけは百分の一、それ以外は二百分の一の縮尺で描かれたものであった。ここからは次のことが確認される。校舎全体の大きさは桁行方向が五七・八四m、梁間方向は一六・六〇mとなる。柱スパンは桁行方向が四・〇七mを基調として、階段室のみが四・五〇mとなる。梁間方向の柱の間隔は六・八〇m、三・〇〇m、六・八〇mとなる。教室の大きさは桁行が八・一四mで、梁間が六・八mで、面積は五五・三五㎡となる。

各階の平面図からは、中廊下式の教室配置となり、三階中央部に講堂が設置されていたことがわかる。すなわち、二葉小学校設計（昭和三年時）の際に規格化されたプランニングが立案され、その企画に基づいて設計されていた。それは講堂の左右にそれぞれ教室分の長さをくわえたものであり、ここでは二教室分が用意されたものであった。桁行方向の柱スパンの数に

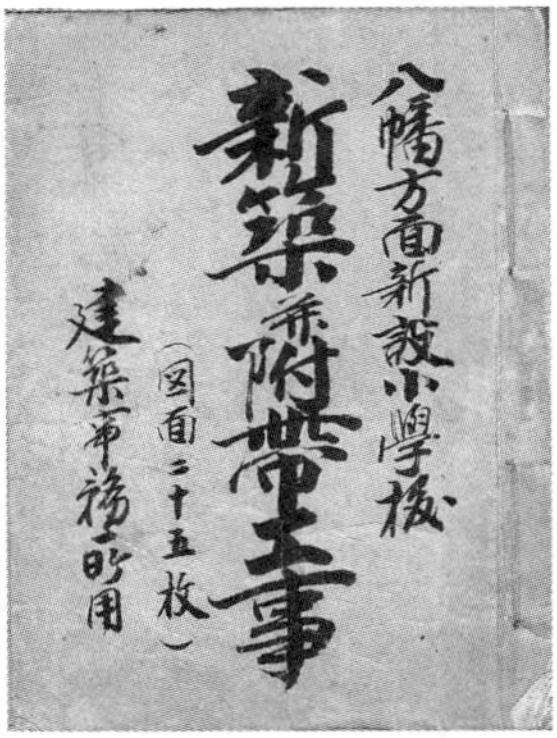
八幡方面新設小學校
新築并附帯工事
（図面二十五枚）
建築事務所用

図 2-2-34　成徳小学校 新築并付帯工事・表紙

図 2-2-36　成徳小学校 設計梗概－2

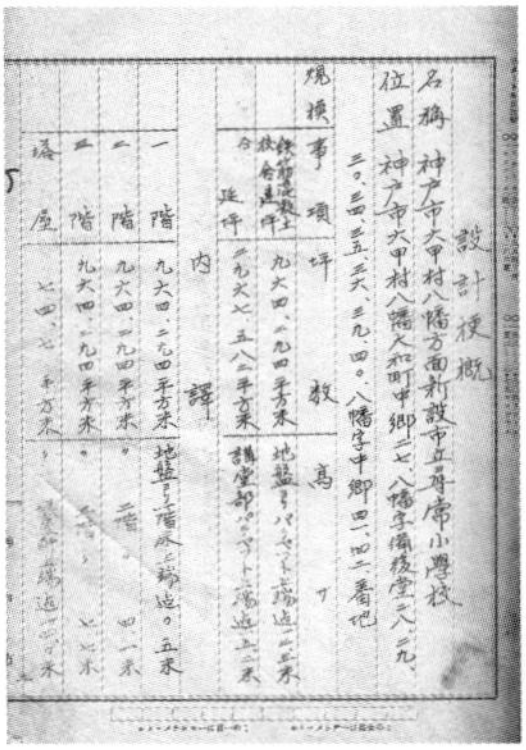
設計梗概

図 2-2-35　成徳小学校 設計梗概－1

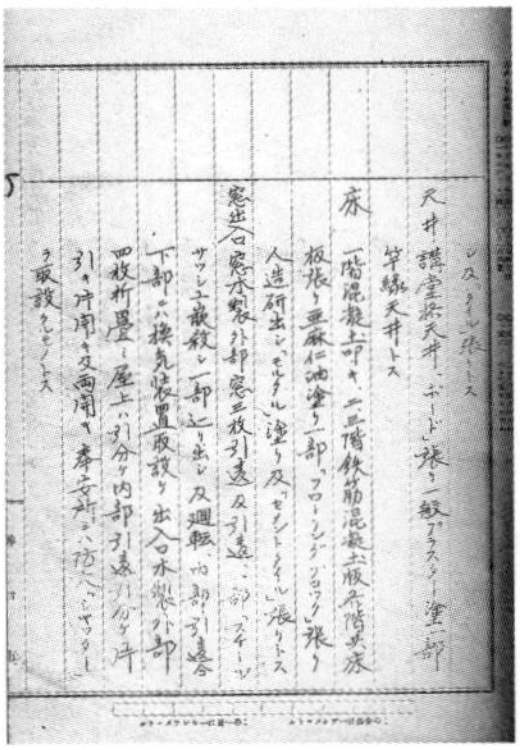

図 2-2-37　成徳小学校 設計梗概－3

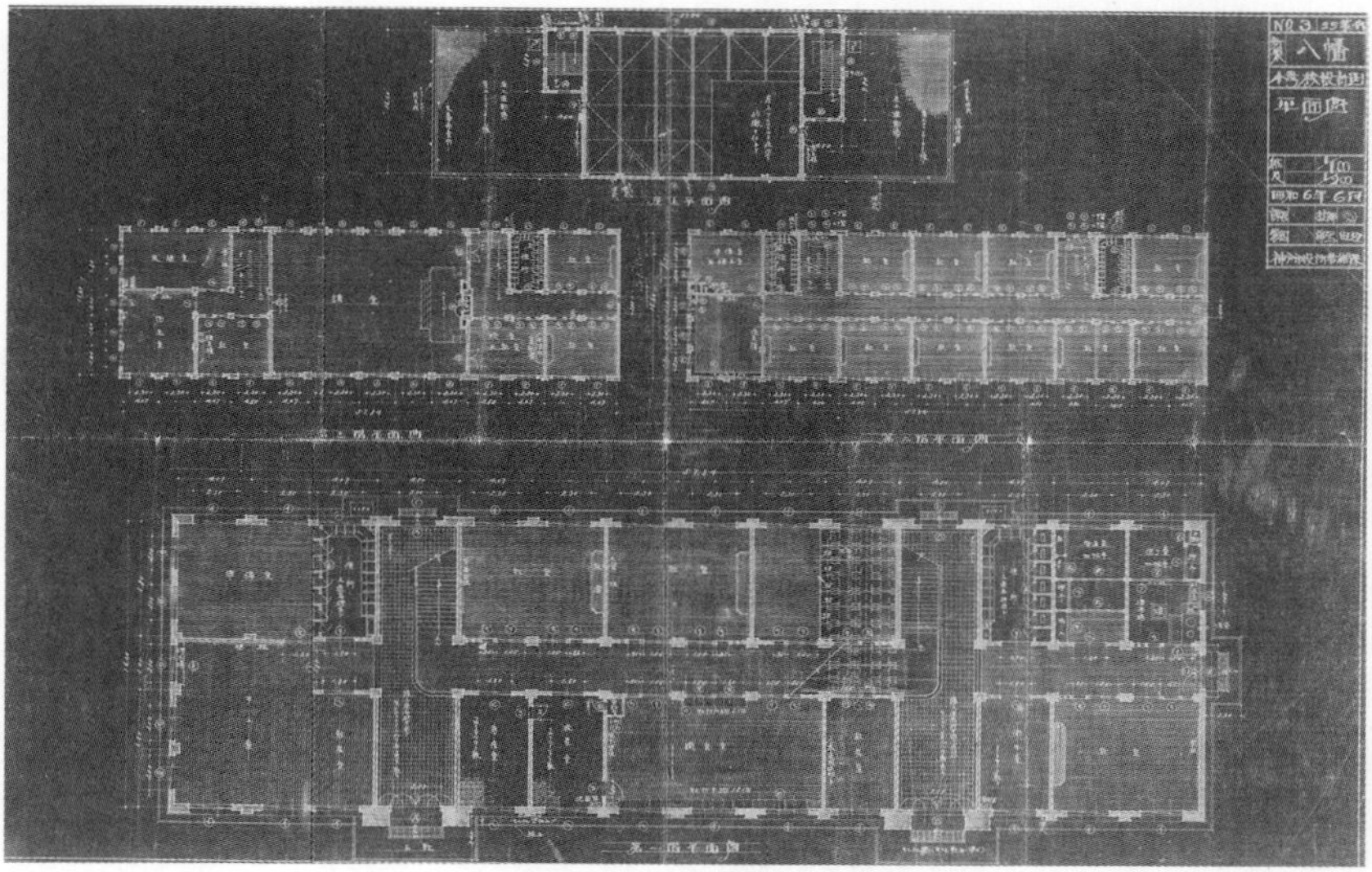

図 2-2-38　八幡校（成徳）平面図

写真 2-2-72　成徳小学校 正面（筆者撮影）

写真 2-2-73　成徳小学校 校庭側（筆者撮影）

よって、各室を使い分けていたことがわかる。一・二・三のスパンに分かれ、教室は二スパン、特別教室や職員室は三スパン、一スパンは便所や校長室、応接室、教具室、使丁室、宿直室、衛生室が該当する。最大のスパンを示すものは講堂で六スパンからなった。

　具体的な室配置をみると、一階では職員室などの管理スペースと普通教室四室、手工室が、二階では普通教室が一〇室と理科室が、三階では普通教室が四室と裁縫室・図画室、からなる。階段と便所は各階にそれぞれ二箇所あり、左右対称に配置されていた。

（4）外観スタイル

講堂を中央最上階に設置するタイプで、講堂部を中心にした左右対称の外観をみせる。前節で模式の平面図（図2-1-1）を示したモデルの校舎である。

外観は柱型が外壁に表出するスタイルを基調とするが、柱型はパラペット部分には到達せず、最上階の開口上部の庇下で止められる。したがって庇上と庇下での外壁の取り扱いに違いが生じ、上部は平滑な壁面となる。大きく張り出した庇は水平線を強調するが、講堂部分と両側の教室部分の開口部高さの違いを反映して、段状となる。講堂部分の存在をより強調するのは両側の階段室である。この部分は他の壁面と異なり、外壁面に柱型が表出せず、平滑な壁面となる。そのため箱状の立体として講堂部分を支えるかのような構成を示す。階段室の独立性を表わすように、最上階の開口上部には二連の半円アーチが付く。ロマネスク的な残滓といえる。一方で講堂上部には小屋組換気孔廻りにモールディング状の庇と窓台が付く。こちらはモダンデザインの影響によるもので、その長さは二つの換気孔よりも外側に張り出し、建物全体を引き締めていた。

3　脇浜校・小野柄校・筒井（春日野）校

（1）新しいスタイルの試み

昭和五年（一九三〇）一月に発表された「神戸市学校建築の方針」は規格を示したものであったが、このことは校舎プランの定型化を意味した。以降三一校の鉄筋コンクリート造校舎が昭和一四年（一九三九）ま

写真 2-2-74　成徳小学校 講堂（筆者撮影）

写真 2-2-75　成徳小学校 階段（筆者撮影）

での間に建設されるなかで、七校を除いたこの二四校がこの定型化に基づいて設計された。定型化とは一階二階を中廊下式教室配置、三階を講堂とするタイプである。

詳しくみれば、前年の昭和四年（一九二九）に遡る二葉小学校を嚆矢として、昭和八年（一九三三）に福住小学校が現われるまでに建設された一四校は一様に柱型を外壁面に表出するなど、外観の上でも共通する要素を有した。そのなかでプランにおいては定型化に則るものの、新しいスタイルの創出を試みた校舎が三校あった。脇浜小学校・小野柄小学校・筒井小学校である。

神戸市の小学校をモダンデザインの系譜からみると、水平線を強調する昭和八年竣工の川中小学校が出発点と考えられるが、その直前に完成していたこの三校を無視することはできない。なぜなら、新しいスタイルの試行のなかで、モダンデザインの兆しが現われ出ていたからだ。出隅部を曲面とした昭和五年の脇浜小学校、窓を三層分連続させ階段室をガラスの立体とした昭和六年（一九三一）の小野柄小学校、きわめて短いスパンに入れられた柱により縦線を強調させる昭和七年（一九三二）の筒井小学校の三校が挙げられる。

脇浜小学校と筒井小学校は戦後昭和二三年（一九四八）には宮本小学校をくわえて統廃合され、筒井小学校の校舎を使用して春日野小学校が新設される。宮本小学校はその後昭和二八年（一九五三）に分離独立する。春日野小学校は現在も筒井小学校の時代に建設された校舎を使用しており、二〇一八年一一月一日の時点で、神戸市の小学校ではただひとつの、戦前期に完成した鉄筋コンクリート造の校舎を使用している。だが残念ながら二〇一九年度に取毀されることが決定している。

（2）脇浜小学校

脇浜小学校は明治三九年（一九〇六）に新設された小学校で、鉄筋コンクリート造校舎の新築を期に移転する。建設経緯をみると、昭和二年（一九二七）七月二九日の市会で移転改築議案が可決され、昭和四年（一九二九）一〇月に起工し、昭和五年（一九三〇）九月に竣工した。設計は神戸市営繕課技手の鳥井捨蔵[107]であり、施工は畑工務店であった。現場監理は営繕課技手の大寺辰治・古川茂、技手補の住友謙二・笠井潔・狩野勝助があたった。

工費をみると、校地費として二三二、七二九円、建築費とし二三二、六三三円、設備費が四一、〇一一円などで、計五〇六、三七四円であった。神戸市の中心部に近い土地ということで、戦前までは珍しく土地取得費が建設費とほぼ同額を示した。校地面積は二、〇一八坪、建坪は四九一坪、延坪は一、五五三坪となる。

ここでのブロックプランは西南側を校庭として空けたL字型をなす。東側に中廊下式教室配置の棟を、北側に片廊下式教室配置の棟を配置し、両棟の交差部の出隅を玄関とする。玄関部をアールの形態にするのは神戸市の小学校では最初で最後のことであった。壁面をアールにするのは、川池校や西郷校でみられたが、そこは階段室にあて

写真 2-2-76　脇浜小学校 外観

写真 2-2-77　脇浜小学校 校庭側

写真 2-2-78　脇浜小学校 講堂

られ玄関ではなかった。時代も昭和一〇年（一九三五）以降のことで、そのような意味で脇浜小学校校舎は神戸市の小学校の外観意匠に新機軸をもたらすものであった。だがその後にこのようなスタイルは現われなかったことから、営繕課の中での評価は高いものではなかったようだ。

このような形態は東京市の復興小学校で七校[108]が確認される。その最初は昭和二年に完成する明正小学校であり、最後は昭和四年の千代田小学校であった。つまり僅か二年間のなかで立ち現れた建築形であった。おそらくは東京市小学校のファサードを曲面とする校舎の影響をみることができる。設計者の鳥井捨蔵は東大建築学科を昭和三年（一九二八）に卒業しており、つまりそれまでは東京に在住していたことから建築学生としては復興小学校

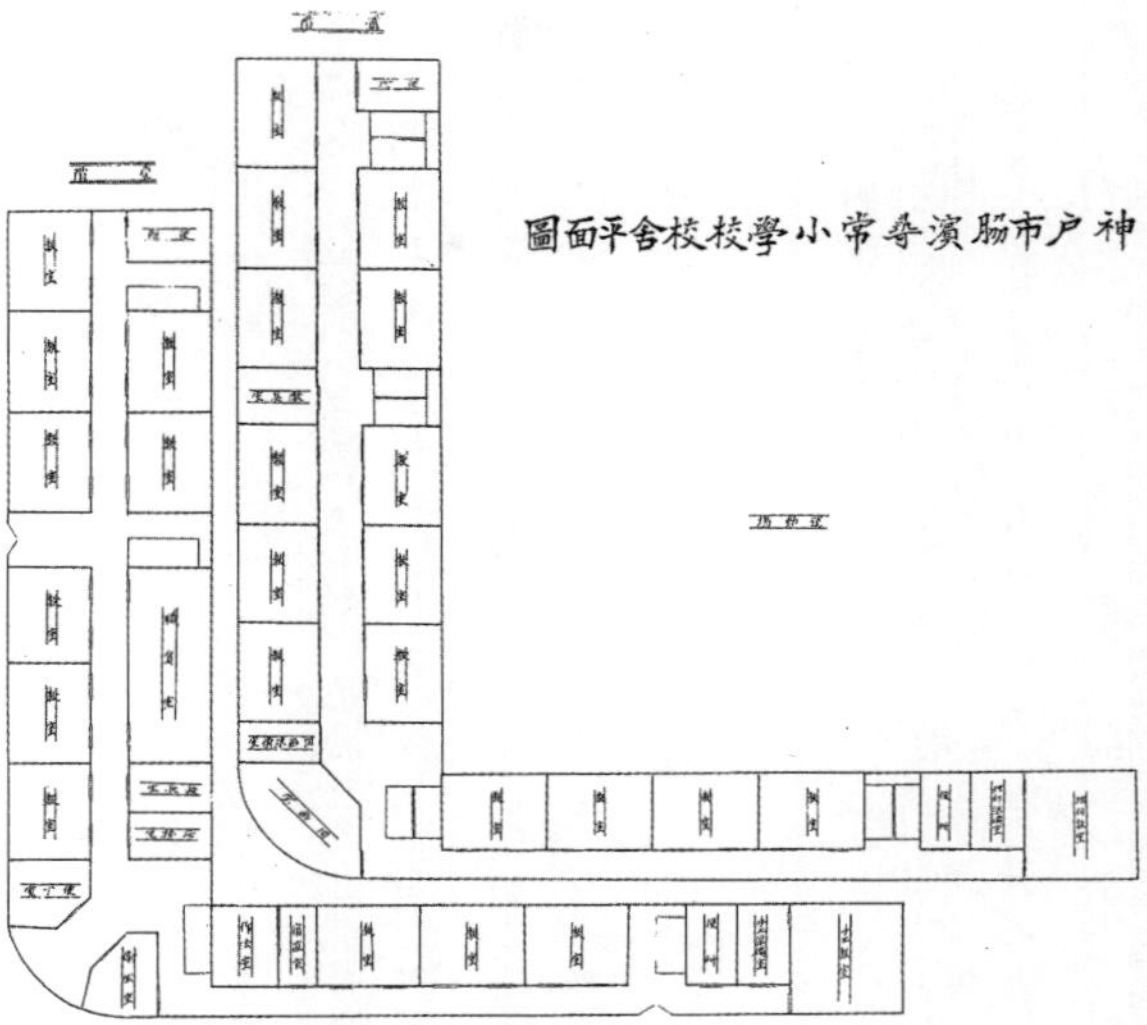

図 2-2-39　脇浜小学校 一階二階平面図

図 2-2-40　脇浜小学校 三階屋上階平面図

を目にする機会はあったものと考えられる。鳥井捨蔵は昭和三年神戸市営繕課に技手として入り、この建物を設計していた。起工時から逆算すれば、設計は昭和四年八月頃までには終了していたものと思われる。鳥井捨蔵は昭和五年一月一日の時点[109]で営繕課にはいない。設計が終わった直後に退職し、兵庫県庁に移っていた。『移轉改築落成記念』[110]の工事関係者一覧には名前がなかった理由である。

脇浜小学校と東京市の小学校校舎の一番の違いは講堂の置かれた位置にあり、東京では一階部分にあり平屋建となるのに対して、ここでは神戸市の小学校校舎の定石に従い、最上階に設置されていた。プランニングで特筆すべきは、アールになった玄関部の二階は図画教室、三階は唱歌教室になっていた。壁面が曲面になっても支障の少ない科目が選ばれていたようだ。特別教室は他に三階に裁縫教室、二階に理科教室、一階に手工教室の計五教室からなった。

外観上の顕著な特徴はアール部分のパラペットが高く立上がっている点にある。正面向って右側は屋上運動場となり、左は講堂の立上がりとなる。おそらくは講堂の建ち上がりとバランスをとることもあって、帯状のパラペットとなったのだろうが、新興の臨海工業地帯の小学校にふさわしい躍動感溢れるファサードが出現していた。

講堂部分の外観をみると、最上階上部に放物線を象った高窓が穿たれ、六連連続する。そこには上部にいくに連れて外側に張り出す庇が付き、立体感を演出する。表現派の特徴のひとつのデザインである。講堂内部は扁平アーチの断面を有する空間となる。前述の『移轉改築落成記念』には「講堂は［ドーム］型格天井」とある。正面の舞台廻りは大きな半円アーチからなるデザインで、同年に竣工の板宿小学校講堂の意匠と共通する。

(3) 小野柄小学校

小野柄小学校は明治三四年（一九〇一）に新設され、明治四〇年（一九〇七）と大正四年（一九一五）に増改築[111]があり、昭和六年（一九三一）に鉄筋コンクリート造三階建で本館棟が新築される。設計は森卯之助[112]が担当であった。

写真 2-2-78　小野柄小学校 外観

写真 2-2-80　小野柄小学校 西面
（筆者撮影）

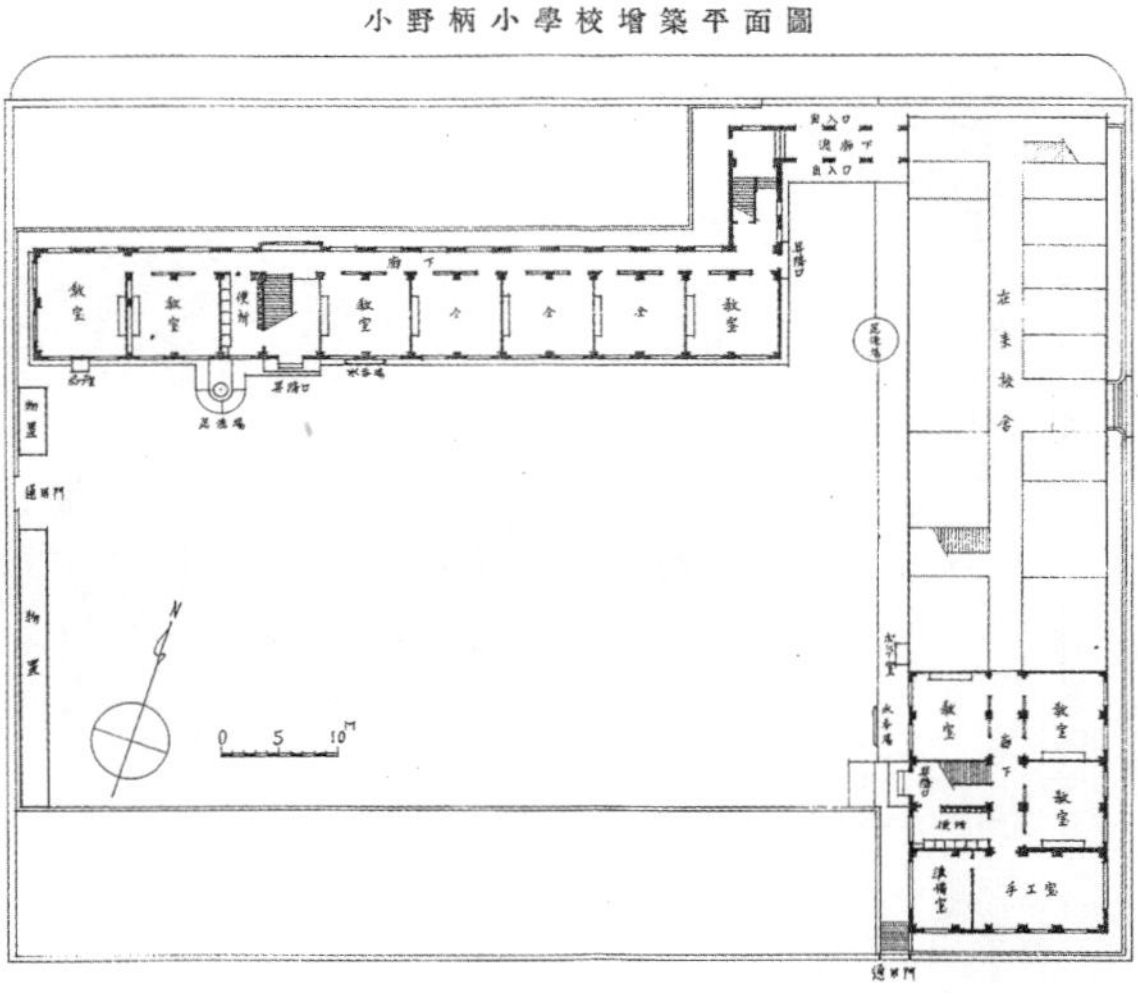

図 2-2-41　小野柄小学校 増築平面図

森卯之助は神戸生まれで、名古屋高等工業学校建築科を大正一三年（一九二四）に卒業し、陸軍東京経理部工務課などの勤務を経て、昭和四年（一九二九）四月より神戸市営繕課技手となる。営繕課で同僚だった中川初子は[113]「モダンな人だった」と筆者に証言している。森卯之助の経歴[114]で興味深いことは、陸軍を辞めた後、慶応大学文学部に一年間在学し美学を学んでいたことだ。大正一五年から昭和四年までの三年間、東京の下落合で「造形芸術研究ニ従事ス」とあることから、建築の造形芸術的な側面に関心があったことがわかる。

完成した校舎をみると、ブロックプランはL字型となり、脇浜小学校と同様の配置を示した。ただ昭和六年の建設は東側の講堂のある本館棟だけであり、北棟と東棟の南側の部分は昭和一二年（一九三七）の増築で建設された。昭和六年時の校舎は脇浜小学校とは異なり出隅部に玄関は設けずに、建物の中央部に道に直面して玄関が設けられていた。

出隅部は北面と東面ともに一階から三階まで縦に連続した開口部となり、嵌め殺しと滑り出しのガラス窓で覆われたモダンなデザインをみせる。この校舎の柱スパンは四・〇七mあり、その中の窓の幅は二・三mとなる。ガラスの嵌まる一階腰壁上端から三階開口上端までの高さはおよそ九・四mある。この縦と横の比率からは出隅にひとつの柱を挟むが、ガラスの立体と見立てられた可能性もある。連続するガラス窓は神戸市の小学校ではじめての試みであった。

講堂のある最上階の高窓廻りの外観意匠は放物線を象った形になり、前年に完成していた脇浜小学校とほぼ同一のものであった。なぜ酷似する意匠になったのかは定かではないが、脇浜小学校の講堂の外部窓廻りのデザインのみ、森卯之助が担っていた可能性も否定できない。

写真 2-2-82　小野柄小学校 北棟（増築）

写真 2-2-81　小野柄小学校 東面（筆者撮影）

（4）筒井小学校

筒井小学校は大正五年（一九一六）に新設された小学校で、昭和七年（一九三二）八月に鉄筋コンクリート造三階建て校舎が完成するまでは、北側と東側に木造二階建ての校舎が建っていた。この校舎は竣工時に建築土木系雑誌『土木建築之日本』(115)に、「近代小学校建築の先端を行く」(116)校舎と評された。設計者は特定されていないが、現場監理は神戸市営繕課技手の園延善が担った。園延善の経歴は不詳だが大正一四年（一九二五）の神戸市職員録に技手補としてはじめて名前があがる。昭和三年（一九二八）には技手となり、昭和一九年（一九四四）まで在籍が確認される。施工は大阪の鴻池組が請負っている。

史料的な制約があって建設費や当時の平面についてはわからないが、現状からは中廊下式に配置された普通教室六教室分の広さの講堂を最上階に設けたプランを採っていたことがわかる。講堂の大きさは桁行が二四・六m、梁間が一六・七六m、となる。中廊下の幅は二・七六m、教室の梁間方向の長さは七・〇m、桁行方向は八・二mとなる。

校舎は一棟で南北軸となる。その校舎の西北部に鉤の手状に特別教室棟が付く。建設当初より一体化で建設されていた。その理由は敷地上の制約があり、講堂の北にも南にも教室をおさめる翼部を伸ばせないことから、西北側真横に接合されたのだろう。ちょうど敷地がその部分のみ西側に突出した形となっており、そのことが生かされることになる。定型化の変形バージョンの誕生であった。一方講堂の南側は道路に直面しており、教室を配置する充分な長さはなく、中廊下の先端が玄関となる。このような玄関配置は定型化された二四校中、筒井小学校一校だけ

写真 2-2-83　筒井小学校 竣工直前

写真 2-2-84　筒井小学校 玄関見上げ（筆者撮影）

写真 2-2-85　筒井小学校 正門（竣工時）

であった。

このようなプラン上の制約はファサードのありように大きく影響を与えたものと考えられる。校庭に桁行面を大きくみせる東側では一四本の柱が二・〇五mピッチで連なる。[117]これまでの神戸市の小学校では九尺（二・七m）ピッチを採った湊山と湊川の両校以外はすべて四・〇～四・二mピッチを採っており、そのような意味ではきわめて珍しい柱割となる。なぜこのような試行がなされたのだろうか。考えられることは、桁行方向全体が短くなってしまったことで、これまでの四・一mピッチで柱を表わすと、意匠面で冗長感が拭えない。そのことを避けるために、このようなファサード構成となったものとみることもできる。最上階柱頭部には水平に大きく張り出した軒庇が廻り、外観全体を引き締める。

南側妻面の外壁面もまた、桁行面とならびファサードを構成する。つまりこの校舎は東面と南面の二面が見せ場となっていた。南面には柱型は表出せず、平滑な壁面となる。そこでの特徴は内部の室配置が外壁面に反映されていることである。中廊下ゆえに中央部が玄関開口部、二階・三階ともに階高一杯に取られた窓となり、この部分が両側のふたつの教室を繋ぐ空間であることが示される。その理由は両側の教室に囲まれて暗くなりがちな中廊下ということを考えて、有効な採光を得る必要があったことによるものだろう。その窓の割り付けは垂直性を強調するかのような細長い縦窓の三連となり、二階では開口の真上に庇が大きく突き出す。すなわちこの中央部分を挟んで、東西両面の空間が別棟であるかのような立面構成となる。

この南面の東側は階段室であって、階段室の高低に合わせて階段状に開口窓が二段にわたって穿たれ、最上階部では正方形を重ね合わせたアラベスク風の八角星形の窓がつく。[118]これはスパニッシュ意匠の影響だろう。このアラベスク窓は桁行面の壁にも開けられており、外観を飾るポイントとなる。

玄関廻りに目を転じれば、南面は腰壁が全面にわたって龍山石となる。玄関の庇は龍山石を削った幾何学的造形の持ち送りで支えられる。階段親柱も幾何学的に意匠が施され、玄関ホールから中廊下へ通ずる開口上部の欄間窓にも同様の装飾が嵌まる。全体にアールデコ的な影響がみられる。そのことは竣工時に建築土木系雑誌『土木建築

写真 2-2-88　筒井小学校
階段親柱
（筆者撮影）

写真 2-2-87　筒井小学校
階段室塔屋
（筆者撮影）

写真 2-2-86　筒井小学校
庇下持ち送り
（筆者撮影）

之日本[119]』に次のように表される。「装飾美術の点からいって神戸一と称せられている。昨今小学校建築は改良に改良を重ねられて行きつつあるが、これこそ真に尖端を行く理想的小学校建築」とある。竣工当初の写真からは玄関廻りのアプローチもデザインされていたことがわかる。

講堂は現在、小屋組の鉄骨が剥き出しになっているが、建設当初は天井が張られており、アールデコ調の照明器具がぶら下がっていた。唯一当初の面影を留めるものが、舞台上部の階段状の幕板であり、これは鉄筋コンクリートの梁のハンチを利用したものゆえに改変されることがなかった。

写真 2-2-89　筒井小学校 講堂内部
（筆者撮影）

写真 2-2-90　筒井小学校 講堂（竣工時）

四　モダンデザインの時代

1　川中小学校と福住小学校
――モダンデザインへの動きと「小学校建築設計雑考」

(1) モダンデザインの校舎出現

神戸市の小学校校舎のモダンデザインへの動きは昭和八年（一九三三）に竣工するふたつの新設小学校からはじまる。灘区の福住小学校は八月に、兵庫区の川中小学校は九月に完成した。両者ともに柱型は外壁面から消去され、庇と窓台を水平に連続させるスタイルに変わる。プランニングでは講堂を平屋建の別棟として、雨天体操場と兼用とするなどこれまでの神戸市の小学校になかった形状を示した。

大正九年（一九二〇）の最初の鉄筋コンクリート造校舎出現以来、昭和七年（一九三二）までの一二年間に神戸

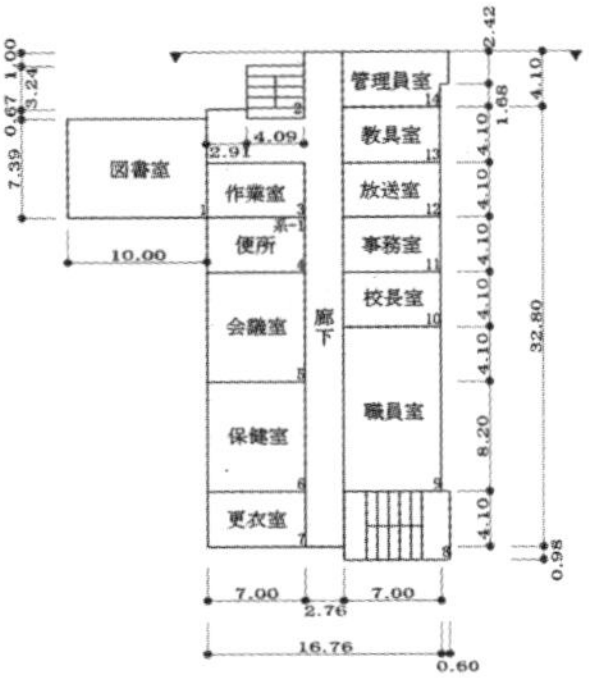

図 2-2-42　筒井小学校 1 階平面図

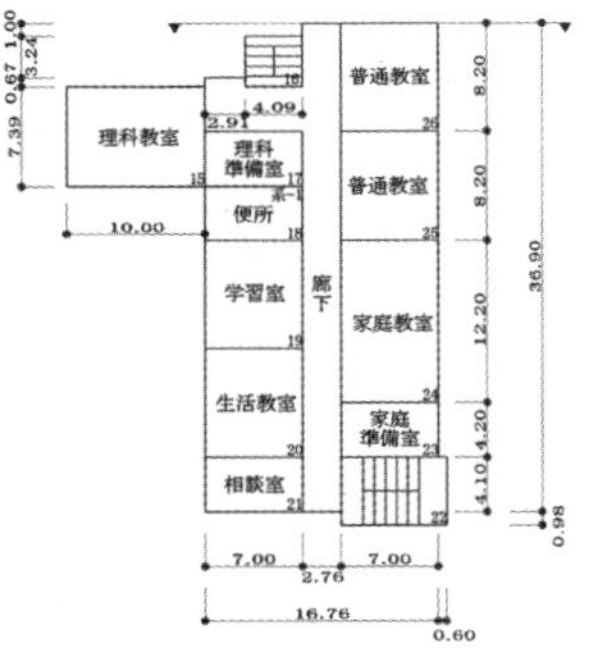

図 2-2-43　筒井小学校 2 階平面図

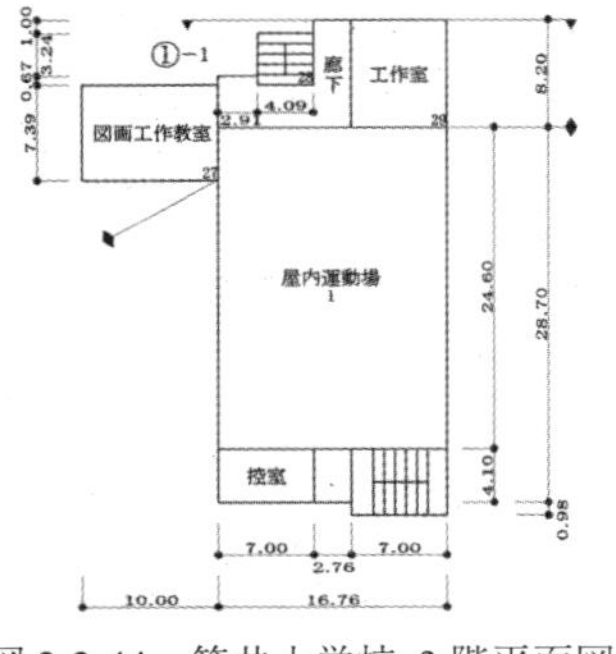

図 2-2-44　筒井小学校 3 階平面図

市に建設された四四校のすべては外壁面に柱型が表出するタイプを示した。またそれまでの神戸市小学校は講堂を校舎中央部の最上階に設け、威容を誇るファサード構成を九校（須佐・雲中・荒田・楠・神戸・諏訪山・橘・湊山・室内）を除いた三五校が用いたが、ここに来て大きく変わることになる。つまり、垂直性を強調する柱型と中央正面部を重視するファサード構成に対して、柱型は消え講堂は校舎から別棟に移動し、窓台と庇によって水平線を強調したシンプルなスタイルが誕生した。

なぜこのようなスタイルに変わったのか。神戸の小学校では柱型を外壁側に表出がこれまでの仕来たりになっていたが、そのことが改められ、室内側に設けられたことによる。この背景として次の二つのことが考えられる。

ひとつは神戸市営繕課のメンバーに変化があり、藤島哲三郎[120]や奥田譲[121]、中出丑三[122]といった帝国大学建築学科を卒業した建築技術者が昭和六年（一九三一）に神戸市中央卸売市場臨時建設部から配属替えとなり、営繕課幹部に就任していたことだ。藤島は課長に、奥田と中出は技師となり、昭和二年（一九二七）に営業課に入った井上伉一[123]も技師となる。昭和七年（一九三二）一一月一日の時点で課長を含め五人の技師の体制になっていた。そのなかで古株の技師として調枝明男[124]がいたが、主に木造校舎の担当者であった。すなわち、調枝以外の幹部はいずれもが三十歳前後という若い学卒者であり、鉄筋コンクリート造という高等技術を大学でいち早く学んでいた。そのために新しい試みの担い手となり得た。このことが大きく関連する。

もうひとつは昭和五年（一九三〇）頃より日本の建築界の動向として、先進的な建築にモダンデザインを採り入れることが流行するという時代的背景が指摘できよう。

写真 2-2-91　川中小学校 竣工直前

写真 2-2-92　福住小学校 竣工直前

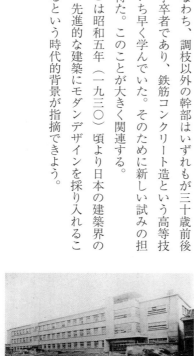

（2）営繕課長藤島哲三郎の改良案

新しく営繕課長に就任した藤島哲三郎は神戸で発行されていた建築土木系月刊誌『土木建築之日本』（昭和八年一一月号）に次のような論考「小学校建築設計雑考」を発表していた。

今回竣工した福住小学校と笠松小学校には従来の神戸市の小学校としては可成旧形式を離脱した新設計によったつもりである。新設計といっても独創でも何でもなく、少し小学校建築に携はったものであれば誰でも想到し得られ、設計し得られることで事新しくもないが、神戸市の小学校としては新しい形式に属するものであるから、以下旧来のものと変った点だけをピックアップしてその長短について述べて見たい。（傍点は川中小学校のこと）[125]

つまり、福住・川中の両小学校の設計の過程で得られた今後の新機軸であり、営繕課あげて設計に取り組んでいたことがわかる。その内容はプランニング面が二点、ファサードのスタイルが一点、建築材料が一点の、計四つであった。プランニングは「廊下」と「講堂」の二点からなり、以下に記す。

廊下

笠松の学校でも福住の学校でもその内部構造に於て従来の小学校建築と最も著しい相違のある点は各階の廊下取設けの具合が異っている。即ち従来は廊下を中央にして両側に各教室を設けたものである。然しながら新校は外側に設けた。この設計は建坪に余裕ある場合でなければならぬことを前提としなければならぬ。即ち前者の両側に教室を設ける場合には、廊下の幅員は後者の片側に設ける場合の三分の二位いで充分である。故に建坪からいっても延坪からいっても同じ数の教室を造る場合、廊下幅員の三分の一だけ少くて済むし、建築費の点からいっても経済的であるという特徴があるが、それにも増して次の様な欠点がある。両側に教室を設けるためにどちらか一方の側は採光の点からいって不充分な教室が出来ることは避けることが出来ない。それから授業中夏期などは当然廊下側の窓が明け放たれるが、それがため教師の声が廊下を距てて向ひの教室まで聞えて、児童の注意力がその方へ移るばかりでなく廊下を距てて話をする者さえ出る。その意味で後者の外側廊下は極めて理想的である。

講堂

然しながら、外側廊下にはまた欠陥がある。即ち従来の廊下を中心に両側を教室とすれば教室の階上に講堂を設け得る幅員を得られるが、外側廊下には廊下と一教室の幅しか得られないために講堂を若し教室の上階に設けるとなれば細長いものとなり全然講堂としては不向きである。故に講堂は棟を別にして建築しなければならぬ。用地が充分である場合はそれでもよいが、建築費の嵩上は免れ得ない。ところが講堂を利用する点から考えると棟を別にして平家建にすることは便利である。何故なれば小学校の講堂は小学校のためのもののみではなく、一般市民の為めに利用せられる場合が非常に多い。選挙の場合とか、徴兵検査の場合とか、その他公共的集会に大いに利用される。又大いに利用されて然るべきである。で斯くの如き場合を考慮に入れなければならない。平家建にして置くことは階上にある場合の如く、教室用の廊下や階段を通ることなく、而も下足等の心配もなくてよい又画間の学校外の講堂使用も可能であると数へあぐればその利点は随分ある。然し前述の如く敷地と費用の点が問題となるのである。

講堂を校舎から分離する形式は福住・川中の両校で採られたが、廊下については片廊下式は川中小学校のみで、福住小学校では従来の中廊下式となる。藤島哲三郎は上記において両小学校で片廊下式が実現されたとするが、この点は間違いである。そしてよりわかりやすく説明のために、教室と講堂の関係を断面図（図2-2-45）として表わし、東京や大阪と比較していた。

三点目のファサードのスタイルとは壁の取り扱いのことで、プランニングとも関連する。このことを藤島は図2-2-46で示していた。

壁の位置

次に教室の壁の位置であるが、従来壁は真々に設けたものである。今回は柱の外側線を外壁線と一致せしめた。即ち図の如くであるが、これによりて教室内に柱が眼立つが従来の柱真々に設けたものより広く使用することが出来る。その為めに外部に現れた柱は見えなくなった訳である。

四点目の建築材料とは木製建具から鋼製建具への変更のことで、時間軸の観点から有益性を示す。

窓

窓をスチールサッシュに変えたことである。これは従来の木製が最初の建築当初の費用が少くて済む代りには維持費用がサッシュを遥かに凌駕するからであるが、元々鉄筋コンクリート建築の主眼は耐震耐火を目的とするものであればサッシュを使用することはその理想からいって勿論のことであらうし、比較的高価なサッシュを使用して維持費を僅少ならしめることと、比較的安価な木造で維持費を多く費すこととは余り差のあることではない。

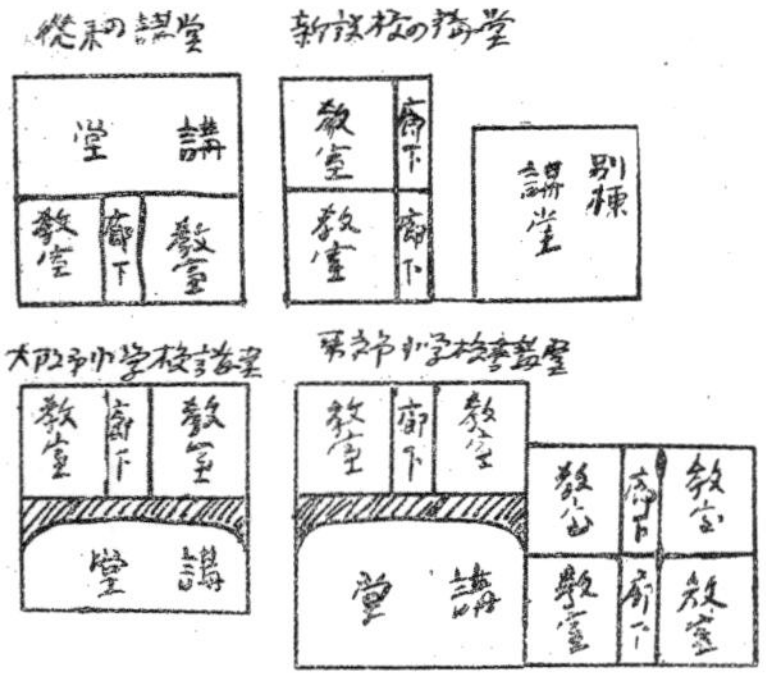

図 2-2-45 「従来と新設の講堂」『土木建築之日本』

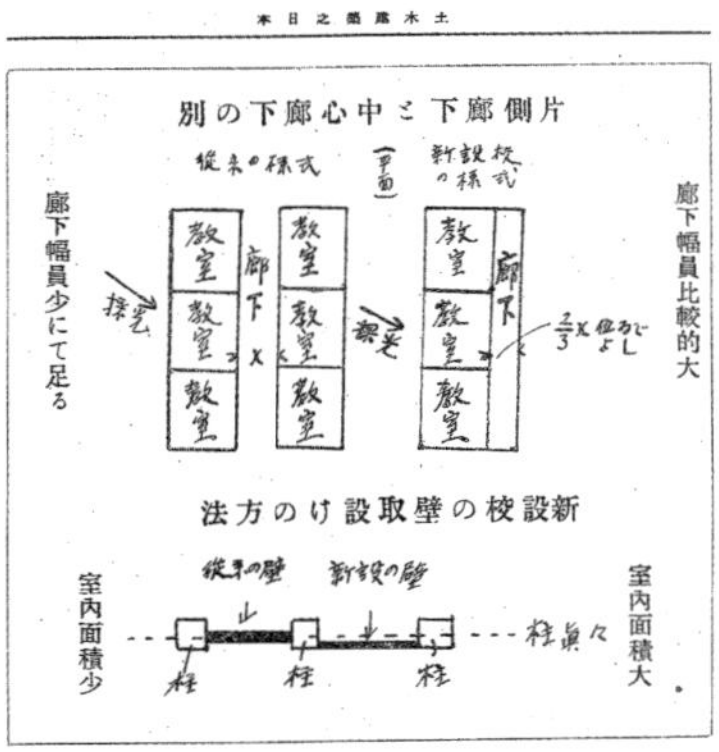

図 2-2-46 「廊下幅比較」『土木建築之日本』

最後にこのような新しい試みは新設校に多かった理由として、当時の建設事情を次のように藤島は記した。

わが神戸市の小学校も旧来の一定様式一点張りでなく、変った趣向を用いて建築したい意向を有しているが、変った趣向を用いるとなると学校の父兄会の人々や校長などは建築に対して全然素人の場合が多いので既設小学校を見て、何処其処の小学校の様にして貰いたいと希望する。幾ら設計図面を示して斯様にする事の有利なるを説いても、実在の建物を見ずには設計図で納得せしめることは実に至難なことである。自然既設校の改築には新様式を用いることが許されなく、比較的干渉の少ない新設校に新様式を用いる位いなもの。

須佐小学校以来、昭和一四年（一九三九）までに建設される神戸市の鉄筋コンクリート造小学校は六一校あったが、そのうち二四校はまったくの新設であり、よって建築的に大胆な試みが可能となった。新設校を以下に示す。須佐・野崎・吾妻・神楽・室内・若松高等・宮本・蓮池・鵯越・二葉・板宿・成徳・名倉・福住・川中・志里池・大黒・千歳・灘高等・吉田高専・須磨高専・若宮・高羽・池田である。大阪市や京都市では中心部の伝統のある小学校は鉄筋コンクリート造であったが、周辺部の小学校では戦後まで過半が木造のままであったことと、大きく異なる。神戸では新設校でもって、校舎のモデルづくりがおこなわれ、理想の追求がなされることになる。

藤島は以上みてきた「新設計」にあたって、この時期神戸市の小学校建築は往時の勢いはなく、新しく勃興した東京市の復興小学校と較べ、旧式のものと捉えていた。だからこそ、新たな新機軸が求められた。以下に藤島の認識を記す。

当時神戸市には鉄筋混凝土小学校建築として全国に魁け、雲中や室内の小学校が完成されていたので、震災後関東にも混凝土を以て学校を建築することとなり、設計その他について関東方面から神戸に視察にやって来たものであった。今日では神戸市の小学校建築は関東方面に比較して随分色々な点に遜色を見るといはれても、否定し得ないが、それは東京市など、初めは神戸市の小学校を視察に来ても八十幾校といふ小学校を一斉に建築し初めたので、経験は経験を生み現在では小学校建築では全国中最も優れている様である。

(3) 川中小学校

神戸における最初のモダンデザインの小学校をみていく。兵庫の外墓と呼ばれた墓地を撤去し、その跡地を敷地とした新設校であった。「比較的干渉の少ない[126]」新設校であったことで、次のような思い切ったことができたのだろう。

外観の第一の特徴は玄関廻りのガラス窓によるコーナー部の処理にあり、二階三階の出隅部の柱の外側をガラスで覆い、コーナー全体をガラス貼りとする。これは一九二六年に誕生したバウハウス・デッサウ校[127]のガラスのカーテンウォールによるファサードの影響と考えられる。その上階屋上はキャンティレバーで屋根を大きく張り出す。一階では水平に連続する庇がある。このように装飾的な要素や曲線などは消え、機能上必要な要素から玄関部は構成された。この玄関は北棟西端部にあり、

写真 2-2-95　川中小学校 講堂外観

写真 2-2-96　川中小学校 校庭側

片廊下の幅、すなわち七尺（二・一二m）の奥行きでもって、ガラスの立体が構成されていた。設計者奥田譲の下で実施設計を手伝った営繕課技手の中川初子[128]の証言によれば、奥田譲はこの部分の表現に全力を注いでいたという。階段室の廊下側の窓もコの字状に張出し、ガラス貼りとなる。竣工時に土木建築の専門雑誌[129]には「断然モダーンなその容姿」と形容されていた。

　第二の特徴は最初に指摘したように外壁から柱型が消え、教室側も廊下側も外壁面がモールディング状の庇と窓台によってデザインされていたことにある。庇と窓台は水切り程度の短い突き出し長さであったが、玄関横から四教室の桁行分ある階段室までの距離を水平に連続する。前節でも指摘したように、この壁面操作によって近代主義

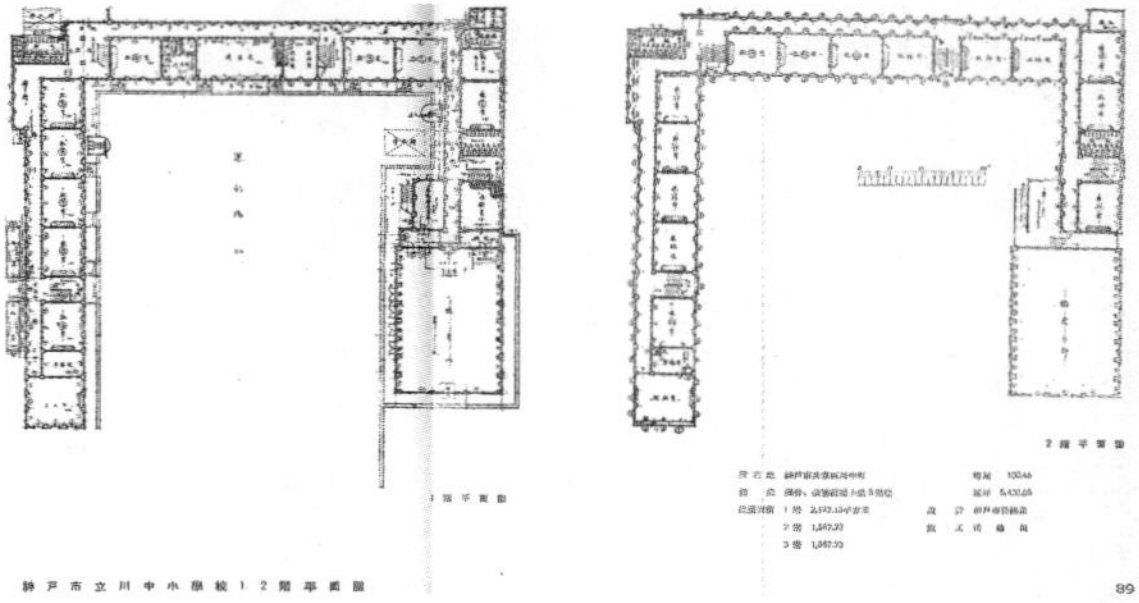

図 2-2-47　川中小学校 1 階（左）2 階（右）平面図

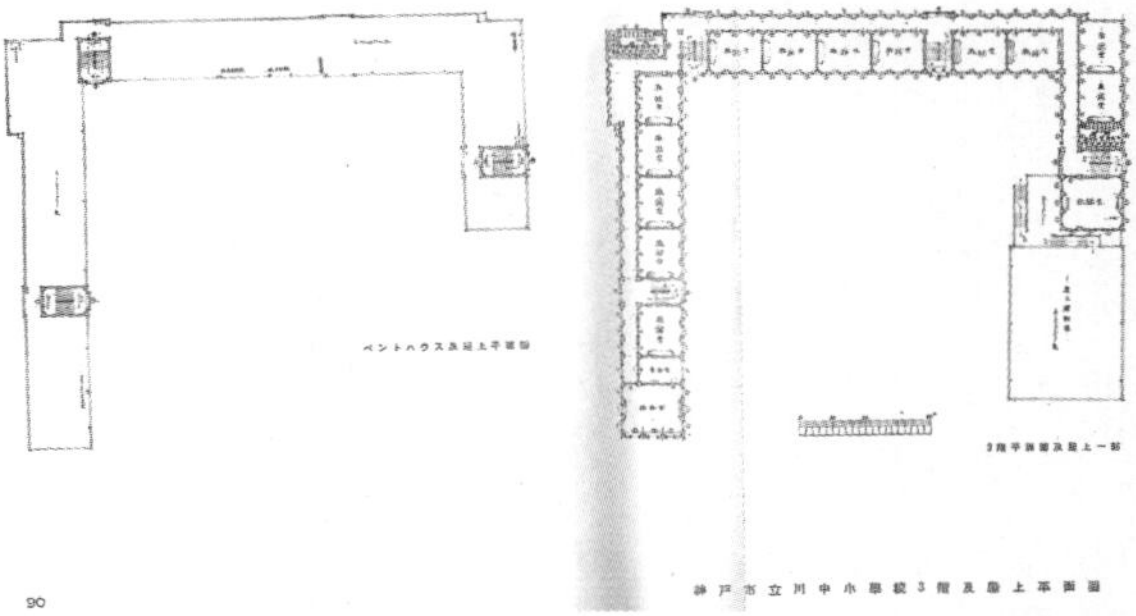

図 2-2-48　川中小学校 3 階（右）屋上階（左）平面図

図 2-2-49　川中小学校（神戸新聞　S 9. 11. 13）

建築の意匠に近づけると奥田譲は考えていたようだ。

第三の特徴は構造とも関連するが、桁行方向の柱のスパンの変更であり、九尺（二・七三m）ピッチで三スパンとなる。それまでは湊山校や湊川校を除くほとんどの小学校ではスパンは一三、五尺（四・〇九m）前後であったが、川中小学校では九尺となる。そのため一教室内には二本の柱が立ち、窓は三箇所となる。柱は袖壁が両側に付き壁柱状となる。その幅は約一・二m、窓は一・五mとなる。この壁と窓が庇と窓台で縁取られた中を繰り返し連続するあり様にモダンさを奥田譲は託したのだろう。後にみる福住小学校より川中小学校はより短い間隔で並ぶ。竣工時にこの窓について次の紹介[130]がなされた。「外部窓は教室への採光を充分ならしめるため、極めて大きな窓を取付けられている」。

プランの特徴は講堂の別配置と片廊下式教室配置にあった。コの字型となった校舎は西・北・東の三棟からなり、東棟の南端が講堂となる。教室はすべて片廊下式となる。そのことは前述の『土木建築之日本』によれば、「内部廊下及び教室との配置など特に従来の小学校と異なっている」とある。また開校時の新聞[131]には次のように記される。「校舎は近世式鉄筋コンクリート三階建で理想的採光を誇る片側廊下式、講堂を一階に設け学校以外の一般利用価値をたかめているなど至れり尽せりの設備である」と。

建築面積は一階が二、一二七㎡、二階と三階がともに一、五八七㎡、講堂は四〇八㎡、延床面積は五、四〇三㎡となる。一階は普通教室が九、特別教室は手工室・唱歌室の二、講堂兼雨天体操場、二階は普通教室が一四、特別教室は理科室、三階は普通教室が一三、図画室が一、裁縫室が一、となる。施工は大阪の鴻池組が請負った。神戸市営繕課側の現場監理は玉川貫治[132]であった。

（4）福住小学校

川中小学校と同様に新設校の福住小学校のブロックプランはL字型となり、運動場を中央に設けた。西・北の二棟からなり、北棟の東端が講堂となる。建築面積は一階が一、八二五㎡、二階と三階がともに一、三四五㎡、地階

写真 2-2-95　福住小学校 外観

写真 2-2-96　福住小学校 講堂

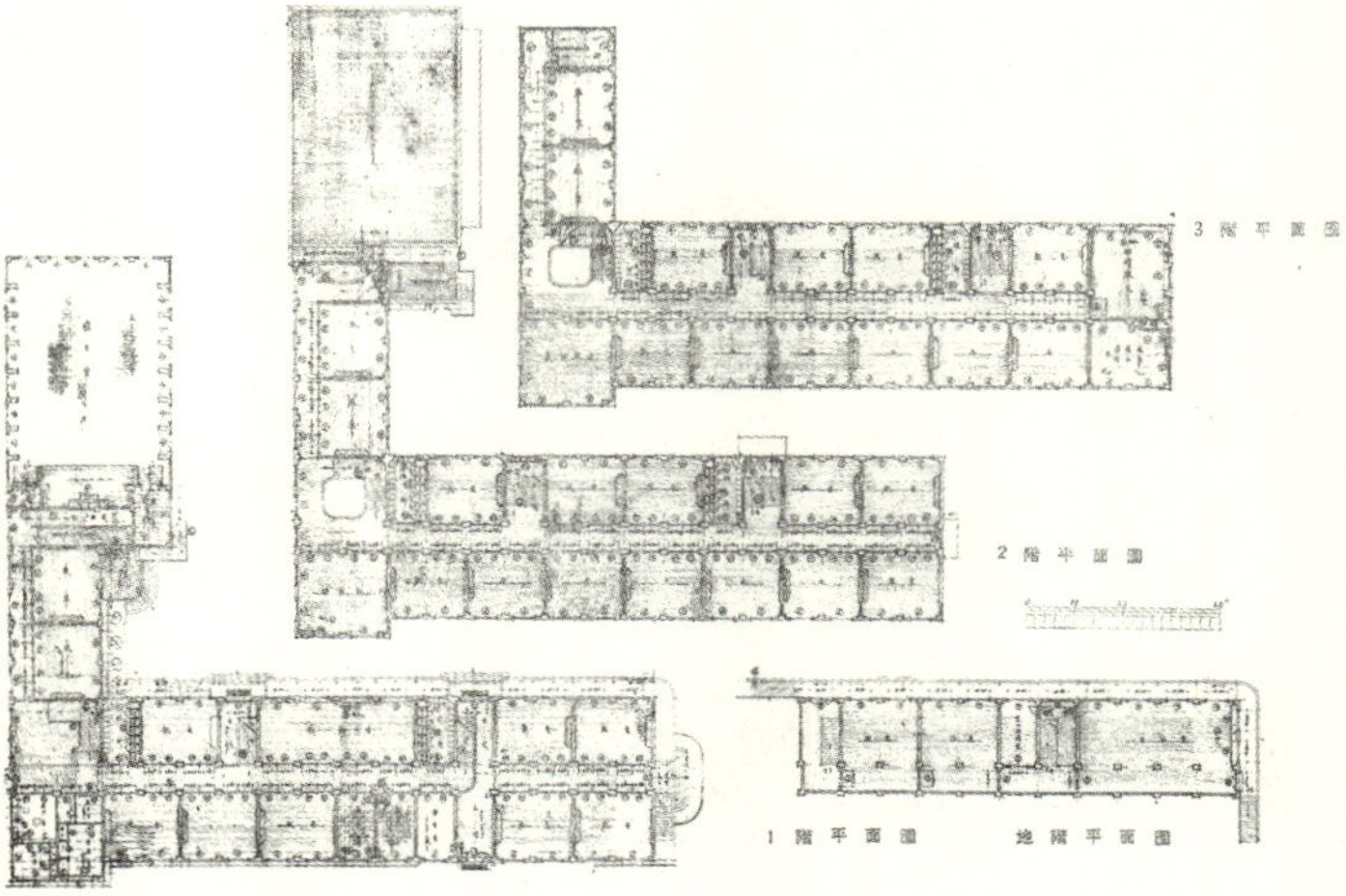

図 2-2-50　福住小学校 各階平面図

が四四五㎡、講堂は四三二㎡、延床面積は五、〇五三㎡となる。一階は普通教室が一〇と講堂兼雨天体操場、二階は普通教室が一四、特別教室が図画室、三階は普通教室が一二のほかに理科室と裁縫室、地階は普通教室が二と手工室からなる。このように川中小学校とほぼ同規模であった。

設計担当は相原弁一[133]で、現場監理は相原の他に営繕課技手補の谷田孝造と川崎石夫が担った。施工は地元の進木組[134]が請負った。福住校は進木組本店所在地と同一の町内ということで、進木組は営利を抜きにして建設に励んだという。「旧市部に比して極めて不公平な待遇下にある[135]」灘区の児童教育の発展を図るために、入念に施工したとある。建設費は一七万円であった。進木組は大正八年（一九一九）より灘区に本店を構え、東京や大阪に支店を設けた土木建築の請負業者で、福住小学校以前に東京市黒門小学校の新築を請負っていた。

プランをみれば、川中小学校が片廊下式であったのに対して、こちらは中廊下式教室配置をとった。また柱のスパンは従前までのものと同様に四・一mとなる。窓の幅は平面図からは〇・八尺（約二・四m）であることがわかり、残りが壁の幅で約一・七mとなる。この幅は川池小学校の寸法と近似する。両校ともに相原弁一の設計であり、この寸法体系が用いられたのだろう。川中小学校と同様にモールディング状の庇と窓台が水平に廻らされ、階段室のみが二階三階をとおして全面ガラス貼りとなる。

講堂の竣工写真からは、アールデコ風のステージ廻りの意匠になっていたことがわかる。屋上遊歩場はアスファルトブロック張上げとなる。

2　川池小学校

（1）成立

川池小学校は神戸市の小学校では数少ないモダンデザインの影響を受けたスタイルを表わす校舎で、昭和一〇年（一九三五）一二月一五日に完成した。同校は昭和九年（一九三四）一月二六日に起こった火災により全校舎を焼失した。道を隔て北側にあった神戸市立第一高等女学校[136]の火災による類焼であった。この校舎はその復興建築として鉄筋コンクリート造で再建されたものである。焼失後ただちに、神戸市営繕課の建築技師、相原弁一が中心になって設計がおこなわれ、計三八葉の図面(137)が作成され、清水組によって建設される。営繕課側の現場監理は玉川貫治(138)で、清水組の現場主任は藤本賢太郎であった。

建築概要(139)をみると、三階建で一部に地階が設けられ、L字型に接合した三棟からなった。一階の建築面積は一、六三四㎡、二階は一、六〇九㎡、三階は一、六三三㎡、地階二〇〇㎡、塔屋一六八㎡、延床面積五、三〇四㎡で、工費は二九八、二〇〇円であった。教室数は普通教室が三二室、特別教室が五室からなる。

(2) プラン

落成時の新聞(140)からはこの新校舎がいかに画期的な建築内容を示したのかが記される。

新校舎はクリーム地の鉄筋コンクリート三階建、地下室を合して総延坪五、三〇四平方米。近世式建築様式で、市の相原弁一技師が井上営繕課長にその才能を認められて設計の全責任を託され精魂を傾けつくした苦心の結晶だけに凡ゆる点に目覚ましい新機軸を見せ、特に採光に意を注がれた明快な普通教室卅二のほか黒白のカーテンで光線を変化させる装置及び写生席を持つ図書室、ガス、電気、暗室等の施設ある理科室など特別教室五つ、ほかにアロー式十六ミリ映画映写室、十六坪に余るステージ等を具備し八百名を収容し得る大講堂、リノリューム床張りその他設備満点の衛生室、職員の入浴室などが十室、また便

写真 2-2-97　川池小学校 校庭側外観

所もすべて水槽式にするなど至れり尽くせりである。

ブロックプランはL字型の敷地にそってL字型に配置されており、北棟と南棟が講堂のある中央棟で合体する形となる。講堂は最上階に設けられる。北棟と南棟は片廊下式教室配置で、中央棟は中廊下式教室配置となる。見出せた設計図(141)からは柱のスパンは桁行方向が四・〇五mピッチで、一階の柱の断面が五〇cm角であったことがわかる。梁間方向の長さは九・一二五mあり、廊下幅は芯々で二・三mとなる。

一教室の大きさは桁行が八・一m、梁間が六・八二五m、面積は五五・二八㎡となる。すなわち一教室は桁行の柱二本分のスパンからなる。このような柱と教室の関係はそれまでの神戸市の小学校校舎の寸法体系をそのまま引継いだものであった。

先の引用を続けると、いかに室内環境工学的にも優れていたかが伝わってくる。

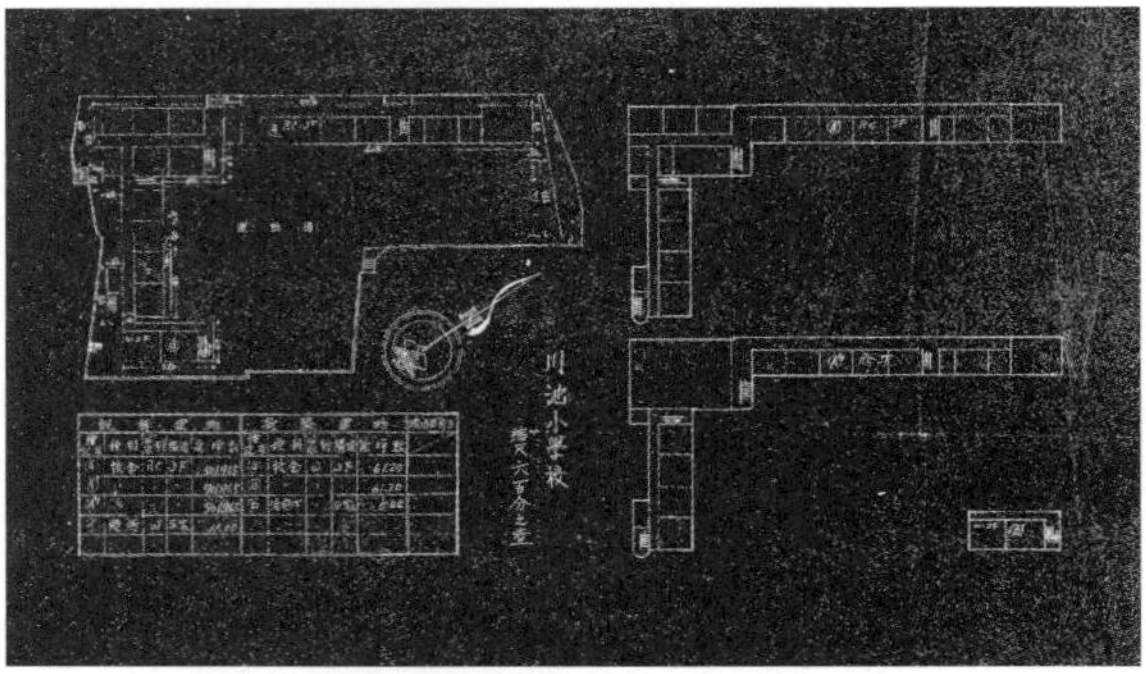

図 2-2-51　川池小学校 配置図

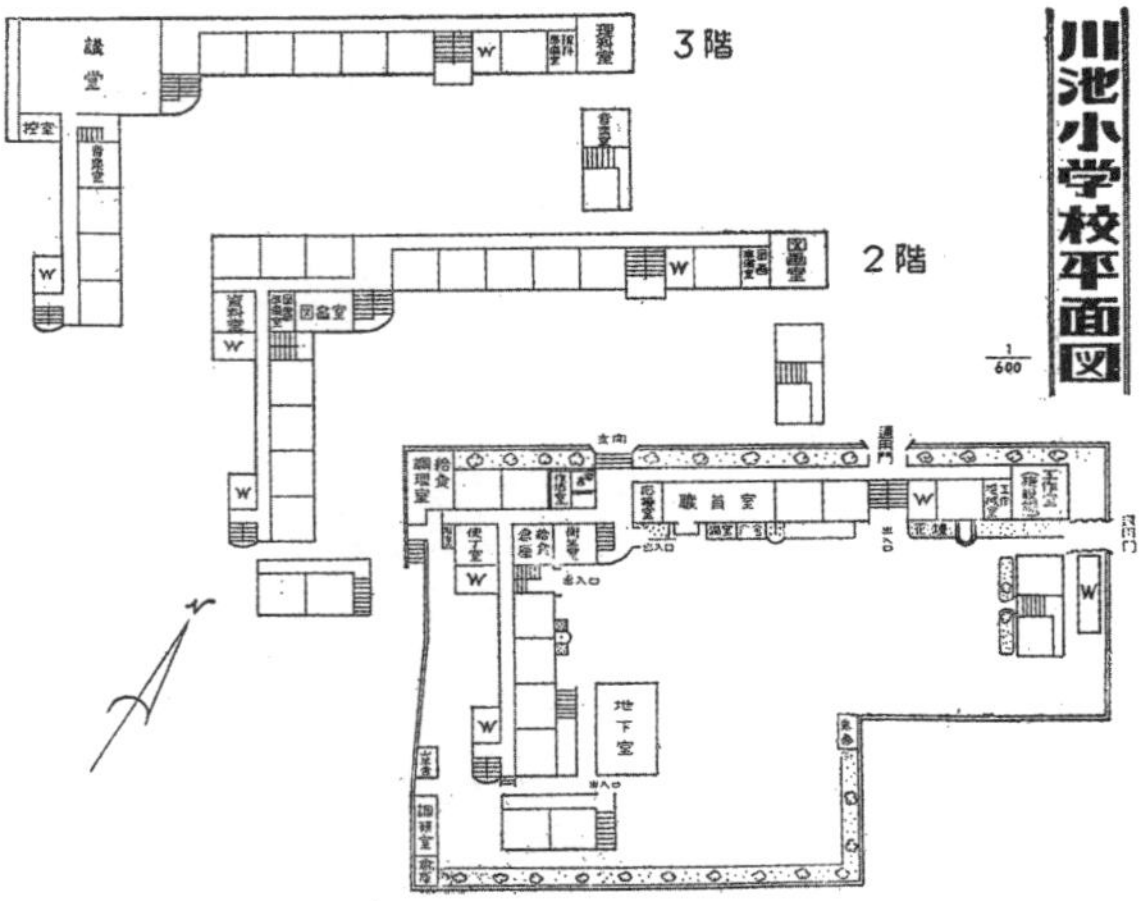

図 2-2-52　川池小学校 各階平面図

同校の誇る特色は西南部にL字型に建築された校舎が神戸の地勢に即した快適のバリケードとなり、豁然と展けた南天から照射する日光の潤沢さは冬の真盛りにもなほ暖房装置を必要としないことで、この点市の山田衛生技師など口を極めて称賛して居り、全国各地から参観者が毎日のように殺到している。

その背景には見付の細いスティールサッシの使用があり、より採

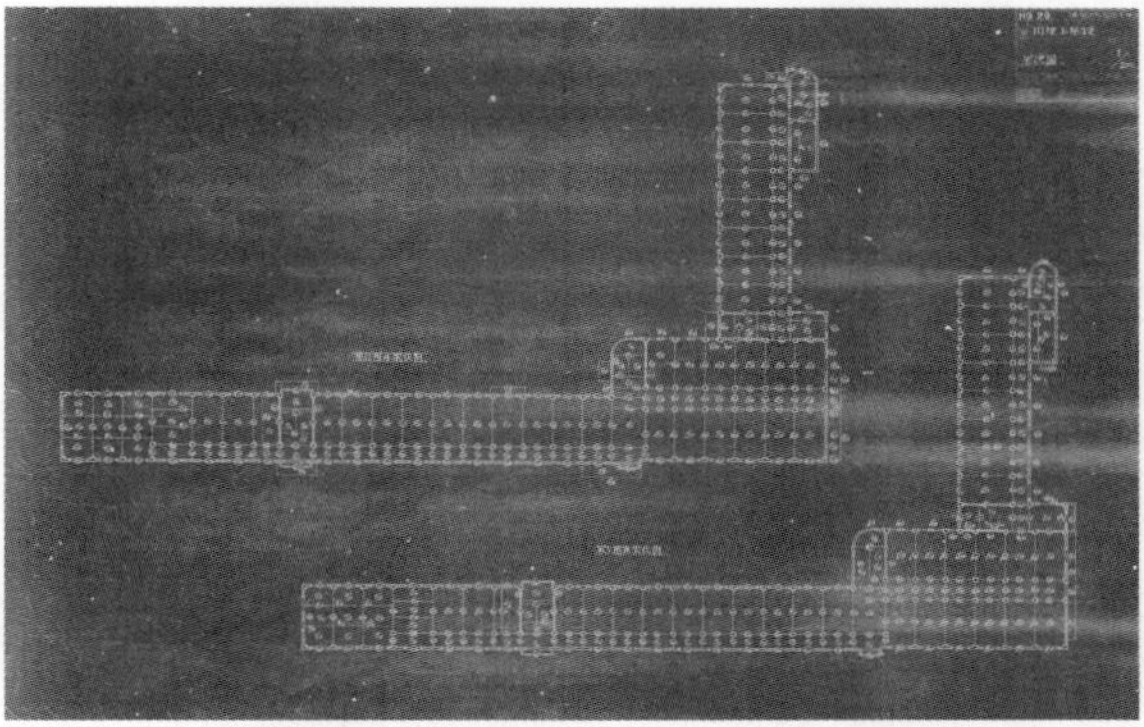

図 2-2-53　川池小学校 2 階・3 階の床伏図

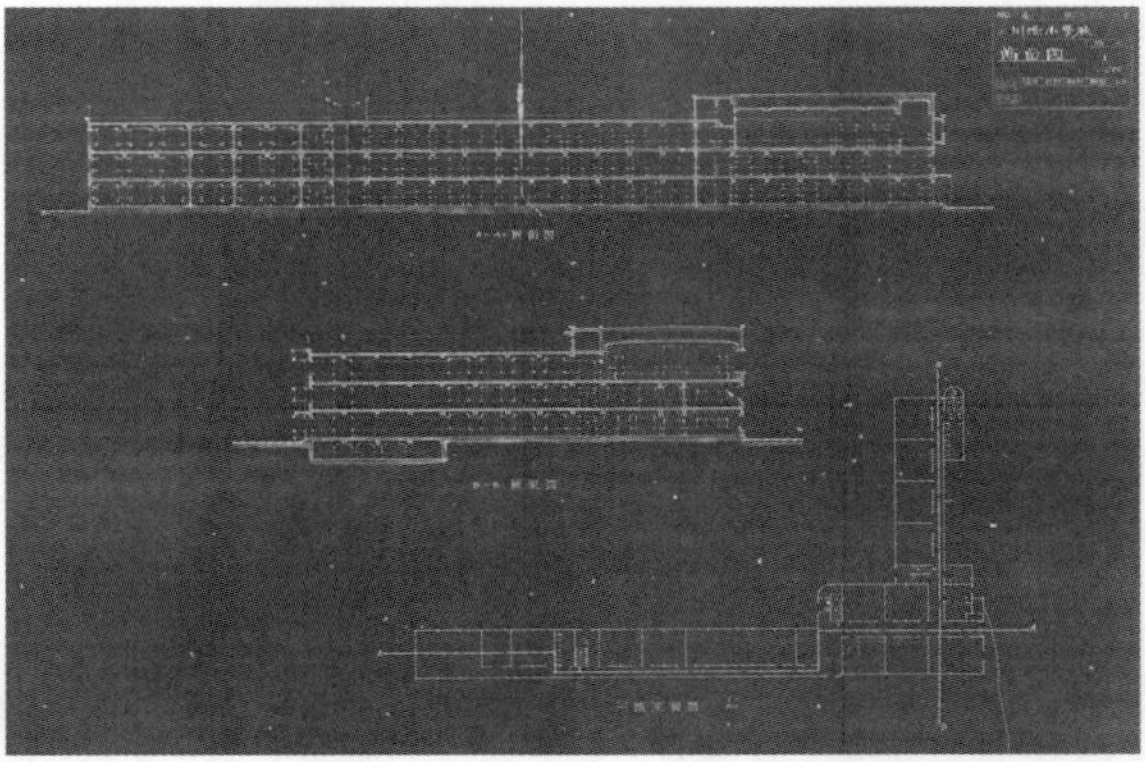

図 2-2-54　川池小学校 断面図

写真 2-2-99　川池小学校 中央棟・最上階階段（筆者撮影）

写真 2-2-98　川池小学校 中央棟（筆者撮影）

光性に優れていたようだ。そのことは竣工時の土木建築系専門雑誌の次のような記述「灰燼の跡から更新の校舎[142]」にあきらかである。

在来神戸市小学校に比して最も進歩的な設計になっている窓出入口等も在来木製建具を使用されたものが、今度は鋼製を用いて施工された点などは火災の苦験と維持費等の問題も考慮されてのことであろう。

(3)「曲線美」のスタイル

外観上の最大の特徴は中央棟の南東側出隅の壁面のあり様である。半径二・〇五m[143]の円の四分の一が曲面の外壁面となり、そこに五層の水平連続窓が付く。この曲面の窓について、詳細図[144]から断面・平面ともに詳細な寸法[145]が見出せている。窓の縦方向の長さをこの図面（図2-2-55）から拾っていくと、一・三二m、一・三二m、〇・九七m、一・〇九m、一・一五mとなり、微妙に差異が生じ、同一の寸法ではなかった。階段踊場の腰壁の高さ一・一mの確保がおそらくは優先されたことによるものだろう。五層分の窓上には

"曲線美"の小學校
設備もまさに至れり盡せりだ
神戸の新名物・川池校
參觀人が驚嘆

図 2-2-56　川池小学校（神戸新聞 S 11. 5. 18）

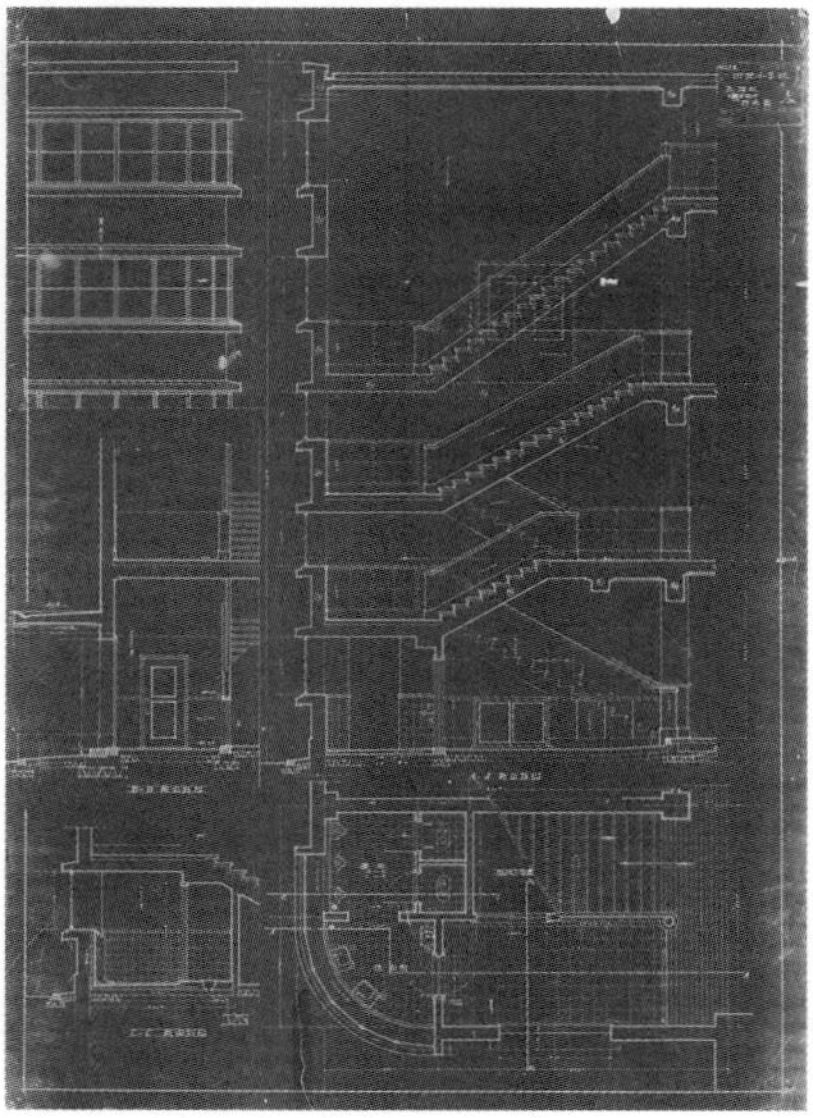

図 2-2-55　川池小学校 階段詳細図

庇、下には窓台が付き、円形になって窓枠を縁取る。同図面からは庇・窓台ともに外壁面から三〇・〇㎝突き出しており、水切りの溝が下部に施されていた。全体の階高は一四・六〇ｍで、一階から三階までの階高は共通で三・六〇ｍとなる。

アール部分を平面的にみれば、九〇度分、つまり四分の一円がガラス窓となり、そこに五枚のガラス窓が嵌まる。曲面ガラスではなく七五〇㎜幅の平板が使用されていた。実際にはさらに北側に二枚のガラス窓が嵌められていた。このアール部分の階段踊場下は便所となり、アール状の窓際に面して洗面器と小便器が設置されていた。

この出隅部にくわえて、南棟の南端の階段室の踊場が半円形で外部に向って突出する。そこでは踊場のスラブならびにコの字型となる小梁と腰壁以外はすべてガラス窓による開口部となる。このように校庭に面した階段部出隅には二箇所にわたって曲面による意匠が表れ出ていた。後に詳述するが、外壁は基本的には平滑面となるなかで、この二つの曲面の開口部にのみ、庇と窓台で縁取りがなされていた。その結果、フラットな壁面と対照的に水平にエッジが効いた、より印象深いファサードが出現することになる。

アールの壁面について、落成時の新聞には「曲線美の小学校　神戸の新名物・川池校(146)」という見出しで次のように記された。

> わけて異彩を放っているのは相原技師の独創になる婉麗な曲線調を加味したことで、一般の小学校舎が押なべて堅苦しい長方形一点張りの中に初めて川池校に出現した階段踊り場の曲線美は校舎全体に調和し、直曲線構成の妙は素晴らしい輪奐美を描き出している。

神戸市の小学校でアールの壁面を有した学校は昭和五年（一九三〇）に竣工の脇浜小学校と、昭和一〇年（一九三五）完成の西郷小学校増築校舎の二校だけである。前者は柱型が表出するタイプを示したが、玄関廻りの出隅部一階から三階までの全体が曲面となる。後者はアールの壁面に横長窓が三層にわたって入り、川池校との類似性が

写真 2-2-103　川池小学校 講堂部分（筆者撮影）

写真 2-2-100　川池小学校 南棟・階段外観（筆者撮影）

写真 2-2-104　川池小学校 講堂・張り出した廊下（筆者撮影）

写真 2-2-101　川池小学校 南棟・階段内部（筆者撮影）

写真 2-2-102　川池小学校 正面外観

指摘できる。川池小学校で表れた横長窓を外観の見せ場として使う手法は昭和一一年（一九三六）完成の大黒小学校で現れており、おそらくは影響を受けたものと考えられる。共にその内部の機能は便所となっており、教室などに較べると、採光面積や形状に制約がなかったことで用いられたものと考えられる。

写真 2-2-105　川池小学校 玄関廻り（筆者撮影）

（4）外壁の取り扱い

二箇所の階段室を除くと、その他の外壁はいずれもが平滑面をみせる。詳しくみれば、外壁はそれまでの柱型を外壁に突出させるものではなく、平滑な面となり、それぞれ中央部に二・三〇ｍ幅員の窓を設ける。窓と窓の間の壁は鉄筋コンクリート造で一・七五ｍの幅があり、柱の袖壁となっていた。つまり柱の芯から壁の端部までは〇・八七五ｍの幅となる。その比率は壁を一とすれば、窓は一・三一となり、壁面はこの割合で構成されていた。

一方で道路のある正面側では全面ガラス貼りの壁面が三階講堂部分に実現していた。この部分は柱の外側をガラスのカーテンウォールとすることで、連続するガラスの壁が実現していた。[147]その長さは桁行方向に二四・三ｍあり、柱間隔は四・〇五ｍピッチで六スパン分からなった。このような連続するガラスの壁を有する校舎は神戸の小学校としては他に類例をみないものであった。川中小学校と同様にモダンデザインへの指向が強く表れていた。また講堂の背面にはキャンティレバーで外側に張り出した廊下が付いており、それまでにはなかった構造的な新しい試みがなされていたことも指摘しておく必要があるだろう。

玄関上部をみると、二階と三階の廊下部分を縦に一続きのガラスの壁面とした。そこでは三階スラブと二階梁の外側をガラスが覆うことになる。講堂部分の外壁と東側の北棟の片廊下式教室棟の外壁面に最初から約三〇㎝のずれが生じており、その部分をL字型に囲むことで、なかば立体的なガラスの箱状の形が生まれていた。玄関ポルティコは外壁から垂直に突き出た壁柱とその上部から半ばキャンティレバーで張り出す庇からなる。

このように、玄関廻りは幾何学的な形態によってデザインがなされていた。そのことは「本工事に於て特筆すべきは設計の極めてモダーンな点であって、正面を見ると小学校建築とは思われぬ外装で玄関寄の植込の附近など断然独歩の境地を行くものであろう(148)」とあり、川中小学校の玄関廻りのガラス壁の取り扱いと同じ手法が窺える。ここに至り、これまで古典的な色彩の強かった神戸の小学校はモダンデザイン色をより強めていく。

註

（1）須佐小学校同窓会が一九八六年一一月二日に創立六六周年を記念して刊行したもの。
（2）『創立六十周年記念誌』雲中小学校、一九三三年。
（3）魚の骨の形状をした鉄筋。
（4）大正一一年（一九二二）に完成した長野県上伊那郡宮田村立宮田小学校校舎は日本トラスコン社が設計をおこない、協力会社が施工とある。
（5）日本トラスコン鋼材株式会社の広告。『建築雑誌』第三四巻四〇八号、大正九年一一月に掲載。
（6）『山手教育四十年』山手小学校、一九四〇年。
（7）昭和五三年一二月に神戸市教育委員会がまとめたもので、株式会社昭和設計が神戸大学教授の堯天義久の指導のもとにおこなった調査報告である。ただ竣工年を大正九年としたり、断面図に四階のスラブを入れ忘れたりするなど記載に誤りがあり、信憑性に欠ける面も見受けられる。
（8）同書の附図である梁床伏図に記入された寸法から拾い出して得られた数値。
（9）『毎日新聞』大正十年十二月十五日。
（10）「山手校落成」『朝日新聞』大正十年十二月十三日。
（11）前掲註（6）と同じ。
（12）現在の教頭の位置にあたる。明治四三年の文部省通牒による。
（13）『鉄筋混合土校舎と設備』洪洋社、一九二七年。

(14)『諏訪山校史』神戸市諏訪山尋常小学校、一九三〇。「新居」は同書によるが、正しくは「新井」である。
(15)『神戸市職員録　大正一〇年』神戸市役所、一九二一年。
(16)『長楽のあゆみ　四十周年記念』長楽小学校、一九五六年。
(17)兵庫県知事官房が発行。
(18)清水栄二の長男・故清水英夫氏が所蔵。筆者は一九八六年八月に複写。
(19)「清水栄二建築事務所」『兵庫県土木建築大鑑』土木建築之日本社、一九三五に記載。
(20)「笠井建築工匠」『兵庫県土木建築大鑑』土木建築之日本社、一九三五に記載。
(21)「故正員正五位国枝博君略歴及作品」『日本建築士』第三三巻四号、一九四三年。
(22)現、水の科学博物館。
(23)一九九四年七月九日に筆者が聞き取り調査を実施して得た知見。
(24)坂本勝比古『日本の建築［明治大正昭和］五商都のデザイン』三省堂、一九八〇年。
(25)『神戸市立長楽小学校の老朽度及び構造耐力に関する報告書』神戸市教育委員会、一九七六年。
(26)橋などに用いられる。
(27)『セメント界彙報』第八四号、一九二四年。
(28)弓型。
(29)大正九年に官立の神戸高等商船学校となり、校舎は空襲で焼失する。現、神戸大学海事科学部である。
(30)現、ＮＯＦ神戸海岸ビル。
(31)高田清彦・三島雅博・山田幸一・木村寿夫「岩井勝次郎邸に関する建築意匠について」『日本建築学会近畿支部研究報告集』一九八四年。
(32)御影に昭和二八年まで存在した。
(33)『学校建築としての鉄筋コンクリート構造』日本トラスコン鋼材株式会社、一九二三年。
(34)稲垣信三は校区の名望家のひとりで、糸木部落協議会会長を務めた。
(35)稲垣信三「回顧談」『むろうち三十年誌』室内小学校創立三十周年記念誌刊行委員会一九五七年。
(36)「学校沿革史」室内小学校所蔵、一九八六年時に閲覧。
(37)前掲註(36)と同じ。

(38)「室内小学校」『神戸新聞』大正一五年三月一三日。
(39)大正一五年三月発行　室内小学校所蔵。
(40)室内小学校所蔵、一九八六年時に閲覧。
(41)「開校記念　室内第二号」の数値とは微妙に異なる。
(42)大正後期は駆体のコンクリートの上に塗るモルタルに着色するために火山灰を入れることが神戸市の学校建築では多かった。前掲註(40)の「神戸市室内小学校新築工事仕様書」を参考。
(43)弓型。
(44)一九一九年の完成。現存しない。
(45)前掲註(40)と同じ。
(46)前掲註(35)と同じく、『むろうち三十年誌』室内小学校創立三十周年記念誌刊行委員会一九五七に収載。
(47)志方耕作「無題」『むろうち三十年誌』室内小学校創立三十周年記念誌刊行委員会一九五七に収載。
(48)「開校記念　室内第二号」に掲載。大正十五年二月二十日現在とある。
(49)「われらの誇りドイツ風の校舎　室内小学校」『朝日新聞』昭和一二年九月三日。
(50)前掲註(40)と同じ。
(51)前掲註(47)と同じ。
(52)佐藤健正「近代ニュータウンの系譜—理想都市像の変遷—」市浦ハウジング&プランニング、二〇一五年。
(53)白承冠「ゴダンのファミリスチールのオリジナリティとその建築・都市史的特性—19世紀における労働者向けのコミュニティモデルに関する研究　その二—」『日本建築学会計画系論文集』第六五四号、二〇一〇年。
(54)ゴダン社はストーブで定評のあったメーカーである。
(55)「大久保小学校沿革」大久保小学校所蔵。
(56)『佐世保案内』佐世保市役所、一九二二年。
(57)『佐世保の今昔』佐世保市役所、一九三四年。
(58)川島智生「大正・昭和戦前期における長崎市小学校校舎の建築史学」『文教施設』第三六号、二〇〇九年。
(59)『建築雑誌』大正九年発行の広告。
(60)配置図兼各階略平面図。大久保小学校所蔵。

(61) 大正六年（一九一七）に広島県立工業学校建築科を卒業し、神戸にあった鉄道省西部鉄道管理局を経て神戸市に入る。
(62) 一九八七年に東須磨小学校での文献調査で見出せた設計図。
(63) 神戸市坂口通り五丁目五番に所在した。
(64) 図面に三角スケールをあてて直接長さを読み取ること。
(65) ヨーロッパ歴史様式の用語で建物の頂部に来る水平なモールディングを指す。
(66) 蓮池小学校に所蔵。筆者は一九八七年七月に同校で文献調査を実施している。
(67) 『むろうち三十年誌』神戸市立室内小学校創立三十周年記念誌刊行委員会、一九五七年。
(68) 「宮本、蓮池、若松　三校落成」『朝日新聞』大正一五年三月二六日。
(69) 二葉小学校の論考で詳述する。
(70) 大正一四年（一九二五）卒業であった。
(71) 竣工時に関係者に配付用に作成された一枚ものであり、各階の略平面図が記入され、一九九六年当時、二宮小学校所蔵であり、筆者は複写を所蔵している。
(72) 「二宮小学校竣工式」『神戸新聞』昭和三年五月二六日付。
(73) 一九九六年当時、二宮小学校所蔵であり、筆者は複写を所蔵している。
(74) 二七尺×二二・五尺。
(75) 前掲註（71）と同じ。
(76) 前掲註（73）と同じ。
(77) 前掲註（71）と同じ。
(78) 一九九四年当時鵯越小学校が所蔵していた竣工時の設計図の表題欄に記載。
(79) 一九九四年当時鵯越小学校が所蔵していた竣工時の設計図のなかの一枚。
(80) 『兵庫県土木建築大鑑』土木建築之日本社、一九三五年。
(81) 名古屋高等工業学校建築学科を大正一〇年に卒業した建築技手で、大正一三年二月より神戸市営繕課技手となる。それ以前は設楽建築工務所に勤務した。
(82) 学校や工場などの実用建築に対して劇場や博物館など記念碑的な建築を示す。

(83) 横尾繁六「神戸市学校建築の方針」『建築と社会』昭和五年二月号。
(84) 東大建築学科を大正五年（一九一六）に卒業。鳥井信の在籍期間は短く、二葉小学校が竣工する直前の昭和四年（一九二九）二月七日には辞めていた。
(85) 『二葉教育十年史』神戸市二葉尋常小学校、一九三九年。
(86) 古茂田甲午郎『東京市の小学校建築』日本建築学会、一九二七年。
(87) 落成式は半年後の昭和四年一一月一日におこなわれている。
(88) 『新築落成記念誌　神戸市二葉尋常小學校』二葉小学校後援会、一九二九年。
(89) 明治四二年（一九〇九）に熊本県立工業学校建築科を卒業後、大正一一年（一九二二）より昭和一〇年（一九三五）まで神戸市営繕課の技手をつとめる。他に二宮小学校を設計する。
(90) 大正一四年（一九二五）に官立神戸高等工業学校建築科を卒業し、同年より昭和一二年（一九三七）まで請うべし営繕課の技手、技師をつとめる。他に西須磨小学校や、名倉小学校、福住小学校を設計する。
(91) 明治三六年（一九〇三）創業の建築請負業者であり、神戸市葺合区を本拠とした。神戸市の小学校では野崎小学校、神戸小学校、神楽小学校、二宮小学校、鵯越小学校などを手がけていた。
(92) 前掲註（85）と同じ。二葉小学校長松山久太郎の開校時の式辞、『二葉教育十年史』二葉尋常小学校、一九三九に収載。
(93) 『神戸新聞』昭和四年（一九二九）一一月二日。
(94) 外壁面を窪ませることでアーチ形とする。
(95) 筆者所蔵。
(96) 『板宿小学校創立二十周年記念小史』板宿小学校、昭和二七年。
(97) 現在の清水建設。
(98) 『成徳校史』神戸市成徳尋常小学校、一九三六年。
(99) 前掲註（98）と同じ。
(100) 清水栄二が退職後、鳥井信が就任するまで一年間と、鳥井信が退職後、藤島哲三郎が就任するまでの二年間と、二回にわたって神戸市営繕課の課長席は空席となり、その間を助役だった渡邊静沖が課長事務取扱助役をつとめた。
(101) 成徳小学校に所蔵された図面№３の「平面図」の表題欄に記入されている。一九九五年の現地調査の際に筆者は複写している。

(102) 神戸高等工業学校建築学科を大正一四年に卒業し、神戸市営繕課に昭和五年よりつとめ技手をつとめた。
(103) 大正一四年京都大学建築学科を卒業し、昭和二年より神戸市営繕課につとめ、昭和三年より技師に就任していた。
(104) 成徳小学校に所蔵された書類で、一九九五年の現地調査の際に筆者は複写している。
(105) センチメートルのこと。
(106) 前掲註(101)と同じ。
(107) 同時期に神戸市営繕課技師の井上伉一、技手の中川初子らに筆者は一九八六年から一九九六にかけて聞取り調査をおこない、設計が鳥井捨蔵であることを複数の証言者から確認している。
(108) 竣工順に校名を挙げると、明正・業平・山谷堀・十思・東盛・泰明・千代田となる。
(109) 『昭和五年　神戸市職員録』神戸市役所、一九三〇年。
(110) 神戸市脇浜尋常小學校発行、一九三一年。
(111) 前掲註(107)と同じ。
(112) 上級学校進学の前に、大正九年(一九二〇)兵庫県立工業学校建築科を卒業していた。戦後は横浜で建築事務所を自営した。現存する須磨浦公園観光ハウス(現・花月)は森卯之助が設計を担当し、昭和一二年に完成した。
(113) 神戸高等工業学校建築科を昭和六年に卒業し、営繕課に勤務した。筆者は一九九六年一一月二四日に中川初子宅で聞取り調査を実施した。
(114) 『名古屋高等工業学校創立二十五周年記念誌』名古屋工業会、一九三一による。
(115) 昭和戦前期神戸で発行されていた雑誌。
(116) 「近代小学校建築之先端を行く筒井小学校」『土木建築之日本』第七巻第四号、土木建築之日本社。
(117) 一九九六年に実測をおこなっている。
(118) ひとつの正方形の上に四五度回転させた正方形を重ねた形で、イスラムの意匠のひとつである。
(119) 「近代小学校建築之先端を行く筒井小学校」『土木建築之日本』第七巻第四号、土木建築之日本社。
(120) 京大建築学科を大正一二年に卒業し、神戸市中央市場臨時建設所建築技師を務める。昭和六年より営繕課課長に就任する。
(121) 東大建築学科を大正一五年に卒業し、神戸市中央市場臨時建設所に勤務し、昭和六年より営繕課技師となる。

(122) 京大建築学科を大正一四年に卒業し、神戸市中央市場臨時建設所建築技師を務める。昭和六年より営繕課技師となる。
(123) 京大建築学科を大正一四年に卒業し、横浜市建築課に勤務、昭和二年より神戸市営繕課につとめる。昭和三年より営繕課技師となる。
(124) 明治四〇年に兵庫県立工業学校建築科を卒業後、神戸市土木課営繕掛に勤務し、大正一三年より技師となる。
(125) ここでいう「笠松小学校」とは川中小学校のことで、開校までは笠松方面の小学校ということでこのような呼称となっていた。
(126) 藤島哲三郎「小学校建築設計雑考」『土木建築之日本』第八巻第一一号、一九三三年。
(127) グロピウス設計で、ガラスのカーテンウォールで建築界に大きな衝撃をあたえた。現在世界遺産となる。
(128) 神戸高等工業学校建築科を昭和六年に卒業し、神戸市営繕課に入る。筆者は前節で詳述したように聞取り調査をおこなっている。
(129) 「新設笠松小学校成立」『土木建築之日本』第八巻第九号、一九三三年。
(130) 前掲註（129）と同じ。
(131) 「川中小学校開校式」『神戸新聞』昭和九年一一月一三日付け。
(132) 兵庫県立工業学校建築科を明治四二年に卒業していた。
(133) 神戸高等工業学校建築科を大正一四年に卒業し、同年より神戸市営繕課に勤務する。
(134) 『兵庫県土木建築大鑑』土木建築之日本社、一九三五年。
(135) 「福住小学校校舎新築成工」『土木建築之日本』第八巻第七号、一九三三年。
(136) 現在の神戸市立湊川中学校ならびに神戸市立楠高等学校。
(137) 筆者は改築前の一九九六年に川池小学校で所蔵される設計図の閲覧をおこなっている。全部は揃っておらず、その一部を複写している。
(138) 兵庫県立工業学校建築科を明治四二年に卒業していた。
(139) 『創立四十周年　川池のあゆみ』神戸市川池小学校、一九五六年。
(140) 『神戸新聞』昭和一一年五月一八日付け。
(141) 前掲註（137）と同じ。

(142)「灰燼の跡から更新の校舎」『土木建築之日本』第一〇巻一二号、一九三五年。
(143) 図面番号18のB階段詳細図。
(144) 前掲註(143)と同じ。
(145) 二十分の一で記入される。
(146) 前掲註(142)と同じ。
(147) 図面番号29の梁伏図。
(148) 前掲註(142)と同じ。

第三節　実現された鉄筋コンクリート造校舎の規模と評価

本章一節では鉄筋コンクリート造校舎の成立と特徴を探究し、二節では四つの時期に分類し、各時期を代表する小学校の分析をとおして、時期ごとの特性を考察してきた。三節では一節と二節のまとめをかねて、実現した鉄筋コンクリート造校舎の規模とその評価を検討し、その意義を問う。

一　「小学校校地校舎調」の検証

神戸市教育課は明治後期から昭和戦前期にかけての期間、『神戸市学事提要』を毎年発行しており、そこには神戸市教育行政組織や教育費予算などにくわえて、「小学校校地校舎調」という、各小学校別の一覧が収載されてある。この一覧には各小学校別の学級数、児童数、校地坪数、校舎建坪（平建坪・校舎延坪）、教室数（普通・特別）、教室総坪数（普通・特別）、講堂坪数、運動場坪数（屋外・屋内・屋上）などが数値としてまとめられている。

建築面積を示す建坪や延坪に関しては、大正四年（一九一五）と大正六年（一九一七）では「建坪」、大正九年（一九二〇）より大正一四年（一九二五）の間は「平建坪」、大正一五年（一九二六）以降は「延坪」と表記が変る。この「建坪」と「延坪」はここでは共通するもので、延床面積を示す。一方「平建坪」とは一階の建築面積を表わすもので、大正九年・大正一〇年（一九二一）のものは実際の建坪を示したが、大正一二年（一九二三）・大正一三年（一九二四）・大正一四年の「平建坪」は延床面積を示しており、あきらかに誤記と判断できる。

ここでは鉄筋コンクリート造校舎が建設される直前の大正九年から、戦前期最後の鉄筋コンクリート造校舎が建設される昭和一四年（一九三九）までの一九年間の変容を「小学校校地校舎調」を用いて検証する。この期間での

表 2-3-1　大正 7 年の神戸市小学校一覧（学区制廃止直前）

学校名	区	校地坪数	校舎建坪
雲中尋常高等小学校	葺合	2.373	799
生田川尋常小学校	葺合	1.114	296
脇濱尋常小学校	葺合	1.407	313
若菜尋常小学校	葺合	924	357
筒井尋常小学校	葺合	881	310
（二宮）尋常小学校	葺合	760	339
小野柄尋常小学校	葺合	1.229	392
小計		8.688	2.706
神戸尋常高等小学校	神戸	1.729	403
中宮尋常高等小学校	神戸	1.133	382
長狭尋常小学校	神戸	1.567	366
諏訪山尋常小学校	神戸	2.676※1	741
山手尋常小学校	神戸	1.312※1	455
北野尋常小学校	神戸	1.604	440
下山手尋常小学校	神戸	1.101	280
小計		10.530※2	3.067
楠尋常高等小学校	湊東	2.436	467
湊川尋常高等小学校	湊東	1.655	506
橘尋常小学校	湊東	922	409
多聞尋常小学校	湊東	1.168	372
東川崎尋常小学校	湊東	902	297
荒田尋常小学校	湊東	1.323	308
小計		8.406	2.359
兵庫尋常高等小学校	湊西	1.661	428
兵庫女子尋常高等小学校	湊西	684	538
入江尋常小学校	湊西	1.470	497
大開尋常小学校	湊西	875	350
大開女子尋常小学校	湊西	1.127	355
明親尋常小学校	湊西	1.208	459
道場尋常小学校	湊西	—※2	497
和田尋常小学校	湊西	327	141
川池尋常小学校	湊西	1.571	355
中道尋常小学校	湊西	974	305
（水木）尋常小学校	湊西	1.157	400
小計		11.054	4.323

湊山尋常高等小学校	湊	1.322	585
平野尋常小学校	湊	1.131	381
小計		2.453	966
真陽尋常高等小学校	林田	2.607	967
西野尋常小学校	林田	645	208
濱山尋常小学校	林田	950	272
遠矢尋常小学校	林田	1.675	247
長楽尋常小学校	林田	1.122	70
（東尻池）尋常小学校	林田	960	240
真陽分教場	林田	560	77
小計		8.465	2.081
全体合計		49.596	15.502

出典：大正 7 年の「学区財産処分案」『神戸市会成議録』
※1　原文では諏訪山校と山手校の欄がひとつとなり、そこに 984、741、1297 坪とあるが、その割合が不明なため、『大正 6 年度神戸市学事提要』による数値を便宜上入れてある。
※2　原文のまま。

表 2-3-2　大正九年度神戸市小学校の校地及校舎一覧

区	小学校名	校地坪数	校舎平建坪数（建築面積）	教室数		教室坪数		運動場坪数	
				普通	特別	普通	特別	屋内	屋外
葺合	雲中　尋常高等	2,313	633	35	5	601	99	56	1,301
	生田川　尋常高等	1,140	305	26	—	400	—	—	444
	小野柄　尋常高等	1,229	707	24	1	324	21	—	525
	脇浜　尋常	1,329	320	25	1	397	14	—	567
	若菜　尋常	924	261	18	1	258	14	—	663
	筒井　尋常	881	310	19	1	299	16	—	390
	二宮　尋常	759	160	14	1	130	18	—	395
	八雲　尋常	968	271	15	3	236	47	—	545
神戸	神戸　尋常高等	2,312	619	25	5	402	135	—	1,015
	中宮　尋常高等	1,305	349	21	3	337	44	—	628
	長狭　尋常	1,567	283	16	—	336	—	—	850
	諏訪山　尋常高等	2,302	655	19	—	315	—	59	630
	山手　尋常高等	1,312	460	17	2	278	56	—	331
	北野　尋常	1,548	445	26	2	389	32	—	785
	下山手　尋常	1,094	328	17	1	272	24	—	430
湊東	楠　尋常高等	1,251	521	22	—	416	—	—	456
	湊川　尋常高等	1,538	615	30	3	441	57	—	439
	橘　尋常	1,083	409	19	2	331	37	—	369

湊東	多聞　尋常	1,320	327	23	3	350	57	—	749
	東川崎　尋常	902	276	17	—	275	—	—	243
	荒田　尋常	1,326	427	24	5	378	100	—	422
湊西	兵庫　尋常高等	1,218	664	30	1	436	27	—	477
	兵庫女子　尋常高等	1,078	403	21	1	220	22	—	392
	入江　尋常高等	1,741	554	32	4	506	92	—	788
	大開　尋常	1,001	401	21	3	321	77	—	381
	大開女子　尋常	1,001	367	21	5	353	86	—	346
	明親　尋常	1,721	482	24	2	454	60	—	900
	道場　尋常	1,476	497	29	1	476	50	—	740
	和田　尋常	646	190	12	—	168	—	—	168
	中道　尋常	967	320	18	—	280	—	—	420
	川池　尋常	1,380	413	21	4	353	97	—	904
	水木　尋常高等	1,157	405	22	—	428	—	—	598
湊	湊山　尋常高等	2,009	564	28	3	435	50	—	550
	平野　尋常	1,131	361	20	2	320	39	—	770
	菊水　尋常	909	256	14	2	235	32	—	465
林田	真陽　尋常高等	2,325	916	29	3	517	99	60	768
	西野　尋常	642	206	8	1	126	8	—	273
	浜山　尋常	1,071	368	26	—	396	—	—	677
	遠矢　尋常高等	888	393	24	3	409	50	—	280
	長楽　尋常	1,122	252	16	—	252	—	—	611
	真野　尋常	963	328	22	—	347	—	—	460
	御蔵　尋常	915	383	21	3	353	52	—	531
	御崎　尋常	967	220	16	2	264	37	—	506
	長田　尋常	1,252	185	8	1	135	17	—	821
須磨	須磨　尋常高等	2,876	428	31	2	441	42	112	874
	東須磨　尋常	1,388	419	17	2	287	31	—	690
	妙法寺　尋常	495	133	3	1	44	16	—	186
	多井畑　尋常	195	82	2	—	24	—	—	113
	白川　尋常	319	75	2	1	27	8	—	188
	全　市　合　計	61,256	18020※	990	86	15,771	1,763	287	27,054

備考：※は原文のまま　※の数値は計算すると 18946 となる。
出典：『大正九年度　神戸市学事提要』神戸市教育部

表 2-3-3　昭和十五年度　神戸市小学校校地校舎調一覧

区	校名	学級数	児童数	校地坪数	校舎延坪（延床面積）	教室数		教室坪数		講堂坪数	運動場坪数		
						普通	特別	普通	特別		屋外	屋内	屋上
灘	成徳　尋常	45	2,349	2,128	1,307	30	4	476	105	△117	961	—	192
	六甲　尋常	47	2,516	5,091	1,543	43	3	844	122	△127	2,924	—	—
	分教場（仮用）	—	—	1,160	219	12	—	240	—	—	600	—	—
	西郷　尋常	26	1,388	2,440	1,356	26	4	472	142	150	1,094	—	137
	灘　尋常	50	2,695	2,857	2,081	50	5	745	143	124	1,724	—	—
	稗田　尋常	57	3,123	2,145	2,290	48	6	839	147	113	1,390	—	333
	摩耶　尋常	38	2,103	1,891	1,380	32	4	514	109	136	964	—	279
	福住　尋常	45	2,463	1,930	1,544	36	4	653	94	131	828	—	537
	高羽　尋常	29	1,498	2,061	1,528	31	6	532	193	125	1,000	—	324
	灘　高等	40	2,113	2,825	1,764	33	12	834	297	118	937	—	169
	計	377	20,248	24,528	15,012	341	48	6,149	1,352	1,141	12,422	—	1,971
葺合	雲中　尋常	34	1,830	2,412	1,604	34	6	531	141	150	1,267	—	348
	若菜　尋常	28	1,454	1,544	657	20	3	320	61	—	959	—	—
	筒井　尋常	26	1,395	1,072	1,113	24	5	426	107	△122	255	—	—
	二宮　尋常	34	1,733	1,488	1,431	32	5	554	119	△122	711	—	112
	宮本　尋常	35	1,931	926	910	18	4	366	88	121	350	—	—
	分教場（仮用）	—	—	2,480	545	16	2	435	60	—	780	—	—
	小野柄　尋常	42	2,209	1,710	1,727	45	5	777	118	133	785	—	394
	脇浜　尋常	41	2,204	2,018	1,446	36	5	562	108	△117	1,165	—	297
	吾妻　尋常	37	1,975	1,518	1,586	33	3	523	63	117	669	—	117
	八雲　高等	15	679	1,386	500	11	5	166	111	—	795	—	—
	野崎　高等	23	1,060	1,543	875	22	3	320	100	△61	855	—	—
	計	315	16,470	18,097	12,394	291	46	4,980	1,076	943	8,591	—	1,268
神戸	神戸　尋常	35	1,876	2,326	1,757	36	6	616	234	137	1,040	150	270
	諏訪山　尋常	31	1,591	2,182	1,498	30	5	469	124	△123	812	—	323
	山手　尋常	31	1,619	1,606	1,432	31	5	512	105	△145	672	—	—
	北野　尋常	24	1,258	1,548	1,159	26	6	454	117	118	672	—	—
	下山手　尋常	25	1,240	1,174	984	23	3	379	73	△122	331	—	—
	中宮　高等	19	925	1,303	539	18	5	254	94	△82	522	—	—
	計	165	8,509	10,139	7,369	164	30	2,684	747	727	4,049	150	593
湊東	湊川　尋常	31	1,744	1,979	1,147	32	5	609	120	98	872	—	307
	橘　尋常	19	924	1,167	818	19	5	296	83	115	458	—	—
	多聞　尋常	21	991	1,297	952	19	5	362	125	123	522	—	—
	東川崎　尋常	18	854	1,240	1,095	20	5	346	138	122	587	—	164
	荒田　尋常	27	1,485	1,326	495	24	3	355	76	△102	457	—	102
	楠　高等	30	1,620	1,876	1,451	28	6	490	240	115	1,053	—	—
	計	146	7,618	8,885	5,958	142	29	2,458	782	675	3,949	—	573
湊	湊山　尋常	25	1,315	1,708	1,099	27	4	425	98	△153	765	—	125
	平野　尋常	32	1,777	1,655	1,197	30	6	519	130	122	609	—	46
	菊水　尋常	20	966	1,305	1,066	20	4	347	124	△127	624	—	336
	鵯越　尋常	41	2,218	1,586	1,517	34	5	584	126	△122	600	—	359
	計	118	6,276	6,254	4,879	111	19	1,875	478	524	2,598	—	866

湊西	兵庫　尋常	37	1,996	1,379	1,399	33	6	520	99	△124	492	—	108
	大開　尋常	54	2,877	2,168	1,793	47	5	828	146	138	1,259	—	399
	川池　尋常	36	1,911	1,687	1,586	32	5	472	132	△103	733	—	296
	中道　尋常	26	1,324	1,379	1,340	26	5	441	128	123	521	—	135
	水木　尋常	35	1,847	1,409	969	30	5	520	120	120	565	—	—
	入江　尋常	38	2,093	1,648	1,493	37	5	1,379	114	123	755	—	158
	道場　尋常	39	2,141	1,569	1,349	32	5	530	47	△117	830	—	255
	川中　尋常	33	1,730	1,990	1,627	36	5	594	111	123	833	—	487
	須佐　尋常	40	2,105	1,830	1,564	33	4	1,254	96	100	704	—	—
	兵庫　高等	35	1,689	1,458	1,582	31	9	383	324	130	763	—	—
	明親　高等	27	1,333	1,792	1,248	20	13	328	246	122	840	—	228
	計	400	21,046	18,309	15,950	357	67	7,249	1,563	1,323	8,295	—	2,066
林田	室内　尋常	38	1,954	1,724	1,280	30	5	526	124	162	845	—	304
	浜山　尋常	40	2,112	1,628	1,534	41	6	708	134	116	608	—	178
	遠矢　尋常	40	2,110	1,390	1,534	39	5	632	92	△116	472	—	—
	真陽　尋常	41	2,261	2,607	1,738	40	5	597	137	△126	1,082	—	265
	長楽　尋常	37	1,950	2,077	1,502	35	4	555	87	123	1,140	—	327
	真野　尋常	39	2,089	2,187	1,497	39	4	663	90	118	1,200	—	184
	御蔵　尋常	32	1,494	1,034	1,135	25	3	444	43	△119	500	—	—
	長田　尋常	35	1,786	1,319	910	24	3	528	94	△74	563	—	—
	神楽　尋常	36	1,815	1,817	1,669	37	5	665	190	122	777	—	—
	志里池　尋常	36	1,904	1,964	1,683	36	4	617	165	129	1,180	—	490
	蓮池　尋常	48	2,561	2,472	1,560	40	5	668	146	△117	1,389	117	520
	二葉　尋常	41	2,266	1,884	1,450	38	5	629	104	122	1,004	—	218
	名倉　尋常	27	1,425	1,888	1,235	26	5	429	144	△123	1,049	—	230
	千歳　尋常	42	2,353	2,172	1,697	36		620	129	△129	1,025	—	583
	池田　尋常	23	992	1,791	1,285	26	5	453	186	102	826	—	431
	吉田　高等	30	1,503	4,000	1,818	30	13	534	339	△144	2,018	—	641
	若松　高等	36	1,813	2,139	1,460	32	9	534	169	△122	1,448	—	300
	計	621	32,388	34,093	24,987	574	86	9,800	2,373	2,064	17,126	117	4,671
須磨	須磨　尋常	55	2,968	2,817	1,814	49	5	792	110	△144	1,340	—	180
	東須磨　尋常	50	2,645	1,627	1,444	38	4	618	134	△117	607	—	—
	板宿　尋常	39	2,157	2,079	1,435	36	5	585	119	△114	1,188	—	—
	大黒　尋常	36	1,913	2,025	1,314	30	5	499	153	130	977	—	498
	若宮　尋常	33	1,745	1,900	1,528	31	6	525	160	△125	944	—	314
	妙法寺　尋常	6	274	798	459	6	2	76	38	43	341	—	—
	多井畑　尋常	5	104	785	232	4	1	64	16	△42	398	—	—
	白川　尋常	3	36	371	188	3	1	41	6	35	183	—	—
	須磨　高等	32	1,529	2,469	1,720	23	14	395	388	126	1,480	—	353
	計	259	13,371	14,871	10,134	220	43	3,595	1,124	876	7,458	—	1,345
	合計	2,401	125,926	135,176	96,683	2,200	368	38,790	9,495	8,273	64,488	267	13,353

備考：講堂△印は一部を間仕切り教室として使用し其の数52、坪数1.146坪に及ぶ尚二部教授268学級其の他の不足は移動学級等で補へり。若菜尋常小学校は昭和十五年六月三十日に焼失し目下之が復旧に努めつつあり、本表は原文のまま。

出典：『昭和十五年度　神戸市学事提要』神戸市教育部

市域拡張は大正九年（一九二〇）四月の須磨町、昭和四年（一九二九）四月の西灘村・西郷町・六甲村があるが、この「小学校校地校舎調」は大正九年六月の時点での調査であり、須磨町の小学校は含まれており、含まれていないのは西灘村・西郷町・六甲村の三町村の小学校である。表2-3-1は大正七年（一九一八）の神戸市小学校一覧であり、学区制廃止直前の校地坪数ならびに校舎延坪を示したものである。表2-3-2は大正九年の小学校校地校舎調を、表2-3-3は昭和一五年（一九四〇）の小学校校地校舎調を一覧にしたものである。以下、校地校舎調にもとづき、大正九年と昭和一五年の様態を比較する。

まず校数は四九校から七二校に増えている。そこから新市域の灘区に神戸市になる以前からあった五校を除くと六七校となるが、この間新設と廃校があり、新設校は表2-1-1にあるように二四校があった。廃校は生田川・長狭・大開女子・和田・西野・御崎の六校となる。差し引き一八校の増となる。高等小学校一〇校を含めて、計七二校があり、そのうち鉄筋コンクリート造校舎を有せず、木造校舎だけからなった小学校は七校のみであった。つまり九〇％の鉄筋コンクリート造化の割合となり、戦前期ではわが国で神戸市がもっとも鉄筋コンクリート造化の割合が高かったことがわかる。

ただし東京市や横浜市とは異なり、すべてが鉄筋コンクリート造になった校舎は新設校や火災で全焼した学校に限られ、神戸校のような伝統校であっても一部は木造校舎を使用していた。神戸校のこの北校舎は大正八年（一九一九）一二月に竣工しており、神戸校での鉄筋コンクリート造校舎が大正一〇年（一九二一）一〇月に竣工することを考えれば、この時点では築年数に二年間の違いしかなく、鉄筋コンクリート造に改築する必要がなかった。(1)このようなケースはほかの小学校においてもみることができる。つまり全面改築でなく部分改築であったことを物語っている。昭和七年（一九三二）の時点で全部が鉄筋コンクリート造になった校数は二五校、木造と鉄筋コンクリート造の両方を持つ校数は二六校、全部が木造の校数は一五校であった。(2)昭和一五年の時点で全部が鉄筋コンクリート造校舎の校数は三五校、両方を持つ校数は三一校、全部が木造の校数は七校であった。つまり鉄筋コンクリート造校舎を有する割合は九〇％を超えていた。

なお昭和一五年（一九四〇）の時点で、すべてが木造校舎であったのは葺合区の若菜、八雲の二校、神戸区は中宮、林田区は長田、須磨区は妙法寺、多井畑、白川の三校、計七校であった。この七校が鉄筋コンクリート造にならなかった理由を考えると、葺合区と神戸区の三校は校地面積が一般的な小学校の半分にすぎず、いずれ廃校が考えられていたようだ。長田校は鉄筋コンクリート造化が開始される直前の大正九年（一九二〇）四月に新設された校舎であった。須磨区の三校は市街地建築物法に抵触しない田園地にあり、学校規模もきわめて小さく、敢えて鉄筋コンクリート造にする必要がなかったのだろう。なお妙法寺校は昭和六年（一九三一）に、多井畑校は昭和五年（一九三〇）に木造校舎による新築移転していた。白川校も昭和六年に校舎改築がおこなわれていた。

写真 2-3-1　長田小学校

最後の鉄筋コンクリート造校舎が建設される昭和一四年度の内容を反映させた『昭和十五年度神戸市学事提要』によれば、

> 支那事変ニヨル鐵ノ使用統制、起債ノ抑制等ニヨリ学校ノ増設ハ意ノ如ク進捗セザル状態ナルニ困リ本市ニ於テハ鐵筋校舎ノ建築ヲ断念シ、新ニ木造ニ依ル学校増設ノ計画ヲ立テ、昭和十五年ヨリ三ケ年継続事業トシテ目下之ガ実現ニ努メツ、アリ

十九年間にわたって建設された鉄筋コンクリート造校舎が鉄の使用が統制下に入り、入手が困難になり、断念したことが記される。

小学校校地校舎調の比較を進める。市街地になかった妙法寺、多井畑、白川の三校は条件に大きな違いがあるため、ここでは含めない。校地坪数は大正九年（一九二〇）の時点では平均して一三〇九・七坪であったが、昭和一五年（一九四〇）の時点では一九三〇・七坪と、約一・四七倍に拡張されていた。この数値は昭和五年（一九三〇）に発表された神戸市の方針である校地二千坪にほぼ合致したものになっていた。校舎延坪は大正九年のものは一階の建築面積であり、延床面積を示すものではないために、大正七年（一九一八）の「学区財産処分案」『神戸市会成議録』(3)のなかの「各區ニ於ケル校舎敷地及建坪」に記載された数値（表2-3-1）と比較する。この数値は前年の大正六年（一九一七）の『神戸市学事提要』の校地校舎調の数値に近似したものであった。なお大正九年度の『神戸市学事提要』には鉄筋コンクリート造校舎完成が発行後であったために含まれておらず、そのため大正六年と数値には極端な違いはない。その間増築などで木造校舎に手がくわえられたにとどまる。

校舎延坪は大正七年の時点では平均で三八七・六坪であったが、昭和一五年では一三八八・四坪となっており、約三・五八倍に増えていた。敷地は一・五倍の増加に過ぎなかったが、建物が三・五倍ということは鉄筋コンクリート造により三階建になったことが反映されたものと判断できる。

次に教室数をみる。普通教室数は大正九年では一校あたり二一・四室であったが、昭和一五年では三一・七校となり、約一・五倍となる。一方特別教室数は大正九年では一校あたり一・八二室であったが、昭和一五年には五・二七室となり、約二・九〇倍となる。すなわちこの間は特別教室の充実があったことが判明する。児童数もほぼ倍増しており、一校あたりの児童数は大正九年では一、三七六人が、一、八一九人と、約一・三二倍に増えていた。学級数をみると大正九年では二七・四八に対して、昭和一五年では三四・五九となり、約一・二六倍となる。

何よりもの違いは屋上の誕生にあって、大正九年では木造ゆえに屋上運動場はゼロであったが、昭和一五年では四六校で使用されており、一校あたり二九〇・二八坪の広さを有した。この時点で六五校が鉄筋コンクリート造になっており、鉄筋コンクリート造ゆえに一様に屋上運動場が設けられていた。だが、坪数として記入されなかった小学校は広大な運動場を有する六甲小学校をはじめとする一九校があった。

神戸の鉄筋コンクリート造小学校では校舎に組み込まれ、必ず設けられた感のある講堂をみると、昭和一五年の時点では分教場を除けばどの小学校にもその設置が確認される。大正九年（一九二〇）の小学校校地校舎調には講堂の記載はなく、はじめて現れるのは大正一二年（一九二三）であり、この時点で神戸市域には五二校があり、鉄筋コンクリート造の講堂は一九校に、木造講堂は一六校に、残りの一七校では講堂を有しなかった。大きさをみると、鉄筋コンクリート造の講堂は一〇二から一五〇坪であるのに対して、木造の講堂は四四から八二坪であり、鉄筋コンクリート造と約二倍の違いがあった。

二　視察者のまなざし

前節でもみたように、東京市番町小学校首席訓導の肥沼健次は大正一二年四月に神戸の神戸・山手・兵庫・神楽の各小学校を視察しており、全体の印象を「視察雑観」(4)として次のように記す。

阪神の鉄筋小学校校舎視察に際し、先づ興へられた第一印象は、外観の頗る堂々たることである。神楽、船場両校の外はすべて、校門として見る可きものがない。巍然たる校舎が道路に直面して高く中空に聳立している。矮小な日本人を冷罵して居るようにも見えた。来意を通じ夫々厚遇のもとに参観の栄を得たが、今強ひて各校に対する余の所感を述ぶれば、一神戸校は内部設備の充実せる学校、二山手校は特に壁色に特徴ある学校、三兵庫校は将来有為の学校、四神楽校は新設にしてまだ備品の搬入中、校舎は概してさっぱりとした学校

また視察校の学校長並に諸先生、そして本庄教育課長と会ったことで得られた校舎建築の設計技法を次のように述べる。

一　床は勿論経費の許す限り腰羽目及廊下を板張りにすること

二　廊下（可成九尺）及階段を広くし、児童の出入に便ずること
三　教室出入口は板張り若しくは一部硝子の引違戸を可とし、扉造りは破損し易きこと
四　教室廊下側窓は木骨でも差支ないが、教室及廊下外側窓は全部鉄骨にすること
五　教室の色は天井を白色に、壁を水色若しくは空色の自然色とし、各階により色合を異にすることは多少の非難あること
六　窓掛が白色又は淡黄色を可とすること
七　神戸市小学校普通教室は、市衛生技師研究の結果、若し授業中一時間密閉すれば、室内の空気汚れ、一学級十八人以上の収容は困難なりと聞く換気窓の装置は勿論、冬期と雖も窓の一部を開け放し得るやう適当なる採暖装置を施す可きこと
八　黒板は下地を布又は板張りとし、亀裂防止を図ること
九　図掛其他掲示用の折釘は、壁面各所へ固定式にせず、周壁の適当なる場所に長押を取付け、上端へZ型金具を左右移動式に掛け得る様装置すること
十　水道設備の排水管はすべて太くするか、又は露出工事にすること
十一　手洗場其他流付水道設備は、水道栓の高さ、流しの深さに留意し、用水の飛散及バケツの使用に便ずること
十二　水洗式便所は西原式を適当とするも、可成排便管を太くするか、又は階上に大便所を設けざること
十三　電燈はスリガラスの覆付となし、光線の調和を図ること
十四　合図用電鈴及呼鈴は昼間電気を利用すること
十五　鉄筋校舎と雖も昇降口は可成広くするか、又は履物の置場所を地下室に設くること
十六　廊下の角及び昇降口、屋内体操場等に於て、児童の触れ易き柱の角々には木材又は金属類を加工可すきこと

十七　コルクの廊下は足の当り具合は可なるも、雨天其他湿気を含める際不可なること

十八　理科室の暗室装置は黒布を引紐にて左右開閉式にすること

十九　屋上運動場にて力を入れる運動は、三階教室に反響あり、構造上適当に工夫すべきこと

二十　暴風雨の際雨水の差込みあり、実際装置には特に留意すること

二一　校舎外面上塗りの際は刷毛の使用を上下式にし、雨水の流下を善くし、水分の外壁浸透（亀裂其他の故障を起す）を防止すること

二二　机腰掛は一般に一人一脚を要望するも、学級人員多き為めこれが配列法に苦しめり、教室の面積を広くするか、学級人員を可成少なくからしむること

二三　特別教室の利用上、次の時間に使用す可き児童の学習用具入戸棚を廊下に造付くること

二四　特別教室と其の準備室とは十分連絡をとり、用具の取扱いに便利なる様設備すること

二五　特別教室、準備室及其他の特別室に於て大戸棚を要し、特に移動の必要なきものは建築の際造付けになす可きこと

二六　屋上に温室又は気象観測室を特設すること

神戸の鉄筋コンクリート造校舎は先例なしに誕生したことで、実際に完成し使用するに連れて、多くの問題点がみつかったものと想像される。それらの反省も含め、肥沼健次に意見したようだ。五の壁面の色彩は前節でみた山手小学校のことだと思われるが、神戸市側では必ずしも高い評価ではなかったことが窺える。屋上について肥沼健次はさらに次のように記した。

神戸、山手、兵庫、神楽は四校とも屋上運動場がある。何れも高さ三尺内外のパラペットを圍らし危険防止に備えてある。舗装工事にはコンクリートとタークレーとの両種があった。夏期テントを張る設備としてパラペ

ットの所々に金輪が取付けてあるが、海岸に近いため風力強く、実際の使用は困難だと云って居る。水栓は何れも一二ケ所宛設けてある。兵庫校は屋上の一部で植物を栽培していた。

屋上運動場は日本の学校建築では神戸市の小学校が嚆矢であり、その後全国での鉄筋コンクリート造小学校建築のプランニングに大きな影響を与えた。戦後も屋上運動場は高度経済成長期までは使用され学校建築における日常的光景と化していたことを考えれば、その意義は高いものといえる。とりわけ神戸のように坂道の町では眺めもよく、今までにみることができなかった景色がみれて、人気が高かったようだ。肥沼健次は屋上運動場と同様に神戸の小学校の特徴のひとつであった講堂について次のように記述する。

神戸校　本校の講堂は百五十坪、床は米松張、壁は白色、腰は卵色の塗羽目、正面には御真影奉安所と四段の大式壇とを造付け、両側の窓は二重カーテンで、外部は白色レース、内部は緑色ドンス、電燈は正面に二個、左右両側に四個宛、中央に花電燈一個を点じ（中央以外はすべて百燭光）後部には活動写真用の電気装置が設けてある。備品としてはピアノ、式卓、回転式羅紗張掲示板、正面に大時計一、背面には美的な大衝立一、他に千人内外分の長椅子、天鵞絨張椅子、藤張丸椅子等を常備し、正面左右には棕梠竹及松の鉢植が備へてある。

三　市民の認識

ではここで誕生した校舎はいったいどのように捉えられていたのか。神戸市役所が大正一四年（一九二五）に刊行した『神戸市読本』によれば、地方から神戸に出てきた少年に託して次のように語らせていた。

神戸市のやうな大都会では、人口の出入が頻繁な上に、その増加がまた急激でありますから、これに応じて教育の施設を全うして行くといふことは、なかなか容易な事ではなからうと思ひます。しかし市は、なんでも神戸市の教育を、日本の大玄関たる誇を傷つけない、りっぱなものにしなければならぬといふ方針で、学校の増設、設備の改善、内容の刷新、優良なる教育者の任用等に、鋭意力を尽くし、着々成績を挙げて居られます。

つまり神戸が日本の「大玄関」という認識があったことがわかる。先の引用を続けると、

私が神戸市へ来て第一に驚きましたのは、小学校の校舎のりっぱな事でした。現今市内のあちこちにそびえている鉄筋コンクリート三階建の宏壮な建築は、皆第一期の小学校大改増築工事に出来上ったものだそうです。しかし市はこれに満足せず、更に第二期の計画を立て、既に市会の議決を経、近く建築に着手するとの事であります。

神戸市はこの事業がなしえた結果に対して相当に自信をもっていたことが読み取れる。同時に鉄筋コンクリート小学校校舎の先進都市として邁進していたことが伝わってくる。

註

（1）土木課技手であった調枝明男の設計、『神戸小学校五十年史』開校五十周年記念式典会、一九三五年、による。
（2）『創立六十周年記念誌』雲中小学校、一九三三年。
（3）神戸市会図書館所蔵。
（4）肥沼健次『鉄筋混凝土校舎と設備』洪洋社、一九二七年。

第三章　大都市近郊町村における小学校建築の成立

――兵庫県旧武庫郡町村

第一節　大都市近郊町村における小学校建築の成立と民間建築家との関連
——兵庫県旧武庫郡の町村を事例に

わが国の大都市において、鉄筋コンクリート造小学校校舎の建設は大正期から昭和戦前期の間の、特定の時期に集中して建てられる傾向にあった。それ以外の地方都市や郡部の町村についての様相についてはあきらかにされてはいない。しかしながら郡部の町村においても大都市郊外では都市化の進展により裕福な財政にあることが多く、地域によっては大都市と同じような状況を呈するケースも存在した。本章では大都市郊外の郡部町村の小学校における鉄筋コンクリート造校舎の成立過程を兵庫県旧・武庫郡を事例とし考察していく。

ここでは調査地域として、この地域で最初の鉄筋コンクリート造校舎が竣工した大正一二年（一九二三）の時点で、武庫郡に含まれる地域を対象とする。なお武庫郡の範囲とは現在の行政区分では、神戸市灘区、東灘区、北区、芦屋市、西宮市の大部分と、尼崎市と宝塚市の一部が該当する。期間としては大正一二年から昭和一五年（一九四〇）までを対象とする。

この時期には武庫郡では大庄村を除けば、いずれの町村の行政の内部にも小学校校舎を設計する営繕組織を有していなかったため、その設計は外部の民間建築家に委託されていた。ここで設計をおこなっていた多くの民間建築家については、これまで知られておらず、その建築活動についてもあきらかにする。なお、大庄村の小学校の設計のために設置された大庄村の営繕組織については、ここでは便宜上、民間建築家と同列に取り扱うことにする。

一　鉄筋コンクリート造校舎の建設

対象地域には三八校の小学校があり、そのうち三二校[6]が鉄筋コンクリート造校舎を有した。建設の期間は表3-1-2から読み取れるように、昭和一一年（一九三六）から同一二年（一九三七）にかけての間に集中し、次いで昭和二年（一九二七）と昭和八年（一九三三）に多い。この背景に昭和九年（一九三四）の関西大風水害による大阪・京都の木造校舎の被災があり、その影響もあった。だが、文部省や内務省など国家レベルによる行政指導は、管見の限りにおいてみられない[7]。

1　市町村の財政状況

武庫郡の各町村は地理的に大阪市と神戸市の中間に位置し、早くから鉄道が開通し、海や山に近接するという恵まれた自然環境にあり、明治後期以来住宅地として急速に発達し、大阪・神戸の郊外住宅地になる。その結果、各町村は総体的に豊かな財政状態になる。市町村の財政状態を知る指標のひとつに、市町村費の歳出入があり、ここでは史料の見いだせた大正八年（一九一九）と昭和八年のものをみる。

表3-1-1からわかることは、人口が多い西宮町の町費が他の町村と較べて高額になっていることは当然の結果と考えられるが、西宮市に比べるとはるかに人口が少ない精道村と住吉村の村費が西宮町の町費に匹敵し、非常に高額なものとなっていることは注目に値する。実際に村民一人当りの村費をみると、住吉村や精道村のものは、群を抜いて高額なものになっていることがわかる。大正期から昭和戦前期に神戸を代表する新聞社であった、神戸又新日報社が昭和二年（一九二七）に発行した『兵庫県銘鑑』によると、

富豪の移住者増加に従い、町村の財政亦自然と豊饒と為り、中には一村の経済が殆ど他の貧弱なる一県の収支

図 3-1-1　兵庫県武庫郡全図

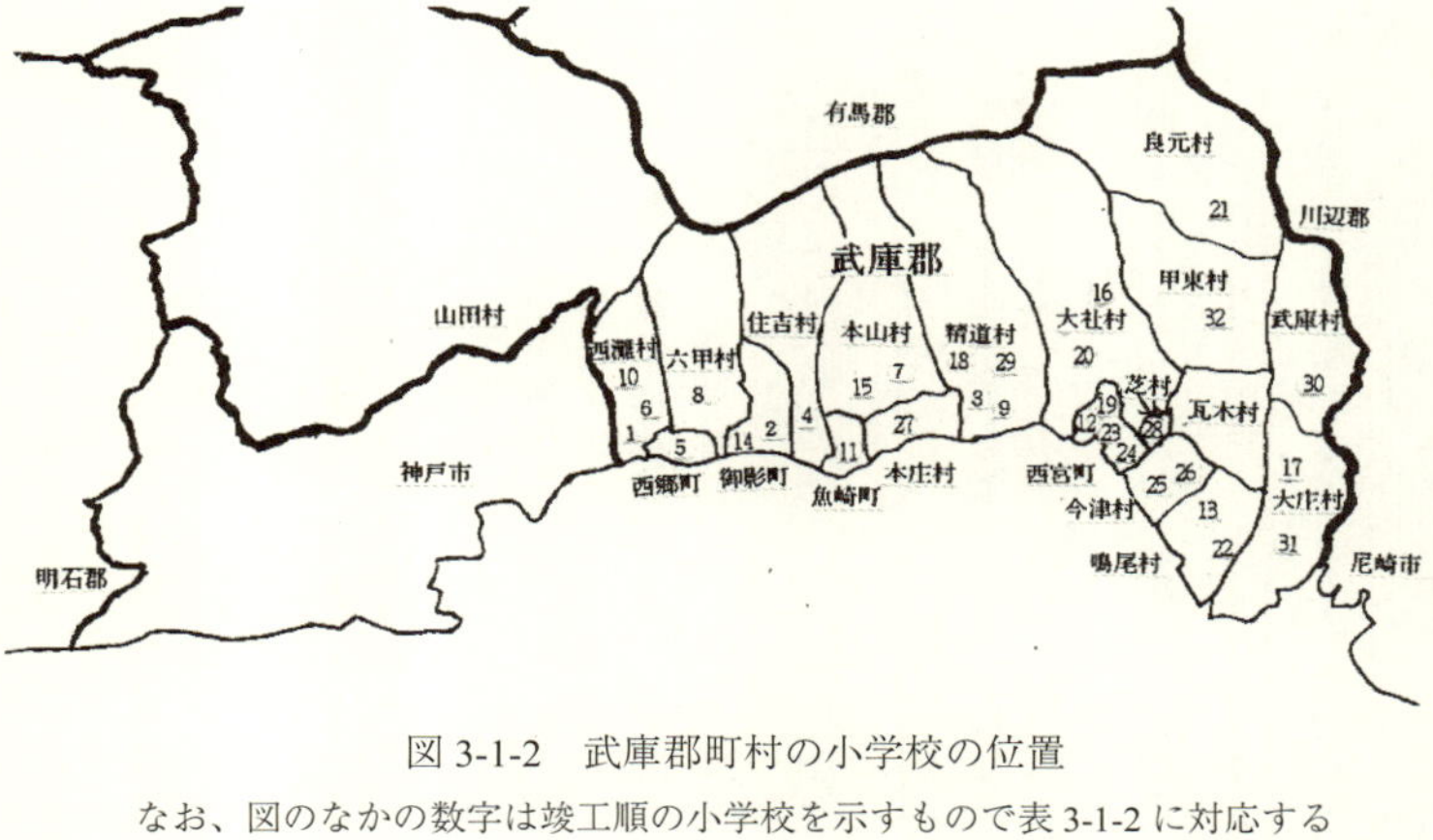

図 3-1-2　武庫郡町村の小学校の位置

なお、図のなかの数字は竣工順の小学校を示すもので表 3-1-2 に対応する

予算と相伯仲するが如きもののある等、逐年発達膨張の趨勢を示し居れり[8]
という表現さえあるようなことからも、住吉村や精道村の予算がいかに大きな金額であったかがわかる。

武庫郡には灘五郷の西宮、御影、西郷、魚崎、今津の各町が含まれており、これらの町は近世期の醸造業により裕福な財政基盤を有し、郊外住宅地が開発される以前より、それぞれ郡内の中心的な位置にあった。大正八年（一九一九）の武庫郡内の町村費をみると、これらの町は西宮町を除くと、さきの住吉村、精道村に次いで、高額な町費を有し町民ひとりあたりの町費は総体的に高額であった。そのことは西郷町で小学校の授業料が不要であったこと[9]に端的に表れている。このように郊外住宅地だけでなく、既存の町に酒造の醸造家を中心にして財力が蓄積され[10]ており、町の財政にもそのことは反映されていたとみることができる。

また、大正末期には海岸部を埋め立て工場用地とする村も現れ、昭和初期には工場が設置され一気に富裕な財政[11]状態になる。鳴尾村、大庄村などの歳出入[12]に顕著に現れている。

表3-1-1の昭和八年（一九三三）のものからは、西宮市に編入される大社村などの予算[13]が高額になっていたことがわかる。このことは郊外住宅地がこの時期には住吉村や精道村以外の村にも広がっていたことを示し、村の財政が豊かになりつつあったことがわかる。昭和八年以降は良元村や瓦木村、本山村[14]でも大社村と同様に郊外住宅地に移住者が増加し、財政が豊かになる傾向にあったことが読み取れる。

このようにみてくると、武庫郡内の多くの町村ではそれぞれ微妙な時間的な差異は有したが、大正期から昭和初期の間に裕福な財政になっていくという傾向にあったことが判明する。それぞれの町村によって鉄筋コンクリート造校舎の建設時期が微妙に異なっていたことは、上記でみてきたような個々の町村によって異なる財政事情を反映していた。しかし一方で、建設の時期が特定の時期に集中する現象もみられる。そのことは以上みてきた各町村の財政事情だけでは解明できない。そこにはそれ以外の理由が考えられる。次にそのことを詳しくみていく。

表 3-1-1　旧武庫郡・各町村費の一覧

町村名	大正 8 年（1919）			昭和 8 年（1933）		
	町村歳入費（円）	人口（人）	1 人当りの金額（円）	町村歳入費（円）	人口（人）	1 人当りの金額（円）
西宮町	505,460	28,327	17.84		44,727	
今津町	64,234	6,171	10.41	230,878	19,498	11.84
鳴尾村	69,797	6,681	10.44	227,464	12,700	17.91
大庄村	31,765	5,029	6.32	223,773	12,850	17.41
武庫村	15,194	3,432	4.43	45,454	4,140	10.98
良元村	31,212	4,399	7.09	80,462	8,160	9.86
甲東村	10,007	2,359	4.24	48,577	5,680	8.55
大社村	27,334	3,807	7.18	442,123	12,474	35.44
瓦木村	10,042	1,639	6.13	83,484	5,420	15.40
芝村	12,625	2,626	4.81	115,456	2,992	38.59
精道村	421,690	8,667	48.65	627,141	33,920	18.49
本庄村	82,260	5,412	15.20	68,253	10,230	6.67
本山村	44,928	3,738	12.02	194,616	10,240	19.05
魚崎町	168,454	4,277	39.39	265,625	9,230	28.77
住吉村	458,042	10,623	43.12	486,830	15,980	30.46
御影町	202,434	13,153	15.39	675,744	19,030	35.51
六甲村	77,606	5,337	14.54			
西郷町	129,916	7,027	18.49			
西灘村	119,286	12,640	9.44			
武庫郡全体	2,482,286	135,344	18.34	3,871,242	154,500	25.06
兵庫県全体				26,235,606	2,759,700	9.51

出典：『大正八年兵庫県統計書』・『昭和八年兵庫県統計書』兵庫県総務部調査係
備考：史料の関係で大正 8 年の武庫郡全体のなかには山田村は含めていないが、昭和 8 年の武庫郡全体のなかには山田村は含めている。
また西宮町は大正 14 年以降は市制をひき、六甲村、西郷町、西灘村は昭和 4 年以降は神戸市に編入されており、歳入額及び人口のデータは確認できなかった。

2　市町村合併による建設への影響

鉄筋コンクリート造校舎の建設の時期が集中した背景には、市町村合併による駆け込み的な起債による建設が多かったことが考えられる。つまり、ここには次のような絡繰りがあったと推察できる。神戸市や西宮市へ編入される町や村では、編入直前にあらかじめ起債をおこし校舎の建設事業をおこない、編入後にはその起債を神戸市や西宮市に引き継がせるという方法がおこなわれていた。

詳しくみると、現在、神戸市灘区に所在する西灘第二小学校、西灘第三小学校は西灘村が神戸市に編入される直前の、昭和二～四年（一九二七～一九二九）の間に建設がなされており、神戸市との合併条件のなかで、鉄筋コンクリート造校舎の建設費用を引き継ぐという条件が決められていた可能性が考えられる。同様に神戸市に編入される六甲村でもその直前の昭和二年（一九二七）に、六甲小学校の鉄筋コンクリート造校舎への改築がおこなわれていた。

西宮市では昭和八年（一九三三）に、今津町が編入される時の合併条件のひとつに「第一小学校本館両側ノ校舎ヲ改築スルコト」[15]とあり、この条件が昭和一二年（一九三七）の今津小学校の鉄筋コンクリート造校舎の出現に繋ったものと判断できる。昭和八年に西宮市に編入される芝村の芦原小学校も同様なケースであったと考えられる。また、昭和八年に竣工する大社小学校では、大社村の西宮市への編入が決定された昭和七年（一九三二）に着工がおこなわれており、この建設には合併という事象が影響を与えていた可能性があると思われる。さらに昭和一五年（一九四〇）に竣工する甲東小学校では甲東村が昭和一六年（一九四一）に西宮市に編入されるが、編入の決定がなされた直後に、起債により建設がおこなわれていたようだ。

そのような背景には、武庫郡においては大正末期から昭和戦前期は急速な都市化の進展により、行政区域の再編成の時期にあったことが関連している。なお大正一二年（一九二三）には郡制度が廃止されている。行政区域の変更をみると、神戸市に接する西灘村、西郷町、六甲村は昭和四年に神戸市に編入されている。また西宮市は大正一四年（一九二五）には市制が敷かれ、今津町、芝村、大社村が昭和八年（一九三三）、甲東村が昭和一六年に、瓦木村が昭和一七年（一九四二）にそれぞれ西宮市に編入される。尼崎市では大庄村、武庫村が昭和一七年に尼崎市に編入されている。このように、この時期は周囲の村が神戸、西宮、尼崎の各市に取り込まれていく過程にあり、その編入の際に、以上みたような駆け込み的な起債によって鉄筋コンクリート造校舎の建設がおこなわれたとみることができる。つまり、行政区域の再編成が結果として小学校校舎の鉄筋コンクリート造化を促進したと捉えることもできる。

3　民間建築家の登用

上記の市町村ではどのようにして鉄筋コンクリート造校舎が建設されていったのだろうか。それぞれの市町村は独立した存在であったが、大都市の自治体のように小学校をはじめとする公共建築の設計をおこなう組織を行政内部に有していない。つまり、建設の頻度の少ない自治体の建築物建設事業のために、設計組織を設置し維持することは財政上困難なことであったと考えられる。そこで対象地域の自治体では、小学校校舎の設計は民間建築家に依頼がおこなわれることになる。（表3-1-2参照）

それではそれ以前の明治期大正期の木造校舎についてはどのようにして設計が進められたのだろうか。史料が見出せた御影町の小学校を事例とすると、御影第一小学校の明治四一年（一九〇八）の校舎[16]は当時神戸市に本拠を置き建築活動をおこなっていた設楽建築事務所[17]の設計によることが確認される。また御影第二小学校の大正八年（一九一九）の校舎[18]は大阪市立工業学校教諭の藤本好雄[19]の設計であったことが確認される。このようにこの時期の設計は行政内部の技術者によるものではなく、民間建築家をはじめとする外部の建築技術者によっておこなわれていたことがわかる。鉄筋コンクリート造になっても当然その慣習は引き継がれ民間建築家に依頼がなされたと判断できる。表3-1-4に記したようにここでは一〇人の民間建築家が設計に関係していたことが判明した。

表 3-1-2　旧武庫郡・民間建築家による小学校一覧（1）

番号	小学校名	町村名	竣工年	工費（千円）	建築面積（m²）	延床面積（m²）	階数	平面	講堂		意匠				現存	設計者	施工者	出典	備考
									校舎内	別棟	柱型	アーチ	庇	その他の特徴					
1	西灘第一	西灘村	T 12、7	158	970	3033	3	–			○			中央部塔屋、三角破風あり	×	不明	畑工務店	西灘村史	2 期は T 15 古塚正治設計
2	御影第二	御影町	T 12、12	74	298	914	3	–			○	○		柱頭はゴシック風	×	清水栄二	江藤知則	御影町誌	2 期は S 2
3	精道第一	精道村	T 13		491	1475	3	–			○	○		塔屋や柱頭に幾何学的な装飾	○	和田貞治郎	田中組	沿革史	
4	住吉	住吉村	T 13、12				2					○		尖頭形の瞎アーチ	×	*1 今北乙吉		沿革史	2 期 S 6、3 期 S 9
5	西郷	西郷町	T 15、7				2	–		○	○	○		連続する瞎アーチ上部の装飾	×	古塚正治	竹中工務店	沿革史	2 期は S 10
6	西灘第二	西灘村	S 2、1	69			3	–			○				×	古塚正治	金田工務店		2 期は S 13
7	本山第一	本山村	S 2、7				2	コ		○	○				×	古塚正治		本山村誌	
8	六甲	六甲村	S 2、7				3	–	○		○	○		5 連アーチ	×	清水栄二			
9	精道第二	精道村	S 2、10	145	936	2808	3	–	○		○	○		胡麻柄	×	清水栄二	早駒組	沿革史	戦後は県立芦屋高校
10	西灘第三	西灘村	S 4、3	166	1023	3157	3	L	○		○	○		尖頭アーチ、ゴシック風	×	古塚正治	畑政七	沿革史	2 期は S 11
11	大社	大社村	S 4、10	69	412	1370	3	L					○	丸窓とゴシック風の柱が 3 本あり	×	古塚正治	平塚種松	大社村誌	2 期は S 8 3 期は S 11
12	魚崎	魚崎町	S 4、11	368	1675	5755	3	エ	○		○	○	○	胡麻柄、柱が段状	×	清水栄二	寺田早太郎	新築落成記念帖	2 期は S 11
13	建石	西宮市	S 5、3		1352	4058	3	L	○		○		○	水平庇	○	古塚正治		西宮市教育委員会文書	現在、市立西高等学校
14	鳴尾	鳴尾村	S 5、8	272	1625	5418	3	H	○		○	○		1 階にアーチ、丸窓あり	×	田村啓三	中島勝次郎	新築落成記念帖	
15	御影第一	御影	S 7、5	187	1029	2953	3		○		○			胡麻柄、柱が段状	×	清水栄二		御影町誌	
16	本山第二	本山村	S 8、3	114	882	2684	3	コ	○		○	○		柱型とパラペットが同一面	×	今北乙吉	朝永工務所	新築落成記念帖	2 期は S 11
17	大庄	大庄村	S 8、8				3	エ	○		○	○		尖頭アーチ	○	福井裕		沿革史	2 期は S 11
18	山手	精道村	S 8、12	226	1871	5368	3	–	○		○			塔屋がガラス張の展望室	○	和田貞治郎	清水組	近代建築画譜	
19	安井	西宮市	S 10、10				1			○					×	古塚正治	平塚	沿革史	
20	夙川	西宮市	S 11、3		640	1832	3	–					○	左右相称	○	置塩章		新築概要	

表 3-1-2　旧武庫郡・民間建築家による小学校一覧（2）

番号	小学校名	町村名	竣工年	工費（千円）	建築面積（m²）	延床面積（m²）	階数	平面	講堂		意匠				現存	設計者	施工者	出典	備考
									校舎内	別棟	柱型	アーチ	庇	その他の特徴					
21	宝塚第一	良元村	S 11、10				3	−	○				○	階段室がガラス張、展望室あり	○	笠井正一		沿革史	
22	鳴尾東	鳴尾村	S 11、11		1247	3944	3	−	○				○	ガラスの踊場、ステンドグラス	×	古塚正治	戸田組	兵庫教育・第 569 号	
23	浜脇	西宮市	S 12、3		1857	5571	3	コ					○		○	長谷部・竹腰		長谷部・竹腰建築作品集	
24	用海	西宮市	S 12、3		690	2071	3	L		−			○		○	長谷部・竹腰		西宮市教育委員会文書	
25	今津	西宮市	S 12、3		476	1430	3	−		−			○		○	長谷部・竹腰		西宮市教育委員会文書	
26	津門	西宮市	S 12、3		517	1552	3	−		−			○		○	長谷部・竹腰		西宮市教育委員会文書	
27	本庄	本庄村	S 12、5				3	−	○		○			塔屋に九輪風の装飾	×	和田貞治郎		沿革史	
28	芦原	西宮市	S 12、8		417	1109	3	−		−			○		○	長谷部竹腰		西宮市教育委員会文書	現西宮市教育センター
29	岩園	精道村	S 12、9	225	1529	4589	3	−				○			○	和田貞治郎	細野組	沿革史	
30	武庫	武庫村	S 13、12	165	924	2584	3						○	タイル張り	○	前川悦蔵		改築誌	
31	西	大庄村	S 14、3	218	957	304	3	−			○	○		柱頭はパラボラアーチ	○	福井裕		沿革史	
32	甲東	甲東村	S 15、1				3	L						角部は曲面	×	＊2 不明		沿革誌	
合計 32 校																			

備考：左の番号は竣工順を示す。番号 4 の住吉校の設計者欄に記した＊1 今北乙吉は 2 期及び 3 期の校舎の設計を担当しており、大正 13 年の 1 期の設計者は現時点では判明していない。また、設計者欄に、＊2 を記した番号 32 の甲東校の設計者名は現時点では判明していない。校舎の現存については平成 9 年 1 月 10 日現在のものである。

二　校舎の建築的特徴

一〇人の民間建築家がそれぞれ設計をおこなっていたことは、多様な建築の意匠や内容を有した校舎の出現に繋がると予想される。にもかかわらず、実現した校舎の平面計画や意匠には共通項が多くみられ、一定の方向に収斂していく傾向が窺える。

1　計画内容

計画面ではプランニングの上で一つの形式に集約されていく傾向にある。ここでの形式は講堂を最上階に設置し、その下階は中廊下式の教室配置を取るものであり、そのような形式の前段階として講堂を本館の二階に設置するものがあり、昭和一〇年（一九三五）以降は講堂を別棟化し、一階に設置するものが現れる。このように一定の方向に形式化がおこなわれたことに、小学校建築の有する公共建築的な側面が窺える。校舎は講堂の位置により次の三つに分類できる。これは時間軸にほぼ呼応する。

（1）講堂を本館の二階に設置するもの――大正一二年（一九二三）から昭和二年（一九二七）

大正期には校舎が鉄筋コンクリート造となる割合は校舎の全体ではなく、本館など一部の校舎に限定される傾向にあった。なお本館は一階が職員室などの管理スペースとなり、二階が講堂となることが多く、従来の木造校舎の時期のプランを踏襲したものと考えられる。住吉小学校（一九二四年）、西郷小学校（一九二六年）、本山第一小学校（一九二七年）が該当する。

写真 3-1-1　六甲小学校

写真 3-1-2　浜脇小学校

写真 3-1-3　西郷小学校

写真 3-1-4　芦屋山手小学校（筆者撮影）

写真 3-1-5　西郷第三小学校

写真 3-1-6　大庄小学校

写真 3-1-7　鳴尾小学校

写真 3-1-8　宝塚第一小学校

(2) 講堂を最上階に設置するもの――昭和二年(一九二七)から同一二年(一九三七)

講堂を校舎の三階に設置する形式で、そのため一〜二階は中廊下式の教室配置をとる。該当するものとしては、六甲小学校(一九二七年)以下、合計一四校が確認される。この背景には講堂を校舎の最上階に設置する神戸市の鉄筋コンクリート造小学校校舎の平面形式[20]の影響を受け、ここでもこのような平面形式が定着していったものと考えられる。

このような神戸市の小学校の形式が、ここで対象とする町村に伝播されていく現象を詳しくみると、地域の有力者から構成される小学校の建設委員は小学校の基本計画をおこなう際に、神戸市内の鉄筋コンクリート造の小学校校舎の見学[21]をおこなっていたようだ。すなわち、神戸市ではわが国でもっとも早く鉄筋コンクリート造の小学校校舎が建設され、大正後期には幅広い成立[22]をみており、武庫郡の町村の多くは地理的にも神戸市と近接する条件にあったことも関連する。

また、あとで詳しくみる清水栄二[23]・神戸市営繕課長が、私的な仕事[24]として御影第二小学校(一九二三年)はじめ六甲小学校(一九二七年)や精道第二小学校(一九二七年)の設計をおこなっていたことも関連する。六甲小学校と精道第二小学校では講堂が最上階に設置されており、この形式がこの地域に普及する際に影響を与えた可能性が強い。この形式をもつものを順を追って拾えば、昭和四年(一九二九)の魚崎小学校、西灘第三小学校、昭和五年(一九三〇)の鳴尾小学校、昭和八年(一九三三)の山手小学校、本山第二小学校など、この時期のほとんどの小学校でみられ、強い影響力を持つ形式であったことがわかる。清水栄二は昭和二年(一九二七)の建築事務所の開設後も、魚崎小学校や御影第一小学校など、継続してこの形式による校舎を設計する。

(3) 講堂を別棟の配置とするもの――昭和一一年(一九三六)から昭和一五年(一九四〇)

昭和一〇年(一九三五)以降は講堂を校舎の内部に組み込む校舎は姿を消し、講堂は別棟として設置される。その背景にはこの時期のものは昭和九年(一九三四)の関西大風水害の被害を受け改築されたものが多い[25]。

しかしながら別棟の講堂も含め、全館が鉄筋コンクリート造になるケースは浜脇小学校（一九三七）一校にとどまり、(26)各学校ともに改築は教室棟の一部に限定される傾向にあった。該当校としては昭和一二年（一九三七）に一斉に竣工する西宮市の小学校の他に、夙川小学校（一九三六年）、武庫小学校（一九三八年）、西小学校（一九三九年）、甲東小学校（一九四〇年）があったが、いずれもが講堂を校舎のなかには設置しておらず、前述した浜脇校を除けば、既存の木造による講堂を併用していた。一方で校舎は既存の木造のままで講堂だけが鉄筋コンクリート造になる安井小学校(27)のような事例も現れていた。

2　意匠的な特徴

各町村の数だけ行政区分がなされていたことで、各町村は各自の裁量で小学校を経営していた。そこでは個々の建築家の理念が反映されやすい環境になっていた。その結果、小学校の建築には個々の建築家の設計手法の違いがはっきりと表れることになる。さらに大都市と異なって一部の例外(28)を除くと設計の標準化がおこなわれなかったことも、建築家の特徴をより明確にした一因と考えられる。以下、個別に建築家の特徴をみていく。

（1）古塚正治

古塚正治の建築の特徴は、歴史様式に由来するものを含む多様な意匠がみられる点にある。古塚は建築意匠に対する自分の考えを日本建築協会(29)の機関誌「建築と社会」(30)に複数編にわたって記しており、そこからは無装飾を前提とした意匠については懐疑的であったことが読み取れる。古塚は建築の意匠とは、建物の機能に見合った様式の選択がなされるべきであると述べており、(31)そのような理念に基づき、さまざまな様式(32)を用いて公共建築や商業建築の設計をおこなっていた。小学校の設計についてもこのような設計姿勢が適用されており、他の多くの建築家と比較すれば装飾性が強く表れる傾向が窺える。そのことをもっともよく表すものに西郷小学校(33)があり、外壁に彫刻が施されるという点においては同時期に設計がおこなわれた宝塚ホテル(34)の意匠との共通性を指摘できる。

（2）清水栄二

清水栄二の建築の特徴は、表現派の影響と考えられる装飾や建築形態を持ち込むことで、早い時期にアーチなどの歴史様式に基づく装飾を除去したことにある。そこでは上部にせりあがる「胡麻柄」[35]と呼称される胴蛇腹（写真3-1-9）に端的にみられるように、建築の形態と一体化した幾何学的な装飾が施され、表現派の特徴に近いものとみることができる。このような意匠は魚崎小学校や精道第二小学校にみられ、清水栄二が設計した公共建築[36]にも共通して用いられている。

清水栄二は事務所開設直前の大正一五年（一九二六）までは神戸市の小学校建築の責任者として市営繕課長を勤めており、神戸市営繕課の設計による東須磨小学校（一九二五年）[37]と、清水事務所が設計を担当した六甲村立六甲小学校（一九二七年）の外観の類似をみてもわかるように、意匠面で神戸市の設計手法が導入されていたと捉えることもできる。

写真 3-1-9　魚崎小学校 胡麻柄装飾

（3）長谷部・竹腰建築事務所

長谷部・竹腰建築事務所の建築の特徴は、共通する外観意匠にある。この建築事務所[38]による小学校は西宮市という同一の自治体に同時期の昭和一二年（一九三七）に建設がおこなわれるため、一校を除けば、共通する設計図によって建設がなされていたようだ[39]。図面からは教室の大きさや柱の間隔、階高などが同一の寸法になっており、設計の規格化がおこなわれていたことが判明する。意匠上の特徴としては水平に連続する庇があり、庇は先にみたように講堂が別棟化されたことで、階段室以外では連続する[40]。

（4）和田貞治郎

和田貞治郎の建築では、設計が確認できた少なくとも四校のうち三校に塔屋が設置されている。さらに三校のうち二校は無装飾の意匠に基づきデザインされており、詳しい史料[41]の発見できた山手小学校（一九三三年）では塔屋の設計にあたって、実施案（図3-1-3）とは別に五枚の立面の試案（図3-1-4）が作成されていた。このことからも塔屋がここではいかに重視されていたかがわかる。同様なケースに笠井正一の設計による宝塚第一小学校（一九三六年）があり、ここでの塔屋は山手小学校と共通し、意匠上、左右非対称の構成になっていたことを指摘できる。

(5) 今北乙吉

今北乙吉の建築では本山第二小学校（一九三三年）にみられるように階段室の外観にあり、そこでは半円アーチが垂直に連続して配されており、表現派の影響がみられる。

3　共通する意匠の特徴

以上みてきた個々の建築家の特徴のなかで、時代的に共通する要素がみられる。そのことについては表3-1-2の意匠欄に柱型、アーチ、庇、と

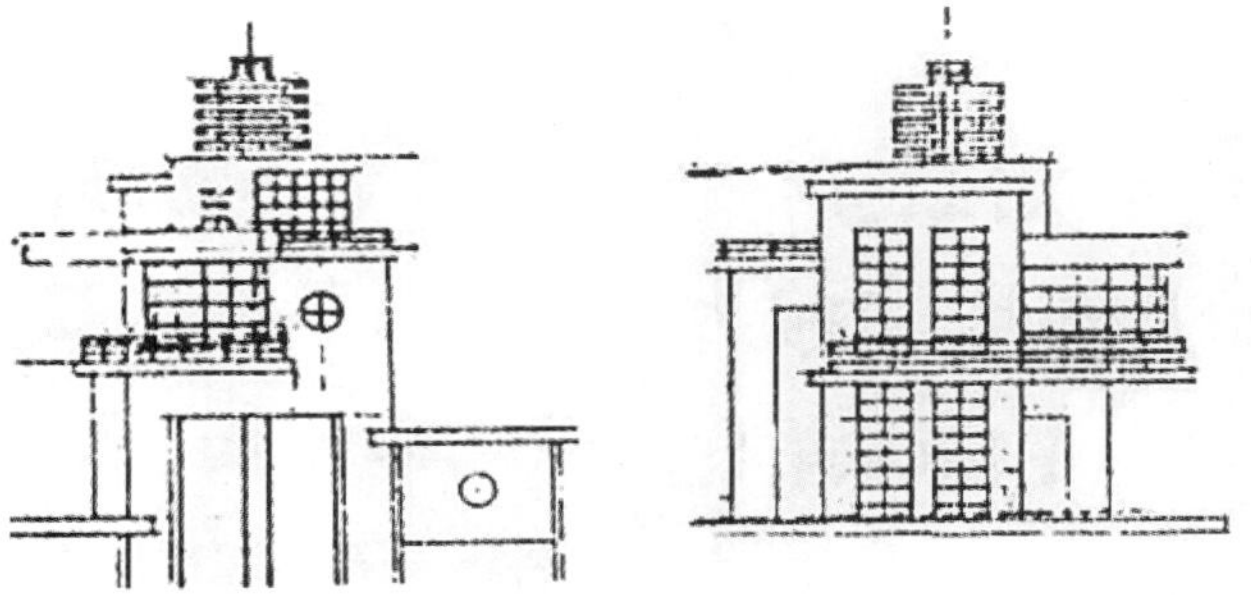

A：実施案南立面　　B：実施案西立面

図 3-1-3　芦屋山手小学校 塔屋の実施立面図

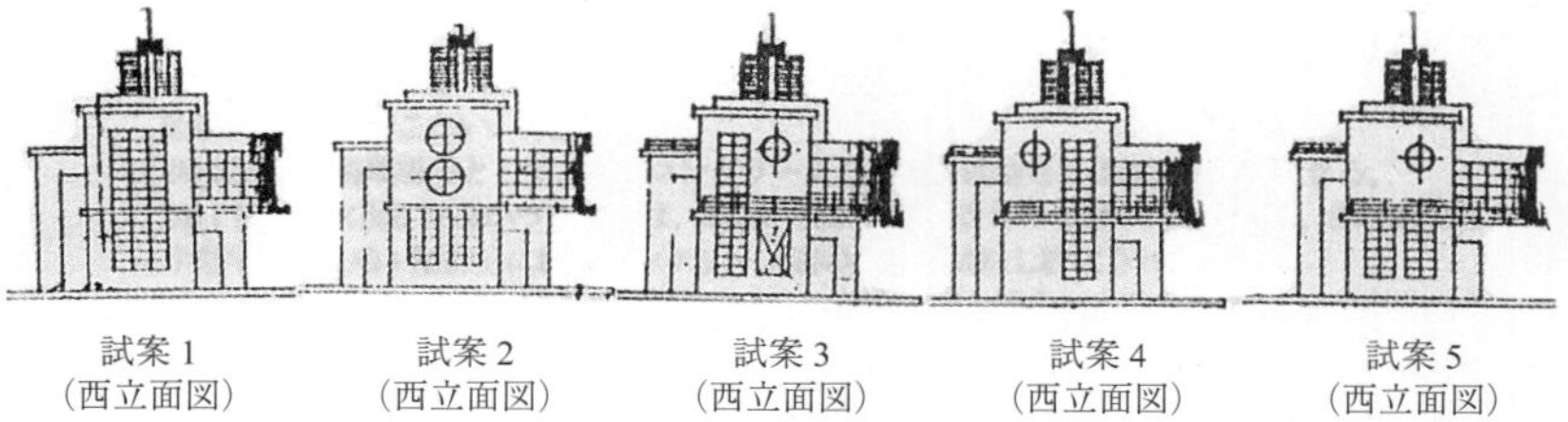

試案 1（西立面図）　試案 2（西立面図）　試案 3（西立面図）　試案 4（西立面図）　試案 5（西立面図）

図 3-1-4　芦屋山手小学校 塔屋の試案立面図

いう項目を設け分類しているがさらに詳しくみていく。

(1) 柱型

柱型の扱いについては、大正一二年(一九二三)から昭和八年(一九三三)の間で一八校中一六校で、柱型が平滑な壁面から突出して外観に表現されていた。柱頭にゴシック風の装飾が付くもの[42]や柱頭がパラボラアーチの形態を示すもの[43]もみられる。昭和八年(一九三三)には柱型とパラペットが同一面となり、柱型が突出するものでありながら、平滑な外壁と捉えることができるもの[44]も現れる。昭和一一年(一九三六)以降は一部[45]を除いて、柱型が突出するものから、平滑な壁になる傾向にある。

(2) アーチ

開口部上部をアーチの形状にするということは、大正一二年(一九二三)から昭和八年(一九三三)に集中してみられる。大正一二年から同一五年(一九二六)にかけては階段室塔屋や正面部などの一部[46]にとどまるが、昭和二年(一九二七)以降は講堂部分を中心にファサード全体にわたり採用される傾向にある。またアーチの形状についても半円アーチにくわえ、尖頭アーチ[47]など多様な形態が現れていた。

(3) 庇

庇の扱いについては、昭和四年(一九二九)以降に表れ、昭和一〇年(一九三五)以降は多くの校舎で用いられる。庇は昭和一〇年以降は水平に連続する傾向にあり、連続するモールディング状の窓台と対になって採用されることが多い。こうした時代による共通項はなぜ生じたのか、詳しくはわからないが、その理由のひとつとして意匠の流行という点も考えられる。

三　民間建築家の位置付け

ここで登場する民間建築家とはどういう存在であったのか。まずここでの民間建築家は設計の依頼をおこなう自治体との関係において二つに分けられる。

一つは旧武庫郡内の町村に事務所を設置する建築家で、清水栄二は六甲村に、古塚正治は西宮町に、今北乙吉は住吉村に、和田貞治郎は精道村にそれぞれ設置していた（表3-1-3参照）。近接する尼崎市で事務所を設置していた前川悦蔵もこの範籌に含めることができる。

もう一つは大阪市や神戸市に活動の拠点をおく建築家で、長谷部・竹腰事務所や、置塩章、田村啓三、笠井正一などの建築事務所があげられる。前者の場合に表3-1-3に示した清水や古塚に端的にみられるように、事務所設置の町村において、小学校以外に自治体の庁舎や公会堂、図書館、幼稚園など、公共建築のほとんどの設計に関与しているケースがみられる。これだけを捉えてみても、前者の民間建築家はそれぞれの町村の顧問建築家的な立場にあったとみることができるだろう。

ここで見出せた建築家は事務所を開設する以前の経歴において、官公庁に所属した建築技術者と、民間建築事務所に所属した建築技術者に二分類できる。前者は神戸市営繕課長であった清水栄二、宮内庁内匠寮の技術者であった古塚正治、兵庫県営繕課長であった置塩章、兵庫県営繕課の技術者であった笠井正一が挙げられ、後者は辰野片岡事務所にいた和田貞治郎、河合浩蔵事務所にいた今北乙吉、住友営繕部にいた長谷部鋭吉や竹腰健造、久原建築事務所[48]に関連していた田村啓三が挙げられる。両方の要素を有した技術者には、原科建築事務所[49]に所属するものの、後に大蔵省神戸税関建築係を勤める前川悦蔵がいた。福井裕については現時点では経歴が詳しく判明しないため、どちらのグループにあったのか、その判別は定かではない。

前者と後者を比較すると、前者は建築事務所開設以前に小学校を含む学校などの公共建築の設計に関係していた

表 3-1-3　民間建築家と旧武庫郡町村との関連

建築家名	事務所所在地	西灘村	六甲村	御影町	住吉村	魚崎町	本山村	本庄村	精道村	大社村	西宮市	鳴尾村	瓦木村
古塚正治	西宮市	岩屋公会堂（S 4）					村役場（S 2）		打出公会堂（S 7）	村役場（S 5）	市庁舎（S 3） 図書館（S 2） 火葬場（S 3）		
清水栄二	六甲村		篠原会館	町庁舎（T 13） 公会堂（S 8） 登記所		町庁舎（S 12）							
今北乙吉	住吉村				上水道建物（S 8） 共同浴場（S 6） 遊喜園講堂（S 7） 吉田区会館（S 10）		岡本公会堂（S 4） 森公園事務所（S 10）						
和田貞治郎	精道村								精道村役場（T 12）				
置塩章	神戸市							村役場（S 4）					
前川悦蔵	尼崎市												村役場（S 14）
田村啓三	大阪市											鳴尾会館（S 8）	

備考：本稿で対象とする民間建築家による公共建築の設計が確認できなかった、芝村、今津村、甲東村、良元村、大庄村、武庫村については省略した。

ことが確認される。すなわち、官公庁在職中の設計の方法が建築事務所開設後にも継続されておこなわれていったと捉えることができる。一方、後者は小学校の設計についてははじめての試みであることが多く、既設の鉄筋コンクリート造の学校建築の影響を受けたとみることができる。

四　民間建築家の経営基盤としての小学校建築

ここでの民間建築家の事務所の開設は、表3-1-4からもあきらかなように大正後期に集中してなされており、小学校校舎が鉄筋コンクリート造への改築の開始される時期とほぼ合致する。ここからは鉄筋コンクリート造小学校校舎の設計業務が、事務所経営の大きな基盤として念頭に置かれ、民間建築事務所の開設がおこなわれたという可能性もあったとみることができる。

たとえば大阪の事例になるが、新名種夫はこの時期の建築事務所の経営について次のように分析(50)している。それによると大正後期から昭和初期にかけて、大阪で建築活動をおこなっていた、ほとんどの中小の民間建築事務所では、小学校の設計をおこなっており鉄筋コンクリート造小学校の占める比重はその設計業務全体のなかで大きな割合を占めていたようだ。また、大阪では鉄筋コンクリート造小学校の改築がはじまる大正一〇年（一九二一）代の数年間に、中小の民間建築事務所の設立がおこなわれることが多かった(51)。

本節で取り扱った地域での鉄筋コンクリート造への改築の時期と、大阪での改築の時期を比較すると、ほぼ時間が重なっていることがわかる。だとすれば、この地域でも大阪と同じような状況にあったと類推できる。

清水建築事務所では、事務所が開設された大正一五年（一九二六）から昭和七年（一九三二）の間に鉄筋コンクリート造小学校を六件設計している。この間に清水事務所では個人の住宅など規模の小さなものを除外すれば、計一一件の設計が確認(52)される。小学校は設計件数だけで六割を超える。小学校の設計が占める割合はこのように非常に高い比率であったことが判明する。

表 3-1-4　民間建築家の経歴（1）

建築家	経歴	小学校	代表的な建築	備考
古塚正治	M 25. 2. 9　西宮町戸田町生まれ T 4. 7　早稲田大学建築科卒業 T 4. 8　宮内省内匠寮奉職（～T 9. 9） T 9. 9　佛・獨・英に留学（～T 11. 12） T 11. 12　八馬兼介経営の諸会社の建築顧問（～S 20） T 12. 2　古塚建築事務所開設 S 21. 6　同和建設設立・専務取締役 S 26. 8　和田組・常務取締役 S 51. 10. 8　死去	T 12　西灘第一（西灘村） T 15　西郷（西郷町） S 2　西灘第二（西灘村） S 2　本山第一（本山村） S 4　西灘第三（西灘村） S 4　大社（大社村） S 5　建石（西宮市） S 10　安井（西宮市） S 11　鳴尾東（鳴尾村）	T 15　宝塚ホテル S 2　八馬・芦屋別邸 S 3　西宮市立図書館 S 3　多聞合資会社本社 S 4　西宮市役所 S 4　宝塚温泉ホテル S 4　六甲山ホテル S 5　宝塚会館（ダンスホール） S 7　精道村打手公会堂	神戸高等工業学校講師（T 12～S 20） 関西高等工学校講師（S 8～20） 阪神急行電鉄梅田ビルディング建築顧問（S 2～5）
	事務所所在地：西宮市市庭町			
	出典：「経歴書」、遺族への聞き取り調査			
清水栄二	M 28. 1. 3　武庫郡六甲村生まれ T 7. 7　東京帝国大学建築科卒業 T 7. 8　四ツ橋建物入社 T 9. 1　桝谷組入社 T 10. 1　神戸市土木課奉職 T 10. 12　神戸市土木課技師就任 T 12. 4　神戸市営繕課長（～15. 8） T 15. 9　清水建築事務所開設 S 8　大神住宅・専務取締役 S 9　日本電話建物株式会社・技師長 S 28　大平住宅・設計部長（東京） S 30　富士建設・取締役（神戸） S 39. 11. 20　死去	T 12　御影第二（御影町） S 2　六甲（六甲村） S 2　精道第二（精道村） S 4　魚崎（魚崎町） S 7　御影第一（御影町）	T 13　御影町庁舎 T 14　日本絹業博覧会会場 T 15　西尻池町公会堂 T 15　帝国信栄株式会社 S 2　市立神戸生糸検査所 S 2　野田高等女学校 S 5　高嶋邸（甲南濆） S 5　育英商業学校 W S 8　御影公会堂 S 8　大神住宅セミデタッチハウス S 9　日本電話住宅会社 S 11　森高等女学校 S 12　魚崎町庁舎	神戸高等工業学校講師 関西高等工学校講師 武庫郡以外に小学校としては S 3　川西　（兵庫県川辺郡川西町） S 4　鳥羽　（三重県鳥羽町）
	事務所所在地：武庫郡六甲村			
	出典：『兵庫県土木建築大艦』S 10、遺族への聞き取り調査			
長谷部・竹腰	長谷部鋭吉　M 18. 10. 7　北海道札幌生まれ M 42. 7　東京帝国大学建築科卒業 S 35. 10. 24　死去 竹腰健造　M 21. 6. 25　石川県金沢市生まれ M 45. 7　東京帝国大学建築科卒業 S 56. 7. 28　死去 S 8. 5　長谷部・竹腰建築事務所開設	S 12　浜脇（西宮市） S 12　用海（西宮市） S 12　今津（西宮市） S 12　津門（西宮市） S 12　芦原（西宮市）	S 8　神戸岡崎ビルディング S 9　神戸住友ビルディング S 10　大阪株式取引所 S 12　堺大浜水族館 S 12　日本神学校 S 12　宇治電ビルディング S 12　住友倶楽部 S 14　日本生命保険 S 15　陽明文庫	住友合資会社工作部の解散後、住友合資会社の援助の下に開設される。
	事務所所在地：大阪市東区北浜			
	出典：『長谷部竹腰作品集』S 18			

表 3-1-4　民間建築家の経歴（2）

建築家	経歴	小学校	代表的な建築	備考
和田貞治郎	M 20　京都府丹後生まれ M 45. 3　大阪市立工業学校建築科卒業 M 45. 4　辰野片岡建築事務所入所 T 4. 11　大阪合同紡績建築課主任 T 12. 9　和田建築事務所開設 S 14. 11　東和組設立 S 28. 1. 7　死去	T 13　精道第一（精道村） S 8　山手（精道村） S 12　本庄（本庄村） S 12　岩園（精道村） S 8　魚崎 2 期（魚崎町）	T 12　谷口房蔵別邸（吉見里） 月桂冠本邸（京都） 岸和田紡績 金井重要金属工場 合同紡績 仁寿生命保険神戸支店 大阪鉄工所工場 大阪鉄道学校	武庫郡以外に小学校としては 兵庫県下：小田村校（川辺郡）W 大阪市：上福島第 1 校、下福島校、梅香校、住吉校 W、天王寺校 W、東平野第 3 校 W、高松校 W 大阪府下：千里第 1 校、千里第 2 校 南豊島校 W 京都府下：吉原、溝谷 W、五十河校
	事務所所在地：武庫郡精道村			
	出典：「経歴書」、遺族への聞き取り調査			
今北乙吉	M 27. 6. 26　神戸市生まれ M 45. 3　兵庫県立工業学校建築科卒業 M 45. 4　河合浩蔵建築事務所入所 T 3. 6　神戸鉄道管理局奉職 T 5. 5　久原房之助建築事務所入所 T 8. 12　今北乙吉建築事務所開設 S 17. 9. 8　死去	S 7　住吉 2 期（住吉村） S 8　本山第二（本山村）	T 10　久原房之助・東京別邸 T 10　甲南高等女学校 T 10　貴志弥長衛門邸 T 14　摩耶ホテル S 4　岡本公会堂 S 6　遊喜園・幼稚園 S 6　山内ビルディング S 8　住吉村上水道建物	T 10　甲南学園小学校 W 武庫郡以外に兵庫県明石郡内の一連の木造校舎がある。 林崎村北部校、第 1 校、鳥羽校、第 2 校、江井ケ崎校、藤江校、大久保校
	事務所所在地：武庫郡住吉村			
	出典：『日本建築士』第 31 巻第 5 号・昭和 17 年 12 月、遺族への聞き取り調査			
福井裕	T 5　大阪府立西野田職工学校建築科卒業 S 7　大庄村小学校・設計監督 S 14　大庄村第二小学校（西校）・設計監督 S 17　尼崎市土木部営繕課技師（次席）	S 8　大庄（大庄村） S 14　西（大庄村）		府立西野田職工学校建築科と密接な関係にあった設計施工をおこなう実務組織である、職工団と関係
	出典：『日本建築協会会員名簿』S 11 年版、『尼崎市職員録』S 18 年版			
前川悦三	M 27. 8. 26　武庫郡瓦木村生まれ T 15. 3　神戸工業高等専修学校建築科卒業 T 15. 9　日本電力株式会社電気部建築係 S 2. 10　原科建築事務所入所 S 3. 11　大蔵省神戸税関建築係奉職 S 4. 6　前川建築事務所開設 S 43　死去	S 13　武庫（武庫村） S 16　瓦木（瓦木村）W	今井病院尼崎診療所 南川病院	御子息の前川陽一は村野藤吾建築事務所に在籍した構造技術者
	事務所所在地：尼崎市東桜木町			
	出典：「経歴書」、遺族への聞き取り調査			

表 3-1-4　民間建築家の経歴（3）

建築家	経歴	小学校	代表的な建築	備考
置塩章	M 14. 2. 6　静岡県島田市生まれ M 43. 7　東京帝国大学建築科卒 M 43. 8　陸軍技師第四師団経理部奉職 T 9. 2　都市計画神戸地方委員会技師 T 9　兵庫県内務部営繕課長 T 10. 6　欧米出張（～11. 5） S 3. 7　置塩建築事務所開設 S 43. 10. 20　死去	S 11　夙川(西宮市)	S 4　兵庫県立病院 S 5　茨城県庁舎 S 5　鳥取県図書館 S 5　神戸市医師会館 S 6　宮崎県庁舎 S 6　姫路市公会堂 S 7　神戸生糸検査所 S 8　日本赤十字姫路病院	神戸高等工業学校講師 武庫郡以外に小学校としては 兵庫県下：明石校（T 12）RC 王子校、網干校、城陽校、白浜栗生校、川添校、生野町校いずれも W 大阪府下：堺市建石校、三国校
	事務所所在地：神戸市生田区			
	出典：「経歴書」、遺族への聞き取り調査			
笠井正一	M 29. 5. 5　東京市生まれ T 9. 4　早稲田大学建築科卒業 T 9. 7　辰野片岡建築事務所入所 T 10. 4　兵庫県営繕課奉職 T 13. 4　中島組入社設計部長 S 2　笠井建築工匠開設	S 11　宝塚第一(良元村)	外人劇場・クラブ（神戸市） 二宮劇場（神戸市） 洲本劇場（兵庫県） 山手ビルディング（神戸市） 関西ホテル（神戸市） 福原・東成楼（神戸市）	武庫郡以外に小学校としては 神戸市立明親校の構造設計 明石郡垂水校（垂水村）W
	事務所所在地：神戸市兵庫区湊町			
	出典：『兵庫県土木建築大鑑』S 10			
田村啓三	東京帝国大学土木学科卒業、東京、大阪に事務所あり	S 5　鳴尾(鳴尾村)	S 3　清堀小学校(大阪市)	久原工業と関連
	主な所員の経歴	武田經一　M 41　関西商工学校卒業後、大阪電燈株式会社臨時建築部を経て、田村建築事務所大阪事務所勤務 井上謙吉　M 39　関西商工学校卒業後、大阪市営繕課を経て、田村建築事務所大阪事務所勤務 泉谷千秋　吉野工業学校卒業後、田村建築事務所大阪事務所勤務 千賀正人　M 24　工手学校卒業後、大阪市土木課営繕掛主任技師を経て、日立鉱山、田村建築事務所東京事務所勤務		
	事務所所在地：大阪市中之島（大阪事務所）、東京市丸之内（東京事務所）			
	出典：千賀正人「略経歴書」、『日本建築士』日本建築士会、遺族への聞き取り調査			

備考：「小学校」についての欄では木造校舎のみ、W と明記し、RC の校舎については明記していない。

また古塚事務所の場合をみてみると、大正一二年（一九二三）から昭和一〇年（一九三五）までの間に鉄筋コンクリート造小学校を九件設計している。この間に個人の住宅を除けば、五六件(53)の設計が確認される。小学校は設計件数だけで全体の一六％を占める。

なお、設計料については史料的な制約もあって判明したものは少ないが、表3-1-2からもわかるように、鉄筋コンクリート造校舎は建築面積など大規模なものが多く、高額な工費を要しており、ここから推察すれば、たとえ設計料の料率(54)が低いものであっても総工費が大きいものであることから、一つの建物の設計料としては大きな額であったようだ。結論として事務所経営に関し、小学校の設計は収益全体のなかでは大きな比重を占めていたとみることができる。

五　小結

以上みてきた考察により、次のような結論が導きだされる。

兵庫県武庫郡では昭和一五年（一九四〇）の時点で三八校の小学校があり、そのうち三二校で鉄筋コンクリート造化がおこなわれる。その背景にはこの地域では早い時期からの住宅地化を受けて町村の財政が富裕であったことが関連する。また合併などの行政区域の変更を原因とする政治的な取引もあった。

ここでは郡部であったことで、大都市のように設計をおこなう営繕組織を自治体内部に設置できなかった。そのため、民間建築家の登用がなされ、完成した三二校の鉄筋コンクリート造校舎のうち三一校の設計者名が判明し、計一〇人の民間建築家が設計に関与していたことがわかった。

出現した小学校の平面計画に関しては共通したものがあって、講堂を校舎の最上階に設置し下階に中廊下式の教室配置をとる形式が現れており、これは神戸市の小学校の影響と考えられる。

意匠面については各小学校の行政の区分が二〇の町村にわたり、大都市でのケースと異なって標準化がなされなかったために、個々の建築家の特質が明確に反映されていた。
ここで見出せた民間建築家の半数は武庫郡内の町村において建築事務所を主催し、それぞれの町村での顧問建築家的な立場にあった。すなわち地域に密着して建築活動をおこなう民間建築家の姿が浮かびあがってくる。とりわけ清水栄二や古塚正治のように地域を中心に活動していた建築家は小学校の設計を建築事務所経営の基盤に据えていた可能性も考えられる。

註

（1）大阪市では昭和二年の学区制度廃止を受けて、大正一四年から昭和二年にかけて駆け込み的に建設がおこなわれる。京都市では昭和二年から六年にかけて、学区制度の廃止への懸念から建設が集中する。神戸市においては大正期に学区制度の廃止を受けて建設が計画的に集中しておこなわれる。このように特定の時期に建設されることが多かった。
（2）大正一二年の時期での武庫郡は明治二九年に武庫郡に合併される八部郡、菟原郡を含む。
（3）この年に西灘第一校や御影第二校が竣工する。
（4）筆者は民間建築家については次のように考えている。経済的に独立して設計行為をおこなっていた建築事務所のことで、官公庁の営繕組織や施工会社の設計部、民間企業の営繕組織とは一線を画する。
（5）臨時の小学校設計組織が設置されていた。ただし現時点で判明していることは福井裕が在職していた事実だけで、どのような組織になっていたのかはあきらかではない。福井については表3-1-4に記したが、西野田職工学校建築科を卒業ということ以外は現時点では不詳である。なお、昭和一七年に大庄村が尼崎市に編入後は、福井は尼崎市建築課の課長につぐ次席の技師になっていることが、昭和一八年度の市職員名簿から確認される。
（6）わが国で昭和戦前期に軍関係以外の鉄筋コンリート造建築が最後に竣工する時期であった、昭和一五年の時点で鉄筋コンクリート造にならなかった小学校は、瓦木校（瓦木村）、良元校（良元村）、山田校（以下山田村）、谷上校、小部校、藍那校、の六校であった。

(7) 鉄筋コンクリート造校舎についての通達などは確認できない。おそらくは小学校建築が国政委任事務として地方自治に一〇〇%委ねられていたことによる。ただし木造校舎に限っては、室戸台風の後の昭和九年一二月一八日に文部省訓令第一六号「学校建築物ノ営繕並ニ保全ニ関スル件」が発せられる。さらに昭和九年一二月二七日には「地方学校営繕職員制」が制定され、各府県に建築営繕技師の設置が義務付けられる。

(8) 『兵庫県銘鑑』神戸又新日報社・昭和二年・六七七頁。

(9) 『新修神戸市史　行政編I市政のしくみ』新修神戸市史編集委員会・神戸市・一八九頁。

(10) 西宮町の辰馬家、御影町の加納家、魚崎町の山邑家などの酒造家が地域の有力者となっていた。

(11) 昭和五年には鳴尾村の武庫川尻に川西航空機会社の本社と工場がつくられる。武庫川の対岸の大庄村は尼崎築港計画に組み込まれ、尼崎製鋼所や久保田鉄工所、日本発送電発電所などが建ち並ぶ。鳴尾村に関しては『なるを・郷土の歴史を訪ねて　第一部』大道歳男・鳴尾郷土史研究会・昭和五四年、が詳しい。大庄村に関しては『大庄村誌』大庄村教育調査会・昭和一七年、が詳しい。

(12) 昭和八年の町村費の歳入をみると、鳴尾村、大庄村ともに二二万円となり、表一の大正八年時に比較すれば、急増していたことがわかる。『昭和八年　兵庫県統計書』兵庫県総務部調査課・昭和九年、による。

(13) 大社村の昭和八年の町村費の歳入をみると、四四万円となり急増していた。前述『昭和八年　兵庫県統計書』による。

(14) 昭和一〇年と昭和一五年の町村費の歳入をみると、良元村ではわずか五年間で一一万円から三〇万円に三倍に増加する。瓦木村では九万円から二三万円に二、五倍に増加し、本山村では一三万円から四九万円に四倍に増加する。このように急増する傾向がみられる。町村費の出典は『昭和十年　兵庫県統計書』兵庫県総務部調査課・昭和一一年、および『昭和十五年　兵庫県統計書』兵庫県総務部調査課・昭和一六年、による。

(15) 『今津物語―西宮市立今津小学校創立百周年記念』今津小学校百周年記念事業委員会、昭和四八年・二〇二頁。

(16) 『御影町誌』御影町・昭和一一年・二八八頁、によると、木造洋風の校舎であり明治四二年に竣工。

(17) 前掲註(16)の『御影町誌』によると、神戸建築工務所　設楽貞雄　とある。設楽は工手学校を明治二二年に卒業し、神戸を拠点に建築活動をおこなう建築家で代表作に大阪新世界の通天閣をはじめとする一連の建築がある。坂本勝比古『日本の建築・明治大正昭和・5　商都のデザイン』三省堂・昭和五五年、に詳しい。

(18) 前掲註(16)『御影町誌』による。写真からは木造下見板貼りの洋風の校舎であったことがわかる。

(19) 前掲註(16)『御影町誌』による。大阪市立工業学校は現在は大阪市立都島工業高等学校になっており、同窓会名簿によると、建築科教員として在職していたことが確認される。東京工業大学卒業生名簿によると、明治三五年東京高等工業学校木工科を卒業。

(20) 第二章で詳しく論じている。

(21) 『武庫郡尋常高等小学校改築誌』昭和一三年、によると、すでに鉄筋コンクリート造の校舎を完成させていた本山第二校や本庄校への視察をおこなっていることが確認される。ほかにも多くの学校で神戸市に完成していた小学校校舎の視察をおこなっていたとの記述が各学校所蔵の沿革誌から判明している。

(22) 前掲註(16)参照。

(23) 川島智生「建築家　清水栄二についての研究(その一)」『日本建築学会近畿支部研究報告集』平成元年度、で履歴および作品一覧を中心に論じた。

(24) 清水は神戸市の仕事とは別に、ここで名称を挙げた武庫郡内の町村の小学校の設計を私的な仕事としておこなっていた。実際に設計業務をおこなっていたのは清水の部下であった神戸市営繕課の技手クラスの技術者であり、役所での勤務が終わる夕方から六甲にあった清水の自宅に集まり仕事をおこなっていたようだ。筆者はそのメンバーのひとりであった梅本由巳に聞き取り調査(昭和六二年と昭和六三年)をおこない、確認した。

(25) 災害時の避難場所として、鉄筋コンクリート造建築が促進される側面が指摘できる。

(26) 一校しか実現されなかったことは、財政的な制約によるものと思われる。なお、浜脇校ではコの字型平面の先端一階部分に鉄筋コンクリート造の講堂が接続し設置されていた。

(27) 安井校は昭和一年に新設された学校で、その時に本館と校舎が木造で新築される。昭和九年の時点では新築されてからの時間の経過が短かったために、本館や校舎について改築の必要性はなかったようだ。そこで、鉄筋コンクリート造建築は新たに設置が予定されていた講堂兼雨天体操場に採用されたと考えられる。

(28) 西宮市における長谷部・竹腰建築事務所による一連の小学校を指す。いずれもが昭和一二年竣工。

(29) 古塚は大正期に日本建築協会の理事をつとめていた。

(30) 一九本の評論を掲載していたことが確認されるが、とりわけ昭和八年一月号に掲載された「建築美批判の新基調」には古塚の考えがよく表出されている。

(31) 前掲註(30)の「建築美批判の新基調」による。「株式会社宝塚会館新築工事概要」『建築と社会』昭和五年一〇月号、にも様式選定の理由として同様な記述がある。また市立西宮図書館の設計の際に、古塚は「小ざっぱりとした趣を出そうとした」考えから、「スパニッシュ、コロニアル式等は最も相応しい様式ではないだろうか」と記しており、「建物の外観と内容に関連が必要である」と考えていたようだ。「市立西宮図書館建築概要」『建築と社会』昭和三年一一月、に詳しい。

(32)　宝塚ホテル（大正一五年）ではセセッション風の細部をみせ、瓦葺の屋根を持つ洋風となる。八馬邸（大正一五年）では　スパニッシュ、コロニアル式が採択され、西宮図書館（昭和三年）でも同様な意匠が採択される。多聞ビルディング（昭和三年）ではオーダーを持つ歴史様式に則るスタイルをとる。ダンスホールである宝塚会館（昭和五年）では「ネオ・ラショナリズムとなり、宝塚舊温泉（昭和四年）では表現派風の細部をみせるが、オフィスビルディング風の外観になる。このように大正一五年から昭和五年のわずか五年間に様々な意匠が用いられていたことがわかる。

(33)　写真からも窺えるように、道路に面した講堂部分の開口部の上部がアーチの形状となって連なっており、そこに植物の図柄が左官彫刻されていた。

(34)　宝塚ホテルのファサードの妻部分には、小屋裏換気孔の回りを中心にして、植物の図柄が左官彫刻によって施されてあり、この部分は正面である武庫川に面しており、設計者である古塚がこのような彫刻をいかに重要視していたかが窺える。同様に古塚のパトロネージ的な立場にあった八馬兼介の芦屋川に面した別宅（大正一五年）においても、川側の妻壁には歴史様式に由来する左官彫刻による装飾が施されていた。

(35)　筆者は昭和六二年から六三年にかけて清水事務所の元所員であった梅本由巳に聞き取り調査をおこなった。梅本は大正一一年に兵庫県立工業学校建築科を卒業し、大正期には清水が課長であった神戸市営繕課に技手として在職し、昭和戦前期には清水栄二建築事務所の所員であり、もっとも長い期間にわたって清水の下で建築活動をおこなった技術者であった。梅本によれば、胴蛇原は清水事務所では「胡麻柄」と呼ばれ、最初は西尻池公会堂（大正一五年）に用いられたらしい。その後、精道第二校、魚崎校の両小学校に用いられ、大正末から昭和初期には清水が好んだデザインのひとつの手法であったようだ。

(36)　西尻池公会堂ではパラボラアーチの形状のボールトと「胡麻柄」の併用がみられる。

(37)　講堂部分の外観上の取扱に共通するところが多く、とりわけ講堂部分の最上階の開口部の四連アーチの扱いなど極似している個所を指摘できる。

(38) 竣工が他の五校に較べると五カ月遅れる芦原校のみ、柱の間隔に違いが生じている。
(39) 西宮市教育委員会施設課所蔵。筆者は浜脇校と今津校の竣工時の図面を閲覧した。
(40) 現時点では資料的な制約もあって、大阪市の復興小学校の影響を受けていたかどうかは定かではない。なお、復興小学校については拙稿「昭和戦前期の大阪市における小学校建築の研究」『建築史学』第三一号、一九九八年九月、のなかで詳しく論じた。
(41) 東和組所蔵。和紙に鉛筆で描かれている。実施案以外に五種類が確認される。ただ現時点で発見できた図面は実施案以外はいずれもが東側の立面図に限定される。実施案は四面の図面が確認できる。
(42) 御影第二校、西灘第三校、大社校で確認される。
(43) 大庄校と西校ではパラボラアーチの柱頭が確認できる。
(44) 本山第二校を指す。大庄校の講堂部分は柱型とパラペットが同一面となっているが、昭和一一年に二期工事としてつくられている。
(45) 本庄校、西校を指す。
(46) 御影第二校と精道第二校では塔屋の開口部上部に限定される。住吉校と西郷校では、ファサード上部に装飾のための瞎アーチが設けられている。
(47) 西灘第三校と大庄校の講堂で用いられている。西灘第三校では最上階の教室部分においても使用されている。
(48) 現、日立製作所の前身である久原工業を設立する、明治から大正期にかけての実業家久原房之助は大正期には武庫郡本山村に居を構える。このなかに久原家関連の一連の事業に関する建築を担当する久原建築事務所が大正期には設立されていたようだ。今北乙吉は大正五年から同八年にかけて久原房之助建築事務所に在籍していたことが確認される。そのあと昭和三~四年には久原事務所は東京市丸の内にあった田村事務所に建築設計業務を引き継がれたようだ。主催者・田村啓三は東京帝国大学土木科を卒業した工学士ではあったが、建築技術者ではなかったようだ。昭和一〇年の時点で田村事務所は消滅し、大阪市北区中之島にあった久原工業株式会社内に事務所機能は移ったようだ。社団法人「日本建築士会会員録」による。
(49) 大正から昭和戦前期に神戸市を中心に活動した建築家で、代表作に神戸商工会議所がある。明治一四年生まれ工手学校卒業後、東京市土木課を経て、大蔵省臨時建築部神戸支部の技師を勤め、大正九年事務所設立。『兵庫県土木建築大鑑』土木建築之日本社、昭和一〇年、に詳しい。

(50) 大阪市営繕課の技師であり、日本インターナショナル建築会の中心的なメンバーのひとりとして知られた、京大建築科卒業の建築技術者。新名は日本建築協会の雑誌『建築と社会』第一三号九月、昭和五年九月号、に「建築事務所は何処に行く」という評論を記しており、建築事務所経営について論じていた。そのなかで大阪市において小学校校舎を主に設計していた中流建築事務所が、大阪市の学区統一によって小学校建築の全部を市の営繕組織の手で設計するようになってから、どの事務所も非常な苦境に陥った事実を挙げている。ここからはいかに小学校の設計業務が事務所の経営に深く影響を及ぼしていたかが読み取れる。

(51) 川島智生『近代大阪の小学校建築史』大阪大学出版会、二〇一七に詳しく論じた。

(52) 前掲註（23）「建築家　清水栄二についての研究（その一）」に詳しい。

(53) 古塚正治建築事務所「経歴書」昭和一一年作成、と「経歴書」昭和二六年作成、による。

(54) 前掲註（51）で論じている。一般に竣工記念誌においては工費については記されているが、設計料についての記載がおこなわれることは少なく、本章で対象とする地域では武庫校で史料が見いだせた。竣工直後の昭和一三年に作成された「武庫尋常高等小学校改築誌」によれば、工事費一六万五千五四円五五銭とあり、設計監督費として五千五百五拾四円六一銭とある。その料率を計算すると工費の約三、三％であり、現在から考えてみてもこの数字は決して低いものではないだろう。なお、設計監督費とあるが、ここでの監督とは、現在の現場監理と同様なものと考えられる。

第二節　代表的事例

一　魚崎小学校

1　成立

魚崎小学校は武庫郡魚崎町立魚崎小学校として昭和四年（一九二九）に建設された。設計は清水建築事務所であり、清水栄二が設計した小学校のなかで最も完成度の高いものと筆者は考える。

建設経緯をみる。昭和三年（一九二八）三月二〇日に工事請負契約が締結され、四月一七日に起工、一二月一一日に上棟式、翌昭和四年一一月一一日に竣工する。第一期工事であった。見出せた設計図には一様に「清水建築事務所　設計製図 1927 Apr.」というゴム印が押されてあり、(1) 昭和二年（一九二七）四月の段階で一期も二期も含めて全体の設計が完了していたものと判断できる。

平面に関しては図3-2-3～6と図3-2-7～9を見比べれば、ほぼこの時の設計図どおりに建設されたが、立面に関してはその後に設計変更がなされ、中央最上階の講堂部分が両横のパラペットより大きく立ち上がり、扁平の三角形アーチの高窓を並べる。このことを受けて、中央の給水

写真 3-2-1　魚崎小学校 全景（筆者撮影）

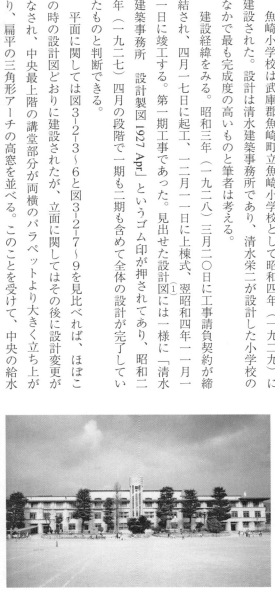

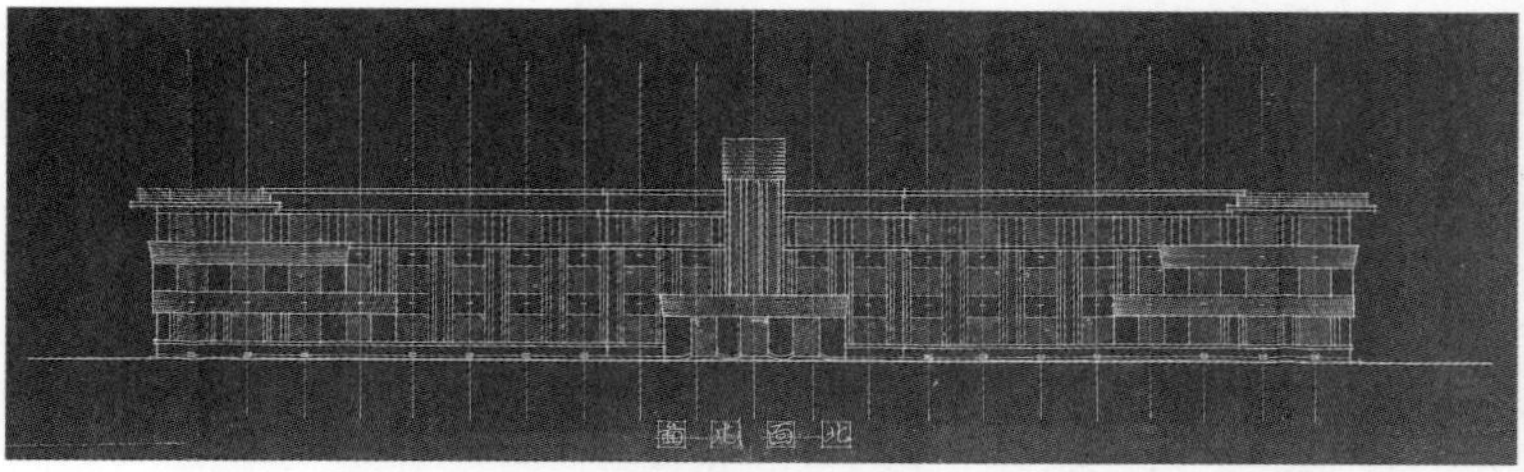

図 3-2-1　魚崎小学校 立面図試案（昭和 2 年）

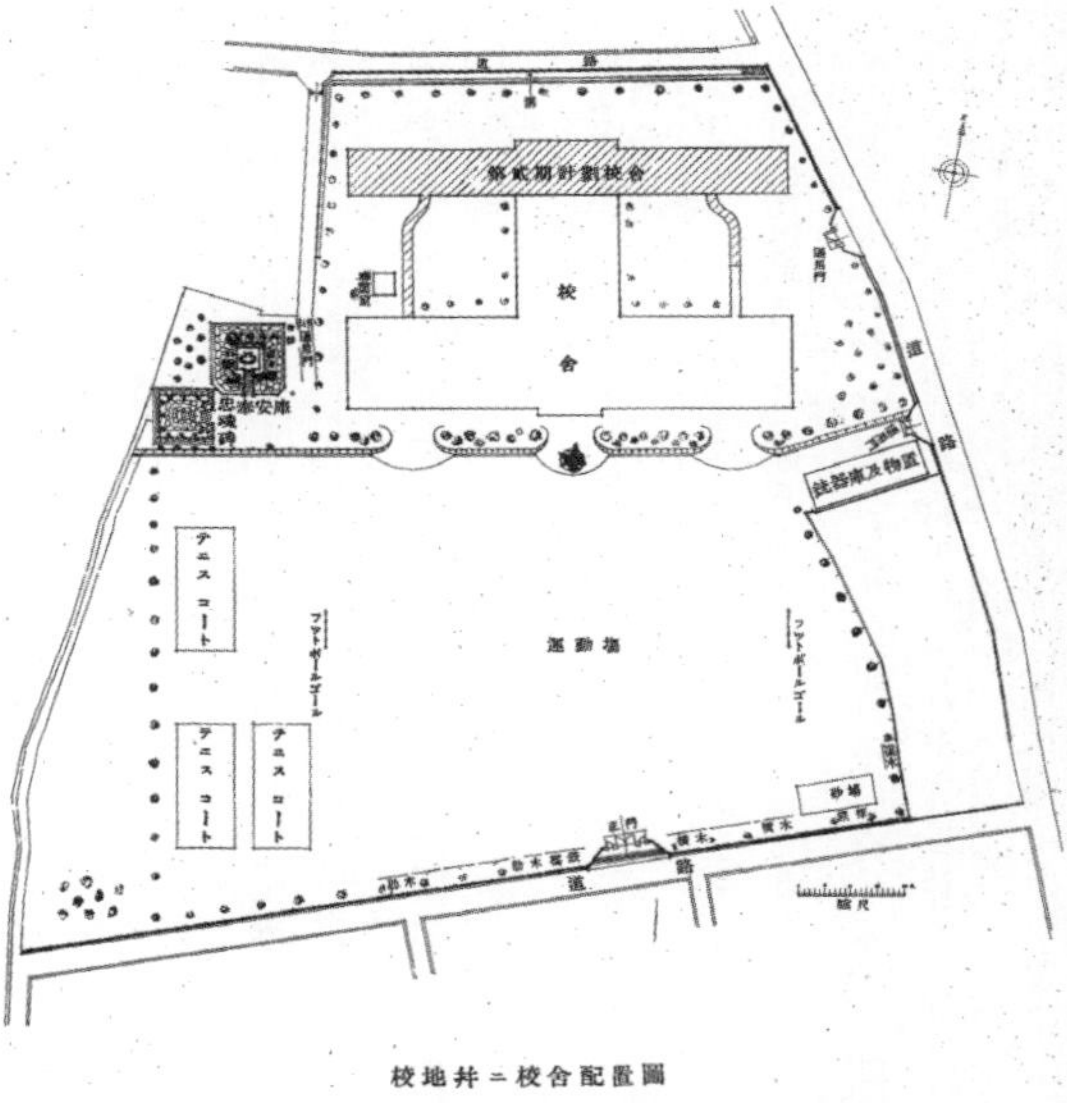

図 3-2-2　魚崎小学校 配置図「新築落成記念帖」

塔の高さが実際にはより高くつくられていた。本書の表紙に掲げた立面図は昭和二年の設計段階の試案であって、講堂上部や給水塔の高さ、玄関廻りの一階二階の形状は、このとおりにはつくられておらず、設計変更がなされ、より練られた意匠で実現することになる。

魚崎小学校の沿革をみると、明治六年（一八七三）に覚角寺の庫裏を校舎に開校し、明治一六年（一八八三）に西浜田に新築移転、明治三四年（一九〇一）に東三反田に新築移転、明治四一年（一九〇八）に己新田に新築移転と、十数年ごとに敷地を変え、校舎を新築してきた歴史があった。己新田に建設された校舎は大正二年（一九一三）に二階建の下見板貼の洋風建築に増築している。その後昭和四年に現在地に新築移転し、震災にも耐えて二〇〇〇年まで存在したが取毀され、二〇〇一年に改築された。現在も同一の校地にある。

この校地への移転事業は大正一一年（一九二二）年より魚崎町長に就任していた山路久治郎(2)が中心になっておこなわれる。その経緯を山路は『魚崎育友会誌』(3)のなかで、次のように記している。

阪神間の住宅好適地としての魚崎町へ郊外生活者が殺到したので、又々校舎がせまくなった。今度こそは過去の経験を十分に生かして、根本的な対策を講ずることにした。（中略）「町の中央に思切って宏大な校地を求め将来町全体が市街地になっても校舎増築により児童を充分収容し得る計画を樹立する」（中略）しかし阪神電鉄以南の児童は今迄とは違って、危険な阪神電鉄踏切りを越えて、日日通学しなければならない事になり、それ等児童の父兄の不安は町会に反映して仲々反対が強硬で決定するに至らない。この点色々苦慮の結果、阪神電鉄に交渉を重ね工費の相当額を町が負担して、軌道を上げ不完全乍らも三ヶ所のガードを開ける事として、この難問題も町会満場一致で現校舎に移転新築する事に決定したのであった。

上述の記述からは、阪神電鉄の軌道を高架にしてまで、子どもたちの安全を守ったことがわかる。魚崎町は大正後期から昭和初期にかけて宅地化が進展し、人口が激増し十年間に二倍になっていた。だが本来の町の中心は線路より南の海側にあり、北側の現在地への移転は簡単には決まらなかったようだ。大正中期の地図からは移転前の様子が読み取れる。すなわち阪神電車の軌道より北側は一面の田圃で、魚崎小学校校地も南半分は田圃であったことがわかる。昭和四年（一九二九）建設の校舎ならびに現校舎が建設されている北側の場所はこの時期には魚崎池という名称の池となっており、校舎はこの池を埋めて建設されたことが判明する。またこのような広大な校地を有した理由は市街地化が進むであろう将来のことを予測して計画がつくられたからにほかならない。写真3-2-2は昭和四年に魚崎町の市街を海側より捉えた空撮であり、竣工間際の魚崎小学校が遠景に映る。校舎の建設について『魚崎育友会誌』（第七号）から引用を続けると、「阪神両都の模範学校を方々視察し、その長所を集め独自の工夫を加えて企劃設計し建築を進めた」のであったという。

昭和五年（一九三〇）五月の落成記念に発行された『魚崎尋常高等小学校　新築落成記念帖』(4)には各階平面図や写真とともに建築概要が記されてあり、そこからは敷地面積は六、四九一坪、総延床面積は一、七四四坪、本館は一階・二階・三階をあわせて一、五二三坪、雨天体操場は一五八坪、となる。敷地面積は神戸市の規格では「二千坪内外」[5]であったことと比較すれば約三倍の広さがあった。

室数は普通教室が一八、特別教室数は手工教室、家事教室、作法教室、図書教室、理科教室、畳敷裁縫室、板張裁縫室、唱歌教室、算術教室の九室[6]からなる。特別教室数はこの時期四室前後が一般的であったことを考えれば、二倍以上の数が用意され、これからみても充実した校舎であったことが読み取れる。ほかに講堂、雨天体操場、校長室、職員室、衛生室、宿直室、使丁室、購買室、青年訓練所室、会議室、応接室があり、単に小学校という初等教育施設だけではなく、地域センターとしての役割を果たすことを目的とした諸室が設けられていた点に特徴があった。つまり、独立した自治体であった魚崎町のなかで、ただ一校の小学校ゆえに、そのような機能が組み込まれることになったものと考えられる。

写真 3-2-2　魚崎小学校 俯瞰写真（昭和 4 年）

工事費は次のような内訳を示す。敷地及び地上物件買収費に一九五、五七〇円、整地費に二九、六一六円、建築費に三〇三、八五三円、設備費に六四、〇九二円、雑費に一五、三七一円の、総額六〇八、五〇二円となる。ここからは建築費が全体の六〇％と、比較的低い金額におさまっていたことに驚かされる。講堂と雨天体操場を分けたことや意匠的なこだわりが多く、一見高額な建設費を要したものと思えたが、この数値は大阪や京都の学区立の小学校と比較すれば低廉なものといえる。一方で土地取得費用が全体の四〇％を占めていた。その理由は広大な敷地を求めたことによるが、郊外住宅化が進展していた魚崎町の土地価格が高額になりつつあったことも関連する。魚崎小学校は戦前期の武庫郡町村ならびに神戸市にかけての地方でもっとも工費をかけた鉄筋コンクリート造小学校のひとつだった。

2 プラン

ブロックプランからみる。『新築落成記念帖』の配置図ならびに各階平面図から読み取れるように、完成すると南側を校庭とした「エの字」型となる計画であった。昭和四年一一月の一期工事終了時に完成したのは一文字型の校舎南棟と、その中央部北側に突き出た形で接合した雨天体操場であった。

平面計画の特徴は講堂と雨天体操場を兼用ではなく、それぞれ独立した空間として用意した点にあり、このような手法は大阪や京都の富裕な学区立小学校ではみられたが、神戸市や武庫郡町村では出現しておらず、唯一つの小学校であった。

校舎は南校舎と北校舎の二棟が建てられることになっていた。その間に雨天体操場が設けられ、両棟からつながる動線となり、両棟を連絡する渡廊下が雨天体操場を挟んで東西に二箇所つく計画であった。だが昭和八年におこなわれた二期工事では北棟の西側だけが建設されたにとどまり、このプランは完成されることはなかった。雨天体操場は吹抜けの空間だが、その窓側二階は桁行方向に両面ともにギャラリー形式の廻廊となり、北棟と南棟をつないだ。途中にはバルコニーが設けられていた。

一階平面図によれば、北校舎の中央部は「裏昇降口」とあり、当初の計画では南棟の左右の昇降口とあわせると、子どもの出入口が三箇所用意されていたことがわかる。規模としては裏昇降口がもっとも大きく、雨天体操場への主玄関として設けられていたことが一階平面図から読み取れる。その二階にあるのがバルコニーの付いた読書室であり、廊下を迂回させることで曲面の壁面をもった空間がつくりあげられていた。

南校舎と北校舎の違いは前者が中廊下式教室配置をとるのに対して、後者は北を廊下とした片廊下式教室配置を示した。中廊下式教室配置の常として、南校舎の最上階三階には講堂が設けられ、校舎両端部は廊下を取り込み特別教室となる。

南棟では内部のプランに新しい試みがなされていた。玄関を入り中廊下に進むと、上階まで吹抜けになった空間がある。「広間」と称されており、二階までの吹き抜け空間となり、そこから左右対称に廻り階段が配される。このように階段の取り扱いは小学校としてはきわめて珍しい。ただこの空間は北側に雨天体操場があることで採光が

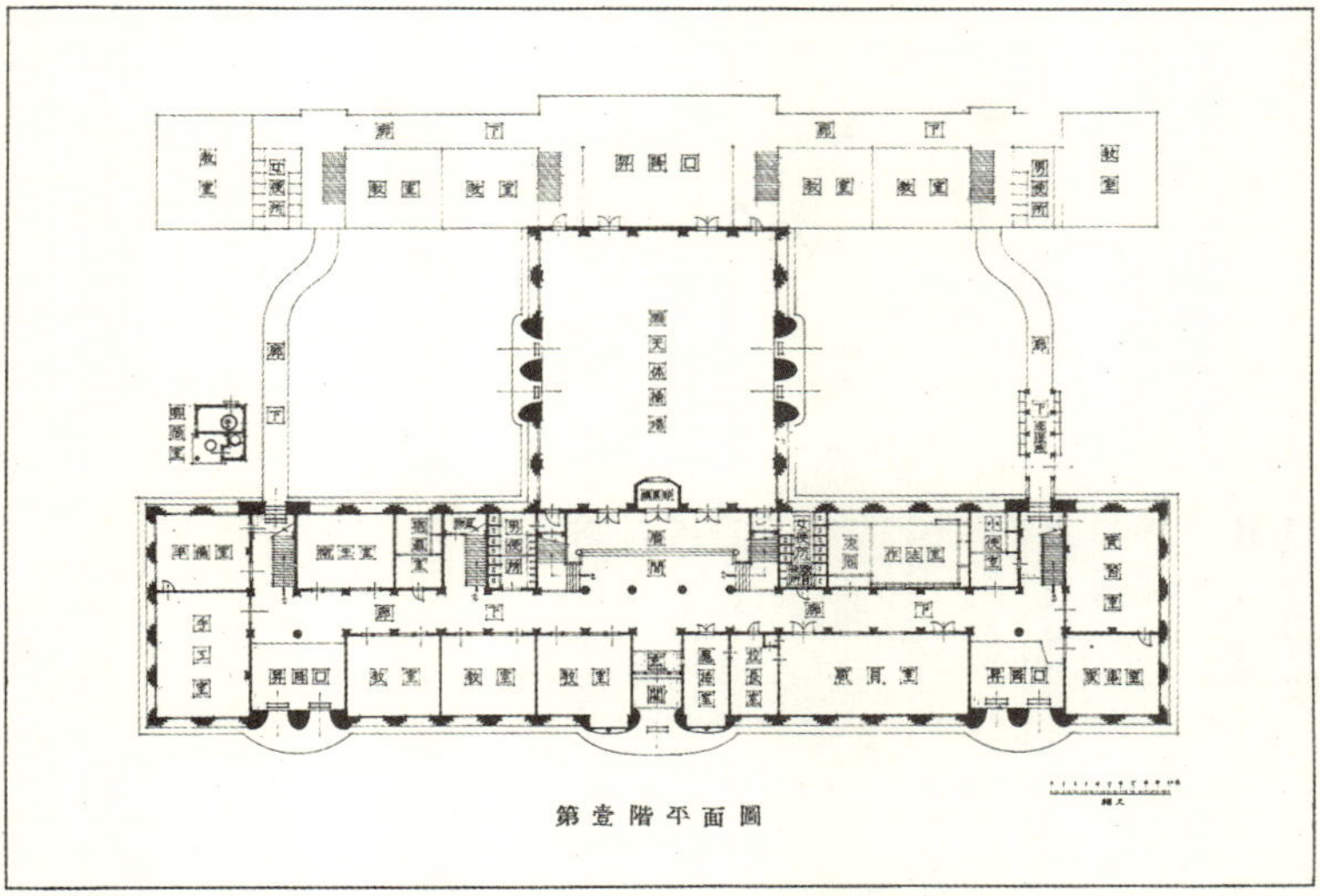

図 3-2-3　魚崎小学校 1 階平面図『新築落成記念帖』

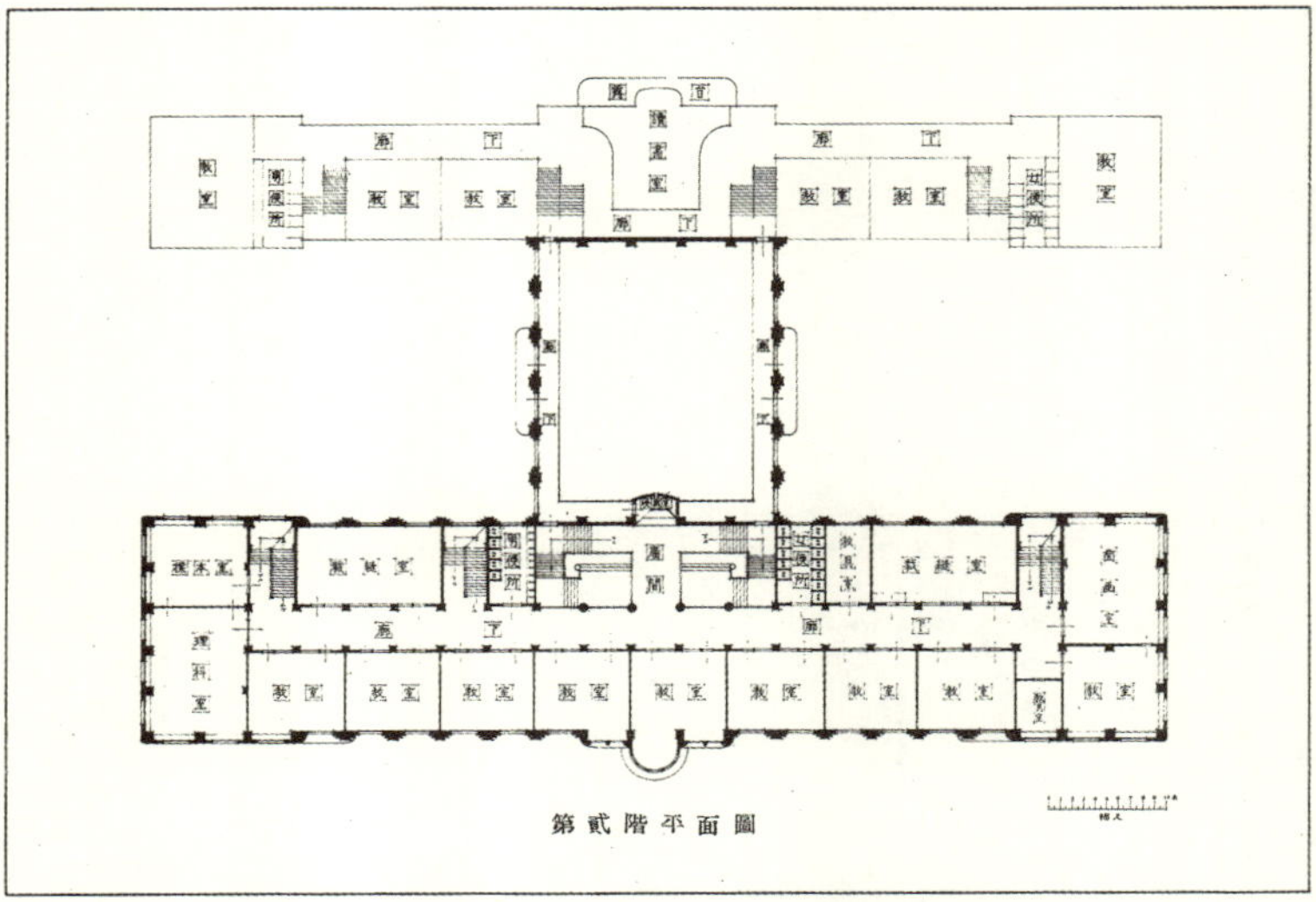

図 3-2-4　魚崎小学校 2 階平面図『新築落成記念帖』

充分ではなく、内部を実見した筆者にはやや暗い印象が残っている。この中廊下の幅は広く、一二尺（約三・六m）あった。ちなみに神戸市の同時期の校舎では九・〇尺（二・七三m）であり、三尺（〇・九〇九m）の違いがある。

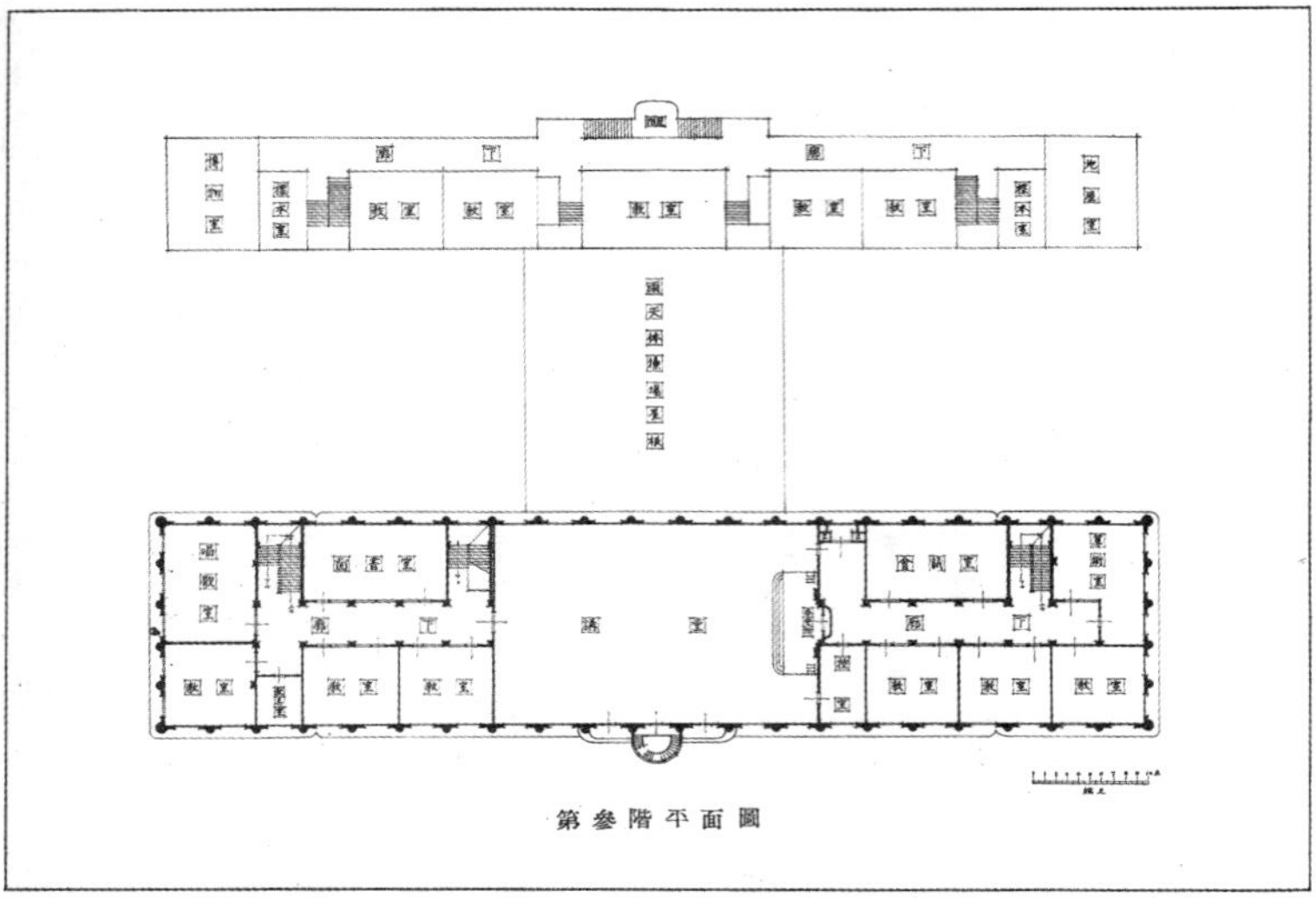

図 3-2-5　魚崎小学校 3 階平面図『新築落成記念帖』

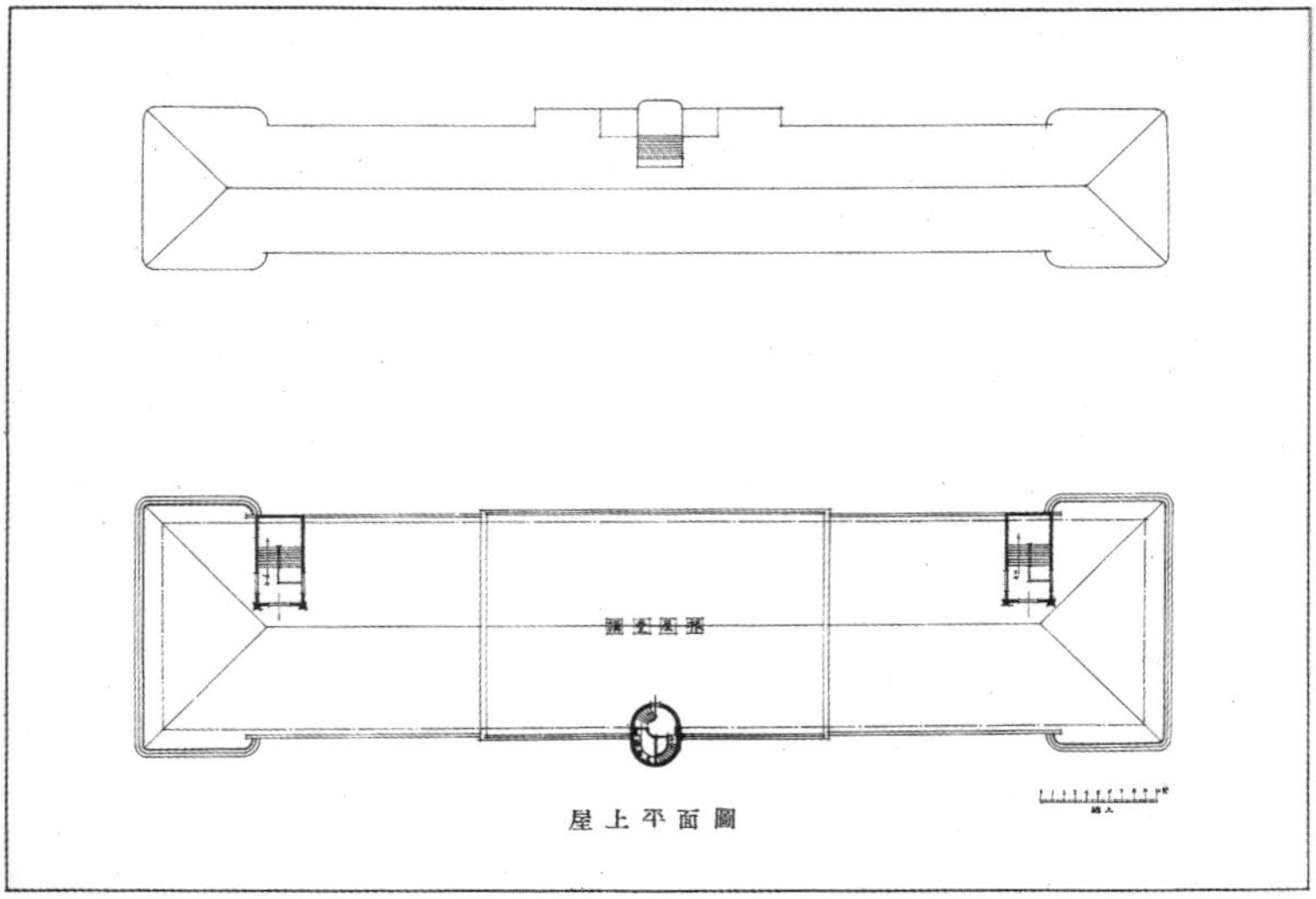

図 3-2-6　魚崎小学校 屋上平面図『新築落成記念帖』

次に校舎の大きさを設計図から検証する。この校舎は桁行方向が柱割一三・五尺（約四・〇九ｍ）、梁間方向が柱割一二・〇尺（約三・六三六ｍ）からなるが、梁間は外壁面以外の校舎内部では二四尺・一二尺・二四尺で三分割される。普通教室の大きさは桁行二スパン（約八・一九ｍ）、梁間二スパン（約七・二七二ｍ）からなる。特別

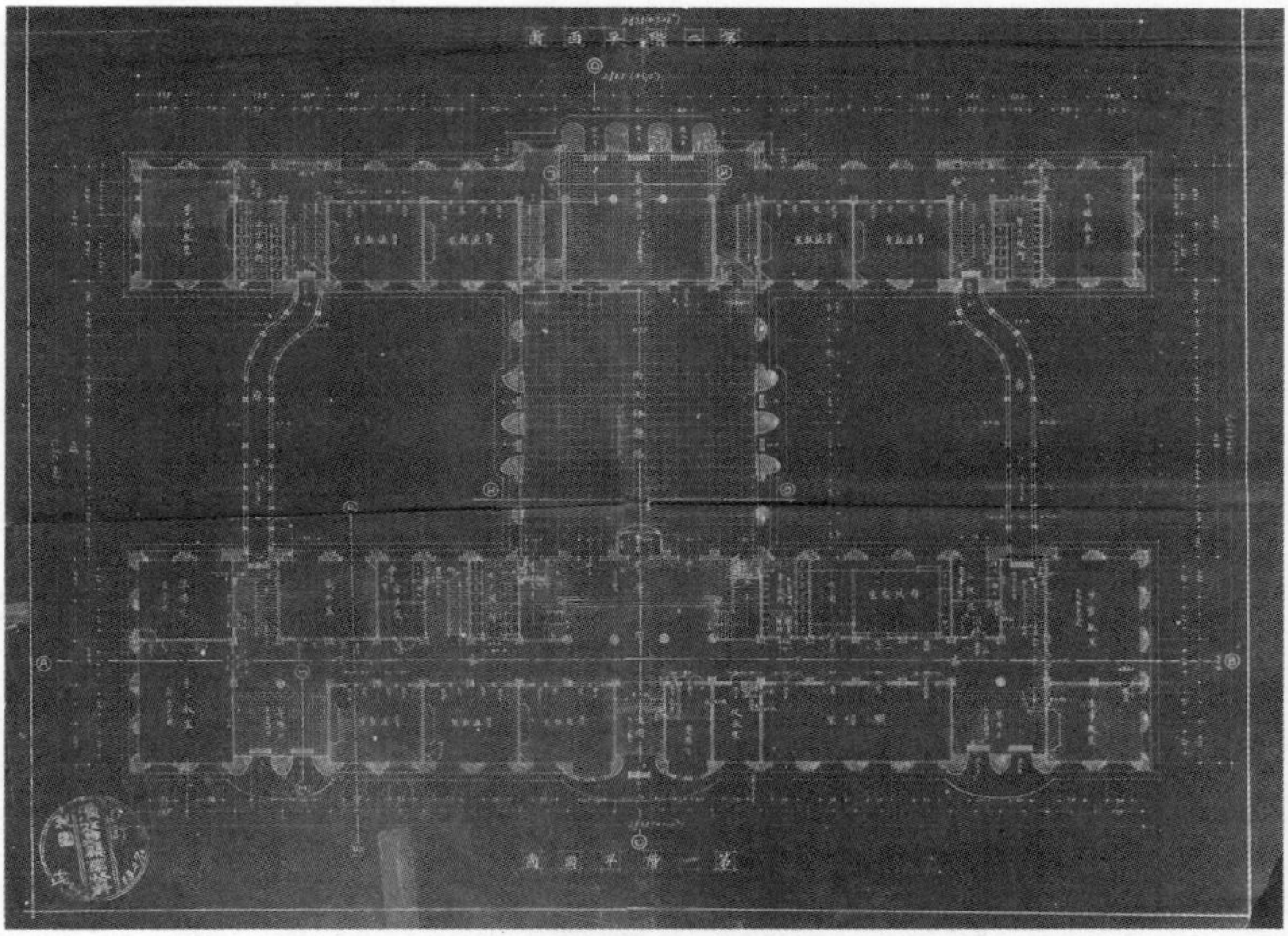

図 3-2-7　魚崎小学校 一階平面図（昭和 2 年）

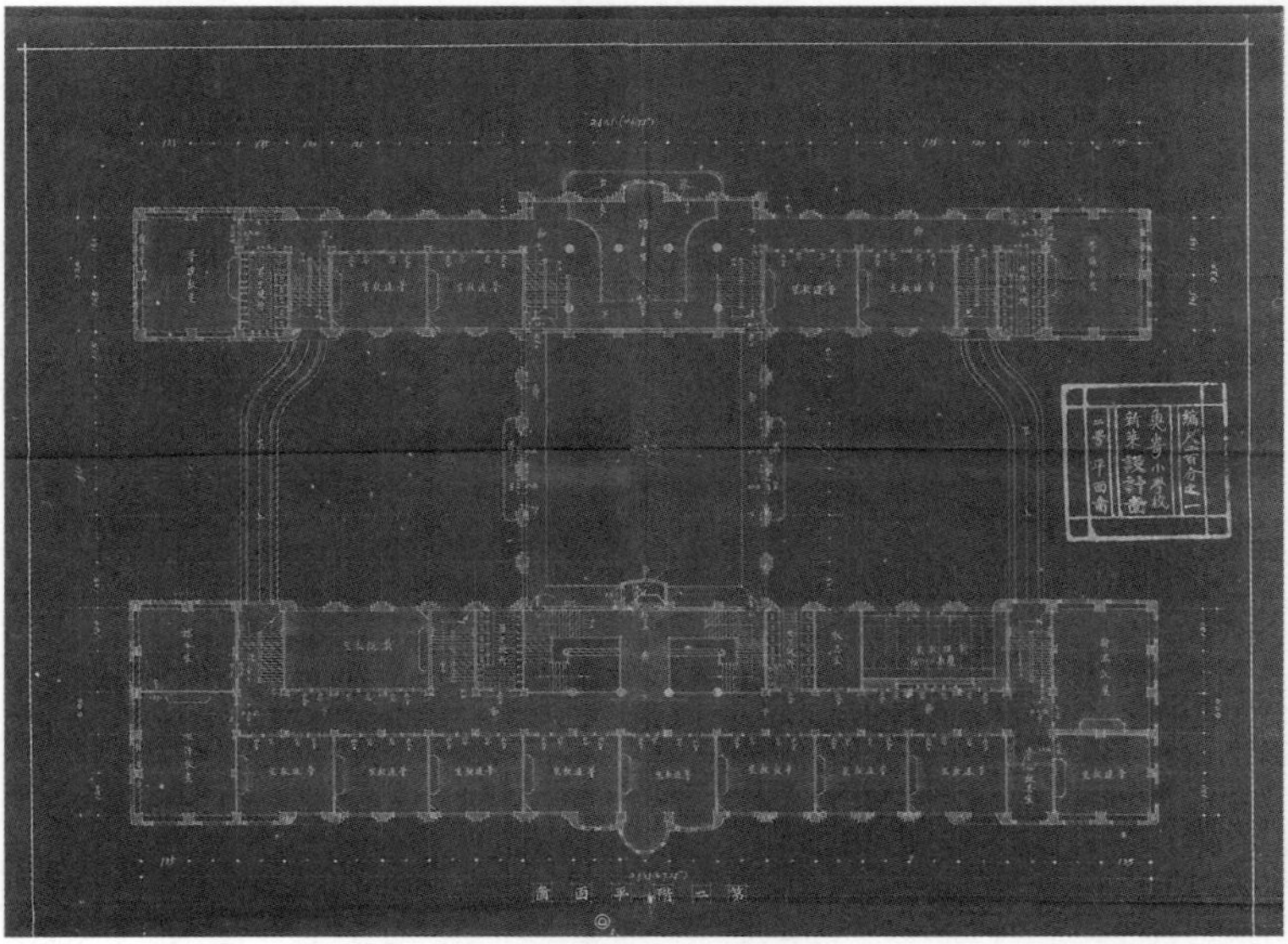

図 3-2-8　魚崎小学校 二階平面図（昭和 2 年）

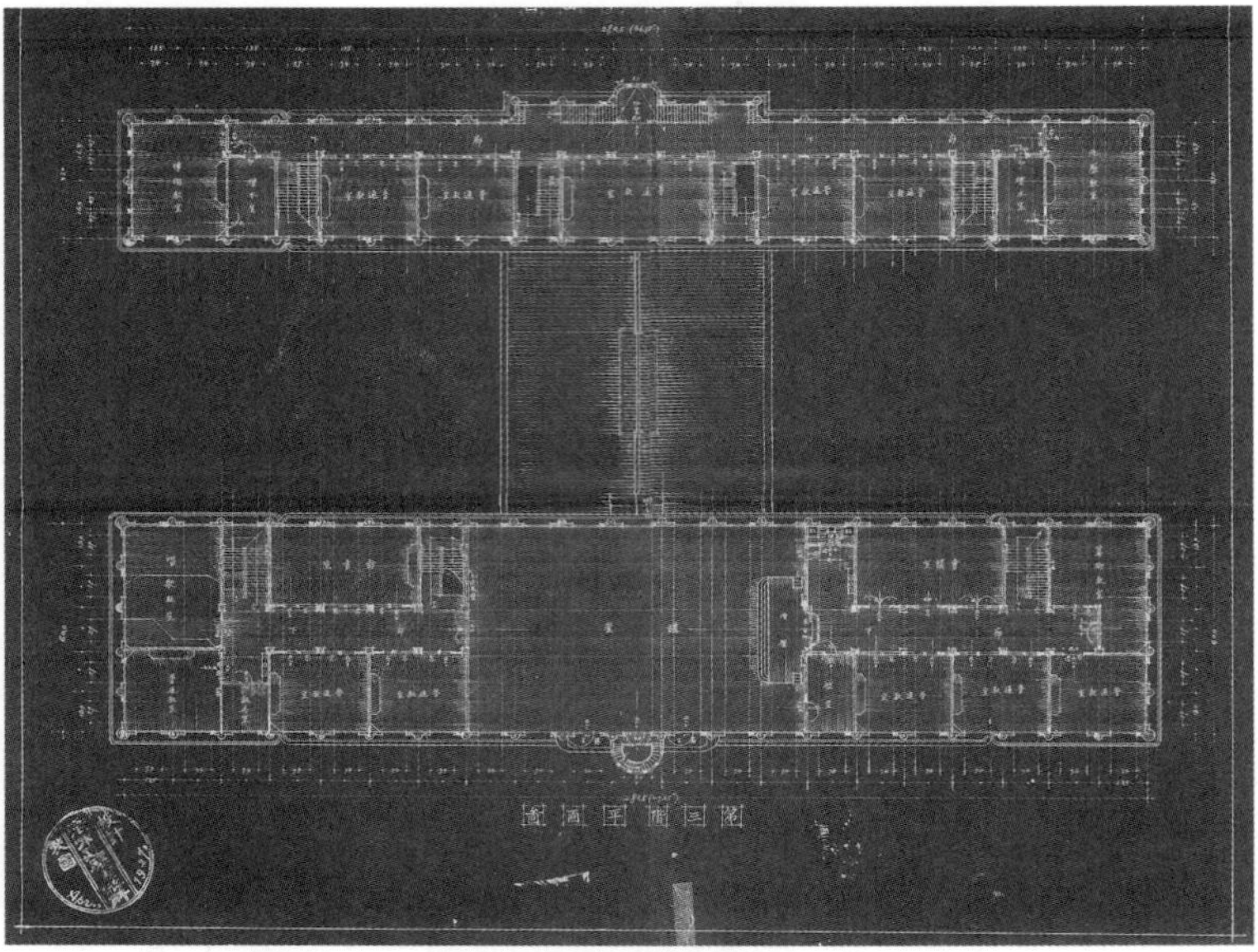

図 3-2-9　魚崎小学校 三階平面図（昭和 2 年）

教室は桁行三スパン（約一二・二七ｍ）、階段室や便所、校長室などの小さな室は桁行一スパン（約四・〇九ｍ）となる。すなわち、桁行方向の柱スパンによって部屋割がおこなわれ、ユニット化されていたことがわかる。

教室の面積は五九・五四㎡となり、神戸市の小学校が五五・八六㎡と比較すればやや広い。その違いは梁間にあって、魚崎小学校では梁間二四尺に対して、神戸市は二二・五尺（約六・八二ｍ）であった。窓の大きさは一スパンに一様に七・四尺（約二・二四ｍ）の幅がとられていた。また教室内には柱型は表出しておらず、すべて外壁面に現れ出ていた。

校舎全体の大きさは桁行方向が二一スパンで二八三・五尺（約八五・九ｍ）、梁間方向が五スパンで六〇尺（約一八・一八ｍ）となる。雨天体操場は東西軸の南校舎と異なり、棟方向は逆で南北軸となり、その桁行は柱割一三・五尺の六スパン分で二四・五四ｍ、梁間は柱割一三・五尺の五スパン分で二〇・四五ｍ、となる。

写真 3-2-3　魚崎小学校 中央玄関塔屋（筆者撮影）

写真 3-2-4　魚崎小学校 西翼部北側（筆者撮影）

写真 3-2-5　魚崎小学校 雨天体操場（筆者撮影）

3　スタイルと意匠

魚崎小学校の校舎を何よりも特徴付けるのは外観のスタイルである。まずそのファサードを分析する。シンボルタワーのように中央に聳える給水塔や表出される柱型などの垂直材と、シンメトリーの軒庇やパラペットなどの水平材に分けることができる。

写真 3-2-6　魚崎小学校 雨天体操場の胡麻柄装飾（筆者撮影）

建物の中心にあって高く立ち上げられた給水塔はもっとも垂直性を示すものだが、頂部の軒蛇腹の「胡麻柄」装飾や廻り階段の段状側面ゆえに、六二尺（約一八・七八六m）という高さを一見感じさせないものになる。形態は幾分か楕円となった円筒で、頂部には水槽が設置されていた。三階の講堂の側面から廻り階段が立上がり、水槽の

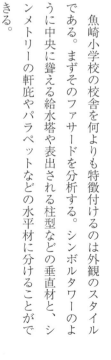

置かれた塔屋屋上に通じた。壁面は一三・五尺（約四・〇九ｍ）ピッチに柱が入り、柱型の形状は一階二階が凸断面形、三階はアールの断面、講堂の上部はフラットとなる。このような階ごとに形を変化させることで垂直性は希薄となる。

水平方向への「動き」をみる。軒庇に注目すれば、二階の窓台下の胡麻柄は校舎出隅部から四スパン内側までに巻き付き、三階の窓台下の胡麻柄は三スパン内側にまで巻き付く。屋上階は出隅部から二スパン分の長さだけパラペットがかき取られ、その代わりに水平にコンクリートスラブ[7]をキャンティレバーで張り出す。この手法は昭和八年（一九三三）に竣工の御影公会堂の軒庇においてもみることができる。図面によれば、出隅の柱芯より七尺（約二・一二ｍ）の長さで梁間方向ならびに桁行方向に張り出していた。また三階の窓台を軒庇状にして胡麻柄の手前の七スパン分連続させ、三階部分をアテック[8]階のように取り扱う。三階の窓上の高さで軒庇が八スパン連続し、先にみたキャンティレバーのスラブの下端まで伸びる。

写真 3-2-7　魚崎小学校 児童昇降口（筆者撮影）

写真 3-2-8　魚崎小学校 玄関（筆者撮影）

写真 3-2-9　魚崎小学校 広間（筆者撮影）

写真 3-2-10　魚崎小学校 広間階段手摺り（筆者撮影）

このような外壁面での意匠的な操作がなされたことで、水平感を保持しつつも躍動感溢れるスタイルが出現することになる。昭和五年（一九三〇）頃までに完成した多くの学校建築が柱型を表出することによって、一様に垂直性を強調する傾向を示すなかで、魚崎校のスタイルは対照的であり、そのような意味ではきわめて早い時期に水平線に着目したデザインが生まれていたことは注目に値する。ちなみに近隣の六甲村立六甲小学校（昭和二年完成）は魚崎小学校と同じ清水栄二の設計であったが、中央部にアーチを連ね、柱型によって垂直性を強調し、歴史様式の影響を留めた外観であった。

細部をみると「胡麻柄」とよばれた水平の蛇腹や扁平の三角形アーチ窓、放物線断面の巨大な柱など独特の建築意匠が用いられていた。「胡麻柄」とは後で詳述する梅本由巳が筆者に証言したなかでの呼称である。モールディング状の胡麻柄の断面は直径が一尺（約三〇・三cm）を半切りした形であり、仕上げは火山灰入セメント塗であった。

清水栄二と「胡麻柄」意匠の関係を探ると、大正一五年（一九二六）に建設された西尻池公会堂[9]でパラペット部分の軒蛇腹として登場し、昭和二年（一九二七）に竣工の精道第二小学校[10]でもパラペットやバルコニーの壁面などに使用されており、そのようなことからは胡麻柄の扱い方に習熟していたとみることもできる。なお胡麻柄を使った小学校として、東京市復興小学校のひとつで、昭和四年（一九二九）五月に竣工する日進小学校[11]が確認できる。そこでは二階と三階にバルコニーが張り出し、その壁が七段のモールディングとなり、意匠としては共通する側面があるが、直接結びつける関係性は見当たらない。

ではなぜ給水塔だったのか。給水塔をファサードの中央に一体化させて据える形は管見の限りにおいて他に見い出せていない。その手掛かりとしては新しく生まれた水洗便所への給水機能が想起される。水洗便所には高い圧力の水が必要であった。そのためにはより高い位置にタンクを設けることが求められた。そのことを受けて高く掲げられた給水塔をデザインして外観をみせる対象としたものが、魚崎小学校のファサードであった。まさに機能面をデザインとして活かした新例であった。

鉄筋コンクリート造であっても水洗便所の設置は大正一〇年（一九二一）完成の神戸市立山手小学校以降であり、それまでは汲み取り式で、建物の外に設けられていた。山手小学校での設置は二階までの階に限定された。昭和二年（一九二七）竣工の二宮小学校でも三階には便所の設置はない。三階にはじめて設置が確認されるのは昭和三年（一九二八）竣工の鵯越小学校であった。そこでは屋上に水槽が二基置かれていた。つまり全館に水洗便所の設置は屋上タンクによってはじめて可能となった。

この校舎が設計されたのは昭和二年（一九二七）のその端境期であり、屋上設置のタンクは今後の給水を担うという意味で、期待されたに違いない。ところが現実にはパラペット脇に置かれるだけにとどまり、意匠としての活

写真 3-2-11　魚崎小学校 雨天体操場内部
（筆者撮影）

写真 3-2-12　魚崎小学校 講堂内部
（筆者撮影）

写真 3-2-13　魚崎小学校 開口部の額縁
（筆者撮影）

用はなかったようだ。そこに着目したのが、あとで詳述する熊本一之ら清水栄二事務所の若い建築家たちであった。そのために屋上のタンクが建物の外観に取り込まれ、給水塔としてファサード全体を飾るものにつながったと考えることができよう。『新築落成記念帖』には設備という項目のなかで、給水塔のことが次のように記述される。

給水ハ深サ約二百尺ノ鑿井ニヨリ得タル清水ヲ　五馬力モーター直結喞筒（予備一台附属）ヲ以テ　地上六十二尺ノ校舎中央塔屋内ノ鉄製タンクニ送水　各部ニ配給ス

筆者は魚崎小学校に最初に訪れ、給水塔に昇った時の印象を「ファサードの解読」としてある会誌[12]にまとめている。昭和六二年（一九八七）に記したものだが以下に再録する。

この建築のファサードは、今も視る者に斬新な印象を与えては、未来の建築への予感を投げかける。正面中央の塔を軸に左右に伸びる、梁型と庇は上階にゆく程、迫り出して水平感を煽り、屋上階に至っては片持梁でバルコニィを張り出す。あるいは、屋上階に突き出た講堂の屋根、屋上階のパラペット、船のデッキを思わせる手摺にすり替わったバルコニィという順序で塔から離れるにしたがって視線を下げる、その構図は、いまにも舞い上がらんとする一瞬の状態をいみじくも現わす。そのファサードは基本的には柱型と梁型だけによって構成され、垂直感と水平感のあやうい拮抗がそこにある。

さらにこのファサードに流れるような感覚を纏いつかせている手法がある。それを清水栄二はこの学校建築以前に西尻池公会堂と精道第二小学校で試み、魚崎小学校ではより洗練されたものとして用いられた。この胡麻柄と称された、まるで巻き付かれた縄でもあるかのようなコンクリートモルタルの化粧法は、まさにスピード感を表出する。両翼部の二階梁型、三階梁型、そして中央塔屋頂部、玄関上の庇部分と、それはより象徴的に配され、ファサード全体を抑制のとれたものとしている。

だがそれ以上にこのファサードを際だたせるものが、中央に聳える塔の存在である。玄関庇上から半円に突き出たガラス貼りの塔が三階講堂の屋根を貫き、屹立する。しかも頂部は幾重にも繰返された水平線で絶ち切られる。この高く掲げられた塔は視線を収斂させる。

この塔が給水塔であるという事実は、最頂部の満水槽から零れ落ちた水は、透明なガラス窓を滴る。その軌跡はコンクリートの細柱と化した。水滴を受けた玄関上の大庇は、半円形の波紋を幾重にもコンクリートに刻みこむ。以上のような暗喩を成立せしめる。それは給水塔のイメージに触発された、コンクリートとガラスによる新しい解釈による造形とも言える。

この時に筆者は給水塔下部のガラス貼りの階段室に講堂から校長と一緒に入り込み、吹き抜けとなった廻り階段をのぼり塔の一番上まであがった。そこでみたものは水槽の残骸であった。

4 設計と施工

設計

設計は既述したように清水建築事務所によるもので、現場監理は上谷利夫・梅本由巳・西村儀一・寺内栄治郎の四人が清水栄二の下であたった。梅本は大正一一年（一九二二）に兵庫県立工業学校建築科を、西村は大正一四年（一九二五）に大阪府立西野田職工学校建築科を、上谷は大正三年（一九一四）に兵庫県立工業学校をそれぞれ卒業した建築技術者で、梅本と西村は神戸市営繕課で清水栄二の下に技手や雇員として在籍した建築技術者であった。

筆者は梅本由巳に昭和六二年（一九八七）七月二一日に聞取り調査[13]を実施している。梅本については第四章・五章でも触れるが、清水栄二建築事務所の番頭とでもいうべき立場にあった人で、大正一五年（一九二六）から昭和一六年（一九四一）までの、一五年間を清水栄二とともに生きた建築家であった。略歴を示すと、御影町生まれで

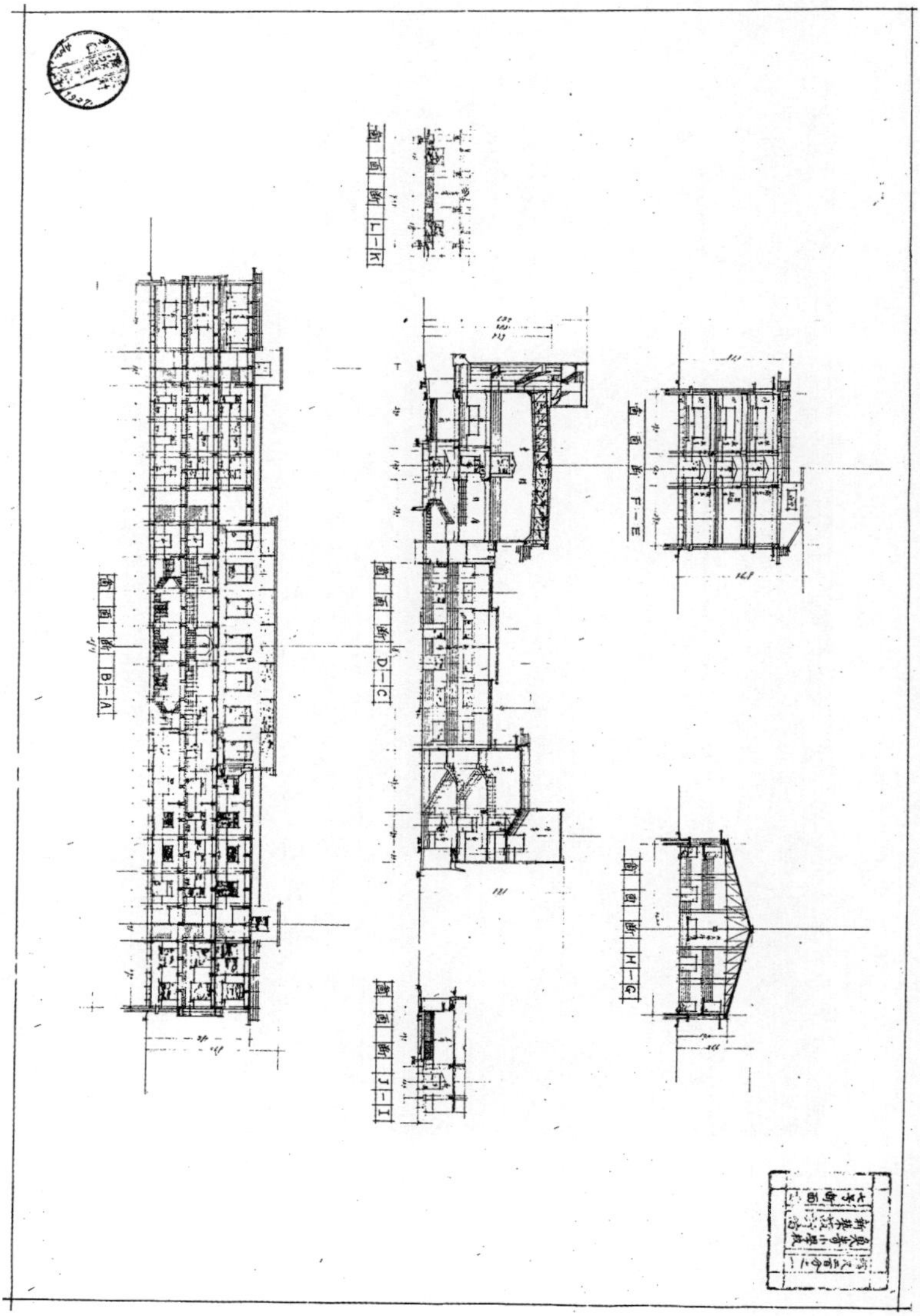

図3-2-10　魚崎小学校 断面図（昭和2年）

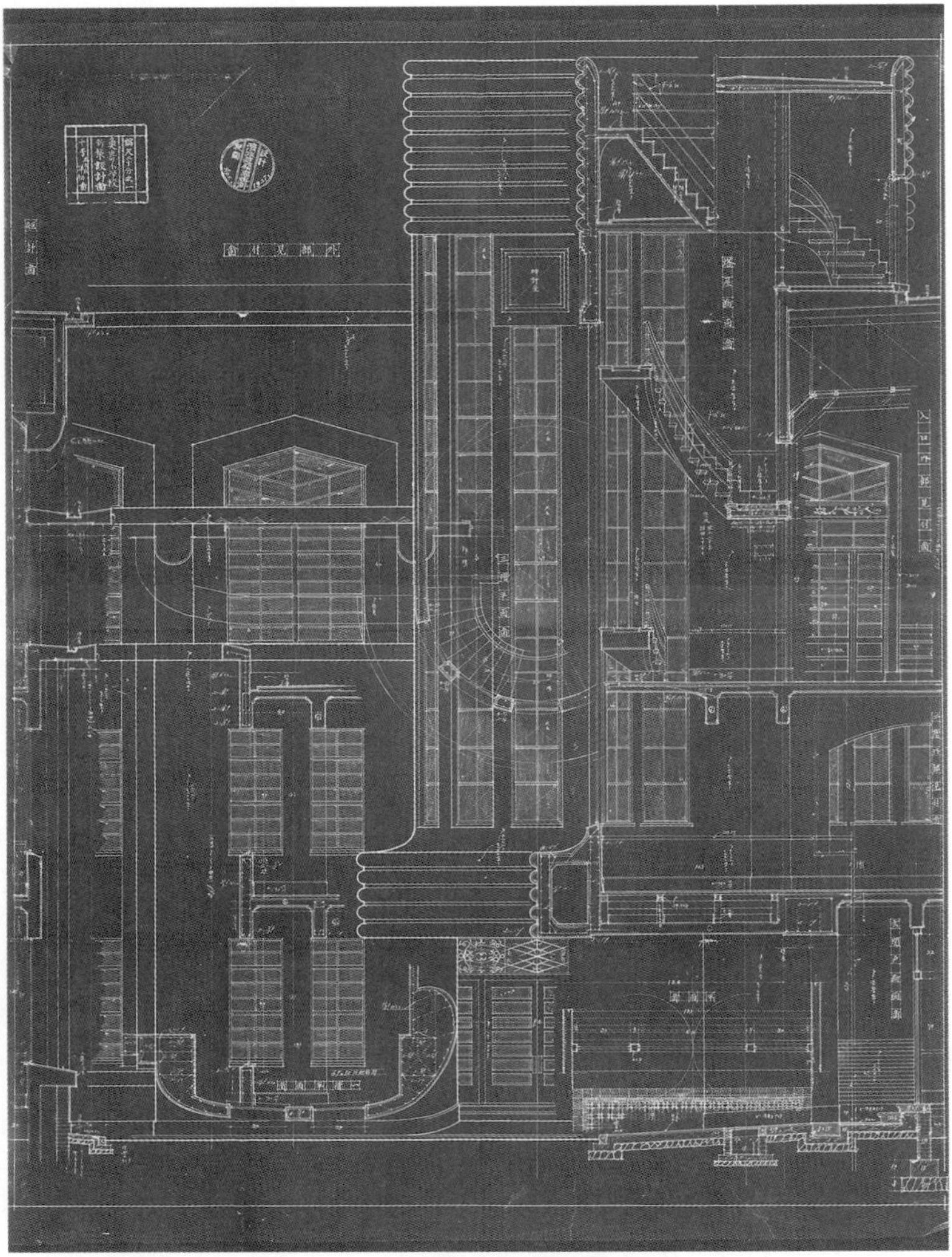

図 3-2-11　魚崎小学校 外部見付図（立面図・断面図が同一図面で表記される・昭和 2 年）

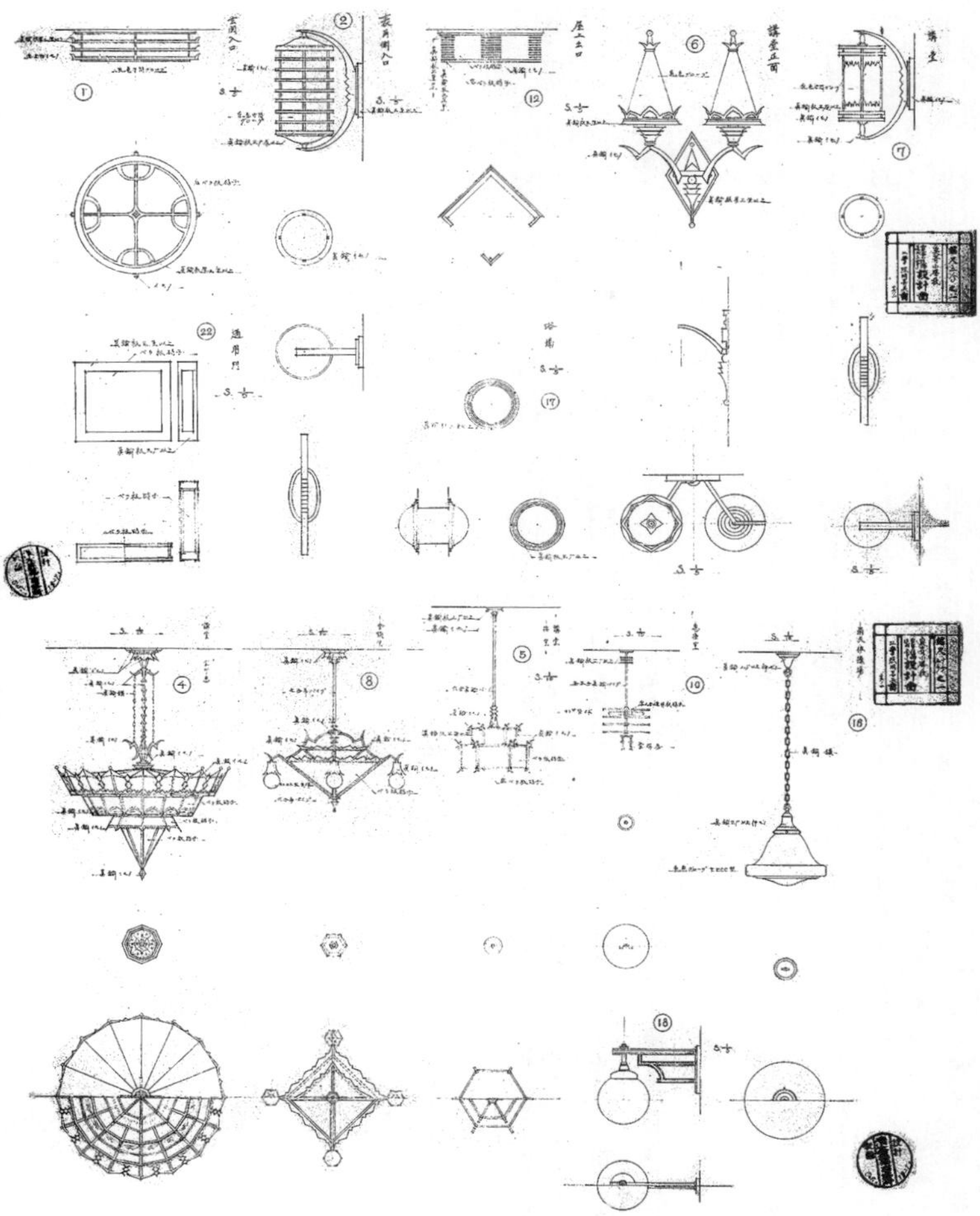

図 3-2-12　魚崎小学校 照明器具詳細図（昭和 2 年）

大正一一年に兵庫県立工業学校建築科を卒業し、中島組に入る。中島組は設計部を有した建築請負会社で、当時神戸で最大規模を誇った。一年ほど在職し、神戸市営繕課の臨時雇員になる。大正一三年（一九二四）には技手補、大正一五年には技手となる。この頃に官立神戸高等工業学校に付属してできた、夜間制の神戸工業高等専修学校建築科に通い、大正一四年（一九二五）に卒業している。

聞取り調査の結果、次のことが判明した。設計の役割分担については、魚崎小学校の基本設計は清水栄二がおこない、給水塔をはじめとするファサードの意匠は熊本一之[14]がデザインし、梅本由巳が実施設計をはじめとする実務一般を担っていた。また、上部にいくにつれて外側に徐々に迫り上がっていく蛇腹状の、あるいはモールディング風の水平の帯状の造形意匠は当時「胡麻柄」と呼ばれ、熊本一之が考えたデザインであった。熊本一之は清水建築事務所でもっともデザインが巧みな建築技術者であり、チーフデザイナーの位置付けにあったといえる。上谷利男は請負業を兼務した技術者で、直前に清水栄二設計の六甲小学校の現場監理を担っていた。

施工

施工は隣村の本庄村[15]を拠点に土木建築の請負業をおこなっていた早駒組である。店主は寺田早太郎であり、昭和一〇年（一九三五）頃には御影町石屋川に店[16]を設けていた。清水栄二設計の精道第二小学校（昭和二年完成）や和田貞治郎設計の本庄小学校（昭和一二年完成）の施工も請負っていた。精道第二小学校は胡麻柄を用いた最初の校舎であり、魚崎小学校の起工前に完成していたことから、施工面についても経験済みであった。

早駒組は戦後は鉄筋コンクリート造の上筒井小学校校舎（昭和二九年）の建設を請け負うなど、昭和三〇年代まで は活動をおこなっていたが、その後廃業する。寺田早太郎の遺族が記した「早駒組回想録[17]」が見いだせている。以下その一部を記す。

元禄年間、青木で廻船業、渡海屋太兵衛を名のる。今の新明和の敷地の中専用の船着き場があって川西航空機

に権利をゆずる　さくらの湊と言っていた。早太郎は九代目太兵衛を名のる事はなかった。八代目太兵衛になり、明治開化で廻船業がだめになり　早太郎が建築業を始める。明治の二〇年位である。竹中工務店が元町に出て来たのが明治三〇年位であった。竹中組と肩を並べて仕事をしていた。昭和十二年九月一八日六九才で死亡する。甲南土木の会長であった、又、有限会社早駒組の代表社員でもあった。昭和四年に魚崎小学校をうけおった当時六〇万位の予算であった。設備に多くの金を使い、酒造会社や魚崎町等がお金を公費の上に上のせしたと言う。

5　その後の歴史

昭和八年（一九三三）に二期工事がはじまり、北校舎の西側棟が同年一二月に完成する。清水栄二の基本設計にもとづいて芦屋の和田貞治郎[18]が主催した和田建築事務所が実施設計を担った。なぜ、一期工事に引き続き清水事務所が担当しなかったかについては定かではないが、魚崎小学校の改築移転を積極的に推進した山路久治郎町長が昭和五年（一九三〇）に辞任しており、このことが背景にあったものと考えられる。清水事務所が関与しなかった結果、清水建築事務所特有の意匠は翼部の軒庇など一部に実現したにすぎず、過半は簡略化された形となる。その後戦争がはじまり、北校舎の東側棟は建設されることはなかった。その位置に校舎が建てられたのは実に半世紀後の昭和五三年（一九七八）のことで、三階建で建設されるが、清水栄二のプランを踏襲したものではなく、数多くの教室を詰め込んだまったく別物のプランであった。

平成七年（一九九五）の阪神・淡路大震災にも耐えたが、二十世紀最後の年に耐用年数が経過し、教室採光率の基準値に満たないことを理由に取り毀される。現在の校舎は二〇〇一年に建設されたもので、昭和四年に建設された魚崎小学校の建築スタイルを模してつくられた。微妙にプロポーションや細部の意匠が異なるものの、全体的な外観の様相は似た形状を示す。遠目にみれば一見錯覚するものの、近づけば似て非なるものであることに気が付く。このようなスタイルが踏襲された理由はそれだけ元の建築スタイルに地域の愛着が強かったことを反映してい

写真 3-2-14　『新築記念帖』・表紙
（以下、写真 3-2-37 まで同じ）

写真 3-2-15　校舎全景

写真 3-2-16　校舎正門

写真 3-2-17　第二通用門

写真 3-2-18　全校生徒

写真 3-2-19　正面玄関

写真 3-2-23　二階中央広間

写真 3-2-20　正面玄関内部

写真 3-2-24　講堂正面

写真 3-2-21　御真影奉安庫

写真 3-2-25　講堂背面

写真 3-2-22　一階廊下

写真 3-2-26　雨天体操場

写真 3-2-27　会議室

写真 3-2-28　校長室

写真 3-2-29　職員室

写真 3-2-30　普通教室

写真 3-2-31　家事実習室

写真 3-2-35　唱歌室

写真 3-2-36　作法教室

写真 3-2-37　町立青年訓練室

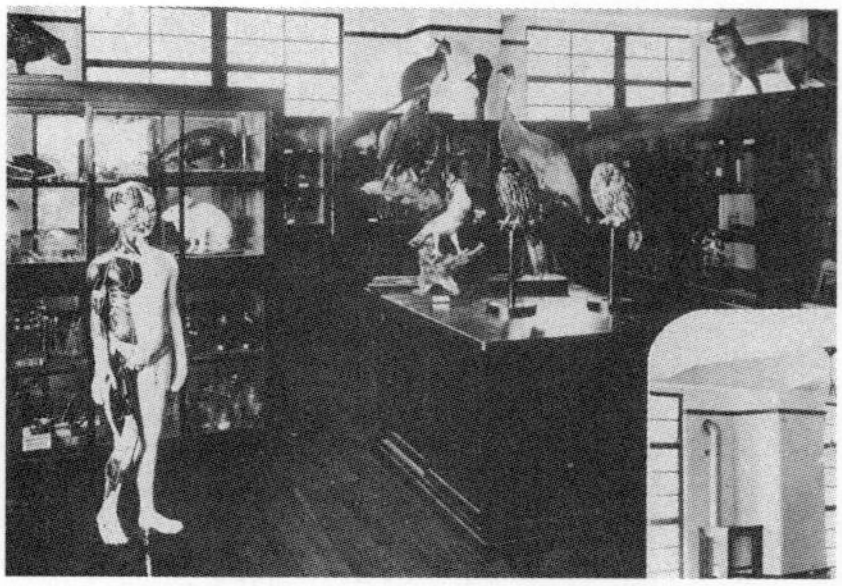

写真 3-2-32　理科標本室

写真 3-2-33　理科教室

写真 3-2-34　図画室

るのだろう。

二　本山第二小学校

1　成立

本山第二小学校は武庫郡本山村立小学校として昭和八年（一九三三）に鉄筋コンクリート造で建設される。本山村には本山小学校があったが、郊外住宅地化が進展し、児童数の急増を受けて新たに設置されたのが本山第二小学校であった。その背景には阪神急行電鉄が大正九年（一九二〇）に開通し、岡本駅が設置されたことが関係する。この時期本山村は人口が急増し、大正八年（一九一九）時の三、七三八人が、一四年後の昭和八年には約三倍の一〇、二四〇人になっていた。

明治八年（一八七五）に開校の本山第一小学校では鉄筋コンクリート造二階建の本館を昭和二年（一九二七）に完成させていた。設計は建築家古塚正治によるものであり、二階を講堂とした建物であった。このような早い時期に鉄筋コンクリート造の採用ということからは、この新しい構造による校舎が望ましいものと、本山村ならびに小学校関係者の間では考えられていたことが窺える。

建設の経緯をみると、昭和七年（一九三二）一月四日に地鎮

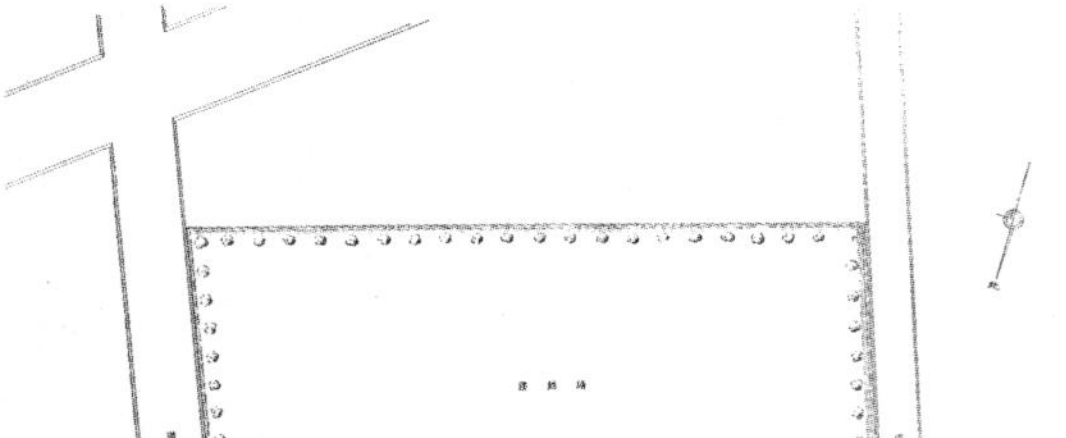

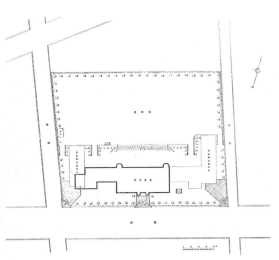

図 3-2-13　本山第二小学校 配置図

祭がおこなわれ、同月八日より整地工事がはじまり、同工事は四月に完成し、七月一七日に建築工事が起工、翌昭和八年（一九三三）一月に完成する。このことからは遅くとも昭和六年（一九三一）秋には今北建築事務所による設計が終えられていたものとみられる。

昭和八年四月五日の落成式にあわせて発行された『新築落成記念帖　本山村第二小学校』によれば、工事総額は二〇一、三三四円であり、その内訳は敷地買収費が八五、五〇〇円、整地費が五、七五九円、建築費が八五、〇六四円、設備費が一九、〇三九円、雑費が五、九七二円となる。敷地買収費が建築費とほぼ同額になっていたことに驚かされる。都市化の進展で土地の価格が上昇していたことを反映していた。

写真 3-2-38　本山第二小学校 1 期工事

写真 3-2-39　本山第二小学校 2 期工事

工事は一期工事と二期工事にわけて建設され、一期工事の施工は大阪の朝永建築工務所が請負った。二期工事は昭和一一年（一九三六）九月一〇日に竣工し、神戸の松浦工務店が請負った。二期の工事費用は建築費一三二、〇四八円、設備費二、〇六三円、附帯工事費六一五円、雑費六、一五八円の、計一四〇、八八四円であった。延床面積は一期が二、七一四㎡に対して、二期は二、七三六㎡とほぼ同面積であったのに対して、一期工事に対して、二期工事の建設費が約一・三倍にあがっていることが窺える。敷地面積は約三、〇〇〇坪で、延床面積は五、四五〇

㎡となり、普通教室数は四一、特別教室数は手工・理科・唱歌・図書・裁縫などの九室からなった。

2　プランと柱割

ブロックプランは講堂を中心にしたコの字型となり、東西両端を翼部として、南側の校庭側に付き出す。講堂を中央部本館三階に設け、その一階二階は中廊下式教室配置となる。一方で両翼部ならびに本館につなげる棟は片廊下式教室配置となる。中廊下式教室配置は神戸市の小学校建築の定石ともいうべき形式であり、その影響を受けたものと考えられるが、玄関ホールを階段室と一体化させた手法は小学校としては珍しく、この校舎の他に清水栄二設計の精道第二小学校（昭和二年竣工）で確認されるにとどまる。それは階段の踊場の下を玄関とし、一階二階の二層分を吹き抜けの空間としたものであった。さらにこの二階の上には講堂が載るという構造になっていた。

筆者は一九八〇年代後半から一九九五年の震災時までに数度、現地調査を実施している。その時の印象は階段下の玄関の天井高が低く抑えられ、公共施設のスケール感ではなく、より住宅に近いものであった印象がある。だがそこをくぐり、左右対称に配された階段に進むと、上部は吹き抜け空間となり、背の高い天井高が実感出来た。つまり、鉄筋コンクリート造ならではの庁舎建築の空間構成の醍醐味がここには現われていた。

類似したプランニングにすでに完成していた魚崎小学校があり、このふたつの小学校の位置はわずか一キロメートルも離れていなかったことからは、おそらくは計画を立てる上で影響を受けたものと推察できよう。ちなみにす

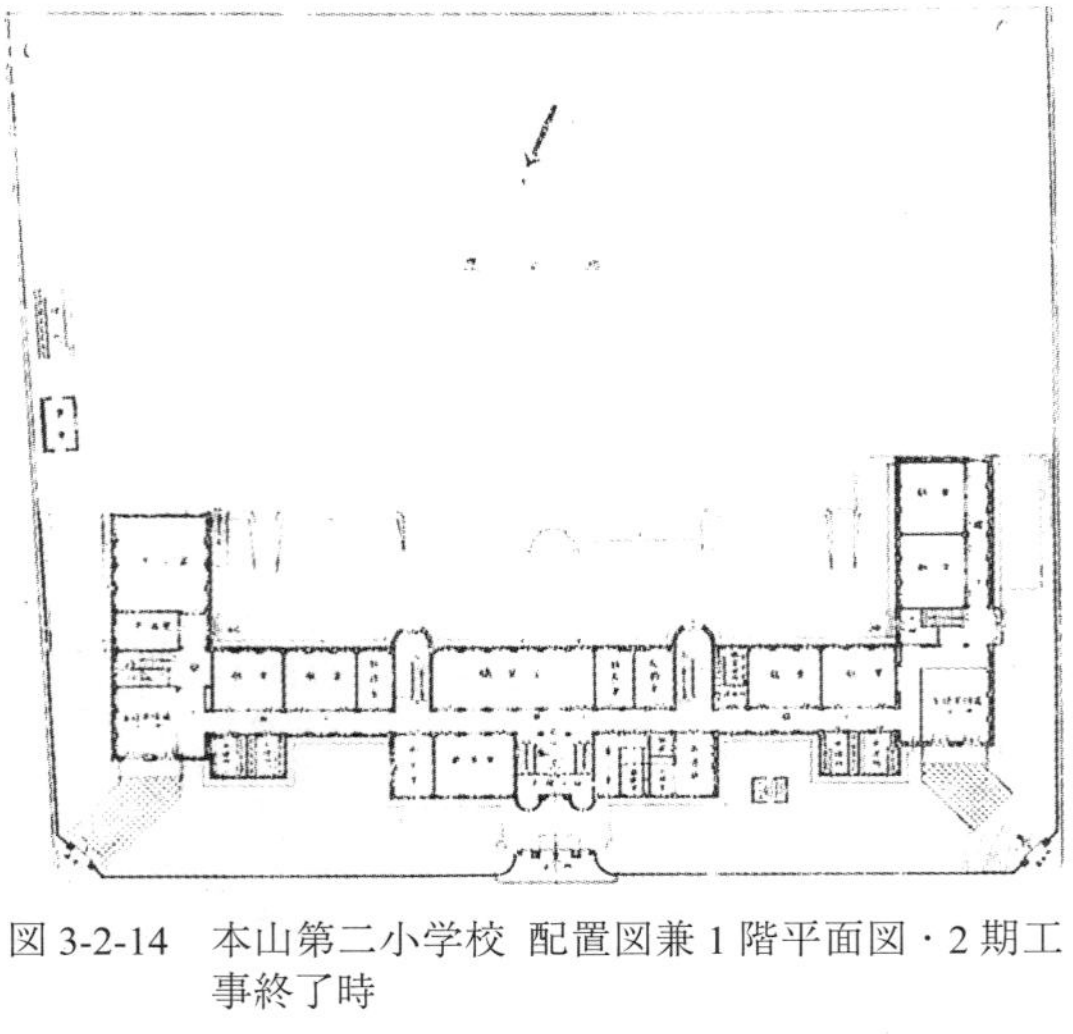

図 3-2-14　本山第二小学校 配置図兼 1 階平面図・2 期工事終了時

でに論じたが、魚崎小学校は本山第二小学校のような玄関の真上が階段室になったものではなく、玄関ホールの奥の中廊下を利用した階段であり、共通点は上部が吹抜けになっていた点である。六章で詳しく論じるが、阪神淡路大震災で被災したのはこの吹抜け空間まわりの階段の壁であった。構造的にスラブがない吹き抜けということで、水平力の支えが弱く、力が集中した可能性がある。

見出せた第一期工事の図面[19]から柱割をみると、桁行方向のスパンは二・七三mと二・九〇mの二種類からなる。二・七三mの柱割は講堂両横の片廊下式教室側で用いられ、二・九〇mの柱割は講堂が最上階に設置された中廊下式教室側に使われた。一般的に同一の建物で柱割が変えられることはほとんどないが、ここでは場所ごとに建物構成上、もっとも基本となる柱割が変えられていた。なぜそのような使い分けがなされていたのかは定かではないが、最上階講堂の面積を確保する必要にくわえて、中央本館をより雄大に見せる効果を考えてのことだったと推察できる。そのことは後に詳述する。

一方でこのことは教室の大きさに差を生じさせていた。ここでは片廊下式でも中廊下式でも教室のスパン割は共通し三スパンとなる。また梁間方向の長さは共に七・三mとなっていた。片廊下式の普通教室の大きさをみると、桁行八・一九m（四間半）、梁間七・三m（四間）で、面

写真 3-2-40　本山第二小学校 北面全景（昭和 8 年）

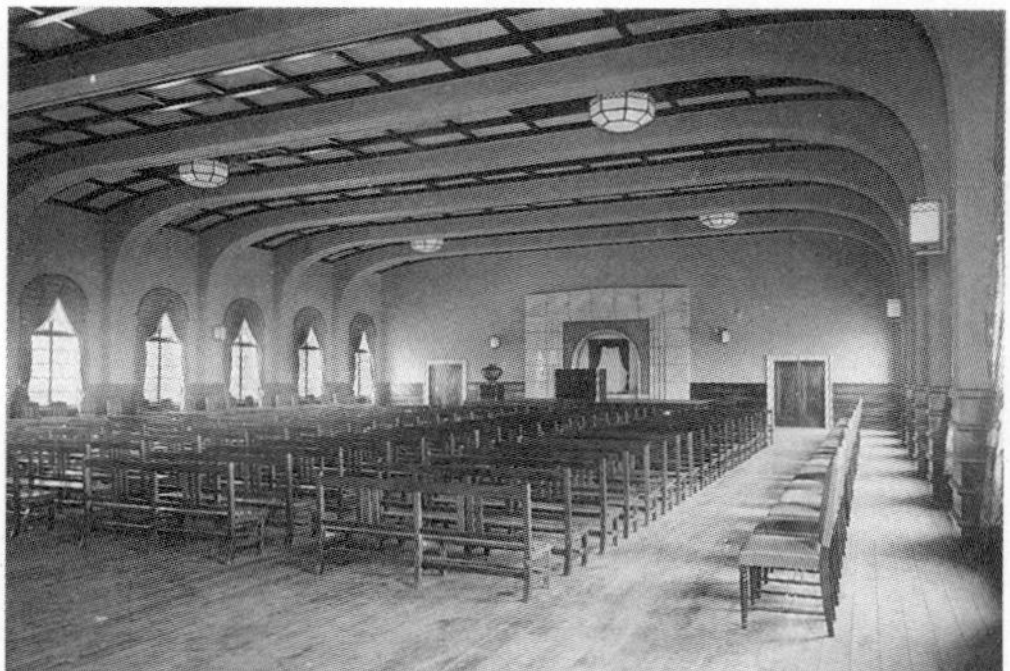
写真 3-2-41　本山第二小学校 講堂（昭和 8 年）

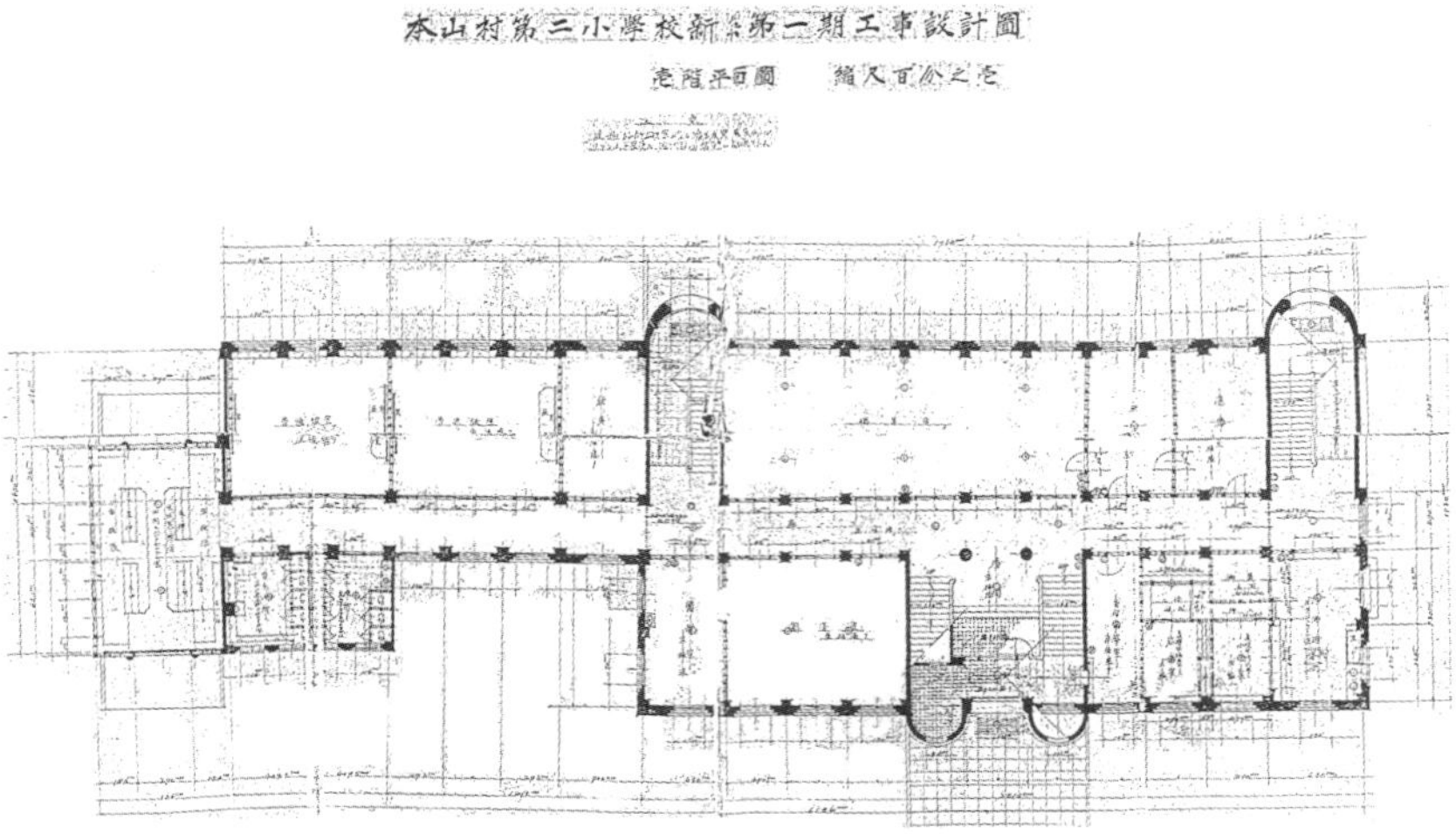

図 3-2-15　本山第二小学校 1 階平面図

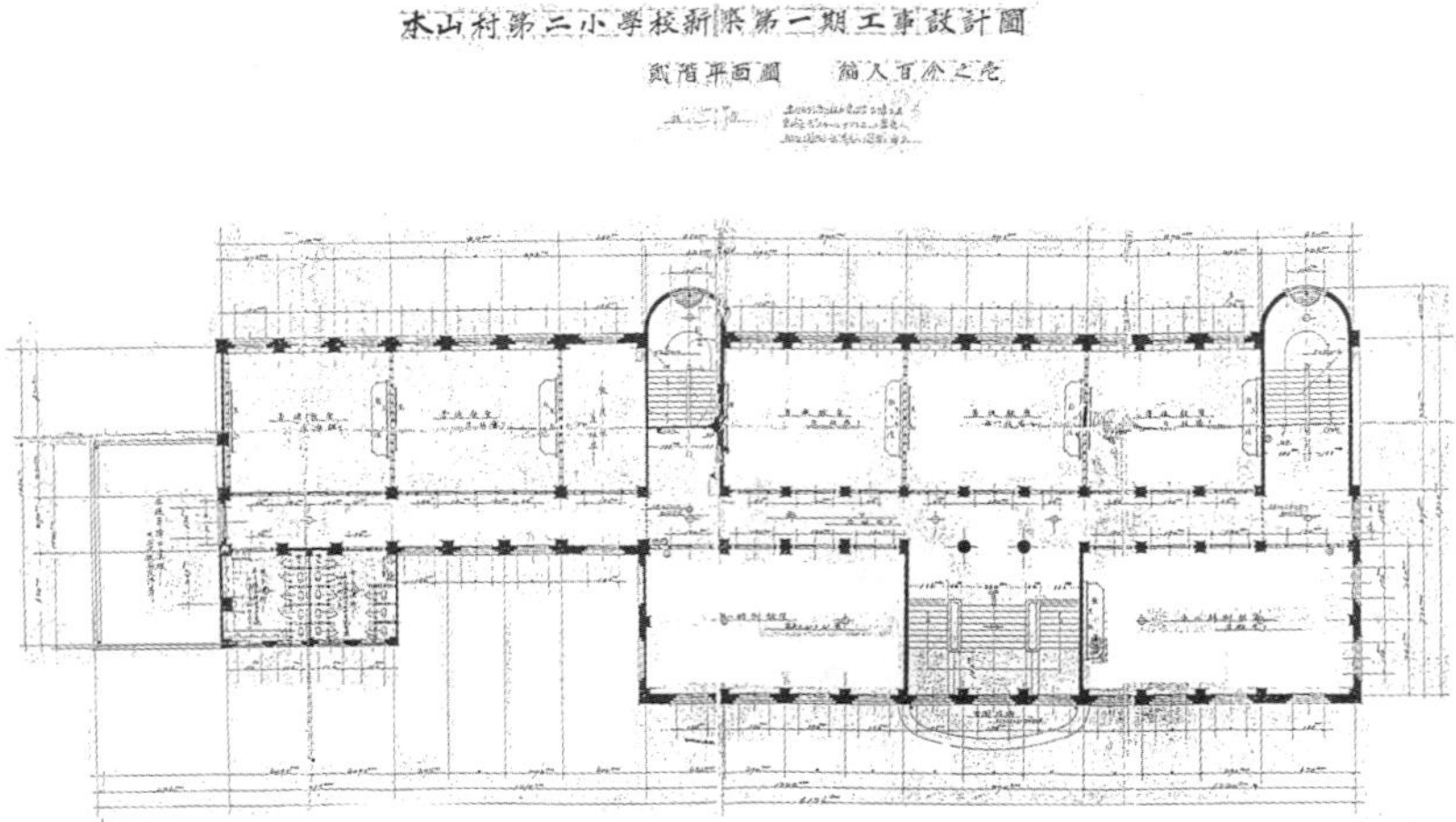

図 3-2-16　本山第二小学校 2 階平面図

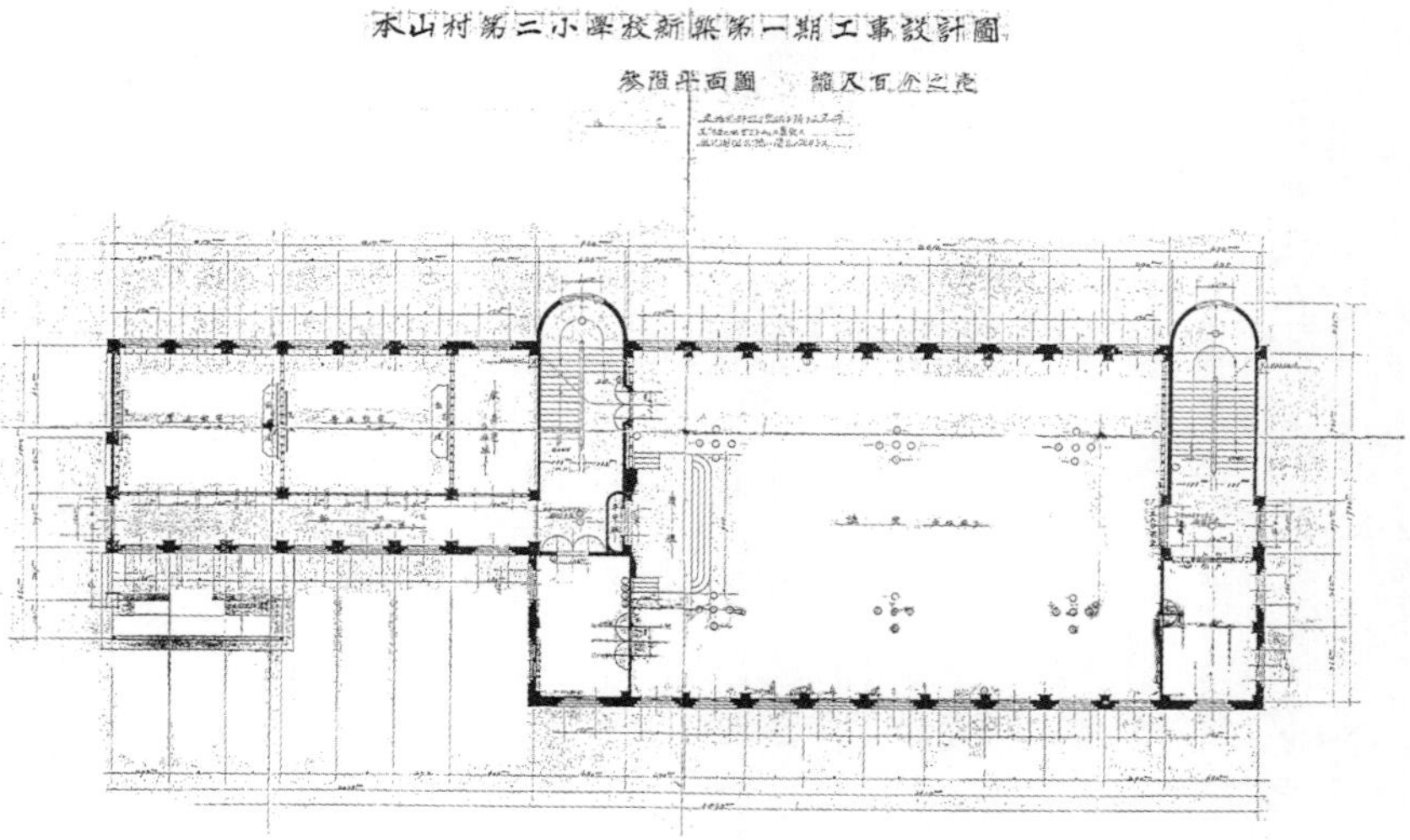

図 3-2-17　本山第二小学校 3 階平面図

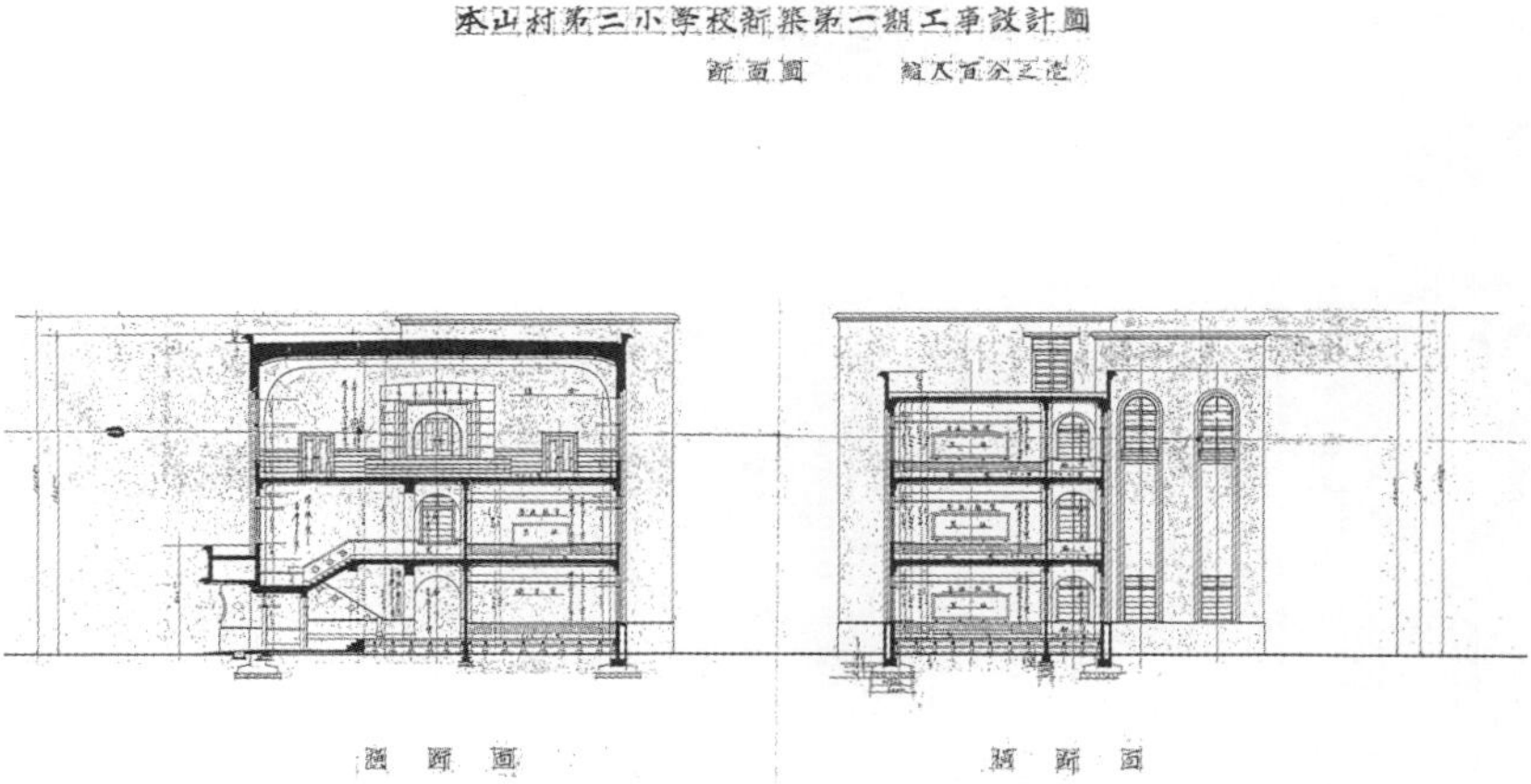

図 3-2-18　本山第二小学校 横断面図

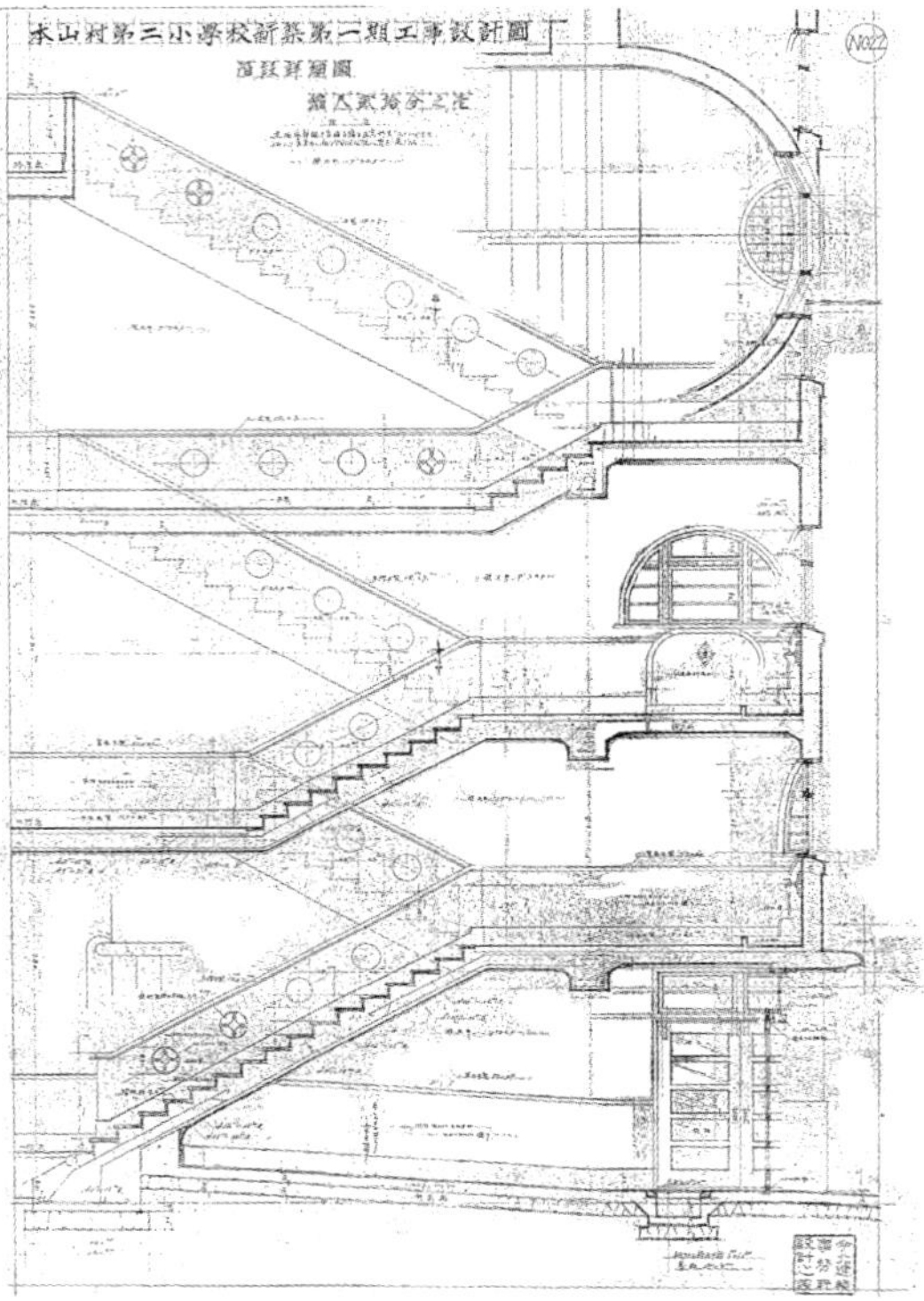

図 3-2-19　本山第二小学校 階段詳細図（断面図と平面図が同一図面に表記される）

積は五九・七九㎡（一八坪）となる。中廊下側では桁行八・七m、梁間七・三mで、面積は六三・五一㎡となる。神戸市の小学校の教室の大きさと比較すれば、この教室面積はゆったりしたものであったといえる。

　講堂の大きさをみると、中廊下式教室の六教室分であり、桁行が三九スパンで二六・一m、梁間が三スパンで一七・三mとなる。中廊下側の梁間方向のスパン割は七・三m、二・七m、七・三mとなっていた。片廊下側は七・三m、二・七mであった。

　断面方向の数値をみる。教室の階高は一階から三階まで共通して三・八mとなり、講堂のみが六・五mになった。高さをみると、円筒形階段室塔屋はパラペット頂部まで五三尺三寸（一六・一五m）、講堂パラペット頂部まで四八尺三寸（一四・六五m）、教室パラペット頂部まで四三尺五寸（一三・二〇m）となっていた。ここからは講堂よりも一・五m高く立ち上げられた二つの塔屋を設けることによって、講堂部分の外観が整えられていたことが読み取れる。このことは次にみるスタイルに関連する。

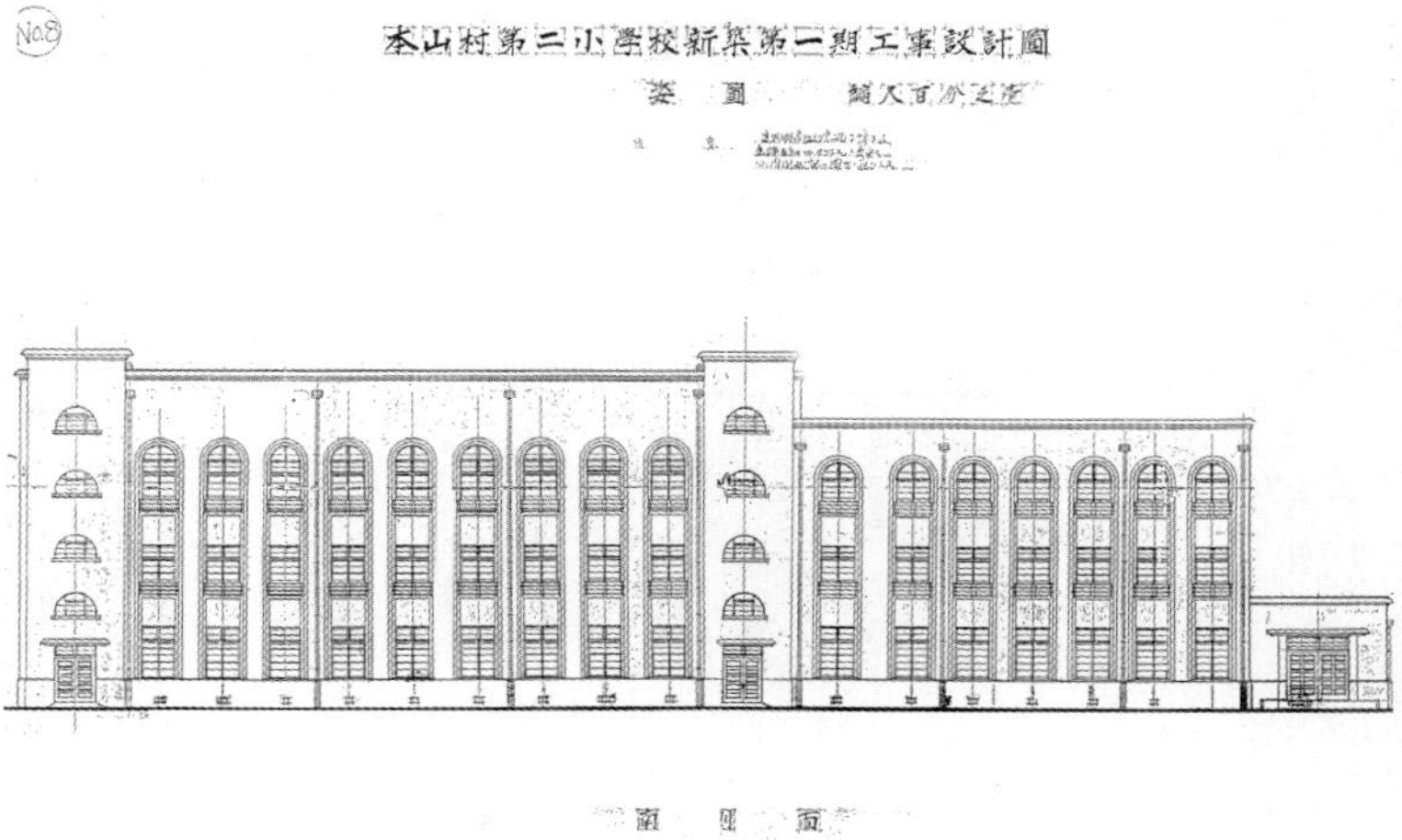

図 3-2-20　本山第二小学校 姿図・南面

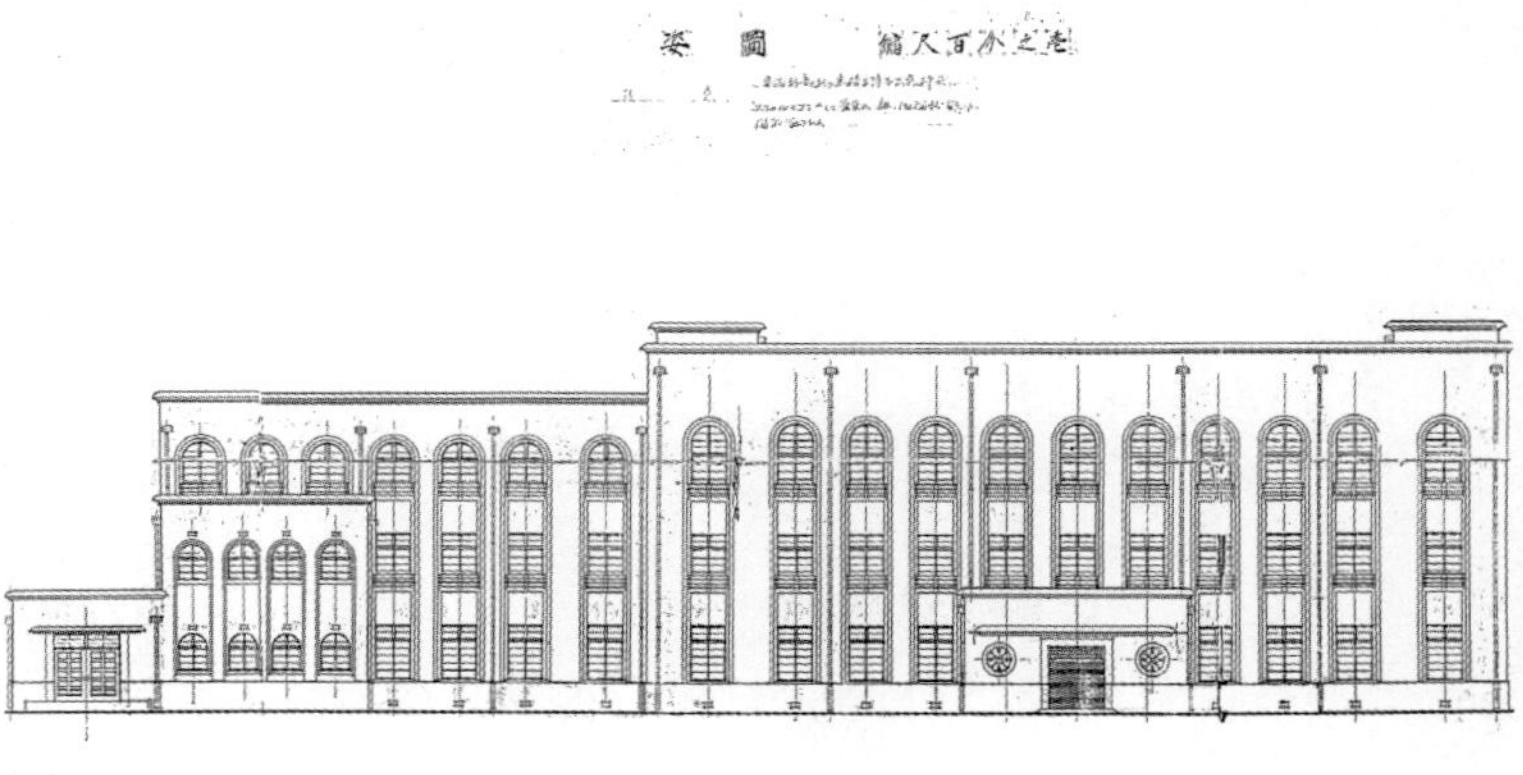

図 3-2-21　本山第二小学校 姿図・北面

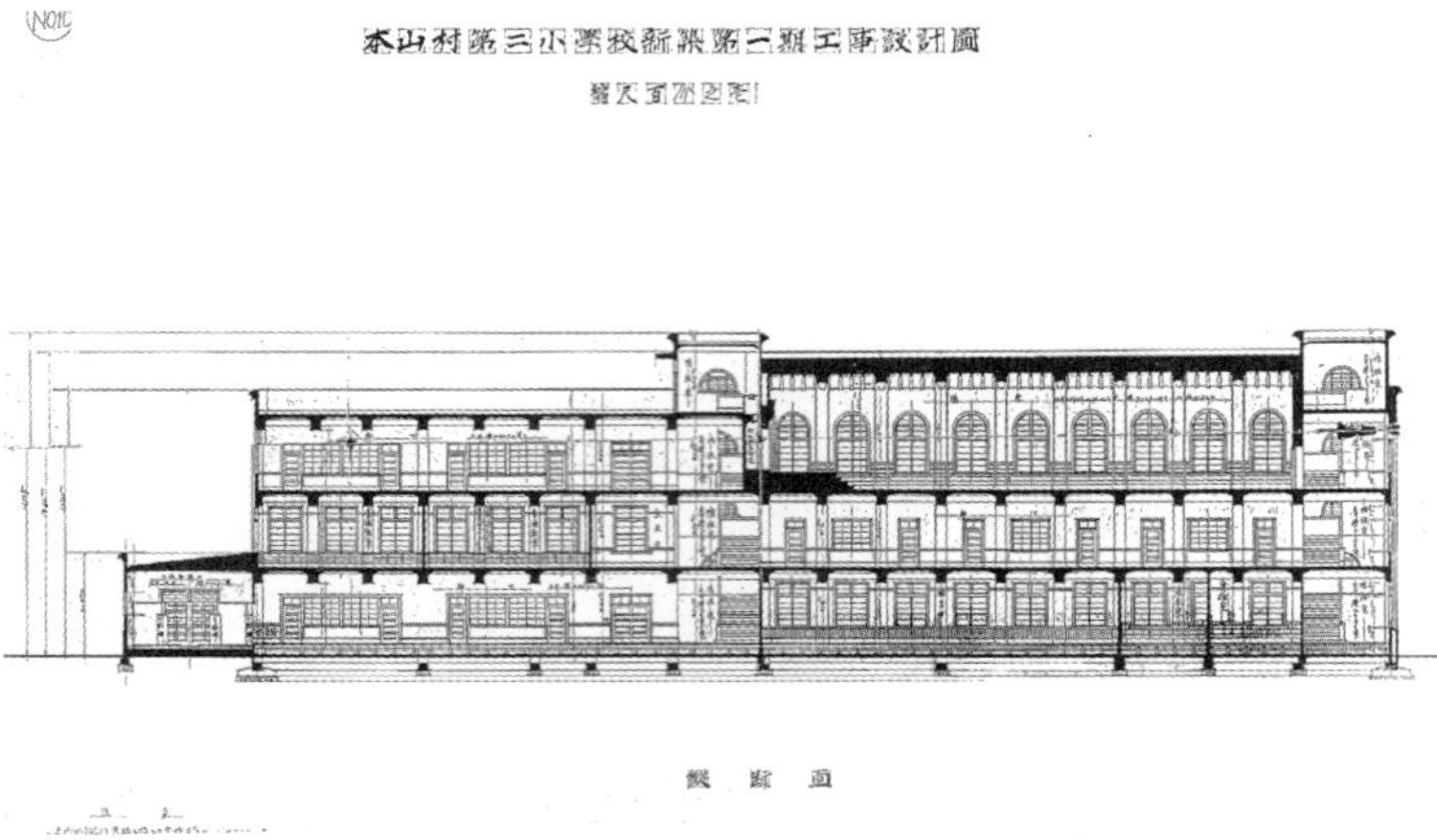

図 3-2-22　本山第二小学校 縦断面図

3　スタイルと意匠

ここではほぼ左右対称となったコの字形のプランをとることで、堂々としたファサードが演出されていた。その中で一番の特徴は対に配された円筒形の階段塔屋にある。建物の外壁面より二・二五m前面に突き出した階段塔屋は、その間に挟まれた講堂部分を両側の教室棟から分節し、量塊として外観全体を整える。円筒の直径は四・五mあり、高さは一六・一五mあった。

とりわけ驚かされるのは、筒状の外壁に穿たれた縦四段配列の窓にあり、存在感のあるファサードをつくりあげていた。この窓には曲面ガラスは用いられなかったが、一階出入りの扉は曲面でつくられており、強いこだわりが読み取れる。縦に配列された窓の形態は表現派のハンス・ペルツィヒ[20]設計のルーバンの化学工場の窓配列[21]（写真3-2-53）と類似する。このような造形意匠は正面廻りや内部廊下廻りなどにも現われており、おそらくは設計に際して表現派などの意匠に触発された可能性が高い。

もうひとつの特徴は講堂のみならず、教室棟も含め最上階すべての開口部にロマネスク的な半円アーチが繰り返された点である。ここではより彫りの深い外観を演出するために、外壁が柱型の外側に突出した位置まで出される。つまり、その位置はパラペット全体と同一面となり、その位置から窓までの厚み分が彫り込まれることになる。その厚みと垂直性を強調するため、最上階の開口部の出隅部には三段の繰型がついたアーキヴォルト（飾り迫縁）が設けられ、一階の腰壁までつながる。このようなアーチの多用は正面というべき南側立面のみならず、北側立面にも表出しており、いかにアーチ形を用いることに強いこだわりがあったのかが読み取れよう。

また講堂部分の外観を強調するために、講堂棟の柱幅が教室棟の柱幅とくらべ、一八・五cm分、大きくなっていたことが、図面の細見から判明する。前述した講堂棟と教室棟のスパンの違いは柱型の幅の違いにつながる。両棟ともに窓の幅は一・五mであり、違いはない。ここから講堂棟の柱の幅は一・四m、教室棟は一・二二五mとなる。

内部の特徴としては梁には半円アーチ形のハンチが付く。とりわけの階段広間の二本の独立した円柱は一階二階共に大きく半円形のハンチが付き、三連アーチが連続する様態は力強い。それは構造的な要請から生じたものと考えられるが、外観のロマネスク的な意匠にも通ずるものであり、内部空間の最大の見せ場となっていた。円筒階段では各階踊場の窓際は曲面を利用した手洗場となるなど、自由な形態が可能となった鉄筋コンクリートの造形力が生かされていた。細部をみると、正方形を四五度回転させた鉄の装飾が階段手摺の腰壁や玄

写真 3-2-43　本山第二小学校
階段室外観
（筆者撮影）

写真 3-2-44　本山第二小学校
階段室出入口
（筆者撮影）

写真 3-2-42　本山第二小学校 南面外観
（筆者撮影）

写真 3-2-48　本山第二小学校 玄関廻り（筆者撮影）

写真 3-2-49　本山第二小学校 玄関広間（昭和 8 年）

写真 3-2-50　本山第二小学校 玄関階段ホール（筆者撮影）

写真 3-2-45　本山第二小学校 西側児童昇降口廻り（筆者撮影）

写真 3-2-46　本山第二小学校 正門（昭和 8 年）

写真 3-2-47　本山第二小学校 塀（筆者撮影）

関の窓の面格子などに施されていた。このように到るところに装飾的な意匠が施されていた点も内部空間の特質といえる。

4　設計と施工

設計者

設計者の今北乙吉は前節で詳述したように学校建築は一一校設計していたが、この本山第二小学校と住吉小学校を除くといずれもが木造校舎であった。住吉小学校は鉄筋コンクリート造であったが、きわめて小規模なものであったのに対して、本山第二小学校は規模が大きく、また新設校ゆえに一挙に全体の設計がおこなわれた点が特徴となる。

今北乙吉は表現派からアールデコの影響を受けた意匠を得意とし、それは昭和四年（一九二九）に完成の摩耶観

写真 3-2-51　本山第二小学校 階段室（筆者撮影）

写真 3-2-52　本山第二小学校 廊下（筆者撮影）

写真 3-2-53　ドイツ ルーバンの化学工場

光ホテル(23)とともに、この小学校建築でひとつの到達点に達していたといえる。この工事の際に今北建築事務所の現場監理担当者は高井次一であった。高井は大正一四年(一九二五)に兵庫県立工業学校建築科を卒業した建築技術者であり、今北乙吉の後輩にあたる。

写真 3-2-54　今北乙吉

写真 3-2-55　兵庫県立工業学校卒業記念(明治45年・今北乙吉はこの中にいる)

写真 3-2-56　本山第二小学校 地鎮祭

施工者

一期工事を手がけたのは大阪の学校建築を数多く手がけていた朝永建築工務所(24)である。大阪市東区空堀通に本店を設け、手がけた建築類型(25)としては、学校と住宅が多かった。いずれも木造建築が多かったが、鉄筋コンクリート造校舎としては、本山第二小学校以外に、昭和三年完成の大阪市清堀小学校と昭和一一年の守口第一小学校の施工を担っていた。

一方二期工事を担った松浦工務店(26)とは神戸市加納町に本店を置いた工務店で、カナディアン・アカデミーや大阪ランバス女学院などのヴォーリズの建築を数多く手がける一方で、邸宅建築の施工を担った。阪神間の邸宅の施工を請負っており、今北乙吉が設計した住宅の施工を担っていた、おそらくはそのような関係で二期工事を手がけることになったようだ。

三　本庄小学校

1　明治三二年の校舎

本庄小学校としてスタートするのは明治三二年（一八九九）のことで、それまで独立して設置されていた、深江小学校と青木小学校が統合された結果だった。深江小学校とは最初寺院本堂を用い、次に個人の住宅を利用し、その後は隣村の精道村と合同で設立した精道小学校に統合されるという経緯を辿った。青木小学校は当初寺院の本堂を用いたが、明治一八年（一八八五）に建坪百九坪で新築される。どのような建築であったのかは詳しくは判明しないが、木造建築であった。

小学校の分立は同一の村内で不経済ということで、村名から名付けられた本庄小学校が深江と青木の境界に跨った場所につくられることになる。その校舎は木造平屋とし、入母屋屋根の玄関が付いたものであった。外壁は下見板貼りで、屋根は寄棟で桟瓦葺であった。ここからは骨格は洋風だが、玄関部だけが和風であったことが判る。このような和風らしさを強調するスタイルは、関西の小学校では明治三十年代という時期には一般的なものであり、本庄小学校もそのような文脈とは無縁ではなかったことがわかる。

写真 3-2-57　本庄小学校 明治期

2　大正九年の校舎

大正半ばには人口が急増し、児童数も倍増するために、教室数は不足し、校舎の拡充が求められる。その結果、大正八年（一九一九）一〇月一五日には、敷地の拡張と校舎の改築が決定する。約一年後の大正九年（一九二〇）七月十二日には校舎が二階建てに建て替えられる。この校舎の建坪は二七五坪で、工費は七三、九三一円を計上した。

その建築スタイルは、中央に玄関部とマンサード屋根による破風を設けた洋風校舎であった。その左右にそれぞれ翼部があり、切妻の破風をみせ、全体としては左右対称となる。中央部の二階は両横の教室棟とくらべ、階高が高くなっていることを考えれば、この部分が講堂となっていたものと判断される。玄関部はアーチ状屋根のポルティコとなり、一階二階はともに下見板貼りの外壁となるが、二階庇下の壁は木部を漆喰壁に表しにしたハーフティンバーといわれる手法が用いられ、あきらかに洋風の影響が見られる建築がつくられていた。

この時期、隣接する精道村（現・芦屋市）の精道小学校においても、本庄小学校校舎と共通する、ハーフティンバーが目立つ洋風要素の色濃い校舎が出現しており、大正期の木造小学校校舎において、このような建築スタイルのものが阪神間では多く現われていた。

設計と施工は大阪府立西野田職工学校の「模範職工団」(27)が担当したことが判明している。西野田職工学校とは大阪市福島区にある現在の大阪府立西野田工科高等学校であるが、その内部に造家科と家具装飾科の卒業生を中心とした建築技術者集団である職工団が組織されており、在校する生徒の建築実習を兼ねて、低廉な工費で設計ならびにその建設を受託していた。その職工学校が阪神

写真 3-2-58　本庄小学校 大正期

電鉄野田駅前に位置したことから、阪神間の各町村の学校や役場などの設計と施工に携わることになる。指導したのは職工学校教諭の酒井湧三郎や設楽建築事務所の所員であった藤枝良一[28]といった建築技術者だった。酒井湧三郎は東京高等工業学校建築科、藤枝良一は名古屋高等工業学校建築科、と、両人ともに高等教育機関の官立高等工業学校建築科の卒業生であった。その関与が判明しているものに、西宮小学校（明治四十五年）をはじめ金蘭会女学校・偕交社附属小学校・大庄村小学校などの学校建築にくわえ、篠山町役場や小田村役場などの役場建築、済生会大阪病院や贄病院などの病院、さらに宝塚鉱泉会社社屋、さらに野田邸といった洋風住宅にまで及んでいた。

3　昭和四年の校舎

大正後期の本庄村は移住者の急増の結果、児童数が激増し、大正十五年（一九二五）九月には早くも増築の計画が建てられる。その完成は昭和四年（一九二九）四月十五日で、鉄筋コンクリート造二階建ての校舎であった。工費は二万八千円を計上した。校舎としては小規模なもので、教室数は十に満たなかったものと推測される。この増築校舎の敷地にそれまでは木造の村役場があった。この村役場が移転して、その跡地に鉄筋コンクリート造により校舎が新築される。この増築校舎の建設が本庄村の御大典記念事業になったのは、村役場の建設事業とセットで行われたことによる。この校舎は矩形の開口部やパラペットの取扱など、同時に造られた本庄村役場の建築スタイルと共通する点が多い。このことから類推すれば、設計者は本庄村役場の設計者である置塩建築事務所の可能性が高い。施工は村役場と同様に早駒組が担当した。なお、この校舎は昭和九年（一九三四）の室戸台風時に全校児童たちの避難場所となった。

写真 3-2-59　本庄小学校 工事中

4　昭和一二年の校舎

すべての校舎が鉄筋コンクリート造に改築されるのは、昭和十二年（一九三七）のことだった。昭和九年（一九三四）の室戸台風で大きな被害を受けた木造校舎の復興事業の一環のなかで建設がなされる。深江付近に上陸した室戸台風は海際の本庄村の多くの建物を破壊し、災害に強く海に流されることのない鉄筋コンクリート造建築の有利さをより強く実感させた。

実際に関西では昭和十年代前半は関西大風水害といわれた室戸台風の復興事業のなかで、小学校の鉄筋コンクリート造化が戦前期、もっとも大々的に展開される。事例をあげれば西宮市では一挙に七校が、大阪市では百三校の小学校が鉄筋コンクリート造となる。そのような復興の気運が醸成されたなかで本庄小学校の改築が行われた。工費は二十七万円を要した。

この校舎の外観の特徴は装飾を排除したモダンデザインのスタイルにある。そのことはガラス貼の塔屋、外壁の丸窓、寺院の塔上部の九輪を模したかのような屋上の五輪の避雷針の形態に窺える。このようなモダンデザインはバウハウスやロシア構成主義など、一九二〇年代のモダンデザインの影響を受けたものとみることができる。一方で柱型が外壁表面に突出した外観を示す。このようなスタイルは大正から昭和戦前期の学校建築など鉄筋コンクリート造の公共建築に多いもので、ゴシックに起源が求められる形態であった。すなわち、モダンスタイルの要素を展開しつつ、基本は柱型を露出する組積造に由来するスタイルが踏襲されていた。

ガラス貼の塔屋については、「船」のスタイルが意識されたと、本庄小学校には伝わるが、後に詳述する設計者・和田貞治郎は、本庄小学校の四年前

写真 3-2-60　本庄小学校 正面側・南面

の昭和八年（一九三三）に、精道村の山手小学校舎を設計しており、ここでもガラス貼の塔屋を屋上に設置していた。このことからはこのようなガラスの箱を屋上に設けることは和田貞治郎の設計手法のひとつであったといえる。

　平面計画をみれば、中央部最上階の三階が講堂になるという点に特色がある。このような形式は神戸市内の小学校に数多くみられた。新しい校舎の延坪は千八百坪で、教室数は普通教室が三十、特別教室が六ありとは、昭和一一年（一九三六）七月五日付の大阪朝日新聞阪神版の記事にある。その記事によれば、中央部は普通教室で中廊下式の教室配置をとり、特別教室は両翼部に配された。屋上の塔屋は東の塔屋と西の塔屋のふたつがあって、東塔は日光浴室となり、身体虚弱な児童を対象に日光浴をさせ、健康を回復させることを目的に設置された。竣工当時はこの敷地は松林ごしに海に面するという、現在では考えられない恵まれた自然環境にあった。西塔は貯水タンクが収蔵されていた。

　設計図などの建築的史料は、この校舎が戦災を受けて内部も焼失したために残っていないが、昭和四八年（一九七三）に公害防止工事の際に[29]図面が作製されていた。各階平面図をはじめ立面図や矩形図、室内展開図などからなる。それらには、実測によって得られた数値が記されており、この図面の分析からは次のことが判明する。

　柱のスパンは四・五五ｍ間隔となり、二スパンで一教室の間口を形成した。桁行方向、すなわち、ここでの東西方向の全長は壁芯で一一〇・九四ｍにも及ぶ。梁間方向は壁芯で約一一・〇〇ｍあって、廊下幅は約三・六〇ｍある。教室の大きさは間口が九・一〇ｍ、奥行が七・四ｍとなり、天井高さは三・五〇ｍであった。

　校舎全体についての高さ関係をみれば、五輪の付いた硝子の塔屋の天端までの最高高さは一九ｍあり、講堂部分のパラペット天端までの高さは一四・九〇ｍ、教室部分のパラペ

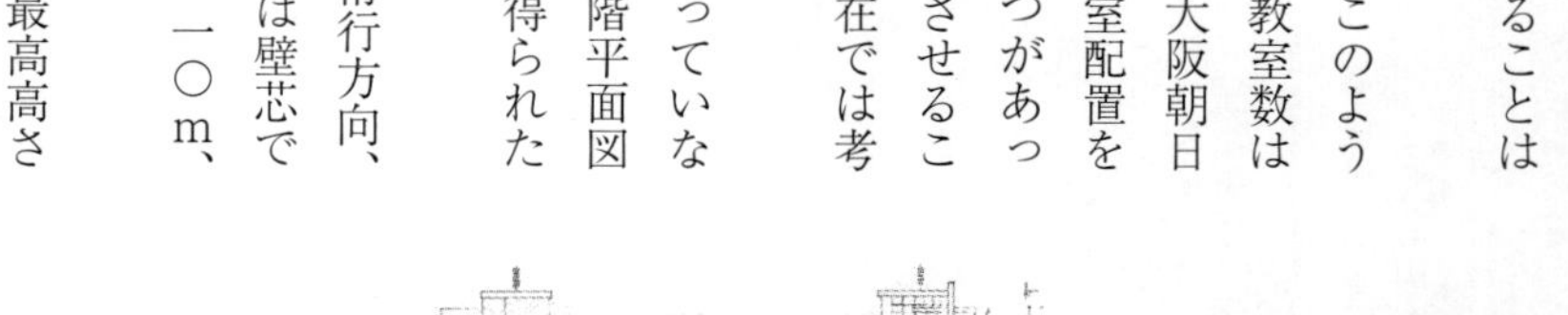

図 3-2-23　本庄小学校 正面立面図

ット天端までの高さは一三・〇五mとなる。

この設計は、和田貞治郎が主催した和田建築事務所だった。施工は早駒組が担当した。和田貞治郎が設計を担当することになった要因として考えられることは、本庄村と隣り合った精道村の精道小学校や山手小学校の鉄筋コンクリート造校舎の設計をおこなっており、本庄村の学校関係者はそのような隣村の小学校を見学する機会があったものと推測できる。

和田貞治郎は明治四五年（一九一二）に大阪市立工業学校（現・市立都島工業高等学校）建築科を卒業し、辰野片岡建築事務所を経て、大正一二年（一九二一）に精道村に建築事務所を開設した。昭和戦前期には本庄地域には民間建築事務所の開設はなく、精道村以外では近接地で西宮市に古塚正治が、住吉村で今北乙吉がそれぞれ建築事務所を開設するといった様態であり、民間建築事務所は阪神間には点在していた。和田は建築作品としては紡績工場などの実用建築を数多く手がけた建築家だったが、大阪府泉南郡田尻町に現存する旧谷口房蔵邸（現・田尻町歴史資料館）は独立間もない時期の作品で、和田貞治郎が邸宅建築もデザインできる力量を有した建築家であったことを物語っている。

その後この校舎は次のような経過を辿る。昭和二〇年（一九四五）の空襲で内部に火が入り焼失する。だが鉄筋コンクリート造であったので躯体は残り、戦後は修復して使用されている。平成七年（一九九五）の阪神淡路大震災で被災し、とりわけ戦後に修復された三階講堂の小屋組および講堂下部階の鉄筋コンクリート造柱が破損し、翌平成八年（一九九六）に解体された。

大正昭和戦前期までの鉄筋コンクリート造小学校校舎は、本山第二小学校と本庄小学校を除いては、震災時に避難所になるなど、戦後に建設された小学校校舎より構造的には高い耐震性を示した。そのなかで、なぜ、本庄小学校が大きな被災を受けたのかを考えれば、本庄小

写真 3-2-61　本庄小学校 塔屋

学校では、戦争時に校舎は十二発の二十トン爆弾が落ち、そのため校舎内が全焼していたことが関係する。すなわち、コンクリート躯体は一見被害がないように見えたが、コンクリートの内側の鉄筋が熱によって大きく損傷していたものと考えられる。当然、鉄筋を被覆していたコンクリートについても、酸性化が急速に進行し、劣化していた。これらが原因となって、柱の表面を覆ったコンクリートの剥離が起きやすい状態になっていたものと、判断できる。また塩分を含んだ潮風も関係する。戦前までの阪神間の小学校の中でもっとも海岸に近い位置に建てられた小学校校舎だったこともマイナス面に作用したものと考えられる。

註

(1) 魚崎小学校に所蔵。筆者は一九八七年の現地調査の際に閲覧をおこない複写をおこなった。
(2) 名望家で魚崎酒造株式会社社長、『魚崎町誌』の編纂委員長を務めた。
(3) 第七号『魚崎町誌』魚崎財産区一九五七年、に収載。
(4) 戦前期までは鉄筋コンクリート造で新築もしくは改築された際に、写真帖を刊行することが多かった。
(5) 横尾繁六「神戸市学校建築の方針」『建築と社会』昭和五年二月号。
(6) 『魚崎尋常高等小学校　新築落成記念帖』では一四室とあるが、各室の準備室の数を含んだものとなっており、ここでは除外している。
(7) この箇所のみが鉄柵になっていたが、戦後危険防止のためにコンクリートのパラペットが立上がる。
(8) 屋根裏。
(9) 現存しない。川島智生「神戸・西尻池公会堂・駒ヶ林公会堂の建築的意義について」『学術講演梗概集』日本建築学会、二〇一一年。
(10) 戦後は兵庫県立芦屋高等学校の校舎となる。現存しない。
(11) 『東京市教育施設復興図集』東京市役所、一九三二年。
(12) 川島智生「建築家　清水栄二による学校建築」『アゴラ』第二三号、西日本工高建築連盟会誌、一九八八年。

(13) 筆者はその後も、阪神電車石屋川駅近くに住む梅本由巳を自宅に訪ねていった。
(14) 大正六年広島県立工業学校建築科を卒業。西部鉄道管理局を経て神戸市営繕課技手をつとめ、市役所退職後は清水栄二建築事務所嘱託を経て、大阪市建築課勤務する。デザインの名手として知られた。
(15) 現在の東灘区深江・青木・西青木からなった村。
(16) 『兵庫県土木建築大鑑』土木建築之日本社、一九三五年。
(17) 筆者は寺田家の関係者から複写を譲り受けた。
(18) 和田貞治郎が主催した。精道村（芦屋）の精道小学校・山手小学校・岩園小学校、本庄村（東灘区深江）の本庄小学校を設計していた。
(19) 本山第二小学校所蔵。筆者は一九九五年の調査時に複写をおこなった。
(20) 表現派を代表する建築家で、一八六九年に生まれ、一九三六年に死去した。ベルリン大劇場が代表作。
(21) 七つの半円アーチ窓が塔状建築に縦に配列される。
(22) 「故今北乙吉君　略歴と及作品」『日本建築士』第三一巻第五号、一九四二年。
(23) 現在、廃墟愛好家の間で人気の高い建物であり、現存する。詳しくは、川島智生「摩耶ホテルと設計者今北乙吉について」『日本建築学会大会学術講演梗概集』二〇〇一年。
(24) 筆者は『近代大阪の小学校建築史』大阪大学出版会、二〇一七で詳しく論じている。
(25) 川島智生所蔵の「朝永建築工務所 工事請負経歴書」による。大正一〇年から昭和一四年までの一九年間に請負った建物が記される。
(26) 『兵庫県土木建築大鑑』土木建築之日本社、一九三五年。
(27) 川島智生「大正期・宝塚鑛泉株式会社の建築と模範職工団について」『宝塚市史紀要たからづか』第25号、二〇一一、に詳しく論じた。
(28) 『創立二十五周年紀念誌』名古屋高等工業学校校友会、一九三一年。
(29) 本庄小学校所蔵。

第四章　小学校をつくった建築技術者

第一節　神戸市営繕課の組織と活動

一　営繕課の誕生

神戸市営繕課の誕生は大正一二年（一九二三）四月一日のことで、それまでの土木課営繕掛から課に昇格する。初代課長に就任するのが清水栄二だった。清水は大正一〇年（一九二一）一月一日に市役所土木課に入り、同年筆頭技手となっている。翌大正一一年（一九二二）に技師に昇格する。清水の招聘は営繕課独立設置が背景にあったものと判断できる。

清水栄二については後に詳述するが、神戸市役所に辞表を提出した直後の『朝日新聞』[1]には次のように市役所に入った経緯やそこでの略歴が記される。

写真 4-1-1　清水栄二

> 清水氏は大正一〇年に技手として土木課に勤務したものであるが、当時市には鉄筋コンクリートの建築工事に対する技術を修得したものがなかったので、氏は当時の課長浅見氏から渇望されて市役所に入ったもので、氏が市に就任するや鉄筋コンクリート建築について講習会を開き、氏が講師として課員に技術上の知識を授けたものである、氏は間もなく技師に昇任し、次いで営繕係が土木課より独立し一課を為すに際し、営繕課長を命ぜられ今日に至った。

清水栄二を神戸市土木課に招聘した課長浅見忠次について詳しくはわからな

いが、神戸市土木課での略履歴(2)は次のようなものであった。

慶應三年十月三十日　明治二九年九月三日土木課　臨時雇　拝命　大正二年四月七日　任市技師　水道拡張部第三出張所長を命す　大正五年一月十七日第一出張所長を命す　大正八年六月一日　土木課長を命す　大正十一年五月二二日　臨時衛生施設調査会委員を命す　大正十二年八月十四日依願免神戸市技師

慶應三年（一八六七）生まれであることから、明治二九年（一八九六）神戸市に入った時は二九歳であり、臨時雇という職位からは学卒者ではなく、叩き上げの技術者であったと想像される。大正二年（一九一三）には技師、大正八年（一九一九）には土木課長と最高位に登り詰め、四年間つとめ、大正一二年（一九二三）に退職する。五六歳の時であり、神戸市土木課に計二七年間つとめていた。

さて神戸市営繕課設置の背景にはこの時期六大都市の多くで営繕課もしくは建築課設置が相次いでいたことが関連する。大正八年の大阪市営繕課を嚆矢として、翌大正九年（一九二〇）には京都市建築課、大正一〇年（一九二一）には東京市建築課、大正一一年（一九二二）の横浜市建築課と、六大都市の多くで設置が相次いだ。府県での営繕課設置も同様な流れを呈し、大正九年に兵庫県に営繕課が設置されていた。

営繕課設置の第一の目的が市営の小学校校舎の鉄筋コンクリート造化だった。大都市に人口が集中し、子どもの数が急増する。とりわけ港湾都市をベースに産業都市へ発展しつつあった神戸市は増加率では六大都市の中でもっとも激しく、ひとつの教室を午前と午後で別々のクラスが使用する二部授業が常態化していた。くわえて、社会改良事業による市営住宅や病院、中央卸売市場などの建設があり、それらの多くは鉄筋コンクリート造での建設が求められており、従来の木造建築が主体の営繕掛では十分な対応できないことが明白であった。そのため、高等教育を受けた建築技術者を技師に招聘し、営繕課という新しい組織がつくられることになる。

この時期の神戸は大正バブルの後の不況にあったが、経済や人口の上で東京・大阪に次ぐ第三の都市になっており、神戸市長石橋為之助[3]は、大正一四年（一九二五）四月の市会[4]で次のように述べていた。

本市ガ帝国ノ第三都市トシテノ上カラモ、将又大貿易港トシテノ世界的地位ノ上カラモ、時運ノ進展ニ伴ヒ各種ノ施設ヲ必要トスル

営繕課は急増する都市施設の設計を担う技術者集団という位置付けにあった。

二　技術者陣容の変遷

1　土木課営繕掛時代

ここでは土木課営繕掛の時代、すなわち明治三二年（一八九九）から大正一二年（一九二三）三月三一日までの二四年間をみる。神戸市の営繕組織の設置は明治三二年[5]に遡ることができる。この年事務組織は第一部・第二部・第三部の三部制となり、一部に土木課が設置され、そのなかに建築を担当する営繕掛が設けられることになる。二年後の明治三四年（一九〇一）に事務組織が庶務・学務・衛生・土木・会計の五課制に再編される。だが前述した浅見忠次の履歴からは明治二九年（一八九六）の時点で土木課が設置されていたことがわかる。営繕掛があったのかどうかは確認できない。

第一章でも触れたが、確認される最初の建築技術者は大沢長次朗[6]で、明親・諏訪山・山手・中宮の四小学校を設計していた。ここからは少なくとも明治三二年から明治三八年（一九〇五）の約六年間は大沢が在職していたことがわかる。次いで確認できる技術者は山崎於兎四郎で、長狭（明治三九年）・北野（明治四一年）の両小学校の設計を担う。明治四五年（一九一二）完成の下山手小学校は溝武大次郎が設計者名にあがる。

明治三二年から大正七年（一九一八）の二〇年間に建設された小学校は三二校あり、そのうち、設計者名が判明した小学校は以上の七校であり、残りの二十五校の設計者はわからない。設計者不明の多くの校舎は建築規模やスタイルなどにおいて、設計者が判明した校舎との共通点が多く、おそらくはここに名前があがった建築技術者か、あるいはそれに準じる経歴の技術者が設計を担っていたものと推察される。残念なことに職員録や名簿などの史料が見出せていないため、具体的な名前の特定はできない。

唯一、一部の技術者名が確認できる職員録が大正元年（一九一二）一二月発行の『神戸市職員録典附紳士録』(7)である。同書によれば、土木課技師船越茂次(8)以下一五名の技手の名前があがる。そのなかでどの人物が建築技術者であるのかは不明だが、前記の溝武大次郎の名前が記される。また山下建築工務所(9)を立ち上げる山下吉之助の名前がある。山下は秋吉建築事務所の所員(10)として、神戸市立東山病院の工事主任をつとめ、竣工後の明治四四年（一九一一）に神戸市土木課技手になり、大正九年（一九二〇）までつとめた。だが明治四二年（一九〇九）に土木課に就職した調枝明男の名前がないことから、この職員録には一定の職位以上の技術者でなければ名前が載らなかったものと思われる。

次に名簿が確認できるのは大正一〇年（一九二一）九月一日現在の『大正十年 神戸市職員録』であり、土木課は浅見忠次課長の下に、技手二六人、技手補八人が確認される。

2 大正期の営繕課時代―清水栄二時代

営繕課は大正一二年（一九二三）から昭和一二年（一九三七）までの一四年間、この名称で存続し、昭和一三年（一九三八）から建築課へと改称する。営繕課誕生時は、技師は課長の清水栄二ひとりで、技手が九人でスタートする。土木課から移った技術者数は大正一一年（一九二二）の名簿が見出せていないために正確さには欠けるが、大正一二年の名簿と照らし合わせてみると、調枝明男、丸川英助の二人の技手が確認される。後に小学校の設計に関わる技術者として、吉永栄蔵が入っていた。

翌大正一三年（一九二四）には調枝明男が技師に昇格し、技師は二人の体制となる。技手は三名増えて十二名となる。加木弥三郎・熊本一之・横野美国がこの年入っている。この三名は清水栄二に可愛がられた技術者で、清水の退職時に一緒に神戸市を辞めている。加木弥三郎は名古屋高等工業学校を大正一〇年卒業しており、営繕課では清水を除けば最初の高等教育を受けた建築技術者であった。そのこともあり翌年には筆頭の技手となる。

大正一四年（一九二五）は技師数は同じだが、技手数は倍増し、二〇人となる。貞永貞義・三木作・相原弁一・梅本由巳・野坂和儀らがこの年に入る。貞永と相原はこの年学校を卒業した技術者で、貞永は京大建築学科の三期生、相原は神戸高等工業学校建築学科の一期生であった。貞永は一年間で辞めるが、最初の帝大新卒者であった。神戸高等工業学校出身者はこの年より毎年複数名入ることになる。神戸という地縁にくわえて、課長清水栄二が同校で鉄筋コンクリート工学に関する授業を担当しており、その関係で入ることになったようだ。梅本は後に清水栄二建築事務所の番頭になる。野坂は小学校の設計を数多く手がけていく。

大正一五年（一九二六）には技手数は五人減の一五人となる。大正一五年八月三一日に清水栄二が退職[11]する。若松小学校ならびに湊川音楽堂の工事の際にセメントの代わりに泥土を乾燥させたものを入れ、数量をごまかしたとする「長田セメント事件[12]」が起り、同時に清水栄二が余業としておこなっていた私的設計活動が「営繕課の内職[13]」として市会で指弾され、責任をとって清水は辞職を余儀なくされた。この時期清水栄二は私的な設計活動をするために、自宅に癸亥《きがい》社という名称の建築事務所を構えていた。清水には周辺町村から小学校をはじめ数々の設計依頼があり、勤務が終わった後の夜、設計活動をおこなっていたことが問題視される。スタッフとして営繕課の若い技手が多く関わっていた。この時に加木・梅本・熊本ら部下も一緒に辞めている。

これら一連の事件の背景には、古参の技師調枝明男と新しく課長になった清水栄二との間に確執[14]があり、営繕課の内部事情が外部の市会議員をとおして問題化[15]され収拾がつかなくなったことが関連する。なお清水の在職期間は技手時代を含めると、四年と八ヶ月であった。

3　昭和戦前期の営繕課Ⅰ──鳥井信時代

昭和二年（一九二七）五月三日より、八ヶ月間空席になっていた営繕課長席に鳥井信[16]が就任する。鳥井は東大建築学科を大正五年（一九一六）に卒業し、朝鮮総督府土木局営繕課技師や神奈川県警察部建築課長を歴任した建築技術者であり、清水栄二より二年先輩であった。昭和二年は清水栄二と一緒に退職した技手が三名あり、技手数は二減となる。大正一四年（一九二五）に神戸高等工業学校を卒業した深田操が清水組を経て四月に入る。一二月にはやはり大正一四年に京大を卒業した井上侊一が横浜市建築課を経て、営繕課に入る。

翌昭和三年（一九二八）には井上侊一が技師に昇格し、技師数三名となる。技手として次の二人の学卒者が入る。ひとりは東大建築学科を昭和三年に卒業の鳥井捨蔵が新卒者として入り、もう一人は神戸高等工業学校を大正一四年に卒業し、竹中工務店につとめていた松代昌治が入る。

昭和四年（一九二九）の二月七日に鳥井信は退職し、内務省都市計画委員会技師として大阪府都市計画課に勤務する。その在職は二年に満ちない期間であった。以降昭和六年（一九三一）夏に藤島哲三郎が課長になるまでの二年間、営繕課長席はまたもや空席となり、助役渡邊静沖が事務取扱をおこなった。昭和四年には大正一三年（一九二四）に名古屋高等工業学校を卒業した森卯之助が入る。

昭和五年（一九三〇）は技手・技手補が計五名増員される。大正一五年（一九二六）に神戸高等工業学校を卒業し、大阪橋本組にいた森義弘が入る。福井高等工業学校建築科を昭和四年に卒業した長岡太一が入る。

4　昭和戦前期の営繕課Ⅱ──藤島哲三郎時代

昭和六年夏に空席だった課長職に藤島哲三郎が就任する。藤島は京大建築学科を大正一二年（一九二三）に卒業した建築技術者で、その下の技師数は増員されて四名になる。藤島以下、井上侊一、調枝明男、中出丑三の四名である。昭和六年には神戸市中央市場臨時建設事務所が設計業務終了のため解散し、この事務所に在籍した建築技術者が多数営繕課に移籍することになる。同事務所長であった藤島哲三郎は営繕課長に就任する。その経緯は「鳥井営繕課長が転じて以来久しく空椅子であったが、中央卸売市場を完成して振当ての箇所に困り営繕課長に推された藤島哲三郎氏が課長に就任[17]」とある。また大正一四年に京大を卒業して同事務所につとめていた中出丑三は技師となる。

この年は技師数と同様に技手と技手補の数はほぼ倍増し、前年までは三八人の組織が八一人と二倍以上もの規模にふくれる。昭和六年に東大卒業後新卒で秋山徹郎[18]が入り、大正一五年に神戸高等工業学校を卒業した市場一市が入る。

昭和七年（一九三二）には前年に課員が倍増したため、削減の必要が生じ、二一名が馘首された。一方で東大建築学科を大正一五年に卒業し、中央市場臨時建設事務所にいた奥田譲が技師となり、移ってくる。この年には京大を昭和五年卒業の杉江直巳[19]が嘱託で在籍していた。杉江は京大卒業後すぐに中央市場臨時建設事務所に入り、事務所が解散し営繕課に移ってきたひとりであった。昭和八年（一九三三）には中出丑三は辞め、昭和六年に神戸高等工業学校を卒業した中川初子が技手となる。

昭和九年（一九三四）夏に約三年間課長職に就いていた藤島哲三郎が辞職する。辞職理由は営繕課内部の内紛にあり、嫌気をさして退職に到った訳だが、長年君臨してきた調枝明男と新しく赴任した藤島の対立[20]があった。調枝側は営繕課勤務の兵庫県立工業学校建築科卒業生グループ二〇数名、に対して藤島哲三郎ら帝大や高等工業学校卒業生グループは一〇数名と、数の上では調枝側が職位の上下を超えて優勢であった。内紛は長引き、その結果業務に差し障りが生じ、市長や助役が間に入り、喧嘩両成敗ということで、藤島・調枝の両人は辞任させられる。ちなみに調枝は藤島の一一歳年長であった。

そのことは「多年に亘る同課の閥[21]」として次のように記される。

同じ課内に於て技術家同志が三重も四重もの相反目を行っている。代々神戸市営繕課は閥関係を生じて、兵庫県工出身、神戸高工出身、学士等が各々その閥によって卍に入り混って睨合っていたのである。それがため他の閥の設計並に工事のあら探しに余念なく、竣工検査等の場合も甲は可とし、乙は否とする。工事請負者の困惑は営繕課内の喧嘩のとばっちりまでも受けなければならない状態であった。その為めに世間に知れずに済む工事の粗漏も、直ぐ洩れて終ふという結果となって、之等の責任は矢張り課長が負はなければならなかった。何しろ県工出身の調枝技師は古参で技師になった技術家、京大出身の井上技師、東大出身の奥田技師及び高工出身者等之等を統括するには如何なる方法によるべきであろうか。

5　昭和戦前期の営繕課Ⅲ──井上伉一時代

藤島哲三郎辞任の後任課長に就任したのは井上伉一であった。昭和九年（一九三四）夏より、昭和一五年（一九四〇）までの六年間課長職を務める。同年には相原弁一が技師に昇格する。専門学校出身者としては最初に技師であった。昭和一〇年（一九三五）には京大を昭和四年に卒業した平松太郎が技師になる。井上が後輩の平松を呼んできたようだ。(22)

昭和一一年（一九三六）には雇員を中心に一三名の増員となる。この頃営繕課は小学校の増設に追われており、その様子を井上伉一は次のように記した。

神戸市営繕課の昭和十一年は先づ小学校建築の設計で多忙に逐はれるであらう。神戸市勢の異状な発展によりその児童数は激増し、旧市内の小学校児童数は先づその増加の率は少いが、市の東、西即ち灘、須磨方面の住民増加に依る児童数の激増は実に夥しいもので、次々に新設校舎の必要を感じて居る状態で、毎年二校乃至三校の新設校舎を見なければ増加する児童を収容し切れない現状である。(23)

昭和一二年（一九三七）では前年に実施された公会堂設計競技の成案を得て、公会堂建設事業を担う組織である公会堂建築係が営繕課の中に設置される。この年より営繕課は庶務・営繕・学園・設備・公会堂建築係の五係となる。各係の技師数をみれば、営繕係は奥田譲の一人、学園係は相原弁一・森卯之助・深田操の三人、設備係は杉本萬三の一人、公会堂建築係は平松太郎の一人、の計六の技師が課長の下に配属される。この年、営繕課の課員は書記を含め、全体で一〇一名となり、鉄筋コンクリート造建築を設計出来た時期としては最大規模となる。

昭和一三年（一九三八）には建築課に改称されるが、五係制は引継がれる。奥田譲は退職し、その代わりに京都府営繕課にいた十河安雄が営繕係技師となる。学園係技師の深田操も辞めている。技師は二名減となる。昭和一四年（一九三九）には六係制となり、第一技術係は十河安雄、第二は平松太郎、第三は相原弁一、第四は森卯之助、の四人の技師が配される。この年には公会堂建設の凍結を受け、公会堂建築係は廃止される。昭和一五年（一九四〇）は三係制となり、第一工営係には十河安雄・平松太郎・菅原徹郎の三人、第二工営係は相原弁一、の技師数四人の体制となる。学校建築は第二工営係が担当していた。昭和一六年（一九四一）頃には戦時体制が確立し、新規設計の仕事がなくなり、井上伉一は昭和一六年に辞める。

6　昭和戦前期の建築課──十河安雄時代

昭和一六年に課長に十河安雄が就任する。この年第一工営係には野坂和儀・告野新作の二人、第二工営係は森義弘・有田勝・砂川和夫の三人、の計技師数五人の体制となる。有田勝は京大を昭和六年（一九三一）卒業、砂川和夫は京大を昭和一〇年（一九三五）卒業、告野新作は関西工学校卒業の建築技術者であった。

昭和一七年（一九四二）には工営係が一係増え、五係体制となる。第一工営係は野坂和儀・砂川和夫・有田勝の三人、第二工営係は松本俊一・伊賀喜代松の二人、第三工営係は永木甚造・中川初子・小畑季一の三人、の計技師数八人の体制となる。永木甚造は熊本工業学校の卒業、松本俊一は神戸高等工業学校を大正一五年（一九二六）卒、伊賀喜代松は神戸高等工業学校を昭和五年（一九三〇）卒、小畑季一は京大を昭和一一年（一九三六）卒の建築技術者であった。

表 4-1-1　神戸市営繕課の組織構成の変遷

年度	課名称	課長名	技師（人数）	技手（人数）	技手補（人数）	雇員（人数）	嘱託（人数）	書記（人数）	書記補（人数）	合計（人数）
T 10	土木課	浅見忠次	2	26	8			10		46
T 12	営繕課	清水栄二	1	9	3	7		1		21
T 13	営繕課	清水栄二	2	12	7	1		2		24
T 14	営繕課	清水栄二	2	20	8	2		2		34
T 15	営繕課	清水栄二	2	15	8	3		2		30
S 2	営繕課	鳥井信	2	13	8	6		1		30
S 3	営繕課	鳥井信	3	16	10			2	2	33
S 4	営繕課	（課長事務取扱助役：渡邊静沖）	2	16	8	2		1	2	31
S 5	営繕課	（課長事務取扱助役：渡邊静沖）	2	19	10	3		2	2	38
S 6	営繕課	藤島哲三郎	4	34	17	10	14		2	81
S 7	営繕課	藤島哲三郎	5	26		7	4		12	54
S 8	営繕課	藤島哲三郎	4	28	9	4	3		1	49
S 9	営繕課	藤島哲三郎	4	32		5	2		6	49
S 10	営繕課	井上侊一	4	31	4	12	1	1	1	54
S 11	営繕課	井上侊一	4	33	6	21	1	1	2	68
S 12	営繕課	井上侊一	1							1
	庶務係			1		7		6		14
	営繕係		1	13		4	1			19
	学園係		3	13		23				39
	設備係			1	1	4				6
	公会堂建築係		1	11		6	4			22
			小計（6）	小計（39）	小計（1）	小計（44）	小計（5）	小計（6）	小計（0）	合計（101）
S 13	建築課	井上侊一	1							1
	庶務係			1		4		5	3	13
	営繕係		1	16		1	1			19
	学園係		2	16	4	12				34
	設備係			1	2	3				6
	公会堂係		1	9	1	2	3			16
			小計（5）	小計（43）	小計（7）	小計（22）	小計（4）	小計（5）	小計（3）	合計（89）

S 14	建築課	井上佑一	1							1
	庶務係				1	2		4	2	9
	第一技術係		1	8	4	1	1			15
	第二技術係		1	7	2	1				11
	第三技術係		1	10	1	2				14
	第四技術係		1	8	2	2				13
	設備係			3	4	1				8
			小計（5）	小計（36）	小計（14）	小計（9）	小計（1）	小計（4）	小計（2）	合計（71）
S 15	建築課	井上佑一	1							1
	庶務係							5	2	7
	第一工営係		3	11	2	1				17
	第二工営係		1	22	8	7				38
			小計（5）	小計（33）	小計（10）	小計（8）	小計（0）	小計（5）	小計（2）	合計（63）
S 16	建築課	十河安雄	1							1
	庶務係	主事 1 名				3		6	1	11
	第一工営係		2	13						15
	第二工営係		3	17	7	9				36
	設備係			2	2					4
			小計（6）	小計（32）	小計（9）	小計（12）	小計（0）	小計（6）	小計（1）	合計（67）
S 17	建築課	十河安雄	1							1
	庶務係	主事 1 名				5		8		14
	第一工営係		3	13	2	2				20
	第二工営係		2	8	1	4				15
	第三工営係		3	7	1	6				17
	設備係		1	2	2		1			6
			小計（10）	小計（30）	小計（6）	小計（17）	小計（1）	小計（8）	小計（0）	合計（73）
S 19	建築課	（課長代理）	1							1
	庶務係	平松太郎				5		3	5	14
	防火改修係	主事 1 名				2		5	2	9
	工事係		3	13	2	5				23
	調査係		2	11	2	1		2		18
	第一工営係		3	8	5	6				22
	第二工営係		2	8	1	9				20
			小計（11）	小計（40）	小計（10）	小計（28）	小計（0）	小計（10）	小計（7）	合計（107）

備考：神戸市職員録より作成。大正 11 年ならびに昭和 18 年の名簿類は不明。課長は技師数に含む。雇員は臨時も含む。昭和 12 年から昭和 17 年までの公会堂に関する係の理事・技師・技手の人数のうち、兼務する者の数は含まない。

昭和一八年（一九四三）には時局柄、防火改修係が新設され、六係体制となる。調査係に砂川和夫・大崎寛の二人、第一工営係は有田勝・小畑季一の二人、第二工営係は松本俊一・伊賀喜代松の二人、第三工営係は永木甚造・中川初子の二人、防火改修係は平松太郎の、計技師数九人の体制となる。大崎寛は福井高等工業学校を昭和八年（一九三三）卒、北川官一は京都高等工芸学校図案科を大正七年（一九一八）卒の技術者であった。建築課の課員は増加し全体で一〇〇名となる。

昭和一九年（一九四四）には十河安雄は辞めており、課長席は空席で平松太郎が課長代理を務める。六係体制で、工事係は松本俊一・中川初子・伊賀喜代松の三人、調査は砂川和夫・大崎寛の二人、第一工営係は小畑季一・北川官一・森岡武士の三人、第二工営係は永木甚造・告野新作の二人、の計技師数一〇人の体制となる。営繕課はじまって以来最大の技師数になっていた。建築課の課員は増加し全体で一〇七名にのぼる。森岡武は名古屋高等工業学校の昭和七年（一九三三）卒の技術者であった。

昭和一六年から昭和一九年の『神戸市職員録』はいずれもが七月から九月にかけて発行されており、そのようなことを考えれば、昭和二〇年（一九四五）の職員録は終戦時の混乱のなかで作成されなかったものと推察できる。その後発行が確認された職員録は昭和二三年（一九四八）のものであり、ここでは取り扱う対象外の時期にあたるが、参考になると思われるので、人員構成の概略をみる。課長は野田清三(24)で、係は五つからなり、技師数は七人となり、課員全体で六三人である。昭和一九年時に較べ縮小したものの、基本は戦前までの組織体制を引継いでいたことがわかる。調査係の永木甚造、学園係の中川初子の二名の技師は戦前に在籍した技師であり、それ以外の五人は戦後になって建築課に入った技術者であった。野田清三は大正一五年（一九二六）に京大を卒業した建築技師であった。

三　建築活動

1　土木課営繕掛時代

正式な意味で、営繕課の設計といえるのは大正一二年（一九二三）四月一日以降に設計がなされた神戸市造営物を指す。それまでの時期に建設された建物は基本的には神戸市土木課のなかに設けられた営繕掛が設計を担当していた。そこでの主な仕事は各学区が経営する小学校の設計であった。小学校についても木造校舎については営繕掛が設計をおこなっていたが、鉄筋コンクリート造に関しては土木課に構造計算や構造設計をおこなえる高等教育を受けた建築技術者がいなかったことで、次節で詳述するように日本トラスコン鋼材株式会社による構造設計にゆだねられることになり、一挙に数多くの校舎を実現させることになる。

写真 4-1-2　神戸市役所

小学校を除く主だった仕事では、市庁舎(25)（明治四二年）や東山病院(26)（明治四三年）、奥平野浄水場急速濾過池上屋(27)（大正六年）、市営屠場(28)（大正八年）、市立図書館（大正一〇年）などがあった。市庁舎と東山病院はこの頃神戸で建築事務所を主催していた秋吉金徳(29)の設計であった。秋吉は兵庫県初代の建築技師(30)として山口半六設計の兵庫県庁舎を完成させ、完成後はみずからの建築事務所を開設する。奥平野浄水場急速濾過池上屋は神戸で建築事務所を開いていた河合浩蔵の設計であり、市立図書館はこの時期神戸に本店を構えた竹中工務店の設計であることが確認される。市営屠場についての設計者は判明しない。

ここから判明することは、記念碑的な性格が求められる大規模な建築や煉瓦造・鉄筋コンクリート造という非木造建築については外部の民間建築家に設計が委ねられていたことだ。その理由は営繕掛内部に高等教育を受けた建築技術者がおらず、一定規模以上の建物を設計する体制が整っていなかったことが背景にある。大正期頃までは学卒者でなければ、鉄筋コンクリート造を自由に操れなかったことが関連する。

2 営繕課時代

営繕課誕生以降の大正後期から昭和戦前期の仕事の中心は鉄筋コンクリート造小学校校舎の設計であったが、小学校以外の学校建築としては市立女学校などの中等教育施設があった。ここでは第二高等女学校[31]、第一神港商業学校[32]、第三神港商業学校[33]、第一高等女学校[34]の四校をみる。

大正一二年（一九二三）六月に完成した市立第二高等女学校は講堂を四階の中央部に設け、講堂部上部には六連の半円アーチ窓がならぶ。細部はセセッション的な意匠が見受けられる。同時期の神戸市小学校建築と比べ、より整った外観をみせる。時間軸で考えれば、清水栄二が設計に関わった可能性もあるが、このようなセセッション風の意匠は清水栄二が設計した建物の中にはなく、清水の工事経歴[35]にも記載はない。このことから深く関わったものではなかったものと判断される。ちなみに兵庫県立第一神戸高等女学校[36]は同様に講堂を最上階にのせる形式をとるものだが、完成は一年後の大正一三年（一九二四）三月であり、講堂の最上階設置という意味では市立第二高等女学校が先駆をなした。

第一神港商業学校の増築校舎は大正一三年一二月に会下山に完成す

写真 4-1-3　神戸市立第二高等女学校

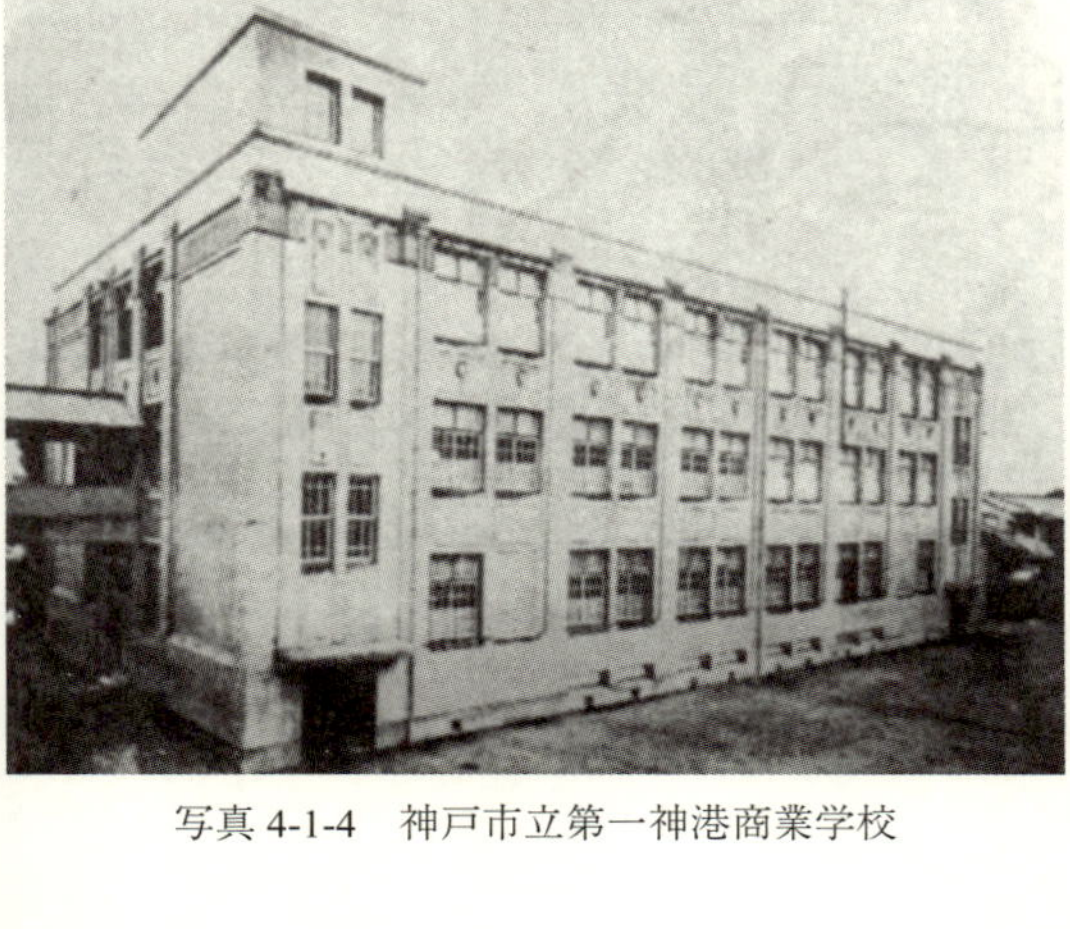

写真 4-1-4　神戸市立第一神港商業学校

写真 4-1-7　神戸市立第一高等女学校 校庭側

写真 4-1-5　神戸市立第三神港商業学校

写真 4-1-8　神戸市立第一高等女学校 講堂

写真 4-1-6　神戸市立第三神港商業学校 階段室外観（筆者撮影）

る。鉄筋コンクリート造三階建で、中廊下式の教室配置をとった。外観は清水栄二の好んだ柱型を表出し、ゴシック風の柱頭飾りをみせる。同時期に清水栄二が設計した御影第二小学校の意匠と共通する。清水の工事経歴にも増築と明記される。

昭和八年（一九三三）六月竣工の市立第三神港商業学校は講堂を三階の中央部に設けるタイプのもので、外観の特徴は四箇所ある階段室の外壁をいずれも鈍角で突出させる点にあり、設計は鳥井捨蔵であった。昭和一〇年（一九三五）竣工の市立第一高等女学校はガラスの水平連続窓を有し、装飾が排除されたモダンデザインのスタイルをとる。講堂は別棟となる。設計は森義弘と野坂和儀であった。

学校以外の建築についてみる。中央卸売市場[37]を除くと、神戸市営繕課が設計をおこなっていた。中央卸売市場は神戸市役所のなかに設置された中央市場臨時建設所の設計であった。

大正期では神戸診療所、葬儀場、火葬場などの衛生施設が挙げられる[38]。この時期社会事業的な観点から神戸市が取り組んだもので、神戸診療所と葬儀場は共に大正一三年（一九二

写真 4-1-9　神戸市立神戸診療所

写真 4-1-10　神戸市葬儀場

写真 4-1-11　神戸市生糸検査所

写真 4-1-12　中央卸売市場

写真 4-1-13　新川共同住宅

四）に鉄筋コンクリート造建築で完成する。神戸診療所の設計(39)は課長就任間もない清水栄二みずからがおこなっており、ゴシック的な柱頭の意匠を特徴とする。葬儀場は斗栱や蟇股を用いた寺院風のスタイルの建物であった。

昭和に入れば、主だった建物としては生糸検査所(40)、中央卸売市場、新川改良住宅(41)、海員会館(42)などが挙げられる。いずれもが鉄筋コンクリート造であった。

昭和二年（一九二七）に完成の市立生糸検査所は清水栄二が課長だった時に設計がなされたものであり、中央部に塔屋が設けられ、柱型が外壁に表わしにされたスタイルを示す。正面玄関上部には蚕をモチーフとしたテラコッタ製の装飾が設置される。昭和七年（一九四二）に竣工の中央卸売市場は総工費五〇〇万円にのぼる巨額な工費を要した建物であり、表現派風の意匠が見受けられた。小学校との関連でいえば、写真にあるように水平に連続するガラス窓を実現しており、昭和八年（一九三三）に最初の竣工をみる新川改良住

写真 4-1-14　神戸市立海員会館

写真 4-1-15　神戸市職業紹介所

写真 4-1-16　神戸市勧業館

宅は不良住宅改良法に基づき生まれたもので、四階建てとなる。設計者は技師奥田譲であった。
公会堂は大正一二年（一九二三）と昭和一一年（一九三六）の二度にわたって設計競技があり、前者は実施設計に到らず、後者は実施設計を営繕課がおこなったが基礎工事で中止となる。

四　主要技術者の経歴

1　課長

清水栄二

清水栄二については次章で詳述するが、明治二八年（一八九五）一月三日生まれであり、若干二八歳で初代営繕課長となる。営繕課時代の清水栄二の功績は日本トラスコン社によらない、自前で構造設計が出来る組織に営繕課をつくりかえたことが大きい。プランでは校舎と講堂の位置に関して多様な試行がなされ、意匠では表現派などに触発された自由な造形をみせるものを出現させていた。

鳥井信

鳥井信(43)は明治一八年（一八八五）一一月二四日に栃木県宇都宮市に生まれ、東京大学建築学科を大正五年（一九一六）に卒業した。卒業設計は湖のほとりの **A Band Pavilion** であり、歴史様式を踏まえた本館の奥に仮設のホールを設けたものであった。卒業後は大和ブロック建材株式会社技師となり、大正七年（一九一八）より朝鮮総督府土木局営繕課技師、大正一〇年（一九二一）より警視庁建築技師、大正一四年（一九二五）より神奈川県警察部建築課長を歴任した。清水栄二より二年先輩であった。神戸市営繕課長就任は昭和二年（一九二七）五月のことで、昭和四年（一九二九）二月七日に退職する。在職期間は二年に足らない。神戸市時代の功績は「神戸市学校建築方針」(44)を示したことにある。退職後は内務省都市計画委員会技師として大阪府都市計画課に勤務し、昭和一四年からは大谷重工業の大阪製鉄所建設部長となり、芦屋で長く暮らした。昭和二九年（一九五四）九月二九日に東京で死去する。

藤島哲三郎

藤島哲三郎(45)は明治三二年（一八九九）に福岡県に生まれ、熊本の旧制第五高等学校第二部工科を大正九年に卒業し、京都大学建築学科に一期生として入る。卒業は大正一二年（一九二三）で、卒業設計はアパートメントハウスであった。卒業後は大林組設計部に入社し、寿屋の山崎にあるウィスキー蒸溜所(46)の設計を担当し、翌大正一三年（一九二四）には甲子園球場の設計を担う。大正一四年には京大時代の指導教官武田五一の推薦で、京都市役所内に設置された中央卸売市場建設事務所に勤務する。

中央卸売市場の設計に従事し、昭和二年に完成する。中央卸売市場法にもとづく日本で最初の中央市場であった。この設計に注目したのが、中央卸売市場を計画していた神戸市商工課であり、藤島哲三郎は昭和二年に神戸市に招聘され、神戸市役所内に設置された中央市場臨時建設所の首席技師になる。このプロジェクトは総坪数八、三〇〇余坪、幾つもの施設からなり、「さながら一市街を形成する」(47)規模の計画であり、予算は七二〇万円であった。基本設計は同年に完了し、昭和三年（一九二八）には欧米市場視察をおこなっている(48)。京都市から神戸市への転籍はこの洋行が条件であったという。建物は昭和七年（一九三二）に完成するが、全体の設計は昭和五年（一九三〇）には完了しており、昭和六年（一九三一）夏に現場監理部門のみを残して中央市場臨時建設所は解散する。藤島が三二歳の時で、この年神戸市営繕課長に就任する。「モダンボーイ振りを発揮する」(49)課長として話題になっていた。藤島の営繕課時代の功績はモダンデザインの校舎を出現させ、講堂を別棟とするなど、従来の中廊下式教室配置で講堂を最上階にのせる定型化プランを変更させた点にある。

神戸市退職後は満州に渡り、ハルピン特別市の営繕課長となり、その後は新京営繕需品局の宮廷造営課長、満州国建築局第二工務処長を歴任し、戦後は東京の安藤建設副社長を務めた。昭和五四年（一九七九）に死去する。

井上伉一

井上伉一は明治三五年（一九〇二）一月二八日に神戸市中央卸売市場の近くで生まれ、神戸市湊西区道場小学校を卒業した。兵庫県立神戸第二中学校を経て、名古屋の旧制第八高等学校に入学し、京都大学建築学科を大正一四年（一九二五）に三期生として卒業した。卒業設計は Swimming Pavilion であった。同級生には神戸市役所営繕課に入る貞永直義や神戸市中央市場建設所に就職する中出丑三や杉江直巳がいた。井上伉一は卒業後震災復興で繁忙をきわめた横浜市役所建築課に入り、横浜市開港記念館をはじめ、吉田小学校や戸部小学校の設計に関わった。横浜市には約二年間つとめ、昭和二年の年末に神戸市営繕課にかわる。

翌年には営繕課技師となる。井上伉一は営繕課着任後すぐに技師になったため、設計する機会は少なかったが、母校の道場小学校の鉄筋コンクリート

写真 4-1-17　井上伉一

造への改築設計は担当しており、昭和五年（一九三〇）に竣工する。昭和九年（一九三四）営繕課長に就任する。この年三二歳であった。以来神戸市に昭和一六年まで勤務する。辞めた理由は新築設計がなくなり、仕事が面白くなくなったことが原因であった。

筆者は須磨区月見山の家に井上伉一を訪ね、聞取り調査[50]をおこなっている。その時の証言を以下三点挙げる。一点目は営繕課時代を振り返って、当時課長職は大変なところで、二年間ぐらいしか持たなかったという。なぜなら市会が煩かったからで、清水は三年、鳥井は二年、藤島は三年とあり、自分だけはかろうじて七年もった。二点目は神戸市に入って最初の仕事が道場小学校の設計であり、L字型の中廊下式教室配置のプランであった。この時期の設計マニュアルがあり、三つか四つからなったという。工事のやり方としては発注者の神戸市教育課が坪単価いくらと指示したという。三点目は予算はほとんど小学校に費やされた。学校建築の設計期間は三か月であった。設計は木造の寸法体系を継承したという。

井上は営繕課長を辞職するや、住宅営団仙台支社の工事課長となり、工員住宅の設計をおこなったという。昭和一九年（一九四四）までつとめ、その後東京の昭和飛行機に入り、昭和二三年（一九四八）から神戸市に戻り、神戸市住宅局に嘱託として入る。布引の市民病院などを手掛ける。昭和二八年（一九五三）に明石市役所建築課長、昭和三〇年（一九五五）亀岡市役所の建築課長になる。昭和三九年（一九六四）に兼松の建築嘱託になり、昭和五〇年（一九七五）建築事務所を開く。

十河安雄

明治二七年（一八九四）二月に香川県高松市で生まれ、明治四三年（一九一〇）一六歳の時に高松中学校を中退し、香川県土木工手となる。大正二年（一九一三）に土木技手と昇格する。大正一〇年（一九二一）九月より兵庫県建築技手となり、勤務の傍ら夜間制の関西工学専修[51]学校建築高等科に通い大正一二年（一九二三）に卒業する。大正一四年（一九二五）二月大阪府に出向し、大正一五年（一九二六）大阪府建築工事監督主任となる。昭和二年

（一九二七）六月より京都府に移り技手に、昭和四年（一九二九）の時点では建築技師となる。京都府時代は府立第二中学校（鳥羽高校）と第一高等女学校（鴨沂高校）設計の責任者であった。なかば叩き上げの技術者ながら京都府営繕課の次席に登り詰め、昭和一〇年（一九三五）には京都府学校建築技師となるが、昭和一二年（一九三七）に退職する。京都府の水道局長が神戸市に移るので一緒に神戸市に移ることになったようだ。昭和一三年（一九三八）より神戸市建築課営繕係の技師に、昭和一六年（一九四一）より建築課長となる。昭和一八年（一九四三）秋に辞めて、京都の請負会社につとめ、その後は高松に戻り、寒川組に入る。

2　技師

相原弁一

明治三七年（一九〇四）生まれで、大正一一年（一九二二）に徳島県立工業学校[52]建築科を卒業し、神戸高等工業学校建築科を大正一四年（一九二五）に卒業する。卒業設計は図書館であった。清水栄二の時代から営繕課に技手として在籍しており、昭和九年には高等工業学校卒業生としてはじめて技師[53]に昇格した。営繕課ではもっとも数多くの小学校の設計をおこなった技術者であった。学生時代に神戸高等工業学校講師をつとめた清水栄二の鉄筋コンクリート構造の講義を受けており、清水栄二の知遇を得て、営繕課に入ることになる。いかに清水栄二が可愛がっていたかは、六甲にあった清水栄二の家に相原弁一が下宿[54]していたことからもわかる。営繕課にはいってからも夜は清水の私的設計組織「癸亥社」で近郊町村の学校建築の設計を手伝っていた。構造計算を得意とした技術者であり、御影公会堂の構造設計を担った。昭和一五年に神戸市営繕課を辞め、西宮市建築課長となる。その後住宅営団を経て、戦後は京都大学営繕課長をつとめる。平成元年（一九八九）に死去した。

写真 4-1-18　相原弁一

調枝明男

調枝明男の履歴をみると(55)、明治二一年（一八八八）に広島県豊田郡高坂村に生まれ、明治四〇年（一九〇七）に兵庫県立工業学校建築科を第一期生として卒業し、明治四二年（一九〇九）に神戸市土木課技手となる。大正一二年（一九二三）四月一日から営繕課技手となり、翌大正一三年（一九二四）七月五日に技師に昇格する。昭和二年(一九二七)臨時衛生施設調査会幹事となる。昭和九年（一九三四）七月四五歳で退職する。理由は課長藤島哲三郎と対立し、営繕課全体を内紛に巻き込んだ責任を取らされての辞職であった。

写真 4-1-19　調枝明男

清水栄二が辞職後の半年間ならびに鳥井信が退任後の二年間は助役が事務取扱の責任者となるが、実質は調枝が課長代理をつとめ、有力課長候補者のひとりであった。だが学歴面でのギャップがあり、叶うことがなかった。ただ当時営繕課で主流になっていた鉄筋コンクリート造技術について習熟しておらず、木造校舎や修繕仕事を担うことが多かった。調枝の設計と判明するのは大正八年（一九一八）に改築される神戸小学校の木造二階建の校舎であった(56)。調枝は藤島だけではなく、清水栄二の辞職にも深く関わっており、二五年間在職し、県工閥の古株として営繕課に一定の影響力を持った。退職後は明石にあった川崎航空機の工場につとめていたが、昭和二〇年（一九四五）の空襲で工場が爆撃され、その時に亡くなった。

中出丑三

営繕課には二年間しかいなかった建築技師に中井丑三がおり、京都大学建築学科を大正一四年（一九二五）に卒業して神戸市中央市場臨時建設所に入り、昭和六年（一九三一）に営繕課に来て、昭和八年（一九三三）には港湾課に移っている。その後京都大学営繕技師となる。中出は大阪府立北野中学校出身で、第三高等学校を経て京大に入っているが、中学校時代より小説家の梶井基次郎の友人であり、書簡に中出の名前がでてくる。

図 4-1-1　奥田譲の卒業設計・東京大学

写真 4-1-20　中央卸売市場・水平連続ガラス窓の実現

奥田譲

神戸市中央市場臨時建設事務所から昭和七年（一九三二）に営繕課に移動してきた奥田譲は明治三六年（一九〇三）生まれで、大正一五年（一九二六）に東大建築学科を卒業し、神戸市に入る。卒業設計は An Athletic Club で、表現派建築の雄、ペルツィヒの影響を受けた建物であった。なぜ神戸市に就職したのか定かではないが、神戸生まれで神戸第二中学校出身であったことが関係するのかもしれない。奥田譲の下で川中小学校の設計を手伝った中川初子によると、奥田が営繕課に来てから、校舎のデザインの傾向が変わったという。中央卸売市場の東南隅の外観写真(57)（写真4-1-20）からは、ガラスの連続窓によって水平線を強調するという、川中小学校で用いられた手法がすでにここで現われていたことがわかる。昭和一三年（一九三八）に営繕課を辞めて東京の日本競馬会に移り、競馬場の設計をおこなう。

森義弘

詳細な経歴書(58)が見出せた森義弘は明治三七年（一九〇四）一〇月に明石に生まれ、兵庫県立神戸第二中学校を経て、大正一五年に神戸高等工業学校建築科を卒業し、当時大阪有数の建築請負会社であった大阪橋本組(59)に入社する。そこでは日本レーヨン株式会社宇治工場寄宿舎の設計や大阪文楽座の現場監理などに従事する。昭和四年（一九二九）一二月までつとめた後、昭和五年（一九三〇）一月より神戸市営繕課に入り、技手となる。営繕課では昭和一六年（一九四一）一二月の退職までの一二年間の間に、設計ならびに現場監理を担当した建物が期間とともに経歴書に詳しく記される。学校が五校、それ以外の建築類型のものが九件あった。

関わった小学校を中心にみていく。まず営繕課に入って最初の設計が北野小学校で、昭和五年一月から六月までの半年間設計に従事する。北野小学校が完成するのは昭和六年（一九三一）七月であることから、一年前に設計が完了していたことがわかる。神戸市営繕課では設計直前の昭和四年後半には構造とプランの定型化(60)が完成しており、着任直後の二五歳の青年であっても設計が可能となった。つまり自由に設計できる範囲は意匠的な面だけになる。なお北野小学校の校舎は現存し、商業施設に転用されている。

昭和五年（一九三〇）一〇月から昭和九年（一九三四）一月までの間に、浜山小学校改築設計・成徳小学校新築設計に従事する。両小学校はほぼ同時期に設計されており、このような手際のよい設計からは定型化プランが設計に巧く活用されたものと判断できる。この時期小学校ではないが火災で焼失した第一高等女学校（写真4-1-7・4-1-8）の設計もおこなっている。モダンデザインの外観をみせる校舎であった。

昭和一〇年（一九三五）三月から九月の期間に摩耶小学校の増築設計を担っており、現場監理の主任もつとめた。この設計ではすでに民間建築家、古塚正治が完成させていた本館（昭和四年）の意匠にあわせて、ゴシック風のスタイルで増築されている。この時期では簡素なモダンデザインの時代に入りつつあり、既存のスタイルを踏襲することは珍しいことであった。このように四つの校舎の設計をおこなっていたが、現場監理を担ったのは一校だけであった。当時は設計だけではなく、現場監理も営繕課の重要な仕事であり、基本は設計担当者が現場監理もおこなうこととなっていたが、森義弘は設計が主であったことがわかる。

そのほかの仕事をみると、昭和五年には観艦式紀念海港博覧会施設、昭和一〇年には海員会館、昭和一二年（一九三七）から一三年にかけては公会堂と多井畑療養所の設計に従事する。海員会館と多井畑療養所については現場監理の主任をつとめた。多井畑療養所は鉄筋コンクリート造五階建の大規模施設であり、工事は昭和一六年（一九四一）二月竣功まで二年半ほどを要した。森義弘は同年四月に技師に昇格し、その一二月に退職する。

同月より横須賀の海軍建築部嘱託になり、各種学校や病院などの設計に従事し、戦後は神戸に戻り大和建設興業に入り、後に社長となる。その後神戸銀行営繕課に勤務、本店の増築や各支店の新築現場監理に従事し、昭和三五年（一九六〇）からは昭和設計事務所に参与として入所し監理部長をつとめた。昭和四四年（一九六九）には神戸設計監理事務所を開き、取締役となる。

野坂和儀

課長に登り詰めた十河安雄を除くと、戦前期に工業学校卒の学歴で技師になったのは、前述の調枝明男と野坂和儀の二人だけであった。野坂和儀は明治三五年（一九〇二）生まれ、大正一〇年（一九一一）に広島県立工業学校建築科を卒業し、神戸鉄道局に入る。先輩に卒業校からはじまり、最初の勤務地、そして神戸市営繕課と、共通点をもつ熊本一之がいた。大正一四年（一九三五）には神戸市に移り、技手となる。熊本の誘いがあったのかもしれない。昭和一七年（一九四二）に第一工営係技師となり、この年に辞めている。一七年間神戸市営繕課につとめた。

在籍中に責任者となって担当した小学校は板宿・大黒・千歳・東川崎の四校が確認される。野坂はデザイン上手とは、井上伉一と中川初子の両者の証言による。加木弥三郎が主任として設計した鵯越小学校では内部の設計担当者として関わり、歴史様式の意匠で講堂内部の舞台廻りや照明器具などを設計した。一方で大黒・千歳の両小学校はモダンデザインの影響を色濃く受けた校舎であり、ここからは幅広く設計をこなすことができた技術者であったことがわかる。戦後は大阪心斎橋で建設会社を創業する。

中川初子

神戸市営繕部長を務めた中川初子《はつね》は昭和六年（一九三一）から昭和四三年（一九六八）までの三七年間、神戸市営繕課に勤務した建築技術者であり、筆者は中川初子への聞取り調査(61)の実施によって、昭和六年以降の営繕課の仕事、とりわけ小学校設計の実像の一端を垣間見ることができた。

中川初子は明治四三年（一九一〇）に香川県高松市で生まれる。中川初子の証言によると、中川の父・中川将は明治六年（一八七三）に生まれ、工手学校で建築を学び、大蔵省臨時建築部や文部省建築局大阪出張所につとめた建築技術者で、矢橋賢吉の弟子であった。中川将の設計した建物に官立高松高等商業学校[62]がある。関わった建築としては大阪高等工業学校・大阪外国語学校・大阪高等学校があった。

祖父中川文吉は兵庫県庁土木課につとめた建築技術者で、明治一八年に建設の氷上郡各町村組合立高等小学校[63]の棟札に設計者「兵庫県土木課七等属・中川文吉」として挙がっている。このことは一章一節で兵庫小学校を詳述した際に示した。明治一〇年代の『兵庫県職員録』によれば、明治一二年では一八人いる土木課の課員のなかで等外一等出仕として記され、明治一七年（一八八四）では八等属という身分に昇格している。ちなみに課員名の下には出身府県が明記されており、兵庫県となっている。中川初子の証言によると、祖父の本籍は淡路島の洲本であり、『兵庫県職員録』の記述と合致する。

中川家は洲本で蜂須賀家の筆頭家老、稲田家の営繕掛を代々つとめた家柄であったという。その後も兵庫県土木課につとめ、山口半六が設計した兵庫県庁舎（明治三五年）完成の頃までは在籍していたようで、その後明治三七年に完成の京都府庁舎建設にも関わっていたという。ここからは、祖父が兵庫県下の擬洋風小学校を、父が文部省直轄の官立高等商業学校を、初子がモダンデザインの神戸市小学校と、三代にわたって学校建築に関わってきたことがわかる。

中川初子の経歴に戻ると、香川県立高松中学校を経て、昭和六年（一九三一）に神戸高等工業学校を卒業し、神戸市営繕課に雇員として入る。最初に担当したのが川中小学校の手洗い場と水汲場の設計で、全体の設計者で技師の奥田譲からいろいろと教わったという。川中小学校の外観を形づくる水平の庇と窓台は水切りとして設けたようだ。昭和八年（一九三三）には技手に昇格する。この設計の過程で、中川はモダンデザインに感化され、昭和一〇年（一九三五）完成の西郷小学校の増築設計では出隅部をアール形状にし、水平窓が連続するファサードを実現させていた。このスタイルは同年一二月に竣工する川池小学校の外観に酷似しており、川池小学校設計の責任者であった技師相原弁一の下で、この部分は中川が設計を担った可能性もある。昭和一一年（一九三六）に竣工の中道小学校の設計は市場一市であり、図面のトレースを中川は担当している。昭和一六年（一九四一）には技師となる。戦後も引き続き神戸市建築課につとめ、昭和二三年（一九四八）には技師で学園係長となる。昭和四二年（一九六五）には住宅局営繕部長となり、翌昭和四三年（一九六八）に退職した。

3　技手

加木弥三郎

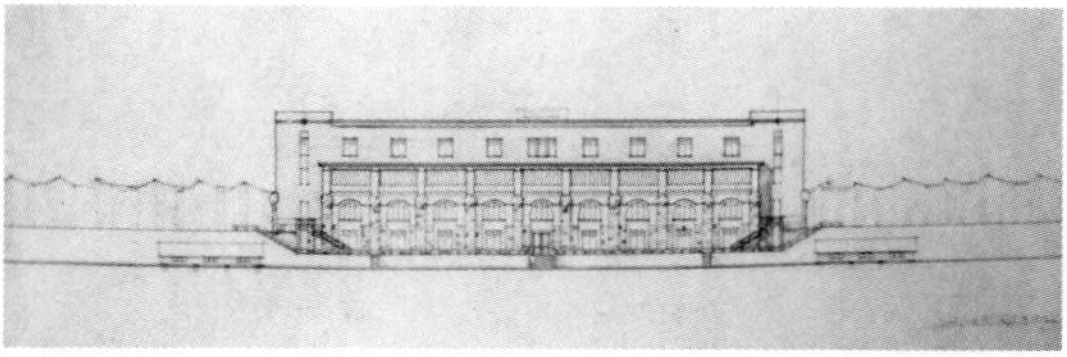

図 4-1-2　加木弥三郎の卒業設計・名古屋高等工業学校

写真 4-1-20　加木弥三郎

加木弥三郎は明治三一年（一八九八）古い市街地のままの兵庫の町(64)に生まれ、兵庫県立工業学校建築科を大正六年（一九一七）に卒業後、名古屋高等工業学校に進学し、大正一〇年（一九二一）に卒業する。卒業設計は古典様式のなかにアールヌーボー的な意匠が添えられた競技施設であった。卒業後は大阪の鴻池組に入るが半年で辞め、当時神戸を拠点にセセッションやユーゲントシュティールなどの新しい感覚でもって意欲的な作品を次々と造り上げていた設楽建築事務所に入所する。大正一三年（一九二四）一月までの二年余を勤務し、ここで新しい造形感覚の設計手法に習熟する。大正一三年二月より神戸市営繕課に入り、二年半ほどの期間にふたつの小学校を設計し、清水栄二の辞任と同じ大正一五年（一九二六）八月に退職する。この間営繕課の筆頭の技手であり、清水、調枝に次ぐ第三番目の位置にあった。昭和二年（一九二七）九月より兵庫の三菱造船建築課に技師として勤務する。

神戸市営繕課時代の担当建物は室内小学校と鵯越小学校が確認される。両校ともに表現派の影響がみられる校舎で、清水栄二時代の営繕課のデザインを特徴づけた建築であった。私的活動では須磨に八角形の自邸を完成させていたが、早くに亡くなった。

熊本一之

熊本一之は独特のデザインセンスを持ち、神戸市営繕課のなかでもっとも意匠設計が達者であった建築技術者といえる。東須磨・蓮池両小学校の設計をおこない、清水栄二が神戸市以外の町村から受けた仕事をおこなう設計事務所であった癸亥社の中心メンバーであった。そこでは、精道第二・六甲・魚崎の三小学校のチーフデザイナーとなり、ファサードの設計を担っていた。西尻池公会堂も癸亥社の時に設計された建物で、熊本のデザインだった。ここで用いられた「胡麻柄」という軒蛇腹は後に精道第二小学校で、次いで魚崎小学校に用いられ、特徴的な外観を形づくる大きな要素となる。清水栄二の辞職半年後の昭和二年（一九二七）二月に神戸市営繕課を退職して大阪市建築課に移る。大阪市に在職中に清水栄二建築事務所が設計をおこなっていた御影公会堂の外観デザインを次に詳しくみる梅本由巳と一緒になって設計する。

明治三二年（一八九九）生まれで、大正六年（一九一七）に広島工業学校建築科を卒業し、大正期には神戸にあった西部鉄道管理局に勤務し、大正一一年（一九二二）一二月に神戸市土木課に入り、翌年営繕課に移る。小学校以外にも市立生糸検査所の玄関上部にある蚕をモチーフとした装飾をデザインするなど、清水栄二時代の営繕課のデザインの中心を担った技術者であった。大阪市建築課は数年間いただけで辞めた後は神戸に戻り、神戸市電気局建築課長となる。戦後は須磨で熊本建築設計事務所を開く。

表4-1-2　神戸市営繕課技術者陣容

年度	課長技師名	技師名	技手名
T10	土木課浅見忠次	山根楨蔵	清水栄二・中田修・遠藤墠・面高俊夫・新井進一郎・三田喜太郎・長谷川佳八・調枝明男・八代賢吾・朝倉吉太郎・鈴木正臣・植畑利三郎・藤井周次郎・太田祐太郎・永野鋼太郎・塚野敏太郎・大岡篤三郎・片岡要之助・堀兵太郎・丸川英介・浅見寔・鈴木幸蔵・西本新次郎・石川昇吾・三宅熊次郎・小泉幹夫・熊谷東洲・長井松蔵・小坂美都太・久門林平・下山春治・会野博篤・坂本二三人・藤井深
T12	営繕課清水栄二		調枝明男・鈴木正臣・丸川英介・大岡篤三郎・吉永栄蔵・山本好太郎・日下三造・西山亀太郎・三木作
T13	営繕課清水栄二	調枝明男	吉永栄蔵・大岡篤三郎・加木弥三郎・大寺辰治・山本好太郎・西山亀太郎・小野定雄・熊本一之・会野博篤・織田泰雄・横野美国・小西傳吉
T14	営繕課清水栄二	調枝明男	加木弥三郎・高崎力造・大岡篤三郎・吉永栄蔵・貞永直義・大寺辰治・山本好太郎・本田勘吾・西山亀太郎・小野定雄・熊本一之・三木作・相原弁一・会野博篤・織田泰雄・横野美国・長谷川吉次・梅本由巳・野坂和儀・小西傳吉
T15	営繕課清水栄二	調枝明男	加木弥三郎・吉永栄蔵・大寺辰治・山本好太郎・西山亀太郎・小野定雄・熊本一之・三木作・相原弁一・会野博篤・横野美国・梅本由巳・長谷川吉次・野坂和儀・小西傳吉
S2	営繕課鳥井信	調枝明男	吉永栄蔵・高崎力造・小川繁太郎・大寺辰治・山本好太郎・日下三造・西山亀太郎・深田操・三木作・相原弁一・会野博篤・高橋英一・野坂和儀
S3	営繕課鳥井信	調枝明男・井上伉一	吉永栄蔵・高崎力造・小川繁太郎・大寺辰治・山本好太郎・木村斌・三木作・相原弁一・深田操・会野博篤・園延善・近藤芳男・大久保政一・鳥井捨蔵・野坂和儀・松代昌治
S4	営繕課（課長事務取扱助役：渡邊静沖）	調枝明男・井上伉一	吉永栄蔵・古川茂・大寺辰治・山本好太郎・木村斌・相原弁一・松代昌治・三木作・深田操・会野博篤・園延善・大久保政一・野坂和儀・森卯之助・井上福太郎・森且盛
S5	営繕課（課長事務取扱助役：渡邊静沖）	調枝明男・井上伉一	吉永栄蔵・古川茂・大寺辰治・山本好太郎・森卯之助・木村斌・相原弁一・松代昌治・三木作・深田操・会野博篤・園延善・森義弘・大久保政一・小西傳吉・野坂和儀・井上福太郎・長岡太一・飯田松太郎

S6	営繕課 藤島哲三郎	調枝明男・井上伉一・中出丑三	藤井正太郎・吉永栄蔵・高崎力造・林正信・吉田英雄・奥村保志・古川茂・大寺辰治・森卯之助・木村斌・玉川貫治・原定・相原弁一・松代昌治・深田操・会野博篤・杉本萬三・園延善・森義弘・内輪善四郎・蒲池信造・秋山徹郎・森惣一・中野吉之助・片山誠三郎・大久保政一・小西傳吉・野坂和儀・妹尾武茂・井上福太郎・長岡太一・市場一市・飯田松太郎・青山進
S7	営繕課 藤島哲三郎	調枝明男・井上伉一・中出丑三・奥田譲	吉永栄蔵・大寺辰治・古川茂・森卯之助・木村斌・玉川貫治・相原弁一・松代昌治・深田操・会野博篤・杉本萬三・園延善・森義弘・秋山徹郎・中野吉之助・大久保政一・小西傳吉・野坂和儀・妹尾武茂・井上福太郎・長岡太一・市場一市・飯田松太郎・住友謙二・青山進・笠井清
S8	営繕課 藤島哲三郎	調枝明男・井上伉一・奥田譲	吉永栄蔵・大寺辰治・古川茂・森卯之助・木村斌・玉川貫治・相原弁一・松代昌治・深田操・会野博篤・園延善・森義弘・秋山徹郎・中野吉之助・大久保政一・小西傳吉・野坂和儀・妹尾武茂・山根長児・井上福太郎・長岡太一・市場一市・飯田松太郎・中川初子・足立清・住友謙二・青山進・笠井清
S9	営繕課 藤島哲三郎	調枝明男・井上伉一・奥田譲	吉永栄蔵・大寺辰治・古川茂・奥村保志・森卯之助・木村斌・玉川貫治・相原弁一・松代昌治・深田操・森義弘・会野博篤・秋山徹郎・森脇和三郎・中野吉之助・野坂和儀・大久保政一・小西傳吉・有田勝・長岡太一・市場一市・井上福太郎・飯田松太郎・中川初子・足立清・住友謙二・志智武雄・青山進・笠井清・谷田孝造・田邊重雄・堀内石夫
S10	営繕課 井上伉一	奥田譲・平松太郎・相原弁一	吉永栄蔵・大寺辰治・古川茂・奥村保志・森卯之助・玉川貫治・松代昌治・深田操・会野博篤・森義弘・秋山徹郎・杉本萬三・森脇和三郎・野坂和儀・大久保政一・小西傳吉・長岡太一・市場一市・有田勝・井上福太郎・中川初子・足立清・志智武雄・飯田松太郎・西村義一・砂川和夫・青山進・笠井清・田邊重雄・堀内石夫・伊藤一郎・保岡静
S11	営繕課 井上伉一	奥田譲・平松太郎・相原弁一	大寺辰治・古川茂・奥村保志・森卯之助・玉川貫治・松代昌治・深田操・会野博篤・森義弘・杉本萬三・秋山徹郎・森脇和三郎・野坂和儀・大久保政一・小西傳吉・長岡太一・市場一市・有田勝・井上福太郎・伊賀喜代松・志智武雄・中川初子・足立清・飯田松太郎・西村義一・砂川和夫・青山進・笠井清・田邊重雄・堀内石夫・楢本多聞・深尾實郎・伊藤一郎
S12	営繕課 井上伉一	(庶務) なし (営繕) 奥田譲	・庶務係 森脇和三郎 ・営繕係 大寺辰治・会野博篤・森義弘・園延善・松本保一・志智武雄・西村義一・飯田松太郎・堀内石夫・谷川禄太郎・楢本多聞・藤本丈夫・阿久津信夫

		(学園) 相原弁一・森卯之助・深田操 (設備) 杉本萬三 (公会堂建築係) 平松太郎 (兼務) 前田利雄・堀川栄治・得田与義・稲垣鷹雄・平原准晃・梶原景雄・中谷正夫・濱野芳太郎	・学園係 古川茂・玉川貫治・松代昌治・野坂和儀・大久保政一・小西傳吉・市場一市・狩野勝助・伊賀喜代松・三島剛・青山進・笠井清・田邊重雄 ・設備係 伊賀秀雄 ・公会堂建築係 菅原徹郎・北川官一・長岡太一・有田勝・内野静雄・中川初子・足立清・砂川和夫・深尾實郎・大崎寛・伊藤一郎 (兼務) 大石為貞・新改孝太郎・宇麻谷教潤・黒石堅次郎・山田浅市・高坂敬次・日野茂・小林健三郎
S13	建築課 井上伉一	(庶務) なし (営繕) 十河安雄 (学園) 相原弁一・森卯之助 (設備) なし (公会堂) 平松太郎	・庶務係 森脇和三郎 ・営繕係 大寺辰治・玉川貫治・会野博篤・森義弘・園延善・松本保一・内野静雄・志智武雄・西村義一・堀内石夫・楢本多聞・谷川禄太郎・森岡武雄・小畑季一・大串不二雄・阿久津信夫 ・学園係 野坂和儀・小西傳吉・市場一市・狩野勝助・伊賀喜代松・田邊重雄・深尾實郎・青山進・笠井清・坂野秀雄・藤本丈夫・島守一・飛田正松・大ケ瀬正美・山宮喜久二・石橋源太郎 ・設備係 杉本萬三 ・公会堂係 菅原徹郎・北川官一・長岡太一・有田勝・中川初子・砂川和夫・大崎寛・伊藤一郎・大内茂 (兼務) 堀川栄治・得田与義・稲垣鷹雄・平原准晃・大石為貞・梶原景雄・濱野芳太郎・小林健三郎

S14	建築課 井上伉一	（庶務）なし （第一）十河安雄 （第二）平松太郎 （第三）相原弁一 （第四）森卯之助 （設備）なし （兼務）堀川栄治・得田与義・稲垣鷹雄・平原准晃・大石為貞・梶原景雄・濱野芳太郎・小林健三郎	•庶務係 なし •第一技術係 森義弘・市場一市・志智武雄・堀内石夫・谷川禄太郎・小畑季一・森岡武雄・大内茂 •第二技術係 会野博篤・菅原徹郎・野坂和儀・北川官一・有田勝・砂川和夫・伊藤一郎 •第三技術係 園延善・狩野勝助・伊賀喜代松・大崎寛・田邊重雄・島守一・阿久津信夫・藤本丈夫・大ケ瀬正美・柴田六郎 •第四技術係 森脇和三郎・小西傳吉・長岡太一・中川初子・深尾實郎・青山進・坂野秀雄・飛田正松 •設備係 大寺辰治・山宮喜久二・伊賀秀雄 （兼務）新改孝太郎・宇麻谷教潤・高坂敬次・日野茂
S15	営繕課 井上伉一	（庶務）なし （第一）十河安雄・平松太郎・菅原徹郎 （第二）相原弁一	•庶務係 なし •第一工営係 大寺辰治・森義弘・園延善・森脇和三郎・野坂和儀・伊賀喜代松・中川初子・大ケ瀬正美・伊賀秀雄・福井昇・先川博 •第二工営係 北川官一・長岡太一・市場一市・有田勝・砂川和夫・藤原賢・大崎寛・堀内石夫・谷川禄

		（兼務）堀川栄治・得田与義・稲垣鷹雄・平原准晃・大石為貞・梶原景雄・濱野芳太郎・小林健三郎・新改孝太郎・宇麻谷教潤	太郎・森岡武夫・小畑季一・坂野秀雄・田邊重雄・藤本丈夫・阿久津信夫・大内茂・飛田正松・山宮喜久二・佐藤稔・柴田六郎・鈴木幸雄・藤田重夫 （以下兼務）高坂敬次・日野茂
S16	建築課 十河安雄	（庶務）なし （第一）野坂和儀・告野新作 （第二）森義弘・有田勝・砂川和夫 （設備） （兼務）平松太郎・堀川栄治・得田与義・稲垣鷹雄・平原准晃・大石為貞・梶原景雄・小林健三郎・新改孝太郎・宇麻谷教潤	•庶務係 なし •第一工営係 園延善・伊賀喜代松・中川初子・阿久津信夫・大ケ瀬正美・渡邊武士・成家央・福井昇・島本徳一・鈴木幸雄・堀下善春・志水英二・川住謙一 •第二工営係 北川官一・藤原賢・大崎寛・森岡武夫・田邊重雄・堀内石夫・小畑季一・谷川禄太郎・藤本丈夫・山宮喜久二・大内茂・飛田正松・柴田六郎・佐藤稔・関忠基・宗片弘・藤田重夫 •設備係 大寺辰治・先川博 （兼務）高垣敬次・日野茂
S17	建築課 十河安雄	（庶務）なし （第一）野坂和儀・砂川和夫・有田勝	•庶務係 なし •第一工営係 大崎寛・藤本丈夫・堀内石夫・森岡武夫・山宮喜久二・佐藤稔・柴田六郎・宗片弘・藤田重夫・橋本賢一・藤原均・高橋二三夫・濱井茂幸

		（第二）松本俊一・伊賀喜代松 （第三）永木甚造・中川初子・小畑季一 （設備）（兼務）永木甚造・梶原景雄・平原准晃・小林健三郎	•第二工営係 大ケ瀬正美・大内茂・渡邊武士・鈴木幸雄・関忠基・重松徳雄・上田光雄・鎌田英二 •第三工営係 園延善・北川官一・藤原賢・阿久津信夫・島本徳一・飛田正松・堀下善春 •設備係 中川貫一・先川博 （兼務）高坂敬次・日野茂・福井昇
S19	建築課 平松太郎 （課長代理）	（庶務）なし （防火改修）なし （工事）松本俊一・中川初子・伊賀喜代松 （調査）砂川和夫・大崎寛 （第一）小畑季一・北川官一・森岡武士 （第二）永木基造・告野新作	•庶務係 なし •防火改修係 なし •工事係 三好篤・大内茂・渡邊武士・藤田重夫・鈴木幸雄・大ケ瀬正美・藤本義夫・福井昇・村尾平格・藤原均・白井規夫・東康雄・鎌田英二 •調査係 正徳新吉・佐藤稔・伊賀秀雄・柴田六郎 •第一工営係 藤原賢・山宮喜久二・矢島好武・遠藤孝司・三木勝・岡野博・儀満芳郎・濱井茂幸 •第二工営係 園延善・池田豊三・倉辻禎太郎・島本徳一・堀下善春・飛田正松・南原茂二・安富謙治

備考：神戸市職員目録より作成　大正11年・昭和18年は現時点で不明

表 4-1-3　昭和 9 年度の神戸市営繕課の技術者一覧と担当小学校

営繕課長	藤島哲三郎			
係名	係長	係員	係員人数	担当小学校
第一営繕係	調枝技師	吉永・古川・松代・会野・園延・大久保・小西・野坂・井上・長岡・市場・住友（以上技手） 森脇・狩野・田邊・堀内（以上技手補）	16	上筒井方面校（設計中） 多聞校（未設計） 灘高等小学校（設計中）
第二営繕係	井上技師	森（卯之助）・木村・玉川・相原・森・飯出・足立・青山（以上技手） 谷田・谷川（以上技手補） 渡邊・森岡（以上工夫）	12	尻池方面校（設計中） 小野柄校（未設計） 東須磨校（設計中）
第三営繕係	奥田技師	深田・秋山・中川・笠井（以上技手） 松本・志智・奥苑・藤本（以上技手補） 富田（以上工夫）	9	須磨方面校（設計中） 西郷校（未設計）

出典：『土木建築之日本』第 9 巻第 1 号

梅本由巳

梅本由巳は明治三八年（一九〇五）御影町に生まれ、大正一一年に兵庫県立工業学校建築科を卒業、中島組に入る。その後神戸市に入り、大正一二年（一九二三）六月の時点で神戸市営繕課の臨時雇員になっている。大正一三年（一九二四）には技手補、大正一五年（一九二六）には技手となる。勤務の傍ら夜間制の神戸工業高等専修学校建築科に通い、大正一四年（一九二五）に卒業している。営繕課時代に設計に関わった小学校では下山手小学校があった。(65)

大正一五年の清水栄二の辞職の際に梅本も退職し、清水栄二建築事務所の立ち上げを担う。梅本は清水事務所に昭和一六年（一九四一）まで清水の右腕としてつとめ、事務所閉鎖後は住宅営団兵庫支社に勤務する。戦後は神戸市建築局建築課につとめる。

筆者は梅本由巳が存命中に石屋川西岸にあった長屋を訪ね、数回聞取り調査(66)をおこなっている。その時のノートには営繕課時代と清水事務所時代の聞き書きを記しているが、癸亥社時代のことでは「営繕課の若いみんなに仕事を振った。そしてデザインをチェックし、構造計算は清水みずからがおこなっていた」とある。

五　小結

以上二三年間の営繕課の変遷を組織体制と幹部技術者の経歴をとお

してみてきたが、次の七つの知見が得られた。

第一は営繕課の技術者の出身学校に関してであり、兵庫県立工業学校が圧倒的に多く、広島県立工業学校や熊本県立工業学校など西日本各地の工業学校の卒業生がいた。高等教育機関としては神戸高等工業学校が多く、京都大学、東京大学、名古屋高等工業学校、福井高等工業学校などの出身者が確認される。そのほかに工手学校や関西商工学校、関西工学校などの夜間制の私立学校の卒業生が入っていた。

第二は設計を実際に担う技手に関してで、大学や高等工業学校出身の、いわゆる学卒者は入るとすぐに技手に任用されるが、工業学校などの卒業生は技手補からの出発となる。ただし熊本一之のように工業学校を最終学歴とするが、学校を卒業した後数年間のキャリアを積んだ技術者は最初から技手となる。

第三は設計の責任者である技師についてで、高等工業学校以上の学歴がないとなれなかった。営繕課が設置間もない時期に工業学校卒で技師になった調枝明男は例外であった。

第四は最高責任者である課長職のことで、東大か京大の卒業生が占めていたが、戦時中には例外的にノンキャリアの十河安雄が就任しており、市上層部の幹部職員の推薦が背景にあった。また課長の在任期間は二年から六年ほどで、変遷が激しい。清水栄二は三年八ヶ月、鳥井信は一年九ヶ月、藤島哲三郎は三年、井上伉一は六年、十河安雄は三年となる。清水と井上は神戸市出身者であった。課長が辞任すると、部下の技手も一緒に退職するケースもあり、清水栄二の時には顕著にみられた。

第五は課長だけではなく、全体に課員の入れ替わりが早いことで、一〇年以上の在籍者は少数であった。

第六は仕事量や人員の上での最盛期は昭和一二年頃であり、課員は一〇一名に達する。次のピークは戦中期の昭和一九年であり、鉄筋コンクリート造の設計はなかったが、木造建物の設計は続き、課員数は昭和一二年を上回り、約一〇七名体制となる。

第七は建築活動に関することで、新たに必要となった学校や病院、共同住宅などの都市施設の建造物の鉄筋コンクリート造化を営繕課は主に担っていた。

註

(1) 大正一五年六月二八日付け。
(2) 神戸市人事課資料による。一九八六年時に筆者は調査をおこなった。
(3) 六代目市長として大正一一年から大正一四年まで務めた。
(4) 『神戸市会議事速記録第一号』大正一四年四月一七日。
(5) 『新修神戸市史行政編一市政のしくみ』神戸市、一九九五年。
(6) 工手学校を明治二五年（一八九二）に卒業。
(7) 改元紀念に刊行され、発行は神戸市職員録編纂会であった。
(8) 明治四〇年一一月四日まで帝国鉄道庁技師をつとめた。「官報一九〇七年一一月五日」による。
(9) 神戸市湊東区荒田町に所在し、建築設計監督工事請負をおこなった。『兵庫県土木建築大鑑』土木建築之日本社、一九三五年。
(10) 秋吉金徳の建築事務所で明治三六年に神戸に開設される。
(11) 『朝日新聞』大正一五年六月二八日付。
(12) セメントに粘土を混ぜてセメントの数量をごまかしたとされる事件で、鉄筋コンクリート造小学校の外壁の強度不足から発覚した。実際は火山灰をセメントに入れると小豆色に着色できることで、当時よくおこなわれていたことが誤解された一面もあったようだ。だが現実に営繕課の一部の技手が業者より賄賂を受けたということで逮捕された。
(13) 『神戸新聞』大正一五年四月一八日付。
(14) 梅本由己の証言。一九八七年七月二一日に筆者は聞き取り調査を実施している。
(15) 「神戸市会議事速記録」大正一五年五月七日・六月二九日・七月二八日。
(16) 鳥井信の履歴書。昭和二九年一〇月四日におこなわれた初七日の法要の際にまとめられたもので、日本建築協会会長であった竹腰健造が記した。
(17) 「藤島営繕課長辞職の内面」『土木建築之日本』第九巻八号、一九三四年。
(18) 養子となり、昭和一二年より菅原姓となる。
(19) 明治三八年生まれ、戦後は大阪市都島で建築事務所を自営。
(20) 昭和八年に営繕課技手をつとめた中川初子の証言。筆者は一九九六年一一月二四日に聞取り調査を実施している。

（21）前掲註（17）と同じ。

（22）平松太郎の下で公会堂係にいた大崎寛の証言。筆者は二〇〇〇年一〇月一六日に大崎に聞取り調査をおこない証言を得た。

（23）井上伉一「本年の多忙は学校建築から」『土木建築之日本』第一一巻第一号、一九三六年。

（24）大正一五年に京大を卒業後、大阪市電気局に勤務し、大阪地下鉄御堂筋線の建設に従事する。筆者は一九八八年に須磨の野田邸で本人に聞取り調査を実施している。

（25）昭和五〇年代後半まで残っていた。煉瓦造で兵庫県庁舎に似た外観を示す。

（26）木造二階建で、伝染病院であった。

（27）現在、神戸市水の科学博物館。

（28）煉瓦造平屋建、工費は一八四、〇〇〇円であり、神戸市葺合区の濱口組が請負った。

（29）天保一四年生まれ、大正一三年（一九二四）死去。日本土木会社の技術者として、辰野金吾設計の帝国大学工科大学本館（明治二一年）の建設を担った。

（30）秋吉金徳は山口半六が主催した神戸工務所の技術者であったが、県庁舎建設にあたり兵庫県技師に就任する。「官報一九〇三年三月一四日」によれば、明治三六年（一九〇三）三月一三日に「願ニ依リ本職ヲ免ス」とある。

（31）神戸市楠町六丁目にあった。戦後は楠ヶ丘高等学校となり、移転し須磨高等学校と校名を変更し、現在は須磨翔風高等学校となる。

（32）明治四〇年に開校の私立神港商業学校を出発点とし、明治四三年に神戸市立神港商業学校となり、大正六年に会下山に移転し校舎を新築する。この鉄筋コンクリート造増築校舎は第七期工事であった。同校は戦後、神港高等学校となり、現在は神港橘高等学校となる。

（33）神戸市灘区土山町にあった。現在その敷地には親和中学校・女子高等学校が建つ。戦後は神戸市立外国語大学の校舎となり、一九八六年の移転時までの約四〇年間この場所にあった。神戸市立六甲アイランド高等学校の前身校のひとつである。

（34）大正元年（一九一二）に開校した高等女学校で、赤塚山高等学校を経て、現在の六甲アイランド高等学校の前身のひとつである。旧校舎は神戸市立湊川中学校ならびに神戸市立楠高等学校校舎として現存する。

（35）『兵庫県土木建築大鑑』土木建築之日本社、一九三五年。

(36) 設計担当者は兵庫県営繕課の笠井正一。日本トラスコン鋼材株式会社の構造設計。
(37) 現存しない。昭和六二年に全面改築された。
(38) 『神戸市衛生施設大鑑』神戸市役所衛生課、大正一五年。
(39) 前掲註（35）と同じ。
(40) 現在はデザイン・クリエイティブセンター神戸（KIITO）となる。
(41) 改築されて現存しない。
(42) 現存しない。
(43) 鳥井信の履歴書。昭和二九年一〇月四日におこなわれた初七日の法要の際にまとめられたもので、日本建築協会会長であった竹腰健造が記した。
(44) 昭和五年一月に発表されるが、その方針づくりは二葉小学校の設計時である昭和三年にはじまっている。
(45) 「業界に生きて」『建設人』一九七四年四月号、建設人社。
(46) 現社名はサントリー。
(47) 「神戸中央卸売市場」『土木建築之日本』第三巻二号、一九二八年。
(48) 藤岡洋保「日本における中央卸売市場の建設について」『日本建築学会大会学術講演梗概集』一九七五年。
(49) 前掲註（17）と同じ。
(50) 一度目は一九八八年一月一五日、二度目は一九九四年七月九日。
(51) 現在の大阪工業大学の前身。
(52) 現在は徳島県立徳島科学技術高等学校となる。
(53) ここでは調枝明男は除いて考えている。調枝は工業学校卒業生では最初に技師となったが、明治四二年に神戸市に入っており、同列と考えるのは無理がある。
(54) 前掲註（20）と同じ。
(55) 神戸市人事課資料による。一九八六年時に筆者は調査をおこなった。
(56) 『神戸小学校五十年史』開校五十周年紀念式典会、一九三五年。
(57) 「神戸市中央卸売市場」『建築雑誌』昭和七年七月号、一九三二年。
(58) 遺族から提供。

(59) 大阪に本店があった建築請負会社で、東京・九州に支店を設け、当時は大阪では大林組・竹中工務店に次ぐ規模を示した。工場建築を得意としたが、学校建築なども手がけた。
(60) 昭和五年一月に発表される「神戸市学校建築方針」。
(61) 一九九六年一一月二四日に聞き取り調査で長岡京市にあった自宅を訪ねた。
(62) 大正一一年に建設。現在の香川大学経済学部の前身。
(63) 一章一節に詳述した。現存する。
(64) 遺族の証言。
(65) 官立神戸高等工業学校に付属して出来た夜学校であった。
(66) 日付がはっきりするのは一九八七年七月二一日で、翌年死去された。

第二節　日本トラスコン社の活動

一　関東大震災以前の鉄筋コンクリート校舎

わが国における鉄筋コンクリート造学校建築の成立は一般的には大正一二年（一九二三）の関東大震災以降とされるが、実際にはそれまでに三八校の小学校で鉄筋コンクリート造校舎が完成もしくは着工していた。だがそれらの校舎の建設経緯や建築特徴は早い時期での取り壊しや設計者が不詳ということなどが原因して、ほとんど知られていない。

ところが関東大震災が起こる半年前の大正一二年二月に刊行された『学校建築としての鉄筋コンクリート構造』(1)という冊子によると、これまで設計者が不明であった校舎の多くが日本トラスコン鋼材株式会社（以下日本トラスコン社と記す）の構造設計ならびに意匠やプランも含めた全体の設計であったことが判る。この冊子はアメリカ資本の建材メーカーであった日本トラスコン社が営業用に発行していたもので、その内容は手がけた学校建築一覧と日本トラスコン社の学校建築に対する理念、完成させた校舎二一葉の写真の、三点からなる。

そしてこれまではなぜ大正一〇年前後の数年間に鉄筋コンクリート造小学校建築が突然、一斉に出現したのか、その理由が判明しなかったが、その謎がこの一覧から氷解した。

二　冊子『学校建築としての鉄筋コンクリート構造』

前述の冊子『学校建築としての鉄筋コンクリート構造』の表紙には「学校建物」と記され、二階建校舎を背景に詰襟制服を着込んだ男子学生がふたり連れ添って立つ。この校舎をみると随分と窓の面積が大きい。床とパラペットの部分は壁となるが、それ以外はすべて開口部となる。

　ここに日本トラスコン社設計の建築特徴が現われ出ていた。日本トラスコン社の設計は柱と梁、そしてスラブだけが鉄筋コンクリート造というラーメン構造をとった。鉛直荷重のみを考えた構造力学に基づいたことで、最低限度の大きさの柱しか求められなかったために、このような大開口が可能になった。したがって耐震壁どころか、袖壁や垂壁、腰壁などが一切ない単純な構成を示す。だが、このような構造法は関東大震災以降は耐震の観点から日本では否定される。日本トラスコン社の設計した建築の多くが震災時東京で被災したためだ。そのような意味でここに、関東大震災以前の鉄筋コンクリート造建築の形をみることができる。

図 4-2-1　『学校建築としての鉄筋コンクリート構造』の表紙

　この冊子は三三ページからなる薄いものだが、日本トラスコン社が設計しトラスコン鉄筋を使用したもの、或はトラスコン鉄筋材料のみを使用したものの、学校別一覧（図4-2-2）が記載されている。その組み合わせはトラスコン鉄筋、トラスコン鉄筋及サッシュ、トラスコンサッシュの三通りからなる。日本トラスコン社の鉄筋はアメリカ人カーンの特許によるもので、専売性の極めて強いものであり、その使用は日本トラスコン社の設計と抱き合わせになっていたようだ。すなわちトラスコンサッシュ以外の校舎はすべて日本トラスコン社が構造設計をおこなった建物であったと考えることができる。

　この冊子には計四一校の教育施設が記され、トラスコンサッシュのみは九校だけであるので、残りの三二校は日本トラスコン社による設計と考えてよい。大学から旧制専門学校、旧制中学校、小学校と、高等・中等・初等の各段階の教育施設が挙げられる。地域別にみると、東京が一三校、神戸が七校、和歌山が六校、長野が五校、大阪・

九

立教大學	トラスコン鐵筋	東京府下池袋
同圖書館	〃	同
同食堂	〃	同
同寄宿舍	〃	同
同禮拜堂	〃	同
バプチスト布敎所校舍	トラスコン鐵筋及サツシユ	東京
明治學院	〃	東京
慶應義塾醫科大學豫科校舍	〃	東京
日本齒科醫學專門學校	〃	東京
中央大學（增築）	〃	東京
星商業學校（工事中）	〃	東京府下大崎
基督敎女子大學（工事中）	トラスコン鐵筋	東京府下吉祥寺
基督敎青年會館	トラスコン鐵筋及サツシユ	東京
東京市富士小學校（工事中）	〃	東京

一〇

東京市番町小學校（工事中）	トラスコンサツシユ	東京
東京府立第一高等女學校（工事中）	〃	東京
武藏高等學校	トラスコン鐵筋	東京府下
國學院大學（工事中）	〃	東京
東京高等工藝學校	〃	東京
關西學院中學部	〃	神戸
川崎商船學校	〃	神戸
雲中小學校	トラスコン鐵筋及サツシユ	神戸
諏訪山小學校	トラスコン鐵筋	神戸
兵庫縣立高等女學校	トラスコン鐵筋及サツシユ	神戸
兵庫縣立商業學校	トラスコンサツシユ	神戸
兵庫小學校	トラスコン鐵筋及サツシユ	兵庫
ビアーソン紀念館	〃	京城
朝鮮基督敎大學寄宿舍	〃	京城

一一

東北帝國大學實驗室	トラスコン鐵筋	仙臺
東北帝國大學醫科大學	〃	仙臺
東北帝國大學工科大學	トラスコン鐵筋及サツシユ	仙臺
京都帝國大學物理學教室	トラスコン鐵筋	京都
同志社大學圖書館	トラスコン鐵筋	京都
バプチスト中學校	〃	橫濱
關東學院	〃	橫濱
橫濱市壽小學校	〃	橫濱
ランバースバイブル女學校	〃	大阪
明淨商業學校	トラスコンサツシユ	大阪
豐崎町第五小學校	〃	大阪府下
旅順工科學堂物理電氣試驗室	トラスコン鐵筋	旅順
同探鑛冶金教室	〃	同
同　化學探鑛冶金教室	〃	同

一二

長野縣小諸商業學校	〃	小諸
下高井農業學校	トラスコンサツシユ	長野
屋代中學校	〃	長崎
宮田小學校	トラスコン鐵筋	長野縣伊那
松本第二中學校	トラスコン鐵筋及サツシユ	松本
和歌山小學校	トラスコンサツシユ	和歌山
和歌山中學校	トラスコンサツシユ	和歌山
和歌山縣立那賀農業學校	トラスコン鐵筋及サツシユ	那賀
同海南中學校	〃	海南
同伊都中學校	〃	伊都
同日高中學校	〃	御坊

図 4-2-2　日本トラスコン社設計の学校一覧

横浜が三校と続く。小学校では神戸市が三校、東京市が二校、横浜市が一校、大阪府下が一校、長野県が一校、和歌山市が一校となる。小学校の具体名を挙げると、雲中小学校、諏訪山小学校、兵庫小学校、横浜市寿小学校、豊崎町第五小学校、宮田小学校、和歌山小学校、東京市富士小学校[2]、東京市番町小学校となる。

このなかでサッシュだけの小学校は大阪府下豊崎町第五小学校[3]と東京市番町小学校[4]の二校のみで、両校ともに設計者名が確認される。豊崎町第五小学校は増田清、番町小学校は中村與資平であり、二人の建築家は共に東京大学建築科卒業生で、構造設計を得意とした。

小学校以外の学校のなかで、設計者名が判明しているものを挙げる。立教大学は煉瓦造のイメージが強いが、実は外壁が煉瓦積だけで内部の壁や梁、床スラブは鉄筋コンクリート造となる。設計はマーフィー&ダナーであるが、それは意匠やプラン面であって、構造設計は日本トラスコン社が担っていた。同様の事例はレーモンド設計の東京女子大学や後に詳述する松田茂樹設計の和歌山県立学校の一群があった。いずれにせよ高等教育を受けた建築技術者が確認されるが、構造面では日本トラスコン社の設計システムを受けて建物を完成させていた。

以上みてきた冊子の一覧についての信憑性については和歌山小学校[5]のように校名の正確さに欠ける事例もあるが、他は概ね間違いはないものと判断できる。ただ抜け落ちているケースもあったようで、そのことは神戸市立小学校のところで詳述する。

この一覧はこれまで設計者が不詳であった校舎の過半が日本トラスコン社の設計であることをいみじくも示している。

三　日本トラスコン社の営業項目と技術陣営

日本トラスコン社の歴史ならびにその背景をわが国の鉄筋コンクリート造建築の成立過程のなかで探ってみる。建築史家堀勇良の研究[6]によれば、日本での鉄筋コンクリート造建築の受容過程には建築技術者と土木技術者によるものに分けられるという。建築系ではフランスのアンネビック式とアメリカのカーン式の二つがあり、土木系では海軍の真島健三郎、三菱系の神戸建築所の白石直治・高橋元吉郎、らによるものがあった。アンネビック式は明治後期に多く用いられたものであったが、大正期にはカーン式に変わる。

カーン式はカーンバーという明治三六年（一九〇三）に特許がとられた特殊な鉄筋を用いた方法によるもので、アメリカのトラスド・コンクリート・スチール会社が専売的に製造をおこない、日本では東京と神戸にあった米国貿易商会建築部が代理店になり一手に販売した。大正九年（一九二〇）には日本トラスコン鋼材株式会社が東京に設立され、米国貿易商会の業務を引継いだ。同社は大阪・横浜・神戸・福岡に支社、川崎に工場を設けていた。[7]

同社の営業項目はカーン式鉄筋コンクリート造の設計業務（鉄骨組立建物も含む）とトラスコン鉄筋コンクリート用鋼材（カーンバーなど）・トラスコン鋼製窓枠（スティールサッシュ）及扉・トラスコン防水剤・トラスコン塗料・ハイリブ・リブラスなどの製造販売のふたつからなる。すなわち建材メーカーであったが、構造設計をもセットで担っていた点に特徴がある。この時期鉄筋コンクリート造は一般化しておらず、設計できる建築事務所の数は限られていた。そのなかでこのような建設体制は、依頼者側に建設事業をゆだねやすいものになっていたものと思われる。だからこそ瞬く間に数多くの学校建築を受注し、完成させることにつながったのだろう。

前述の冊子には次のようなポリシーが記される。

弊社は多年此種構造物に対して主幹材である鉄筋の製造販売に従事すると同時に此種構造物の設計監督の目的にて学理及び経験に豊富である幾多の技師を置いて斯界のために努力しているのです。尚弊社は重に鉄筋コンクリートの建物に使用せられる鋼製窓枠及び扉の製作にも従事して居ります。[8]

ここでいう「幾多の技師」とは東京大学や名古屋高等工業学校などの高等教育を受けた建築技術者を擁していたことを表わす。具体的にみてみると、Ｆ・Ｒ・ライトの弟子の南信は大正五年（一九一六）に東京大学建築学科を卒業後、日本トラスコン鋼材株式会社の前身である米国貿易商会建築部につとめ、帝国ホテルの現場にはこの会社から派遣されたとある。[9]明治四四年（一九一一）に東大建築学科を卒業した真名田隆は大正三年（一九一四）に「五階建カーン式鉄筋コンクリート構造」[10]の日本製粉久留米工場の設計を「其建築掛を嘱託せられ現場督役主任技師」として担っていた。

名古屋高等工業学校建築科を明治四四年に卒業の岡田二郎は大正五年から昭和六年（一九三一）までの一五年間日本トラスコン鋼材株式会社設計部[11]におり、大正一一年から大正一二年には親会社の米国にあったトラスド・コンクリート・スチール会社に出向していた。同じく明治四四年建築科卒業の田治見芳三（大正一三年〜昭和三年）や真砂治太郎（大正一〇年〜大正一三年）も日本トラスコン社にいた。建築科だけではなく土木科卒業生の辻田時太郎や小川亥三郎、荒木準らが大正期から昭和初期に日本トラスコン社に在籍していた。日本トラスコン社設計の構築物は建築だけではなく、橋梁や煙突などもあり、土木技術者が必要とされた。

このように日本トラスコン社には建築・土木の両技術者を合わせると、相当数の技術者が確認される。そこでは高等教育を受けた技術者を中心に設計体制をつくっていたようだ。すなわち構造設計にくわえて、意匠や計画の設計が十分に担えたものと判断してよい。このことからは単に構造設計だけではなく、設計者が不明の多くの建物が日本トラスコン社による設計であった可能性が浮上する。

日本トラスコン社の積極的な営業活動を物語る逸話がある。日本トラスコン社の構造技術に支えられてカーンバーで和歌山県立学校三校（那賀農業学校・海南中学校・伊都中学校）を設計[12]した和歌山県建築技師の松田茂樹の述懐である。松田は東京高等工業学校建築科を大正七年（一九一八）に卒業し、大阪の渡邊節建築事務所を経て、大正一〇年（一九二一）より和歌山県土木課技手をつとめ、学校建築の設計を担っていた。

丁度そのときアメリカから横浜に進出して来たトラスコンという会社の宣伝員が来て、その会社で考案して発売している特殊鉄筋を使用し、窓枠などその会社考案のものを採用すれば、日本で普通に行われている鉄筋コンクリート造と比較して大層安価に出来上ると教えてくれ、取あえず横浜の工場を一覧し、専属の技師に合ってほしいと言葉巧みに話したので、技師と私は直ちに横浜に出向いて、そこの技師（マーク・エス・サンダー氏）に合って相談した。(13)

ここからは日本トラスコン社の営業担当者が各府県の土木課営繕掛の建築技術者を積極的に訪ねて廻っていた様子が窺える。後で詳述する長野県においても同様の営業活動がおこなわれていたものと考えられる。

四　日本トラスコン社の理念

この冊子には鉄筋コンクリート造による学校建築の優位性が七項目にわけて論じられる。

第一点は「学校は堅牢でなくてはならぬ」として「耐久、耐火、耐震、耐風」とある。鉄筋コンクリート造が最も理想的な建築であったことが謳われるが、地震国の日本ではアメリカでの耐震基準でつくられた日本トラスコン社の耐震性能は関東大震災で脆弱性を露呈し、このことが致命的な欠点となり、その後の日本トラスコン社の消滅につながる。ただこの時期に日本トラスコン社設計を採択した校舎の多くが火災で焼失した改築であり、なにより も耐火性能が求められていた。

第二点は「学校は衛生的でなくてはならぬ」として「子供に取りては学校は家庭外の第二の家庭」であり、鉄筋コンクリート造は「採光換気の利用に於いて最も都合が可い」と記される。

第三点は「学校は保温的でなくてはならぬ」として「鉄筋コンクリートは割合に外気を伝達しないので寒暑ともに人工的に室内の温度を調節することが出来得る」と記される。第二点と第三点は室内環境工学に関わる内容で、隙間風の入り易い木造に較べ、駆体が頑強な鉄筋コンクリート造の優位性が示されるが、当時建具は木造が多く、スティールサッシュにしても隙間風を防ぐことは困難であったため、木造と較べるとそれほどメリットがあったとは思えないが、空間の管理がしやすかったようだ。

第四点として「学校はそれ自身校舎が教育的でなければならぬ」とあり、次のような解説がある。「其校舎の用材は勿論其設備に至る迄総て科学的に設計されねばならぬのです。かくしてこそ学生は意識的に又は無意識的に自然建築に対する一般の概念とそれに附属せる常識を涵養せしむることが出来るのであります」。校舎の教育効果が問われていた。当時宣教師にして建築家であったW・M・ヴォーリズは「校舎の建物それ自身が生徒の上に積極的影響を及ぼす」と語っており、大正期にはこのような校舎の建築ならびに空間を重視する考えが芽生えていたことがわかる。

第五点としては「鉄筋コンクリート構造は使用面積を大きくすることが出来る」とある。この説明は「建物が鉄筋コンクリートであると屋根を陸屋根にし此屋上を運動場或は遊技場にすることが出来るし尚多少の手入れを施して屋上庭園に使用することもできます。都会に於て敷地の狭隘なる場所柄としては此屋上の使用出来ると出来ないとは可なり重要なる役目をなすものであって尚壁体が薄いので使用面積を大きくする事も其一つであります」とある。すなわち屋上運動場の誕生である。従来の木造や煉瓦造ではけっして出来なかったもので、眺めもよく、人気があったようだ。雲中校でも寿校でも屋上の写真が掲載されている。

第六点として「鉄筋コンクリート構造は外観も悪くない」とある。説明は「これは見ようによっては美しくないと言う人もあるかも知れないが、木造の方が見慣れているから余程美しいと言い張る人もないではない。これは見る人の心の置所によって出る観念であります。洋服の来た人よりも和服の着た人の方が美しいと言えばそれ迄であるが我々が日常生活の上に和服では仕事の能率が悪い、歩行も敏活にゆかないし物の出し入れも不自由で困るかう云う考を抱いて洋服を着ている人を見るとこれが和服より遥に美しく見ゆるのです。」とある。大正中期頃は鉄筋コンクリート構造にふさわしいスタイルが確立されておらず、ある意味では模索期にあったことを示す。

最後の第七点は「鉄筋コンクリート構造は経済的です」という文言である。その理由として、「以上述べた如く鉄筋コンクリートは学校建築として実に理想的材料である事は解りましたが、これが果して経済的材料であるかは述べられなかったので、茲にこれを書いてみようと思います。鉄筋コンクリートの学校が延坪一坪何円で出来ると云うような事は其土地の状況　其建物の内容　其建築の時期　これを設計する技術者の手腕　これを見積る受負者の単買等によって異なるものであるから数字を以て示すことは出来ないが、木造に比して二割から五割迄の割増をしたら大抵の土地では建築することが出来ると思う。木造に対して二割から五割の割増は大きい負擔のように思われるが、一方捨五年か貳捨年の生命を有する木造に比して鉄筋の方は永久的であって、耐火耐震其の他の関係上修繕等の必要はないから結局経済的であると言う事に帰着するのです。」と記される。

つまり一般的に従来の木造の二倍はかかるとされた鉄筋コンクリート造の工費も、日本トラスコン社のものだと木造の二〇～五〇％の割り増しと、煉瓦造や他の鉄筋コンクリート造などに較べると低廉な金額であったことも普及に影響している。そのため日本トラスコン社の建築が関東大震災までは全国各地の学校や工場で数多く採択されることになる。この最後の主張こそが、日本トラスコン社最大の「売り」であったといえる。

五　神戸市の小学校I——浅見忠次の言説

わが国で最初の鉄筋コンクリート造小学校はどのような経緯で生まれることになったのだろうか。管見の限りにおいて、最初にその言及が確認されるものは大正八年（一九一九）六月二六日の神戸新聞の紙面である。当時神戸市土木課長を務めた浅見忠次(14)が語るという形式をとり、その方針が記される。

まず計画理由として、「就学児童の激増と二部教授撤廃とのために市が小学校舎の増改築又は新築の必要に迫られ、その結果として四階建摩天楼式の小学校を建設すべき計画を有っている」とある。

この時点でなぜ突然に、「鉄筋コンクリートの四階建」校舎という考えが現われたのかは定かではないが、背景としては次のような建築的状況が生まれつつあった。

わが国での鉄筋コンクリート造最初の建築として、明治四四年（一九一一）の三井物産横浜支店社屋があり、学校校舎として東京帝国大学理科大学化学教室（大正四年・二階建て）、東京高等商業学校専攻科校舎（大正五年・二階建て）が挙げられる。大正八年の時点では公立の小学校校舎として建設事例はなく、後に詳述する横浜市寿小学校が同時期に鉄筋コンクリート造三階建てで改築される計画が起きていたにすぎない。すなわち四階建校舎の出現はこれまでにはない画期的な試みであり、一挙に教室数を拡充できる構造であると考えられたものと思われる。

紙面の内容として次のような説明がなされる。

> 普通の二階建校舎でも坪三百円は要る。これを今回の計画のように鉄筋コンクリートの四階建にて地下室を設けるとなると、坪一千円位を要するが、二階と四階と建物が異るのでその差は僅かに四百円程度に過ぎない訳だ。而もコンクリート流し込みの枠を一度で潰して仕舞えば案外高いものに付くが、小学校はなるべく同型のものを建てたい、従ってこの枠も再三使用され、それだけ経費が減少される勘定である。

すなわち高額な工費が必要と理解されていた鉄筋コンクリート造が意外に安く出来、そのような低廉な建設費がピーアールされていたことが読み取れる。ここでいう二階建てとは木造校舎を、四階建てとは鉄筋コンクリート造校舎を示す。

次に紹介されるのは今後の建設体制づくりである。「先ず市

四階建《かいだて》の校舎《こうしや》は
不便《ふべん》でも危険《きけん》でもない
理想的《りさうてき》の雛形《ひながた》二三を
作《つく》つて建設《けんせつ》する方針《はうしん》
淺見市土木課長は語る

▽就學兒童の激増と二部教授撤廢とのために市が小學校舍の増改築又は新築の必要に迫られ、その結果として四階建摩天樓式の小學校を建設すべき計劃を有つてゐること既記の如く右に關して淺見市▽土木課長は語る『普通の二階建校舍でも坪三百圓は要る。これを今回の計劃のやうに鐵筋コンクリトの四階建にて地下室を設けるとなると、坪一千圓位を要するが、二階と四階と建物が異るので▽その差は僅かに四百圓程度に過ぎない譯だ。而もコンクリート流し込みの枠を一度で潰して仕舞へば案外高いものに付くが、小學校はなるべく同型のものを建てたい、從つてこの枠も▽再三使用され、それだけ經費が減少される勘定である。で先づ市會議員、學校長などの會合を求め、これに技術者を加へて意見を交換した上、理想的の雛形▽二三種を作つて將來それに依つて建設する方針を採りたいと思ふ。又一部には四階建の學校では兒童の出入に危險が伴ひ、且不便だといふ說もあるが、屋上▽運動場を設けるとなれば不便も危險もある譯のものでない。兒童の出入にエレベーターを用いたらといふ話もあるがこれこそ却て危險を誘致する處がある要するに勾配の▽緩い階段を設けて置けば好いと思つてゐる。尚便所は各階に設備してそれも東京西原衛生工業所發明の水射法に依る便所にすれば屎尿を汲取らずとも一切の▽惡臭病菌などが除かれるから非常に簡便である。」云々

図 4-2-3　神戸新聞記事（大正 8 年 6 月 26 日）

会議員、学校長などの会合を求め、これに技術者を加えて意見を交換した上、理想的の雛型二三種を作って将来それに依って建設する方針を採りたい」とする。実際に翌大正九年（一九二〇）に須佐・雲中・荒田の三校が竣工したことを考えれば、この三校がモデルスクールとして建設されていた可能性がある。須佐校は三列並置のプラン、雲中校はコの字型プラン、荒田校は本館のみ、の鉄筋コンクリート造であり、それぞれタイプが異なるものであった。

一方で予想される反対意見に対して、次のような対応策が練られていた。

一部には四階建の学校では児童の出入に危険を伴い、且不便だという説もあるが、屋上運動場を設けるとなれば不便も危険もある訳のものでない。児童の出入にエレベーターを用いたらという話もあるが、これこそ却て危険を誘致する虞がある。要するに勾配の緩い階段を設けて置けば好い

ここからは屋上が運動場として使用される可能性が示唆される。前述の東京での高等教育機関の校舎二校では屋上は活用されるものではなかったことからは、このような計画はまったく新しい試みであったことがわかる。このことがいかに画期的な出来事であったかは、雲中小学校が竣工し落成式を迎えた時の新聞紙面に記された、「屋根の上に遊戯場　日本最初の新様式に成る」という見出しからも窺え、屋根上が使用できることが驚きであったことを示している。詳しくみれば、「屋上は幅五間、長さ二丁余のアルソイド張りの体操場とし」であった。[15]

なぜこのような活用方が生まれたのかは定かではないが、下関に大正四年（一九一五）に完成する秋田商会ビルは鉄筋コンクリート造ゆえに屋上庭園を有していた。また鹿児島に大正五年（一九一六）に建設された山形屋百貨店もまた鉄筋コンクリート造で屋上庭園を有した。先行したこれらの建物との直接の関係性は確認できないが、おそらくはこのような事例に触発された可能性もあるだろう。いずれにせよ、陸屋根が基本となる鉄筋コンクリート造では屋上を利用するという考えが芽生えたとしても不思議はない。

設備面に関して次のような記載があった。「便所は各階に設備して、それも東京西原衛生工業場発明の水射法に依る便所にすれば、屎尿を汲取らずとも一切の悪臭病菌などが除かれるから非常に簡便」とある。つまりこれまでになかった立体的建築ゆえに、便所は従来の汲み取り式は不向きとされ、ここではじめて水洗式が誕生することになる。

ただ平面図が見出せた雲中校では校舎から離れて便所が設けられており、しかも二階三階には設置されておらず、一階校舎の端部に隔離的に配されていた。ひとつは西棟の南端部に付きだし、もうひとつは中央棟の東端に附属して設けられ、共に平屋建になっていた。神戸での鉄筋コンクリート造校舎における水洗便所の最初の採用は大正一〇年（一九二一）一二月に竣工する山手校であり、それ以前の校舎では雲中校も含めいずれもが鉄筋コンクリート造にもかかわらず、従来の汲み取り式便所であった。

六　神戸市の小学校Ⅱ——主唱者・竹馬隼三郎

土木課長浅見忠次に鉄筋コンクリート造校舎建設計画の立案を強いたのは神戸市会議員竹馬隼三郎であったとされる[16]。二章で少し触れたが、ここではより詳しくみていく。

写真4-2-1　竹馬隼三郎

竹馬隼三郎は明治七年（一八七四）一月に大分県犬飼町（現豊後大野市）に生まれ、明治三六年（一九〇三）より神戸の中心地元町で竹馬隼三郎[17]商店を創業する。英国から生地を輸入する羅紗輸入業は成功し、日本羅紗商協会会長・神戸実業会会長などの役職にもつく。大正二年（一九一三）より神戸区会議員、大正四年（一九一五）より神戸商工会議所議員、ならびに兵庫県会議員、大正六年（一九一七）四月より神戸市会議員、大正八年（一九一九）九月より兵庫県会議員という議員歴を有し、大正九年（一九二〇）一一月国会議員落選を契機に一切の公職を辞任する。

神戸市議時には市区改正委員や建築委員になるなど、建造物と都市計画について関心が深かったようだ。大正七年（一九一八）の市電第二期線計画では調査委員長を務めていた。議員辞職後の大正一一年（一九二二）には洋行しており、羅紗関連の買い付けに加えて先進地の都市計画の実態調査を目的とした。昭和一九年（一九四四）一月に七一歳で死去した。竹馬隼三郎商店は現在大阪に移り、繊維の専門商社株式会社チクマとなる。

昭和一〇年（一九三五）に刊行された『神戸小学校五十年史』(18)によれば、鉄筋コンクリート造校舎になったのは、「当時の市会議員竹馬隼三郎氏の功績」とある。少し長いが重要と思われるので原文をそのまま引用する。

> 神戸市は大正八年小学校建築費六百五十万円の起債をなし、木造校舎としての建築設計を完了していた。然るにその建築委員会に於て、竹馬氏は都市殊に神戸市では学校校舎は鉄筋コンクリートによるべきことを主張した。その理由は経済上から言えば耐久力が大であり、保険料が低廉であり、且つ神戸は地盤関係上基礎工事費が安く、火災にかかる憂も少い。また国際都市としての美観上から言っても寺子屋式の木造校舎を廃して堂々たる鉄筋コンクリート建にすべきであるというのであった。けれども委員中、氏の説に賛成するものが一人もなかったので、竹馬氏は浅見土木課長に依頼して鉄筋校舎の模型を作らせ、賛成を求めようとした。然るに委員は模型を見るや、依然にも増して強硬に反対したので、竹馬氏の説は将に葬られようとした。竹馬氏は屈せず、飽迄所信をひるかえさず輿論に訴えても自説を実現せんと主張したので、委員も遂に氏の説に伏し、試に長狭小学校と雲中小学校を鉄筋コンクリート建として建築した。ところが案外に立派なものが出来、経費も次第に安くなるようになったので、自然新校舎はすべて鉄筋建となった。かうして鉄筋校舎として神戸市は全国の魁をなしたのである。（傍点は筆者による。長狭ではなく須佐の間違いだろう）

以上の引用の要点は、鉄筋コンクリート造の建設費は高いが半永久建築ゆえに長期間使用できることを考えれば安くつくというものであった。またこの考えを補強するものが、神戸の町の二つの特性であり、一つは六甲山山麓の岩盤の上にあるために地盤に優れる点で、もう一つは国際都市ゆえに欧米に見劣りしないような洋風の外観の校舎が望ましいとするものであった。

このなかで注目すべき点は竹馬が浅見土木課長に模型までつくらせていたということであり、ここからは竹馬のまわりに模型の形を指示できる人物、すなわち鉄筋コンクリート造に習熟した建築専門家がいたことが窺える。その人物とはおそらくは日本トラスコン社の前身、米国貿易商会建築部神戸店にいた建築技術者でなかったのではないかと推測される。そのことは後で詳しく論じる。

前述したように浅見忠次は大正八年（一九一九）六月二六日の神戸新聞で、小学校校舎の鉄筋コンクリート造計画を発表している。ここから逆算すれば竹馬隼三郎が議会で主唱した時期は大正八年三月までの期間と考えられる。ちなみに竹馬隼三郎は大正六年（一九一七）四月より大正八年九月まで神戸市会議員であった。

ではなぜ、まだ先行事例のなかった小学校校舎の鉄筋コンクリート造化の考えが竹馬のなかで生まれたのだろうか。史料的な制約もあって詳細は定かではないが、市電第二期線計画調査委員長を務めたことから都市計画的な視点を有した人物であったことが窺える。竹馬が市会議員になった大正六年には従来の道路・橋梁の計画に限った市区改正が公共営造物（公共建築）などの整備と対象が広がり、市会議員より構成された市区改正委員がその内容の検討を担うことになる。議員就任後直ちに市区改正委員となった竹馬は都市計画とそれに関わる公共建築のありようについて向かい合うことになる。おそらくはそのようななかで、耐火建造物としての鉄筋コンクリート造に着目するようになったものと推測される。

実際に竹馬が拠点とした神戸区では大正八年に長狭小学校が火災で焼失し、その復興をめぐって議論がおきていた。火災で焼失した長狭小学校に米国貿易商会建築部の宣伝員が訪れた、あるいは竹馬をはじめとする神戸区の有力者に対して積極的なアプローチがあったという想像も可能だ。米国貿易商会建築部は東京市丸の内と神戸市北町を本拠とした。「北町」とは旧居留地北側の隣接地であり、竹馬隼三郎商店とは近い場所にあった。

七　神戸市の小学校Ⅲ—日本トラスコン社の関与

わが国六大都市のなかで群を抜いて数多くの鉄筋コンクリート造小学校校舎を完成させていた神戸市の小学校の設計体制は謎であったが、雲中校（大正九年一二月竣工）、諏訪山校（大正一〇年一〇月竣工）、兵庫校（大正一二年三月竣工）の三校は既にみてきたように日本トラスコン社の構造設計であったと判明している。おそらくはプランについては営繕掛が基本設計をおこなっていたものと考えられるが、清水栄二が大正一〇年（一九二一）一月に神戸市土木課営繕掛に入るまでは高等教育を受けた建築技術者がいない中では構造だけにとどまらず、意匠に関しても日本トラスコン社側の技術者に半ばゆだねざるを得なかったのではないかと推測される。

すでにみた浅見忠次が新聞記事発表（大正八年六月二六日）をおこない、さらに遡る市議会で竹馬隼三郎が主唱した時期は同年三月までの時期であった。このことから逆算すれば、遅くとも大正八年はじめの頃までに日本トラスコン社の前身の米国貿易商会建築部と竹馬隼三郎は何らかの折衝があったものと想像される。

設計体制に戻ると、荒田校や明親校の設計者は特定できており、前者は国枝博、後者は構造設計を笠井正一(19)が担当していた。ほかの一四校については史料的な制約があり、設計者は特定できないが、これらの校舎は講堂を本館か校舎の最上階に設けるかどうかで、大きく二分され、また竣工時期によっても分類ができる。

桁行方向の柱の間隔をみると、第一は須佐校や雲中校、山手校のようにスパンのなかに小柱がないタイプ、第二は諏訪山校や神戸校のように小柱が一本入るタイプ、第三は湊山校・吾妻校・湊川校のように小柱はなくスパンが短いタイプ、第四は野崎校のように一つの教室の桁行方向の間口分ごとに柱が設けられるタイプ、の四つのタイプに分かれる。ここから浮かび上がってくることは同一タイプのものは同一の設計基準に基づいてつくられたのではないかという可能性である。須佐校の設計は雲中校と同一のもの、神戸校の設計は諏訪山校と同一のもの、兵庫女子校の設計は兵庫校と同一のものと判断できる。すなわち一覧には載せられていないが、これら共通する柱割の校舎の設計は日本トラスコン社による可能性が考えられる。

関東大震災前に建設された神戸市の小学校に関しては、日本トラスコン社・国枝博・笠井正一以外にも設計の担い手が確認される。河合浩蔵と置塩章の二人である。

河合浩蔵は建築学会の設立者であり、明治後期から大正期の神戸建築界の大御所であった。日本トラスコン社との関わりでいえば一覧にあるように大正六年（一九一七）完成の川崎商船学校[20]の構造設計をゆだねていたようだ。煉瓦造の建築であったが、スラブはコンクリートであったようで、その部分が日本トラスコン社の構造設計によるものと思われる。置塩章による述懐によれば、神戸市営繕課が大正一二年（一九二三）に課に昇格して清水栄二が営繕課長になるまでは、河合浩蔵や自分（置塩章）が神戸市の小学校の設計に関わったとある。

置塩章は大正八年（一九一九）に兵庫県都市計画地方委員会技師として来神し都市計画神戸地方委員会の委員を務める一方で、高等教育を受けた建築技術者ということで兵庫県内務部土木課営繕掛長を兼務する。置塩と日本トラスコン社との関わりをみる。前述の冊子には兵庫県立高等女学校（神戸）とある。この学校が営繕課長として手

図 4-2-4　米国貿易会社広告（『建築雑誌』大正 9.1　第 34-397 号）

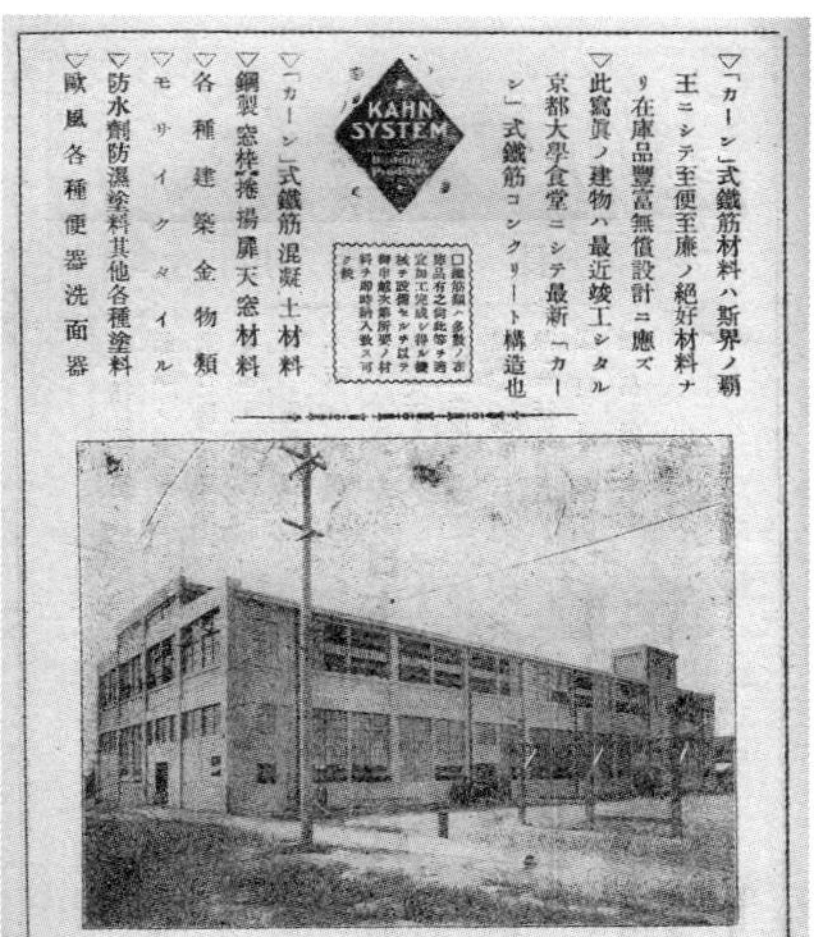

図 4-2-5　日本トラスコン社広告（『建築雑誌』大正 9.5　第 34-401 号）

がけた兵庫県立第一神戸高等女学校であり、その構造設計は日本トラスコン社の設計システムと共同しておこなわれていたようだ。同校は大正一一年に起工し、大正一三年に竣工しており、柱及梁は「特殊及普通鉄筋を併用せる鉄筋混凝土構造」(21)であった。この「特殊鉄筋」が日本トラスコン社のカーンバーであったのだろう。

八　小結

わが国大正期における鉄筋コンクリート造建築の推進者であった日本トラスコン鋼材株式会社は関東大震災以前の鉄筋コンクリート校舎の担い手であり、大正九年一二月竣工の神戸市の雲中小学校をはじめ、諏訪山小学校（大正一〇年一〇月竣工）や兵庫小学校（大正一二年三月竣工）の構造設計を担っていた。そのことは日本トラスコン社が刊行した『学校建築としての鉄筋コンクリート構造』に記載される。この冊子からはこれまで設計者が不明であった多くの校舎の過半が日本トラスコン社の構造設計によるものであったことが判明する。そこでは構造設計にとどまらず、意匠やプランも含めた設計であったケースもある。

日本トラスコン社は特殊な鉄筋（カーンバー）と架構法による構造システムによって、廉価に鉄筋コンクリート造がつくれるということを売りとしたアメリカ資本の建材メーカーであった。その内部には設計部があって、東大や名古屋高等工業学校を卒業した建築技術者を複数擁しており、日本トラスコン社の材料と構造システムを用いることと引き替えに、設計を無償でおこなうことを謳った。そして積極的に宣伝員を全国に派遣して仕事を受注していた。手がけた建築類型としては学校と工場が多かった。

神戸の小学校がなぜ日本トラスコン社に設計をゆだねたのかについては不明な点が多いが、当時神戸市の土木課長浅見忠次に鉄筋コンクリート造校舎建設計画の立案を強いたのは神戸市会議員竹馬隼三郎であり、鉄筋コンクリート造は木造と較べ「火災に強く、耐久力が大であり」、長期で考えれば経済的と竹馬は主張していた。竹馬は日本を代表する羅紗輸入業者であり、日本トラスコン社の前身である米国貿易商会建築部と何らかの関わりがあったものと推測される。米国貿易商会建築部は東京と神戸を二大拠点としていた。

浅見課長が鉄筋コンクリート造に着目した理由は二つあり、一つはこの時期神戸市の小学校は教室数が足りず二部授業をおこなっており、鉄筋コンクリート造になれば、四階建が可能なので、木造校舎の二倍の教室数が確保できるという目論見があった。もう一つは屋上が運動場として利用できることであり、共に日本トラスコン社が謳った理念と合致する。

註

(1) 函館市立図書館所蔵。
(2) 藤岡洋保「東京市立小学校における初期の鉄筋コンクリート造校舎について」『日本建築学会大会学術講演梗概集』一九七九年。
(3) 川島智生『近代大阪の小学校建築史』大阪大学出版会、二〇一七年。
(4) 西澤泰彦「建築家中村與資平の経歴と建築活動について」『日本建築学会計画系論文集』第四五〇号、一九九三年。
(5) 和歌山小学校という名称の小学校は大正期に和歌山市には存在していない。
(6) 堀勇良『日本における鉄筋コンクリート建築成立過程の構造技術史的研究』東京大学博士学位論文、一九八一年。
(7) 魚の骨の形状をした鉄筋。
(8) 井上祐一・初田亨「建築家・南信の経歴と住宅作品にみられる特徴について」『日本建築学会計画系論文集』五七一号、二〇〇三年。
(9) 『アルス建築大講座』第一巻、一九三〇年。
(10) 「故正員工学士真名田隆君略歴」『建築雑誌』第三五六号、一九一六年。
(11) 『創立二十五周年記念誌』名古屋高等工業学校校友会、一九三一年。
(12) 菅野誠・佐藤讓『日本の学校建築』文教ニュース社、一九八三年。
(13) 和歌山県立博物館寄託の「松田茂樹史料」による。
(14) 神戸市土木課長浅見忠次についての詳しい経歴は不詳であるが、大正九年(一九二〇)の『兵庫県職員録』によれば、神戸市では市長、都市計画部技師長、筆頭助役、次席助役に次ぐ高給を得ており、都市計画を除く技師のなかでは最高位にあった。だが専門は土木であって、鉄筋コンクリート造建築の設計を十分に担えたとは思えない。確認できる仕事としては明治三三年（一九〇〇）の布引ダムがある。

(15)『神戸新聞』大正一〇年五月二八日付。
(16)『神戸小学校五十年史』開校五十周年紀念式典会一九三五年。
(17)『竹馬のあゆみ』竹馬産業株式会社、一九七七年。
(18) 前掲註（16）と同じ。
(19)『兵庫県土木建築大鑑』土木建築之日本社、一九三五年。
(20) 大正七年の竣工と同時に官立神戸高等商船学校に昇格し、戦後は神戸商船大学となり、現在は神戸大学海事学部になる。
(21)『創立三十周年記念誌』兵庫県立第一神戸高等女学校、一九三一年。

第三節　神戸の建設業者

一　全体像

神戸は鉄筋コンクリート造の施工を得意とする建設業者が早くから育っていた都市である。大正後期の時点で完成していた二五校の鉄筋コンクリート造小学校校舎の過半が神戸を本店とする建設業者によって建設されていた。続く昭和戦前期に建設された三六校では神戸以外の建設業者は板宿・水木・北野・平野の四小学校が東京の清水組、川中・須磨高等・菊水の三校が大阪の鴻池組、若松校が大阪の松村組、浜山校が大林組となり、大正期と同様に過半は神戸の建設業者の手によった。戦前までは関西は日本の経済の中心であって、活発な経済活動がおこなわれており、したがって建設需要は高く、大阪・神戸には数多くの建設業者が誕生することと関連する。

すでにみてきたように、鉄筋コンクリート造小学校の設計は大正一二年（一九二三）完成のものまでは日本トラスコン鋼材株式会社によるものもあったが、大正一四年（一九二五）以降はすべて神戸市営繕課によるものとなる。それを実際の形にしていったのは建設業者である。大工棟梁の手でつくれる木造校舎とは異なり、コンクリートが主体のために土木的な要素が多かった鉄筋コンクリート造校舎はそれまでのつくられかたとは大きく異なる。すなわち、近世までの伝統とは別の、新しい職種とも考えられる。それらを担った建設業者について、ここでは考察する。

表4-3-1から表4-3-16に掲げた一覧は建設業者別の校舎件数、ならびに学校ごとの請負金額一覧である。地元神戸を拠点に活動をおこなっていた建設業者の手によって、これら六六校の校舎が完成していた。

表 4-3-2　畑工務店の請負校と請負金額

畑工務店　代表者名：畑政七 本店：林田区大道通 1 丁目 5	
学校名	請負金額（円）
神戸高等女学校	416.000
室内小学校	212.000
蓮池小学校	248.000
西郷小学校　講堂並校舎	79.540
入江小学校	92.600
六甲小学校	138.700
本山小学校	99.700
真野小学校	130.800
真野小学校　二期工事	76.300
住吉村小学校	121.000
西灘小学校	158.400
道場小学校	227.000
脇浜小学校	233.000
須磨小学校	97.000
御蔵小学校	59.700
小野柄小学校	81.400
灘方面小学校	90.000
名倉小学校	149.200
尻池方面小学校	239.800
計　19 校	2.950.140

表 4-3-4　吉本工務店の請負校と請負金額

吉本工務店　代表者名：吉本甚八郎 本店：葺合区布引町 2 丁目 1 ノ 1	
学校名	請負金額（円）
中宮尋常小学校　新築工事	不明
楠高等小学校　新築工事	不明
多聞尋常小学校　新築工事	不明
小野柄尋常小学校　新築工事	不明
長狭尋常小学校　新築工事	不明
下山手尋常小学校　新築工事	不明
筒井尋常小学校　新築工事	不明
神戸尋常高等小学校　新築工事	不明
計　8 校	不明

表 4-3-1　神戸の建設業者名と請負校の件数

番号	請負業者名	請負校数
1	畑工務店	19 校
2	金田組工務店	12 校
3	吉本工務店	8 校
4	山本工務店	7 校
5	池田工務店	7 校
6	井上福松	3 校
7	式見工務店	3 校
8	長谷川工務店	2 校
9	田林工務店	2 校
10	合名会社宮崎工務店	2 校
11	株式会社中島組	2 校
12	濱口組	1 校
13	進木組	1 校
14	株式会社松村組	1 校
15	原田組	1 校

出典：『兵庫県立土木建築大鑑』以下の表も同様

表 4-3-3　金田組工務店の請負校と請負金額

金田組工務店　代表者名：金田兼全 本店：葺合区神若通 2 丁目 39	
学校名	請負金額（円）
野崎小学校	169.520
神戸小学校	196.070
神楽小学校	247.800
二宮小学校　増築	151.094
西灘第一小学校	52.728
西灘第二小学校	69.369
鶴越小学校	235.092
二葉町新設小学校	250.340
八幡方面新設小学校	100.517
第一高等女学校　増築	82.500
千歳小学校	25.7000
高羽小学校	不明
計 12 校	1.812.030※

※不明を除いた数値である。

表 4-3-6　池田工務店の請負校と請負金額

池田工務店　代表者名：池田増治郎 営業所：須磨区板宿町 2 丁目 9	
学校名	請負金額（円）
御蔵小学校　新築	103.000
遠矢小学校	10.000 以上
長楽小学校	10.000 以上
楠高等小学校	10.000 以上
脇浜小学校	10.000 以上
生田小学校	10.000 以上
御蔵小学校	10.000 以上
計　7 校	173.000 以上

表 4-3-5　山本工務店の請負校と請負金額

山本工務店　代表者名：山本慶治郎 営業所：湊東区楠町 4 丁目 169 番屋敷	
学校名	請負金額（円）
水木小学校	62.800
真野小学校	45.600
橘小学校	68.700
楠小学校	67.700
真陽小学校	227.000
湊川小学校　増築	155.900
長狭小学校	190.000
計　7 校	817.700

表 4-3-8　式見工務店の請負校と請負金額

式見工務店　代表者名：式見留吉 営業所：湊東区荒田町 5 丁目 58	
学校名	請負金額（円）
道場小学校　講堂校舎増築及び旧校舎復旧	不明
川池小学校　校舎新築移転	不明
諏訪山小学校　便所模様替	不明
計　3 校	不明

表 4-3-7　井上福松の請負校と請負金額

井上福松　代表者名：井上福松 営業所：林田区寺池町 1 丁目 76	
学校名	請負金額（円）
小野柄小学校	不明
長楽小学校	不明
二宮小学校	不明
計　3 校	不明

表 4-3-10　田林工務店の請負校と請負金額

田林工務店　代表者名：田林虎之助 本店：神戸区加納町 3 丁目 61	
学校名	請負金額（円）
雲中小学校　鉄筋改築	390.000
諏訪山小学校　鉄筋改築	310.000
計　2 校	700.000

表 4-3-9　長谷川工務店の請負校と請負金額

長谷川工務店　代表者名：長谷川定市 営業所：林田区長田町 8 丁目 65	
学校名	請負金額（円）
灘高等小学校　増築	29.250
東須磨小学校　増築	62.600
計 2 校	91.850

表 4-3-12　中島組の請負校と請負金額

株式会社中島組　代表者名：中島勧次郎 本店：永澤町 3 丁目 16 ノ 11	
学校名	請負金額（円）
大黒小学校	不明
若宮小学校	不明
計　2 校	不明

表 4-3-11　宮崎工務店の請負校と請負金額

合名会社宮崎工務店　代表者名:宮崎三之助 営業所:葺合区上筒井通5丁目64	
学校名	請負金額（円）
西郷小学校　増築	75.000
池田小学校	不明
計　2 校	75.000※

※不明を除いた数値である。

表 4-3-14　進木組の請負校と請負金額

進木組　代表者名：進木健治 本店：灘区中原通 5 丁目 19	
学校名	請負金額（円）
福住小学校　新築	170.000
計 1 校	170.000

表 4-3-13　濱口組の請負校と請負金額

濱口組　代表者名：小松重喜 営業所：葺合区熊内橋通 5 丁目 10	
学校名	請負金額（円）
神戸小学校　講堂新築	52.500
計　1 校	52500

表 4-3-16　原田組の請負校と請負金額

原田組　代表者名：原田冶吉 営業所：林田区四番町 1 丁目 145	
学校名	請負金額（円）
川池小学校	不明
計　1 校	不明

表 4-3-15　松村組の請負校と請負金額

株式会社松村組　代表者名：松村雄吉 本店：大阪市東区大手通 1 丁目 26	
学校名	請負金額（円）
若松小学校	227.100
計　1 校	227.100

二　小学校を手がけた建設業者

神戸市の小学校を手がけていたこの時期の神戸を代表する建設業者を次にあげる。いずれも現在は存在しない。

1　畑工務店

全国規模の建設業の形態を有した。明治四〇年（一九〇七）に創業する。林田区（現・長田区）大道通に所在し、祖父は農業を棄て、材木商（東播州）となり、父が建築請負業を兼営する。畑政七（明治三三年生まれ）は大正一〇年代に父より引き継ぎ、本店を神戸に移す。畑政七の経歴は兵庫県立工業学校建築科を卒業後、名古屋高等工業学校建築科卒（大正一〇年）、畑工務店入店する。二ヶ所の製材部を設け、鉄筋コンクリート造小学校を数多く手掛ける。主な仕事に芦屋警察署・京都府立第一中学校・野田高等女学校・加古川中学校、小学校としては室内・蓮池・西郷・入江・真野・道場・脇浜・西須磨・御蔵・名倉・志里池の各神戸市立小学校、神戸市外のものでは六甲・本山・住吉・西灘・加古川などの小学校がある。戦後廃業した。

2　金田組工務店

明治三六年（一九〇三）に創業し、現存しない。所在は葺合区（現・中央区）神若通にあった。大阪と京都に出張所を設けていた。金田兼全（生年不明）が創業する。西宮市今津に生まれ、明治五年（一八七二）に神戸に移住し、先代吉本甚八郎の門下に入り修業する。その息子は兵庫県立工業学校建築科で学ぶ。業務は施工に加え設計監督もおこなった。鉄筋コンクリート造学校を数多く手掛ける。神戸の船成金で神戸市長をつとめた勝田銀次郎がパトロンとなる。主な請負建物としては、神戸市新川改良住宅・青山学院高等部・勝田銀次郎邸・御影警察署・宝塚旧温泉改築・大阪新世界公楽座があり、小学校としては野崎・神戸・神楽・二宮・鴨越・二葉・成徳・西灘第一・西灘第二の各校がある。

3　吉本工務店

一六〇〇年代に創業し、本店は神戸区（現・中央区）栄町五丁目におき、出張所が布引町二丁目にあった。当主は吉本甚八郎（明治一一年生まれ）であり、組織として、主任が一人・本店現場係が二人いた。元々は神戸で三〇〇年続いた社寺建築請負業・吉本家の一一代目として生まれる。父は武庫離宮を手掛ける。明治三七年（一九〇四）に父より引き継ぐ。吉本甚八郎の経歴をみると、中学校卒業後、家業に従事し社寺建築業以外に、学校や官庁、事務所などの近代建築を手掛ける。請け負った建築には三井物産神戸支店・神戸市立中宮・長狭・下山手の各小学校・神戸市立幼稚園・諏訪山遊園地喫茶所・神戸桟橋会社上屋・高井邸・陳野邸などがあった。

4　山本工務店

明治三〇年（一八九七）に創業の山本工務店は湊東区（現・中央区）楠町にあった。創業者の山本平三郎は丹波の桑田郡出身で、鉄骨請負業からはじめ、橋梁や河川改修、海岸埋立などの土木系の仕事を主軸としていたが、鉄骨造・鉄筋コンクリート造などが求められる大規模な工場や劇場、小学校などの建築系の仕事を手がける。請け負った建築には小学校としては、水木・真野・橘・楠・真陽・湊川・長狭の七校がある。学校建築以外としては、有馬のラジウム温泉浴場を嚆矢に、川崎造船所葺合工場、神戸松竹劇場、京都松竹座、東京浅草帝国館などがある。

5　池田工務店

大正三年（一九一四）に創業の池田工務店は須磨区板宿町にあった。創業者の池田増治郎は滋賀県の出身で工手学校建築科を卒業後、大阪の第四師団経理部営繕課に勤務し、明治三八年（一九〇五）に京都の請負業・山住組に入る。そこで宇治の火薬庫などの仕事に従事し、大正三年に独立する。独立後の大正前期に神戸市の御蔵・遠矢・

長楽・橘高等・脇浜・生田の六小学校の木造校舎を手がける。建築としては工場などが多かったようで、清水栄二が設計したホテイゴム製造所の施工を請負っていた。

6 長谷川工務店

神戸市林田区（現・長田区）長田町に店を構え、神戸市役所の指名請負人となっており、灘高等小学校と東須磨小学校を手がけていた。ほかに神戸市電気局や神戸税関、三菱重工神戸造船所の指名請負人でもあった。創業者の長谷川定市は加東郡福田村の出身で、神戸市柳原町にあった春田組で修業し、独立した。市立神戸第三神港商業学校雨天体操場も手がけていた。

7 田林工務店

田林工務店とはこの時期本店を神戸市神戸区（現・中央区）加納町に置く土木建築請負業であった。明治二二年（一八八九）創業で、大正二年（一九一三）より二代目の田林虎之助が継ぎ、兵庫県知事官舎をはじめ、神戸瓦斯本店、東京・神戸・京都帝大の各基督教青年会館などを大正一桁代に建設していた。鉄筋コンクリート造の建築技術をどのように習得したのかは定かではないが、大正九年（一九二〇）以降は神戸市の鉄筋コンクリート造小学校を手がけ、雲中校（大正九年・三九万円）の他に諏訪山校（大正一〇年・三一万円）を手がけた。昭和に入ると東京ではヴォーリズ設計の東洋英和女学校（昭和七年・三〇万円）の請負をおこなっていた。

8 宮崎工務店

大正九年に創業し、葺合区（現・中央区）上筒井通に所在した。当主は宮崎三之助（明治一七年生まれ）であり、宮崎三之助は神戸にあった竹中工務店に入り、現場主任として、担当したものに武藤山治の舞子別邸、村山龍平の御影別邸などがあった。独立にあたり、パトロンとして、酒造メーカー菊正宗が付いた。建築類型としては住宅・銀行・学校が多く、「美術建築」を得意とした。主な請負建築は灘中学・菊正宗本嘉納商店・灘商業銀行・河合浩蔵邸・大阪女子高等医専病院・西郷小学校などがあった。

9　進木組

創業者の進木健治は鳥取県出身で、最初広島を拠点としたが、大正八年（一九一九）に神戸に移り、神戸市灘区中原通に本店を構えた。東京と大阪には支店があった。進木組は海面埋立や築港、土地区画整理が中心の土木系請負であったが、地元の福住小学校新築工事や湊川実業女学校などの請負もおこなった。また摩耶鋼索鉄道（ケーブル）を手がけていた。

10　中島組

戦前期での兵庫県最大規模の建設業者で、大正九年（一九二〇）に株式会社となり、資本金一〇〇万円を有した全国規模の請負業者だった。中島勘次郎（慶応二年生まれ）が明治二七年（一八九四）に創業した。中島勘次郎の経歴をみると、尼崎に生まれ、明治一二年（一八七九）に藤田組に入り、上京し、東京工手学校建築科卒業後、藤田組に戻り、独立までいる。土木建築請負業のほかに設計監督業務を担った。建築類型としては官公庁舎・学校・工場・住宅、道路や橋梁の土木も手掛けた。主な請負建築は日本毛織加古川工場・親和高等女学校・新港相互館・産業奨励館・滝川燐寸工場・芦屋川改修工事・兵庫警察署・大黒小学校・若宮小学校・御影小学校などがあった。

三　神戸を代表する建設業者

神戸市の小学校は手がけていないが、この時期の神戸を代表する建設業者を次にあげる。いずれも現在は存在しない。

1　旗手組

旗手栄三郎（明治一四年生まれ）が大正初期に創業し、神戸区（現・中央区）下山手通に所在した。旗手栄三郎の経歴をみると、広島県沼隈郡百島村に生まれ、明治三一年（一八九八）大阪の清水芳太郎に弟子入り、明治三六年（一九〇三）大阪・岡本義隆の現場係員、明治四〇年（一九〇七）神戸に移り、河合浩蔵建築事務所入所、現場監理を担当し、河合浩蔵・設楽貞雄の両建築事務所の施工を担う。関東大震災を契機に東京に進出、兵庫県下では中島組に次ぐ規模に位置付けられる。合資会社となる。主な仕事に、日豪館・須磨岡崎邸・須磨西尾邸・神戸神託会社・日本毛織各工場、三十八銀行湊川支店・兵庫警察署・李王家別邸・東京大岡山小学校・東京茅野ビルなどがあった。現在は消滅している。

2　松浦工務店

松浦勇太郎（明治二三年生まれ）は石川県小松町で祖父の代から建築業を営む家に生まれ、明治四四年（一九一一）に京都工学校建築科卒業し、さらに京都キリスト教青年会英語学校卒業後、京都府営繕課に三年間勤務した。大正三年（一九一四）に宣教師やヴォーリズの知遇を得て、京都市で独立し、大正八年（一九一九）に神戸市に本社を移す。阪神間の発展を見越していた。主な仕事にキリスト教学校として、カナディアンアカデミー、ランバス女学院、静岡英和女学校、関西学院があり、教会としては、メソジスト京都中央教会、豊中教会、雲内教会、住宅としては関西信託・住友信託・加島信託幹部の住宅・別荘、公共建築としては、神戸の本山第二小学校・有馬電鉄本社屋・和歌山商工会議所・大阪莫大小紡績会社本社屋・阪神競馬クラブなどがあった。戦後に消滅する。

3　林建築工務所

明治二二年（一八八九）に創業する。所在地は湊西区（現・兵庫区）今出在家町で、昭和一〇年（一九三五）の時点で当主は林造酒太郎《みきたろう》（明治二六年生まれ）だった。現在は消滅している。祖父の代に名古屋から移住し、山陽鉄道工事の請負をおこなう同和組を創業する。明治三四年（一九〇一）の兵庫県庁舎新築を担い、大正一〇年（一九二一）に、林建築工務所に改称し、請負業から設計と施工の請負業に業務を広げる。造酒太郎の経歴は兵庫県立工業学校建築科卒後、早稲田大建築科卒、東京の辰野葛西建築事務所に勤務し、その後に神戸の川崎総本店の営繕係の建築技術者となり、家業を継ぐ。主な仕事に、設計施工で三ノ宮ソシアルダンスホール・京都東山ダンスホール・布引鉱泉所がある。

四　小結

神戸の建設業者の特徴をみると、その出発点はほとんどが明治二〇年代であり、以降に急増する。明治期の建設業者は煉瓦造の公共建築や工場建築からスタートし、鉄道や河川改修、港湾などの土木工事を兼ねることが多かった。したがって、出自を大工棟梁とする者は少ない。わが国きっての港湾都市である神戸ではインフラ整備が早くからおこなわれ、建設業者が育つ素地があったことが指摘できる。

明治前期には京都や名古屋から、新興の開港都市神戸に移ってきた人が多い。また経歴をみると、外国人建築家ハンセルや河合浩蔵、山口半六など、神戸を拠点に活動した大物建築家のところで修業した人が多い。さらに明治三五年（一九〇二）に開校の兵庫県立工業学校や東京の工手学校を卒業した人がいる。

大正期の建設業者は鉄筋コンクリート造を取り扱える土木請負業からの参入が目立つ。大正後期から昭和戦前期になると、工業学校出身の経営者が急増する。

戦前期までの神戸には中島組や旗手組のように大手に次ぐ準大手の建設業者が活動をおこなっていたことも特徴のひとつである。また戦前期の建設業者で現在も存続している組織がほとんどないことも驚かされる。それほどに浮き沈みの激しい業界であった。このことは神戸の町の経済的な衰退と大きく関連しているものと思われる。戦後も残った建設業者のほとんどは昭和三〇年代から四〇年代には倒産して廃業に至った。

兵庫県内の建設業者の経歴や沿革、工事一覧については『兵庫県土木建築大鑑』(1)に詳しく紹介されており、ここからは当時の様態の一定の把握がおこなえる。これまでは知られていなかったことだが、神戸では独自に請負業に関する月刊雑誌や新聞が刊行されていたことが判明した。大正一五年(一九二六)より昭和一〇年代後半まで刊行されていた月刊雑誌『土木建築之日本』は、『兵庫県土木建築大鑑』を発刊した土木建築之日本社から刊行されており、編輯兼発行人は廣瀬秀彦で、神戸市兵庫区上澤通一丁目六五番地に所在した。

註

(1) 土木建築之日本社、一九三五年。

第五章　小学校をつくった フリー・アーキテクト像

第一節　建築家　清水栄二の経歴と建築活動について

本節は大正期から昭和戦前期にかけて、神戸市及び神戸市に近接する兵庫県旧武庫郡町村を中心にして建築活動をおこなっていた建築家・清水栄二の経歴と業績をあきらかにするものである。清水栄二は東京帝国大学建築科出身の建築家で、卒業後は神戸市役所に勤務、初代の営繕課長として小学校校舎の鉄筋コンクリート造化をになった。大正一五年（一九二六）には清水建築事務所を開設し、御影公会堂をはじめ公共建築と住宅を中心に設計活動をおこなった。その生涯で少なくとも八七件の設計をおこなったことが確認される(1)。この時期の神戸市とは財政のうえで東京、大阪に次ぐ規模の都市となっており、活発な経済活動を反映し建設需要は多大なものがあった。

写真 5-1-1　清水栄二

清水は当時、建築家が注目することが少なかった中流階級以下の住宅建設に関与しており、住宅を月賦で提供する会社を自ら経営し、日本電話建物株式会社(2)や太平住宅株式会社(3)など、住宅を建設し販売する会社の建築部門の最高責任者に就任していた。すなわち、清水栄二という建築家を、神戸という一地方で活動した建築家という枠組だけで捉えるのでは十分とはいえないだろう。

これまでに清水栄二について言及された研究に、大川三雄をはじめとするものがあり(4)、そこでは主に高嶋邸や御影公会堂の意匠面での表現派的造形が論じられた。筆者による研究としては清水栄二の経歴および作品の意匠的傾向についてあきらかにしたもの(5)と、清水栄二が設計した小学校建築に関する研究のふたつがある。後者は清水栄二が神戸市に在職中のもの(6)とそれ以外の時期について(7)、それぞれ稿を設け論じた。本研究では元所員の証言や住宅会社との関係、意匠の通時的分析など新たに得られた知見をくわえ、清水栄二の建築活動の解明をおこない、その位置づけを試みた。

なお本研究にあたり、清水栄二建築事務所の元所員・梅本由巳をはじめ、清水栄二、熊本一之、加木弥三郎など[8]の遺族に対する聞き取り調査をおこなった。その際に発見できた清水栄二が晩年に作成した写真帖を、ここでは便[9]宜上「清水栄二写真帖」と呼称する。[10]

一　経歴

1　学生時代

明治二八年（一八九五）一月三日、兵庫県武庫郡六甲村字八幡三三番地（現、神戸市灘区）に土木建築業を営む、清水鶴吉の次男として生まれる。六甲村と隣接する酒造業で知られた兵庫県武庫郡西郷町で育ち、都賀浜尋常[11]高等小学校を卒業、明治四五年（一九一二）に兵庫県立第一中学校を卒業後、京都の第三高等学校を経て、大正七年（一九一八）七月、東京帝国大学工学部建築科を卒業する。同級生に日本分離派に影響を与えた逓信省技師の岩本禄や厚生省技師の菱田厚介がいた。[12][13]

東京帝国大学の卒業設計は「甲南荘」と名付けられた住宅地の計画であった（図5-1-1参照）。この卒業設計[14]は小規模であるが住宅地計画を取りあげたということと、複数のタイプの住宅を用意した、というふたつの特徴を持つ。このような特徴はそれまでの卒業設計にはみられないものであった。清水が卒業する大正七年までの東京大学の卒業設計を通覧すると、一般に官公庁舎や劇場、公会堂などの記念碑的な建造物を取り扱ったものが多く、内田青蔵の指摘にあるように住宅を扱ったケースはきわめて少なかった。扱われた住宅については邸宅やビィラに限[15]定されており、清水の卒業設計で現れたような住宅群の設計の前例はなかった。しかも上流階級ではなく、中流階[16]級を対象とする住宅が取り扱われたということは異例なことであったとみられる。このことは後に清水が一般大衆を対象とする住宅組合や住宅会社(17)に関わっていくことに繋がる伏線であったと捉えられる。ただし、計画された住宅は甲型・乙型ともに召使い室や女中室、書生室などが用意され、その建築面積などを総合して考えれば、今日でいう中流階級の住宅と同等のものではなく、上流階級の住宅により近い位置にあったと推察できる。

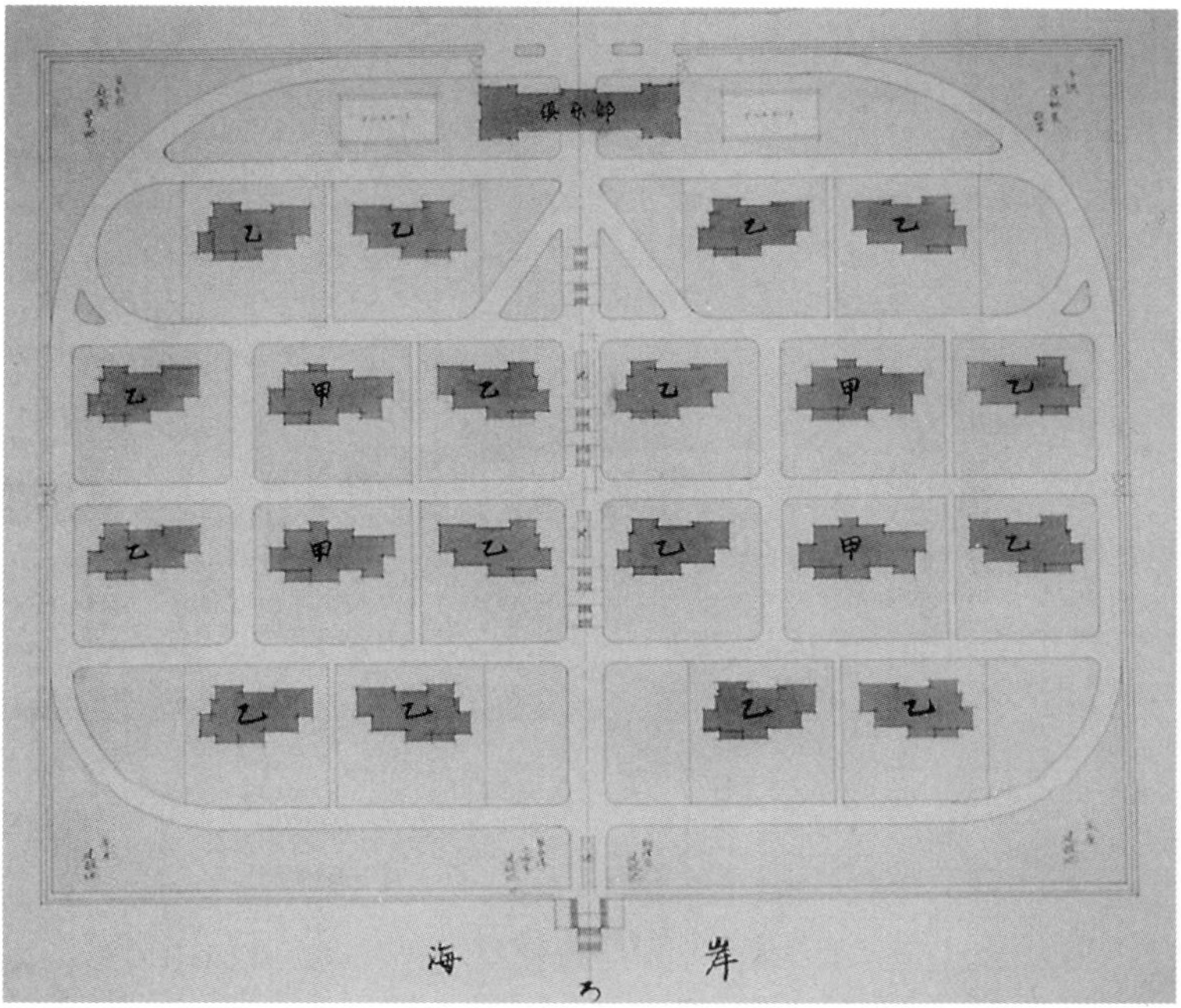

図 5-1-1　清水栄二卒業設計 配置図

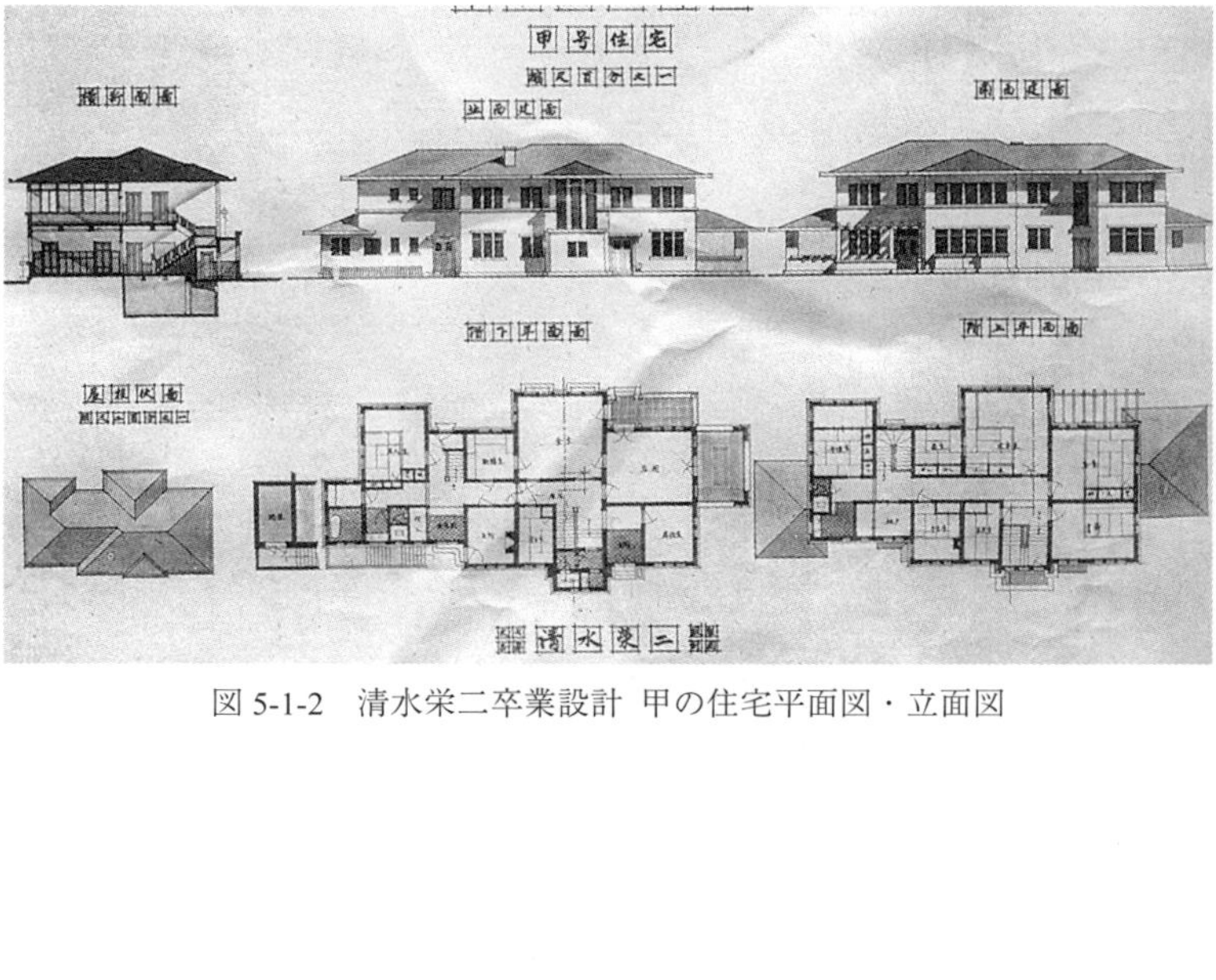

図 5-1-2　清水栄二卒業設計 甲の住宅平面図・立面図

表 5-1-1　清水栄二の経歴

和暦	西暦	年齢	月．日　事蹟
明治 28	1895		1. 3 兵庫県武庫郡六甲村字八幡三十三番地で清水鶴吉の次男として誕生
明治 40	1907	12	3.　武庫郡都賀浜尋常高等小学校卒業
明治 45	1912	17	4.　兵庫県立神戸中学校卒業 4.　第三高等学校入学
大正 7	1918	23	7.　東京帝国大学工科大学建築学科卒業、7.　四ッ橋建物株式会社入社（大阪市）
大正 9	1920	25	1.　合資会社桝谷組設計部入社（大阪市）
大正 10	1921	26	1.　神戸市役所土木課技手に就任、12.　土木課技師に就任
大正 12	1923	28	4.　初代営繕課長に就任、4〜5.　満州朝鮮に出張、建築行政視察
大正 13	1924	29	4.　神戸高等工業学校講師、12.　日本絹業博覧会評議員理事．第二設備副係長
大正 14	1925	30	4.　兵庫県博覧会協会委員
大正 15	1926	31	5.　関西高等工業学校講師、8.　神戸市営繕課長を辞職、9.　清水栄二建築事務所開設
昭和 6	1931	36	大神住宅株式会社専務取締役、建築協会専務理事
昭和 8	1933	38	日本電話住宅株式会社技師長
昭和 13	1938	43	日本電話住宅株式会社建築技術顧問
昭和 25	1950	55	清水栄二建築事務所再開
昭和 28	1953	58	太平住宅設計部長
昭和 33	1958	63	4. 6　冨士建築株式会社代表取締役．同社内に清水栄二一級建築士事務所開設．神戸森女子短大家政科講師
昭和 39	1964	69	11. 20　死去

出典は清水栄二の長男である清水英氏作成の年譜（昭和 60 年作成）を基本とし、「兵庫県土木建築大鑑」の清水栄二の項によって補足した。

この卒業設計を詳しくみる。「甲南荘」という名称や海岸にむかって傾斜していく南面の敷地が設定されていた状況からは、現在の神戸市東灘区一帯にあった海浜地を対象としていると考えられる。

具体的な内容としては、甲型、乙型と二種類に類型化された合計二〇戸の住宅が計画され、敷地の中央部にこの住宅地のコミュニティセンターたる倶楽部が設置されるというものであった。図5-1-2に示した甲の住宅の平面図をみると、応接室をはじめ居間や食堂に関しては完全な洋室であるが、二階の個室群は畳敷の和室部分が洋室内に組み込まれたプラン[18]が試みられていた。乙の住宅の平面図についても、部屋の配置に少しの違いがみられるものの、甲の住宅と同様に和室が洋室のなかに組み込まれた手法が用いられていた。意匠面については共通して、寄棟屋根を基調とし、装飾的な要素が少ない簡素な外観を特徴とする。ここからはこの卒業設計が、当時の卒業設計の多くにみられたような建物の外観デザインを主眼としたものではなかったことがわかる。構造面をみると、躯体が鉄筋コンクリート造、屋根は鉄骨造の耐震耐火による構造が採用されていた。

ではこの卒業設計は社会の動向とどのような関係にあったのだろうか。時代的背景として、大正中期の住宅改良運動[19]と校外住宅地の成立というふたつの新しい動きによる影響があったものと考えられる。前者は卒業設計が制作された時期が中流住宅[20]というものが注目される時期と合致する点が指摘できる。この時期は大正四年（一九一五）の家庭博覧会の中流住宅にはじまり、大正五年（一九一六）の鉄筋混凝土を用いた中流住宅のコンペ、大正六年（一九一七）の住宅改良会による中流住宅のコンペと、中流住宅のありかたが問われた時期であった。[21]

後者は大正期に入ると郊外住宅地の建設がより本格的に胎動し始めたことと関連する。清水は郊外住宅地化が早い時期から進展していた阪神間[22]の出身者であり、郊外居住が注目されつつあったことを十分に認識していたと考えられる。

清水が設定対象地とした東灘区から芦屋にかけての海浜には、大正期より次々と別荘が建ちはじめ、大正一三年（一九二四）には「深江文化村」[23]がつくられる。このようにこの一帯には実際に複数の小住宅が実現されていく。すなわち、清水の卒業設計は変化しつつあった社会の動向を読み取った先駆的な一面も有していたと捉えられる。

一方卒業論文は「都市と建築」[24]であり、その内容は都市論と都市のなかでの建築のありかたを論じたもので、当時大阪で積極的に都市改造を提案していた片岡安の著書『現代都市之研究』[25]による影響が色濃くみられる。この論文のなかで特筆すべきは最後の章に「田園都市」という項目があり、清水は田園都市の実現を論じている。すなわち、田園都市構想を清水のなかで具体化したものが、前述の卒業設計「甲南荘」であったと考えることもできる。

2　神戸市役所時代

この時期は清水の建築活動において、ふたつの意味があった。ひとつは営繕課長への就任、もうひとつは癸亥社という設計同人の組織、である。なお、清水は東大卒業後、神戸市に勤務するまでの、二年五ケ月間、四ッ橋建物株式会社[26]（大阪）や合資会社桝谷組[27]（大阪）に勤務し、宝文館[28]などの設計をおこなっていた。

まず、前者からみると、大正一〇年（一九二一）一月より清水は神戸市土木課に技手として勤務を開始する。当時の職員録[29]からは清水の地位は技手ながらも、土木課では課長・浅見忠次、技師・山根槌蔵につぐ待遇であったことが確認される。浅見や山根は土木技術者であったから、事実上は清水が建築面での最高責任者であった。清水が神戸市に入った理由は詳しくはわからないが、東京帝国大学卒業という高学歴を有していたことや神戸市に隣接する町の出身者であることなどが考慮され、清水が適任者として選ばれたと推察できる。このような高等教育を受けた建築技術者が求められた理由には、次のような背景が考えられる。大正期の神戸市は急激な人口増に伴う市の公共的な施設設備の時期にあった。またこの時期は公共建築の構造が木造より鉄筋コンクリート造に変化する。これらのことが重なりあって市所管の建設需要は急増する。そのため従来の営繕組織では対応が困難ということで、高等教育を受けた清水が迎え入れられることになったとみることができる。なお大正期では鉄筋コンクリート造建築の構造計算[30]は一般に大学か高等工業学校出身の技術者でなければおこなえなかったことも関連する。

清水は大正一〇年一二月には技師に昇格する。大正一二年（一九二三）四月の組織改組により営繕課が独立設置され、清水は初代の営繕課長に就任する。この時期は神戸市では鉄筋コンクリート造による小学校設備拡充計画を実施しており、そのことは営繕課設置の要因のひとつであった。小学校については既稿で記したが、くわえて生糸検査所などの市所管施設の建設事業があった。そのような建設事業のうち、診療所や葬儀場については清水が市の臨時衛生施設調査会幹事[31]を務めていたことから、施設計画の調査段階から清水は関与を行っていたと判断できる。

そのような都市施設の建設事業のなかで重要なもののひとつとして浮上してきたものに神戸市公会堂があり、大正一一年（一九二二）に募集がおこなわれ、大正一二年に審査結果[32]が発表された。審査は武田五一らによっておこなわれ、清水は神戸市側での責任者をつとめる。さらに清水は大正一四年（一九二五）に神戸市湊川公園を主会場として開催された日本絹業博覧会[33]に神戸市側から第二設備副係長として会場設営を担当し設計に関与した。すなわち、清水は営繕課長として、都市としての体裁を整備しつつあった神戸市のマスターアーキテクトのような役割を担ったという側面も指摘できる。

次に後者をみると、清水はこの時期に市役所での建築活動とは別に「癸亥《きがい》社」[34]を設立し、私的な設計業務をおこなっていた。このことは後に清水建築事務所の開設に繋がっていく。その活動実態については、神戸市営繕課の元技手で清水栄二建築事務所の所員であった梅本由巳の証言に、神戸市会での議員による発言[35]とを加味して考えれば、次のような様態であったことが判明する。

まず開設の契機とは御影町庁舎（大正一三年に竣工）の設計依頼であった。その遂行のために、大正一二年（一九二三）一二月に六甲の清水の自宅に「癸亥社」という名称の設計事務所が開設された。表5-1-3の備考欄に私的な設計によるものと記した建築は、癸亥社により設計されたものを表す。御影町庁舎が最初の作品で、帝国信栄、辰馬の借家、太陽信託会社など計一七件[36]が確認される。癸亥社の組織陣容をみれば、清水を中心として、神戸市営繕課に所属する技手を主な構成メンバーとし、市役所の勤務が終わった夕刻から癸亥社に集まり設計活動をおこなっていた。氏名が判明した主な技手については表5-1-2に記した。営繕課の技手定数一五名（大正一五年）のなかで、七名がメンバーであったことが確認される。また、大正一五年（一九二六）八月に清水が神戸市を退職した直後に、梅本以下の営繕課の技手が五人退職している。これらのことをあわせて考えれば、清水の影響力が営繕課のなかでいかに大きなものであったかがわかる。

清水が癸亥社の主催者であったことを裏付けるものとして、次の事象がある。ひとつは神戸市営繕課技手の三木作治は上述した御影町庁舎の現場監理を担当するために、神戸市を退職し御影町の技手となるものの、庁舎竣工後はただちに神戸市営繕課技手として再雇用されたという事実があった。このような手際よく遂行された人事は、前述の市議会での指摘にあるように営繕課の最高責任者・清水の介在なしにはおこない得なかったと推察できる。も

写真 5-1-2　御影町庁舎

表5−1−2　清水建築事務所の所員一覧

氏名	職位期間	経歴	担当作品	その後
梅本由巳	所員　昭和2年7月—昭和16年10月 神戸市退職　大正15年	明治38年生まれ．大正11年兵庫県立工業学校を卒業．中島組を経て神戸市営繕課勤務．大正14年　神戸工業高等専修学校を卒業	魚崎町庁舎．育英商業学校．御影公会堂の一部	住宅営団兵庫支社を経て神戸市住宅局
熊本一之	嘱託 神戸市退職　大正15年	大正6年広島県立工業学校を卒業．西部鉄道管理局を経て神戸市営繕課	西尻池公会堂．精道第二小学校．魚崎小学校．生糸検査所．六甲小学校．帝国信栄本社	大阪市建築課を経て、神戸市電気局建築課長技師
三木作治※	嘱託．神戸市退職　昭和5年	大正6年兵庫県立工業学校を卒業後．神戸市土木課、御影町臨時技手、神戸市営繕課	御影町庁舎．御影公会堂の一部．魚崎町庁舎（現場監理）	日本電話建物技手
相原弁一	嘱託．神戸市退職　昭和15年	明治38年生まれ．大正14年神戸高等工業学校を卒業後．神戸市営繕課勤務	御影公会堂の一部	西宮市建築課長．住宅営団を経．京大営繕課技師
横野美国	嘱託．神戸市退職　大正15年	大正10年兵庫県立工業学校を卒業後．神戸市営繕課勤務	鳥羽小学校	堺市建築課を経て西宮市建築課長
上谷利男	嘱託	大正3年兵庫県立工業学校を卒業	六甲小学校（現場監理）	請負業を自営
西村儀一	嘱託．神戸市退職　昭和2年	大正14年大阪府立西野田職工学校を卒業．神戸市営繕課勤務		灘3ヶ村の建築技手を経て請負業を自営
加木弥三郎	嘱託． 神戸市退職　大正15年	明治31年生まれ兵庫県立工業学校を経て　大正10年名古屋高等工業学校を卒業後．鴻池組．設楽建築事務所を経て神戸市営繕課勤務		神戸三菱造船所建築課技師

出典は梅本由巳に対する聞き取り調査を主とする。くわえ発見できた熊本一之の自筆経歴書や、相原弁一と加木弥三郎、西村儀一の遺族に対する聞き取り調査によって得られた知見をもとに、各学校の卒業生名簿による照合をおこなった。

※三木作治は神戸市職員録によれば、「三木作」とあるが、梅本由巳の証言をはじめ日本建築協会名簿、清水栄二が設計した建物の竣工記念写真帖などには「作治」とあり、こちらの名前をここでは記した。

表 5-1-3　建築作品一覧

竣工年月		建築名	場所	ビルディングタイプ	構造	施工	備考	現存
西暦	和暦							
1919	T 8	四ッ橋建物貸事務所	大阪市	事務所	不明 2 F			×
1920	T 9	大阪宝文館	大阪市	書店	不明 3 F			×
1921	T 10.5	野崎小学校	神戸市	小学校	RC.3 F	金田組		×
	T 10.5	橘小学校	神戸市	小学校	RC.3 F	山本平三郎		×
	T 10.5	神戸小学校	神戸市	小学校	RC.3 F	濱口組･金田組		×
	T 10.11	山手小学校	神戸市	小学校	RC.4 F	佐藤組		×
	T 10.11	諏訪山小学校	神戸市	小学校	RC.4 F	田林工務店		×
	T 10	兵庫県教育会館	神戸市	会館	W.2 F		移築	×
1922	T 11.5	長楽小学校	神戸市	小学校	RC.3 F	井上福松		×
	T 11.6	真陽小学校	神戸市	小学校	RC.3 F	山本平三郎		×
	T 11.8	吾妻小学校	神戸市	小学校	RC.3 F	山本平三郎		×
	T 11.8	湊山小学校	神戸市	小学校	RC.3 F			×
	T 11	第二高等女学校	神戸市	学校	RC.4 F			×
1923	T 12.1	神楽小学校	神戸市	小学校	RC.3 F	金田組		×
	T 12.3	兵庫小学校	神戸市	小学校	RC.3 F	山下秀次郎		×
	T 12.4	明親小学校	神戸市	小学校	RC.3 F			×
	T 12.5	兵庫女子小学校	神戸市	小学校	RC.3 F			×
	T 12.7	湊川小学校	神戸市	小学校	RC.3 F	山本平三郎		×
	T 12	帝国信栄株式会社	神戸市	事務所	RC.3 F		私的設計．三宮支店	○
1924	T 13.3	市立診療所	神戸市	病院	RC.3 F		清水の設計	×
	T 13.11	市立葬儀場	神戸市	葬儀場	RC.1 F	秋宗工務店	和風	×
	T 13.12	御影町庁舎	御影町	町庁舎	RC.2 F	江藤知則	私的設計	×
	T 13.10	八幡保育所	六甲村	保育所	W		私的設計	×
	T 13	駒ケ林町公会堂	神戸市	公会堂	RC.2 F		私的設計．現・保育所	○
1925	T 14	日本絹業博覧会場	神戸市	博覧会場	不明	中元工務店		×
	T 14.8	室内小学校	神戸市	小学校	RC.3 F	畑工務店		×
	T 14.11	東須磨小学校	神戸市	小学校	RC.3 F			×
	T 14.11	遠矢小学校	神戸市	小学校	RC.3 F	池田工務店		×
	T 14	神港商業学校	神戸市	小学校	RC.3 F		清水の設計	×
	T 14	御影第二小学校	御影町	小学校	RC.3 F	中島組	私的設計	×
1926	T 15.3	若松小学校	神戸市	小学校	RC.3 F	松村組		×
	T 15.4	宮本小学校	神戸市	小学校	RC.3 F			×
	T 15.5	蓮池小学校	神戸市	小学校	RC.3 F	畑工務店		×
	T 15	吉田新田大潮湯	神戸市	浴場施設	W.2 F		私的設計	×
	T 15	西尻池公会堂	神戸市	公会堂	RC.2 F	勝村竹三	私的設計．現鷲尾外科	○
1927	S 2.3	入江小学校	神戸市	小学校	RC.3 F	畑工務店		×
	S 2.4	二宮小学校	神戸市	小学校	RC.3 F	金田組		×
	S 2.9	真野小学校	神戸市	小学校	RC.3 F	畑工務店		×
	S 2.6	市立生糸検査所	神戸市	事務所	RC.3 F	竹中工務店		○
	S 2.4	野田高等女学校	神戸市	学校	RC.3 F	畑工務店	私的設計	×
	S 2.7	六甲小学校	六甲村	小学校	RC.3 F	畑工務店	私的設計	×
	S 2	林病院	本山村	病院	RC.3 F		私的設計	×
	S 2.12	精道第二小学校	精道村	小学校	RC.3 F	早駒組	私的設計	×
	S 2	自邸	六甲村	住宅	W.2 F	自営	私的設計	×
1928	S 3.12	川西小学校	川西町	小学校	RC.3 F			×

1929	S 4.7	御影宝盛館書店	御影町	書店	RC.3 F			×
	S 4.9	鳥羽小学校	三重県	小学校	RC.3 F	西本組	登録文化財	○
	S 4.11	魚崎小学校	魚崎町	小学校	RC.3 F	早駒組	『学校建築図集』	○
1930	S 5.3	育英商業学校	神戸市	学校	W.2 F			×
	S 5.12	高嶋邸	御影町	住宅	RC.2 F	自営	現・甲南漬資料館	○
1932	S 7.5	御影第一小学校	御影町	小学校	RC.3 F	中島組		×
1933	S 8.3	御影公会堂	御影町	公会堂	RC.3 F	大林組	『近代建築画譜』	○
	S 8.12	大神住宅 2 戸 1 住宅	神戸市	住宅	W.2 F	自営	地震まで清水歯科医院	×
1934	S 9.5	日本電話建物本社屋	神戸市	事務所	W.3 F			×
	S 9.9	中迫邸	神戸市	住宅	W.2 F		2010 年に解体、スパニッシュスタイル	○
1936	S 11.11	森高等女学校	神戸市	学校	RC.3 F	竹中工務店	夙川中学校・高等学校	○
	S 11	山村楼	神戸市	遊郭	W.2 F			×
	S 11	難波耳鼻医院	神戸市	医院	W.2 F	自営	地震で倒壊、インターナショナルスタイル	×
	S 11.4	大谷邸(ロイ・スミス館)	神戸市	住宅	W.2 F	高垣工務店	『土木建築之日本』11-4	○
1937	S 12.10	魚崎町庁舎	魚崎町	庁舎	RC.3 F	竹中工務店	『建築と社会』 20-11	○
1950	S 25	魚崎中学校	魚崎町	学校	W.2 F			×
	S 25	かねてつ本社工場	神戸市	工場	RC.2 F	冨士建築		×
1953	S 28	かねてつ西宮工場	西宮市	工場	RC.2 F	冨士建築		×
1960	S 35	白鷹酒造 3 号蔵	西宮市	工場	RC.5 F	冨士建築	熊本一之が設計ならびに構造計算を担当	○
1963	S 38	森女子短大学生寮	神戸市	寄宿舎	RC.3 F	冨士建築		○
竣工年の特定できないもの	大正後期	東川崎町公会堂	神戸市	公会堂	RC.2 F		私的設計	×
		辰井病院	魚崎町	病院	W.2 F		私的設計	−
		帝国信栄本社	神戸市	事務所	RC.3 F		私的設計、後に司法書士会館	×
		満福寺客殿	神戸市	寺院	W.1 F		私的設計	×
		太陽信託会社社屋	神戸市	事務所	−		私的設計	−
		辰馬家の借家	西宮市	住宅	W		私的設計	−
	昭和一桁期	御影登記所	御影町	事務所	W.1 F			×
		御影信用組合事務所	御影町	事務所	W.1 F			×
		篠原会館	神戸市	会館	W.2 F			×
		ホテイゴム製造所	神戸市	工場	RC.2 F	池田工務店		−
		神港タクシー事務所車庫	神戸市	工場	RC.2 F			−
		神明自動車事務所車庫	神戸市	工場	RC.2 F		高架下	−
		畑田邸	神戸市	住宅	W.2 F			−
		吉田邸	御影町	住宅	W.2 F			−
		森邸	神戸市	住宅	W.2 F			−
		木下邸	精道村	住宅	W.2 F			−
		大神住宅 2 戸 1 住宅	神戸市	住宅	W.2 F		地震まで安水医院で現存	−
		原医院	神戸市	医院	W.2 F			−
	昭和 10 年代	日本電建福岡支店	福岡市	事務所	W.2 F			×
		日本砂鉄高砂工場	高砂町	工場	S 14	竹中工務店		×
		日本砂鉄飾磨工場	飾磨町	工場	S 14	竹中工務店		×

出典は清水栄二の長男である清水英夫氏作成の年譜（昭和 60 年作成）を基本とし、『兵庫県土木建築大鑑』の清水栄二の項によって補足した。清水は大正 15 年 8 月に神戸市を退職したが、鉄筋コンクリート造による建築は工期が 1 年近く要するものも多く、そのため昭和 2 年にまで引き継がれるものがあるため、昭和 2 年までのものについては私的な設計業務によるものについては明記した。場所は建設された時点での行政区分にしたがった。現存の－のしるしは不明を表す。現存の有無は 1999 年 7 月 1 日の時点による。

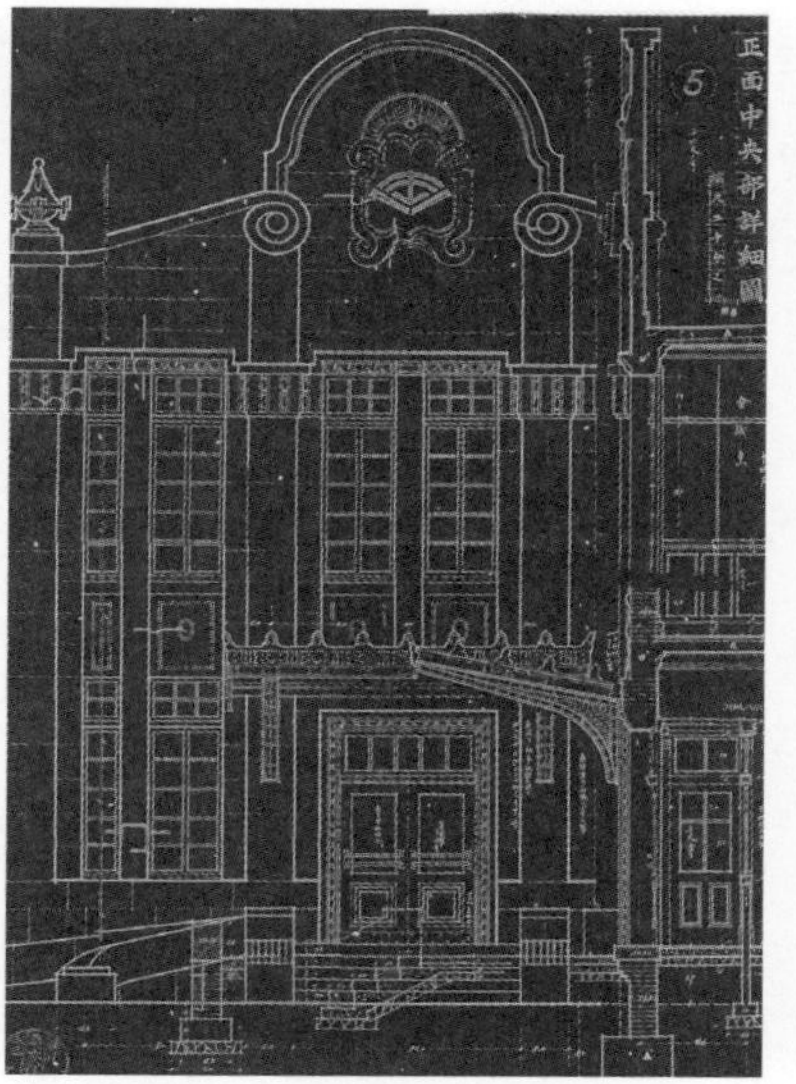

図 5-1-3　御影町庁舎 立面図

図 5-1-4　図面の表題「癸亥社」

うひとつは前述した神戸市公会堂の設計競技案を清水は『神戸市公会堂新築設計競技当選図案集』（大正一三年二月）として刊行していた。その際に編集元として自分の住所（武庫郡六甲村八幡浜田五六一一）を記載しており、宛名を清水栄二方・癸亥社、としていた。このようなことを考えれば清水が癸亥社の責任者であったと判断できる。

癸亥社は御影町庁舎完成以降も、清水が個人的に依頼を受けた建築の設計をおこなう組織として、清水建築事務所が開設されるまでの間存続することになる。なお、官庁営繕組織に所属する建築技術者が、企業として私的な設計活動をおこなっていたことは、明治後期以降、多くの組織で散見できる現象であったが、その対象としては個人の住宅などが主であり、癸亥社のような大規模な鉄筋コンクリート造公共建築を複数にわたって設計したものではなかった。すなわち、癸亥社の建築活動は官庁営繕技術者の私的な設計活動のなかでは突出していたと推察できる。そのような設計体制は大正一五年（一九二六）八月三一日に清水が神戸市営繕課長の職を辞することによって終止符が打たれる。大正一五年五月七日の神戸市市会における、長田セメント事件[37]に端を発した営繕課に対する責任追求のなかで、癸亥社の建築活動が問われ、清水はその責任を取り辞職した。

このような私的な設計同人の成立の背景には次のようなことがあった。大正後期には神戸市近郊の町村の公共施設が小学校を中心として鉄筋コンクリート造へ改築が計画されるため、鉄筋コンクリート造建築を設計できる技術者が必要とされる。この時期に近郊の町村では独自の営繕組織が設置されていなかったので、当然民間建築家に設計依頼がなされる。当時は民間建築事務所の数も少なく、構造計算が必要な鉄筋コンクリート造建築を設計できる建築技術者はきわめて少なかった。そのため神戸市営繕課長という重要な地位にあった清水に設計が集中して依頼されることになったと考えられる。

3 清水建築事務所

ここでは清水建築事務所の活動様態を解明する。その活動期間は大正一五年（一九二六）から昭和三九年（一九六四）までの約四〇年間であるが、戦時中は活動を停止しており、本節では昭和二〇年（一九四五）までを扱うものとする。

清水建築事務所の作品は公共建築が多いという特徴がある。この間に設計に関与したことが確認された公共建築は御影公会堂をはじめとし、魚崎町庁舎、御影登記所などがあり、公立の小学校では魚崎小学校や兵庫県川西小学校、三重県鳥羽小学校などがあった。清水建築事務所が鉄筋コンクリート造建築の設計をおこなうことができる営繕組織を持ち得なかった郡部町村の公共建築を多く手がけていたことは癸亥社の時期と同様であったが、この時期になると、兵庫県川西町や三重県鳥羽町などその活動はより広範囲に拡がっていく。だが戦前期では昭和一二年（一九三七）に完成した魚崎町庁舎が鉄筋コンクリート造公共建築としては最後であり、それ以降建築活動は工場建築などに主軸が移った。

清水建築事務所の設計体制をみる。先述した梅本由巳の証言によれば、清水建築事務所には清水が課長であった時期の市役所営繕課技手である建築技術者から構成された。梅本由巳だけが、清水建築事務所の正式な所員であり、それ以外の技術者は市役所に在職のまま、清水建築事務所の設計業務が忙しくなると設計の手伝いに来る非常勤のスタッフであった。このメンバーは加木弥三郎を除けば癸亥社のメンバーと重なり合う。つまり、癸亥社を清水建築事務所の前身と位置付けられる。

清水建築事務所の設計手法は梅本の証言によれば、次のようなものであった。御影公会堂では最初のスケッチを清水がおこない、細部の設計も含めて実施設計を梅本が担当し、舞台廻りの設計と見積を三木が、現場監理は西村が、構造計算は相原というように、清水を中心にそれぞれ分担して設計が行われた。高島邸では清水がスケッチ、梅本が図面、仕様書と実行予算は清水みずからが担当し、施工も清水が直営で行っていた。すなわち大規模な建築では複数のスタッフを使い、住宅などの小規模建築では清水と梅本で設計を担当するという体制がとられていたことがわかる。

ではどのような経緯で設計が清水建築事務所に依頼されていったのだろうか。御影町庁舎は前述の梅本の父が御影町役場の庶務課に勤めており、その関係で設計をおこなうことになる。魚崎町庁舎は清水の県立第一中学校時代の一級先輩であった山路久治郎(38)が町長に就任しており、同窓生という関係で設計依頼がなされた。このように地縁によって設計依頼がなされていたことが確認される。すなわち、地域に根付いた建築家という側面があったことがわかる。

昭和戦前期の神戸市と隣接する兵庫県旧武庫郡の町村や尼崎市での民間建築家の活動の様相をみると、この地方は全国のなかでも民間建築事務所が東京市、大阪市に次いで数多く開設されており、神戸市を本拠とするものとして、置塩章(39)・原科順平(40)・笠井正一(41)・林造酒太郎(42)・中野進一(43)などが、旧武庫郡町村では六甲村の清水栄二をはじめ西宮町の古塚正治(44)・住吉村の今北乙吉(45)・御影町の西村伊作(46)・精道村の和田貞治郎(47)・南信(48)が、尼崎市では前川悦三(49)・末澤周次(50)が、それぞれ建築事務所を主催しており、その総数は確認されたものだけでも、一〇指を超える。このような郡部町村にまでも建築事務所が開設されていたことからは、いかに神戸を中心とするこの地方が建設需要に満ちていたかがわかる。このことは中島組、畑工務店、旗手組など、神戸を本拠とする施工会社(51)が昭和戦前期までは数多く存在した事実からも窺える。

またそれまでは、民間建築事務所の開設地は、神戸市中心部に限定されていたが、先述したように住吉村に大正八年（一九一九）に設置された今北建築事務所を嚆矢として、西宮町に大正一二年（一九二三）に古塚建築事務所と、神戸市に近接する武庫郡内の町村で次々と建築事務所が開設される。六甲村（昭和四年に神戸市に編入）で開設した清水建設事務所はそのような文脈のなかで位置付けられる。清水が正式に建築事務所を開設した大正一五年（一九二六）前後の時期は神戸における民間建築事務所の様態も大きな転換期にあった。つまり明治期から活動していた河合浩蔵[52]や設楽貞雄[53]、秋吉金徳[54]などの明治元年以前に生れた建築家から、清水のように明治二〇年代以降に生れた建築家に世代交代がおこなわれる時期に該当した。さらに神戸に特有の現象に外国人建築家の活動があったが、昭和期に入ると外国人建築家の事務所は急減する[55]。

神戸市や旧武庫郡町村、尼崎市を拠点とした民間建築家の経歴をみれば、建築事務所の開設以前に官公庁営繕組織に在籍していたケースが多い。戦前期の神戸で清水とならび活発な建築活動をおこなっていた置塩章は昭和三年（一九二八）に建築事務所を開設している。それまでは兵庫県営繕課長という要職にあり、十分に独立に相応しい実績を蓄積していた。このように官公庁の営繕組織を経て独立するということが設計事務所開設のひとつの手法にあったと考えられる。

4　昭和戦後期の活動

戦後の建築活動は、昭和二五年（一九五〇）の魚崎町立魚崎中学校新設の設計から再開され、御影公会堂の復旧工事（昭和二五年）や辰馬悦蔵酒造・白鷹醸造蔵などの設計をおこなう。辰馬悦蔵は清水と県立第一中学校時の同級生であって、その関係から設計依頼がなされたことが確認される。昭和二八年（一九五三）から清水は住宅会社太平住宅の建築部門の責任者に就任し、東京に一時期移住するが[56]、昭和三一年（一九五六）神戸に戻り、昭和三三年（一九五八）には神戸市内の富士建設株式会社取締役に就任し、清水栄二一級建築士事務所を同社の内部に設置する。戦後は大きな仕事に恵まれず、昭和三九年（一九六四）一一月二〇日に死去する。

二　意匠の特徴

清水の主な作品の意匠面での特質を抽出したものが表5‐1‐4である。まず、通時的分析をおこなうと、最初期の作品と考えられる大阪宝文館はセセッションなどの影響を受けていたものの、大正一四年（一九一五）以降は表現派に影響を受けたものが出現し、その傾向は昭和八年（一九三三）に完成する御影公会堂まで続く。ただし、魚崎校（昭和四年）以降は表現派的造形にくわえ、アールデコや構成主義、デ・スティルなどの影響も現れる。御影公会堂完成以降は表現派的意匠は姿を消し、全体の傾向は森高等女学校（昭和一一年）のように柱と梁から構成される簡素な意匠のものに変容する。ただ、日本電建本社屋（昭和九年）や魚崎町庁舎（昭和一二年）などでは、装飾面においてアールデコの影響がみられる。

このようにみてくれば、昭和八年を境に、それ以前と以降では意匠の内容に大きく差異が生じていることがわかる。それ以

写真 5-1-3　大阪宝文館

写真 5-1-4　森高等女学校

写真 5-1-5　魚崎町庁舎

表 5-1-4　意匠の変遷

建築名	竣工年	表現派的造形				表現派以外の意匠的特徴	意匠の傾向	意匠担当者
		パラボラアーチによるヴォールト	パラペット		その他の装飾的な部分			
			胡麻柄状モールディング	外側に曲線で迫り出す				
御影町庁舎	T 13	−	−	−	−	ファサード中央パラペットはうねる曲面	バロック風	
室内小学校	T 14	屋上妻部分（内庭屋根）	−	−	玄関開口上部の装飾		表現派	加木弥三郎
宮本小学校	T 15	−	−	全体にわたり迫り出す	軒裏換気口（エイの口状）	湾曲曲線による突出したベランダあり	表現派	加木弥三郎
西尻池公会堂	T 15	階段室	上部にいくほど迫り出す	−	玄関庇の持ち送りが幾何学的でありながらも、なめらかな形		表現派 キュビズム	熊本一之
吉田新田大潮湯	T 15	−	−	外側に迫り出す	半円アーチが垂直に連続		表現派	
精道第二小学校	S 2	−	上部にいくほど迫り出す	−	−		表現派	熊本一之
魚崎小学校	S 4	−	上部にいくほど迫り出す	−	中央部給水塔に胡麻柄状のモールディングあり、内部の照明器具	水平連続する庇	表現派 キュビズム	熊本一之
高嶋邸	S 5	階段室（2種類の径）	−	−	垂直に連続する三角形の出窓	水平連続する庇．内部はデ・スティル風の家具や構成派風の天井・壁面の装飾	表現派	清水栄二
御影公会堂	S 8	−	−	−	階段状のパラペット．垂直に連続する三角形の出窓．内部柱上部の迫り上がり	角部が曲面．水平連続する庇．庇と一体化し突出した壁柱．丸窓．ファサード中央部の縦線を強調する付柱、屋上の展望台	表現派 アールデコ 構成派	清水栄二
日本電建本社屋	S 9		−	−	−	庇と一体化し突出した壁柱．丸窓	デ．スティル	
森高等女学校	S 11	−	−	−	−	角部が曲面．装飾が排除	インターナショナル	
魚崎町庁舎	S 12	−	−	−	−	ファサード中央部の縦線を強調する付柱、タイル貼	アールデコ．ゴシック	梅本由巳

前は表現派の影響が濃厚な時期、以降は表現派の影響がみられない時期と、捉えることができる。

次に清水の作品のなかでの最大の特徴である、表現派的造形要素を検証する。その特徴は次の二点にあると考えられる。ひとつは屋根部分のパラボラアーチにもとづくヴォールト、もうひとつは外壁上部のパラペットの取り扱いで、それは「胡麻柄」(57)と呼ばれ、水平に連続するモールディング状の造形からなる。

それらの要素の適用状況を検証する。パラボラアーチと胡麻柄状モールディングのふたつの要素がともに表現されたものとして、西尻池公会堂（大正一四年）があった。西尻池公会堂のヴォールトの取り扱い手法がより複雑化したものとしては高嶋邸（昭和五年）があり、西尻池公会堂の胡麻柄状モールディングがより広範囲に用いられたものに、精道第二小学校（昭和二年）と魚崎校があった。より詳しくみれば、高嶋邸のヴォールトは径が異なる二つのものからなり、魚崎校ではファサード中心部の給水塔上部と両翼部の外壁に胡麻柄状モールディングが施され、それらの造形からは表現派の特徴のひとつである「動き」(58)という表現手法を読み取ることもできる。

そのほかに現れた表現派的な造形要素とし、二層以上の階にわたり垂直に連続する三角形の出窓（西尻池公会堂・高嶋邸・御影公会堂）や、壁面に設けられた

写真 5-1-6　西尻池公会堂（筆者撮影）

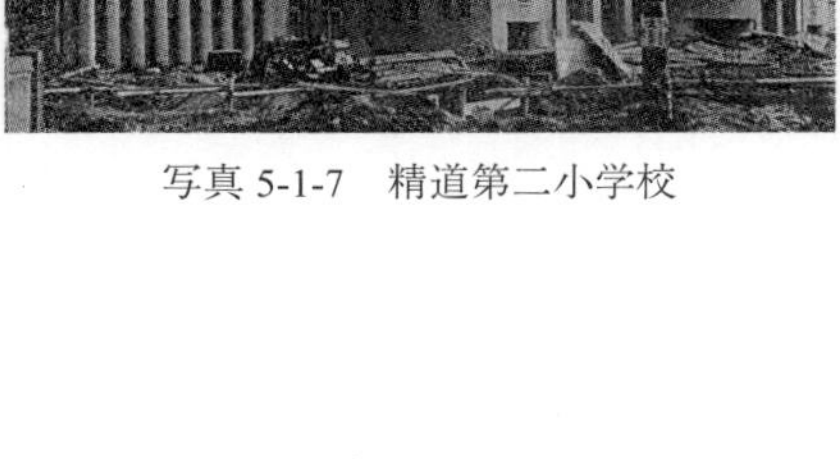
写真 5-1-7　精道第二小学校

写真 5-1-8　魚崎小学校

換気口廻りの曲面状の壁の取扱（室内小学校・宮本小学校・精道第二校・真野小学校）などがあげられる。

清水の作品がいかに強く表現派的意匠の傾向を有したかは、育英商業学校校舎（昭和五年）の事例からも窺える。そこでは木造建築でありながらペディメント部分にパラボラアーチの曲線が用いられた[59]。

このような表現派的意匠は大正後期から昭和初期にかけて、わが国の鉄筋コンクリート造建築を中心に成立するが、清水の作品にはとりわけ顕著に表現派の影響が現れていた。その理由のひとつとして考えられることは、熊本一之[60]という表現派的なデザインを好んで採用した建築家を清水建築事務所が擁していたことが関連する。前述したように熊本は正式な所員ではなかったが、西尻池公会堂や精道第二校、魚崎校などの意匠の担当であった。

また、表現派の影響を受けた意匠にくわえ、清水の作品には様々な造形要素が混在していた点も指摘できる。清水の作品中、もっとも有名な建築である御影公会堂を観察[61]すると、外観は水平性（上部にいく程に軒の出が深くなる連続庇・バルコニーのスラブと庇）と垂直性（二層を貫く付柱状の

写真 5-1-9　御影公会堂

写真 5-1-10　高嶋邸（筆者撮影）

写真 5-1-11　大神住宅・安水医院
（筆者撮影）

装飾・庇を支える壁柱）にくわえ、曲面の形態（コーナー部の曲面ガラス窓・屋上の円環状の塔）によって構成される。このような造形からは構成派や国際様式の影響が読み取れる。外観において表現派の影響が色濃い高嶋邸[62]をみれば、室内は表現派的意匠のみならず、構成派に影響を受けたと思われる天井やデ・スティール風家具などが確認される。以上みてきた造形要素を分析すれば、表現派をはじめとし、国際様式や構成派、アールデコ、デ・スティール、など様々なモダンデザインに影響を受けた要素が折衷されてとり入れられていたと判断できる。

一方で、清水は後述するように住宅会社による住宅設計に携わっており、大神住宅による住宅[63]では外壁が下見板貼による簡素な外観であったことが判明した。すなわち、先にみたような表現派などモダンデザインの影響はみられない。このようにみてくるならば、清水は中流以下の住宅と、それ以外の公共建築や中流以上の住宅を、意匠の上で分けていたと考えられる。

三　住宅会社との関係

清水は建築事務所を拠点とした設計活動に加えて、住宅会社の建築顧問を兼任し、さらに住宅問題の専門家として建築関連の雑誌[64]に登場していた。ここでは住宅会社との関わりを検証する。

1　太陽住宅組合

先の梅本による証言に清水の遺族の証言を合わせて考えれば、大正一〇年（一九二一）に施行される住宅組合法[65]に基づき、清水は太陽住宅組合を武庫郡六甲村に設立した。大正末から昭和初期にかけて清水は組合の理事長をつとめ、自邸もこのシステム[66]により取得していた。兵庫県は東京府、京都府に次いで数多くの組合が設立されており、住宅組合による建設事業が活発におこなわれたという背景があった。

2　大神住宅株式会社

清水は昭和六年（一九三一）に小住宅を建設し販売する会社を兵庫県立神戸第一中学校時代の同級生と共同で設立[67]し、専務取締役に就任した。この会社は昭和八年の時点までは存続していたことが確認される。この会社の営業上の特徴としては住宅販売の際に住宅組合のシステムを採用した点にあった。そこでは組合員は毎月掛け金を収め、抽選によって毎月誰かが当選するという手法をとった。いわゆる昭和戦前期までの日本で、庶民の間で多く用いられた金融システムの「無尽」や「頼母子講[68]」を使い、住宅取得を行うものであった。

その成果のひとつが神戸市灘区六甲に建設された二戸一住宅（セミデタッチハウス）で、二棟の建設が確認された。これらの建物は共通し、構造は木造で米松、外壁は下見板貼、装飾的要素として八角形の窓、屋根は切妻・桟瓦葺と人造スレート葺・腰折の二種類のものがあった。工費は共通し二戸合わせて三〇〇〇円[69]であった。この住宅のプランは佐野利器が『住宅論』のなかで規格住宅として提案した二戸建長屋（セミデタッチハウス）と類似していた点も指摘できる。

3　日本電話建物株式会社

清水は昭和八年（一九三三）から日本電話建物株式会社（以下、日本電建と称する）の技師長となる。昭和一〇年（一九三五）の時点では建築部長兼技師長であり、昭和一三年（一九三八）一一月の段階[70]で東京で建築事務所を自営していた渡辺静[71]とともに建築技術顧問に就任していた。この会社は現在、日本電建という社名となり、東京に本社を移しているが、創設期のこの時期には神戸市灘区石屋川に本社をおいており、平尾善保[72]と中山幸市[73]による経営がおこなわれていた。清水は日本電建が活動を停止する戦争末期まで顧問として関わっていた。

写真 5-1-12　日本電話建物株式会社本社

清水の役割は次の三点にあったと考えられる。一つはこの会社の社屋を設計するということで、神戸市灘区の本社屋をはじめ、福岡支店[74]などの設計が確認される。二つめは組合員の住宅設計についてであり、責任者としての清水がいかに関わったかについては史料的制約もあって現時点では明らかでない。三つめは出版活動で、主に「電建叢書[75]」の建築技術面の責任者であった。

日本電建の経歴と業務内容をみる。設立時は関西電話組合株式会社という名称で、電話を普及させる会社として昭和五年（一九三〇）五月にスタートしている。当時電話は高額なもので、購入には困難がつきまとった。そこで組合員を募り、抽選で電話を購入するというシステムが採用された。そのシステムが住宅購入に適用され、建築会社としての側面も持つようになる。すなわち、本来は住宅組合が担うべき役割を会社が窓口になって代行するという業務内容[76]を有した。

このような営業形態は清水が経営していた大神住宅の経営手法とほぼ共通する。また、このような中産階級以下の住宅建設ということは、後述するが清水の建築理念と合致した。このことは清水が日本電建の建築面での責任者となった理由のひとつであろう。

この住宅供給システムは昭和八年以降、驚異的な進展[77]をみせる。その背景に昭和八年（一九三三）の満州事変以降の好景気の影響が指摘できるが、それまで取りあげられることのなかった中流より下の階層である大衆層をターゲットとした住宅供給システムがこの時期幅広く支持された結果であったと考えられる。

では、日本電建でどのような住宅をつくっていたのだろうか。史料的制約もあってその全容はあきらかではないが、日本電建が自社の出版部で刊行した書籍に『家賃位で建つ家の写真と設計集』や『家賃位で建つ実用建物集』があって、そこからはつくられていた建築内容の一部を知ることができる。そこでは外観写真や略平面図に加えて、具体的な工費が示されており、五〇〇円から二〇〇〇円までの工費の建築が大半を占めていたことがわかる。すなわち、そのほとんどが小住宅や中流住宅であった。外観は純粋に洋風意匠を示すものよりは和洋折衷型のものが多く、和風意匠のものも確認される。

その建築技術陣容をみると、昭和一〇年（一九三五）以降は平川節三(78)を建築課長とし少なくとも一〇人以上の技術者がいた。魚崎町庁舎の現場監理を担当した三木作治は、その完成直後に日本電建大阪支店の建築部に入る。技術者の多くは工業学校卒業(79)の学歴を有していた。

日本電建の営業特色のひとつに、雑誌と刊行物による活発な広報活動があって、前者とし組合員を対象にした月刊社報「電建」や「住宅と電話」、一般市民向きの月刊誌「朗」(80)などがあり、後者として一般市民向けの建築啓蒙書「電建叢書」があった。清水の関与したものとして『家賃位で建つ家の写真と設計集』、『小庭園の見方造方』、『アパートと集合住宅の写真設計図集』の三冊が確認される。

4　太平住宅株式会社

日本電建は昭和二五年（一九五〇）八月に経営陣容に改変があり、新宿から銀座に本店を移し新体制となる。その時点で中山幸一は太平住宅(81)という新会社を設立する。なお、同様な営業形態を有する殖産住宅(82)も、日本電建の経営陣にいた人間によって昭和二五年に設立された。太平住宅の業務内容は住宅組合方式による割賦販売であった。ここでつくられた建築とは、主に在来工法による小住宅であった。なお、昭和二〇年代から三〇年代にかけて、わが国で三大住宅会社と呼ばれた太平住宅、日本電建、殖産住宅のうち、清水が以上みた二社の建築面での最高責任者であったことは、清水の建築理念と住宅との関係を考えるうえで、興味深いことといえる。

四　清水栄二の小学校建築

1　小学校建築の位置付け

ここでは神戸市営繕課を辞めて清水建築事務所開設後に設計した小学校の建築的解明をおこなう。まず清水栄二が生涯に設計を手がけた小学校を列挙すると、神戸市営繕課時代に職務でおこなったものとして、室内・東須磨・遠矢・若松高等・宮本・蓮池・入江・二宮・真野・下山手・鵯越の一一校があり、私的設計活動の仕事[83]では大正一二年完成の御影第二小学校があった。清水事務所開設以降では昭和二年に六甲小学校・精道第二校、昭和三年に川西小学校、昭和四年には魚崎校・鳥羽校、昭和七年に御影第一小学校と、計六校があった。清水栄二は生涯に一八校の小学校の設計をおこなっていた。このうち現存するのは三重県鳥羽市の鳥羽校一校だけとなる。

小学校以外では野田高等女学校、育英商業学校、森高等女学校、新制魚崎中学校の設計をおこなっていた。このうち野田高等女学校と森高等女学校の二校が現存し、現役使用されている。中等教育施設を含めると、二二校の学校の設計が確認される。

(1) 御影第二小学校

清水栄二が最初に手がけた小学校が御影第二校増築校舎であった。大正一二年（一九二三）一月に着工し、同年

写真 5-1-13　御影第二小学校 清水栄二設計校舎

写真 5-1-14　御影第二小学校 手前の木造校舎が本館

写真 5-1-15　御影第二小学校 側面

一二月に竣工している。御影町から清水栄二が直接の依頼を受け、プライベートに設計したものであり、清水栄二が営繕課長になる前の土木課勤務の時におこなわれた仕事であった。着工年月から逆算すれば、大正一一年（一九二二）後半の時期には設計がなされていたものと考えてよい。

このデビュー作にこそ、清水栄二が学校建築にふさわしいと考えた意匠が外観に現われていたとみることもできる。外観は柱型を外壁面に突出したスタイルで、柱頭はゴシック的な意匠となる。神戸市の小学校では大正一四年（一九二五）に完成する室内校以降、同様な意匠をみせる校舎が昭和二年（一九二七）の下山手小学校までの九校でみられ、いかにこの時期に清水が好んだ意匠であったかが窺えよう。真野校と鴨越校の二校では柱型は表出するが、柱頭の意匠が真野校では途中で断ち切られた形状に、鴨越校では表現派風のパラボラアーチに置き換わる。鴨越校を最後に、柱頭をみせるスタイルは途絶え、以降このような形は一切現れなくなる。清水が営繕課長を辞めたことが意匠的傾向に作用したものと考えられるが、一方で時代的な意匠の流行とも無縁ではなく、後で詳しくみる昭和二年一二月に完成の精道第二校でもこのような表現は消えている。

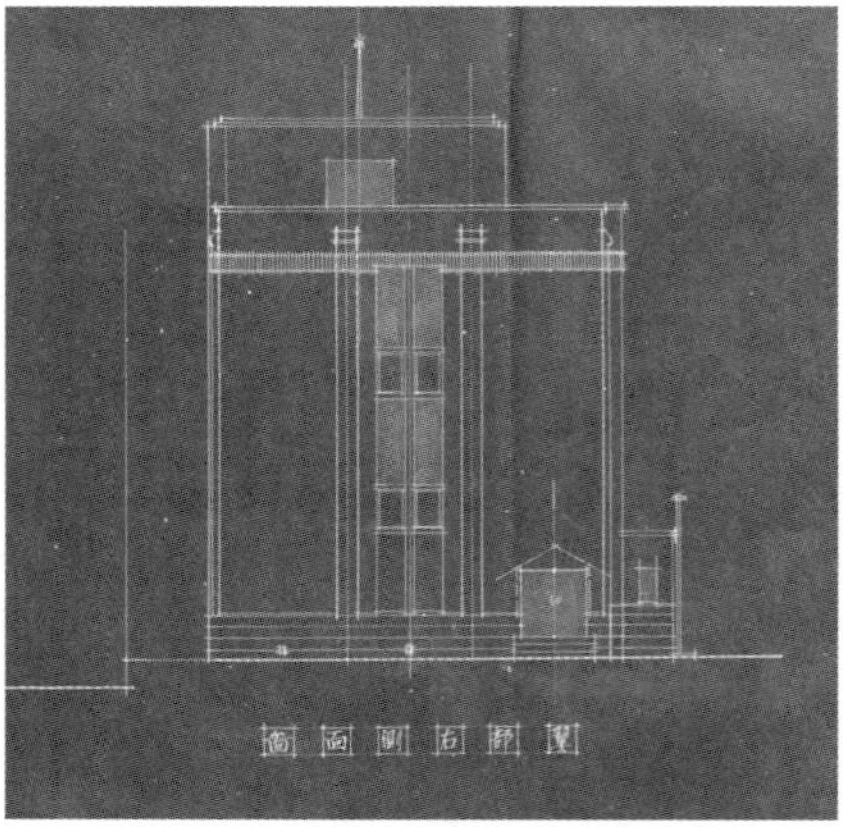

図 5-1-5　御影第二小学校 側面図

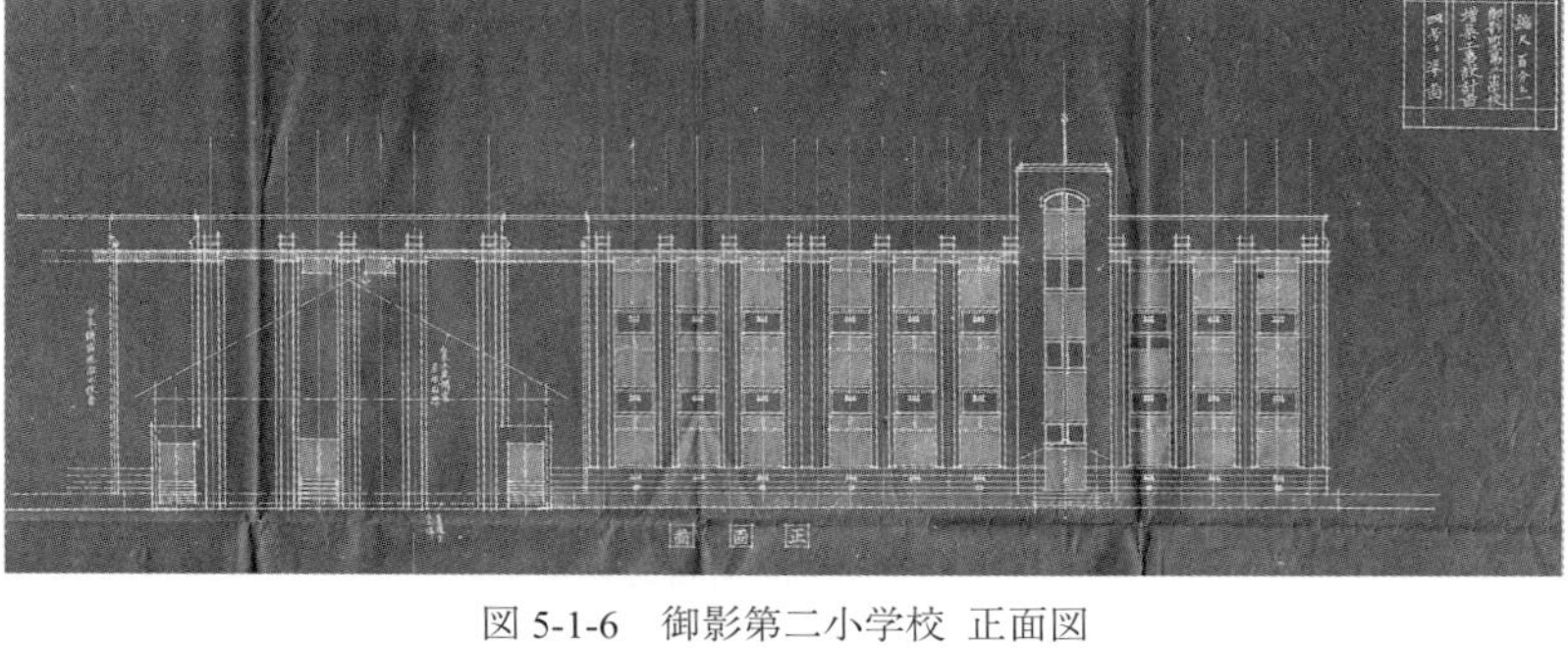

図 5-1-6　御影第二小学校 正面図

この校舎は第二期増築[84]であり、すでにそこには木造二階建の洋風校舎が建設されていた。大正八年（一九一九）の開校時に、大阪市立工業学校建築科教諭、藤本好雄[85]の設計でつくられたもので、増築校舎は北側に並置されることになる。清水栄二が設計した図面は立面図が二葉確認でき、柱のスパンは九尺（二・七二七m）ピッチであったことがわかる。教室の大きさは桁行方向が二七尺（八・一八一m）、梁間方向が二五尺（七・五七五m）、教室の面積は六一・九七㎡となる。片廊下式の教室配置を示し、廊下幅は八尺（二・四三m）であった。

東京帝国大学で佐野利器[86]から直接に学んだ構造計算は別として、清水栄二は学校建築の設計手法をどのようにして学習していったのだろうか。おそらくは神戸市の仕事で様々な校舎の現場監理を大正一〇年（一九二一）から担っており、そのなかで学んでいったものと想像される。

この校舎の建坪は八九坪、延坪は二七七坪で、工費は七四、七〇〇〇円であった。清水栄二は同校の三期増築の設計も担当しており、この校舎は昭和二年四月に竣工している。二期工事と同じ形で東側に延長されたものであり、建坪は一三九坪、延坪は三八九坪で、工費は九三、〇〇〇円であった。なお御影第二校は昭和二年から御影師範学校代用附属小学校となる。

（2）六甲小学校

次は昭和二年（一九二七）七月に一期工事が完成する六甲校である。六甲村が神戸市に編入される直前に建設されていた。外観の特徴は講堂を最上階に設け、開口上部をブラインドアーチとして強調する手法が用いられている。この四連アーチの象るアーキヴォールトはタイルで縁取られていた。この外観は大正一四年（一九二五）一二月に

写真 5-1-16　六甲小学校 増築後

写真 5-1-17　六甲小学校 正面外観
（筆者撮影）

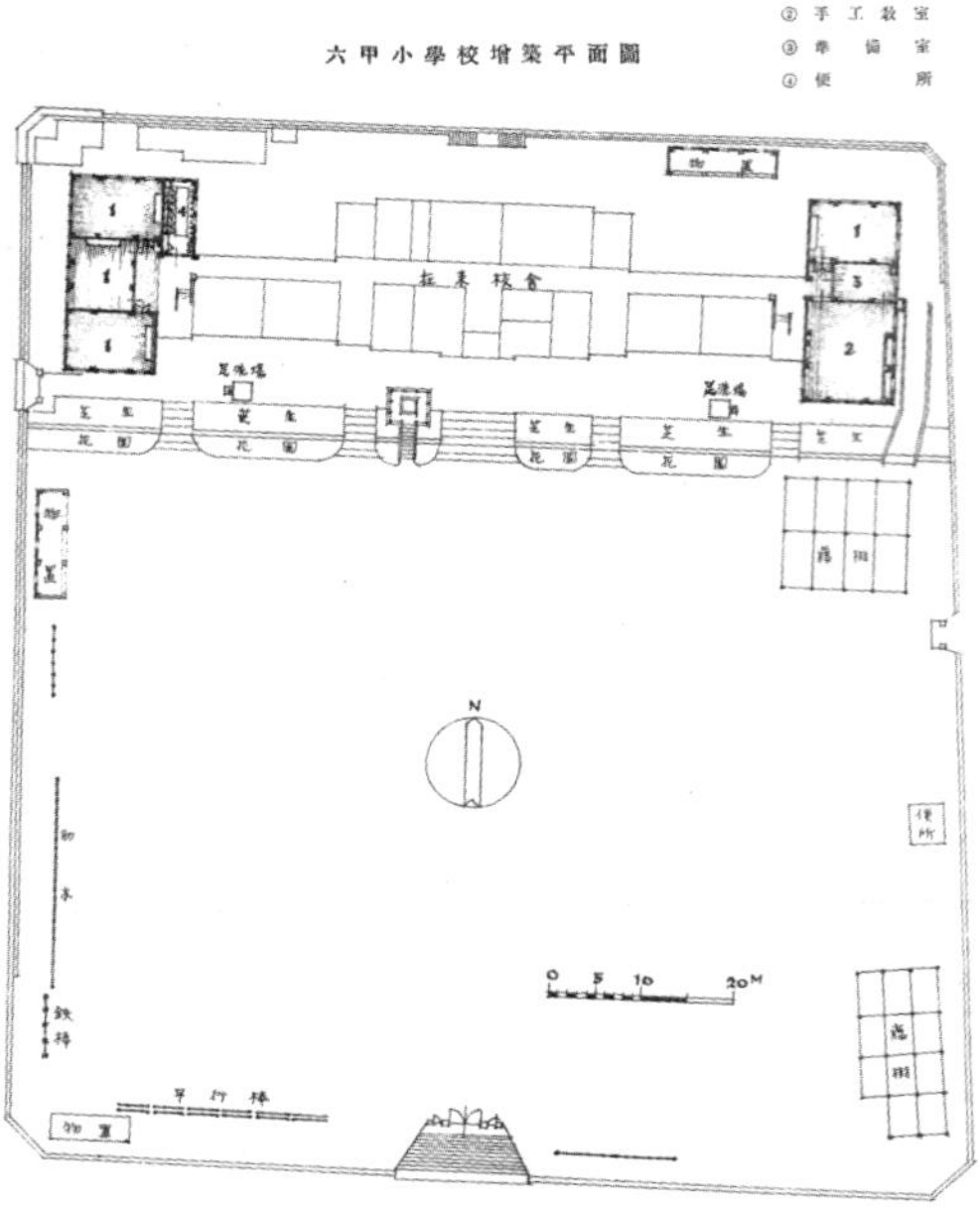

図 5-1-7　六甲小学校 平面図
（太線部分が増築部）

写真 5-1-18　六甲小学校 背面
（筆者撮影）

写真 5-1-19　六甲小学校 4 連アーチ
（筆者撮影）

写真 5-1-20　六甲小学校 玄関
（筆者撮影）

竣工の神戸市立東須磨小学校と酷似する。設計担当者は共に熊本一之であった。東須磨校との違いは玄関廻りのデザインで、ここでは半円アーチの形状となり、その内側にはアーキヴォールトが幾重にも繰り返されるなど、表現派に通ずる造形手法が現れ出ていた。また腰壁には五重となった胡麻柄のモールディングがつく。神戸市に編入後の昭和一一年（一九三六）に二期工事で両端に翼部が設置されるが、清水栄二が計画していたプランをほぼ踏襲して建設されていた。空襲では鉄筋コンクリート造にもかかわらず内部を全焼した。

(3) 精道第二小学校

昭和二年(一九二七)一〇月に完成した精道第二校は講堂を三階に設けたプランであったが、同年に建設された六甲校とは対照的に歴史様式からは逸脱し、この時期では珍しくモダンデザインに触発された造形感覚が見出せる。設計者は六甲校と同じく熊本一之が担った。ここでの特徴は軒蛇腹や胴蛇腹に胡麻柄風モールディングが取付く点にあり、それは上部にあがるにつれて徐々に外側に迫出す形態となり、ファサード全体に動きの感覚を与えている。同様の意匠は前年大正一五年(一九二六)に完成の西尻池公会堂で現れ出ており、この意匠は昭和四年(一九二九)に竣工の魚崎校でひとつの完成形をむかえる。西尻池公会堂も魚崎校も清水栄二のもとで熊本一之が設計をおこなった建物であった。

さらにファサードを分析すれば、玄関上部には緩い曲率で張り出した楕円形の出窓が設けられ、その上部三階はバルコニーとなる。出窓の内側は階段の踊場になっており、階段の踊場を玄関部外観の中心に据えるという形も珍しい。魚崎校ではこの出窓が講堂の高さを超えて立ち上がり、ファサード全体のシンボルタワーと化していた。そのような意味では魚崎校に到るまでの間の過渡期的なスタイルとも捉えられる。正面むかって左側の翼部をみると張り出した翼部の前室を受ける九本の柱列からなる形など、近代主義の理念を具現化したデザインが見受けられる。洗練という点ではやや欠けるものの、ダイナミズムという点では他に類例をみないファサードが出現していた。

プランをみる。楕円形の出窓の下にある玄関から中に入ると、すぐに階段ホールがある。左右両側に階段が付き、上に上がるとひとつの踊場に出て、そこから二階にはより幅の広い階段がつくという、官公庁舎でしばしば用いられる動線を示す。つまり一階と二階が吹き抜け空間になっており、この真上の三階は講堂となる。魚崎校の階段とも共通点はある。このプランと瓜二つであったのが、昭和八年(一九三三)に竣工の本山第二小学校である。[90]

建設経緯をみる。移住者が多く児童数が激増していた精道村ではそれまであった精道小学校一校では足りず、大

写真 5-1-24　精道第二小学校 階段廻り

写真 5-1-22　精道第二小学校 外観

写真 5-1-22　精道第二小学校 背面

写真 5-1-23　精道第二小学校 玄関廻り

正一五年（一九二六）五月に第二小学校建設が決まり、敷地ならびに建築規模や予算が決定[91]される。敷地は二、九八〇坪、建築面積は八五一坪、経費二五万円となる。経費の内訳は敷地買収費が一〇万円、建築費が一五万円であった。同年九月に起工し、翌昭和二年（一九二七）一〇月に竣工する。遅くとも大正一五年七月頃までには清水栄二による設計が完成していたと考えられる。昭和八年（一九三三）に宮川小学校と改称される。昭和二〇年（一九四五）の空襲では内部に火が入り半焼している。ここにあげた写真の階段手摺りはその復興時に設けられたものと思われる。昭和二二年（一九四七）からは兵庫県立芦屋高等学校の校舎に転用され、昭和五六年

（一九八一）まで使用された。

(4) 川西小学校

昭和三年（一九二八）一二月に兵庫県川邊郡川西町（現、川西市）に完成した川西校[92]は大礼記念事業の一環で建設されたもので、建築費は八六、一二五円であり、同年五月に着工する。鉄筋コンクリート造三階建で、外壁面に柱型を表出する。その柱頭部の意匠は放物線形となり、パラペット下部の外壁面に吸い込まれていくような納まりをみせる。玄関廻りの意匠をみると、パラペット部分にうねるような曲線で破風が立上がっており、表現派の影響をみることができる。またそこでは三連の引き込みアーチが用いられる。すなわち、建物の顔と考えられ、デザインが集中されることになったのだろう。玄関ポルティコにはアーチ形の大開口となり、アーキヴォールトが段状に繰り返され、六甲校（昭和二年竣工）の意匠と酷似していた。桁行方向の柱間隔は約四・〇五ｍスパンであり、全体で一七スパンからなった。片廊下式の教室配置で一層に六教室が並ぶ。

写真 5-1-25　川西小学校

(5) 御影第一小学校

昭和七年（一九三二）五月の鉄筋コンクリート造校舎の増築設計[93]を清水建築事務所は担当する。すでにこの校地には二三年前の明治四二年（一九〇九）に神戸建築工務所（設楽貞雄）の設計によって、木造洋館の校舎が建設されていたが、児童数の増加があり、増築が決定された。完成した校舎は三階建の教室棟と二階建の講堂棟からなり、L字型で接合する。教室棟の建坪は三一二坪、講堂棟は一六五坪であった。片廊下式教室配置を示す。外観スタイルは教室棟と講堂棟ともに柱型が表出するタイプで、パラペットを支えるように柱型はデザインされ

写真 5-1-26　御影第一小学校 外観

写真 5-1-28　御影第一小学校 玄関

写真 5-1-27　御影第一小学校 空撮

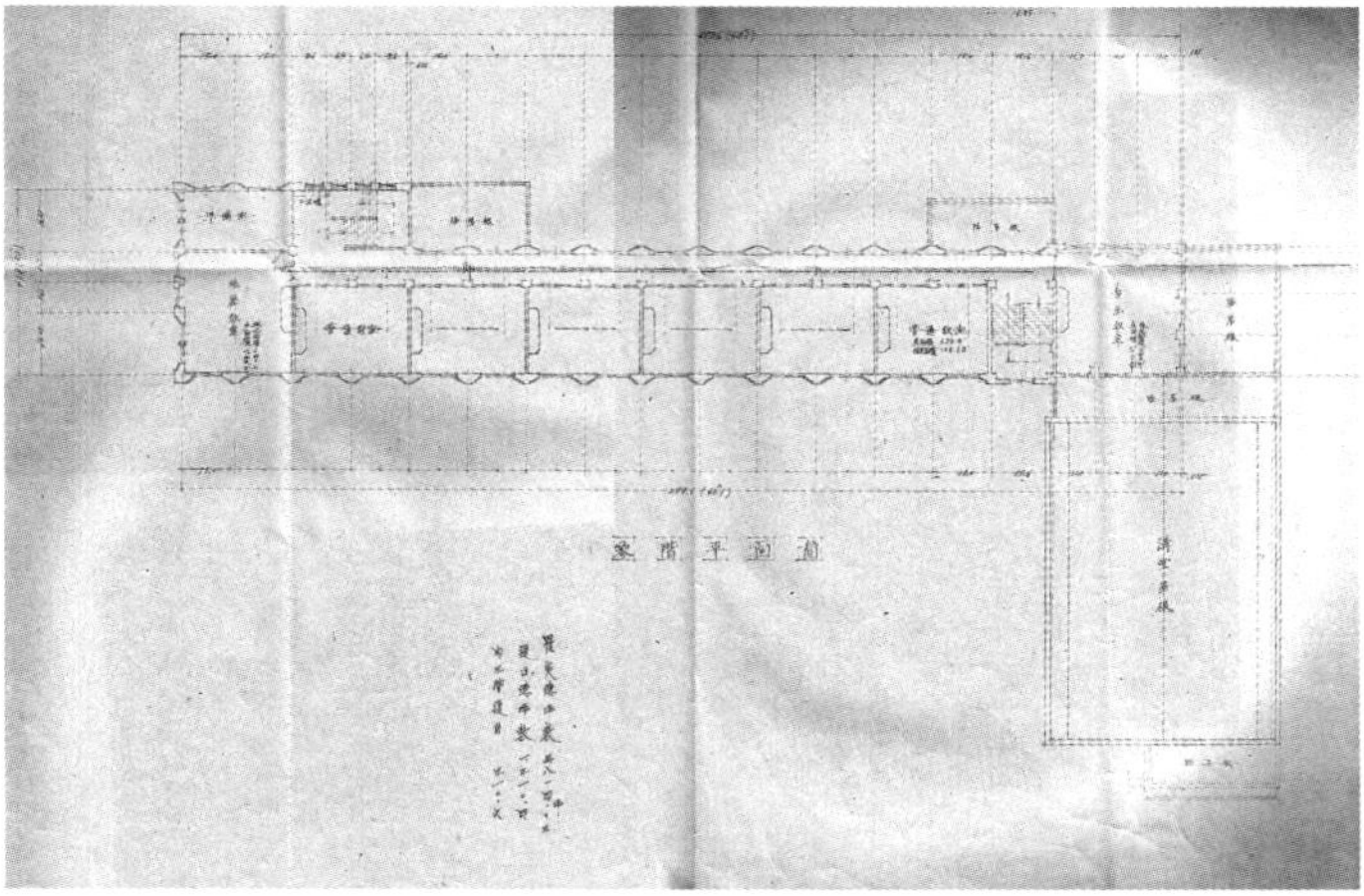

図 5-1-8　御影第一小学校 三階平面図

る。ここで用いられた四段の厚みを持った柱型の数値をみると、厚さは八〇cm、柱の奥側窓横での幅は一八〇cm、柱の外側の幅は六〇cm、となり、重厚な印象を与える。驚くことは樋受けの意匠に柱型の段々となった形状が反映されており、いかに清水栄二が外観意匠にもこだわっていたかが読み取れる。

教室棟の柱のスパンは一五尺（約四・五五m）[94]ピッチであったことがわかる。教室の大きさは桁行方向が三〇尺（九・〇九m）、梁間方向が二四・五尺（約七・四二m）、教室の面積は六七・四五㎡となる。片廊下式の教室配置を示し、廊下幅は八、六五尺（約二・六二m）であった。ここからは大正一二年（一九二三）に清水栄二が設計した御影第二校と較べ、教室の大きさが広くなっていることがわかる。講堂は桁行方向の柱のスパンは一二尺（約三・六四m）となり、教室棟と異なる。

（6）野田高等女学校

昭和二年（一九二七）四月に完成したこの校舎は鉄筋コンクリート造三階建で、外観は柱型が表出し、ゴシック風付柱の柱頭をみせる。またアーチ形状の開口上部があった。片廊下式の教室配置となる。後に増築される講堂棟は清水の設計ではない。

設立の経緯をみると、神戸市林田区（現・長田区）の旧野田村の村有財産でもって、大正一五年（一九二六）に神戸野田奨学会が設立され、神戸野田高等女学校が設立される。野田村は神戸市西郊の農村であったが、明治二九年

写真 5-1-29　野田高等女学校 全景

写真 5-1-30　野田高等女学校 正面外観（筆者撮影）

（一八九六）には神戸市に編入されており、神戸の急激な成長を受けて、大正三年（一九一四）より耕地整理事業がはじまる。そのことを推進したのが野田村協議会であり、道路整備や寺社仏閣の改修などにくわえ、教育機関の計画ならびに建設をおこなうなど、自律した活動をおこなっており、その事業展開のひとつが野田高等女学校の設立だった。すなわち地域がつくった学校であったといえる。現在は私立神戸野田高等学校となる。

（7）育英商業学校

昭和五年（一九三〇）三月にこの校舎は完成している。育英商業学校はこの直前に西代の柳谷に移転し、山を切り開いて、校舎を新築する。教室棟や講堂棟など三棟の建物からなり、清水栄二が設計した戦前期の学校建築の中では唯一の木造校舎であった。外観は傾斜屋根に下見板貼りの外壁からなる。この板は暗色の防腐剤で塗装され、対照的に窓の枠は白く塗られる。また校舎棟では正面玄関廻りや生徒昇降口廻り、講堂棟では正面側の妻壁が漆喰塗となり、暗色の木の外壁から浮かびあがるようにデザインされていた。このファサードを特徴付けるのは出入口上部の破風の立上がりにあって、木造でありながらも遠目にはパラボラアーチ風にみえるように先が丸められた意匠と

写真 5-1-31　育英商業学校 外観

写真 5-1-32　育英商業学校 講堂

写真 5-1-33　育英商業学校 玄関廻り

なる。清水栄二がいかに表現派風のデザインに影響を受けていたかが窺える。昭和三二年（一九五七）から改築がおこなわれ、この時期の木造校舎は現存しない。現在は私立育英高等学校となる。

（8）森高等女学校

昭和一一年（一九三六）一〇月に完成したこの校舎は森高等女学校が神戸の市街を見下ろす景勝地、会下山に移転した際に新築された。建設に当たって清水栄二は理事と一緒に、理想の校舎設備を求め、新築されて間もない鉄筋コンクリート造校舎を有する女学校詣でをおこなっていた。視察先は大阪府立夕陽丘高等女学校や神戸の親和高等女学校、野田高等女学校、兵庫県立第二高等女学校などであった。

清水建築事務所の設計担当者は梅本由巳で、施工は竹中工務店だった。着工は昭和一〇年（一九三五）一二月で、工費は三〇万円で、延床面積は一、二〇〇坪(95)であった。普通教室と特別教室を合せると四〇教室(96)からなった。建物は二棟からなり、二階が講堂となった本館と、三階建の教室棟からなり、それを繋ぐ部分に四分の一円の円弧の形が表出する。全体には抑制のとれた意匠のなかで、この曲面部分だけが異彩な造形を示し、外観上の特徴をなす。二棟は共通して中廊下式の教室配置を用いている。本館貴賓室の暖炉の意匠は灰色の大理石によって構成されるが、御影公会堂にあるものと共通する意匠となる。現在教室棟は四階建てに増築され、二〇一九年より夙川高等学校・中学校の校舎となる。

清水栄二はこの校舎を設計した縁で、森高等女学校

写真 5-1-34　森高等女学校 校庭側竣工直前

写真 5-1-35　森高等女学校 講堂

の家政科の講師となり、住居学を担当していた。戦後昭和二七年（一九五二）には同校をもとに短期大学が出来るが、清水栄二は教授となり亡くなるまでつとめていた。この短大は昭和四一年（一九六六）に神戸学院大学となる。

（9）新制魚崎中学校

新制魚崎中学校は清水が一八年前に設計した魚崎小学校校舎の一部を仮校舎として、昭和二三年（一九四七）に開校し、昭和二五年（一九五〇）に現在地に移り、独立校舎を建てる。設計は清水栄二が担い、建坪は一、八七三坪、工費は二、七四四万円であった。すべて二階建ての木造校舎であった。

建築内容はロの字型の配置を示し、南北に二棟の教室棟を配し、東西に講堂と体育館を対に設けた。教室棟端は特別教室にあてられた。屋根は茶褐色の塩焼桟瓦葺き、壁はモルタル塗りとなった。外観上の特徴は玄関上部二階の屋根上に塔が付いていた点で、その形態は明治の擬洋風を想起させる。昭和二六年（一九五一）に文部省より優

写真 5-1-36　魚崎中学校

写真 5-1-37　魚崎中学校 空撮

写真 5-1-38　魚崎中学校 塔屋

良施設校として表彰を受けている。

2　現存校としての鳥羽小学校

清水栄二が設計した小学校は神戸からは一校残らず消滅したが、三重県鳥羽市には城山の上に清水栄二が設計し、昭和四年（一九二九）に建設された元鳥羽小学校校舎が現存する。本書が対象とする地域ではないが、唯一残された校舎であることからここで取りあげる。

（1）成立と建設経緯――鉄筋コンクリート造の理由

敷地の選定

従来の木造校舎の腐朽ならびに敷地の狭隘を事由に、小学校の移転新築が大正後期には浮上し、経費一五万円の三ヶ年継続事業として決定する。にもかかわらず、山が海に迫ってまとまった平地に恵まれぬ地形上の制約もあり、敷地の選定は難航しつづけた。当時の鳥羽町長、赤坂治郎吉は「鳥羽駅西方の丘陵地」すなわち「日和山」を敷地に設定したが、一部町民の反対にあい、頓挫する。そのために三重県当局に敷地選定はゆだねられることになる。また当時の鳥羽校校長、三浦保行は「近き将来拾数万円を投じて改築されんとする計画で、（中略）私は一歩進めて、教育上の理想的敷地なりと考えられる樋の山中腹に校地変更の事に議を進められんことを切に希望する」[97]とし、城山の西側にある「樋之山」が選ばれるが、提案にとどまった。なおこの二つの候補地は共通して人家の少ない山腹を敷地としたが、ここでの校舎を鉄筋コンクリート造にすることが決定していたかどうかは定かではない。

昭和二年（一九二七）一一月二七日に、町長は三重県教育課長と県視学ととも

写真 5-1-39　鳥羽小学校 絵葉書

に、樋ノ山でも日和山でもない、市街地の中央に位置する鳥羽城跡の城山を実地調査する。この年からこの場所は遊園地として公開されていた。その土地所有者の神戸製鋼所は親会社の鈴木商店が世界恐慌のあおりを受けて倒産したことで、配下の鳥羽造船所を同年六月の時点で廃止することを決定していた。後に詳述するが、鳥羽造船所とは明治一一年(一八七八)に創業した伝統を誇る造船所だった。「鳥羽造船所は電機部を残し造船部起重機部は之を廃止」[98]。つまり、この土地が不要になるであろうことがすでに予測できた。穿った見方をすれば、町当局に売却の話が内々であったのかも知れない。その結果、「頂上空地を運動場に、中腹の社宅を校舎改築地」にする計画が実地調査を終えて数日のうちに立てられた。正式決定は昭和二年(一九二七)一二月八日のことだった。その場所は鳥羽造船所の徒弟学校ならびに社宅八棟が建っており、その土地を買収することになる。

だが考えてみれば、町の繁栄の象徴だった鳥羽造船所が閉鎖され、町の財政はきわめて厳しいものになっていた。だとすれば、工費が木造の倍以上もかかる鉄筋コンクリート造の採用は不自然さがつきまとう。移転新築反対派からは「遊覧地城山を学校敷地となし(中略)二十数万円も投じて建設することは鳥羽名所を減ずるばかりでなく、町債返却によって多額の税を徴収し不景気に悩む町民を一層苦しめるもの[99]」という指摘があった。また不思議なことに、鳥羽町は小学校用地としての城山のみならず、相島、上水道水源地などの土地もあわせて神戸製鋼所から買収し、本来は「時価十二万円程度のものを特に公共用の為に八万三千円」で入手したという。つまり、破産会社の投げ売り物件の土地を安く買ったという側面があると同時に、鳥羽造船所に対するある意味での救済策だったとも考えられる。

日本百景に選ばれ、そのもっとも眺めのよい遊園地になったばかりの城山が小学校の運動場になることは一見理解しがたい。この敷地決定の背景には、鳥羽造船所の撤退に端を発する政治が絡んでいたものと推測される。だからこそ、反対派は着工後にまで建設中止を唱えることになった。

鉄筋コンクリート造の事由

ここでの鉄筋コンクリート造化は移転先の敷地の様態と深く関わっている。敷地選定が決定した同じ月の一二月三〇日の伊勢新聞によると、「城山の現況は頂上が面積一千五百坪　中腹が六百坪　其下方が四百坪の平地を有して、旧鳥羽造船所徒弟学校並びに住家八棟が残存して居るので、之をそのまま利用するのと、上陸地の関係から堅牢第一主義を取り、県下では最初の鉄筋コンクリート三階建を為す」とあり、敷地決定とほぼ同時に、鉄筋コンクリート造にすることが決まっていたことが判明する。紙面の記述が正確さに欠けるため明確な理由は読み取れないが、地形上傾斜地ならびに風雨を直接に受ける頂上真下というロケーションゆえに、「堅牢」さが求められ、鉄筋コンクリート造になったものと推測できる。

もちろんそれだけではない。都市部を中心に一般的にこの時期は児童数の急増にあって、従来の木造二階建では教室数が十分に確保できなかった点が上げられる。鉄筋コンクリート造だと一層高い三階建が実現でき、教室数を増加できた。鳥羽校の児童数をみると、大正一一年（一九二二）には一、一四七名となり、明治四〇年（一九〇七）に比べると、約四〇〇名も増加していた。昭和二年（一九二七）には一、〇五八名の児童数だった。

一方で、この時期の町長であった赤坂町長の公共施設に対する整備計画の一環に、小学校校舎の不燃化という計画があったものと想像される。というのも、赤坂町長が就任していた大正六年（一九一七）一二月には鳥羽の市街地を焼失する大火があって、当然耐火建造物としての鉄筋コンクリート造の長所を認識していたと思われる。赤坂治郎吉は大正六年二月に鳥羽町長に就任する。以降、鳥羽校が工事中の昭和四年（一九二九）二月までの一二年間にわたって、鳥羽町政をリードした。おそらくはこの間に、鳥羽町のあるべき姿を示した町是をつくりあげていたものと考えられる。そのひとつが大正一四年（一九二五）の上水道設置であり、もうひとつが小学校の移転新築計画だったと思われる。とりわけ小学校の建設には力を注ぎ「畢生の大事業」として取り組んだという。赤坂治郎吉の経歴をみると、正確な生年は定かではないが、慶応年間（一八六五～一八六八）に現在の志摩市に生まれ、三重県師範学校を第一期生として卒業し、その後三重県庁に勤め、昭和二三年（一九四八）に死去している。

また三重県と隣り合う和歌山県側の三輪崎町[100]では、昭和二年（一九二七）三月に二階を講堂とした鉄筋コンクリート造校舎が完成しており、そのことを町長は知っていた可能性もある。鳥羽港と三輪崎港とは大阪商船の航路で繋がり合っていた。さらに関東大震災以降、大都市を中心にして瞬く間に小学校建築の鉄筋コンクリート造化が進展し、その地域のステイタス・シンボルとして鉄筋校舎が一般化しつつあったことも挙げられよう。このような幾つもの要素が作用して、優れた長所を備えた鉄筋コンクリート造が採択されることになったものと考えられる。

起工式の前日である昭和三年（一九二八）九月二五日の『伊勢新聞』には次のように記された。

> 別段美麗とか何とか云う意味で鉄筋コンクリートにするのではなく、木造では借金を返還した時分にまた新築が必要となり、借金をせねばならぬから、現在は苦しいが、十年二十年後には結局利益を得る訳であるため、思い切って鉄筋にすることになった云々

これは鉄筋コンクリート造が選択されたことへの鳥羽町による正式な見解だった。この時期依然として、高額な鉄筋コンクリート造の新築には鳥羽革政会を中心にして反対の声があって、着工後の昭和三年一一月五日に御木本幸吉による調停によって、ようやく解決を得た。

建設費については、「建築予算は十五、六万円を要する見込にして、財源は現校舎三千坪を売却して十万円位を得、外に学校建築寄付金を充当する」[101]という方針だった。実際には建設費は増加し、最終的には二五万七千円になった。

（2）建設主体

設計者・清水栄二

建設の過程を整理すると、昭和二年一二月八日に城山に敷地が正式に決定し、昭和三年一月か二月頃に、清水栄

二に設計を依頼し、同年六月一五日に設計図が完成し、同年九月二六日に西本組により起工がなされ、昭和四年（一九二九）八月二五日に落成するという経過を辿った。設計期間は約半年間、工事期間は一一ヶ月を要した。

「先般兵庫県下の豊岡、芦屋、六甲其他の鉄筋式校舎を視察し、更に新年早々別方面に向け、第二回視察を為すことを決定」[102]と『伊勢新聞』に記された。このことからは敷地が決定した直後に視察にいっていることがわかる。しかも、「鉄筋式校舎」の視察ということから、最初から鉄筋コンクリート造を考えていたものと判断できる。視察した小学校のうち、六甲と芦屋はともに清水栄二の最新作であって、六甲校が昭和二年（一九二七）七月に、芦屋、つまり精道第二校は昭和二年一二月に竣工しており、完成直後の校舎を見て回ったことがわかる。

なぜ、清水栄二が設計依頼を受けたのかは定かではないが、清水栄二はこの時期、学校建築の専門家として有名になっていた。また神戸という観点でいえば、鳥羽造船所の親会社である神戸製鋼所というルートも考えられる。鳥羽の最有力企業であった御木本真珠が神戸を拠点のひとつとしていたことも関係するのかも知れない。現在とは比べものにならないくらいに、戦前までの鳥羽は神戸や大阪と密接な関係にあった。

清水栄二建築事務所の担当者は、前述の梅本由己によれば、横野美国が現場監理を担当したという。横野美国とは兵庫県出身者で、大正一〇年（一九二一）に兵庫県立工業学校建築科を卒業して、神戸市営繕課に勤務した建築技術者だったが、清水栄二が建築事務所開設時に、神戸市を退職して、清水建築事務所に入所する。この建物の担当の後、清水事務所を退所して、堺市建築課を経て、戦後は西宮市建築課長となる。

鳥羽校を設計した頃が、清水栄二にとってもっとも油の乗り切った時期であった。清水栄二は竣工した昭和四年時に、まだ三四歳の若さだった。四年後の昭和八年（一九三三）に、近代日本のモダニズム建築の傑作のひとつ、御影公会堂を設計している。

施工者・西本組

この施工を担ったのは、和歌山市を本拠とした西本組で、鉄道土木を中心とする請負会社として知られた。その活動範囲は全国に及び、朝鮮をはじめ各地に出張所を設けた准大手クラスの建設会社だった。和歌山県下でもっとも大きな請負会社であり、当時は三重県内にも匹敵する建設会社はなかった。現在の三井住友建設株式会社の前身の会社のひとつである。建築工事も手掛けており、全国各地に鉄筋コンクリート造建築を完成させていた。小学校としては京都市立安井小学校（清水小学校）があった。

この工事を実際に担当したのは西本組の神戸出張所であり、葺合区熊内が所在地だった。出張所の主任は中尾石次郎であり、現場主任としては伊豆倉技師が監督を務めた。

（3）校舎の建築特徴

ロケーションを生かした配置特性

鳥羽校は平地に建つ小学校と異なり、傾斜地に建設されている点に配置上の特徴がある。しかも、刻々と変化する岩山からなる地形を巧に校舎プランのなかに取り込み、運動場との利便を図り、設計がなされているという点では、ほかに類例をみない学校建築となっている。むしろその様態はある意味では要塞に近い。

学校とりわけ低年齢の児童を対象とする小学校では、遊び場である運動場との関係が配置計画上きわめて重要となる。運動場と校舎をどのように繋ぐかが問われる。ここでは設計依頼の際に、「一階からは四百坪の小運動場、又二階からは六百坪の小運動場へ、更に三階からは頂上千六百坪の大運動場へ通ずる様設計」[103]という条件が出されていた。ここに提示された三つの平地については、小学校建設のために新たに切り開き造成されたものではなく、すでに出来上がっていた既存の土地利用形態を踏襲するものであった。すなわち、このような地形上の制約により、配置計画は大きく規定されたものと考えられる。

この案は鳥羽町側から提案されたものとあるが、このような建築内容に関わる細かな配慮が建築技術者を擁していなかった鳥羽町側で考え出されたとは思えない。このことから推察すれば、この直前にはすでに建築専門家に正式ではないにせよ、ある程度相談していたものと推測される。それが設計することになった清水栄二だったかどうかはわからない。このような地形上の問題をクリアするには、従来の木造という構造では困難な点が多く、そこで鉄筋コンクリート構造が採用されることになったと考えることができる。このようなロケーションはほかに神戸市をはじめ、長崎市や尾道市などの戦前期鉄筋コンクリート造小学校校舎にみられるが、ここでのように地形を巧に生かし、いわば地形と一体化したものではなかった。ここに鳥羽校の傑出した特質をみることができる。

新聞記事を続ければ、「中央にある造船社宅の六百坪を校舎にする事を決定」(104)とあり、「旧鳥羽造船所徒弟学校並びに住家八棟が残存して居るので、これをそのまま利用する」(105)とあるが、これらが実際にどのように使われたのかはわからないが、住家を教員住宅として使用することが想定されていたのだろう。探偵作家の江戸川乱歩が大正六年（一九一七）に住んだ「城山ノ上ノ済美寮」とは、この一画にあった。

小学校竣工時の新聞記事には次のような文面があった。

> 通風採光ともに比を見ず、図画教室の如きは教室の窓枠を額縁として、指呼に点綴する坂手菅島などの離島が宛然一幅の水彩画の手本をなしているなど、情操教育を行うには最も格好の地である(106)

この小学校は鳥羽という場所性を最大限生かした建築だったことが窺える。

写真 5-1-40　鳥羽小学校 遠景

平面計画

プランは中央に玄関があるE字型平面を有し、左右対称となり、両端が児童昇降口となる。部屋配置をみれば、中央部の最上階に講堂を設置し、両翼部は特別教室が配置され、片廊下式の普通教室が並ぶという形式をとる。すなわち講堂をかなめとして、講堂と教室を立体的に一体化させている点に特徴がある。教室数は普通教室二一室、特別教室四教室からなる。延床面積は約九六七坪である。

このような平面計画は神戸市内の小学校で数多く建設されたプランであるが、ほとんどのタイプでは教室の桁行き方向と講堂の奥行き方向が一致するが、ここでは直交する形に配置されている。これと同じものに、同じ昭和四年（一九二九）に完成した神戸の魚崎小学校のプランがある。冒頭で記したように同一の設計者、清水栄二の作品である魚崎校は中廊下式の教室配置をとり、講堂は桁行方向を長辺としたが、雨天体操場は一階に梁間方向を長辺にして設置されており、プランはある意味で重なり合う。

また傾斜地に建っている関係で、講堂のある三階で背面の裏山と繋がる。すなわち、通常の建築物と異なり、講堂部分が校舎背面の岩盤に食い込むように建設されていた。したがって、講堂の背面には出入口があって、裏山に用意された運動場側に通ずる路に面した。ちなみに裏山は城跡であって、その頂部の平坦地は史跡でありながらも、小学校の運動場として設定されていた。講堂背面の出入口の外壁はバロック建築のようにうねり、その真ん中には左官彫刻によってメダリオンが浮彫りにされる。また講堂の両横には側廊が配され、講堂の背面側の出入口への連絡路ともなっていた。ここからはあきらかに外部、すなわち小学校児童とは別の、大人のための動線が設けられており、地域の公会堂としての使用が当初より考えられていたことが読み取れる。

実際に昭和二一年（一九四六）に伊勢志摩国立公園に指定された際には、祝

写真 5-1-41　鳥羽小学校　岩山に食い込む講堂

賀会場となり、また昭和二九年（一九五四）にミキモト真珠の創設者、御木本幸吉の葬儀もこの講堂が会場となった。このようなことから昭和三〇年代までは鳥羽町のみならず、志摩地方全体の公会堂といった側面があったことが窺える。

二階の平面図をみると、崖と校舎に囲まれた二つの中庭に廊下からベランダがキャンティレバーで張り出しており、それは東側のものでは階段を介して、頂上の大運動場に繋がる。西側のものは北側を迂回して外部の地面に通じ、そこから北西の中運動場に繋がる。

外観スタイル

外観スタイルをみると、アーチ窓と付柱が用いられていた点に特徴がある。

細かく見ると正面玄関と講堂部分のある中央部では、三階に三連の引き込み（ブラインド）アーチの開口部が連なり、バルコニーが付き、正面性が表現されている。左右につづく普通教室の外壁面は袖柱を両横にもうけた柱型が突出し、柱頭は放物線状となる。一方で、特別教室の外壁には柱型はなく、普通教室の柱型の凸の先端の位置にあって、開口部はそこから凹んだ位置に設置される。このように、内部の機能の違いが外観の意匠に反映されている。昭和二年（一九二七）一一月に竣工の神戸市立二宮小学校は正面へのバルコニー設置やアーチ状の開口部の連続など、鳥羽校のファサードと共通点が多い。設計担当は相原弁一であり、相原は清水栄二の下で、設計を担当していた。この建物は震災の直

写真 5-1-42　鳥羽小学校　空中廊下の見上げ（筆者撮影）

写真 5-1-43　鳥羽小学校　背面のメダリオン（筆者撮影）

前まで小学校として現役で残っていた。

また講堂の側面部に注目すれば、五連のブラインドアーチが連なり、そのあいだに付柱が配されていた。驚くことは先述の講堂両横の側廊部分が下部の躯体からキャンティレバーで張り出されており、出梁で支えられる構造になっていた。昭和初期という時代を考えれば、鉄筋コンクリート造構造上、きわめてダイナミックな試みであり、この建築の先進性を物語っている。この建物は柱頭部分など細部には表現派に影響を受けた要素があるものの、全体としては同じ設計者が数多く手掛けたアーチ窓が連続するヨーロッパ歴史様式の範疇に入るが、この部分では構造的な実験がなされていた。

講堂部分の高さは教室部分より約一層分高くなっているが、その最高高さは約一五・五〇ｍあって、城跡最頂部にひろがる平坦部分の高さとほぼ一致する。すなわち、設計にあたって校舎の高さが城跡の頂上高さを超えないような配慮がなされていたとみることができる。昭和の初期にこのような設計がなされていたことは景観という観点においても注目に値する。

内部空間

内部の意匠では、廊下の梁の形状として、半円アーチが至るところに見られる点に特徴がある。外観において三連アーチが正面を飾ったように、内部においてもその形状が基調デザインとなっている。その最たるものは、一階児童昇降口のホールに連なる二連のアーチ梁であり、その二つを繋ぐ場所には円柱が配されるなど、戦前期の公共建築が有した建築特徴をよく示すものになっている。清水栄二が設計した御影公会堂や高嶋邸などとの意匠的共通性が指摘できる。また児童昇降口の外壁は、出隅がアールとなり、子供たちがぶつかっても怪我をしないような配慮がなされてある。これも魚崎校で用いられた手法だった。

講堂もまた珍しいことに、ほぼ竣工当初のデザインを有している。舞台の中心には御眞影奉遷所が設けられてあり、唐草模様の石膏彫刻で縁取りがなされてある。天井は薄緑色にペイントで塗られた板貼りとなり、小屋組換気

写真 5-1-44　鳥羽小学校 児童昇降口廊下（竣工時）

写真 5-1-45　鳥羽小学校 講堂（竣工時）

写真 5-1-46　鳥羽小学校 作法教室（竣工時）

口廻りには植物文様が見られるなど、歴史様式の残滓が窺える。

教室と廊下の間の壁は木製であり、全体としては、フレームは鉄筋コンクリート造でつくるが、内装に関しては木や漆喰など従来の伝統的な素材が使用されていた。作法室では漆喰の下塗りには藁入りの土壁になっている。廊下の壁などは砂漆喰下地の上に中塗り、上塗りと何層にも漆喰が重ねられたつくりになっていた。このことは戦後の建築と大いに異なる点である。

五　清水栄二の建築理念

清水の建築理念が示されたものに「小住宅対策提唱[107]」があり、それによれば、清水が理想とした建築家像は「民衆」のための建築などに取り組む「民衆愛に生きる」社会派の建築家で、具体的には社会改造という理念のもとに、都市行政レベルで共同住宅など社会事業施設設計をおこなった建築家を指したものと考えられる。そのような視座から、これまでの高等教育を受けた建築家は「高踏芸術家型」か「純技術家型」が多かったとし、社会派建築家として両者を乗り越えるべきものであると記した。このようにみずからの立場を示した上で、「中産階級以下によき住宅を提供したい[108]」と自己の役割を表明し、中産階級以下の勤労者層を対象とした小住宅の建築こそ、建築家が真剣に取り組む課題であると主張した。

なぜ、清水は中産階級以下の住宅に注目したのだろうか。そのことに関連し、清水は次のような見解を示していた。ひとつは現状における社会派建築家の設計行為の限界性を指摘したもので、この時期、ジードルンクなどの共同住宅の建設が開始されるものの、それらが社会需要を満たすのは一部であり、「社会革命の行われぬ限り[109]」小住宅の需要が永続する、と記した。もうひとつは現状での一般的な建築家の役割の問題点を指摘したもので、「阪神間の山手が如何に住宅様式の展覧会を実現しても日本が世界の楽土である事を揚言できない。[110]」と、建築家による設計がブルジョワの邸宅に限定されていたことを記し、そこに抜け落ちているものとして「それよりも都市の近郊に存在する芝居の書割かペンキ屋の看板然たる存在こそ我ら建築家全部が責任を負うべき国辱ではなかろうか[111]」と論じた。すなわち、わが国での住宅のうち圧倒的多数を占める中産階級以下のものについて、建築家がこれまでほとんど関与しなかったという現状を指摘した。以上みた現状を踏まえ、清水は今後は中産階級以下の住宅設計こそが重要な課題となると論じた。

また、清水による直接の言及はなかったが、この時期ヨーロッパで最小限住宅をはじめとする小住宅が注目を集め、日本でも小住宅のありかたが議論される[112]という世界的な建築動向が背景にあった点も指摘できる。こうした中産階級以下の住宅を設計するという、清水の理念が現実に反映されたものとして、前述のような複数にわたる住宅会社に対する清水の経営参加を捉えられる。

次に清水が理想として提案した[113]内容をみる。それは単に住宅設計にとどまらず、住宅地計画までも視野に含んだものであった。すなわち、土地経営は国営や公営によっておこない、区画ごとに希望者に分割払いで譲渡する。住宅は家族数に応じた幾種かの標準設計[114]によるタイプを選択するというものであった。このことは卒業設計「甲南荘」のテーマとも重なり合う。ここで提案された内容は戦後になってはじめて、府県レベルの行政によって積極的に推進され現実化していった。このことからは清水の住宅に対する認識がいかに先見的であったかが理解できる。

清水のこのような建築理念は、昭和初期以降は特定の後援者の存在がなくとも、建築事務所経営が可能になりつつあったことと関連する。清水の一世代上の建築家までは、建築事務所を開設する際に特定の後援者の存在なしに事務所経営は成立しなかった。(115)清水の世代の建築家が登場した時期は、小学校校舎などの鉄筋コンクリート造化や土地会社の住宅設計が開始される時期と重なり合ったことで、特定のパトロンとの結びつきを持たなくとも、事務所経営が経済的に可能となる時代に変わりつつあった。(116)清水はその最先端に位置していた民間建築家と位置付けられる。

以上考察してきた清水の理念がどのような建築を生み出したか、詳しくは判明しないが、外観が下見板貼の簡素な洋風意匠の小住宅をつくっていたことが指摘できる。それらの全容の解明については今後の課題としたい。

六　小結

以上のような考察の結果、次のような知見が得られた。

（1）清水栄二は神戸・阪神間を拠点に、小学校や町村庁舎などの公共建築を設計した民間建築家であり、地域に根差した建築活動をおこなった点に特徴がある。代表的な作品に御影公会堂がある。

（2）清水栄二は建築事務所開設以前に神戸市営繕課課長として、小学校などの市所管施設の鉄筋コンクリート造化を担った。そのことは建築事務所を主催時に鉄筋コンクリート造化建築を設計できる専門家として、営繕組織を有しない町村行政からの設計依頼につながる。

（3）建築事務所開設後、鉄筋コンクリート造の小学校建築を阪神間各地に設計するが、高等女学校や実業学校の設計もおこなっていた。とりわけ、昭和一桁台に設計した魚崎小学校や精道第二小学校では、これまでにはない新しい造形意匠によるファサードをみせた。現存する小学校は神戸・阪神間には一校もないが、鳥羽市の鳥羽小学校が登録文化財となり保存される。

（4）清水栄二は建築家とは『民衆のための住宅』を設計すべきであるという社会派的な理念を有しており、みずから住宅組合理事長を勤めた。そのような理念を有したことで、大神住宅、日本電話建物、大平住宅などの住宅組合に共通する業務内容を経営指針とする組織に関係することにつながっていった。

（5）建築の意匠面の特徴として、公共建築については表現派をはじめ構成派、アールデコなど、広義のモダニズムの影響が色濃いものが多くみられる。一方で中流以下を対象とする木造住宅では下見板貼の外壁を持つ簡素な洋風意匠によるものが採用されていた。

註

（1）『兵庫県統計年鑑』などの資料による。人口としては東京市、大阪市、京都市に次いで四位であった。企業の活動をみると、株式上場企業本社数の推移（出典は『新修神戸市史歴史編Ⅳ近代・現代』）では、明治四〇年に神戸市は東京市、大阪市に次いで第三位であり、その位置を昭和二五年まで保持するが、高度成長が開始された昭和三五年には名古屋市に抜かれ第四位となる。

（2）現在の日本電建に繋がる会社であるが、経営陣の改変があって組織として連続したものではない。

（3）現在の太平住宅である。日本電建の創設者の中山幸一が戦後に設立した。

（4）管見の限りでは、次のものが確認される。大川三雄によるものとして、「再読・日本のモダニズム7　高嶋邸（前編）」『建築知識』建築知識社一九九六年一〇月、「再読・日本のモダニズム8　高嶋邸（後編）」『建築知識』建築知識社一九九六年一一月「再読・日本のモダニズム9　御影公会堂」『建築知識』建築知識社一九九六年一二月がある。石田潤一郎によるものとして、『関西の近代建築』中央公論美術出版、一九九六年がある。足立裕司によるものとして「清水栄二」『兵庫県大百科事典』神戸新聞社一九八五年がある。梅宮弘光によるものとして「阪神間の公共建築」『阪神間モダニズム』淡交社、一九九七年がある。大川三雄によるものは高嶋邸と御影公会堂の意匠について主に論じられたもので、高嶋邸では施主との関係が、御影公会堂では全国的な公会堂建設との関係が、それぞれ指摘された。石田潤一郎によるものは御影公会堂の意匠を論じたもので、清水の作風は日本では珍しく、アールデコと構成主義を基調としている、と指摘した。足立祐司によるものでは清水栄二の作品の意匠と清水栄二の略歴が記された。梅宮弘光によるものは高嶋邸と御影公会堂の意匠について主に論じられたもので、清水の意匠面での特徴を、頭のほうが重たい意匠、としている。

(5) 川島智生「建築家　清水栄二についての研究―その1　足跡と業績について―」『日本建築学会近畿支部研究報告集』一〇五七―一〇六〇頁、一九八九年。

(6) 川島智生「大正・昭和戦前期の神戸市における鉄筋コンクリート造小学校建築の成立とその特徴について」『日本建築学会計画系論文集』第五一四号、二〇七―二一五頁、一九九八年。

(7) 川島智生「大正・昭和戦前期の大都市近郊町村における鉄筋コンクリート造小学校建築と民間建築家との関連―兵庫県旧武庫郡の町村を事例に―」『日本建築学会計画系論文集』第五一五号、二三五―二四二頁、一九九九年。

(8) 梅本由巳は表5-1-2にも示したが、明治三八年二月一日生まれの建築技術者で、大正一一年に兵庫県立工業学校建築科を卒業し、大正一四年に夜間制の神戸工業高等専修学校建築科を卒業する。その間、中島組を経て神戸市営繕課に勤務、その後昭和二年七月から昭和一六年一〇月まで一四年間、清水栄二建築事務所に勤務した。のちに住宅営団・兵庫の建築課に勤務した。御影公会堂の一部・魚崎町庁舎・育英商業学校の設計を担当する。

(9) 筆者は一九八六年から一九九六年にかけて、清水栄二、熊本一之、加木弥三郎、西村儀一の御子息に聞き取り調査をおこなった。

(10) 清水栄二が晩年にまとめた写真帳で二冊からなり、写真は清水栄二自身による撮影によるものであった。清水栄二の長男であった故、清水英夫が所蔵。

(11) 『兵庫県土木建築大鑑』土木建築之日本社、昭和一〇年による。『交詢社日本紳士録』大正一三年第二八版によれば、建築請負業として武庫郡六甲村八幡浜田五五に所在した。

(12) どのような関係にあったのかについてはわからない。

(13) 菱田とは後年まで付き合いがあったようで、あとで詳しくみるように雑誌「朗」のなかで対談をおこなっている。

(14) 東京大学建築学科に所蔵。その一部は『東京帝国大学工学部建築学科卒業計画図集』東京帝国大学工学部建築学科木葉会、洪洋社、昭和三年に紹介されている。

(15) 前掲註(14)『東京帝国大学工学部建築学科卒業計画図集』によると、住宅を取り扱ったものには井手薫のVILLA(明治三九年)、安井武雄の住宅(明治四三年)、増田清のMANSION(大正二年)などがあった。そのことは内田青蔵による『日本の近代住宅』鹿島出版社、一九九二年のなかでおこなわれた東京帝大建築科の卒業設計の分析によっても確認される。

(16) 大正七年以降、大正一五年までの東京大学の卒業設計を通覧すると、共同住宅（冨永長治・大正七年）や職工長屋（矢田茂・大正九年）など、社会派的な主題を取り扱う卒業設計が出現し始めていたが、それらはいずれもが中層の集合住宅であって、清水が扱ったような一戸建て住宅は取り扱われていない。また大正一二年以降には社会派的な内容を表すものや都市計画を主題としたものが現れるが、一戸建の住宅を扱ったものではなかった。ただ「郊外村」（田中徳治・大正一二年）においては一戸建から構成される住宅地が計画されており、もっとも「甲南荘」に近い位置にあったとみられる。が、その内容は各住宅のプランを主眼としたものではなく、村役場や小学校などの配置や街路の設計など都市計画的な側面に重点が置かれたものであった。このような比較からは、いかに清水の卒業設計が東京大学の卒業設計のなかで特異な位置にあったかが読み取れる。なお、清水が開校時より嘱託講師を勤めた神戸高等工業学校の第一期生の卒業設計に、「住宅組合の為の住宅群」（山口正・大正一四年）というものがあり、その内容から類推すれば、清水による何らかの関与があったものと考えることもできる。

(17) 清水の東大時代の恩師である佐野利器が、著作『住宅論』（文化生活研究会・大正一四年）で今後の住宅建設のシステムとして、このふたつを紹介している。

(18) 畳敷きの部分が建具によって板間の部分と区分されていたかについては、平面図の精度が粗いために判明しない。また藤井厚二の聴竹居のように畳み敷きの部分が板間より高くなっていたかについても畳敷き部分を切った断面図がないために不明である。

(19) 前掲註（15）内田青蔵による『日本の近代住宅』に詳しい。

(20) 大正五年には二月と五月の二回にわたり、川崎鉄網混凝土を用いた中流住宅の設計図案の懸賞募集がおこなわれた。一回目は予算五千円以内のもの、二回目は予算八千円以内、延坪七〇坪以内という条件であった。一回目は『建築雑誌』三五〇号、二回目は『建築雑誌』三五三号に掲載されている。

(21) 前掲註（19）と同じ。

(22) 坂本勝比古「郊外住宅地の形成」『阪神間モダニズム』淡交社、一九九七年に詳しい。

(23) 山形政昭「芦屋「文化村」記」『藝術』大阪芸術大学紀要第六号、一八八三年、川島智生「近代の建築と景観」『本庄村史歴史編』神戸市東灘区本庄村史編纂委員会、二〇〇八年。

(24) 東京大学建築学科所蔵。
(25) 二松堂書店、大正五年に刊行。このなかで片岡安は住宅公営は現代都市の趨勢であると論じた。この著書は片岡安の博士論文になった。
(26) 前掲註（11）『兵庫県土木建築大鑑』による。
(27) 前掲註（26）と同じ。
(28) 大正期に大阪心斎橋にあった書店で出版社も兼ねていた。前掲註（11）による。写真5-1-3参照。
(29) 大正九年から大正一五年までの間の神戸市職員録による。
(30) 筆者は「近代日本における小学校建築の研究」京都工芸繊維大学学位論文一九九八年の執筆にあたって、昭和戦前期に鉄筋コンクリート造を設計した多くの建築家に聞き取りをおこない、得た知見を総合して考えると、このような結論に至った。
(31) 大正一三年八月の『神戸市職員録』、大正一四年八月の『神戸市職員録』による。
(32) 『神戸市公会堂新築設計競技当選図案集』癸亥社、大正一三年二月参照。
(33) 神戸は震災で壊滅した横浜にかわって生糸の輸出港として売り出し中であった。阿部環「博覧会と神戸市」『神戸の歴史』第二号一九八一年一月による。
(34) 御影町庁舎設計の際に始められた建築同人で、清水の自宅に置かれた。図5-1-4は御影町庁舎の図面に押されたものである。「癸亥」とは干支の一つで六〇年周期であり、大正一二年（一九二三）が該当し、その年にこの建築同人が開設されたことで名付けられたものと考えられる。
(35) 『神戸市会議事速記録』大正一五年五月七日の酒井条太郎議員の発言による。
(36) 現時点で確認できた数であり、梅本由巳の証言に、前掲註（35）『神戸市会議事速記録』大正一五年五月七日の酒井条太郎議員の発言や、前掲註（11）『兵庫県土木建築大鑑』の清水栄二の経歴に記載された作品名などをすりあわせて判断した。
(37) セメントに粘土を混ぜてセメントの数量をごまかしたとされる事件で、鉄筋コンクリート造小学校の外壁の強度不足から発覚した。実際は火山灰をセメントに入れると小豆色に着色できることで、当時よくおこなわれていたことが誤解された一面もあったようだ。だが現実に営繕課の一部の技手が業者より賄賂を受けたということで逮捕された。
(38) 『魚崎町誌』昭和三一年、によると昭和七年から昭和一一年まで町長であった。明治四四年に神戸第一中学校を卒業した。

(39) 大正昭和戦前期、神戸を中心に活動した建築家で、明治四三年に東大を卒業後、陸軍第四師団を経て兵庫県都市計画地方委員技師、兵庫県営繕課長を経て昭和三年に建築事務所を開設した。代表作に国立生糸検査所がある。

(40) 大正昭和戦前期、神戸を中心に活動した建築家で、明治三一年に工手学校を卒業後、大蔵省臨時建築部神戸支部を経て、大正九年に建築事務所を開設した。代表作に神戸商工会議所がある。

(41) 大正昭和戦前期、神戸を中心に活動した建築家で、大正九年に早稲田大を卒業後、片岡建築事務所・兵庫県営繕課・中島組設計部長を経て、昭和二年に建築事務所を開設した。代表作に神戸山手ビルがある。

(42) 昭和戦前期、神戸を中心に活動した建築家で、大正五年に早稲田大を卒業後、辰野葛西建築事務所・川崎総本店を経て大正一〇年に建築事務所を開設した。ダンスホールを手掛けていた。

(43) 大正昭和戦前期、神戸を中心に活動した建築家で、大正一三年に京都大を卒業後、京都市営繕課を経て、昭和初期に神戸で建築事務所を開設した。住宅を主に手がけていた。

(44) 大正昭和戦前期、阪神間を中心に阪神間で活動した建築家で、大正四年に早稲田大を卒業後、宮内省を経て、大正一二年に西宮に建築事務所を開設した。代表作に宝塚ホテルなどがある。

(45) 大正昭和戦前期、阪神間を中心に活動した建築家で、明治四五年に兵庫県立工業学校を卒業後、河合浩蔵建築事務所を経て、大正八年に住吉建築事務所を開設、代表作に摩耶ホテルがある。

(46) 大正昭和戦前期、阪神間や東京、倉敷を中心に活動した建築家で、文化学院の創設者。大正一〇年に住吉に建築事務所を開設、主に住宅を手がけた。

(47) 大正昭和戦前期、阪神間・大阪を中心に活動した建築家で、明治四五年に大阪市立工業学校を卒業後、辰野片岡建築事務所を経て、大正一二年に芦屋に建築事務所を開設、代表作に精道第一小学校がある。

(48) 大正昭和戦前期、阪神間を中心に活動した建築家で、芦屋に建築事務所を開設、主に住宅を手がけた。

(49) 大正昭和戦前期、尼崎を中心に活動した建築家で、大正一五年に神戸工業高等専修学校を卒業、原科建築事務所を経て、昭和四年に尼崎で建築事務所を開設した。代表作に武庫小学校がある。

(50) 大正昭和戦前期、尼崎を中心に活動した建築家で、明治四二年に工手学校を卒業後、辰野片岡建築事務所・尼崎市土木課営繕掛（尼崎市最初の建築技師で営繕係長）を経て、一九二八年に尼崎で建築事務所を開設した。代表作に城内小学校がある。

(51) 前掲註（11）『兵庫県土木建築大鑑』に詳しい。
(52) 昭和二年に建築事務所を閉鎖している。昭和九年に七八歳で死去。
(53) 昭和八年に建築事務所は解散し、昭和一九年に八〇歳で死去。
(54) 山口半六の後を継ぎ兵庫県庁舎を完成させ、大正一三年に死去。
(55) 明治期にはハンセルやランデが活動し、大正期になるとラジンスキーやモーガンが活躍するが、昭和期に入ると日本人建築家に押されてその存在は小さくなる。モーガンによるチャタード銀行神戸支店が戦前期の外国人建築家の最後の建築であった。
(56) 一九九〇年の時点で、神戸市中央区海岸4―2―5に所在し、建築の設計施工業を営む。『三〇年のあゆみ』冨士建築株式会社、昭和五七年、による。
(57) 梅本由巳に対する聞き取り調査による。清水事務所では好まれたデザインのひとつだった。熊本一之が積極的に採用した。
(58) 『建築大辞典』彰国社、一九七六年によれば「表現主義」は次のように定義付けられている。「建築における表現主義は建築という芸術の性格上、当然、美術や文芸の場合ほどその理念も表現も明確ではない。（中略）アインシュタイン塔、ベルリン大劇場などが、流動的な造形として有名」。また、建築における表現主義の特色として、山口廣の『ドイツ表現派の建築』（井上書院・一九七二年）によれば、建築評論家のデニス・シャープの説として、「形態の造形性と運動感」が第一に挙げられている（「表現派的建築の美学」『近代建築と表現主義』一九六九年）。山口廣はそのことをまとめ、「動的なダイナミックな表現を意図しているかどうか。」と論じた。このような表現派の建築についての言説に、清水の建築作品の造形的な側面を照らしあわせて考えれば、ここでの「動き」とは表現派的な影響があったと考えられる。ただし水平線を強調する点など国際様式に繋がっていく要素も指摘できる。
(59) 神戸市長田区に所在する現在の育英高等学校で、この校舎は木造下見板貼りの素地仕上げのなかで、この部分だけはモルタルでつくられていた。
(60) 清水建築事務所のチーフデザイナー的な存在の建築家であったが、昭和二年以降大阪市建築課に勤務がかわる。その通勤のために豊中市に転居する。その結果、時間的距離的な制約により、神戸六甲の清水建築事務所から遠ざかり、昭和四年に完成する魚崎校以降は清水事務所の設計には関わっていない。
(61) 前掲註（4）の大川三雄によれば、ヨーロッパを席巻したモダニズムの様々な建築言語がちりばめられ、国際建築様式、表現派的造形、イタリア未来派の影響も感じさせる、とある。足立祐司によれば一九三〇年代の建築が持っている過渡期的な性格をよく現す、とある。梅宮弘光によれば、集会室、ホール、ステージのそれぞれに異なる立体を対応させる構成主義的な方法と、それ以上に饒舌な装飾的要素が併存する、とある。石田潤一郎によれば、建物の内外をことごとくアール・デコで押し切った力業の産物、とある。以上からは広義の意味でのモダニズムの影響を受けた建築であったとみられる。

(62) 梅本由巳の証言によれば、清水は設計に際し、めったに図面を書かないが、高嶋邸に関しては立面図や各室の展開図をみずから描き、絵の具で彩色までおこなっていた。またみずからが現場に通い、細部の意匠の決定をおこなうなど、この建物へ大変力を注いでいたという。施工は直営方式で、西田という大工棟梁による。また、前掲註(4)の大川三雄によれば、ベイウィンドウをもつ主寝室の見どころはモンドリアンの絵「コンポジション」シリーズを思わせる赤・青・黄の構成からなる天井のデザインであり、壁紙・暖炉・天井ともに構成主義のデザインで統一されている、とある。梅宮弘光によれば、南西隅の塔の頂部はパラボラ・アーチによる大・中・小三つのトンネル・ヴォールトが組み合わせられ、その組み合わせ方は、並列であったり、大きさが極端に異なったり、平側に開口が設けられていたりと、ヴォールトの一般的な構成原理からはずれており、それがなんとも不可思議な印象を与える、とある。このような分析を総合すれば、表現派と構成派の影響が濃厚だが、広義の意味でのモダニズムの影響を受けた建築であったとみられる。現在、高嶋邸は甲南漬資料館になっている。住宅というよりも接客などの迎賓館的な側面が強いといえる。しかし子供室の設備が整っている点も指摘できる。

(63) 筆者は昭和六二年八月に大神住宅による二棟の二戸一住宅の調査をおこなった。阪急六甲駅南側に清水歯科医院兼住宅が、国鉄六甲道南側に安水医院兼住宅と二軒が確認された。いずれもがもと二戸一住宅であった。清水歯科医院は桟瓦葺きで八角形の窓があった。安水医院は人造スレート葺きで丸窓があった。梅本の証言によれば、清水は木造では下見板貼りがもっとも耐久性が良いと考えていたという証言が残っている。建具はペンキ塗り板はオイルステインという共通仕様が用いられていた。

(64) 「住宅及土地経営に関する座談会」『建築と社会』、昭和八年四月号。「住宅の規格化に関する座談会」『朗』昭和一七年四月号などが確認される。清水は日本建築協会主催の瑞光住宅博覧会の担当常務(昭和八年)であり、住宅問題の専門家のひとりとして位置付けられていた。そのことは「小住宅対策提唱」『建築と社会』昭和八年四月、第一六輯四号参照。

(65) 水野僚子・藤谷陽悦・内田青蔵「「住宅組合法」の成立から廃案に至るまでの実施経緯について」『日本建築学会計画系論文集』第五三二号、二〇〇〇年六月に詳しい。
(66) 清水英夫による証言によれば、太陽住宅組合のなかで九軒目で抽選にあたった。
(67) 前掲註(64)「小住宅対策提唱」『建築と社会』昭和八年四月による。
(68) 篠田七郎『庶民金融概説』東京同文館、昭和一四年に詳しい。
(69) 大神住宅の清水歯科医院兼住宅に居住する清水省吾の証言による。清水省吾は昭和九年三月二八日より居住を開始した。この建物は昭和八年一二月に完成した。
(70) 昭和一三年一一月版の「日本電話建物株式会社営業案内」による。建築史家、石田潤一郎氏の御教示と資料提供を受けた。
(71) 早稲田大学建築科を大正一四年卒業した建築家で、東京で建築事務所を自営していた。主な作品にキッコーマン関西工場（昭和六年）がある。著書に『すぐに役立つ小住宅設計図集』興亜書房、昭和一五年。
(72) 明治二一年に兵庫県で生まれ、神戸高等商業学校を卒業後、宇野耐火煉瓦常務取締役を経て昭和六年に関西電話建物株式会社を設立する。著作に『甲南閑話』日本電話建物株式会社出版部、昭和一〇年、『明朗雑談』日本評論社、昭和一二年。
(73) 明治三三年岡山県に生まれ神戸市育ち、関西大学卒業後、関西電話建物株式会社を設立し、後に日本電話建物株式会社専務取締役。戦後は太平住宅をはじめとする太平グループを設立する。詳しくは中山幸一『私の履歴書、経済人10』日本経済新聞社、昭和五五年。
(74) 前掲註(10)「清水栄二写真帳」による。
(75) 清水栄二は電建叢書第三輯として、昭和一六年に『小庭園の見方造り方』を著書として刊行していた。
(76) 昭和一三年一一月版の日本電話建物株式会社「営業案内」によれば、「この組合は法律上の組合と違い、会社がいっさい責任を持ち、組合員は他の組合員の責任を持たなくてもよい」という特色をもっていた。この時の日本電話建物株式会社の標語とし、「家賃位の掛金で家が建つ、借料位の掛金で自分の電話となる」というフレーズがつくられ、月賦による住宅を組合員に販売していた。そこでは庶みれば、「先ず六十口又は九十口を一組とする組合を作り、抽選又は入札に依って、順次全組合員に御提供致します。」とあり、ここからこの会社の建設資金の調達手法が窺える。
(77) その経営規模の拡大は昭和一〇年には東京地区だけで、七ケ所の支店を数え、昭和一四年には社名を日本電建と改称する。名古屋や九州にも支店を有し、全国に営業所は六〇ケ所に及んだ。本店が東京に移る昭和一六年までに、急速に会社の規模は拡大する。そのことは組合契約概算表の数字に端的に顕れている。具体的にみれば、昭和六年末には六二〇口にすぎなかった資金が二年後の昭和八年末には六、二〇〇口、昭和一二年末には四一、〇〇〇口を計上し、六年間という短期間に約七〇倍に激増という驚異的な進展をみせていた。

(78) 出身学校名も含め、経歴は不詳。

(79) 日本建築協会の昭和一〇年代の会員名簿を閲覧した結果、平川節三や三木作治のほかに、次のような技術者がいたことが判明した。三好喜三郎（関西商工）、向山友次郎（西野田職工、昭和一〇）、森川重夫（関西商工、大正一五）、森本義雄（関西高工）、井上忠吾（京都高等工芸）、男野貞雄（関西高工）、佐竹義雄（京都工）、笹谷清（和歌山工）、中村義雄（和歌山工）。

(80) これらの雑誌類の閲覧に史料的な制約もあり、一部にとどまる。月刊誌『朗』はそれまでの建築関連の雑誌が着目しなかった大衆をターゲットとした住宅雑誌であった。

(81) 早稲田大建築学科の佐藤武夫教授によって名付けられ、昭和三〇年代から四〇年代にかけて業績はピークを迎え、多くの関連会社が生まれ、太平グループがつくられた。

(82) 図面には癸亥社の印はない。

(83) 『御影町誌』御影町役場、一九三六年。

(84) その後大阪市立都島工業学校を経て、現在都島工業高等学校。

(85) 東京高等工業学校建築科を明治三五年に卒業している。

(86) 筆者は複写を所蔵。

(87) 分一で実測している。

(88) 東大教授で鉄筋コンクリート造構造の専門家であった。清水は東大学生時代に佐野先生にはとてもお世話になったという、弟子の梅本由巳の証言が得られている。

(89) 昭和一五年より市制施行で芦屋市となる。

(90) 『毎日新聞』大正一五年五月三〇日付。

(91) 『川西小学校百年のあゆみ』川西小学校、一九七八年。

(92) 前掲註（83）と同じ。

(93) 分一で実測している。
(94)『神戸新聞』昭和一一年八月二三日付。
(95)『神戸新聞』昭和一一年二月八日付。
(96) 殖産住宅は東郷民安、衣笠元治、藤井護の三人によってつくられ、衣笠と藤井は昭和戦前期に日本電話建物株式会社に経営者の一員として関係していた。衣笠は取締役兼大阪支店長を経て昭和八年東京進出の際の責任者であった。藤井は昭和一六年から取締役を勤めた。『殖産住宅二十年史』殖産住宅相互株式会社、昭和四五年に詳しい。
(97)『創立九十周年記念誌』一九六三年。
(98)『大阪毎日新聞』一九二七年六月一一日付。
(99)『伊勢新聞』一九二八年九月二五日付。
(100) 昭和八年に新宮町と合併。
(101)『伊勢新聞』一九二七年一二月三〇日付。
(102) 前掲註(101)と同じ。
(103) 前掲註(101)と同じ。
(104)『伊勢新聞』一九二七年一二月八日付。
(105) 前掲註(101)と同じ。
(106)『大阪朝日新聞』一九二九年八月六日付。
(107) 前掲註(64)「小住宅対策提唱」『建築と社会』昭和八年四月、第一六輯四号にくわえ「住宅及土地経営に関する座談会」(雑誌『建築と社会』昭和六年八月号)「住宅の規格化に関する座談会」(雑誌『朗』昭和一七年四月号)の計三つが確認される。
(108) 前掲註(64)「小住宅対策提唱」『建築と社会』昭和八年四月、第一六輯四号。
(109) 前掲註(108)と同じ。
(110) 前掲註(108)と同じ。
(111) 前掲註(108)と同じ。
(112)『建築と社会』昭和七年六月、第一五輯六号が「実用小住宅」の特集を組んでいた。また最小限住宅というテーマが第2回 CIAM(昭和四年)の中心課題となるなど世界的な流行があった。

(113) 前掲註(108)と同じ。

(114) 「国民住宅」に関し住宅の規格化の必要を論じていた。月刊誌『朗』日本電建株式会社出版部、昭和一七年四月に掲載。

(115) 安井武雄(明治四三年東大卒)が野村家と、木子七郎(明治四四年東大卒)が新田家と、それぞれパトロネージな関係を結んでいた事例がある。

(116) 戦前期に活動した大阪市建築課技師・新名種夫によると、大阪市建築課が昭和二年以降小学校の設計を担当するようになって、それまで大阪市の小学校を設計していた多くの民間建築事務所が経済的な苦境に陥ったことを指摘した。(「建築事務所は何処にいく」『建築と社会』昭和五年九月、第一三輯九号)。だが、当時営繕組織を有した行政は大都市に限られており、郡部町村では昭和一五年頃まで民間建築事務所に設計依頼をおこなっており、小学校設計は民間建築事務所経営を大きく支えた。

第二節　建築家　古塚正治の経歴と建築活動についての研究

我が国近代における民間建築家の活動形態をみると、大正前期までは建築事務所数も少なく、その所在地は東京・大阪・神戸などの大都市に限定された。大正後期以降、民間建築事務所数は急増し、地方においても民間建築事務所が設立される。ここで扱う古塚正治は地方都市で活動した民間建築家の嚆矢というべき存在で、村野藤吾の出現までは私学出身者としてもっとも活躍した建築家といえる。西宮を拠点に郊外住宅地化がめざましかった阪神間を中心に活動をおこない、ホテルやダンスホールの建築を設計する一方で、市庁舎や図書館、小学校などの公共建築、さらに住宅、工場など、幅広いビルディングタイプにわたり作品を完成させる。また雑誌『建築と社会』や新聞などの紙面で自らの建築理念とし、近代主義デザインの相対化を主張していた。このようなことを考えれば、単に地方で活動した一建築家という枠組みで捉えられるものではないだろう。

管見によれば、古塚正治についての先行研究は宝塚ホテルなど一部の作品の意匠[1]面を扱ったものと、筆者による小学校建築と民間建築家との[2]関連という視角がある。だが、いずれもが建築理念からの作品分析や経歴に即した建築活動の解明、といった作家研究のレベルにまで踏み込んだ考究ではない。本稿では遺族調査で発見された[3]史料に各建物の現地調査によって得られた知見を照らし合わせ、古塚正治の民間建築家としての位置付けをおこなう。

写真 5-2-1　古塚正治

写真 5-2-2　宝塚ホテル

一　古塚正治の経歴

遺族調査によって発見できた経歴書をベースにし、遺族からの聞き取りを合わせ総合すると、次のような略歴があきらかになった。

1　学生時代

明治二五年（一八九二）二月九日に西宮町戸田町で、漢学者で小学校教員を勤めた古塚庄三郎の四男として生まれる。兄に兵庫県会議員をつとめた益千代[4]がいた。西宮第一尋常小学校（現・浜脇小学校）高等科を経て、兵庫県立工業学校機械科を卒業後、阪神電鉄[5]に勤務する。その間に後で詳しくみる実業家・八馬兼介が創設した奨学制度の対象者となる。この奨学制度は経済的に恵まれないが、向学心のある西宮町出身の子弟に高等教育を受けさせることを目的とし設立されたものであった。

古塚はその制度に合格し阪神電鉄を辞し上京、早稲田大学高等予科を終了後に早稲田大学に入学[6]、大正四年（一九一五）七月に首席[7]で理工科建築学科を卒業する。建築科として第三回の卒業生にあたった。同級生には笹川慎一がいた。早

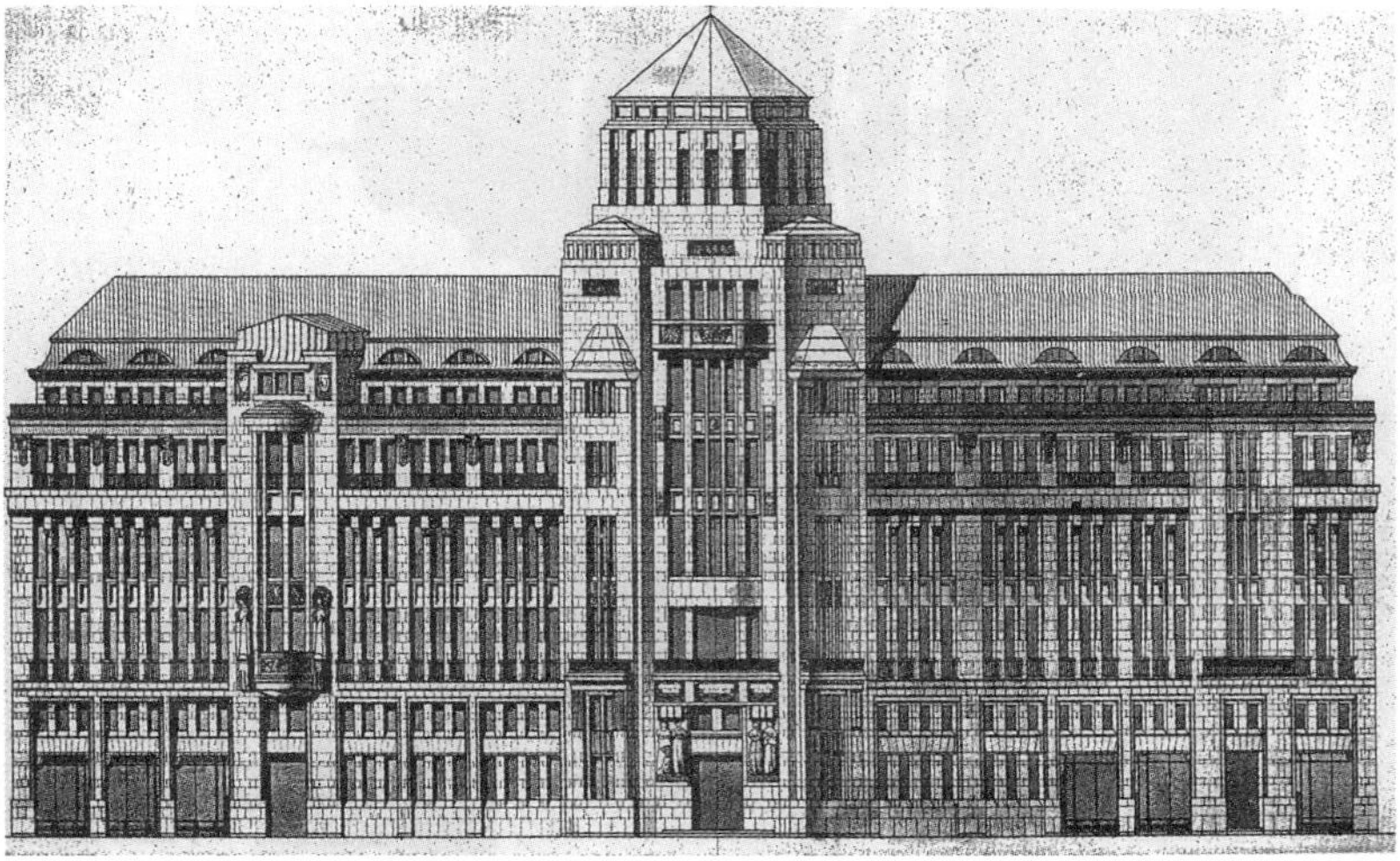

図 5-2-1　古塚正治 卒業設計正面図

稲田大学では主に佐藤功一と岡田信一郎教授の指導を受けた[8]。卒業設計は保険会社社屋が対象とされ、建築雑誌として知られた『建築世界』大正四年九月号にその設計図面（図5-2-1）が掲載された。当時この雑誌には大学や高等工業学校の首席卒業者の作品が掲載されることになっていた。その中の記載によると保険会社社屋の建築概要として、構造は鉄筋コンクリート造、様式はジャーマンセセッション式、とある。詳しくみればマンサード屋根がかかり屋根に窓が設置される。また正面の壁には彫刻が填め込まれている。これらの特徴は古塚正治がこの一〇年後に設計することになる宝塚ホテルのエレベーションと共通する要素でもあった。

2　宮内庁時代

大正四年八月に宮内省内匠寮に就職する。宮内省に入った理由は定かではないが、恩師佐藤功一が早稲田大学教授に就任するまでの間、宮内省内匠寮におり、その時の繋がりによるものとも考えられる[9]。宮内庁時代の建築活動についてはは詳しくはわからないが、設計を担当したものと確認されているものに、日獨戦争戦利品陳列館、葉山御用邸付属邸があった。また大正天皇の行幸時の施設設計に関わっていたようだ[10]。大正九年（一九二〇）に欧米への私費留学のために宮内省を辞す。洋行のスポンサーは初代八馬兼介であって、古塚はフランス、ドイツ、イギリスに二年余り滞在し、アメリカを経由して大正一一年（一九二二）一二月に帰朝する。

3　古塚正治建築事務所

帰国した古塚は直ちに二代八馬兼介の経営する諸会社の建築顧問技師になる。翌大正一二年（一九二三）二月に建築事務所を西宮町市庭町四二番地に設置し、建築活動を開始する。その内容は表5-2-2記した。建築家としての古塚はホテルやカフェ、ダンスホールなど商業建築の専門家として位置付けられていたことだ[11]。そのことは雑誌『建築と社会』を舞台とした執筆活動からも窺える。また、大正一五年（一九二六）に『平和宮万国懸賞図案集』[12]というオランダとベルギーの設計競技の図面集を「世界之美術研究会」の主催者として刊行しており、意匠面により強い関心があったことが読み取れる。

一方で古塚は建築教育者でもあって、神戸高等工業学校建築科講師（現・神戸大学工学部）(13)の非常勤講師を大正一二年より昭和二〇年（一九四五）までの二四年間にわたりおこなう。担当科目は建築色彩など意匠面が中心であった。また昭和八年（一九三三）からは大阪にあった関西高等工学校建築学科（現・大阪工業大学）(14)の講師もおこなっていた。

戦後の古塚正治は建築請負会社の経営者のひとりとなる。昭和二六年（一九五一）には「兵庫県下に於ける新建築の動向」(15)として戦後五年間に建てられた建築について論じるなど、兵庫県の建築設計業界の指導者のひとりとしての位置付けにあった。昭和三〇年代には引退し、昭和五一年（一九七六）一〇月八日芦屋で死去する。享年八四歳であった。

以上のような生涯を要約すると、建築事務所を三〇歳で開設し、三四歳で宝塚ホテルを完成させて以来、三五歳で多聞ビルと西宮図

表 5-2-1　古塚正治の経歴

和暦（西暦）	年齢	事績　月．日
M 25（1892）		2. 9　西宮町戸田町に生まれる
M 35（1902）	10	西宮第一小学校（現．浜脇校）尋常科卒業
M 39（1906）	14	3．西宮第一小学校（現．浜脇校）高等科卒業
		4．兵庫県立工業学校機械科入学
M 42（1909）	17	3．兵庫県立工業学校機械科卒業
※1		阪神電鉄入社
※2		早稲田大学高等予科を経て早稲田大学入学
T 4（1915）	23	7．早稲田大学理工科建築学科卒業
		8．宮内省内匠寮奉職
T 9（1920）	28	9．宮内省内匠寮退職
		佛・獨・英に洋行（～T 11. 12）
T 11（1922）	30	12．八馬兼介経営の諸会社の建築顧問
T 12（1923）	31	2．古塚建築事務所開設．西宮町市庭町
		神戸高等工業学校講師
S 2（1927）	35	阪神急行電鉄梅田ビルディング建築顧問
S 8（1933）	41	関西高等工学校講師
S 14（1939）	47	事務所移転．西宮市満地池町
S 21（1946）	54	6．同和建設設立・専務取締役
S 26（1951）	59	8．和田組・常務取締役
S 51（1976）	84	10. 8 死去．（戒名は創美院正眼建治居士）

出典は経歴書による。※1 は阪神電鉄広報課に確認したが不明との解答が得られた。※2 は早稲田大学校友課学籍係に調査依頼をおこなったが、現時点では正確な年月日は判明していない。

写真 5-2-3　多聞ビルディング（筆者撮影）

書館、三六歳で宝塚会館・西宮市役所・六甲山ホテルと、三〇歳代で主要な建築を完成させていたことがわかる。

二　建築事務所の活動

1　建築事務所の位置付け

遺族調査で発見された古塚正治建築事務所の経歴書によれば、大正一二年（一九二三）の事務所開設以来、八九件の建築をつくっていたことが判明する。この履歴書は昭和一一年（一九三六）の時点で作成されたものに、それ以降、昭和二六年八月までの間の主な設計内容が加筆されたものであり、それ以降のものについて記載はなく不明である。

新たに調査によって発見できた田辺邸(16)と、『建築と社会』に掲載されたY氏邸(17)、戦前期までの関西の近代建築を写真で紹介した『近代建築画譜』の古塚正治建築事務所の広告欄に記載された新京会館(18)と宮内省時代の先述の二件を加えると、計九四件が確認できる。その九四件はそれぞれ、公共建築が一八件、民間建築が五二件、住宅建築が二四件、となる。全建築物のなかで民間の建築の占める割合は約八〇％にあたる。民間建築を多く手がけた建築家であったことがわかる。

この九四件の建物を構造別にみると、木造は五三件、鉄筋コンクリート造は三六件、鉄骨と鉄筋コンクリート造の両方が用いられるものは二件、鉄筋コンクリート造と木造の両方が用いられるものは三件、と分類できる。ここからは半分近くが鉄筋コンクリート造であったことがわかる。古塚の設計した鉄筋コンクリート造の建築には九校におよぶ小学校校舎があった。鉄筋コンクリート造建築の設計料は、工費が高額ということでその額が高額なものになることが多かった(19)。このように鉄筋コンクリート造建築は古塚事務所の経営基盤の重要な要素を担っていた。ちょうど大正後期から昭和戦前期にかけては、小学校校舎の鉄筋コンクリート造への転換期にあたり需要は相当に

表 5-2-2　建築作品一覧

設計年	建築名称	竣工年	現在の所在地（竣工時）	ビルディングタイプ	構造	平面	外観	現存	備考
T 12 1923	苦楽園大観楼		西宮市苦楽園	旅館	RCW	−	−	−	
	寶梅園土地会社事務所	T 13.4	宝塚市（良元村）	事務所	RC	○	○	×	『建築と社会』T 14.3
	日本ペイント大阪本社	T 13	大阪市（鷺洲町）	事務所	RC	−	○	×	80 年史
	前川長市邸洋館		宝塚市（小浜村）	住宅	W	−	−	×	現大阪市保険組合寮
T 13 1924	八千代丘住宅組合住宅		不明	住宅	W	−	−	−	
	山村製壜所工場		西宮市	工場	S/RC	−	○	×	日本山村ガラス
	塩野吉兵衛邸		東灘区（住吉村）	住宅	W	−	−	×	塩野香料社長邸
	伊藤萬助邸洋館		東灘区（住吉村）	住宅	S/RC	−	−	−	伊藤萬社長邸
	富樫芳治朗邸		東灘区（住吉村）	住宅	W	−	−	×	塩野香料代表
	塩野香料研究所		灘区（西灘町）	工場	RC	−	−	×	塩野香料岩屋工場
T 14 1925	西郷小学校	T 15.7	灘区（西郷町）	小学校	RC	○	○	×	
	宝塚ホテル	T 15.5	宝塚市（良元村）	ホテル	RC	○	○	○	『建築と社会』T 14.5
	中州倶楽部		宝塚市（良元村）	娯楽施設	W	−	○	×	
T 15 1926	西灘第一小学校	S 2	灘区（西灘村）	小学校	RC	○	○	×	
	西灘第二小学校	S 2.1	灘区（西灘村）	小学校	RC	○	○	×	
	大社小学校	S 8.3	西宮市（大社村）	小学校	W･RC	○	○	×	1 期は木造、2 期以降は RC
	本山小学校	S 2.7	神戸市（本山村）	小学校	RC	○	○	×	
	芦屋八馬安二良邸洋館	T 15.7	芦屋市精道村	住宅	W	○	○	×	『建築と社会』T 15.8
S 2 1927	白鷺館		姫路市	映画館	RC	−	○	×	
	信行寺庫裡		西宮市	寺院	W	−	−	×	
	西郷幼稚園		灘区（西郷町）	幼稚園	W	−	−	×	
	猪飼九兵衛邸		西宮市	住宅	W	−	−	−	大鉄専務
	平塚嘉右衛門邸		宝塚市（良元村）	住宅	W	−	−	×	
	西宮信用組合事務所		西宮市	事務所	RC	○	○	○	
	芦屋八馬邸一部		芦屋市	住宅	W	−	−	×	和風
	西宮市立図書館	S 3.6	西宮市	図書館	RC	○	○	×	『建築と社会』S 3.12
	三浦座		西宮市	劇場	RC	−	−	×	
	多聞合資会社本社（多聞ビルディング）	S 3.5	西宮市	事務所	RC	○	○	○	『建築と社会』S 5.1
	本山村役場	S 3	東灘区（本山村）	役場	W	−	○	×	
	宝塚旧温泉	S 3.11	宝塚市（良元村）	ホテル	RC	○	○	×	『建築と社会』S 4.3
	松本邸		宝塚市（良元村）	住宅	W	−	○	×	後．劉邸、地震後解体
S 3 1928	西宮市庁舎	S 3.10	西宮市	役場	RC	○	○	×	『建築と社会』S 5.1
	仁川村上邸	S 4	宝塚市（良元村）	住宅	W	○	○	×	『建築と社会』S 5.1
	六甲山ホテル	S 4.5	東灘区（住吉村）	ホテル	RCW	○	○	○	『建築と社会』S 5.1
	塩野邸		東灘区（住吉村）	住宅	W	−	−	×	
	西灘第三小学校	S 4.3	灘区（西灘村）	小学校	RC	○	○	×	
	西宮市火葬場	S 5.1	西宮市（満地池）	火葬場	RC	−	○	×	『建築と社会』S 5.1
	宝塚会館	S 5.8	宝塚市（良元村）	娯楽施設	RC	○	○	×	『建築と社会』S 5.10

S 4 1929	岩屋公会堂		灘区（西灘村）	公会堂	RC	−	−	×	
	末正本邸		神戸市	住宅	W	−	−	−	鐘ヶ淵紡績重役
	長田公会堂		神戸市長田区	公会堂	RC	−	−	−	
	尼崎信用組合本店	S 5.5	尼崎市	事務所	RC	○	○	○	現・貯金博物館
	鶴町衛生組合		不明	事務所	W	−	−	−	
	山田邸		不明	住宅	W	−	−	−	
	五毛河内国魂神社	S 7.5	灘区（西灘村）	神社	W	○	○	○	奥谷工務店．45.000 円
	建石小学校	S 5.3	西宮市	小学校	RC	○	○	○	現、市立西高等学校
S 5 1930	中洲温泉	S 5.8	宝塚市（良元村）	娯楽施設	RC	○	○	×	
	大社村役場	S 5.11	西宮市（大社村）	役場	RC	−	○	×	
	西宮駅前郵便局		西宮市	郵便局	W	−	−	×	
	西宮松本邸		西宮市	住宅	W	−	−	−	
	豊乗寺		西宮市	寺院	W	−	−	×	
	大谷商店		大阪市東区今橋	商店	RC	−	−	×	荒物漆器問屋
S 6 1931	難波会館ダンスホール		不明	娯楽施設	W	−	−	−	
	難波温泉		不明	娯楽施設	RC	−	−	−	
	寶梅園事務所	S 6	宝塚市（良元村）	事務所	RC	−	−	×	
	南邸（中洲）		宝塚市（良元村）	住宅	W	−	−	−	
S 7 1932	宝塚ホテル宴会場	S 7.10	宝塚市（良元村）	ホテル	RC	○	○	○	
	徳田邸（雲雀丘）		宝塚市（西谷村）	住宅	W	−	○	○	現，正司邸
	桂ダンスホール	S 8.12	京都市西京区	娯楽施設	RC	○	○	×	『近代建築画譜』
	打出公会堂	S 7	精道村	公会堂	W	−	○	×	和風
S 8 1933	鳴尾第一小学校増築		西宮市（鳴尾村）	小学校	RC	○	○	×	
	名水アパート		西宮市	集合住宅	W	−	−	−	
	夙川アパート		西宮市（大社村）	集合住宅	W	−	−	−	
	倉田包雄邸		西宮市（大社村）	住宅	W	−	−	−	医博．阪大講師
	松風荘		西宮市（瓦木村）	料亭	W	−	−	×	
S 9 1934	安井小学校講堂	S 10.10	西宮市	小学校	RC	○	○	×	
	牧野邸		東灘区（御影町）	住宅	W	−	−	−	
	甲南同胞幼稚園		東灘区（本山村）	幼稚園	W	−	−	−	
	八馬邸	S 9	宝塚市（良元村）	住宅	W	−	−	×	和室の増築
	御影谷口商店		東灘区（御影町）	商店	W	−	−	×	
S 10 1935	大阪大谷商店		大阪市	商店	RC	−	−	−	
	西宮銀行芦屋北出張所		芦屋市	銀行	W	−	−	−	
	谷口邸本宅		東灘区（御影町）	住宅	W	−	−	−	
	大社小学校増築	S 11	西宮市	小学校	RC	○	○	×	
	鳴尾第二小学校	S 11.11	西宮市（鳴尾村）	小学校	RC	○	○	×	
	岩井邸茶室		芦屋市	住宅	W	−	−	−	
S 11 1936	日満軍人会館		満州新京市	倶楽部	不明	−	−	−	
	新京会館		満州新京市	娯楽施設	不明	−	−	−	ダンスホール
	日満ビルディング		神戸市栄町通	貸事務所	RC	−	−	−	
S 12 1937	西宮信用組合本部・倉庫		西宮市	事務所	W	−	−	−	
	田辺幸次郎邸	S 13	西宮市香枦園	住宅	W	○	−	×	東洋鑢伸銅社長邸

S 13 1938	東洋鑢伸銅（株）鑢工場	S 14.5	尼崎市長洲	工場	W	−	○	×	
	東洋鑢伸銅（株）寄宿舎		尼崎市長洲	工場施設	W	−	○	×	
S 14 1939	東洋鑢伸銅（株）事務所	S 16.5	尼崎市長洲	事務所	W	○	○	○	モルタルとタイル貼
	東洋鑢伸銅（株）工場	S 16.5	尼崎市長洲	工場	W	○	○	○	
S 15 1940	東洋鑢伸銅（株）青年学校		尼崎市長洲	工場施設	W	−	−	×	
	東洋鑢伸銅（株）食堂		尼崎市長洲	工場施設	W	−	−	×	
S 16 1941	鐘縁重工業人造ゴム工場	S 17	神戸市兵庫区	工場	W	−	−	×	兵庫工場
S 17 1942	丸善石油下津工場病院		岡山県	病院	W	−	−	×	
S 19 1944	東洋ベヤリング丹波工場		兵庫県	工場	W	−	−	×	柏原地下工場
	東洋ベヤリング美濃工場		岐阜県	工場	W	−	−	−	
※	Y 氏邸		東灘区（御影町）	住宅	RCW	○	○	−	『建築と社会』S 8.4

備考：平面と外観の－の印は内容の確認ができていないものを示す。出典は古塚正治「経歴書」を基礎資料とし『大衆人事録』『人事興信録』各会社の社史などでその会社や人物の確認をおこなった。※は設計年、竣工年ともに不明なものを示す。Y 氏邸は昭和 4 年設計の山田邸の可能性もある。現存についての有無は 2000 年 4 月 1 日の時点である。構造の RC とは鉄筋コンクリート造、W とは木造を示す。

表 5-2-3　阪神間の建築家一覧

事務所名	開設年	開設地	事務所設立の要因	阪神間での主な作品
今北乙吉	T 8	住吉村	住吉村の顧問建築師	摩耶ホテル
西村伊作	T 10	御影町	郊外住宅の需要を見越し阪神間に開設	住宅
古塚正治	T 12	西宮町	西宮町出身	宝塚ホテル
和田貞治郎	T 12	精道村	精道村に居住	金井重要工業
南信	T 14	精道村	山邑邸設計のために精道村に居住	住宅
清水栄二	T 15	六甲村	六甲村出身	御影公会堂
末澤周次	S 3	尼崎市	元尼崎市営繕係技師で尼崎市に居住	上村市長私邸
前川悦三	S 4	尼崎市	瓦木村出身で尼崎市に居住	南病院

備考：ここでいう阪神間とは現在の西宮市・芦屋市・神戸市東灘区・灘区の一部・尼崎市の一部を示す。

多かった。このことは第三章で論じたが、このような鉄筋コンクリート造小学校建築を多く手がけていたということは指摘しておく必要があろう。住宅建築は個人の邸宅が多かった。

設計年度別竣工リストである表5-2-2からは、古塚の設計した建物が建つ範囲は、大阪市や京都市、中国旧満州地方の新京に及ぶものの、東は尼崎市、西は神戸市、北は良元村（現・宝塚市）という、旧武庫郡を中心とした区域に集中していることがわかる。古塚正治の事務所の設置されていた西宮町は、武庫郡郡役所が置かれていたことからも窺えるように阪神間の多くの面積を占める武庫郡の中心地であった。この地域は大阪市と神戸市の間にあって、大正から昭和戦前期に急速に都市化が進展し、公共建築をはじめ住宅や工場の建設ラッシュの時期にあった。

　当時の阪神間での民間建築家の動向を表5-2-3に示した。ここから読み取れることは古塚事務所は阪神間ではきわめて早い時期に開設された建築事務所であった。建築活動の内容については阪神間を拠点とする建築家として、清水栄二[20]とならび多くの設計を行ったことが判明している。

　また、建築家としての位置付けは、表5-2-2の作品一覧から、古塚は西宮を拠点に活動する地方の民間建築家ながらも、村野藤吾[21]の出現までは、私学出身者としては我が国でもっとも成功した建築家のひとりであったことがわかる。

2　設計体制

　古塚事務所にどのような技術者がいたのか詳しくはわからないが、西宮市広報の記載[22]によれば、西宮市庁舎と西宮市立図書館の工事にあたっては、石橋昌三と飯田太助という所員[23]が現場監理を担当していたことがわかる。昭和五年（一九三六）の宝塚会館の工事概要[24]からは、古塚所長のもと、藤平信次[25]以下三人の製図係と石橋昌三、飯田太助という現場主任がいたことが判明している。

　昭和九年（一九三四）から昭和一三年（一九三八）まで古塚事務所に在職していた、新井組会長・新井辰一の証言[26]によれば、藤平信二をチーフとし最盛期には一五人前後の工業学校出身の若い技術者を擁していた。そこでの設計の進め方としては、古塚がスケッチをおこなって、後は担当者に任せるというシステムとなっていた。ただし古塚はその都度チェックをおこない、手直しをさせたという。なお、新井辰一は神戸高等工業学校を昭和九年に卒業した古塚の教え子であり、その関係で古塚事務所に勤めるようになったことが判明している。

図 5-2-2　宝塚会館 外観スケッチ

また、民芸風建築で知られた宮地米三[27]の回想によると、神戸高等工業学校在学時の夏期実習で古塚事務所にいった時に、宝塚会館の外観のデザインを任せられたとある。残されたスケッチ（図5-2-2）からは実現したものとほぼ共通するものが考えられていたことがわかる。

三　古塚正治の小学校建築

1　小学校建築の位置付け

ここでは古塚建築事務所が設計した小学校校舎の建築的解明をおこない、共通する特質を抽出し、その意義をみる。

まず古塚正治が生涯に設計を手がけた小学校を列挙すると、大正一五年（一九二六）に竣工の西郷小学校を嚆矢とし、西灘第一（西灘）・西灘第二（稗田）・本山（本山第一）・西灘第三（摩耶）・建石・大社・安井・鳴尾第二（鳴尾東）の九校があるが、現存する校舎は一校もない。

(1) 西郷小学校

古塚正治が最初に設計した小学校は大正一五年七月に竣工する西郷校の本館である。鉄筋コンクリート造二階建で、一階は中廊下式の教室配置となり、二階が講堂となる。本館は二階の最上部まで鉄筋コンクリート造の壁が建ち上がるが、小屋組は鉄骨で組まれており、傾斜屋根をみせた。一階は職員室や裁縫教室などの特別教室が設けられた。

この校舎の特徴は外観に彫刻のある壁面をみせる点にある。ファサードを分析すると、柱型が表わしになり、その間を六連アーチが窓上を飾る。形としては引き込みアーチとなり、そこには左官仕上げによる浮彫が施される。

写真 5-2-4　西郷小学校 本館

写真 5-2-5　西郷小学校 増築棟

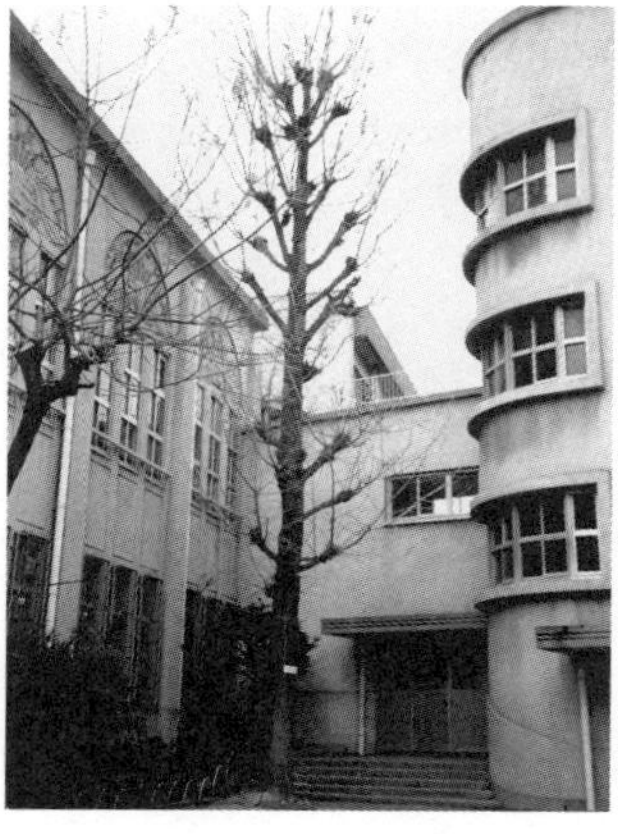

写真 5-2-6　西郷小学校 外観細部・右は増築部　左は本館（筆者撮影）

ここでのモチーフはチューリップの花の図柄である。このような浮彫の手法は二ヶ月前に完成していた古塚設計の宝塚ホテルの破風の意匠と共通する。

古塚正治は前述したように大正一五年（一九二六）一〇月に発表した小論「建築物の彫刻」(28)のなかで、建築物に彫刻を付けるということが「日本でも最近は、漸く斯の傾向が昂りつつあるのではないだろうか」と論じた。この小学校設計の際にこの建築観(29)が適用されていたことが窺える。だがその目論見ははずれ、装飾建築は一過性のものに終わる。ちょうどこの時期モダンデザインが胎動し始め、装飾は時代遅れのものと建築家の間では認識されつつあった。そのような意味では華麗な装飾を示した最初で最後の鉄筋コンクリート造校舎ともいえる。

同年に古塚が設計した西灘第一・西灘第二・大社・本山の四つの小学校では装飾は一切みあたらない。このことからは完成していた西郷校本館にそれほど高い評価が得られなかったものと思われる。この四校には装飾が簡略化されて記号のようになった微かなセセッション風の文様があるだけにとどまる。

西郷小学校に昭和一〇年（一九三五）には増築工事で鉄筋コンクリート造三階建校舎が建設されるが、そのスタイルはモダンデザインを強調したもので、本館とは対照的なデザインとなる。古塚が昭和三年（一九二八）に設計した西灘第三小学校（摩耶校）では昭和一一年（一九三六）の増築工事の際には古塚のスタイルを踏襲して建設されていたが、西郷校では一切考慮されていない。このことをどのように考えればよいのか。経緯はつまびらかではないが、摩耶校では両翼部への増築のため、意匠的な連続性が求められたのに対して、西郷校では増築校舎は接合ではなく、別棟として計画され、さらに既存の木造校舎があったことで、全体の意匠の統一性は求められなかったものと考えられる。よって本館の建築的文脈とは断ち切られたスタイルになった。

鉄筋コンクリート造の本館が建設された背景に神戸市への編入問題[30]が関連する。神戸市側は大正九年（一九二〇）の都市計画法施行を受けて市域拡大を目論見、大正七年（一九一八）頃より接続する東西の町村を対象として合併の準備をはじめ、須磨町は大正九年に編入され、遅れて昭和四年（一九二九）に西郷町・西灘村・六甲村が編入される。酒造業が盛んで財政の豊かな西郷町はこの時期、小学校の授業料は免除されており、家屋税負担率は神戸市より低かった。そのため神戸市に編入されることに何らメリットはなく、昭和三年まで西郷町の編入は読めない状態にあった。むしろこの時期は独立した町で自立していこうとする意向が高かった。そのことからは、この本館は単に小学校の講堂という面ではなく、西郷町の公会堂という側面が強かったものと考えることができる。

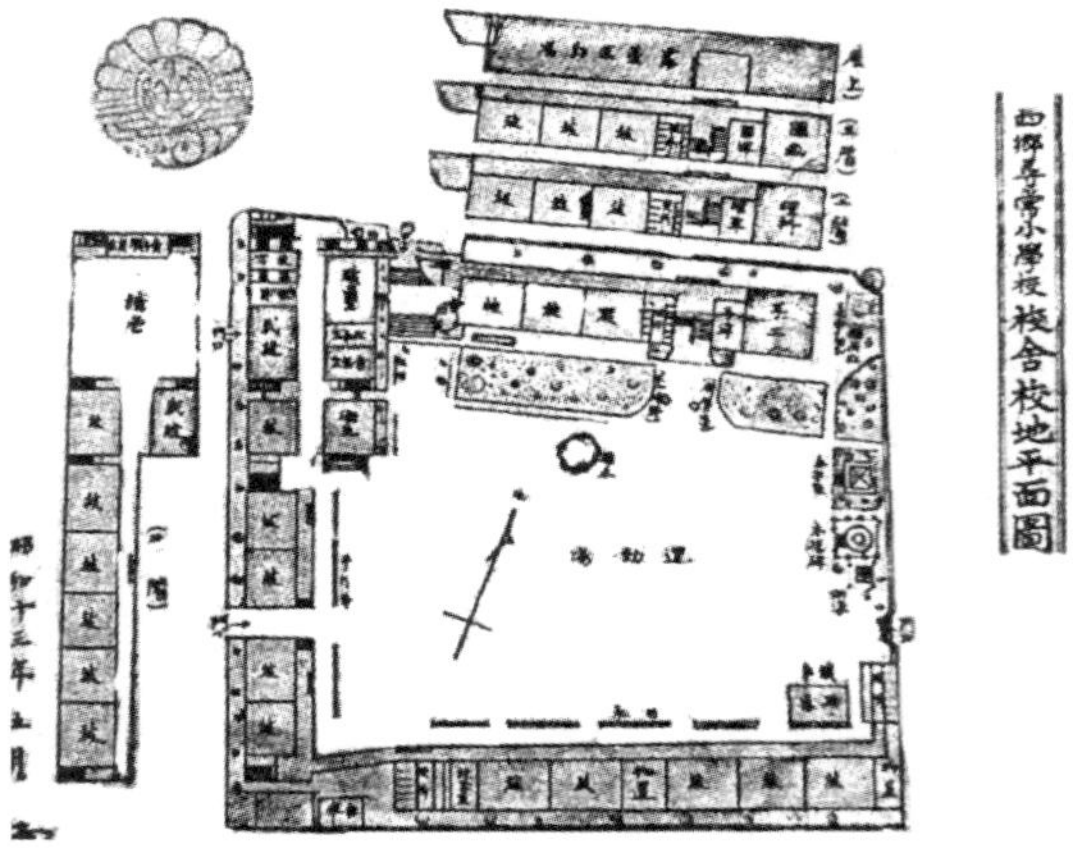

図 5-2-3　西郷小学校 平面・配置図

なぜ古塚に設計依頼がなされたのかは定かではないが、この時期隣接する西灘村で三校の小学校の設計をおこなっていた。古塚がこの地域でおこなったもっとも古い時期の設計は、大正一三年（一九二四）の塩野香料研究所であり、西灘村に建設されていた。このことがこの地域とのつながりにも結びついた可能性もあるだろう。

(2) 西灘第一小学校

西灘村では神戸市に編入前の段階で三校の鉄筋コンクリート造校舎を完成させていた。いずれもが古塚正治の設計であった。ただ西灘第一校に関しては、大正一五年（一九二六）一二月完成の西館が古塚の設計であり、大正一一年（一九二二）一〇月二三日に起工し、大正一二年（一九二三）七月三〇日落成の本館の設計者は現時点では不明である。古塚は宮内省内匠寮を辞して、大正九年（一九二〇）九月より二年間洋行しており、帰国は大正一一年一二月であった。設計事務所を開設するのは翌大正一二年二月からであり、古塚の設計でないことは明白である。施工は畑工務店で[31]、建設費は設計監督費を除き、一七九、〇〇〇円とある。畑工務店側の記述[32]によると、一五八、〇〇〇円とあり、ほぼ合致する。

設計者不詳の本館[33]をみると、建坪は二九三・

写真 5-2-7　西灘第一小学校 阪神国道開通前

写真 5-2-8　西灘小学校校舎・阪神国道開通後

写真 5-2-9　西灘第一小学校 校庭側

写真 5-2-10　西灘第一小学校 西校舎
（古塚の設計）

七五坪、延坪は九一〇坪とある。普通教室数は一九、特別教室は理科・家事・唱歌・裁縫・図工の五教室からなる。教室の大きさは縦四・五間（八・一九m）、横三・七五間（六・八二五m）となる。この数値は同時期の神戸市の小学校とほぼ同じであった。柱のスパンは一三・五尺（四・〇九m）となり、袖壁がまったくなく、柱型のすぐ横が開口部になる構成を示す。神戸市の小学校において大正一二年までに多かった形式で、日本トラスコン社が構造設計を担った校舎の特徴と共通する。

外観の特徴は柱型がパラペットの上端まで立上がっている点で、垂直性が強調されていた。一方中央玄関や左右の児童昇降口廻りは階段室となり、塔屋が設置された。とりわけ中央玄関廻りにはポルティコが設置され、この部分の塔屋形状はうねるような曲線をみせる。「増築工事概要」[34]にはセセッション式で、地下室と三個の塔屋があり、地下室より数えると五階建となると記載がある。阪神間で最初の鉄筋コンクリート造校舎がいかに高層建築であったかが強調されていた。建設時の写真からは畑のなかに建設されたことがわかるが、建設が計画された大正一一年（一九二二）の時点で阪神国道[35]が校舎のすぐ北側に敷設されることがほぼ決まっていた。そのことがこの校舎の外観を立派なものにすることにつながったようだ。建築構造上の特徴[36]として次のように記される。

建物ノ外観ヲ高クシ、他日十五間幅ノ阪神国道開通ノ暁ニ於テ、道路トノ均衡ヲ保タシムルコトニ留意シ、三個ノ塔屋ヲ設ケテ、建築美ノ発揮ニ考慮ヲ拂ヘリ

この校舎が竣工して間もない時期の大正一三年（一九二四）に西灘第二尋常小学校に通った作家の島尾敏雄[37]は西灘第一校のことを次のように述懐している。

当時にしては格段に広い道幅を持った阪神国道が横たわり、国道電車、並びに阪神電車の施設鉄道が二本も走っていて、花筵や清酒の製造工場も数多く、西灘村にとってはむしろその心臓部であったにちがいなかった。

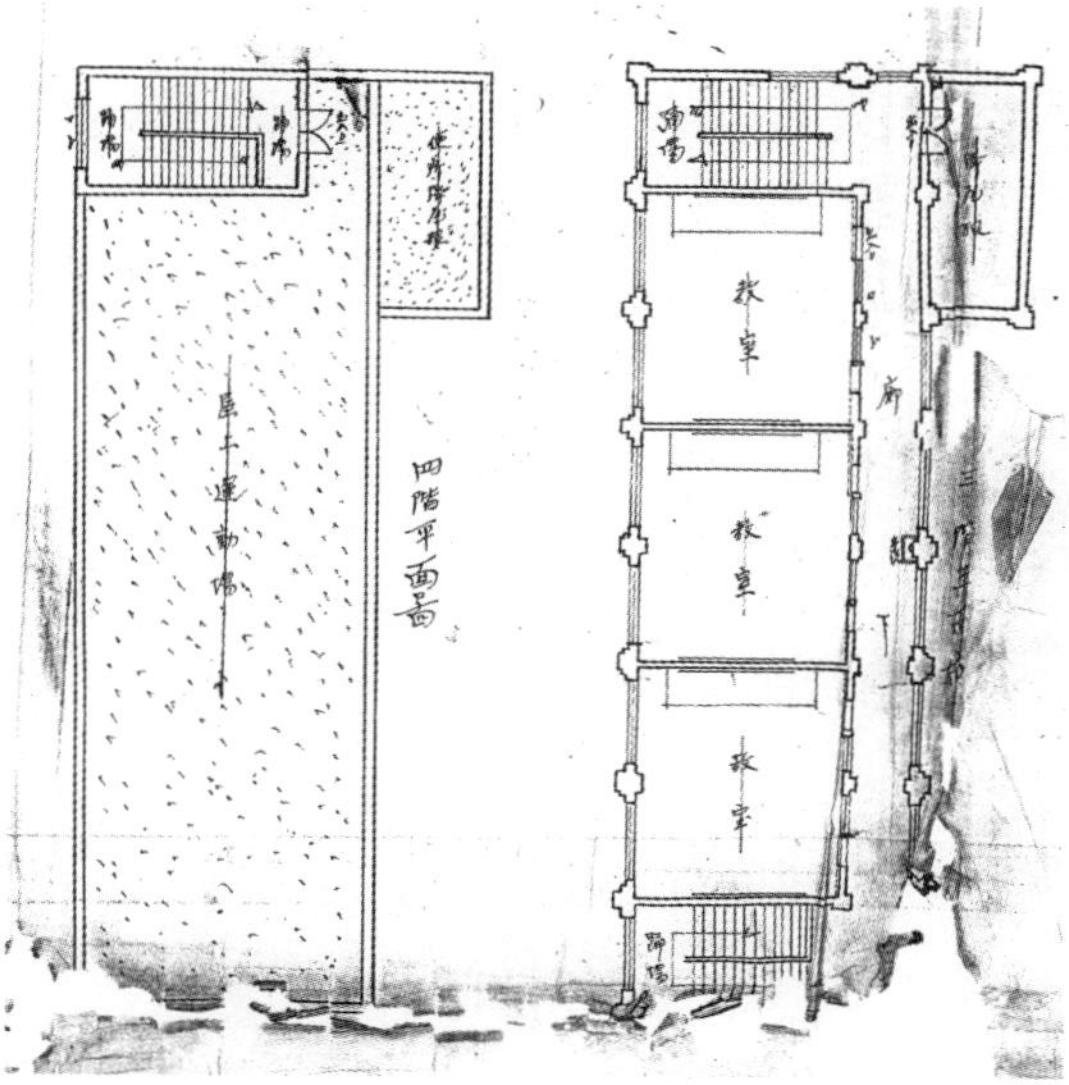

図 5-2-4　西灘第一小学校 西館 3 階 4 階平面図

小学校も稗田のよりはずっと規模の大きな、鉄筋コンクリート造りの（稗田の方は木造であったのに）西灘第一と名づけられた高等科併設の立派な外容の門が国道ぎわにあった[38]。

大正一五年（一九二六）一二月には西館が古塚正治の設計によって建設される。図5-2-4で示したようにワンフロアに教室数三室、三階建の建築であった。柱のスパンは本館よりやや大きくなり、教室の大きさは縦二九尺（約八・七九ｍ）、横二一・五六尺（約七・七六ｍ）であった。外観は柱型が表わしになり、パラペット下の外壁面までつながる。西館の工費は五二、七二八円で、金田組工務店が施工を担当した。その後昭和一二年（一九三七）に中廊下式教室配置で三階を講堂とする東館が神戸市営繕課の設計で完成していた。同校は昭和七年（一九三二）には西灘校に改称している。

（3）西灘第二小学校

西灘第二校では昭和二年（一九二七）二月に鉄筋コンクリート造三階建一二教室が古塚正治の設計で完成する。西灘第一小学校西校舎に三ヶ月遅れての完成であった。外観は階段塔屋の窓の位置以外はまったく同一となる。このことからは同一の設計基準でつくられたものと考えられる。ただこちらは一教室分多く、ワンフロアは四教室からなる。

大正一〇年（一九二一）の第二小学校の開校は西灘村の人口激増を反映したもので、この頃は次のようなバブルな様態にあった。

> 大正八年の頃より、年々歳々移住者の激増は、家屋の要求に迫られ、住宅経営は忽ち地価の暴騰を招来し、一坪百円の時価も敢て怪まざるに至れり、従て土地家屋の売買盛に行はれ、或いは一攫巨利を博し、或は一躍資産を造りしものあり。(39)

同校は昭和七年（一九三二）には稗田小学校に改称している。昭和一三年（一九三八）には中廊下式教室配置で三階に講堂を設けた本館が建設されている。

写真 5-2-11　西灘第二小学校 外観

写真 5-2-12　西灘第二小学校 右が古塚正治の設計した棟、左が増築校

写真 5-2-13　西灘第二小学校 左は講堂増築

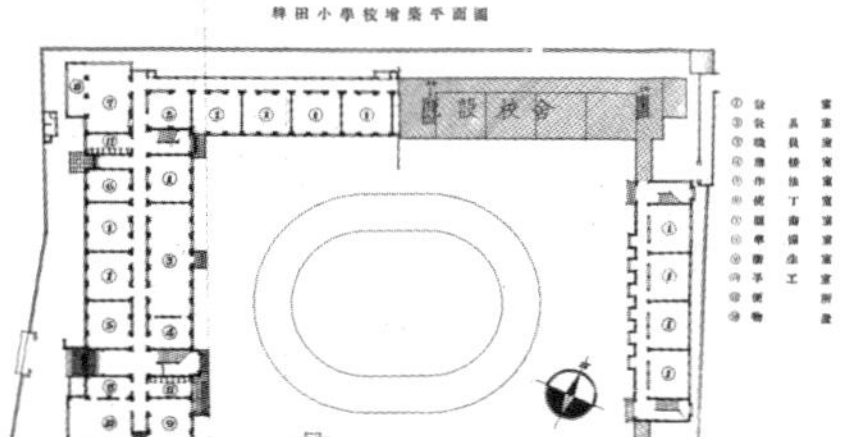

図 5-2-5　西灘第二小学校 増築平面図

（４）本山小学校

古塚正治は鉄筋コンクリート造の本館にくわえ、木造校舎の設計を大正一五年（一九二六）におこなっている。竣工は翌昭和二年（一九二七）で、教室棟は五月に、本館は七月にそれぞれ出来ている。それまでに建設されていた木造校舎はこの計画[40]を契機に取毀され、図5-2-6で示したコの字型のブロックプランの校舎配置が完成する。東西軸の北棟と南棟の間に東の校庭側を向いて南北軸の本館が建つ。本館は一階が中廊下式教室配置を示し、職員室・校長室・応接室にくわえて理科室・唱歌室が入る。北棟と南棟はともに普通教室を中心として六教室が上下階に設けられた。本館の一階の写真5-2-16からは中廊下の梁は大きなハンチが付いた半円アーチになっていたことがわかる。

本館の外観意匠をみると、外壁面には柱型が表わしとなり、桟瓦葺の屋根となる。玄関中央部にはバルコニーの付いた車寄せが設けられ、その上部には軒を越えて柱が立上がり、三角形の破風をみせる。細部をみると柱型の断面は外

写真 5-2-14　本山第一小学校 外観

写真 5-2-16　本山第一小学校 本館一階中廊下

写真 5-2-15　本山第一小学校 空撮

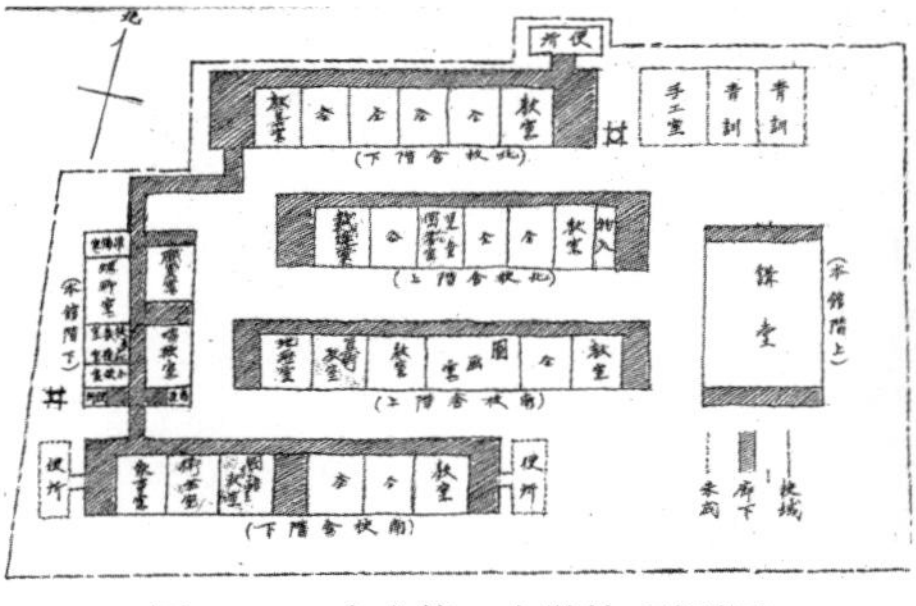

図 5-2-6　本山第一小学校 平面図

にむかって鈍角三角形となる。全体に垂直性を強調した外観となる。

　一方で木造の南棟教室棟は外壁が暗色のスティック仕上げと白色系の漆喰塗から構成され、対照的な色彩をみせる。その玄関上部は半切妻屋根で破風の漆喰壁の中に貫と束が意匠として入れられる。貫は端部では成《せい》が細くなる。つまり貫の大きさを調整することでファサードがデザインされていた。この校舎は古塚正治の数少ない木造校舎のひとつであった。

(5) 大社小学校

　古塚正治は四回にわたって大社校の校舎を設計[41]していた。最初は木造の本館を昭和三年（一九二八）に、その後は鉄筋コンクリート造で三期（昭和四年・昭和八年・昭和一一年）にわたって建設された。建坪をみると、本館が一五〇坪、一期が一四〇坪、二期が二八一坪、三期が九九坪、であった。昭和三年と四年の工事は大社村がおこな

写真 5-2-17　大社小学校 全景

写真 5-2-18　大社小学校 昭和 11 年増築部分

写真 5-2-19　大社小学校 屋上

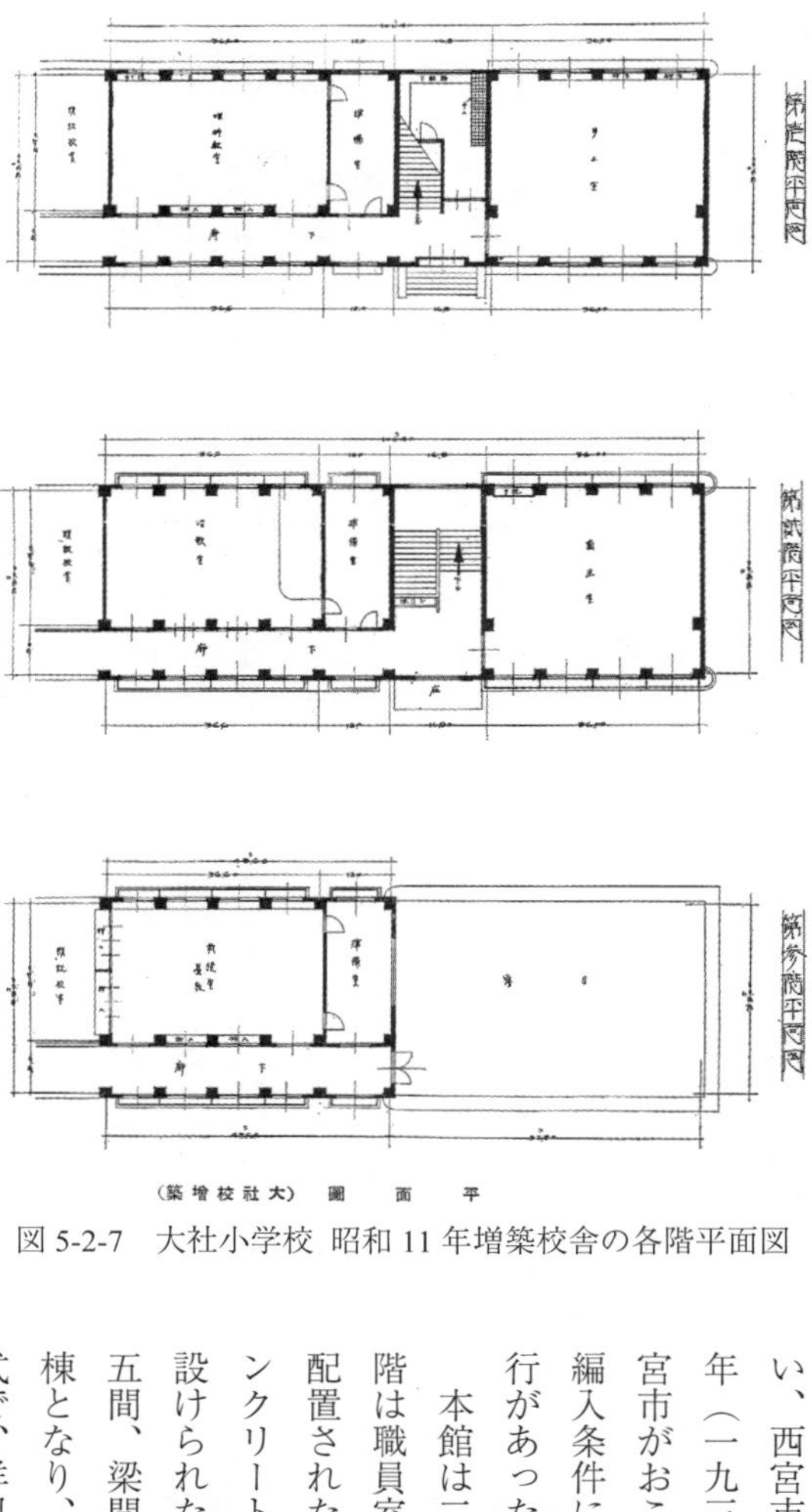

図 5-2-7　大社小学校 昭和 11 年増築校舎の各階平面図

い、西宮市に編入された昭和八年（一九三三）以降の工事は西宮市がおこなった。おそらくは編入条件に二期・三期工事の遂行があったものと考えられる。

本館は二階が講堂となり、一階は職員室や教室が中廊下式に配置された。地階だけが鉄筋コンクリート造であり、家事室が設けられた。その規模は桁行一五間、梁間一〇間で、屋根は寄棟となり、外壁はスティック様式で、洋風建築である。

校舎棟は北棟と東棟からなるL字型のブロックプランを有し、出入口となった北東角で接合する。その入隅部は壁面が対角線となり、外観上はこの部分を中心として左側の北棟と右側の東棟が左右対称とみえるように設計されていた。入隅部では細柱をパラペット上に立ち上げる一方で、各階に丸窓を配し、中心性を強調する。その両側では低く抑えられたパラペットが左側では二教室分、右側では一・五教室分続いた地点で、外側に大きくカーブをとって立上がり、ファサード全体に動きの感覚を与えていた。そのような意味では表現派に通ずるファサード構成ともいえる。

校舎棟はすべて片廊下式教室配置で、入隅部は階段室となる。設計図は見出せていないが、昭和一一年（一九三六）の増築の際に発行された『建築概要』(42) によれば、柱スパンは九尺（約二・七三m）と九・一五尺（約二・七七

m）の二通りからなり、梁間方向は廊下が九尺（約二・七三m）、教室が二四尺（約七・二七m）の計三三尺（約一〇・〇m）となる。ファサードとの関連で興味深いのは、窓台が一教室の長さ分連続して取付くことで、その出隅部にはアールの処理がなされた手摺りが付き、肘掛け窓のような扱いとなっていた。

（6）西灘第三小学校

昭和三年（一九二八）八月の西灘村会で第三校の新築が満場一致で可決され、翌九月には起工し、昭和四年（一九二九）三月に竣工する。ここからは古塚正治が西灘村から設計依頼を受けた時期は村会に新築案が提出される前であったことがわかる。施工は畑工務店で、建築費は一六五、五九五円、敷地買収費は一一四、七二〇円であった。建築面積は三一〇坪、延床面積は九五六坪で、軒高は講堂が四五尺（約一三・五一m）、普通教室が四〇尺（約一二・一二m）となる。普通教室の大きさは二通り[43]あり、本館二階のみは一六・三三坪で六教室が、それ以外はすべて一五・七五坪となっていた。それは外観の柱割を反映したものであった。

この新設校の特徴は二つあり、ひとつはブロックプラン、もうひとつは外観の意匠にある。前者からみると、北棟と西棟をつなぐように対角線状に本館を配置する。このような配置手法は神戸市営繕課や関西で活動したフリー・アーキテクトの設計にはなく、管見の限りにおいて古塚正治ひとりである。古塚の設計した小学校では、すでにみた大社校や次にみる建石校でも用いられていた。つまり、古塚のなかでは中心棟から四五度振って両側に教室棟を配置する手法が校舎としてはふさわしい形であると捉えられていたことがわかる。

外観の意匠をみると、外壁にゴシック風の柱頭飾りを設けた柱型が表出し、最上階の窓の形は一様に先が尖ったゴシックアーチとなる。対角線上に配置したプランニングの効果もあり、左右の翼部からの視線が中央の本館に収斂する構図がつくら

写真 5-2-20　西灘第三小学校 全景

写真 5-2-24　西灘第三小学校
講堂のステンドグラス（筆者撮影）

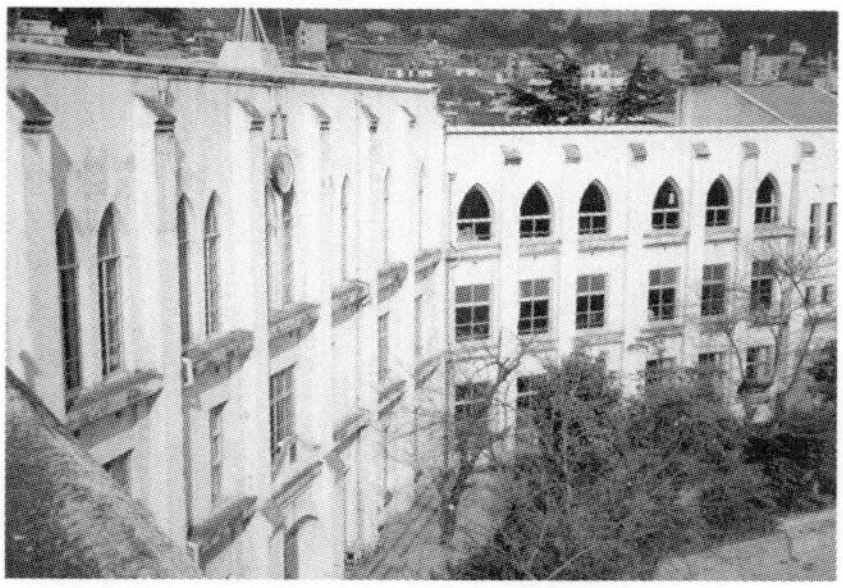

写真 5-2-21　西灘第三小学校 講堂
（筆者撮影）

写真 5-2-22　西灘第三小学校 増築校舎

写真 5-2-25　西灘第三小学校
階段室の窓
（筆者撮影）

写真 5-2-23　西灘第三小学校 講堂内部

れていた。建築を美術的に捉えることを得意とした古塚正治の真骨頂が発揮されていた。このような建築特徴から判断すれば西灘第三校は古塚が設計した小学校を代表するものと考えられる。

　このスタイルがいかに学校関係者や地域住民に支持されていたのかは昭和一一年（一九三六）に増築校舎が建設される際に、古塚がつくった本館ならびに左右の翼部の形に合わせて、ゴシックアーチでもってこの新しい建物をデザインされていたことからも窺えよう。設計は神戸市営繕課で担当者は森義弘であった。

　校舎内部の意匠的な見所を探ると、講堂の一四点に及んだステンドグラスが挙げられる。ゴシックアーチの窓上部に嵌まる。公立小学校にステンドグラスが用いられるケースは戦前期ではきわめて珍しいもので、設計者の特性が現れ出ていた。階段室には階段の踏面と蹴上高さに合わせて半円アーチの縦長窓が設けられていた。同校は昭和七年（一九三二）には摩耶小学校に改称している。

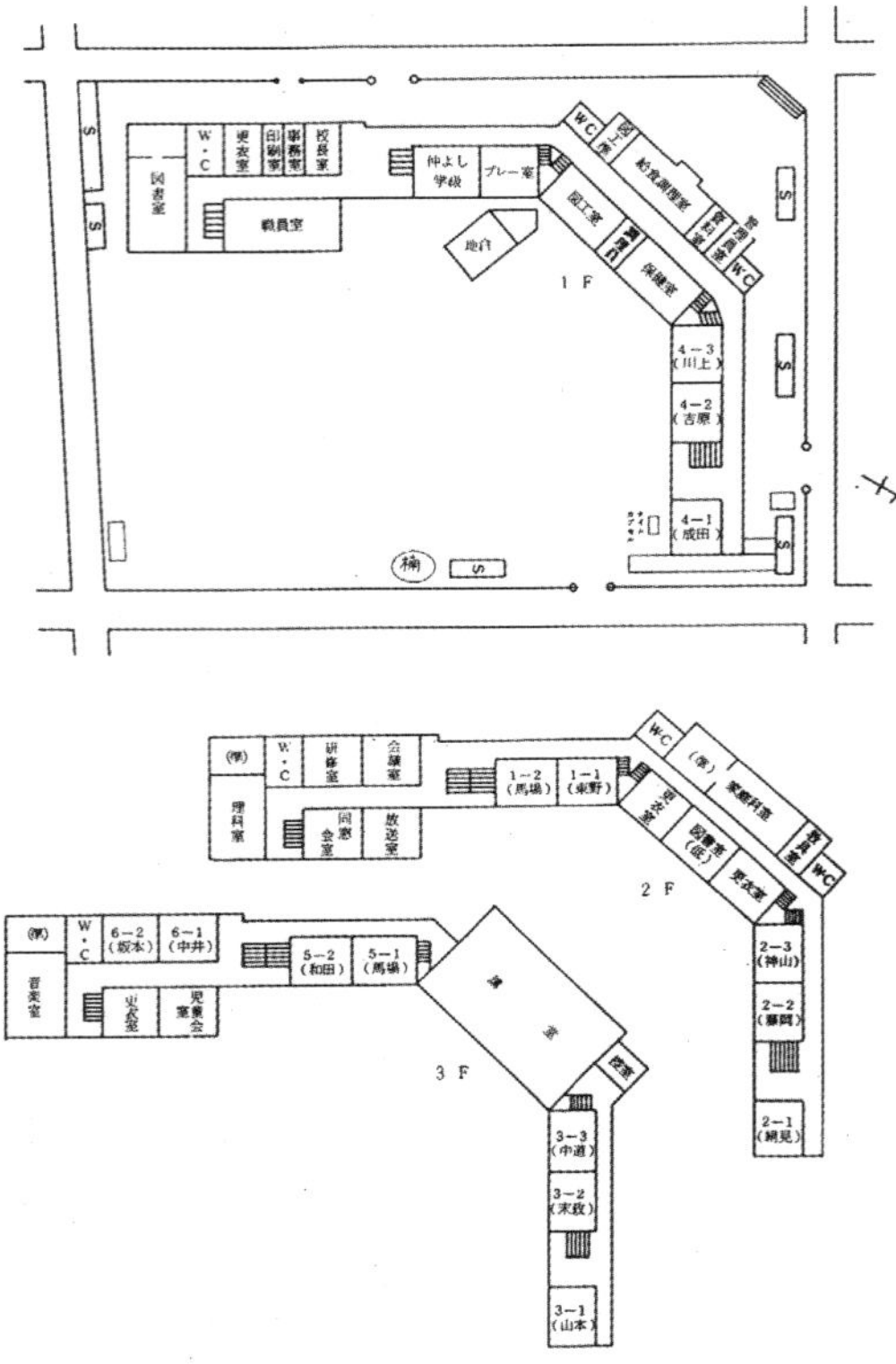

図 5-2-8　西灘第三小学校 配置図兼各階略平面図

（7）建石小学校

昭和五年（一九三〇）に建設された建石校は新設校であり、西灘第三校の一年後に完成する。特徴は西灘第三校と同じく、対角線上に本館を配置したプラン(44)であるが、玄関は出隅部に設けられ、隅切りされた道路に面する。つまり、西灘第三校とは正面側が逆の配置となる。一番の違いは外観から装飾的な要素は消えたことである。その代わりに現れたのが開口部廻りの次の二点の意匠的操作である。一点目は柱型とパラペット外壁面の位置が同一面となり、開口部が深く内側に入り込んだ位置に設けられる点、二点目は窓台が連続する点である。前者は柱型が表出するが、フレームを構成する要素という扱いであり、強い存在感を示すものではない。後者は建物全体の水平性を強調する。つまり、建物を構成するのに必要な要素だけで外観がデザインされていた。この校舎は昭和二三年（一九四八）の学制改革で西宮市立高等学校に転用される。

写真 5-2-26　建石小学校 正面

写真 5-2-27　建石小学校 校庭側

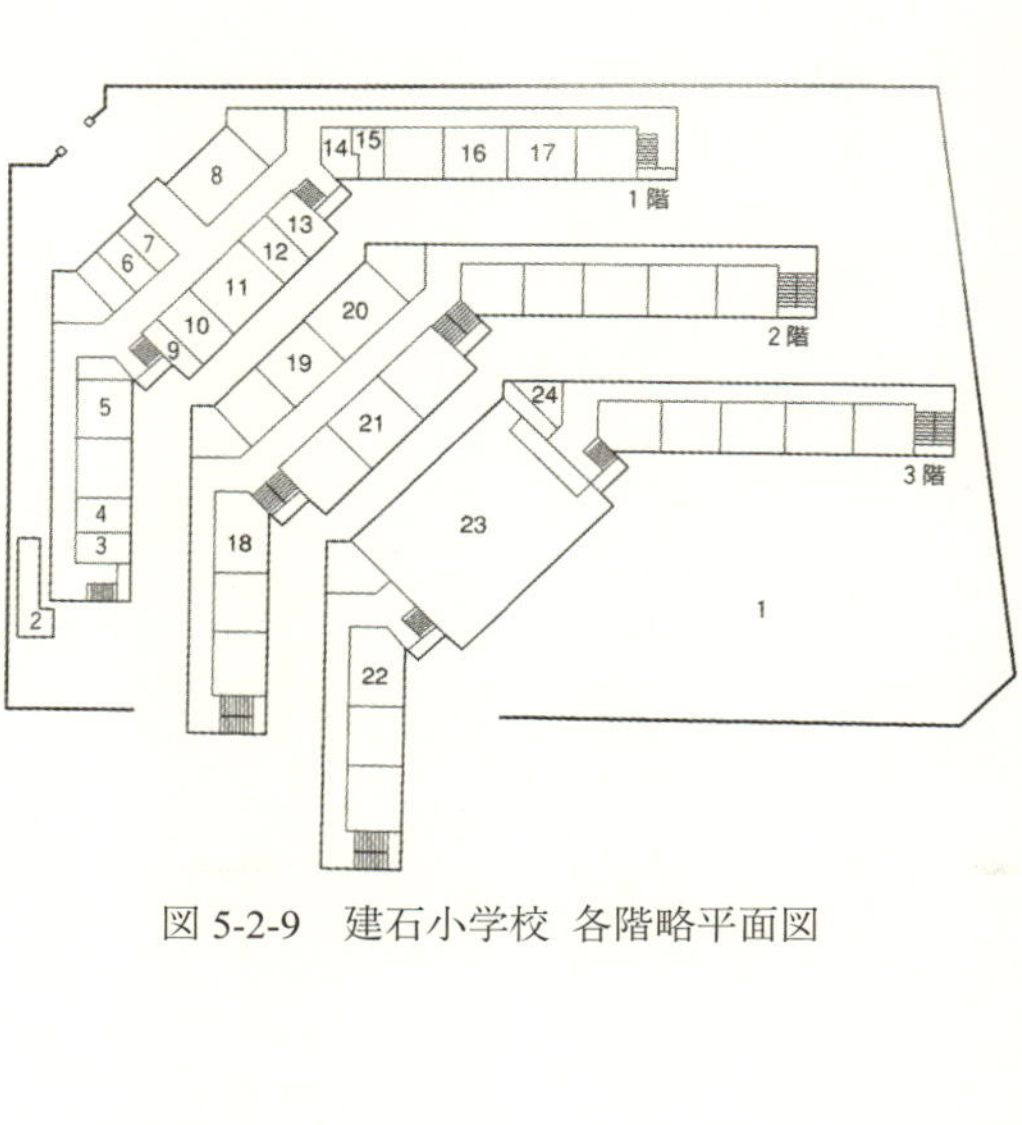

図 5-2-9　建石小学校 各階略平面図

（8）安井小学校

講堂の設計であり、安井校では最初の鉄筋コンクリート造建物で、昭和一〇年（一九三五）に誕生した。(45)その特徴は梁型と柱型で構成されたフレームを正面に設け、縦線と横線だけでファサードがデザインされる。この厚みの感覚は建石校の窓廻りにつながる。内部は緩い曲面天井となり、正面壇上廻りは細い柱が並ぶだけのシンプルなスタイルとなる。

写真 5-2-28　安井小学校 講堂

写真 5-2-29　安井小学校 講堂内部

（9）鳴尾東小学校

古塚正治が最後に設計した小学校が武庫郡鳴尾村の東鳴尾校であった。外観の特徴は三階までアールとなった玄関廻りと壁面に取り付けられたガラスの箱状形態にあり、古塚が設計した小学校の中ではもっとも近代主義の影響を受けたものであった。同校は児童数の激増によって生まれた新設校であり、昭和一一年（一九三六）一月に起工し、同年一一月に落成している。施工は戸田組が担い、建築費(46)一九六、四六二円、設備費二七、五六九円、敷地費五四、三九六円に雑費などを含めると、総工費は計二九三、六九二円となる。延床面積は一、一九五坪で、一階の建築面積は三七九坪、二階と三階がともに三八五坪、中二階が二五坪となる。内部の室は普通教室が一六室、特別教室は手工・図画・理科・地理・唱歌・裁縫の六室、となる。

竣工時に教育雑誌『兵庫教育』(47)に「本校建物の三大特色」として次のように記される。

本校建築の特色は先づ普通教室の窓面積を最大にとったところにあります。近代都市の小学校建築に於て採光の不充分なる原因が学童保健上の一大欠陥の因をなしている事は既に専門家の間に喧しく云はれているところであって、将来本校の位置が一大工場地帯化した場合にも決して採光上から学童の保健に悪影響を及ぼさない丈けの大きな窓を持つと云うことに設計当初苦心致しました結果、窓面に柱をおかないで総体窓とする事に致しました。此の点に就ては数年前欧米では最も進歩的な学校建築としては「薄膜構造」つまり日光と空気と云った自然の活力を最大に摂取する窓面積の最大なる教室構造と呼んで学童保健上の著しい効果が挙げられているのでありまして、此の点未だ日本の他の学校建築で試みられていない一大特色であるのであります。

この一文には設計者でなければ知り得ないことが記されており、落成式典時に古塚正治が述べた工事報告をそのまま活字化したものと考えられる。[48]「薄膜構造」とは確証はとれないが、一九三〇年に建設されたオランダのオープン・エアスクールを指しているものだと思われる。ガラス窓の面積が多かった理由である。古塚は二年間の洋行

写真 5-2-30　鳴尾東小学校 外観

写真 5-2-31　鳴尾東小学校 講堂

写真 5-2-32　鳴尾東小学校 音楽室

以来、新しい建築の動きに鋭敏になっていたとの証言を筆者は古塚正治の弟子のひとり、新井辰一[49]から得ている。あとの二つの特色をみると、二つの目は「特別教室―特に音楽教室と図書教室の位置に留意致し」とあり、遮音のために普通教室から離して玄関ホールの上の二階に音楽室を設け、図書室はその三階に設けられていた。玄関ホールは扇型であり、両教室もまた扇型となっていた。三つ目は「教員室の設備」で、「教員室の広い窓からは運動場の隅々迄　居ながらでも眼が届く」ことを可能とした。職員室の窓が足元からガラス貼りとなっていたことを意味した。

プランは半円形の頂部が玄関ポーチとなり、そこは円柱が二本連なる吹き放ちの円廊となり、その奥が玄関ホールとなり、階上に通ずる階段が設けられる。さらに奥には中廊下式の教室配置の廊下が縦軸の校舎を貫くように配置される。二階も同様の構造を示し、三階が講堂となる。その向こう側に教室棟が接続するという構成を示す。

2　古塚正治設計の小学校のまとめ

古塚正治設計の小学校はプラン上本館を斜めに配置する手法が用いられており、西灘第三・建石・大社の各小学校でみられた。このプランはほかに類例が少なく、古塚正治の特徴といえる。また神戸市の定型化された小学校と同じく講堂を最上階に設けるものも多い。意匠面ではセセッション、ゴシック、機能主義、アールデコと時間軸で刻々と変化していく。最初の西郷校では植物文様の浮彫彫刻をみせ、西灘第三校ではゴシック風の窓を連ね、最後の鳴尾東校ではアールデコ風の意匠を示すなど、華麗な学校建築を実現させていた。

四　パトロンとの関係

パトロンであった八馬家をはじめ、平塚嘉右衛門・阪急電鉄・塩野香料などの民間の会社にくわえ、西宮市や西灘村・大社村・本山村などの阪神間の市町村の顧問建築家的な関係にあった。

1　八馬家

先述したように早稲田大学進学や建築事務所開設など、古塚の生涯にわたっての財政的後援者となる八馬家との関連をみる。古塚は八馬家の初代兼介[50]にその向学の志を認められ、兼介のつくった奨学制度を受けることになる。初代兼介とは、米屋からスタートして明治一一年（一八七八）に西洋式帆船による海運業をはじめ八馬汽船を設立し成功を遂げる。[51]次に酒造家の金融機関として、西宮銀行（神戸銀行を経て現・三井住友銀行）を設立し二〇年間頭取を勤め、辰馬家とならび西宮町を代表する実業家となる。

大正六年（一九一七）に家督を継いだ二代兼介[52]は明治二七年（一八九四）生まれで、初代の事業を引継、多方面に拡大していった。古塚が建築事務所を設置するのが大正一二年（一九二三）であることから、古塚のパトロン的な役割を果たしたのも二代兼介であったといえる。八馬家の各事業を統御する本社的機能がある多聞ビルディング[53]

図 5-2-10　宝梅土地 外観透視図

図 5-2-11　八馬兼介 芦屋別荘正面図

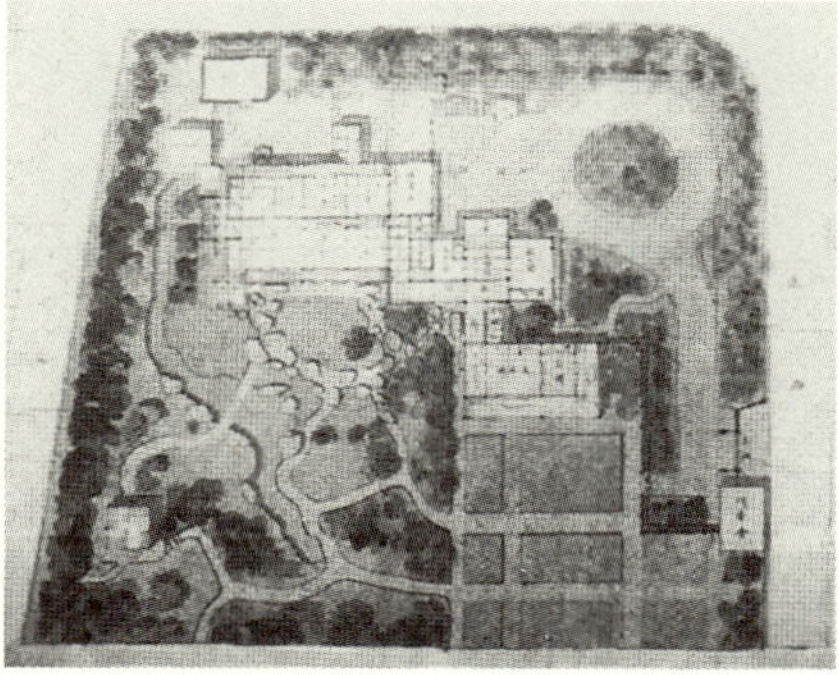

図 5-2-12　八馬兼介 芦屋別荘配置図

は二代兼介の時代に古塚の設計によって建設されている。

なお、初代兼介の時代の建築について、どのような建築家が担当していたのか判明はしないが、大正六年（一九一七）に設計された八馬家本宅[54]は松田亥作建築事務所[55]が設計を担当していたことが確認される。松田亥作は本宅を設計した直後の大正六年に死去する。すなわち八馬家に、顧問的役割を果たす建築家がいなくなる。このことは古塚が顧問建築家として着目される契機となる。

古塚の「履歴書」によれば、大正一一年（一九二二）一二月以来、二代兼介の経営する諸会社の建築顧問技師に就任し、その関係は二代兼介が昭和三五年（一九六〇）に死去した後も古塚が死ぬまで継続[56]した。八馬の経営する会社は西宮銀行・八馬汽船・多聞合資会社・武庫銀行・西宮酒造・寶梅園土地会社などがあった。二代兼介には三人の弟がおり、次男・安二良[57]は八馬汽船、三男・駒雄[58]は寶梅園土地、四男・眞治[59]は多聞酒造と、それぞれの経営を担当した。安二良と駒雄の住宅の設計は古塚に任された。安二良邸は芦屋川畔に大正一五年（一九二六）に建てられたスパニッシュ風の洋館で、隣あって二代兼介の和風の別荘が昭和二年（一九二七）につくられる。駒雄邸は大正一三年（一九二四）に寶梅園に建てられた寶梅園土地会社事務所[60]を昭和六年（一九三一）に増築、昭和九年（一九三四）に改築をおこない住宅にしたものであった。

古塚と八馬の関係において注目すべきは、古塚は二代兼介が経営する会社のみならず、二代兼介が監査役という立場で経営に関わる阪急電鉄や名誉職をつとめる西宮市といった組織の建物の設計もおこなった点に特徴がある。このような関係のなかでつくられたものが古塚の代表作になっていることを考えれば、古塚にとって二代兼介の存在がいかに多大なものであったかがわかる。昭和戦前期[61]までは仕事を斡旋するパトロンの存在が、建築事務所経営に大きな影響を与えていたことが窺える典型例のひとつと考えられる。

2　平塚嘉右衛門

古塚との関係は宝塚ホテル建設時にはじまる。宝塚ホテルは現在は阪急グループのひとつとして知られるが、設立は地元の平塚嘉右衛門[62]が小林一三率いる阪急電鉄と共同出資し設立された。当初、嘉右衛門側[63]にホテル経営の主導権があった。すなわち、新温泉のある武庫川左岸側（小浜村）は歌劇場など阪急電鉄が開発したものであったが、旧温泉のある武庫川右岸側（良元村）は嘉右衛門が経営する平塚土地経営所が開発をおこなった。

嘉右衛門は湯元である株式会社宝塚温泉[64]の経営者でもあり、宝塚旧温泉や中洲楽園[65]、宝塚会館を経営した。これらの建築を古塚が設計するようになった理由は、宝塚ホテル設計時に嘉右衛門の知遇を得たことによるものとみられる。それまでの嘉右衛門の建築を担ったのは谷口伊之助[66]という大工棟梁だったが、鉄筋コンクリートの大規模な建築の設計は高等教育を受けた建築技術者でなければおこなえず、古塚が担当することになる。古塚が六甲山ホテ

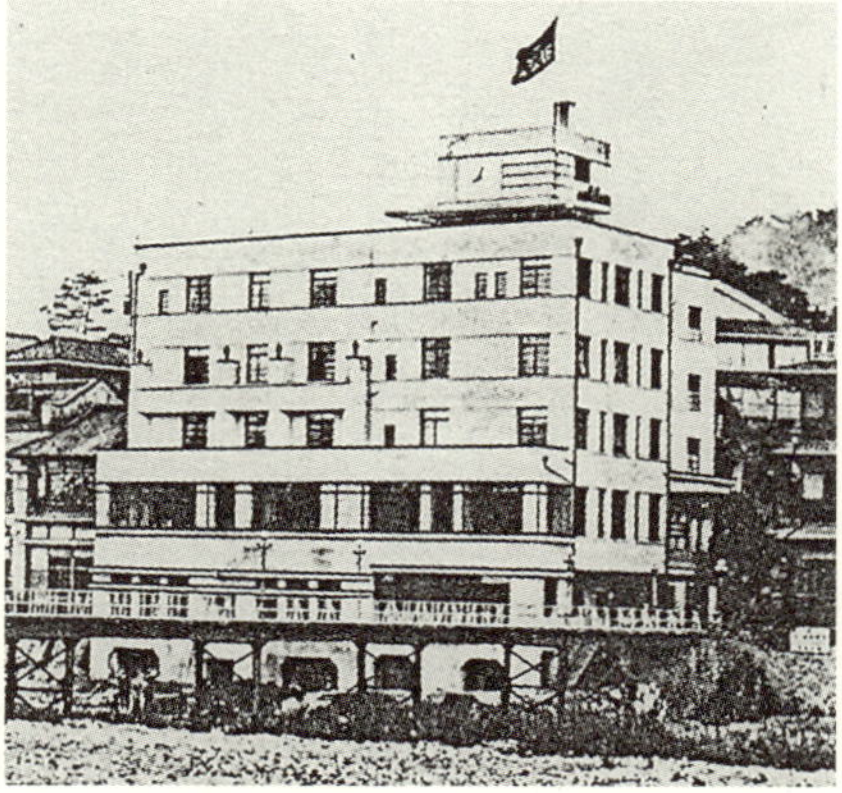

写真 5-2-33　宝塚旧温泉

写真 5-2-34　宝塚旧温泉模型

写真 5-2-35　宝塚会館

ルの設計をおこなった背景には六甲山ホテルの社長に嘉右衛門が就任しており、阪急側だけではなく、嘉右衛門による推薦もあったものと推察できる。また、古塚は中洲荘園[67]の一画に南邸[68]という住宅を設計しており、この住宅地は平塚土地経営所による造成分譲によることから、嘉右衛門による設計の紹介の可能性が高い。さらに良元村小林にあった嘉右衛門の自邸洋館部分の設計[69]もおこなっている。

　このように古塚は次々に始動しはじめていた嘉右衛門の事業の建築設計を一手に引き受けており、古塚にとって嘉右衛門は八馬とならび、重要なパトロンであったと判断できる。

写真 5-2-36　六甲山ホテル

3　西宮市との関わり

　西宮市は大正一四年（一九二五）に市制を施行し、その記念とし市庁舎や図書館、葬儀場などの公共施設を新たに建設する。それらの設計を担ったのが古塚であった。古塚の後援者・二代兼介は多額納税者であり貴族院議員を務め、西宮市会のなかでの有力な議員のひとりで、市の政策に大き

写真 5-2-37　西宮庁舎

写真 5-2-38　西宮市立図書館

写真 5-2-39　西宮市立葬儀場

な影響力があったと推察できる。[70]二代兼介は西宮市議会の図書館建築委員をつとめ、図書館の設計が古塚に依頼されたのは二代兼介の推薦によるものと考えられる。

市庁舎については当時の市長・紅野太郎が古塚の父と親しかったというつながりによって、[71]古塚が設計をおこなうことになったことが判明している。

大正後期から昭和初期の西宮市では民間建築事務所は大正一二年（一九二三）に開設された古塚事務所以外には存在せず、一方西宮市役所内部にも鉄筋コンクリート造建築の設計をおこなえる営繕組織は存在せず、このようなことから古塚は西宮市に関する建築設計を一手に引き受ける独占的な立場にあったものと考えられる。

昭和二年（一九二七）の図書館の設計にはじまり、昭和三年（一九二八）の市庁舎と火葬場と、市制を記念する一連の設計のあと、昭和四年（一九二九）に建石校、昭和九年（一九三四）に安井校講堂の設計をおこなう。が、昭和一〇年（一九三五）の関西大風水害で被災を受けた六校の復興小学校と一校の高等女学校の設計は、長谷部竹腰建築事務所が担当することになる。さらに昭和一一年（一九三六）には西宮市に建築課が[72]設置され、小規模な建築については内部で設計がおこなわれることになった。このような結果、昭和一〇年以降[73]は古塚は西宮市が所管する建築の設計をおこなっていない。

4　阪急電鉄

二代兼介が監査役を務めた阪急電鉄が共同出資した宝塚ホテルと六甲山ホテルを古塚は設計担当する。この背景には阪急電鉄の監査役を勤めた二代兼介の推薦[74]があったものとみられる。また、古塚は阪急電鉄の顧問を三年間務めていたが、ここでの古塚の詳しい役割は判明しないが阪急百貨店の建設における施主側役割を担ったものと考えられる。古塚が顧問を退職した昭和五年（一九三〇）以降は阿部美樹志事務所[75]が顧問建築家になる。

5　その他

古塚による設計一覧表（表5−2−2）からは、事務所や工場、店舗などの営業的建物と、経営者の住居や別荘をセットで手掛けることが多かったことがわかる。この時期商店や工場が改築の時期にあたり、住居も従来の大阪船場から、阪神間の別荘地に移す時期と重なりあったことで、設計の一式を担当することになったとみられる。たとえば、塩野香料[76]についてみると、塩野吉兵衛邸（住吉村）と塩野香料研究所（西灘村）がともに大正一三年（一九二四）に設計がなされていた。そのような図式は東洋鑢伸銅や谷口商店でもみられた。

五　建築の特徴

古塚が設計した建築はビルディングタイプから、①ホテルやダンスホールなどの商業建築、②ビルディングなどの事務所建築、③市町村の庁舎や公会堂などの公共建築、④小学校などの教育施設、⑤住宅、その他、の五つに分けられる。ここでは主に意匠面からその建築の特徴を考察する。④については既に論じているので、ここでは繰り返さない。

1　ビルディングタイプ別の意匠

（1）商業建築

古塚の代表作のひとつである宝塚ホテルをみると、四階建の切妻屋根が付き大食堂をはじめとし、多様な施設の備わった郊外型リゾートホテルであった[77]。意匠面をみると、ユーゲント・シュティールやセセッションの影響もみられ、ファサードの妻壁が彫刻で飾られていた点が外観上の特徴のひとつである。このような急勾配の屋根や妻壁を表現する手法からは、欧米のリゾートホテルのスタイルに影響を受けたものと筆者は考えている。古塚の言[78]によ

表 5-2-4　古塚正治設計の主な作品の建築様式一覧

建築名称	竣工年	様式	古塚正治による様式選定の理由	出典
宝塚ホテル	T 15.5	近世式	記述なし	『建築と社会』T 15.5
八馬安二良邸	T 15.7	スパニッシュ.コロニアル	記述なし	『建築と社会』T 15.8
多聞ビル	S 3.5	ネオルネッサンス	事業の性質から堅実味を表象する意味からルネッサンス式とした。	『朝日新聞』阪神版 S 4.1.8
西宮図書館	S 3.6	スパニッシュ.コロニアル	こざっぱりとした趣を出そうという考えと、至って簡易に気持ちよく本が読み得度いという考慮、室内の気分も出来るだけ優しい気分に浸りたい	『建築と社会』S 3.12
西宮市庁舎	S 3.10	シュールレアリズム※	壁面の凹凸から直ちにわかるように縦に大きなポーションとすることができる。	『朝日新聞』阪神版 S 4.1.8
宝塚旧温泉	S 3.11	オランダ風	貸室・浴場・食堂といった3つの全然異なった用途が外観から直ちにわかり得るという点	『朝日新聞』阪神版 S 4.1.8
六甲山ホテル	S 4.5	スイス・コッテージ	記述なし	『近代建築画譜』
西宮葬儀場	S 5.1	近代和風	法隆寺の夢殿に模し古典味豊かなもの	『朝日新聞』阪神版 S 4.1.8
宝塚会館	S 5.8	ネオ・ラショナリズム	ダンスに未だ完全なる理解とその人生必然の合理性のあることが知られていない。日本では其の建築物の形を選定することにも少なからず苦心の余地がある。	『建築と社会』S 5.10
打出公会堂	S 7	近代和風	記述なし	『芦屋市史』
桂ダンスホール	S 8.12	インターナショナル	記述なし	『近代建築画譜』

※この様式の意味は誤解されていたと筆者は考える。昭和46年3月25日の西宮市政ニュースのなかの「旧庁舎の思い出」のなかで古塚正治は、「格調の高いドイツ建築様式」と述懐していたことからもそのことは窺える。

れば、このホテルが完成以降に全国的なホテルの新設ブームが起きたという。六甲山ホテルは宝塚ホテルの支店として昭和四年（一九二九）につくられたが、様式は「スイス・コッテージ」(79)式が採用された。六甲山の有した山上避暑地としての文脈から、スイスの山荘の外観意匠が用いられたものと考えられる。すなわち、このふたつのホテルは共通し、リゾートホテルの文脈に位置付けられる。またプランニングの上で共通して「其の目的と規模の割に充分な広間の設備が許された」(80)という恵まれた状況にあった。

一方で宝塚の温泉湯元である宝塚旧温泉は「ホテル式の部屋貸し」が試みられたもので、和室と洋室の貸室からなる温泉ホテルであった。古塚は「こういう例は襖国や独逸では見たが、日本には未だないように想う」(81)と記す。外観意匠は地階は表現派の影響が窺えるが、一階は水平連続窓が柱の外側を覆い、二階より上部では窓台が水平ラインをみせる。当時の紙面(82)からはオランダ風という記載があり、「貸室と浴場と食堂といったような三つの全然異なった用途が外観から直ちにわかり得るという」意匠上の特徴を有する。古塚のなかでは近代主義デザインに影響を受けた最初の建築であった。その背景には施主平塚によるモダニズム建築への理解(83)があり、そのことは平塚が経営の宝塚会館の意匠にも適用される。

写真 5-2-40　桂ダンスホール

次にダンスホールをみる。宝塚会館、難波会館ダンスホール、桂ダンスホール、新京観光会館、と四つのダンスホールを設計した。

宝塚会館は独立してつくられたダンスホールとしては、わが国で最初のもののひとつ(84)であり、その特徴を古塚は次のように記す。

中央大ホールを隅々の無駄な余地を残さざるように利用する上において楕円形となしたるものにして、これに付属する各種の室は何れも円形に突出し足るものである。これは各室利用上の便宜を考慮したる上に、外観美の全てを期せんが為めの工夫である。(85)

楕円のファサードは近代主義デザインの影響が色濃い意匠であった。プランもまた、これまでにない新しい種類のビルディングタイプであるダンスホールゆえに、試行の段階にあり、キャバレーに変更可能な平面計画に基づいていた。(86)この建築は竣工以前の時期に建築学会主催の第三回建築展覧会(87)に模型として出展されており、古塚がこの建築のスタイルに相当に自信を有していたことが窺える。

（2）事務所建築

代表するものに多聞ビルがあって、この建築は古典様式にもとづきオーダーの柱が備わるスタイルを採る。この建物は八馬汽船をはじめとする八馬家が経営する多くの事業の総本店的な役割を果たす多聞合資会社の本社屋であった。古塚は「事業の性質から堅実味を表象する意味からルネサンス式とした(88)」と記していた。つまり、そのような目的に相応しい意匠が必要とされた。

（3）公共建築

大正末から昭和初期にかけて顧問建築家的立場にあった西宮市の公共建築に、西宮市庁舎、図書館、葬儀場の三つがあって、これらはほぼ同時期につくられていた。それらを比べてみると、市庁舎は古典様式に影響を受けたもの、図書館はスパニッシュに影響を受けたもの、葬儀場は近代和風になっており、いずれもが構造は鉄筋コンクリート造にもかかわらず、外観の意匠は大きく異なる。

市庁舎はその性格上、権威が求められ、左右対称からなる古典様式の骨格のスタイルとなった。古塚は「格調の高いドイツ建築様式を取り入れた建物にした(89)」と述懐している。図書館にスパニッシュが採択された理由を、古塚は「簡易に気持ち良く本が読み得度いという考慮[90]」した結果という。同時期の大阪市の社会事業施設においてもスパニッシュスタイルが親しみ易いイメージを有する[91]ものとして捉えられていたことを考えるならば、スパニッシュスタイルを親しみ易い意匠として捉える認識は古塚だけの固有なものではなかったことがわかる。一方で葬儀場に表れた近代和風の意匠は西宮市議会の墓地委員会での「祭場屋根を瓦葺方形造り[92]」との決定を受け、古塚により「法隆寺の夢殿に模し古典味豊かなもの[93]」が設計されたことによる。ここからは古塚が建物の機能用途によって建築の外観意匠を使い分けるという手法をとっていたことが読み取れる。

（4）住宅建築その他

洋風意匠のものと和風意匠のものの二種類に分類できる。前者をみる。外観が判明した八馬安二良邸（芦屋・大正一五年）・村上邸（仁川・昭和四年）・Y邸（御影・昭和八年）はいずれもがスパニッシュスタイル[94]が採用されており、詳しく比較すれば、八馬邸は妻壁に彫刻が施され宝塚ホテルとの共通点がみられるものの、妻部の扱いが蔵づくりの納まりになるなど、従来の伝統的な手法の影響がみられる。それに対して村上邸とY邸ではスパニッシュとして、より完成度が高いものが実現していた。古塚はスパニッシュスタイルが、紳士の邸宅として「落ちつきがある[95]」ことを理由に関西では好まれる傾向にあると記した。つまり、スパニッシュこそが古塚にとって邸宅に相応しいスタイルであったことがわかる。

一方、和風意匠のものも複数にわたって設計していたことが判明しており、八馬兼介の芦屋別荘（図5-2-11・図5-2-12）では玄関部が強調された御殿風のスタイルが採用されており、格式の高いとされた書院造りにもとづく。古塚は神社や仏教寺院の設計もおこなっており、宮内省内匠寮の時代に、このような書院づくりの建築を手掛けていた可能性は十分に考えられる。

写真 5-2-41　八馬安二良邸

2　共通する意匠の特徴

設計が開始される大正一二年（一九二三）から、主だった建築の設計が完了する昭和七年（一九三二）までの一〇年間をみると、様々な意匠が用いられていたことがわかる。古塚の建築の意匠面の特徴は、多様な意匠がみられる点にある。その内容は次の三つに分けられる。一つ目は歴史様式にもとづくもの、二つ目は近代主義デザインの影響を受けたもの、三つ目はスパニッシュやコッテージなどの歴史様式でも近代主義デザインでもないもので広義のモダニズムの影響もみられるもの。一つ目を代表するものに多聞ビルがあり、二つ目は宝塚会館のように装飾を排除したもので、三つ目は宝塚ホテルのように欧州の山荘風ながらも細部はセセッションなどの影響を受けたものである。設計の数としては三つ目のものがもっとも多い。

古塚の建築の意匠面におけるもうひとつの特徴として、外壁での彫刻の採用がある。宝塚ホテル、芦屋八馬邸、西郷校の三件で確認できる。宝塚ホテルでは小屋裏換気孔の回りを中心にして植物の図柄が浮彫されてあり、この部分は玄関側に位置しており、古塚がこのような彫刻をいかに重要視していたかが窺える。同様に八馬安二良の芦屋川に面した住宅で、芦屋川側の妻壁には歴史様式に由来する左官彫刻による装飾が施されていた。西郷校で都賀川に面した講堂部分の開口部の上部がアーチの形状となって連なっており、そこに植物の図柄が浮彫されてあり、小学校を設計していたほかの建築家と比較しても、より装飾性が強く表れる傾向が窺える。

このことは欧米の建築では彫刻は建築の一部であるとする古塚の建築理念を反映したものとみられる。古塚は「重要視せられる建築には昔から彫刻を附けるという慣例になっている」(96)と大正一五年（一九二六）に建築物の彫刻についての必要性を記していた。

3　建築理念

古塚の建築に関する言説は表5-2-5の一覧に示した。古塚の建築理念の特徴は、建築の意匠はその建物の機能

表 5-2-5　古塚正治の著述一覧

題名	掲載雑誌	掲載年月
卒業制作	建築世界	大正 4 年 9 月
仏蘭西南部に遺されたる羅馬人の偉業	建築雑誌	大正 11 年 9 月
現代建築史概論（一）	建築世界	大正 12 年 3 月
現代建築史概論（二）	建築世界	大正 12 年 4 月
現代建築史概論（三）	建築世界	大正 12 年 5 月
現代建築史概論（四）	建築世界	大正 12 年 6 月
現代建築史概論（五）	建築世界	大正 12 年 7 月
現代建築史概論（六）	建築世界	大正 12 年 8 月
現代建築史概論（七）	建築世界	大正 12 年 9 月
現代建築史概論（八）	建築世界	大正 12 年 10 月
現代建築史概論（九）	建築世界	大正 12 年 11 月
希臘時代の彫刻論	建築と社会	大正 14 年 1 月
希臘時代の彫刻論（二）	建築と社会	大正 14 年 2 月
希臘時代の彫刻論（三）	建築と社会	大正 14 年 3 月
希臘時代の彫刻論（四）	建築と社会	大正 14 年 4 月
毀れぬ先の用意	建築と社会	大正 14 年 7 月
阪神地方における所謂ヒルヂングの概評	建築と社会	大正 15 年 1 月
建築物の彫刻	建築と社会	昭和 15 年 10 月
住宅進化の話	建築と社会	昭和 2 年 1 月
レストランのキュッヘー	建築と社会	昭和 3 年 3 月
室内装飾へ色彩の応用	建築と社会	昭和 4 年 5 月
ホテル建築の一考察	建築と社会	昭和 5 年 1 月
ホテルプランニングに就いて	建築と社会	昭和 5 年 3 月
建築美批評の新基調	建築と社会	昭和 8 年 1 月
可燃性物質を収蔵するヒルヂングの消火設備に就いて	建築と社会	昭和 8 年 2 月
都市計画に並考して都市防空要塞化を提唱す	建築と社会	昭和 12 年 1 月
武装都市建設方法に就いて	建築と社会	昭和 13 年 7 月
時局下に於ける建築家の立場	建築と社会	昭和 13 年 9 月
「発明品時代」を提唱する	建築と社会	昭和 13 年 12 月
三十坪住宅法案是非論	建築と社会	昭和 14 年 9 月
規格統制に補足を提唱する	建築と社会	昭和 16 年 8 月
爆風に関する常識	建築と社会	昭和 16 年 12 月
偽装に就いて	建築と社会	昭和 17 年 7 月

に見合った様式の選択がなされるべきである、と考えていたことだ。そのことは「建物が直ちに其の営業の性質を表象すべき筈であらねばならないということは、総ての場合に於ける建築意匠上の規範である」[97]という記述からも窺える。また建築美の批判基準とは経済的な側面を抜きにしてはなし得ない[98]とも記した。さらに古塚はそれぞれのビルディングタイプに相応しいスタイルを考え出すのが建築家の職務と捉えていた。このような理念は実際に古塚の作品における建築意匠の多様性という点に反映された。

古塚はそのような立場にあったから、近代主義デザインの建築についても、それを絶対的なものとは捉えずに、相対化して捉えていたと考えられる。古塚の言によれば、構成派やインターナショナル派のスタイルは一見廉価で合理的にみえるが、建築の価値を営業的に保持できないかも知れず、そのことを考えれば、無装飾を前提とした意匠がすべてのビルディングタイプの建築に対して有効なものではないという認識にあった。

つまり、世の中の潮流が「材料が鐵とコンクリートと、大きな硝子の配用との総合美へ転開しつつある」[99]としながらも、このような近代主義にもとづくデザインをそのままに受容するのではなく、一定の距離を置き、それをそれまでの歴史様式と同列の、ひとつのスタイルと捉えていたと推測できる。

また、日本の建築のあり方が大正一〇年（一九二一）を境として大きく変化した[100]と記した。それまでは「所謂様式即建築」であったが、「新傾向の建築」になったと主張し、それはふたつに分けられるとする。ひとつは個性の自由なる表象をモットーとせる流派、もうひとつは構造至上主義派と、捉えていた。そして、古塚は自分の立場を決して様式一辺倒ではなく、新傾向の建築も取り入れる必要があるとした。実際に昭和二年（一九二七）に、機能主義建築のわが国への導入を謳った建築同人・日本インターナショナル建築会の展覧会[101]に宝塚旧温泉の建築模型を出展しており、ここからは早い時期に近代主義デザインへの関心があったことが読み取れる。

五　小結

（1）古塚正治とは大正後期から昭和戦前期にかけて、西宮市を本拠として建築活動をおこなった民間建築家であって、市庁舎や小学校などの公共建築だけではなく、ホテルやダンスホール、事務所ビル、住宅、工場など幅広い分野にわたって設計をおこなった。代表作に宝塚ホテルがある。

（2）古塚正治のパトロンに八馬兼介がいて、大学進学から建築事務所開設、仕事の紹介とほぼ生涯にわたって古塚正治の経済的な協力者として位置付けられる。八馬兼介による仕事の斡旋は阪急電鉄、西宮市と、八馬が関係する組織の建築にまで及ぶ。平塚嘉右衛門も八馬兼介に次ぐパトロン的な存在で、平塚の経営する宝塚温泉関連の建築を古塚は一手にわたり設計する。

（3）古塚正治とは鉄筋コンクリート造を早い時期に採用した建築家であり、阪神間での小学校建築を独占的に設計をおこなっていた。また西宮市庁舎などの公共建築の設計にくわえ、西宮市図書館や打出公会堂などの地域の文化施設の設計もおこなっていた。

（4）古塚正治設計の小学校の特徴は、プランでは本館を斜めに配置する独特な手法がみられ、意匠面ではセセッション・ゴシック・アールデコと時間軸で変化する。

（5）古塚正治の理念は、建築の意匠はその建築の目的によって決定されるという考えであり、その結果、歴史様式をはじめ、近代主義デザインやセセッション、スパニッシュ、和風など多様な意匠が用いられた。建築に彫刻を付加することを重視する一方で、スパニッシュやモダニズム建築の早い時

写真 5-2-42　打出公会堂

期の導入者でもあった。

註

(1) 石田潤一郎『関西の近代建築』中央公論美術出版社、平成八年、梅宮弘光「阪神間の公共建築」『阪神間モダニズム』淡交社、平成九年。川島智生「建築家古塚正治と酒造家・八馬兼介—多聞ビルディングを一例として—」『醸界春秋』第四七号、醸界通信社、平成九年一一月。川島智生「平塚嘉右衛門と建築家　古塚正治について—近代の建築からみる宝塚の都市形成—」『たからづか』市史研究紀要第一七号、宝塚市教育委員会、平成一三年一一月。

(2) 川島智生「大正昭和戦前期の大都市近郊町村における鉄筋コンクリート造小学校建築と民間建築家との関連—兵庫県旧武庫郡の町村を事例に—」『建築学会計画系論文集』第五一五号、一九九九年一月。

(3) 古塚正治の遺族である孫・古塚達朗に対する聞き取り調査（平成九年七月）にくわえて、古塚正治の甥・古塚富勝に対する聞き取り調査（平成一三年七月）をおこなっている。

(4) 関西商工学校建築科を大正三年に卒業している。民政党に属し、県会副議長をつとめる。

(5) 前掲註（3）古塚達朗の証言によると、車掌をしていた。阪神電鉄広報課では不明とのこと。

(6) 史料的制約のため、現時点では正確な年月日は判明していない。ただ、古塚正治夫人・ふさ江の説によれば、最初は早稲田大学理工科電気科に入学し、途中で建築科に転じたという。また、高等予科を経たということについては、古塚の学歴が工業学校卒（旧制中学校と同等の学歴）であり、大学入学には高等予科を修了する必要があったことから推測できる。

(7) 自筆の経歴書にくわえ、建築系の雑誌「建築世界」大正四年九月号に古塚の早稲田大学での設計図面が掲載された。当時「建築世界」には各大学や高等工業学校の首席卒業者の作品が掲載されることになっており、古塚が首席で卒業したことが裏付けられる。

(8) 「阪神地方に於ける所謂ビルヂングの概評」『建築と社会』大正一五年一月。「住宅進化の話」『建築と社会』昭和二年一月。「現代建築史概論」『建築世界』大正一二年三月。

(9) 昭和一一年に近代建築画譜刊行会より発行された『近代建築画譜』の末尾に紹介される各建築事務所の広告欄のな

かでの古塚建築事務所の主な作品欄、による。

(10) 前掲註(3)古塚達朗の証言による。

(11)「ホテル建築の一考察」『建築と社会』第一三輯第一号。昭和四年一月。や、「ホテルプランニングに就いて」『建築と社会』第一三輯第三号。昭和四年三月による。

(12) 大阪にあった芸苑社から刊行した。

(13)『神戸大学工学部六〇年史』のなかの記述による。

(14)『関西高等工業学校卒業アルバム』昭和七年度による。

(15)『建築と社会』第三二輯第一二号、昭和二六年一二月による。

(16) 東洋鑢伸銅株式会社・社長田辺幸太郎邸で西宮市香枦園にあった木造住宅で、空襲で全焼した。遺族が図面の一部が所有する。

(17)「住宅写真集Y氏邸」『建築と社会』第一六輯第四号、昭和八年四月によると、その所在地として御影町との明記があり、経歴書にある昭和四年に設計の山田邸の可能性が考えられる。

(18) 旧満州地方の近代建築史の研究者、西澤泰彦博士によると、不明。

(19) 前掲註(2)に詳しく記した。

(20) 川島智生「建築家清水栄二の経歴と建築活動について」『建築学会計画系論文集』第五四四号、二〇〇一年六月。

(21) 村野は早稲田大学を大正七年に卒業し、昭和五年までは渡邊節建築事務所に勤務しており、建築事務所設立は昭和五年以降であるので、戦前期において作品数は古塚と比べ決して多いものとはいえない。

(22) 飯田太助については「西宮市広報」第十四号、昭和三年三月一日の辞令。石橋昌三については「西宮市広報」第十五号、昭和三年三月一五日の辞令。

(23) 日本建築協会などの名簿類、早稲田大学、神戸高等工業学校、名古屋高等工業学校、京都高等工芸学校、大阪市立工業学校、大阪府立西野田職工学校、大阪府立今宮職工学校、兵庫県立工業学校などの名簿の閲覧により出身学校の特定を試みたが不明。

(24)『建築と社会』第一四輯第一〇号、昭和五年一〇月による。

(25) 大阪市立工業学校建築科を昭和二年に卒業が確認される。

(26) 筆者は聞き取り調査を平成九年七月におこなった。

(27) 宮地米三「私の店舗設計のあとを辿る」『店舗設計のルーツを辿る』社団法人日本店舗設計家協会大阪地区本部五四年度情報委員会、昭和五四年度。
(28) 『建築と社会』大正一五年一〇月号。
(29) 大正一五年に「世界之美術研究会」を主催しており、大阪にあった芸苑社から『平和宮万国懸賞図案集』を刊行しており、様式を基調とした建築に興味があったことがわかる。
(30) 『新修神戸市史行政編Ⅰ市政のしくみ』神戸市、一九九五年。
(31) 『西灘村史』西灘村、一九二六年。
(32) 『兵庫県土木建築大鑑』土木建築之日本社、一九三五年。
(33) 前掲註（31）と同じ。
(34) 前掲註（31）と同じ。
(35) 国道二号線のことで、それまであった国道とは別に新たに大阪と神戸を直線で結ぶために設けられた国道で、道路敷中央に路面電車の軌道も敷設されていた。
(36) 前掲註（31）と同じ。
(37) 日本の小説家で、七歳から一九歳までの少年時代と神戸外国語大学教員時代の三〇歳から三五歳までの間、神戸に居住した。
(38) 島尾敏雄『透明な時の中で』潮出出版社、一九七八年。
(39) 前掲註（31）と同じ。
(40) 「本山小学校沿革史」本山第一小学校所蔵。
(41) 『大社村誌』大社村編纂委員会、一九三六年。
(42) 大社小学校と夙川小学校の二校の内容が合わさったもので、昭和一一年五月に西宮市が発行している。
(43) 「西灘第三小学校沿革誌第一巻」摩耶小学校所蔵。
(44) 『創立八十周年記念誌』西宮市立西宮高等学校、二〇〇〇年。
(45) 『土木建築之日本』第一〇巻九号、土木建築之日本社、一九三五年。
(46) 「鳴尾東小学校沿革史」鳴尾東小学校所蔵。
(47) 第五六九号、財団法人兵庫教育会　昭和一二年二月一五日発行。

(48) ヨハネス・ダウカーが設計した。
(49) 新井組の創業者で、筆者は一九九七年七月に聞取り調査をおこなっている。
(50) 『兵庫県人名鑑』神戸新聞通信社、昭和一一年による。
(51) 近世以来の大酒造家で西宮第一の名望家であった。阪神電鉄の設立にも関連した。
(52) 『第十四版人事興信録』人事興信所、昭和一八年による。
(53) 前掲註(1)川島智生「建築家古塚正治と酒造家・八馬兼介―多聞ビルディングを一例として」。
(54) 西宮市久保町に所在し、昭和二〇年の空襲で全焼する。
(55) 大阪出身者で東京帝大建築科を大正二年に卒業し、辰野葛西建築事務所を経て大正三年より、大阪市東区北浜二丁目一番地第五号で建築事務所を自営していた。「故正員松田亥作君」『建築雑誌』大正六年、第三一輯三七〇号参照。
(56) 前掲註(3)による。
(57) 前掲註(52)『第十四版人事興信録』による。芦屋市平田町に居を構える。
(58) 前掲註(52)『第十四版人事興信録』による。宝塚市宝梅園に居を構える。
(59) 前掲註(52)『第十四版人事興信録』による。西宮市久保町に居を構える。
(60) この事務所については古塚が設計をおこなっていた。蜜柑や梅、桃などの果樹園のなかに置かれた。後に多聞土地株式会社となる。この宝梅園は梅の名所として知られた。
(61) 昭和戦前期までの建築家とパトロンの関係をよく表す事例に、民間建築家木子七郎と新田皮革会社の関係があって、木子は新田家の長女と結婚し新田家の建築を手掛ける。
(62) 大道安次郎「平塚家文書目録について」『社会学部紀要第四号』関西学院大学、昭和三七年。『兵庫県人名鑑』神戸新聞通信社、昭和一一年、橋爪伸也「ダンスホールのあるまち―宝塚中洲」『大建協』平成元年五月。平塚嘉右衛門は大正四年に良元村村長を勤め、県会議員なども歴任し、土地分譲と関連し水道の布設や阪急今津線の誘致をおこなった。
(63) このことは、代表取締役に平塚嘉右衛門、専務取締役に平塚嘉右衛門の娘婿の須藤久之助が就任していることからも窺える。昭和八年にふたりとも辞任し、経営は実質上、阪急電鉄側に移る。「宝塚ホテル七〇年の歩み」株式会社宝塚ホテル、平成八年、を参照。
(64) 大正五年に平塚嘉右衛門を社長として株式会社になる。

(65) 中央に温泉本館があり、周囲に貸し別荘が約五〇軒用意されていた。
(66) 平塚邸改築設計図（大正六年三月）には大工、谷口伊之助が設計と記されている。
(67) 平塚土地経営所発行の土地販売にあたってのパンフレット「宝塚中洲荘園」による。
(68) 古塚正治の経歴書による。
(69) 前掲註（67）と同じ。
(70) 辰馬家とならび西宮市に多額な寄付をおこなっていた。
(71) 古塚正治「旧庁舎の思い出」『西宮市政ニュース』昭和四六年三月二五日による。
(72) 「西宮市昭和11年中事務報告」による。
(73) その後、古塚が西宮市と関わるのは、昭和二〇年代の西宮市の復興土地区画整理の補償審査会における学識経験者のひとりとしてであった。
(74) 古塚の「経歴書」によれば、昭和二年一〇月より阪急電鉄梅田ビルディング停留所改築工事の顧問技師を嘱託するとあり、昭和五年一二月に第二期実費精算工事の終了につき退職するとある。このことから施主である阪急電鉄側の顧問として、設計施工であった竹中工務店を監理したと考えられる。
(75) 阿部美樹志は宝塚ホテルの設計時は工事設計及び監督の顧問であり、昭和五年の梅田阪急デパートの設計段階では構造を担当する。昭和八年の東京宝塚劇場にいたって意匠の設計までおこなう。昭和一一年の神戸阪急会館でもデザインまでおこなっていた。
(76) 本店は大阪の船場道修町にあり本宅も同じ場所にあり、住吉の家とは別荘にほかならない。
(77) 高橋豊太郎「第27編ホテル」『高等建築学第一五巻・建築計画3』常磐書房、昭和八年。角野幸博「ホテル文化のさきがけ」『阪神間モダニズム』淡交社、平成九年。
(78) 「ホテル建築の一考察」『建築と社会』第一四輯第一号、昭和五年一月による。
(79) 『近代建築画譜』のなかの記述による。避暑地のホテルにスイス・コッテージ式を用いるのは、後の昭和八年の雲仙観光ホテルや昭和一〇年の阿蘇観光ホテルにもみられる。この外観意匠に用いられたハーフティンバーのスタイルは、明治四三年の神戸市北野にあったトーアホテル（下田菊太郎設計）に採択されていたものであった。
(80) 前掲註（78）「ホテル建築の一考察」。
(81) 「宝塚旧温泉新築工事概要」『建築と社会』第一三輯第三号、昭和四年三月による。

(82)「宝塚にオランダ風大浴場ができる」『大阪朝日新聞』昭和二年一〇月二〇日。
(83)平塚嘉右衛門が建築にどのような考えを抱いていたかは、次の記述から読み取ることができる。北尾鐐之助「宝塚新繁盛記」『近畿景観』創元社、昭和四年のなかで、「平塚嘉右衛門氏は（中略）阪急の小林一三氏と提携したとき、すべて世の中の先端を行こうではないか。モダーンだ。徹頭徹尾モダーンだ。その外は何もないといったのが、今日の宝塚だというのである」。
(84)同じく昭和五年八月に竣工のダンスパレスが独立した建築として建てられた。設計は貞永直義、場所は同じ兵庫県内の尼崎市東郊の小田村に位置した。古塚の友人であった伊藤正文は『ダンスホール』実用建築講座、東学社、昭和一〇年という著書のなかで、宝塚会館のことを「日本では最高級ボールルームとされている」と評していた。
(85)「株式会社宝塚会館新築工事概要」『建築と社会』第一四輯第一五号、昭和五年一〇月。
(86)伊藤正文「二つの舞踏場建築漫評」『インターナショナル建築』第三巻第四号、昭和六年四月。
(87)「第三回建築展覧会記事」『建築雑誌』第四三輯第五二七号、昭和四年一一月によると、東京朝日新聞社を会場に開催され、この作品は第一部の一般作品五九点のひとつとして出展された。
(88)古塚正治「一家言年頭に方って7」『大阪朝日新聞』昭和四年一月八日。
(89)前掲註（71）と同じ。
(90)「西宮市立図書館新築工事概要」『建築と社会』第一二輯第一一号、昭和三年一一月。
(91)新名種夫「大阪市に於ける社会事業建築に就いて」『建築と社会』第一七輯第五号、昭和八年五月。
(92)『神戸新聞』昭和三年九月二九日。
(93)前掲註（88）と同じ。
(94)丸山もとこ「スパニッシュスタイルの邸宅」『阪神間モダニズム』淡交社、平成九年による指摘がある。
(95)前掲註（17）「住宅写真集Y氏邸」のなかでの古塚による解説による。
(96)「建築物の彫刻」『建築と社会』第〇輯第一〇号、大正一五年一〇月による。
(97)「建築美批判の新基調」『建築と社会』第一七輯第一号、昭和八年一月。
(98)前掲註（97）と同じ。
(99)前掲註（97）と同じ。
(100)前掲註（97）と同じ。

(101)「建築展覧会号」『デザイン』創生社、昭和二年一二月『建築と社会』の編集をおこなっていた江村恒一が発行人であった。雑誌『インターナショナル建築』が昭和四年に刊行されるまでは日本インターナショナル建築会の機関誌の様相を呈した。

第六章　戦災・震災と小学校校舎

一　神戸と災害

近代に見いだされた港町神戸は南側に海がひろがり、北には屏風のように連なる六甲山があり、海を臨む優れたロケーションにある。海に面するために夏期は極端な高温からのがれることができ、冬期は山で北風が遮られるので比較的温暖と、恵まれた環境にある。そしてなによりも神戸に来れば、仕事があった。そのために、開港以来人口が激増し、明治末にはわが国を代表する大都市のひとつになる。そのことは明治中期の神戸では次のように認識されていた。

神戸市が僅の月日の間、かく繁華の大都会と変せしこと決して偶然にあらず　内海深く山を控え海陸交通無比の良地たればなり　加ふるに風土景色天然の妙を備え　山は麗かに水は清く空気の乾湿過不及なく　雨量程能く気候中和世界は広し万国は多しと雖も山水の秀勝愛すべきもの此地を肩を比する所夫れ幾許かある(1)

だが、その後の歴史をみれば、山と海が迫る地形ゆえに大災害に見舞われる地域であったといえる。考えてみれば、海岸から数㎞の地点に標高が千メートル近い山が連なる地形は、地震や水害などの自然災害の危険性を孕んでいる。ここでは昭和一三年（一九三八）の水害、平成七年（一九九五）の震災、くわえて人為的な災害である昭和二〇年（一九四五）の空襲、の三つの大規模災害があった。

写真 6-1-1　湊川高等実業女学校（水害被災）

二　水害による被災

ここでは昭和一三年（一九三八）七月五日の阪神大水害を取り上げる。豪雨によって六甲山の各所で山腹が崩壊し、六甲山南麓側の各河川は土石流を伴う大氾濫を起こした。神戸市域から精道村（現芦屋市）にかけての地域に甚大な被害をもたらした。死者・行方不明者は七一五名を数える。建物の被害状況をみると、家屋の流失・倒壊・埋没は五七三二戸、家屋の半壊は八、六三〇戸、浸水家屋は一〇九、三七〇戸、となる。主な被害は川と川の合流点や旧河川敷に集中していた。

冒頭に掲げた校舎は灘区福住通にあった湊川高等実業女学校(2)で、観音寺川から押し寄せた激流で一階部分に大きな損壊を受け、建物全体が倒壊寸前の状態にある。昭和五年（一九三〇）に建築家今北乙吉が設計した木造校舎であった。同校はこの地での再建を断念し、校地を移転することになる。

神戸市の小学校の多くはこの時点までには鉄筋コンクリート造に改築されていたため、大きな被害はなかった。

写真 6-1-2　住吉小学校 水害被災・一階が土砂に埋没

写真 6-1-3　住吉小学校 水害被災復旧

写真 6-1-4　住吉小学校 水害・教室内に押し寄せる水

写真 6-1-5　本山第二小学校 水害被災

だが旧武庫郡の町村では被害は激しく、住吉村や本山村の各小学校は埋没や損壊に到った。当時住吉小学校(3)は鉄筋コンクリート造校舎と木造校舎からなったが、北側にあった旧一号校舎が崩壊している。写真からは一階部分が住吉川から溢れた土砂になかば埋まっている様子がわかる。鉄筋コンクリート造校舎の方は窓ガラスが割れて土砂を含んだ水が流れ込んでいたが、建物全体は大きな被害を受けていない。この鉄筋コンクリート造校舎の設計は今北乙吉によるものである。同じ住吉村にあったのが私立甲南小学校(4)であり、木造校舎(5)の一階が完璧に土砂に埋もれていた。こちらの設計も今北乙吉であり、この水害を受けて校舎は建替えられることになった。

住吉川の氾濫は右岸だけにとどまらず、左岸にも押し寄せる。谷から平地に差し掛かる地点で住吉川は河川敷から溢れだし、東側の本山第二小学校の方に流れ出し、同校鉄筋コンクリート造校舎の一階部分を水没させた。その様子は小説家谷崎潤一郎は『細雪』のなかで次のように記されている。「山手の方を望むと、ちょうど本山第二小学校の建物の水に漬かっているのが真北に見え、一階南側に列んでいる窓が恰も巨大な閘門のように移しい濁流を奔出させているのであった」。同校は鉄筋コンクリート造ゆえに、構造面に関わる致命的な被害はなかった。設計は上記三校の設計者、今北乙吉であった。

三　空襲による被災

昭和二〇年（一九四五）の空襲で神戸市の市街地の過半は灰燼と化す。戦前までは二〇万戸あった家のうち一三万戸が焼失し、九二万人の人口のうち被災人口は四七万人に達し、終戦直後の人口は三八万人に激減していた。空襲によって神戸ほど人口が減少した都市は六大都市のなかではほかになかった。市内の小学校では木造校舎だけにとどまらず、耐火と考え建てられた鉄筋コンクリート造校舎も内部に火が入っての駆体だけを残して焼失することになる。

昭和二〇年の四月の時点で、神戸市には七八校の国民学校があり、そのうち罹災校(6)は四三校あり、その内訳は半焼が二六校、全焼が一七校であった。構造別の罹災面積をみると、鉄筋コンクリート造が七六、四八六坪あり、そのうち二一、三〇四坪が罹災していた。つまり鉄筋コンクリート造であっても三六パーセントの割合で焼失に到った。木造をみると、二一、一八七坪あり、一九、五七四坪が罹災する。九二パーセントが焼けており、きわめて高い罹災率を示した。

講堂の罹災率をみると、二八校で罹災が確認される。このうち木造建物の講堂も数棟あったが、過半は鉄筋コンクリート造であった。その面積をみれば、五、七四五坪のうち、四、六七三坪が罹災していた。その割合は八一パーセントに及び、きわめて高い。この理由は後に詳述する。

行政区別の罹災校数を表6-1-1に記す。東灘区は三校、灘区五校、葺合区五校、生田区六校、兵庫区七校、長田区四校、須磨区一校の、計三十一校の小学校が空襲で罹災していた。校舎の全焼したことが判明した小学校

写真 6-1-6　入江小学校 被災前

写真 6-1-7　入江小学校 被災後・3階と屋根が消えている

写真 6-1-8　下山手小学校 被災前

写真 6-1-9　下山手小学校 被災後・3階と屋根が消えている

に御影、上筒井、若菜、下山手、橘、多聞、荒田、水木、御蔵、長田の一〇校がある。このうち上筒井、若菜、長田の三校はすべてが木造で、その他の六校でも木造校舎を中心に焼失していた。だが多聞小学校ではすべての校舎が鉄筋コンクリート造になっており、激しい空襲で内部のすべてに火が入り、焼失した事例である。「大半焼失」の本庄小学校も同様の様相を呈した。鉄筋コンクリート造にもかかわらず、焼失に到った理由は神戸市小学校の講堂は三階部分にあって、小屋組が鉄骨になっており、その上に薄い鉄筋コンクリートスラブが載るものの、簡単に爆弾が貫通したという構造上の理由によるものであった。そこから火が燃え移り、校舎全体の焼失につながった。

表 6-1-1　空襲による被災校舎一覧

区	校名	空襲年月日	被災状況
東灘区	本山第 2	S 20. 8. 6	一部
	本庄	S 20. 5. 11	大半焼失
	御影	S 20. 6. 5	全焼
灘区	六甲分校※	S 20. 6. 5	20 教室全焼
	西郷	S 20. 6. 5	木造平家 5 教室全焼
	西灘	S 20. 6. 5	被災
	稗田	S 20. 3. 17	木造校舎全焼
	福住	S 20. 6. 5	戦災被害僅少
葺合区	上筒井	S 20. 6. 5	木造校舎全焼
	小野柄	S 20. 3. 17	西校舎 3 階の一部被害
		S 20. 6. 5	本館大部分被害
	吾妻	S 20. 6. 5	西校舎全焼、東校舎 2・3 階焼失
	宮本	S 20. 6. 5	校舎被災
	若菜	S 20. 6. 5	校舎全焼
生田区	神戸	S 20. 3. 17	木造校舎焼失
		S 20. 6. 5	講堂焼失
	北野	S 20. 6. 5	調理室の一部焼失
	下山手	S 20. 6. 5	校舎全焼
	湊川	S 20. 3. 17	木造南校舎・東講堂・管理室焼失
	橘	S 20. 3. 17	校舎全焼
	多聞	S 20. 3. 17	全焼
兵庫区	平野	S 20. 3. 17	校舎大半焼失
	荒田	S 20. 3. 17	校舎全焼
	兵庫	S 20. 3. 17	校舎半焼
	大開	S 20. 3. 17	被害あり
	中道	S 20. 3. 17	木造校舎焼失
	水木	S 20. 3. 17	校舎全焼
	入江	S 20. 3. 17	本館半焼　南木造校舎全焼
	明親	S 20. 3. 17	校舎焼失
	遠矢	S 20. 3. 17	被害あり
長田区	御蔵	S 20. 3. 17	全焼
	長田	S 20. 3. 17	全焼
	神楽	S 20. 3. 17	校舎被害甚大
	名倉	S 20. 3. 17	3 階校舎全部・2 階大部分焼失
須磨区	板宿	S 20. 3. 17	校舎 3 階焼失

備考：ここに挙げた行政区は 1964 年当時のものである。
出典：『神戸市教育史　第二集』神戸市教育史刊行委員会　1964
※八幡町 2 丁目に所在

写真 6-1-13　本庄小学校 戦災・北側

写真 6-1-10　水木小学校 罹災校舎

写真 6-1-14　本庄小学校 正面・焼けこげた外壁

写真 6-1-11　水木小学校 罹災校舎内部

写真 6-1-15　本庄小学校 戦災・屋上に落ちた直撃弾

写真 6-1-12　若松高等小学校 戦災復興西校舎

ここでは具体的な資料の見出せた、入江・下山手の二校をみる。

入江小学校では明治二九年（一八九六）以来、明治三八年（一九〇五）、明治四三年（一九一〇）、大正四年（一九一五）、大正九年（一九二〇）と頻繁に増改築が繰り返され、昭和二〇年時には昭和二年（一九二七）の本館と昭和一〇年（一九三五）の教室棟の二棟が鉄筋コンクリート造で、ほかに木造校舎があった。被災したのは本館と木造棟である。判明した事は、空襲で最上階講堂部分の屋根に爆弾が落ち、内部に火が入り、三階部分が焼失した。火炎を受けてコンクリート壁が劣化し、戦後は壁ごと取り除かれ、両側の階段塔屋を残した形状で学校が再開される。昭和二九年（一九五四）に三階部分は復旧され、特別教室として使用される。下山手小学校も同様に三階部分を焼失した。

写真 6-1-16　本庄小学校 戦災・焼けた一階廊下

四　阪神・淡路大震災による被災

記憶に生々しいのが平成七年（一九九五）一月一七日におこった阪神・淡路大震災である。死者は六、四三四人にのぼり、近世から現在までの多くの建物が倒壊した。この時点で木造の小学校校舎はなかったが、戦後に出来た鉄筋コンクリート造校舎の幾つかは被災している。戦前期のものでは本山第二小学校を除くと概ね震災には耐えて、避難所になる。この時に残っていた戦前期までに建設された校舎は二五校あったが、現時点では現存するのは二葉・北野・春日野の三校だけとなる。

震災半年後に発行された『阪神・淡路大震災と神戸の学校教育』[7]によれば、神戸市立学校としては中学校・高等学校・幼稚園を含め三四五校あり、そのうち一七三校が小学校であった。その被害状況は建替えを必要とする校舎は二一校で二七棟となり、その比率は六・一％となる。建築年を一〇年単位で区切った被災状況をみると、昭和三六年（一九六一）から四五年（一九七〇）にかけての期間がもっとも被害が激しく、二九・三％を占める。次は昭和二六年（一九五一）から三五年（一九六〇）で二〇・九％になる。戦前までのものは一四・〇％、昭和四六年（一九七一）以降五五年（一九八〇）までのものは八・五％、昭和五六年（一九八一）以降が三・九％となる。ここからは戦後高度経済成長期にかけて建設された校舎に被害が集中していたことがわかる。

阪神・淡路大震災時に日本建築学会のメンバーとして、筆者はみずからが被災者となりつつも現地調査を実施した(8)。震災発生の平成七年（一九九五）一月一七日の時点で現存していた、昭和戦前期までに建設された鉄筋コンクリート造の小学校校舎は表6-1-2にあらわした。これは筆者が現地調査を実施し、作成したものである。これらの校舎の建設は、旧神戸市域のものは神戸市当局によってなされているが、昭和二五年（一九五〇）に神戸市に編入された東灘区域、昭和四年（一九二九）に神戸市に編入された灘区域、戦後西宮市に編入された区域では、それぞれの旧町村によって行われている。昭和戦前期、この地域は大阪・神戸の郊外住宅地として発展した。そのため、各町村はその豊かな財源を背景として、鉄筋コンクリート造の小学校校舎を競って実現させていた。そのことは第三章に論じている。

具体的な設計者は、旧神戸市域以外では、各地域を活動拠点とする民間建築家が、地縁などをたよって手掛けるケースが多かった。そのことは第三章に詳述した。建築家としては清水栄二・今北乙吉・和田貞治郎・古塚正治・置塩章などの名前があがる。こうした民間の建築事務所の活躍によって、校舎のプランや意匠は、それぞれ異なった特徴を示すが、全体としてはモダンデザインの影響を受けたものとなる。

これらの戦前期鉄筋コンクリート造校舎の被災状況をみると、戦後に建てられたものに比べて予想外に少ない被害でとどまっている。神戸市域については神戸市住宅局営繕部がまとめた『平成七年兵庫県南部地震による公共建築物の被害状況について(9)』によると、目視による一次調査で再調査の必要がありとされたものは、本山第二・本庄・春日野・会下山の四校にとどまり、再調査（二次調査）の被災度判定は本山第二小学校・本庄小学校は小破、会下山小学校は中破、春日野小学校は無被害とされている。筆者による調査でも、目視した結果では多くの学校で

表 6-1-2　震災時に存在していた近代の小学校建築の一覧

学校名	現存	行政区	竣工年	設計者		施工者	意匠的特徴	被災状況					備考
				営繕課	建築家			構造	仕上	その他	補修	放置	
神戸市　25 校													
二宮	○	中央	S. 2. 8	相原弁一		金田組	アーチの開口、バルコニー、付柱		○		○		H 9. 3 で開校予定
真野		長田	S. 2. 9			畑政七	講堂上部の彫刻、バルコニー、付柱		○				被災以前より改築計画あり
鴨越	○	兵庫	S. 3. 3	加木弥三郎		金田組	三角出窓、バルコニー、換気孔装飾		○	講堂のシャンデリア落下	○		
長楽	○	長田	S. 3	園延善			T 11 の本館意匠にあわせられる		○		○		統廃合の計画あり
二葉	○	長田	S. 4. 3	相原弁一・吉永栄蔵		金田組	講堂上部のアーチ、柱型		○		○		統廃合の計画あり
魚崎	○	東灘	S. 4. 11		清水栄二	寺田早太郎	中央に塔屋、胡麻柄のパラペット		○		○	○	被災以前より改築計画あり
西須磨		須磨	S. 6. 2	相原弁一		畑政七	講堂上部水平庇		○				被災以前に改築工事進行中
北野	○	中央	S. 6. 7	森義弘		清水組	講堂上部水平庇		○			○	H 8. 3 で開校
小野柄	○	中央	S. 6	森卯之助		畑政七・井上福松	講堂部の開口はアーチ状の庇		○		○	○	H 9. 3 で閉校予定
浜山	○	兵庫	S. 7. 2	森義弘		大林組	講堂上部水平庇		○		○		H 9. 4 より新校舎に移転
成徳	○	灘	S. 7. 6	森義弘		金田組	講堂上部水平庇		○				
春日野	○	中央	S. 7. 10			吉本工務店	壁面に装飾窓あり、柱型が多い		○		○		旧筒井校として建設
名倉	○	長田	S. 7. 12	相原弁一		畑政七	講堂上部水平庇		○		○		
本山第二		東灘	S. 8. 3		今北乙吉	朝永工務店	アーチ、半円アーチあり	○	○	柱・壁の破壊			被災以前より改築計画あり
福住		灘	S. 8. 8	相原弁一		進木組	庇と窓台が連続、講堂が別棟		○				被災時に改築計画進行中
志里池	○	長田	S. 10. 11	森卯之助		畑政七	平滑な外壁、階段部分が連窓		○				H 9. 4 で閉校
葺合中	○	中央	S. 9. 3				アーチ			被害なし		○	旧野崎校の増築部分として建設
大黒	○	須磨	S. 11. 3	野坂和儀		中島組	庇と窓台が連続、階段部分が連窓		○		○		
中道	○	兵庫	S. 11. 10	市場一市		向井組	平滑な外壁	○	○			○	H 8. 3 で閉校、近々解体撤去
本庄		東灘	S. 12. 5		和田貞治郎	中島組	丸窓、ガラス張り塔屋あり	○	○	柱小屋組破壊			被災以前より改築計画あり
千歳	○	須磨	S. 12. 5	野坂和儀		金田組	庇と窓台が連続		○		○		統廃合の計画あり
若宮	○	須磨	S. 13. 3	深田操		中島組	平滑な外壁		○		○		被災以前より改築計画あり
菊水	○	兵庫	S. 13. 9			鴻池組	平滑な外壁		○		○		
高羽	○	灘	S. 13. 5			金田組	平滑な外壁		○		○		
池田	○	長田	S. 14. 9	深田操		宮崎工務店	庇と窓台が連続、階段部分が連窓		○		○		
芦屋市　3 校													
精道校	○		T. 13		和田貞治郎		セセッション風塔屋		○	塗り天井の落下		○	
山手	○		S. 8. 12		和田貞治郎	清水組	展望塔屋あり		○			○	
岩園	○		S. 12		和田貞治郎				○	天井ボードのはずれ		○	
西宮市　7 校													
西高校(旧建石校)	○		S. 5. 3		古塚正治		窓台の連続		○	エキスパンション部分		○	
夙川	○		S. 11. 3		置塩章		連続庇、シンメトリーの塔屋		○			○	
浜脇	○		S. 12. 3		長谷部竹腰	清水組	連続庇、曲面のアプローチ		○			○	
用海	○		S. 12. 3		長谷部竹腰	清水組	連続庇		○			○	
芦原	○		S. 12. 3		長谷部竹腰	清水組	連続庇		○			○	
今津	○		S. 12. 3		長谷部竹腰	清水組	連続庇		○			○	
津門	○		S. 12. 3		長谷部竹腰	清水組	連続庇、階段部分垂直窓		○			○	
尼崎市　3 校													
大庄	○		S. 8	福井裕		鹿島組	尖頭アーチの連窓、パラボラアーチ		○			○	
武庫	○		S. 13. 12		前川悦三	松浦組	連続庇、ポーチの列柱、タイル貼り		○			○	
西	○		S. 14. 3	福井裕			柱頭がパラボラアーチ		○			○	
宝塚市　1 校													
宝塚第一	○		S. 11. 3		笠井正一		展望塔屋あり		○			○	
合計 39 校													

注 1：現存については平成 8 年 12 月 1 日現在の状況を示す。
　2：昭和戦前期には神戸市、尼崎市は営繕課を有し、大庄村でも小学校臨時建設部が設置されていた。

仕上げ面でのヘアークラックなどは散見できたが、構造体に関わる損傷は本山第二小学校と本庄小学校の二校のみであった。この小学校校舎の事例でわかるように、戦前の鉄筋コンクリート造建築は、被災地全体でも比較的強い耐震性を発揮したといってよい。

ここでは筆者が震災時に調査をおこなった本山第二・本庄の二校をみる。共にこの震災の被害がもっとも激しかった東灘区に所在した。両校の建築内容は三章で詳述している。

本山第二小学校は玄関部階段ホール廻りに被害が集中していた。そこでは一階の独立柱の一本が剪断破壊をおこし、コンクリートが割れて、内部鉄筋の主筋と帯筋が露出していた。同様に階段ホールを取り囲む梁間方向の構造壁でも剪断破壊に到っていた。戦前期までの校舎でこれほど激しく損傷を受けたものはほかに類例はみない。震災直後に駆けつけた際に筆者はひどく驚かされた記憶がある。

なぜこのようなことが起きたのかを考えると、二つの原因が推察される。ひとつはこの校舎のプランの特性にあり、ここでは講堂を三階に設け、その下の二階・一階が中廊下式の教室配置となるために、本来は下階を頑強につくる必要がある。ところが、ここでは講堂北側部の真下を玄関からつながる吹き抜けの階段ホールとしており、一

写真 6-1-17　本山第二小学校 玄関廻り・X 型クラック（筆者撮影）

写真 6-1-18　本山第二小学校 玄関ホール・独立柱の損壊（筆者撮影）

階と二階の間にはコンクリートスラブが設けられていない。そのため上階の荷重を中廊下の二本の独立柱で受ける構造となっていた。阪神・淡路大震災は東灘区では直下型の地震を意味した。直下型地震ゆえの激しい上下動がここでは続き、この独立柱に応力が集中したのだろう。結果として鉄筋コンクリート構造の致命傷ともいうべき、剪断破壊[10]に到った、と捉えることができる。もうひとつはこの界隈はこの震災でもっとも倒壊率が高い地域であり、建物破壊による死者も集中しており、おそらくは最大震度を示した場所のひとつであった。このよう

写真 6-1-19　本山第二小学校 玄関ホール・独立柱と壁の損壊（筆者撮影）

写真 6-1-21　本山第二小学校 中廊下アーチの破損（筆者撮影）

写真 6-1-20　本山第二小学校 事務室・梁間壁の損壊（筆者撮影）

写真 6-1-22　本庄小学校 震災・柱の外壁落下

なきわめて激震地に位置したことも関係があるものと思われる。
一方、本庄小学校は空襲で火が入り、ほぼ全焼している。その際に外壁柱型のコンクリートの表面が炎で熱せられて、劣化していたものと思われる。それが地震時に揺らされて落下し、写真のような内部鉄筋の主筋の露出につながったものと考えられる。

註

(1) 南豊芝廼舎『神戸の花』明輝社、一八九七年。
(2) 現在の湊川相野学園の前身校。
(3) 当時は住吉村立住吉小学校で、現在の神戸市立住吉小学校。
(4) 明治四五年開校で、開校時の校舎は野口孫一の設計、大正一〇年の増築校舎の設計は今北乙吉となる。
(5)『阪神地方水害記念帳』甲南高等学校校友会、一九三八年。
(6)『神戸市教育史　第二集』神戸市教育史刊行委員会、一九六四年。
(7) 神戸市教育委員会が平成七年八月二八日に発行。
(8) その成果は加藤邦男編『阪神・淡路大震災と歴史的建造物』思文閣出版、一九九八年。
(9) 平成七年に発行。
(10) 壁の剪断破壊にくらべ、柱や梁の剪断破壊は致命的であり、倒壊につながる。

結　章

近代が生み出した開港都市、神戸における小学校校舎の建築史を明治から大正、昭和戦前期にわたり探究した。そこで浮上した次の七つの論点をもって結語とする。

第一は学区制度廃止との関係、第二は講堂の位置とプランの定型化、第三は設計の標準化、第四は建築スタイル、第五は営繕課の系譜、第六は鉄筋コンクリート構造設計の経緯、第七は大都市近郊町村での鉄筋コンクリート造校舎の成立とフリー・アーキテクト、である。

第一は鉄筋コンクリート造校舎の一群が自治制度であった学区制度廃止の直後に建設されていることに着目し、大阪のように学区制度廃止との交換条件として建設事業がおこなわれていた可能性を探り、成立経緯を検証した。大阪や京都では学区制度廃止にむけての駆け込み的な建設が多かったが、神戸の場合は廃止後に神戸市によって建設がおこなわれており、その構図は大きく異なる。神戸で廃止された大正八年（一九一九）三月の時点では鉄筋コンクリート造校舎は出現していないが、浅見土木課長は同年六月に鉄筋コンクリート造小学校計画を発表しており、同年暮れに最初の校舎、須佐小学校が起工していた。つまり学区が統一されたことで鉄筋コンクリート造化が計画され、実行されていった構図が浮上する。

新興都市神戸では歴史都市京都や大阪と異なり、各学区がひとつの小学校を経営するものではなく、その範囲が広く複数校を経営していた。また明治大正期はわが国有数の人口激増都市であり、新しく市街地になる周辺学区と中心部の学区との財政的な格差が校舎に反映され、二部授業が方々の学校でおこなわれていた。これらの事情を考えると、早い時期に学区制度を廃止して、神戸市が主体となり校舎建設事業に取り組まなければならない状況にあり、大正八年（一九一九）の廃止に到った。

第二は神戸市の鉄筋コンクリート造小学校校舎の解明をおこない、神戸市独特のプランが誕生していたことをあきらかにした。神戸市では中廊下式教室配置で、三階に講堂を配置するという、ほかの都市では一般的ではない形式が生まれ、定型化していた。この成立ならびに展開過程を具体的な事例をあげて実証し、いかにこの形式が持て囃されたかを解明した。すなわち、平坦地に欠け敷地的な制約が多い神戸では、狭い校地に最大限の教室数が求められ、その結果誕生したのが、このプランであった。二部授業が常態化し慢性の教室不足にあった神戸市では一挙に教室数の増加を図るために、戦前期では敷地に余裕のあった数校の例外を除けばすべてこの形式が用いられていた。廊下を共有することで、建設コストも安く済むプランであった。

この形式は中央部の三階に講堂を設け、左右に教室を配置するため、天井高の高い講堂部分は高く立ち上げられ、シンメトリーが強調される。そのため外観上、それまでの木造校舎ではつくりえなかった欧米歴史様式に則った堂々とした校舎が誕生していた。

背景として営繕課誕生後、課長清水栄二は土木課時代に建設された日本トラスコン社設計の柱とスラブのフレームだけの簡素なスタイルから脱却すべく、講堂を校舎の中央部に設置し周りに教室を設ける内庭型プラン（室内小学校）や一階に講堂を設置するプラン（蓮池小学校）など講堂の位置をめぐる様々な試行をおこない、その結果、教室棟三階に講堂を設置するプランが確定する。ここではプランの定型化を分析している。

第三は校舎設計の標準化を教室の大きさや柱の間隔の分析をとおして解析した。設計規格に関しては、神戸市は昭和四年（一九二九）後半期までに教室の大きさを三間七分五厘（六・八二五ｍ）と四間半（八・一九ｍ）と決定する。桁行方向の柱の間隔には微妙に違いがあり、設計図からの読み取り、ならびに現地での実測調査の両方から調査四・〇五ｍから四・一ｍの間の数値にあったことを示した。これが二スパンつながることで一教室分の長さを構成する。ちなみに柱の間隔は平面計画上、もっとも重要な要素である。一方梁間方向は六・八mの教室の幅に中廊下が三・〇mとなり、両教室分を合せると一六・六mとなる。教室を両側の翼部に設けることで、校舎の規模増大に対応できるシステムになっていた。階段や便所はこの一スパンにおさまるようにつくられる。

昭和八年（一九三三）に完成の川中小学校を嚆矢として柱間隔は二・七mのものが現れ、四・一mスパンのものは昭和一一年（一九三六）完成の中道小学校が最後となり、主流は二・七mに変る。前述の定型化とも関連するが、桁行方向に関しては三教室分の長さが講堂の長さとなり、梁間方向では二教室分の幅に間の中廊下の幅をくわえたものが講堂の幅となる。このように教室の大きさを基礎単位として、面積のユニット化がおこなわれていたことを解明した。

第四は時代ごとに変容する建築スタイルの分析をおこなった。戦前までは神戸は開港都市ゆえに外観が重視される傾向にあり、そのことは明治一〇年代の擬洋風校舎に遡ることができ、昭和一桁代の定型化された校舎までその傾向は続いた。時間軸での意匠の特徴は明治三一年（一八九八）に建設された湊川小学校を最後にデザインされた洋風校舎は消え、以降は大正前期にかけてはスティック・スタイルの簡素な洋風建築となり、玄関廻りにのみ入母屋造りの屋根を設ける。京都や大阪のような御殿スタイルのものの出現はなかった。

鉄筋コンクリート造をみると、土木課時代の大正九年（一九二〇）から一一年（一九二二）にかけての校舎は記号的な洋風装飾が玄関廻りに付くにすぎなかったが、営繕課が誕生し、清水栄二の時代になると、鉄筋コンクリート構造の特性を生かした造形美をみせる校舎が複数校出現し、ファサードが整えられていく。その後課長は鳥井信に変わるが、スタイルは清水時代の延長線上にあり、アーチによるロマネスク風のものが誕生していた。モダンデザインの影響が色濃くなるのは新しく課長に就任した藤島哲三郎の時代になってからで、昭和八年の川中小学校以降は無装飾を前提とした意匠に変化する。そこでは廊下面や階段室、便所などの教室でない部分に限って全面的にガラス窓となる。このように意匠の変遷を営繕課の技術陣容の変化と関連付けた。

第五は誕生した神戸市営繕課の系譜を分析した。ここではリアルタイムで営繕課での設計業務を体験した元営繕課の建築技術者に聞取り調査を一九八六年と一九九六年に実施している。大正期については営繕課技手の梅本由巳、昭和戦前期では課長の井上伉一、技師の中川初子、技師の相原弁一に当時の様相を確認している。清水栄二や調枝明男、藤島哲三郎、奥田譲、森義弘、加木弥三郎、熊本一之らの遺族に対しても同時期に聞取りをおこない、それらの知見をあわせて、各校の設計者の特定をおこなった。また設計手法や設計体制などの解明を試みた。

営繕課の誕生は市営化された小学校校舎の鉄筋コンクリート造化を担う体制づくりであり、高等教育を受け鉄筋コンクリート構造設計に長けた建築技術者の清水栄二の招聘につながったことを検証した。営繕課は大正一二年（一九二三）に一九名の技術者からスタートし、以来鉄筋コンクリート造小学校が仕事の過半を占めたが、診療所や生糸検査所、新川改良住宅、海員会館などの設計業務もあり、年々課員数は増加していた。営繕課の最盛期は昭和一二年（一九三七）であり、一〇一人の課員を数えた。この年学校建築を専門に設計する学園係が内部に設けられていた。ここでは大正昭和戦前期の営繕課の組織陣容ならびに技術者の変遷をとおして、設計組織としての営繕課の位置付けをおこなった。

第六は大正九年（一九二〇）という日本で最初の鉄筋コンクリート造校舎誕生の究明であり、成立経緯を含めて知られざる設計のシステムを解読した。神戸市では関東大震災が起こる大正一二年（一九二三）までの三年間に、一挙に十九校が完成していた。この時期までは神戸市営繕課は存在しておらず、神戸市には鉄筋コンクリート造校舎を設計できる建築技術者は誰もいない。にもかかわらず数多くの校舎出現の背景には、アメリカのトラスド・コンクリート・スチール会社の代理店である米国貿易商会建築部（後に日本トラスコン鋼材株式会社）が鉄筋などの材料提供のみならず、構造設計を担ったことで可能になった経緯を解明した。

日本トラスコン社の活動実態は不明な点が多かったが、神戸の小学校建築に関して、設計者不明のものの多くが日本トラスコン社の設計であることが確認できた。またいち早く大正九年に設置されていた置塩章率いる兵庫県営繕課や神戸を拠点として活動をおこなっていた関西建築界の長老、河合浩蔵らによるサポート体制がこの時期の校舎設計にあったことを指摘した。すなわち、ここでは営繕課設置以前の校舎の建設体制を検証している。

第七は大都市近郊町村での鉄筋コンクリート造校舎の成立とフリー・アーキテクトの関係を解明した。神戸市に接続する兵庫県武庫郡町村の小学校では市制施行していないにもかかわらず、早い時期から鉄筋コンクリート造化が進展しており、その成立経緯ならびに完成した校舎の建築内容を解明した。昭和一五年（一九四〇）の時点で武庫郡町村には三八校の小学校があり、そのうち三二校で鉄筋コンクリート造化がおこなわれる。

背景にはこの地域では早い時期からの住宅地化を受けて町村の財政が富裕であったことが関連する。また合併などの行政区域の変更を原因とする政治的な取引もあった。だが郡部町村ゆえに大都市のように設計組織を自治体に設置できなかった。そのため民間建築家が登用され、一〇の建築事務所が設計に関与していたことがわかった。昭和戦前期の神戸市は東京市・大阪市とならび民間建築事務所が数多く存在した都市であり、近郊町村にも清水栄二や古塚正治、今北乙吉、和田貞治郎ら建築事務所の開設が確認される。彼らはそれぞれの町村での顧問建築家的な立場にあった。すなわち地域に密着して建築活動をおこなうフリー・アーキテクトの姿が浮かびあがってくる。小学校の平面計画に関しては共通したものがあって、講堂を校舎の最上階に設置し下階に中廊下式の教室配置をとる形式が現れており、これは神戸市の小学校の影響と考えられる。

参考文献

◆神戸の小学校に関する文献（行政区は昭和六年時の呼称である。但し東灘区は旧武庫郡だがここに含む）

○神戸区

神戸小学校

『神戸區教育沿革史』神戸小学校開校三十年記念祝典会　大正四年

『神戸小学校五十年史』神戸尋常小学校内開校五十周年紀念式典会　昭和一〇年

『創立八〇周年記念』神戸市立神戸小学校　昭和三九年

『神戸校の歴史』神戸市立神戸小学校　昭和四六年

『神戸校九十年：神戸小学校開校九十年記念文集』神戸小学校同窓会　昭和四九年

『神戸小学校一〇〇周年記念誌』神戸市立神戸小学校　昭和五九年

『閉校記念誌』神戸市立神戸小学校　平成二年

諏訪山小学校

『卒業記念写真帖』神戸市諏訪山尋常高等小学校　大正一三年・大正一四年

『諏訪山校史』神戸市諏訪山尋常小学校　昭和五年

『七〇年のあゆみ』神戸市立諏訪山小学校　昭和四五年

『創立七十周年記念誌』神戸市立諏訪山小学校　昭和四六年

『新校舎落成記念』神戸市立諏訪山小学校　昭和六二年

『閉校記念誌』神戸市立諏訪山小学校　平成二年

山手小学校

『山手学校卒業記念』神戸市立山手尋常小学校　明治四二年から大正一四年

『山手文林』神戸市立山手尋常高等小学校校友会　大正一四年

『山手教育四十年』神戸市山手尋常小学校　昭和一五年

『創立八〇周年記念誌　和と輪』神戸市立山手小学校　昭和五五年

下山手小学校

『創立六〇周年記念誌』神戸市立下山手小学校　昭和四七年

○湊東区

湊川小学校

『ミナトガワ八〇年のあゆみ』神戸市立湊川小学校　昭和二八年

『九七年のあゆみ　神戸市立湊川小学校一九七〇』神戸市立湊川小学校　昭和四六年

橘小学校

『たちばな　校舎復興落成記念』神戸市立橘小学校　昭和三三年

東川崎小学校
『八〇年のあゆみ』神戸市立東川崎小学校　昭和五五年
『記念文集　創立八〇周年』神戸市立東川崎小学校　昭和五五年
『閉校記念思い出集』神戸市立東川崎小学校同窓会　昭和六三年
多聞小学校
『六〇年のあゆみ』神戸市立多聞小学校　昭和三八年
『あゆみ六七』神戸市立多聞小学校　昭和四六年
『よろこび　開校記念学校要覧』神戸市立湊川多聞小学校　昭和四八年
『よろこび　開校一〇周年』神戸市立湊川多聞小学校　昭和五五年

○湊西区
明親小学校
『創立六拾周年記念沿革史』明親高等小学校　昭和五年
『開校百年記念』神戸市立明親小学校　昭和四七年
『開校百年記念の年に』神戸市立明親小学校　昭和四八年
『明親』神戸市立明親小学校　昭和五九年
『明親のあゆみ　創立一二〇周年』神戸市立明親小学校　平成四年
『ゆめいっぱい　一三〇周年記念誌』神戸市立明親小学校　平成一四年
兵庫小学校
『兵庫尋常高等小学校沿革史／大西直三編』神戸市兵庫尋常高等小学校　大正八年
『神戸史蹟大要　郷土の華』神戸市兵庫高等小学校　昭和四年
『神戸美蹟　趣味のよみもの』神戸市兵庫高等小学校　昭和五年
『兵庫校教育五十年史』神戸市兵庫高等小学校　昭和三年
『想い出　神戸市立兵庫高等小学校卒業記念』神戸市立兵庫高等小学校　昭和一一年
『八〇周年記念号　ひょうご』第六〇号　神戸市立兵庫小学校ＰＴＡ　昭和六二年
入江小学校
『神戸市立入江小学校六〇年史』神戸市立入江小学校　昭和三五年
『入江　創立八〇周年記念特集号』神戸市立入江小学校　昭和五五年
『閉校記念誌』神戸市立入江小学校　昭和六二年
大開小学校
『卒業記念寫眞帖』大開第一尋常高等小学校　大正五年
道場小学校
『卒業記念寫眞帖』神戸市立道場尋常小學校　昭和八年

『創立三十周年記念誌』神戸市道場尋常小学校　昭和一三年
『神戸市立道場小学校一二〇周年記念誌』神戸市立道場小学校　平成六年

中道小学校
『創立二十五周年校舎改築落成記念誌』中道尋常小学校　昭和一二年

川池小学校
『兵庫教育』第五六一号　七月号　財団法人兵庫県教育会　昭和一一年
『川池のあゆみ　創立四十周年』神戸市立川池小学校　昭和三一年
『学校要覧』神戸市立川池小学校　平成五年

水木小学校
『水木ものがたり　神戸市立水木小学校　創立九〇周年記念事業　地域副読本』神戸市立水木小学校　平成二〇年
『学校要覧』神戸市立水木小学校　平成八年

須佐小学校
『創立六六周年記念　思い出』須佐小学校同窓会　昭和六一年

○葺合区

雲中小学校
『創立六十周年記念誌』雲中小学校　昭和八年
『雲中　創立八十周年記念』神戸市立雲中小学校　昭和二九年
『創立一〇〇周年記念誌』神戸市立雲中小学校　昭和四八年
『雲中の百二十年』神戸市立雲中小学校　平成五年

小野柄小学校
『閉校記念誌』神戸市立小野柄小学校　平成九年

脇浜小学校
『移轉改築落成記念』神戸市立脇浜尋常小学校　昭和六年

二宮小学校
『五十年のあゆみ』神戸市立二宮小学校　昭和四三年
『創立六十周年誌』神戸市立二宮小学校　昭和五三年
『閉校記念誌』神戸市立二宮小学校　平成九年

野崎小学校
『本校教育概要』神戸市立野崎高等小学校　昭和一〇年

吾妻小学校
『吾妻教育』神戸市立吾妻小学校　昭和三九年
『閉校記念誌』神戸市立吾妻小学校　平成九年

宮本小学校
『学校要覧　創立六十周年記念』神戸市立宮本小学校

昭和六〇年

○湊区

湊山小学校

『創立六十年記念誌』神戸市湊山尋常小学校　昭和八年

『百年のあゆみ』神戸市立湊山小学校　昭和四八年

『湊山ものがたり（一八七三～二〇一五）』神戸市立湊山小学校　平成一〇年

『湊山ものがたり　伝えたい風景、残したい記憶』神戸市立湊山小学校　平成二七年

平野小学校

『学校沿革史　創立二十周年記念』平野尋常小学校　昭和一二年

『平野小学校の思い出』直木由太郎　平成三年

『ありがとう平野　創立百周年・閉校』神戸市立平野小学校　平成二六年

菊水小学校

『水禍の思出　一周年記念』神戸市菊水尋常小学校　昭和一四年

『創立六〇周年記念誌』神戸市立菊水小学校　昭和五六年

鵯越小学校

『鵯越　五〇年のあゆみ』神戸市立鵯越小学校　昭和五三年

『六〇年のあゆみ』神戸市立鵯越小学校　昭和六三年

『学校要覧　創立七〇周年』神戸市立鵯越小学校　平成一〇年

○林田

真陽小学校

『七十年のあゆみ』神戸市立真陽小学校　昭和三一年

『真陽百年　創立百周年記念誌』神戸市立真陽小学校　昭和六二年

浜山小学校

『七十年のあゆみ』神戸市立浜山小学校　昭和五四年

長楽小学校

『野田村史　長楽小学校々区史』出版社・年共に不明

『長楽のあゆみ　四十周年記念』神戸市立長楽小学校　昭和三二年

『長楽のれきし』神戸市立長楽小学校　昭和五三年

『みんなの愛をもちよって　神戸市立長楽小学校編』神戸市立長楽小学校　平成七年

『閉校記念誌　長楽小学校八九年のあゆみ』神戸市立長楽小学校　平成一七年

真野小学校

『真野教育　創立四〇周年記念』神戸市立真野小学校　昭和三四年

『五〇年のあゆみ』神戸市立真野小学校　昭和四二年

神楽小学校
『神樂尋常高等小學校郷土研究』神樂尋常高等小學校郷土研究部　昭和八年
『神楽教育史要　創立拾周年記念誌』神戸市神樂尋常小学校　昭和七年
『学習園教育　創立拾周年記念』神戸市神樂小学校　昭和七年
『学校要覧　創立六〇周年』神戸市立神楽小学校　昭和五七年

室内小学校
『創立六十周年』神戸市立室内小学校　昭和六〇年
『むろうち三十年誌』神戸市立室内小学校　昭和三一年

蓮池小学校
『創立十周年記念誌』神戸市蓮池尋常小学校　昭和一二年
『わたしたちの蓮池いまむかし　創立六〇周年記念』神戸市立蓮池小学校　昭和六二年

二葉小学校
『新築落成記念誌　神戸市二葉尋常小学校』二葉小学校後援会　昭和四年
『二葉教育十年史』神戸市二葉小学校　昭和一四年
『学校要覧　二葉小の教育』神戸市立二葉小学校　平成八年
『閉校記念誌　二葉小学校七七年のあゆみ』神戸市立二葉小学校　平成一七年
『二葉』神戸市立二葉小学校　平成一八年

名倉小学校
『名倉いまむかし』神戸市立名倉小学校　昭和五八年
『学校要覧　創立六〇周年記念』神戸市立名倉小学校　平成五年

志里池小学校
『創立二十周年記念』神戸市立志里池小学校　昭和三二年
『志里池　創立五〇周年記念』神戸市立志里池小学校　昭和六一年
『ぼくも　わたしも　まけなかったよ　あれから一年　阪神淡路大震災一周年記念全員文集』神戸市立志里池小学校　平成八年

○須磨

東須磨小学校
『東須磨校史　開校六十周年』神戸市東須磨尋常小学校　昭和一五年
『東須磨一〇〇　目で見る』神戸市立東須磨小学校　昭和五五年
『学校要覧』神戸市立東須磨小学校　平成八年

須磨西小学校
『沿革略史　創立六十周年記念』神戸市立西須磨小学校

昭和二八年
『土のかおり』神戸市西須磨小学校社会科教室　昭和三七年
『七十年のあゆみ』神戸市立西須磨小学校　昭和三八年
『西須磨の年輪　創立百二十年史』西須磨小学校百周年記念事業実行委員会　平成四年
『学校要覧』神戸市立西須磨小学校　平成八年

板宿小学校
『板宿小学校創立貳拾周年記念小史』神戸市立板宿小学校　昭和二七年
『兵庫教育』第五〇七号　新年号　兵庫県教育会　平成五年

大黒小学校
『新築落成記念』神戸市大黒尋常小学校　昭和一一年
『大黒　創立二十周年記念』神戸市立大黒小学校　昭和三一年
『学校要覧』神戸市立大黒小学校　平成五年

千歳小学校
『二十年のあゆみ』神戸市立千歳小学校　昭和三二年
『絆　震災体験記録』神戸市立千歳小学校　平成七年
『震災に負けず立ちあがれ』神戸市立千歳小学校　平成七年

若宮小学校
『学校要覧』神戸市立若宮小学校　平成八年

須磨高等小学校
『須磨史蹟』神戸市須磨尋常小学校　昭和四年

○灘

西灘第一小学校（西灘小学校）
『あゆみ　創立八〇周年記念誌』神戸市立西灘小学校　昭和三五年
『あゆみ　創立九〇周年記念誌』神戸市立西灘小学校　昭和四五年
『あゆみ　創立一〇〇周年記念誌』神戸市立西灘小学校　昭和五五年
『学校要覧』神戸市立西灘小学校　昭和六〇年
『にしなだ　大震災から復興のあゆみ』神戸市立西灘小学校　平成八年
『あゆみ　神戸市立西灘小学校誕生一二〇周年記念誌』神戸市立西灘小学校　平成一二年
『学校要覧』神戸市立西灘小学校　平成八年

西郷小学校
『西郷　創立百周年記念誌』神戸市立西郷小学校　平成四年
『学校要覧』神戸市立西郷小学校　平成八年

六甲小学校
『航空写真記念アルバム』神戸市立六甲小学校　昭和五〇年

『一世紀のあゆみ』神戸市立六甲小学校　昭和六一年
『学校要覧』神戸市立六甲小学校　平成九年
西灘第二小学校（稗田小学校）
『西灘第二尋常小學校　大正十三年三月第三回卒業記念』
西灘第二尋常小学校　大正一三年
『郷土讀本』神戸市稗田尋常小学校　昭和一〇年
『郷土讀本編纂について』神戸市稗田尋常小学校　昭和一〇年
『稗田校誌　創立三十周年記念』神戸市立稗田小学校　昭和二六年
『六〇年のあゆみ』神戸市立稗田小学校　昭和五六年
『学校要覧』神戸市立稗田小学校　昭和六二年
『創立七〇周年記念誌　ひえだ』神戸市立稗田小学校　平成三年
『学校要覧　創立八〇周年記念』神戸市立稗田小学校　平成一三年
『はばたけ稗田っ子　創立八〇周年記念誌』神戸市立稗田小学校　平成一三年
西灘第三小学校（摩耶小学校）
『高嶺　増築記念号』神戸市摩耶尋常小学校　昭和一一年
『四〇年のあゆみ』神戸市立摩耶小学校　昭和四三年
『学校要覧　創立六〇周年記念』神戸市立摩耶小学校　平成元年
『学校要覧』神戸市立摩耶小学校　平成九年
『学童集団疎開の記録』法泉寺之会　平成九年
『摩耶七〇　創立七十周年記念誌』神戸市立摩耶小学校　創立七〇周年記念同窓会　平成一一年
福住小学校
『福住　創立二〇周年記念』神戸市立福住小学校　昭和二八年
『明日に向かって　福住の子の心にきざまれた阪神・淡路大震災の記録集』神戸市立福住小学校　平成八年
成徳小学校
『成徳校史』神戸市成徳尋常小学校　昭和一一年
『成徳　創立五〇周年記念誌』神戸市立成徳小学校　昭和五七年
高羽小学校
『高羽　創立五〇周年記念誌』神戸市立高羽小学校　昭和六三年
『学校要覧』神戸市立高羽小学校　平成一年
『わたしたちはわすれない　高羽の子の心にきざまれた阪神淡路大震災の記録集』神戸市立高羽小学校　平成七年
○東灘区
魚崎小学校
『新築落成記念帳』魚崎尋常高等小学校　昭和五年

『伸びゆく魚崎校　創立一〇〇周年記念誌』神戸市立魚崎小学校　昭和四九年
『学校要覧』神戸市立魚崎小学校　平成五年

住吉小学校
『卒業記念寫眞帖』住吉尋常高等小学校　大正四年
『すみよしの八十年』神戸市立住吉小学校　昭和二八年
『住吉のうつりかわり』神戸市立住吉小学校　昭和四三年

本山第一小学校
『卒業記念寫眞帳』本山尋常高等小学校　昭和四年
『卒業記念寫眞帖』本山尋常高等小学校　昭和七年
『本山第一小学校九十年誌』神戸市立本山第一小学校　昭和四一年
『創立百年をむかえて』神戸市立本山第一小学校　昭和五〇年
『もといち　明日に向かって：阪神・淡路大震災特別号』神戸市立本山第一小学校　平成七年
『学校要覧』神戸市立本山第一小学校　平成八年

御影第二小学校
『修了記念寫眞帖』御影第二国民学校　昭和一七年

本山第二小学校
『四〇年のあゆみ』神戸市立本山第二小学校　昭和四八年
『神戸市立本山第二小学校創立五〇周年記念誌』神戸市立本山第二小学校　昭和五八年

○芦屋市

精道第一小学校
『創立八十周年記念誌』芦屋市立精道小学校　昭和二七年
『芦屋市立精道小学校創立一〇〇周年誌』芦屋市立精道小学校　昭和四七年
『祈　芦屋市立精道小学校　忘れない　あの日のことを阪神大震災記録』芦屋市立精道小学校　平成八年
『芦屋市立精道小学校創立一三〇周年記念誌』芦屋市立精道小学校　平成一四年
『三世紀の精道　一三〇　芦屋市立精道小学校創立一三〇周年記念誌』芦屋市立精道小学校　平成一四年

山手小学校
『山手小学校創立二十周年誌　一九五三年』芦屋市立山手小学校　昭和二八年
『芦屋市立山手小学校要覧　一九六八』芦屋市立山手小学校　昭和四三年
『芦屋市立山手小学校創立三五周年記念誌』芦屋市立山手小学校　昭和四四年
『山手小学校四〇周年記念誌』芦屋市立山手小学校　昭和四九年
『芦屋市立山手小学校創立五〇周年記念誌』芦屋市立山

手小学校　昭和五九年
『芦屋市立山手小学校六〇周年記念誌』芦屋市立山手小学校　平成五年
『芦屋市立山手小学校創立七〇周年記念誌』芦屋市立山手小学校　平成一五年

岩園小学校
『岩園五〇年の歩み』芦屋市立岩園小学校　昭和五八年
『岩園のあゆみ　創立六〇周年記念』芦屋市立岩園小学校　平成五年
『岩園のあゆみ　創立七〇周年記念』芦屋市立岩園小学校　平成一五年

○西宮市

浜脇小学校
『西宮市立浜脇小学校百周年記念誌』西宮市立浜脇小学校　昭和五一年
『西宮市立浜脇小学校沿革史』西宮市立浜脇小学校　昭和五七年

今津小学校
『創立五十周年記念誌　今津第一小学校』西宮市立今津小学校　昭和七年
『今津物語　西宮市立今津小学校創立百周年記念』今津小学校百周年記念事業委員会　昭和四八年
『学校要覧』西宮市今津小学校　平成五年
『六角堂今昔物語』西宮市立今津小学校六角堂移築完成記念事業実行委員会　平成一〇年

鳴尾小学校
『郷土相』鳴尾尋常高等小学校　昭和九年
『創立八十周年記念誌　鳴尾小学校』西宮市立鳴尾小学校　昭和二八年

大庄小学校
『震災を忘れないために』尼崎市教育委員会　平成八年
『創立一〇〇年記念誌』尼崎市立大庄小学校百年記念行事実行委員会　昭和四八年

用海小学校
『用海　西宮市立用海小学校創立一〇〇周年記念誌』西宮市立用海小学校　平成一三年

津門小学校
『西宮市立津門小学校　研究のあゆみ　平成七年度（一九九五）（研究紀要）』西宮市立津門小学校　平成八年
『五十年の歩み』西宮市立津門小学校　昭和五六年

鳴尾東小学校
『西宮市立鳴尾東小学校三十年史』鳴尾東小学校三〇周年史編集委員　昭和四一年

夙川小学校
『夙川小学校創立五〇周年記念　ALBUM　一九八六』西宮市立夙川小学校　昭和六一年
『卒業五五周年記念誌』［西宮市立夙川小学校昭和二三年

（第八回）卒業六年黄組　平成一五年

○尼崎市

武庫小学校

『武庫庄　創立一〇周年記念誌』尼崎市立武庫荘小学校創立一〇周年実行委員会　昭和五八年

大庄小学校

『創立百年記念誌　懐古』尼崎市立大庄小学校百年記念行事実行委員会　昭和四八年

西小学校

『創立五〇周年記念誌　写真でつづる五〇年のあゆみ』尼崎市立西小学校創立五〇周年記念事業委員会　昭和六三年

○宝塚市

宝塚第一小学校

『宝塚市立宝塚第一小学校創立五〇周年記念誌』宝塚市立第一小学校　昭和六一年

○その他

川西市川西小学校

『川西小学校百年のあゆみ』川西小学校　昭和五三年

鳥羽市鳥羽小学校

『鳥羽小学校創立百周年記念志』鳥羽小学校　昭和四八年

神戸市立第二神港商業学校

『二十年史』第二神港商業学校　昭和一六年

神戸市立魚崎中学校

『魚崎』第三号二〇周年特集号　昭和四三年

◆近代神戸の学校に関する文献

『神戸市教育史　第一集』神戸市教育史刊行委員会　昭和四一年

『神戸市教育史　第二集』神戸市教育史刊行委員会　昭和三九年

『神戸市教育史　第三集』神戸市教育史第三集刊行委員会　平成五年

『学事提要』神戸市役所教育課　明治四二年〜昭和一七年

『学校建築としての鉄筋コンクリート構造』日本トラスコン鋼材株式会社　大正一二年

滝沢真弓「文明開化以後神戸の都市と建築」『建築と社会』第三〇輯第六号　日本建築協会　昭和二四年

横尾繁六「神戸市学校建築の方針」『建築と社会』第一三輯二号　日本建築協会　昭和五年

藤島哲三郎「小学校建築設計雑考」『土木建築之日本』第八巻第十一号　土木建築之日本社　昭和八年

井上伉一「本年の多忙は学校建築から」『土木建築之日

本』第十一巻第一号　土木建築之日本社　昭和一一年
「鉄筋コンクリートの校舎」『セメント界彙報』日本ポーランドセメント同業会　第一一五号　大正一四年
肥沼健次『鉄筋混凝土校舎と設備』洪洋社　昭和二年
菅野誠『日本の学校建築』文教ニュース社　昭和五八年
『建築年鑑』昭和一三年版、昭和一四年版、昭和一五年版　日本建築学会
『神戸市立小学校校長史』神戸市立小学校校長会　昭和三九年
『神戸市立神戸小学校の老朽度及び構造耐力に関する報告書』神戸市教育委員会　昭和五三年
『神戸市立山手小学校の老朽度及び構造耐力に関する報告書』神戸市教育委員会　昭和五三年
『神戸市立宮本小学校の老朽度及び構造耐力に関する報告書』神戸市教育委員会　昭和五二年
『神戸市立長楽小学校の老朽度及び構造耐力に関する報告書』神戸市教育委員会　昭和五一年
『兵庫教育』第五九三号　兵庫県教育会　昭和一四年
『兵庫教育』第六一六号　兵庫県教育会　昭和一六年
『日本教育史　資料七』文部省　臨川書店　昭和四五年
『日本近代教育百年史　三　学校教育（一）』国立教育研究所編　昭和四九年

◆神戸市営繕課ならびに旧武庫郡町村の建築家に関する文献

『都市と建築』清水栄二・東大卒業論文　大正七年
『兵庫県土木建築大鑑』土木建築之日本社　昭和一〇年
『近代建築画譜』近代建築画譜刊行会　昭和一一年
『営繕年報　公共建築のあゆみ』神戸市住宅局営繕部　昭和四五年
『営繕八〇年のあゆみ』神戸市　平成一四年
『神戸市建築年鑑』神戸市役所　昭和一二年
『神戸市衛生施設大観』神戸市衛生課　大正一五年
『神戸市公会堂新築設計競技当選図案集』癸亥社　大正一三年
『創立二十五周年記念誌』名古屋高等工業学校校友会　昭和六年
「故今北乙吉君　略歴と及作品」『日本建築士』第三一巻第五号　昭和一七年
「故正員正五位国枝博君略歴及作品」『日本建築士』第三三巻四号　昭和一八年
「兵庫の建築　回顧と展望」『ひろば』昭和五二年二月号
「業界に生きて」『建設人』昭和四九年四月号　建設人社
『神戸市職員録』神戸市役所　大正一〇年～昭和一三年
『日本建築協会会員名簿』日本建築協会　各年
『日本建築学会会員住所姓名録』日本建築学会　各年
『兵庫工業倶楽部会員名簿』兵庫工業高校　昭和五二年

『木南会会員名簿』神戸大学工学振興会　昭和六三年
『京大建築会会報』第五三号　昭和六三年
『甲南閑話』日本電話建物株式会社出版部　昭和一〇年
『殖産住宅二十年史』殖産住宅相互株式会社　昭和四五年
『三〇年のあゆみ』冨士建築株式会社　昭和五七年

◆近代神戸に関する文献

『神戸市事務報告』神戸市役所　明治四四年～大正一二年
『神戸市会速記録』大正期・昭和戦前期の各年
『神戸市会史　第一巻　明治編』神戸市会事務局　昭和四三年
『神戸市会史　第二巻　大正編』神戸市会事務局　昭和四五年
『神戸市会史　第三巻　昭和編一』神戸市会事務局　昭和四八年
『神戸市会史　第四巻　昭和編二』神戸市会事務局　昭和五三年
『神戸市統計書』神戸市役所　明治三八年～昭和一五年
『新修神戸市史　行政編　Ⅰ市政のしくみ』神戸市　平成七年
『新修神戸市史　歴史編Ⅳ近代・現代』神戸市　平成六年
『神戸市史　第二輯本編』神戸市役所　昭和一二年
『神戸市民読本』神戸市役所　大正一四年
『神戸大鑑』神戸大鑑編纂所　大正四年
『神戸市案内』船井政太郎　明治二六年
『神戸名勝案内記』石丸甚八　明治三〇年
『神戸市長物語』伊藤貞五郎　大正一四年
『神戸の花』明輝社　明治三〇年
『補修神戸區有財産沿革史』神戸市神戸財産區昭和一六年
『神戸のあゆみ　市制七〇周年記念』神戸市　昭和三四年
『兵庫県教育史』兵庫県教育委員会　昭和三八年
『兵庫県史　第五巻』兵庫県　昭和五五年
『兵庫県銘鑑』神戸又新日報社　昭和二年
『兵庫県統計書』兵庫県総務部調査課　昭和戦前期
『目で見る神戸の百年』郷土出版社　平成一三年
『目でみる神戸市教育』神戸市立学校教育研究会　昭和四一年
『創立一〇〇周年記念誌』兵庫教育協会　平成三年
『神戸市水害誌附図』神戸市役所　昭和一四年
『竹馬のあゆみ』竹馬産業株式会社　昭和五二年
小原啓司『明治期の神戸における市街地整備事業手法に冠する研究』平成一二年
石戸信也『神戸レトロコレクションの旅』神戸新聞総合

出版センター　平成二〇年
賀川豊彦『空中征服』改造社　大正一一年

◆旧武庫郡町村に関する文献

『西灘村史』西岡安左衛門　昭和一五年
『御影町誌』御影町役場　昭和一一年
『御影町勢要覧　昭和六年』御影町　昭和七年
『住吉村誌』住吉村役場　昭和二一年
『魚崎町誌』魚崎町誌編纂委員会　昭和三二年
『本庄村誌』本庄村　大正八年
『本庄村史　歴史編』本庄村史編纂委員会　平成二〇年
『本山村誌』本山村　昭和二八年
『芦屋市史』芦屋市　昭和二八年
『大社村誌』大社村誌編纂　昭和一一年
『西宮市勢要覧』西宮市　昭和一三年
『鳴尾村沿革史』武庫郡鳴尾（兵庫県）鳴尾真理義　昭和五年
『鳴尾村誌　一八八九―一九五一』西宮市鳴尾区有財産管理委員会　平成一七年
『なるを・郷土の歴史を訪ねて　第一部』鳴尾郷土史研究会　昭和五四年
『大庄村誌　下巻』大庄村教育調査会　昭和一七年
『大庄村誌　上巻』大庄村教育調査会　昭和一八年
『なだ　灘神戸市編入五〇周年記念誌』灘三カ町村神戸市編入五十周年記念行事協賛会　昭和五四年
『阪神地方水害記念帳　復刻版』甲南高等学校々友会編纂　平成八年
『西摂大観　郡部』明輝社　明治四四年
『阪神銘鑑』阪神銘鑑発行所　明治四三年
『武庫郡尋常高等小学校改築誌』昭和一三年
『阪神八里』兵庫県自治協会公民編輯局　大正五年
谷崎潤一郎『細雪』中央公論社　昭和二四年
野坂昭如『一九四五・夏・神戸』中央公論社　昭和五一年
島尾敏雄『透明な時の中で』潮出版社　昭和五三年

◆その他の地域の学校に関する文献

『横浜市史稿　教育編』横浜市　昭和七年
『横浜市教育史　上巻』横浜市教育委員会　昭和五一年
『佐世保案内』佐世保市役所　大正一一年
『佐世保の今昔』佐世保市役所　昭和九年

◆学校建築に関する文献

『建築世界』第二一巻第七号（学校建築特集号）建築世界社　昭和二年
『建築と社会』第一三巻第二号（学校建築特集号）日本建築協会　昭和五年
『学校建築図集』日本建築協会　昭和五年

『学校建築図集　続』日本建築協会　昭和九年
『東京市教育施設復興図集』東京市役所　昭和七年
『学校建築参考図集』日本建築学会　昭和九年
古茂田甲午郎『東京市の小学校建築』日本建築学会　昭和二年
古茂田甲午郎・柘植芳男『高等建築学第二〇巻・学校』常盤書房　昭和一〇年
峰弥太郎『現代小学校の建築と設備』洪洋社　大正一四年
『昭和を生き抜いた学舎―横浜震災復興小学校の記憶』横浜市　昭和六〇年
青木正夫『建築計画学八　学校Ⅰ』丸善　昭和五一年
藤岡洋保「東京市立小学校における初期の鉄筋コンクリート造校舎について」『日本建築学会学術講演梗概集』五四号　昭和五四年
藤岡洋保「東京市立小学校鉄筋コンクリート造校舎の設計規格」『日本建築学会論文報告集』第二九〇号　昭和五五年
藤岡洋保「関東大震災と東京市営繕組織」『日本建築学会論文報告集』第二九六号　昭和五五年
藤岡洋保「東京市立小学校鉄筋コンクリート造校舎の外部意匠」『日本建築学会論文報告集』第三〇〇号　昭和五六年
小林正泰『関東大震災と「復興小学校」』勁草書房　平成二四年
藤岡洋保編『明石小学校の建築―復興小学校のデザイン思想』東洋書店　平成二四年

◆近代建築に関する文献

堀勇良『日本における鉄筋コンクリート建築成立過程の構造技術史的研究』東京大学博士学位論文．昭和五六年
石田潤一郎『関西の近代建築』中央公論美術出版　平成八年
石田潤一編『関西のモダニズム建築』淡交社　平成二六年
近藤豊『明治初期の擬洋風建築の研究』理工学社　平成一一年
藤森照信『都市　建築』岩波書店　平成二年
稲垣栄三『日本の近代建築―その成立過程』丸善　昭和三四年
近江栄・堀勇良『日本の建築　明治大正昭和　一〇　日本のモダニズム』株式会社三省堂　昭和五六年
坂本勝比古『日本の建築　明治大正昭和　五　商都のデザイン』三省堂　昭和五五年
村松貞次郎『日本科学技術史体系　第一七巻・建築技術』第一法規出版　昭和三九年
初田亨『近代和風建築―伝統を超えた世界』建築知識　平成四年

村松貞次郎・近江栄『近代和風建築』鹿島出版会　昭和六三年
西澤泰彦『海を渡った日本人建築家』彰国社　平成八年

◆川島智生

川島智生「小学校建築の近代（一～二一）」『建設通信新聞』平成一三年・平成一四年
川島智生『近代京都における小学校建築』ミネルヴァ書房　平成二七年
川島智生「町人が作った小学校とその建築美」『「大阪の学校」草創期を読む』ブレーンセンター　平成二七年
川島智生『近代大阪の小学校建築史』大阪大学出版会　平成二九年

附　録

附録の構成

□目次

1 神戸市
①神戸区 ……6校
②湊東区 ……6校
③湊西区 ……11校
④葺合区 ……8校
⑤湊区 ……4校
⑥林田区 ……15校
⑦須磨区 ……7校
⑧灘区 ……9校
⑨東灘区 ……7校
2 芦屋市 ……4校
3 西宮市 ……12校
4 尼崎市 ……3校
5 宝塚市 ……1校

□対象

ここで取り上げた小学校は昭和一五年（一九四〇）四月一日までに鉄筋コンクリート造校舎を完成させていたものを対象としている。地域としてはこの時期に神戸市であった地域ならびに旧武庫郡の市町村を対象としている。区の名称は東灘区を除いては昭和六年（一九三一）の時点のものである。神戸市以外の芦屋市・西宮市・尼崎市・宝塚市については各町村単位に取り扱うと煩雑なため、現時点での市の中に一括りにまとめている。

□空撮写真

ここで用いた空撮写真は神戸又新日報社が昭和一一年（一九三六）頃に撮影したものである。市街地の様子を撮影することを主眼とした写真であるため、小学校校舎は市街地を構成するひとつとして写り込んだものにすぎない。そのため各学校間で画像上の鮮明さに違いが生じている。だが貴重な写真と考え、掲載した。

□戸番図

・ここで用いた戸番図は昭和一五年（一九四〇）頃に保険会社が作成したもので、正確な作成年は不明である。この図には昭和一四年（一九三九）九月に新設校として完成した池田小学校が記入されている。また同図に記入される小学校の校名の多くが尋常小学校とあることから、国民学校令が施行される昭和一六年（一九四一）四月一日までにつくられたものと考えられる。すなわち、この一年半の間に作成されたものと判断できる。

・戸番図には市内の家屋の一軒ずつの位置が明記された、現在の住宅地図に近い内容を示すものである。鉄筋コンクリート造や煉瓦造、石造などの不燃建造物と木造家屋の違いが明確に区別されており、不燃建造物は太線で囲われ内側を斜線とする。木造家屋は細線で描かれる。

・神戸市域の戸番図は現在の時点で、湊西区ならびに湊区に関しては見出せていない。

□地図

各区の地図は盛文館から昭和五年（一九三〇）に発行された「実地踏測 神戸市街全図」による。縮尺は一万五千分の一である。東灘区は昭和二五年（一九五〇）以降に神戸市に編入されたため、この地図には含まれていない。東灘区・芦屋市・西宮市は昭和三〇年（一九五五）代の地図を用いている。

1 神戸市

①神戸区

神戸区地図

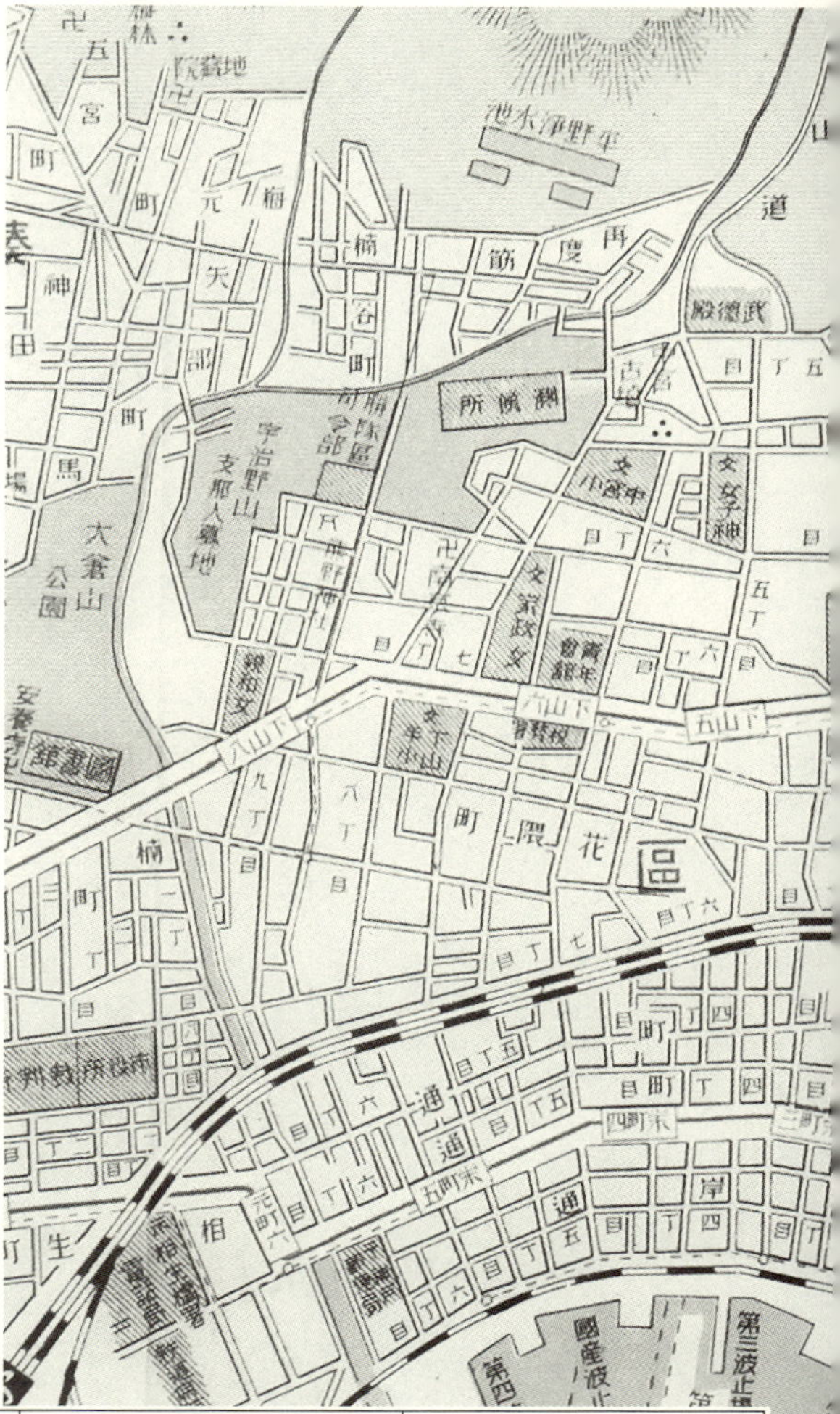

①神戸区

神戸区の小学校数	7
RC 校舎数	6
全部が RC 校舎数	1
一部が RC 校舎数	5

学校名	開校年	RC の竣工年	廃校年	戦災被害（昭和 20 年）	備考
神戸	M 17	T 10.10	H 2	木造校舎・講堂焼失	現、こうべ小学校
諏訪山	M 33	T 10.11	H 2		現、こうべ小学校
山手	M 34	T 10.11	H 6		現、山の手小学校
長狭	M 34	T 12	S 22		
北野	M 41	S 6.7	H 8	調理室の一部焼失	現、こうべ小学校
下山手	M 45	S 2.11	H 6	校舎全焼	現、山の手小学校

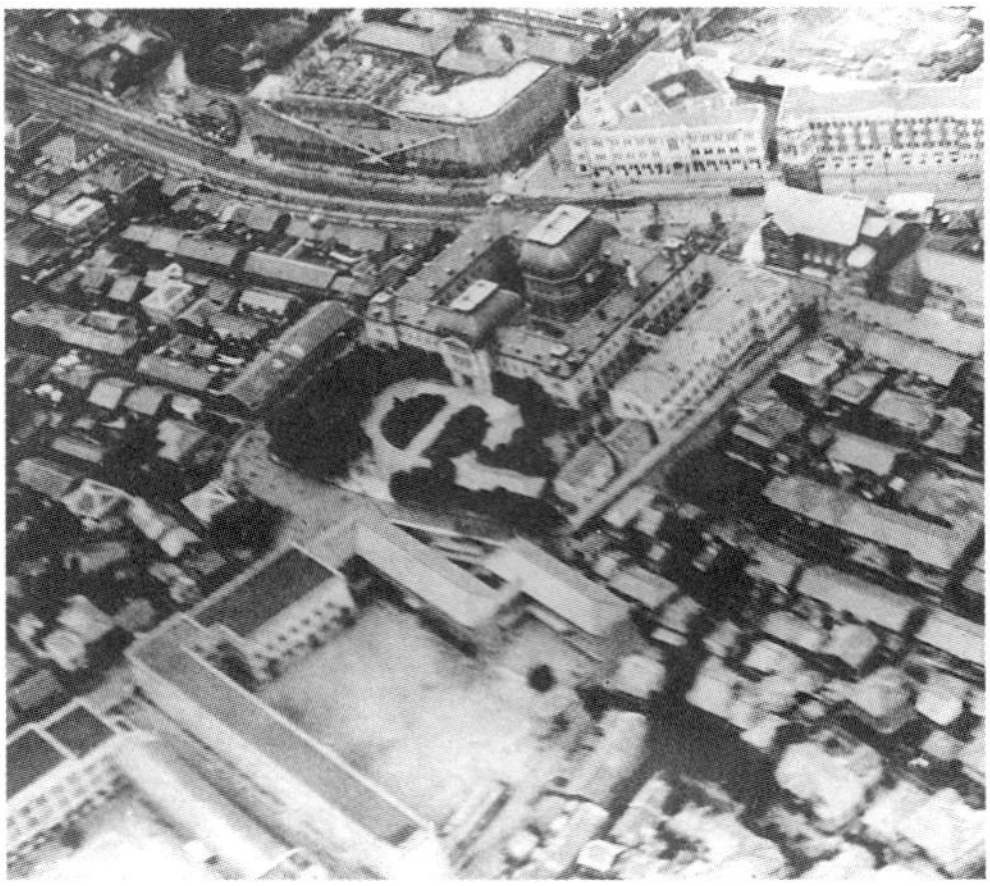

神戸校 空撮　県庁舎（上）・神戸校（中）・長狭校（下端）

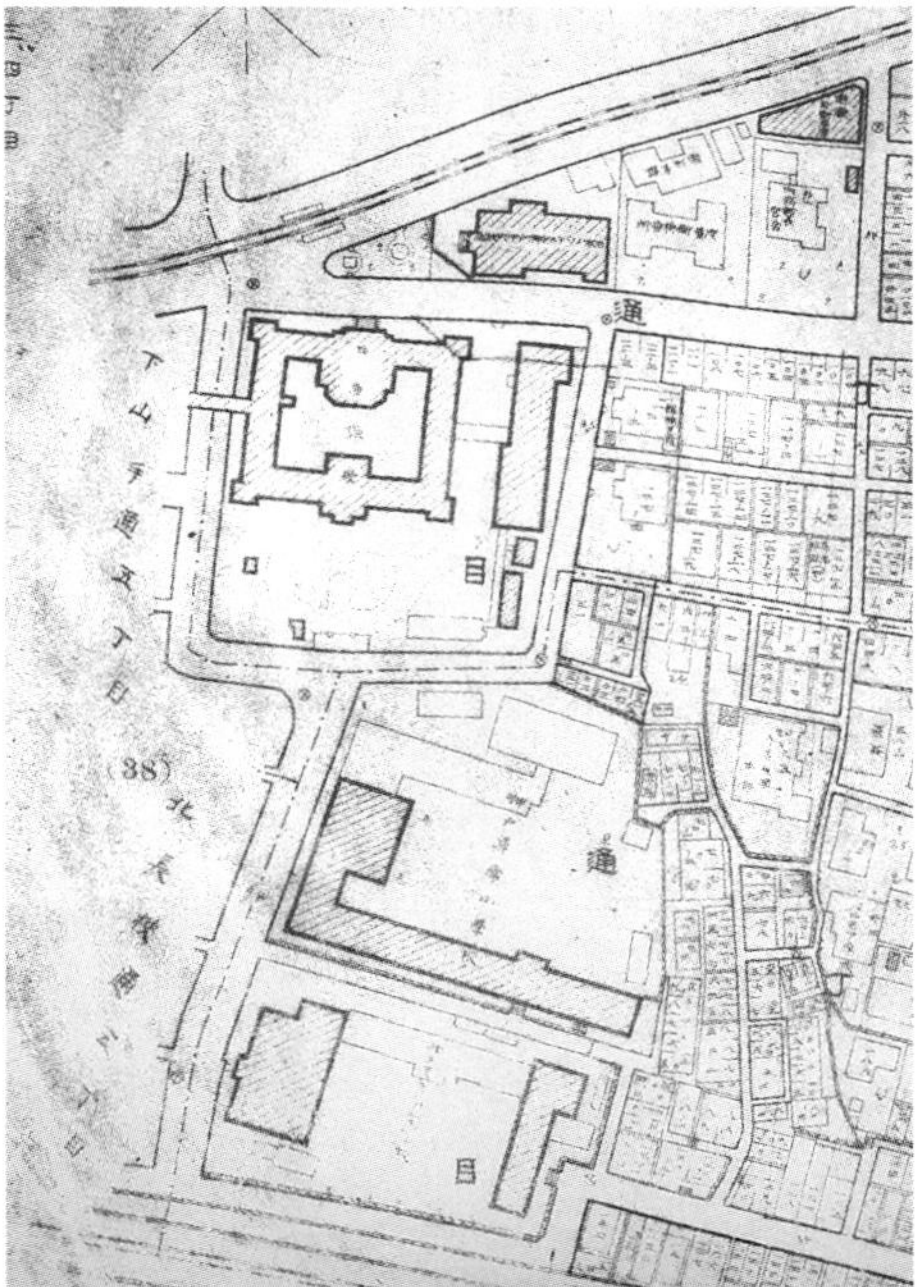

戸番図　県庁舎（上）・神戸校（中）・長狭校（下端）

神戸校 南西側

神戸校 校庭側

神戸校 北西側

神戸校 屋上

神戸校 校庭（体育授業）

長狭校 空撮　県庁舎（上）・神戸校（中）・長狭校（下）

長狭校 校庭側

長狭校 玄関廻り

諏訪山校（上）・山手校（下）空撮

山手校

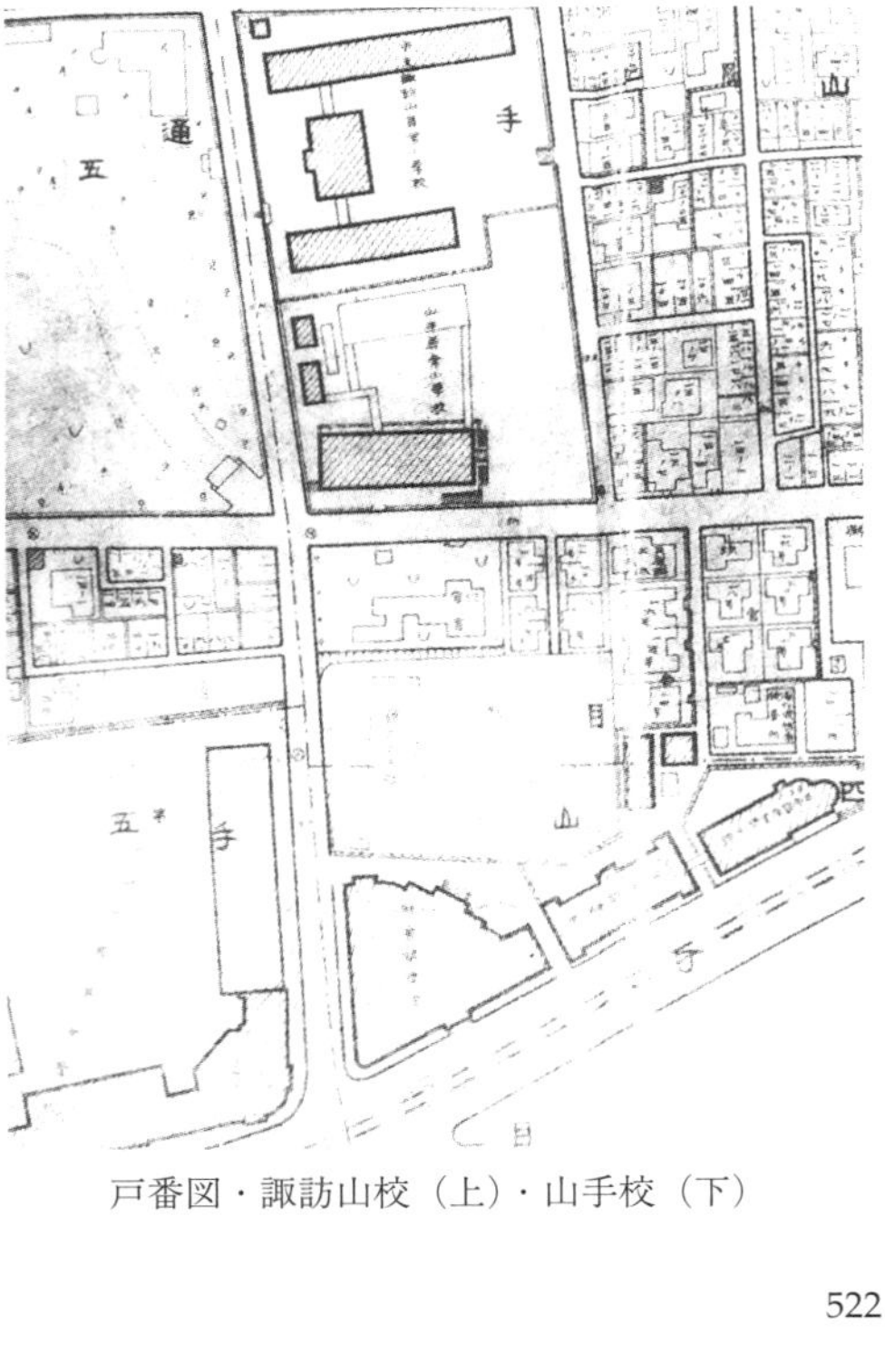

戸番図・諏訪山校（上）・山手校（下）

諏訪山校 本館

諏訪山校 北校舎

諏訪山校 本館と南校舎

北野校 空撮

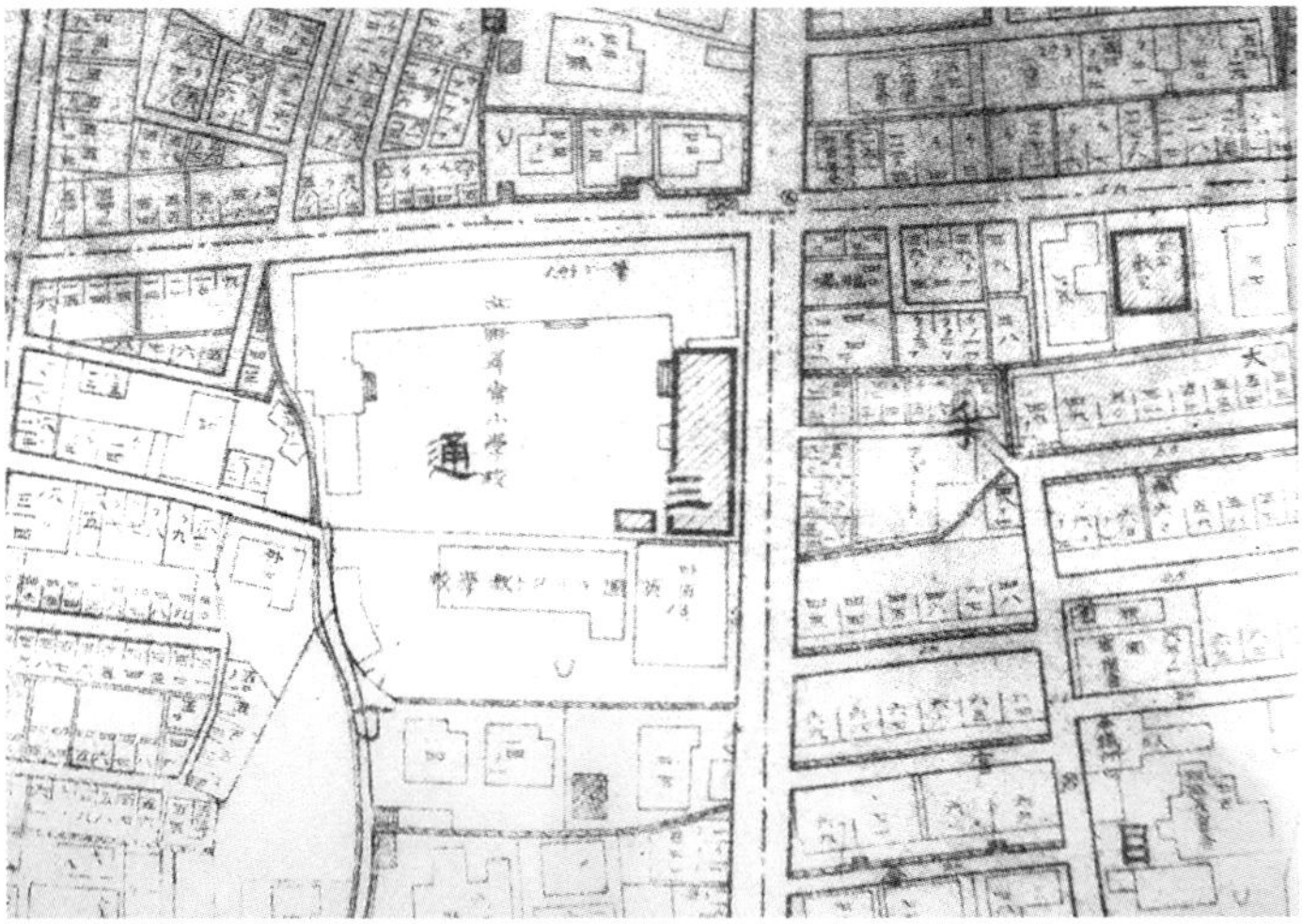

戸番図・北野校

北野校（設計者 森義弘撮影）

北野校 校庭側（筆者撮影）

北野校 左は木造校舎

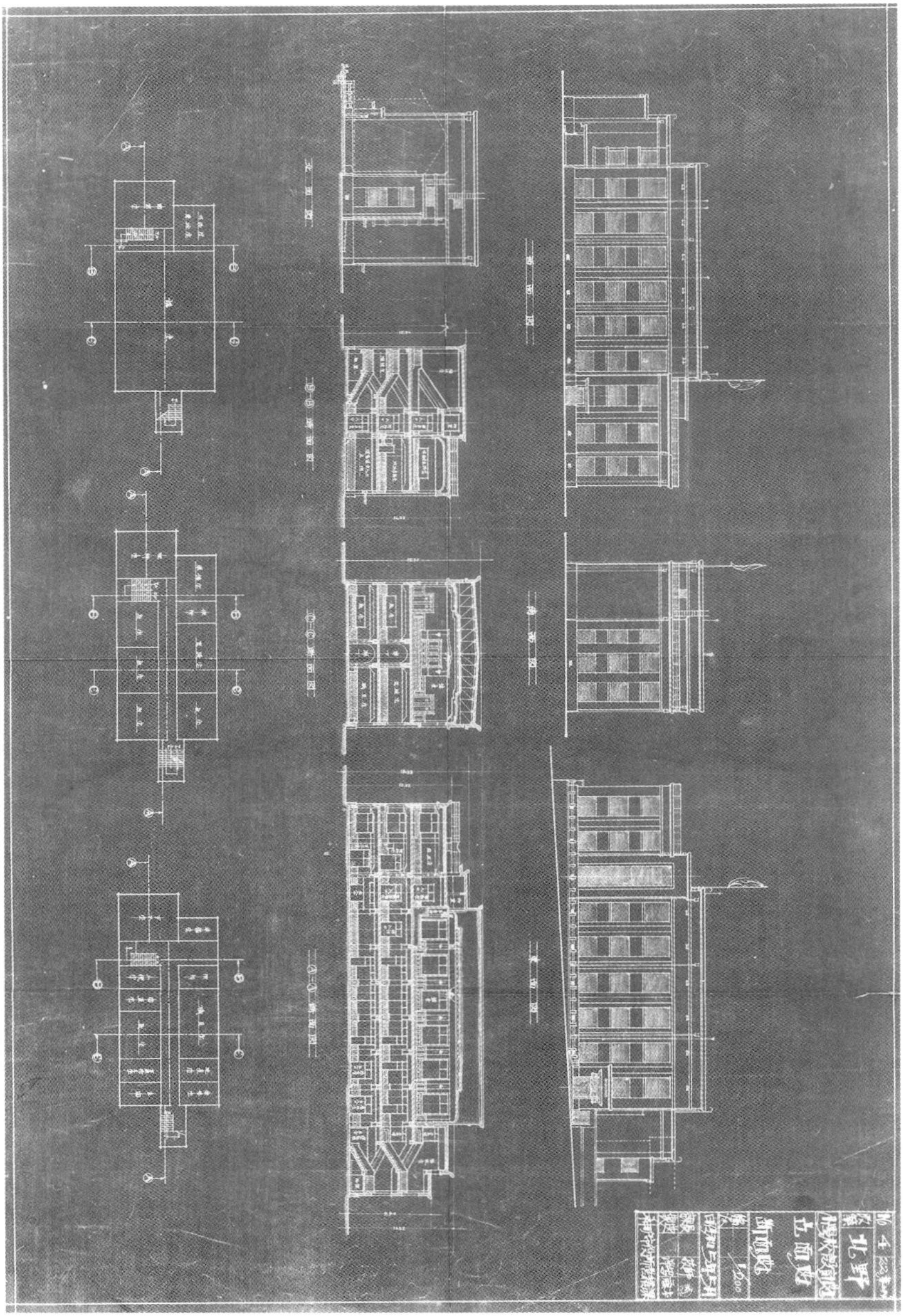

北野校 立面・断面

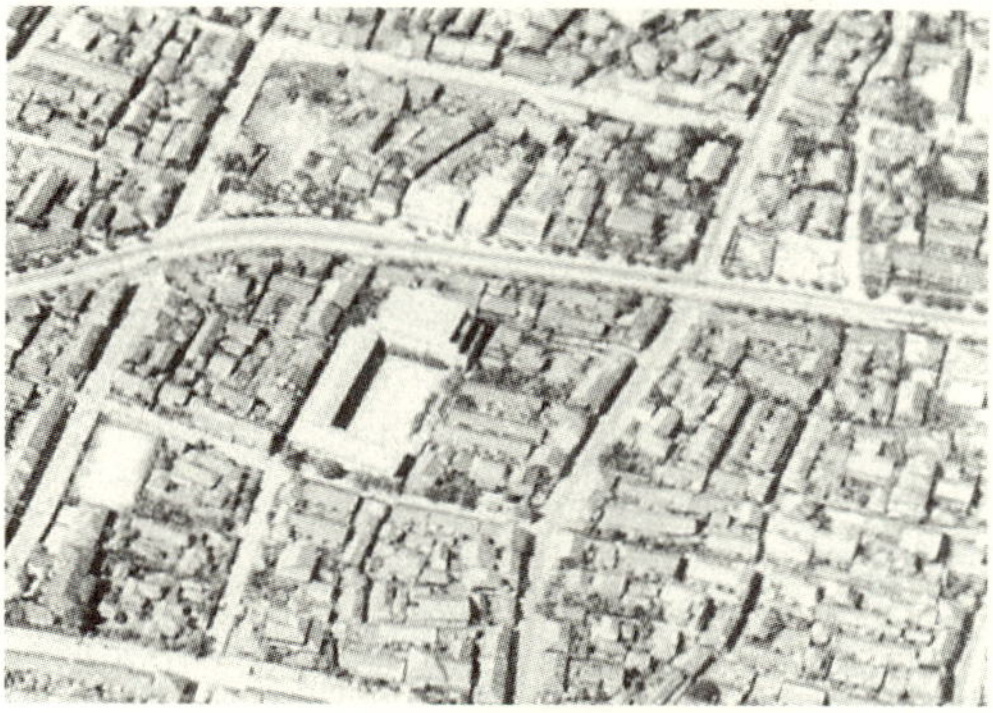

下山手校 空撮

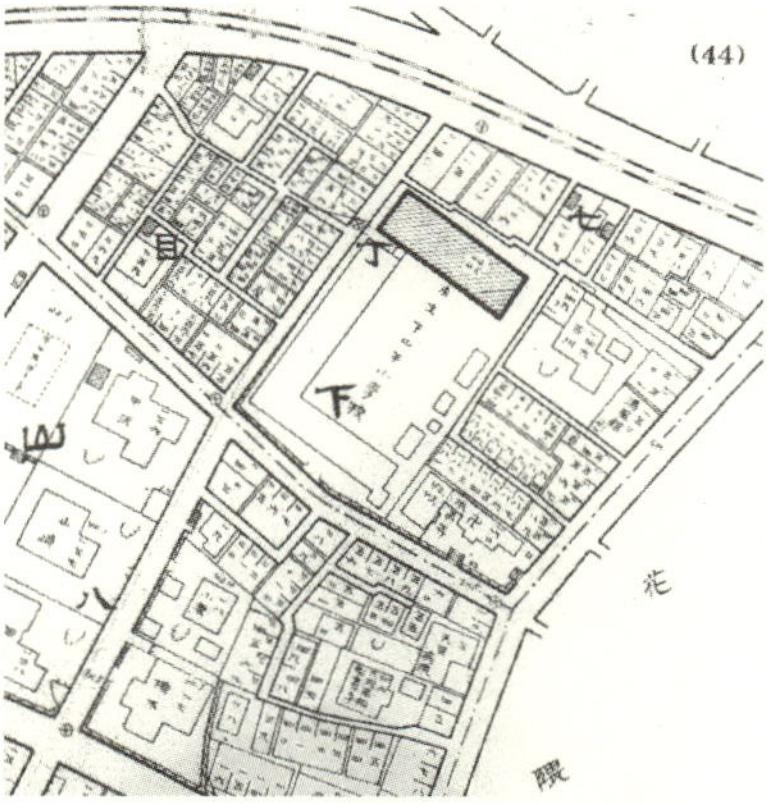

戸番図・下山手校

下山手校 講堂

下山手校 外観

②湊東区

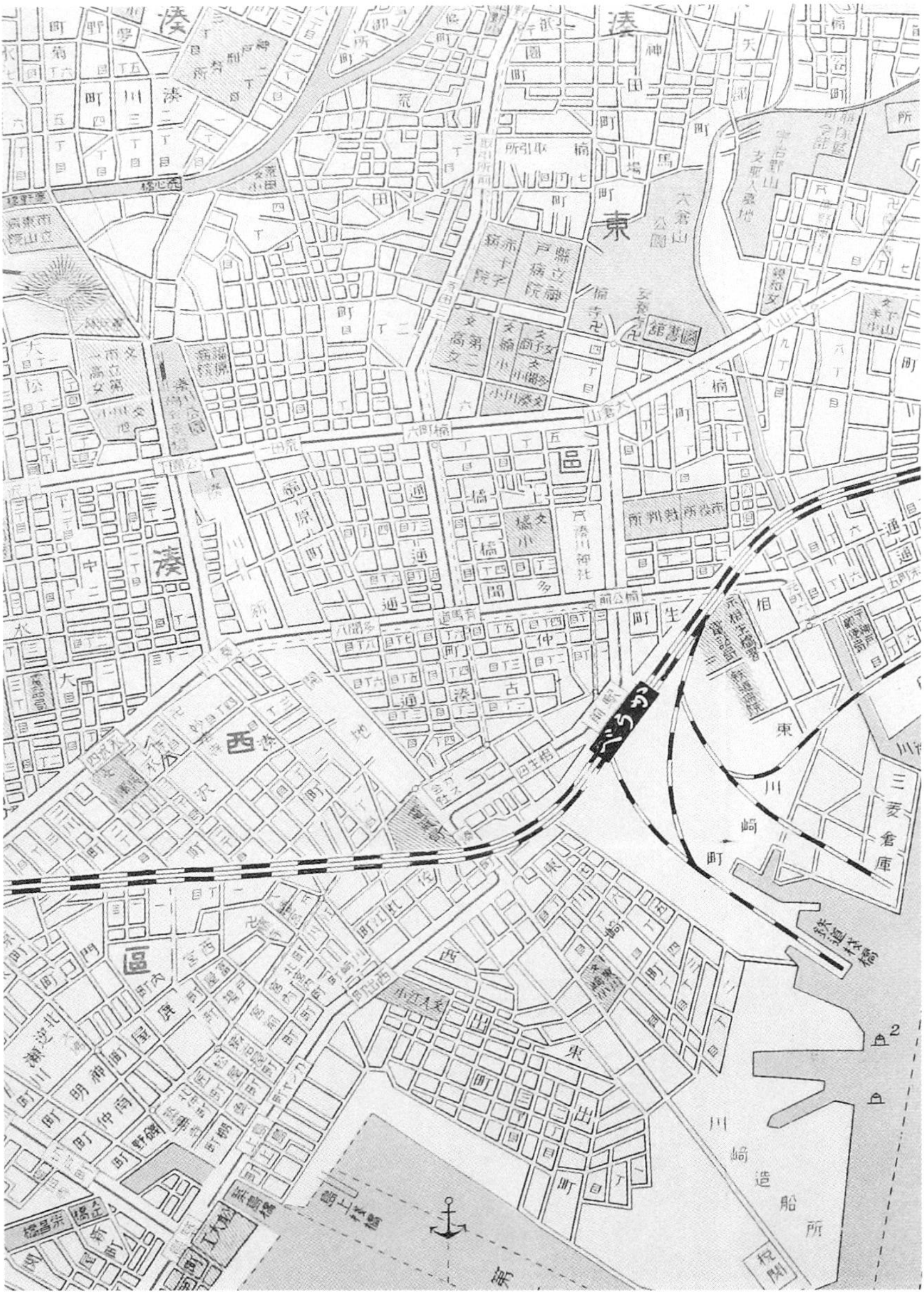

湊東区地図

②湊東区

湊東区の小学校数	6
RC 校舎数	6
全部が RC 校舎数	1
一部が RC 校舎数	5

校名	開校年	RC の竣工年	廃校年	戦災被害（昭和 20 年）	備考
湊川	M 6	T 12	S 46	木造南校舎・東講堂・管理室焼失	相生小学校として誕生 現、神戸祇園小学校＊1
橘	M 33	T 10	S 63	校舎全焼	現、湊小学校＊2
東川崎	M 33	S 14.3	S 63	——	現、湊小学校＊2
楠	M 33	T 10.5	M 34	校舎全焼	＊3
多聞	M 36	S 10.9	S 46	全焼	現、神戸祇園小学校＊1
荒田	M 42	T 9.12	H 27	——	現、神戸祇園小学校＊1

＊1：平成 27 年に湊川多聞校、荒田校、湊山校、平野校が統合し、神戸祇園小学校となる。
＊2：昭和 63 年に東川崎校と橘校、入江校が統合し、湊小学校となる。
＊3：明治 34 年に湊東区内の高等科男子を収容して楠高等小学校となる。

湊川校（下）・楠校（中央上）・多聞校（右上）空撮（南側）

右から湊川校・多聞校・楠校・一番左が第二高等女学校
空撮（西側）

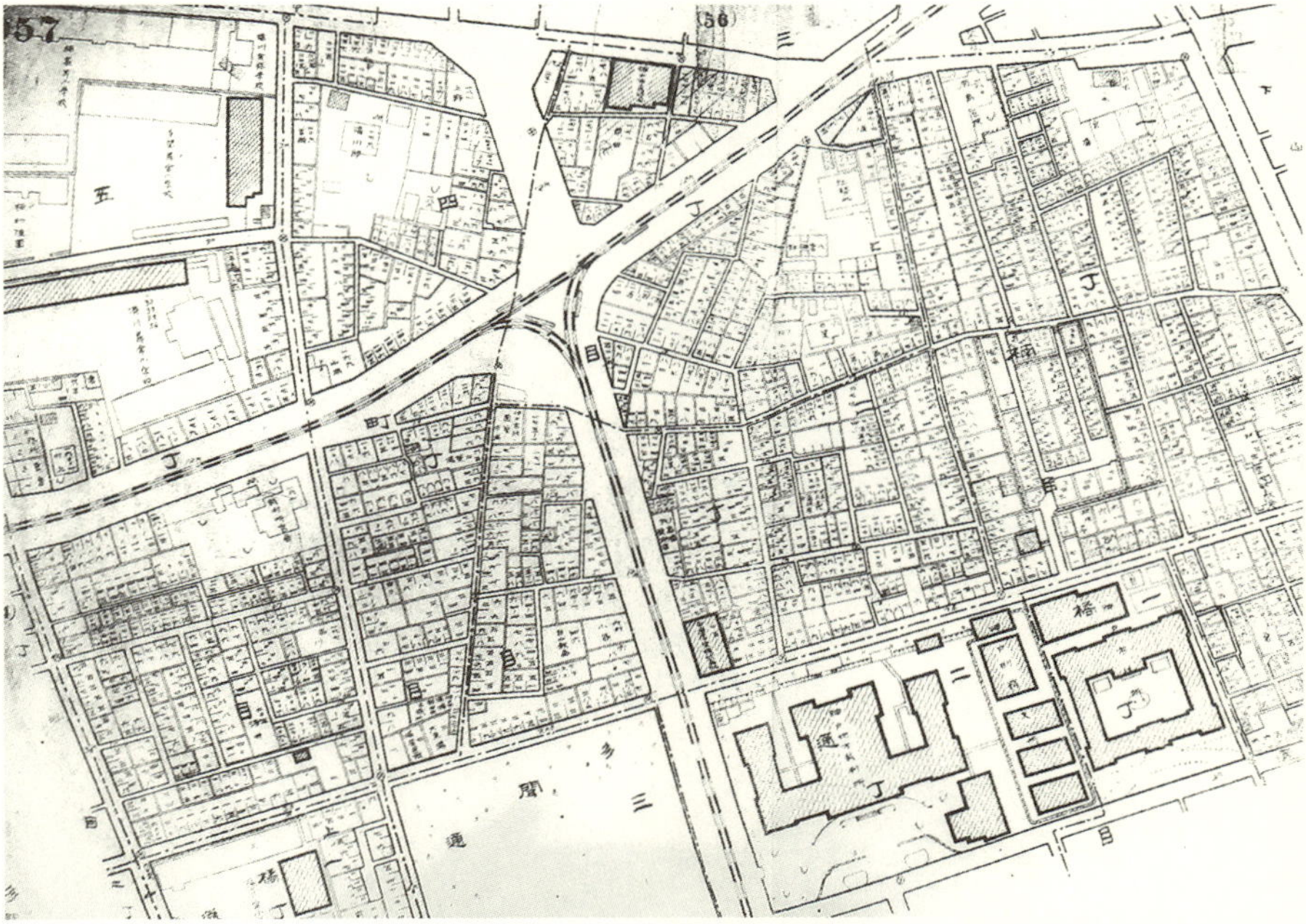

戸番図・湊川校（左端上から二番目）・多聞校（左端上）・神戸市役所（右端下）・裁判所（中央下）

湊川校

橘校 戦後校舎復興落成

橘校 講堂（筆者撮影）

東川崎校 空撮

東川崎校 空撮拡大（この時点ではすべてが木造校舎）

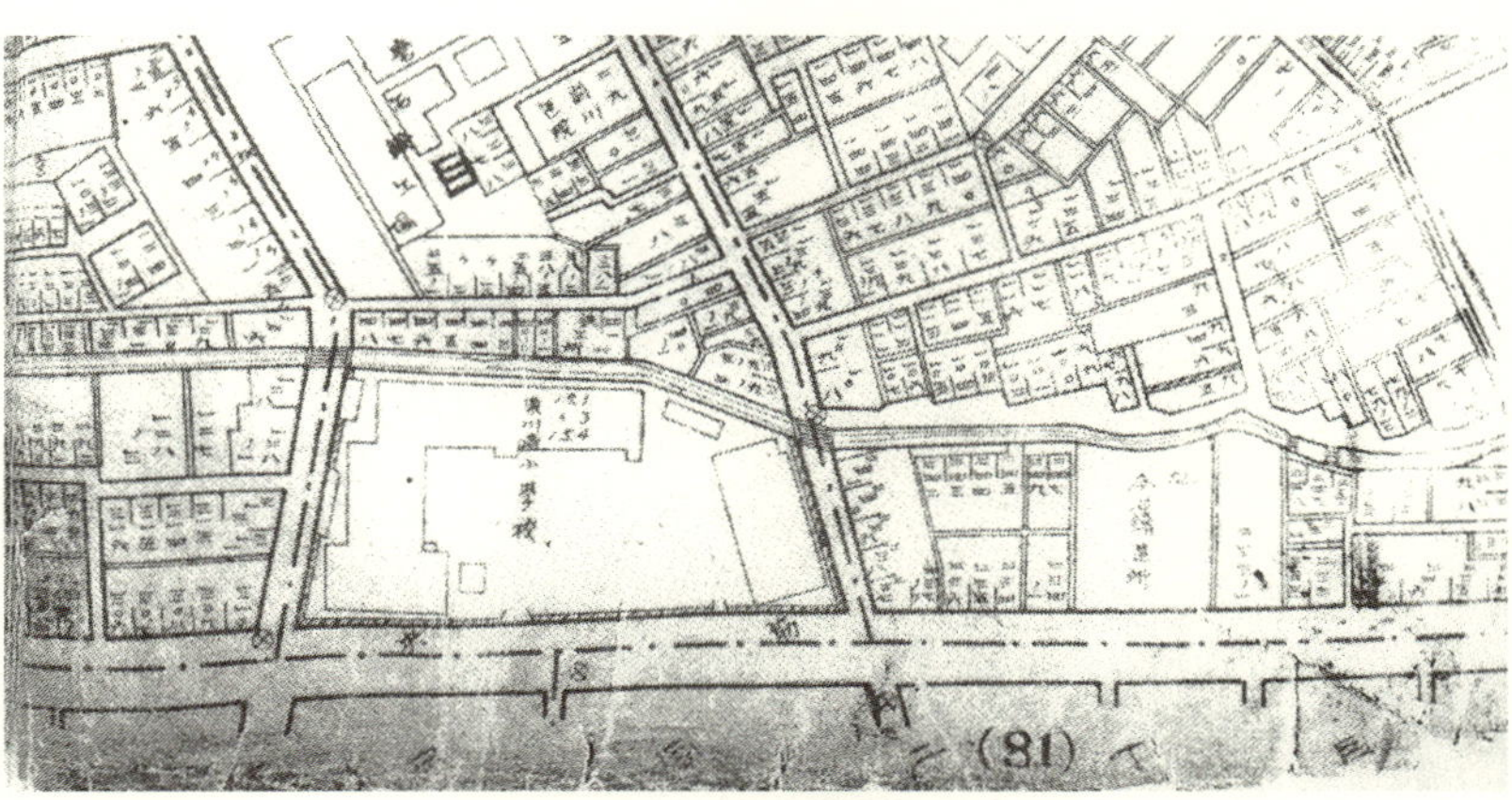

戸番図・東川崎校

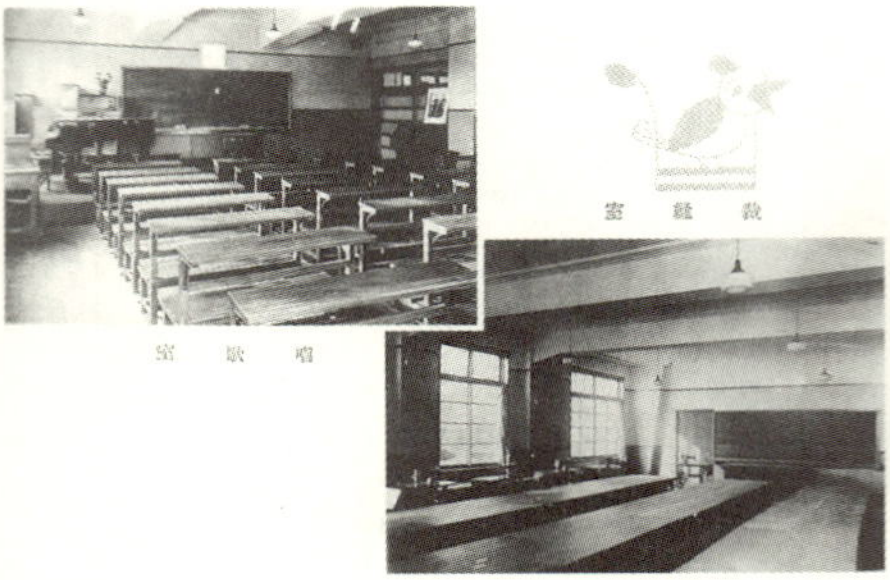

東川崎校 唱歌室・裁縫室

東川崎校 外観

東川崎校 図書室・理科室・趣向室

東川崎校 講堂

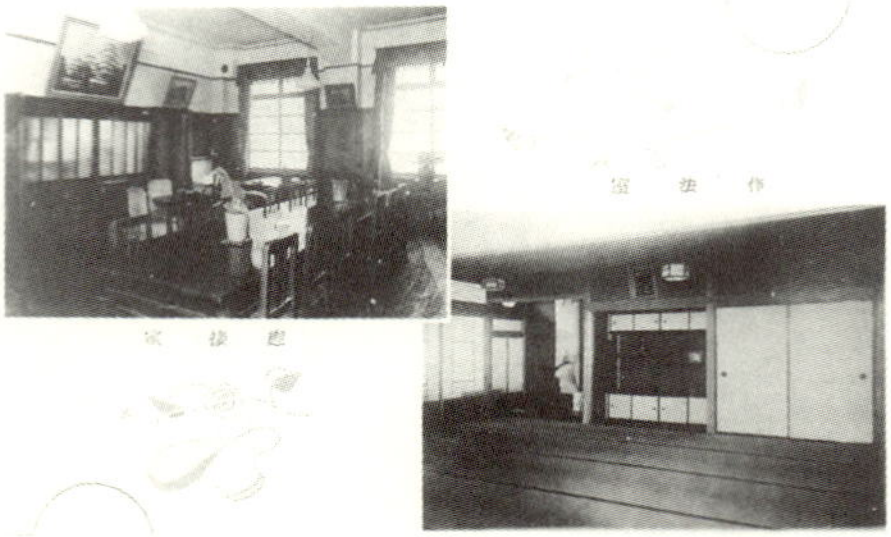

東川崎校 応接室・作法室

楠校 空撮（戦後）

楠校 校庭側

楠校 玄関（清水栄二撮影）

多聞校 外観

多聞校 校庭側

多聞校 講堂

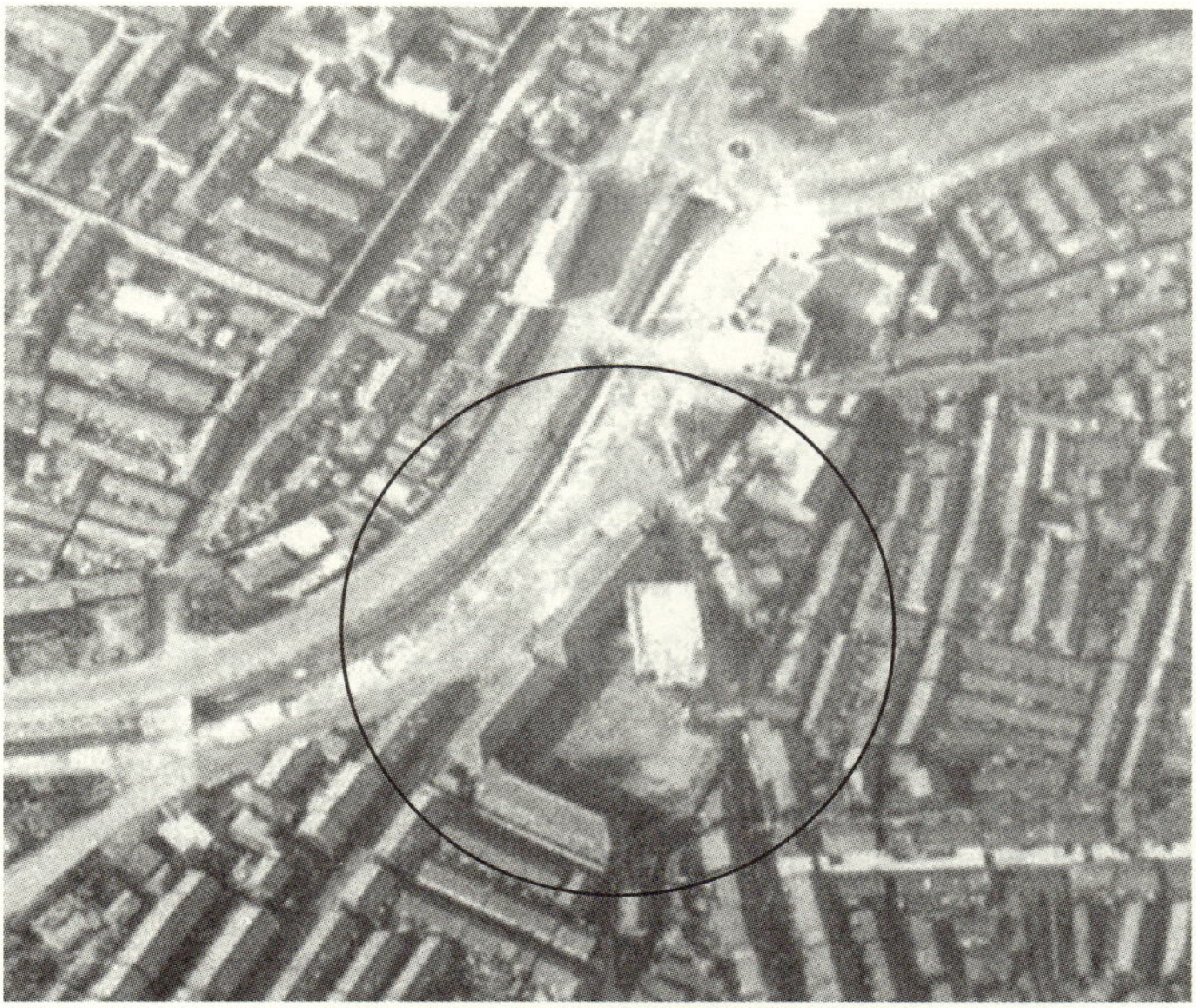

荒田校 空撮（右側 白い屋根が本館）

荒田校 木造時代

荒田校 本館

③湊西区

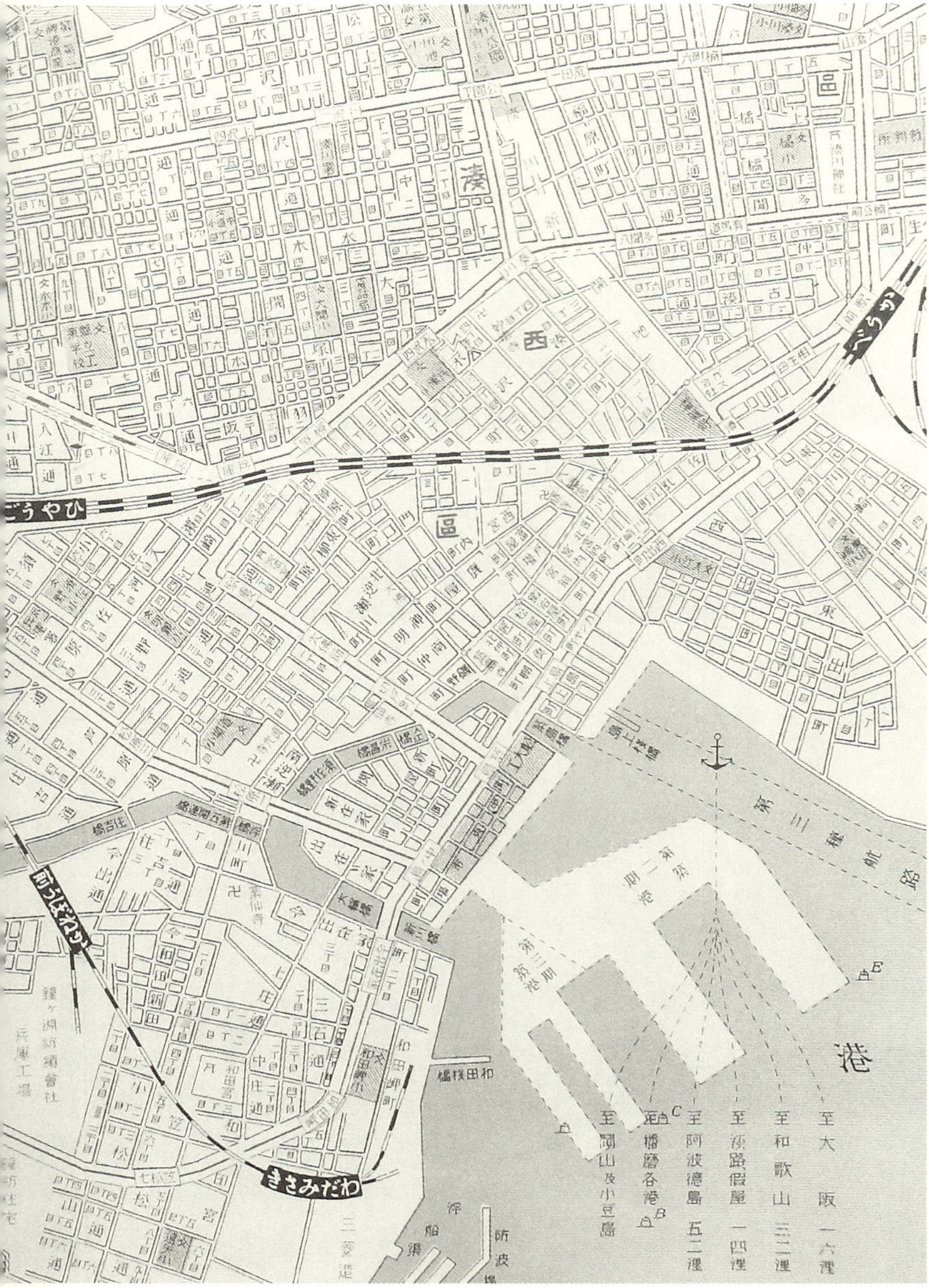
湊
西
區
港
第三種航路
至大阪一六浬
至和歌山三三浬
至淡路假屋一四浬
至阿波德島五二浬
至播磨各港
至岡山及小豆島
和田桟橋
鐘ヶ淵紡績會社
兵庫工場

湊西区地図

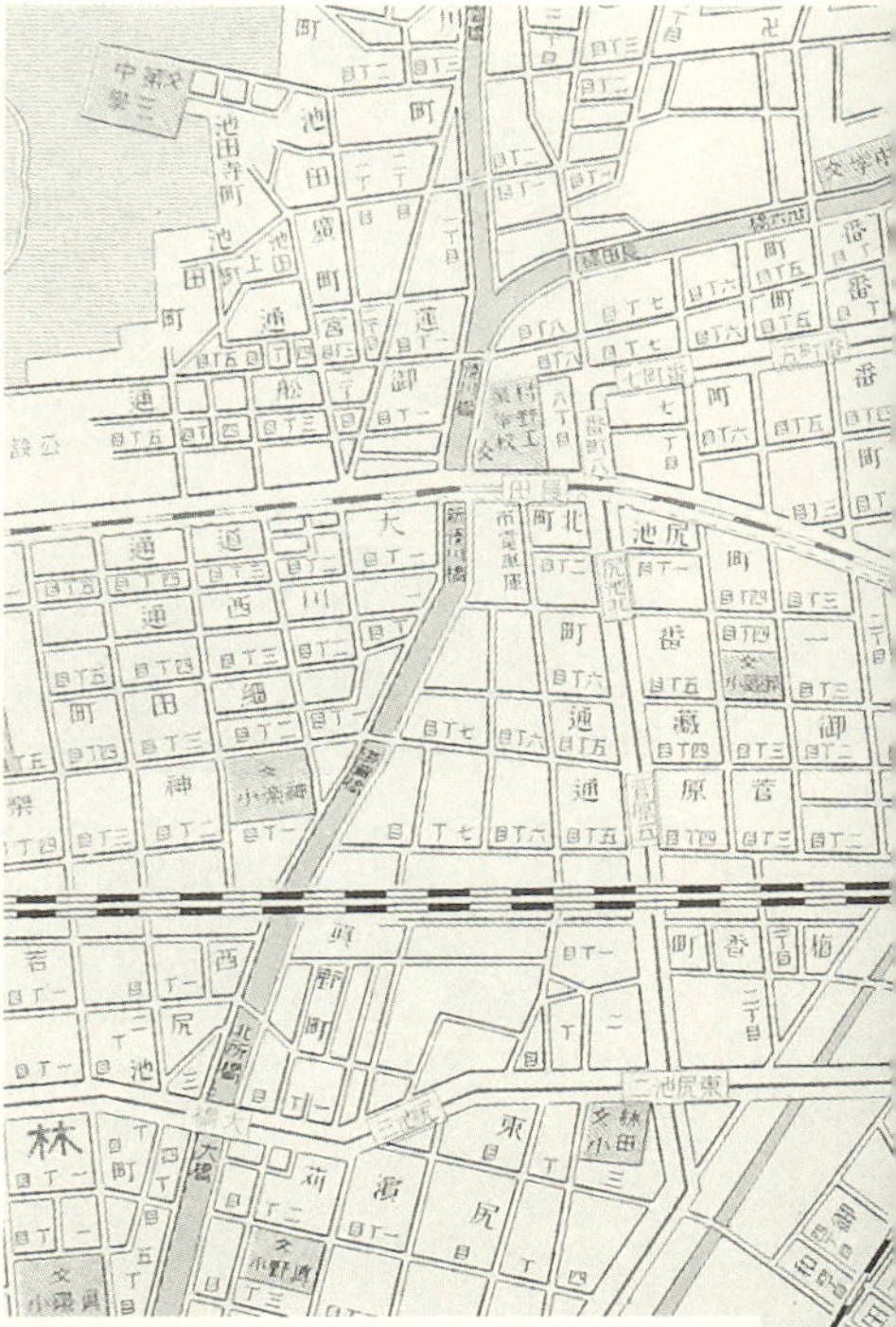

③湊西区

湊西区の小学校数	11
RC 校舎数	11
全部が RC 校舎数	9
一部が RC 校舎数	2

校名	開校年	RC の竣工年	廃校年	戦災被害（昭和 20 年）	備考
明親	M 5	T 12.4	存続	校舎焼失	＊1
兵庫	M 16	T 12.3	S 63	校舎半焼	現、兵庫大開小学校
入江	M 33	T 15.5	S 63	本館半焼　南木造校舎全焼	現、w湊小学校
大開	M 34	S 8.11	S 63	有り	現、兵庫大開小学校
道場	M 37	S 5.11	S 22	――	＊1
中道	M 43	11、10	H 6	木造校舎焼失	現会下山小学校
川池	T 4	S 10.12	H 6	――	現、会下山小学校
兵庫女子	T 5	T 12.5	T 15	――	＊2
水木	T 7	S 6.4	存続	校舎全焼	
須佐	T 10	T 9.11	S 22	――	現、明親小学校＊1
川中	S 8	S 8.9	S 22	――	現、和田岬小学校＊3

＊1：昭和 22 年に須佐校と道場校が統合して明親小学校となる。校舎は元須佐校舎を使用
＊2：大正 15 年、高等科を明親校へ更に男子を迎えて兵庫尋常小学校と校名変更となる
＊3：昭和 22 年、川中校は遠矢校と統合し、和田岬小学校となる。

明親校（上やや左）・須佐校（上左端）・道場校（下）空撮

須佐校（上左）・明親校（下）空撮拡大

明親校 外観

明親校 全景

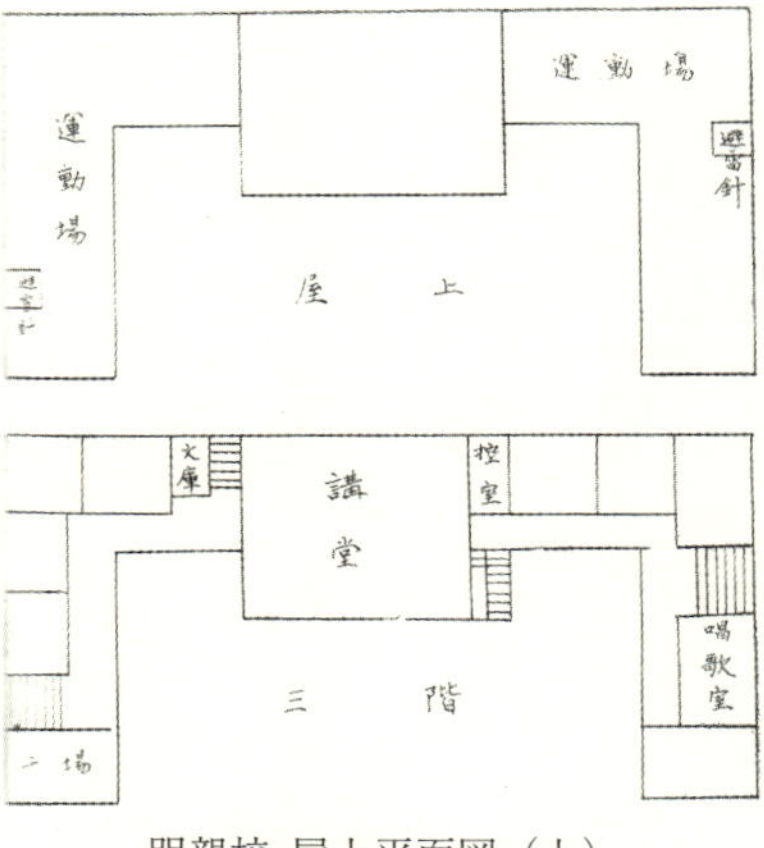

明親校 屋上平面図（上）
3階屋上平面図（下）

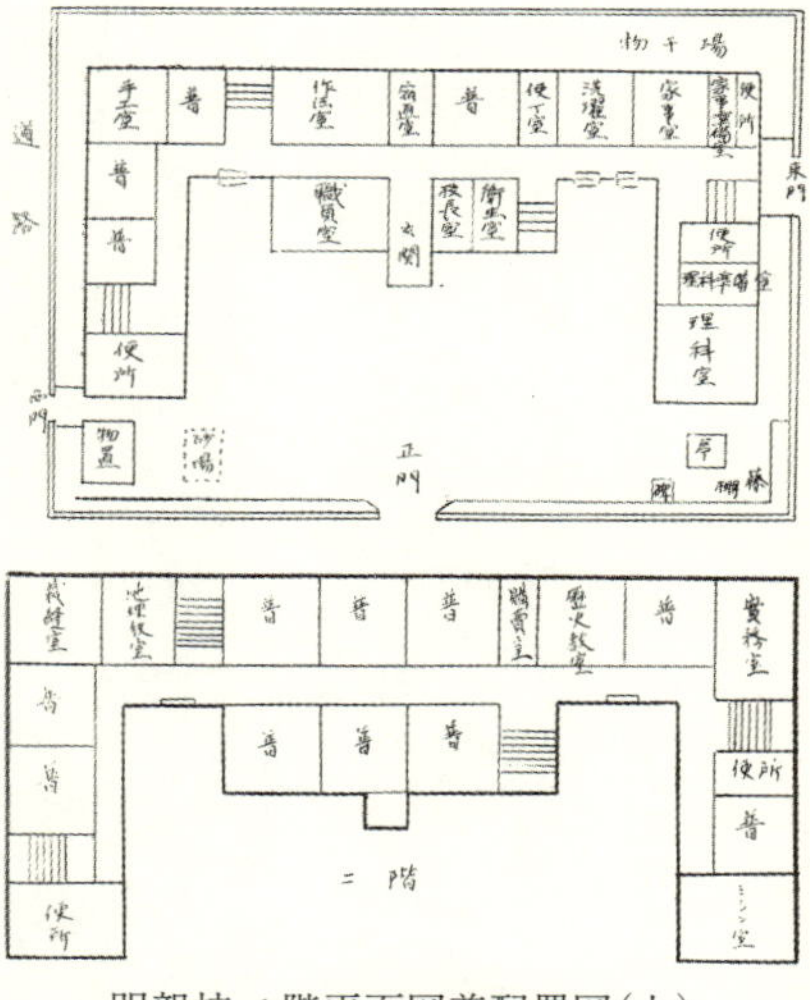

明親校 1階平面図兼配置図（上）
2階平面図（下）

兵庫校（下）・大開校（上）・新開地（右）　空撮

兵庫校（上）・兵庫女子校（下）　空撮拡大

兵庫校 校庭側 1

兵庫校 外観細部装飾（筆者撮影）

兵庫校 校庭側 2

兵庫女子校

入江校 空撮

入江校 空撮拡大

入江校 全景（昭和１桁代）

大開校 空撮拡大

大開校

道場校 空撮拡大

道場校 校庭側

道場校 正面

中道校 校庭側

中道校 正面

川池校（工事中）・隣接する湊川公園（右）空撮

川池校（右）・第一高等女学校（左）空撮

川池校 校庭側

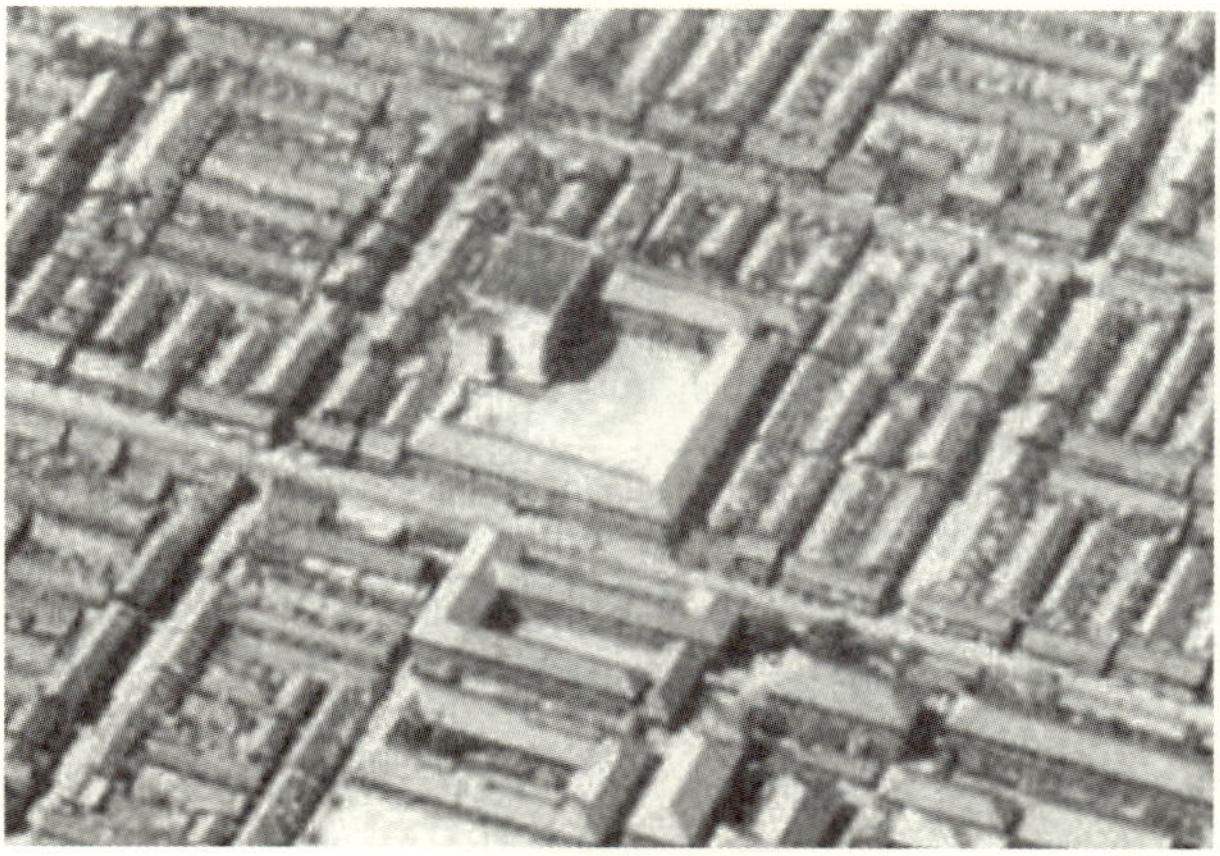

水木校 空撮拡大

水木校 戦災復興

水木校 外観

水木校 木造時代

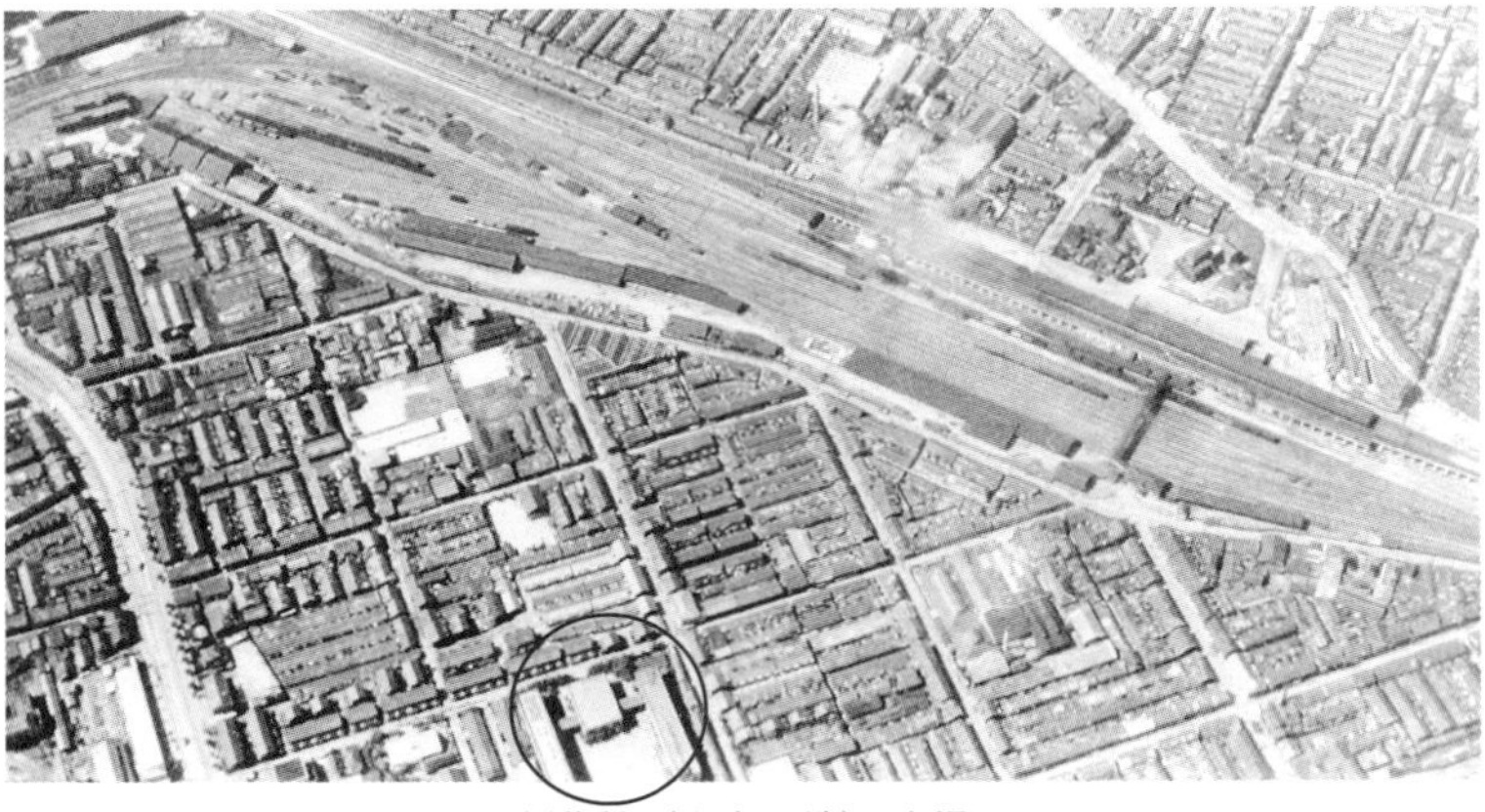

須佐校（中央下端） 空撮

須佐校 空撮拡大

須佐校 南校舎屋上

須佐校 空撮

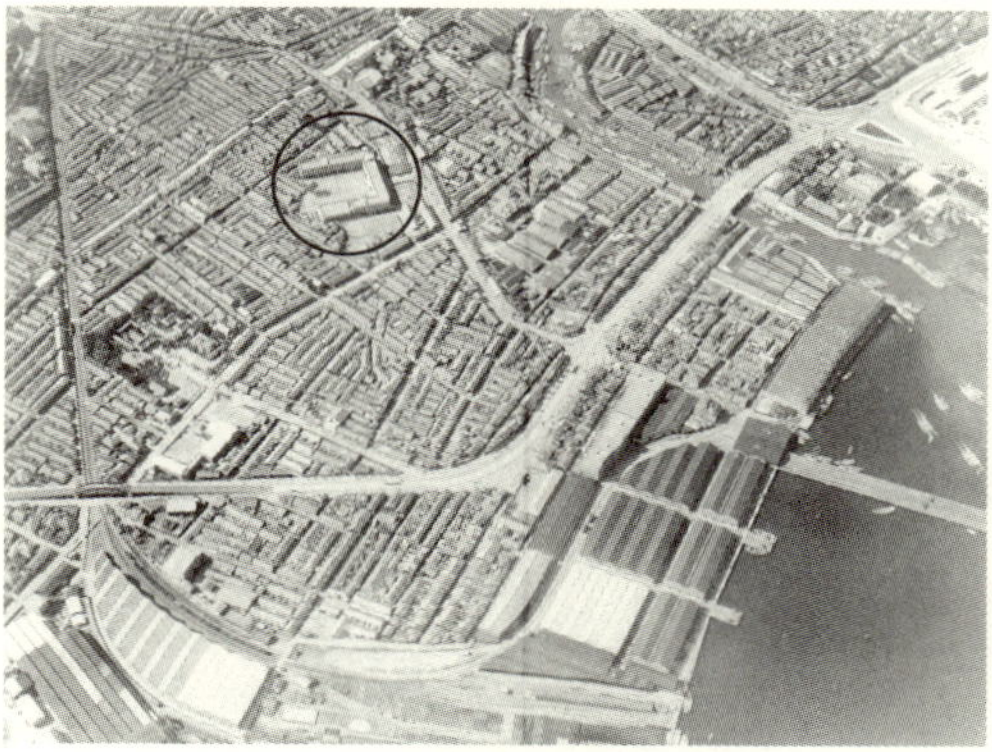
川中校 空撮

川中校 空撮拡大

川中校 外観

④葺合区

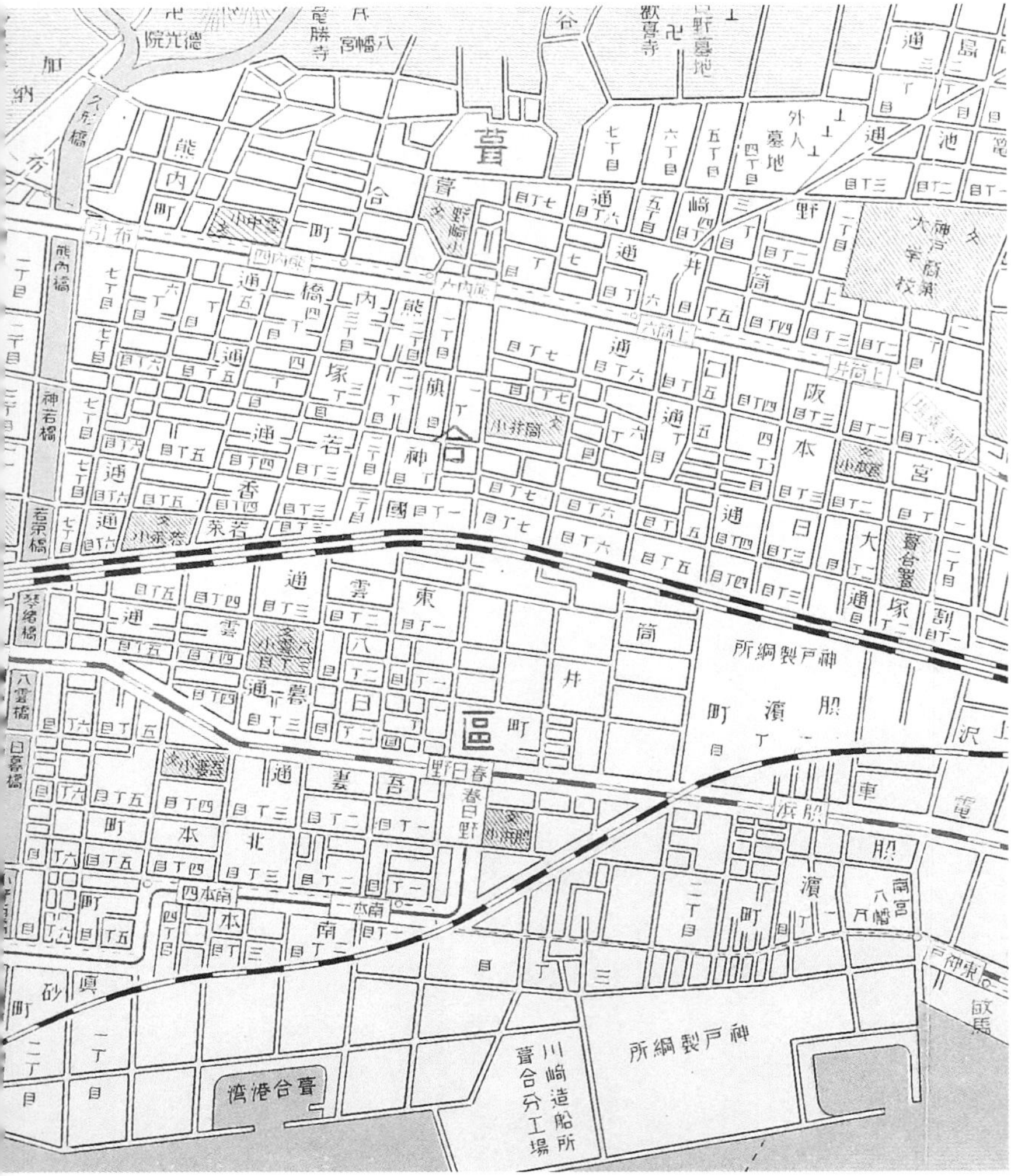

葺合区地図

④葺合区

葺合区の小学校数	10
RC 校舎数＊1	8
全部が RC 校舎数	4
一部が RC 校舎数	4

校名	開校年	RC の竣工年	廃校年	戦災被害（昭和 20 年）	備考
雲中	M 6	T 9.12	存続	——	
小野柄	M 34	S 6	H 9	西校舎 3 階の一部被害・本館大部分被害	現、中央小学校
脇浜	M 39	S 5.9	S 23	——	現、春日野小学校
筒井	T 5	S 7.10	S 23	——	現、春日野小学校
二宮	T 7	S 2.8	H 9	——	現、中央小学校
野崎	T 10	T 10.5	T 15	——	＊2
吾妻	T 11	T 11.8	H 9	西校舎全焼、東校舎 2・3 階焼失	現、中央小学校
宮本	T 15	T 15.4	S 23	校舎被災	現、春日野小学校

＊1：若菜小学校と八雲高等小学校は昭和 20 年まですべてが木造建築

＊2：大正 15 年に葺合区を校区とする男子の高等小学校となる。昭和 16 年野崎国民学校と改称。昭和 22 年に廃校となる。児童は葺合中学校に収容。

雲中校（左）・野崎校（右）空撮

雲中校 空撮拡大

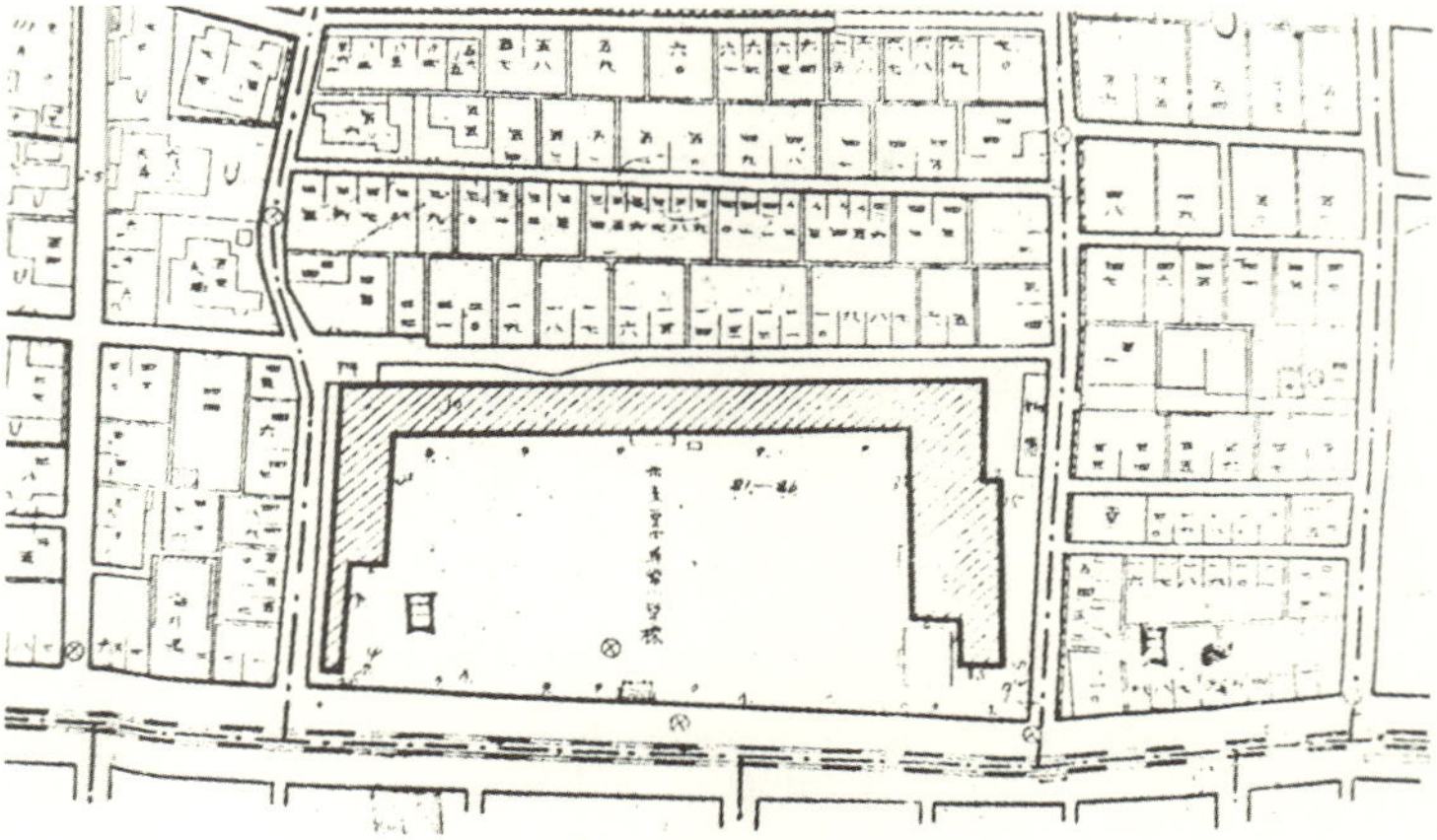

戸番図・雲中校

雲中校 校庭側

雲中校 模型

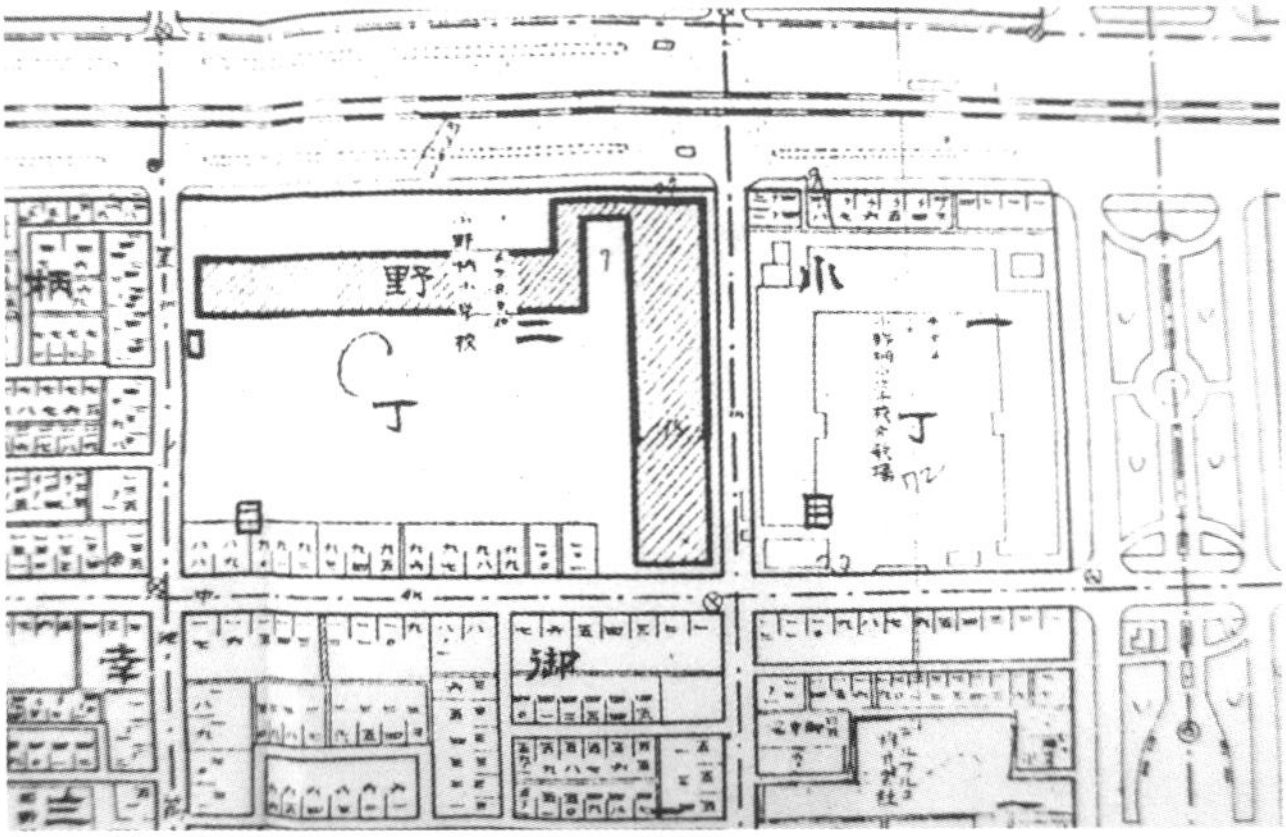

戸番図・小野柄校

小野柄校 西面（筆者撮影）

脇浜校（右側中央） 空撮

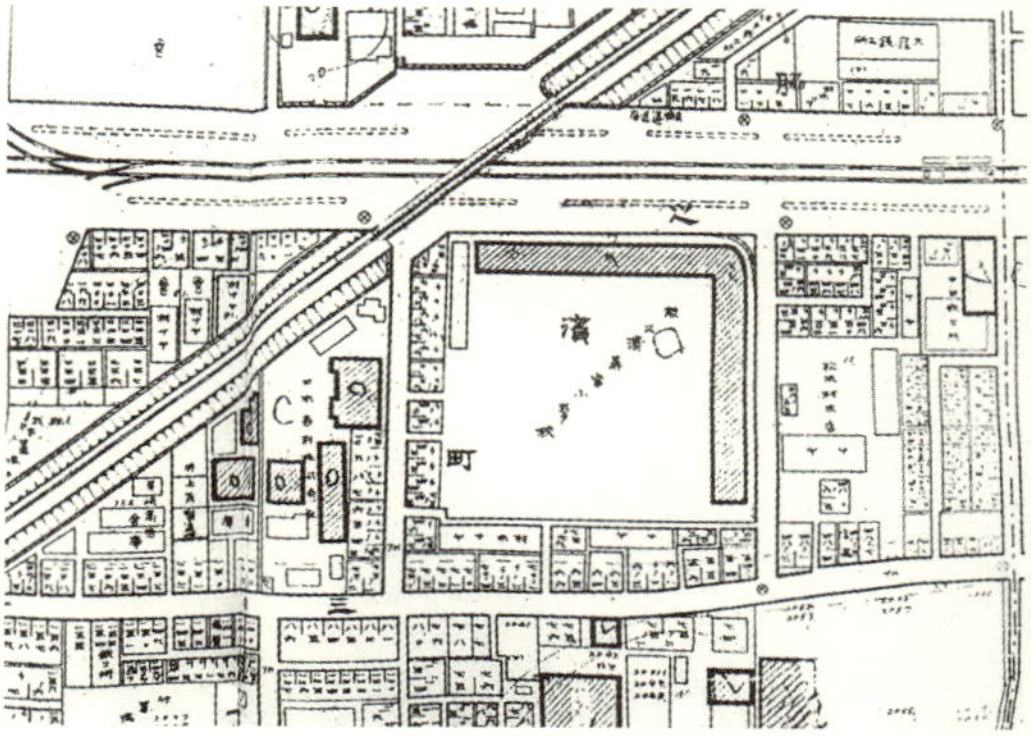

戸番図・脇浜校

脇浜校 空撮西側

脇浜校 校庭側

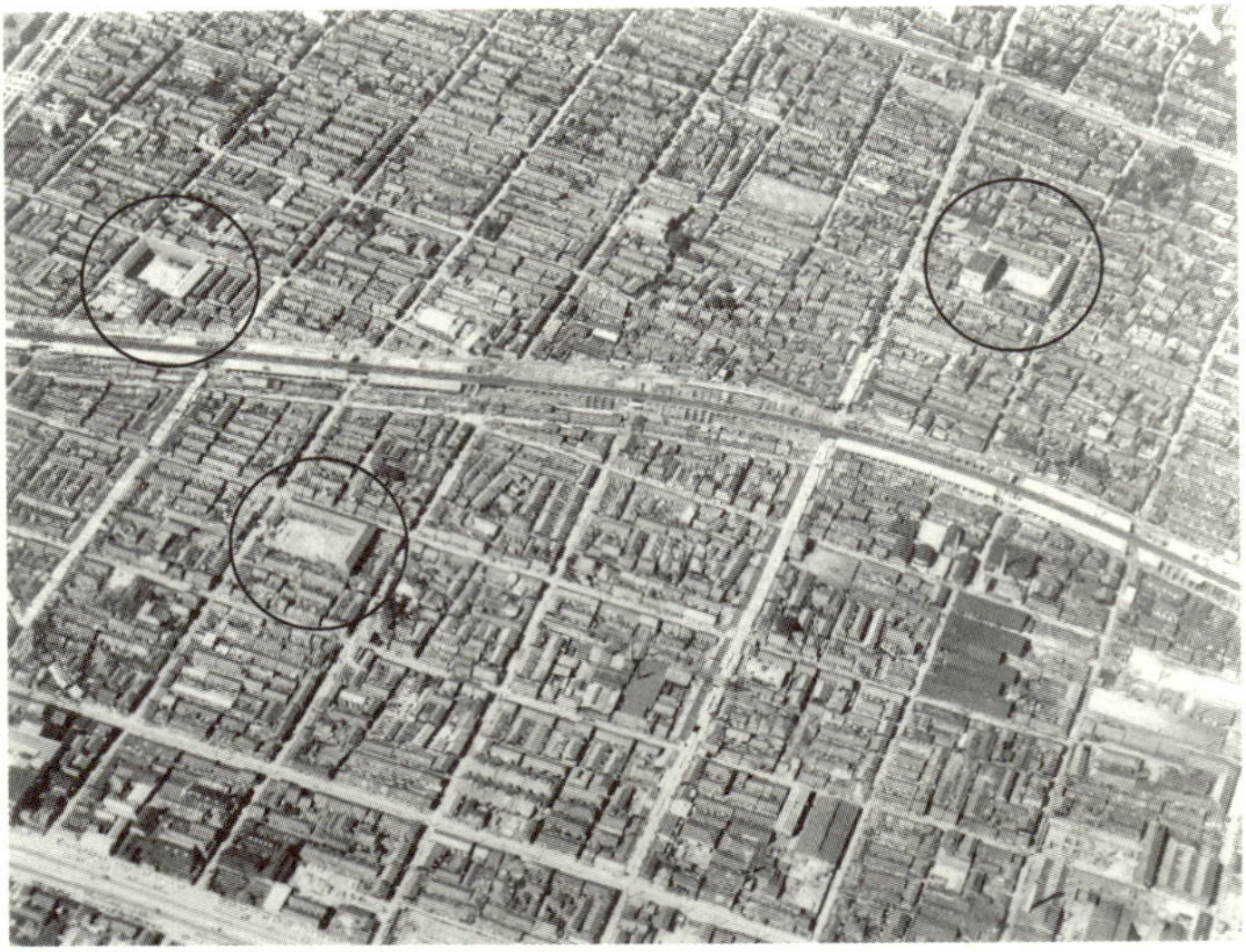

筒井校（右上）・八雲校（左下）・若菜校（左上）空撮

筒井校 空撮

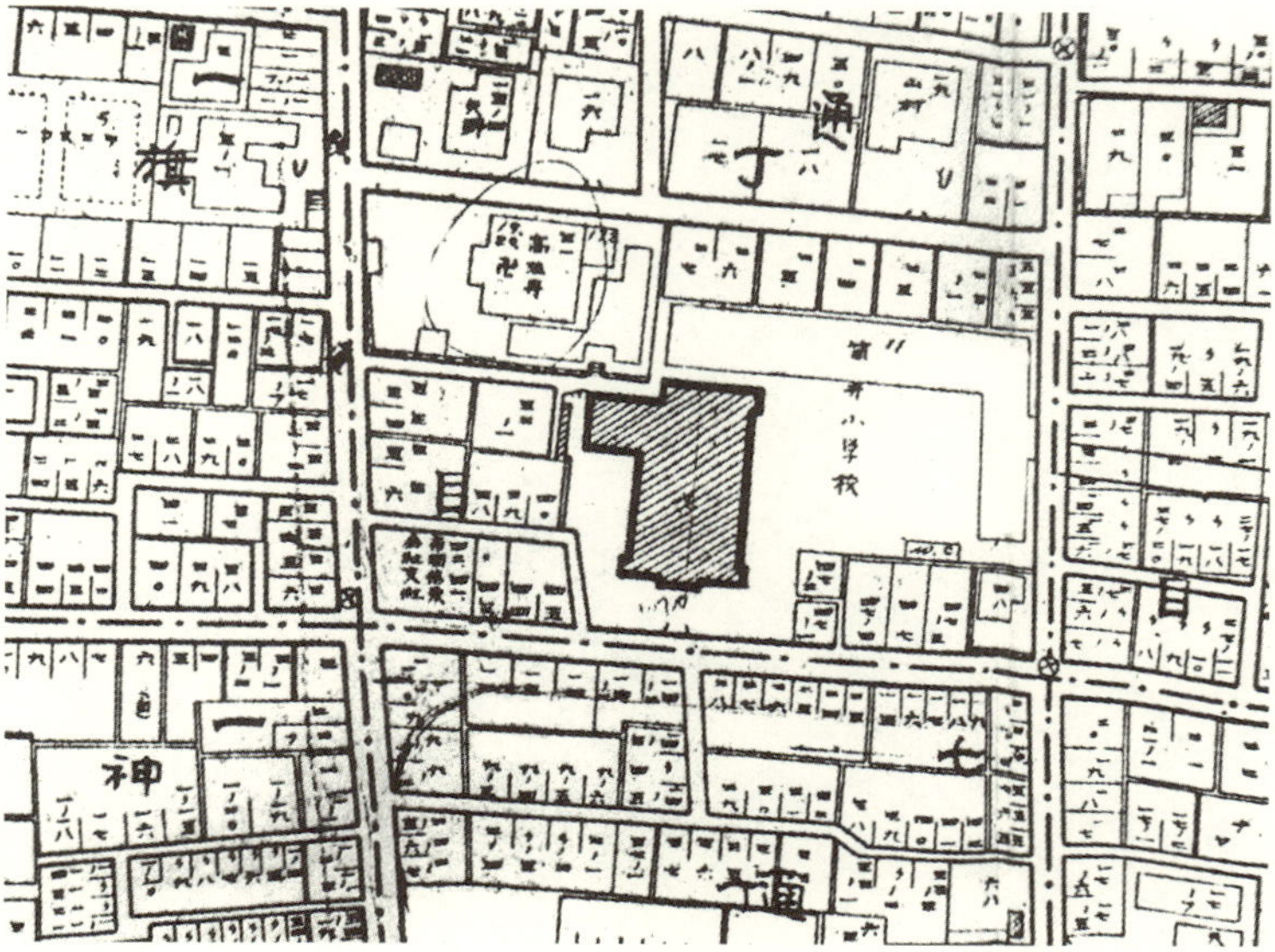

戸番図・筒井校

筒井校 木造校舎（大正 5 年）

筒井校 東面運動場側（筆者撮影）

二宮校 空撮

二宮校 空撮拡大

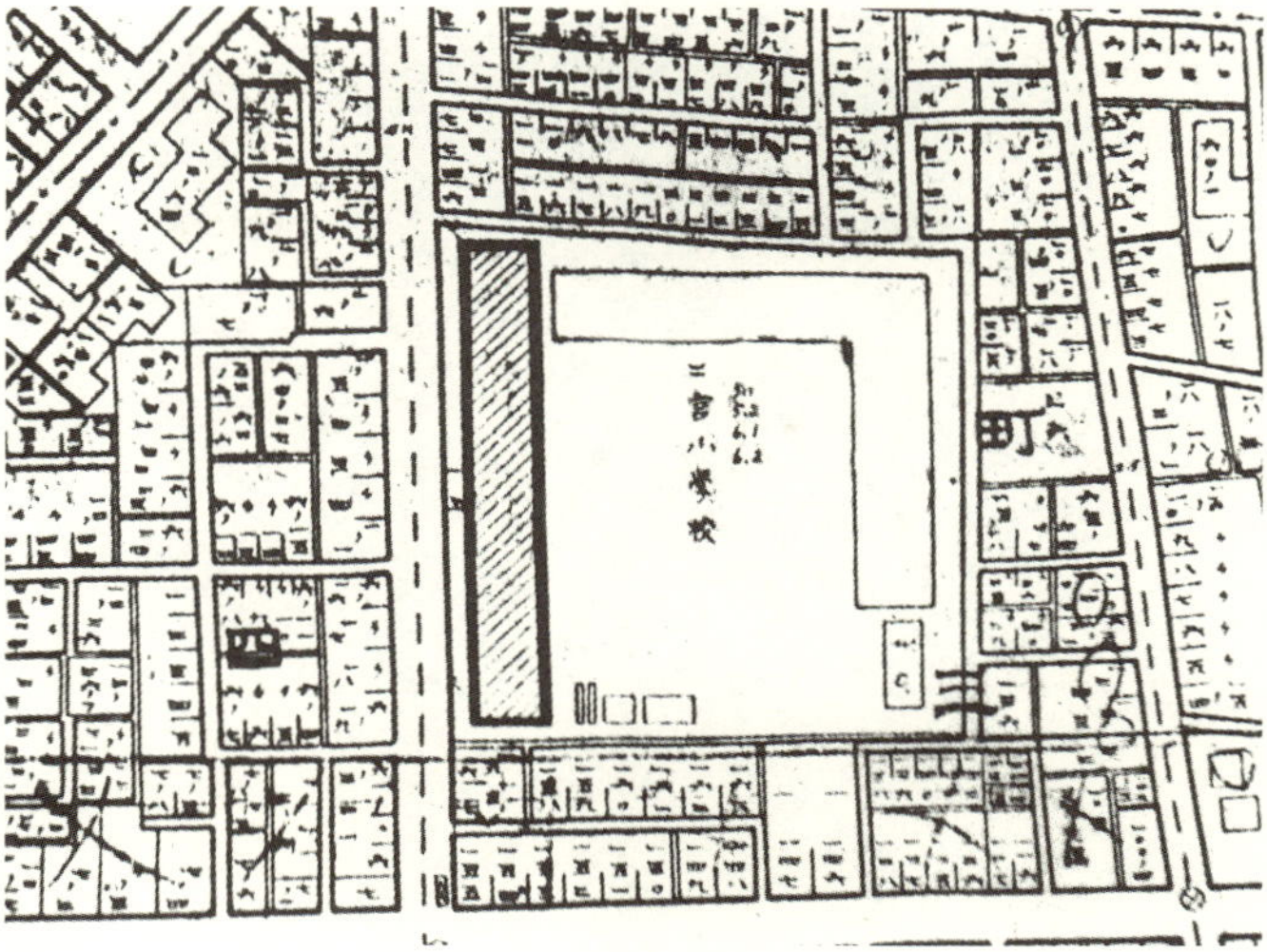

戸番図・二宮校

二宮校 正面玄関（筆者撮影）

二宮校（竣工時）

二宮校 正面側（筆者撮影）

野崎校 空撮拡大

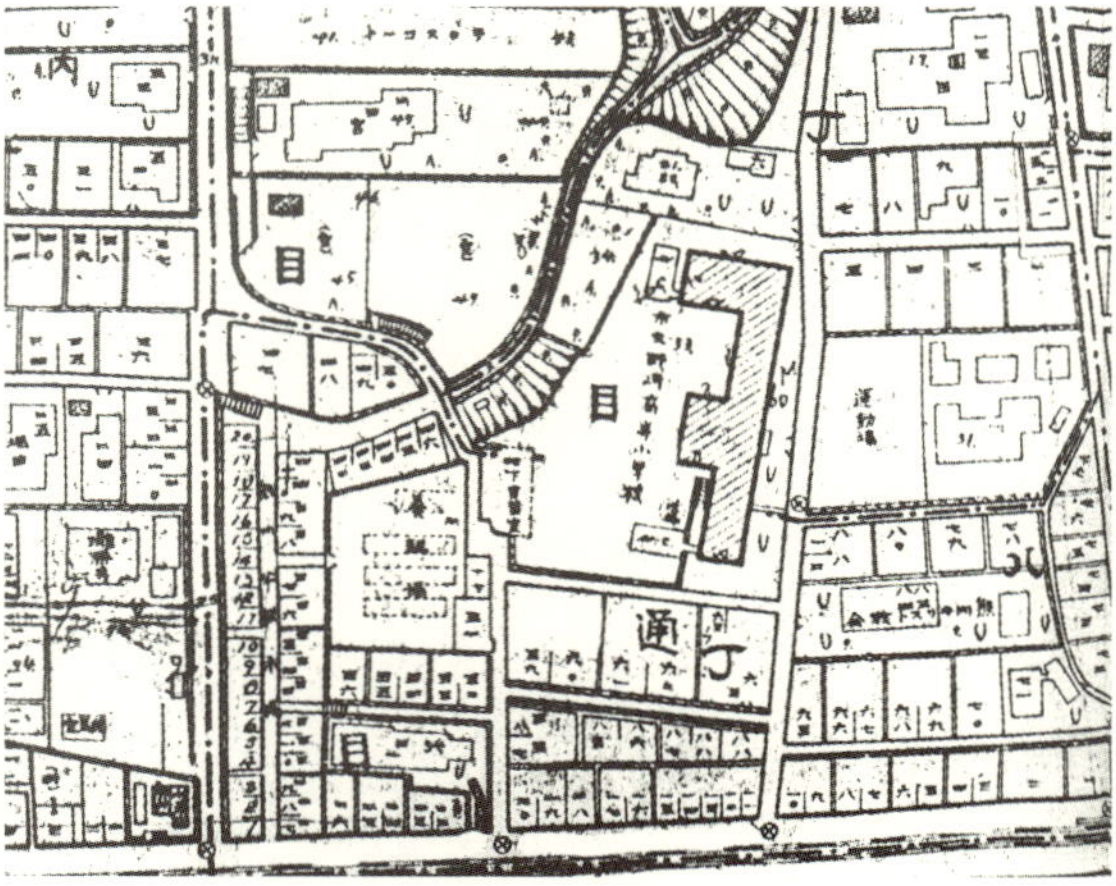

戸番図・野崎校

野崎校 外観

野崎校 講堂

吾妻校 空撮

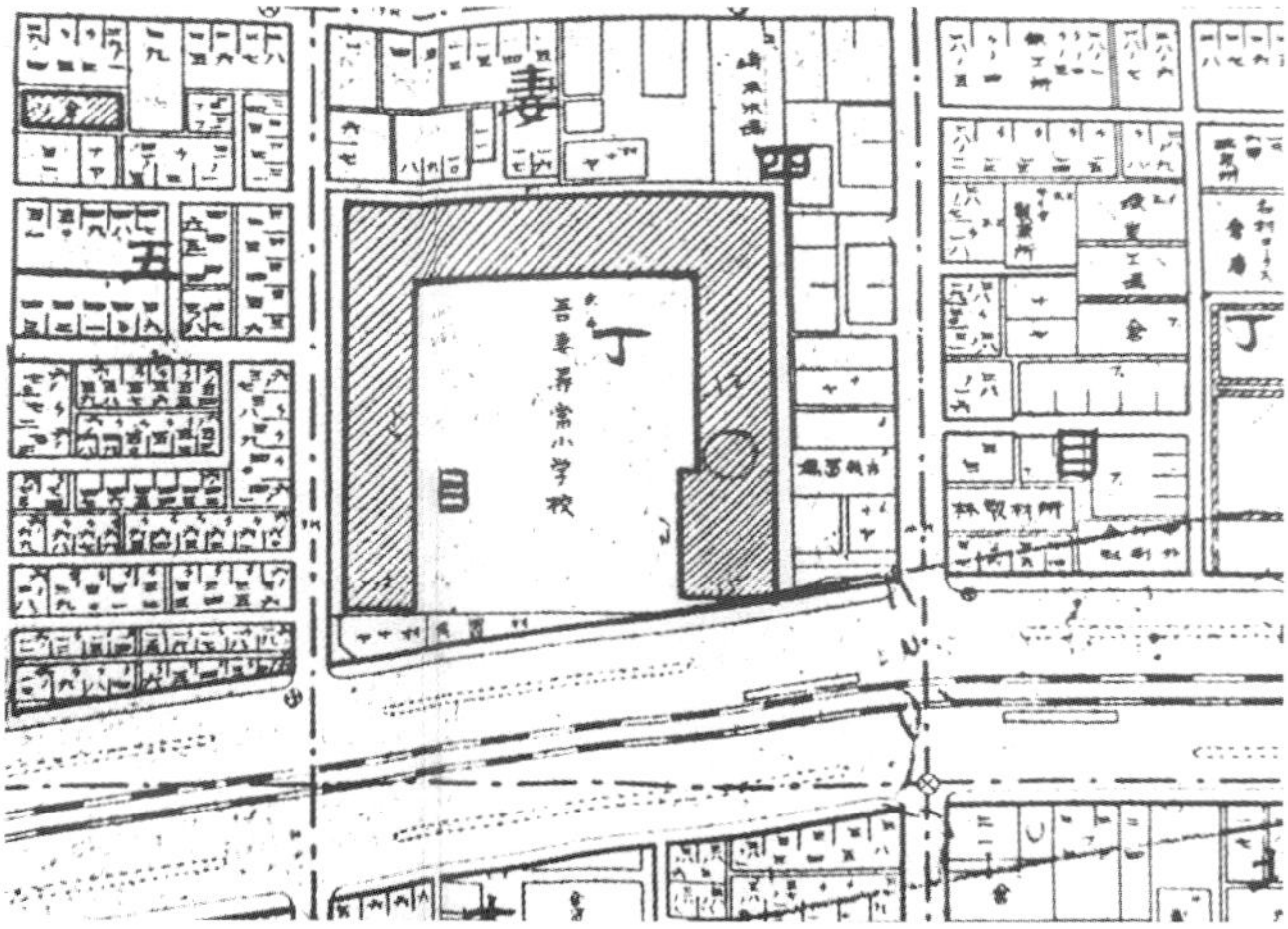

戸番図・吾妻校

吾妻校 全体外観

吾妻校 本館

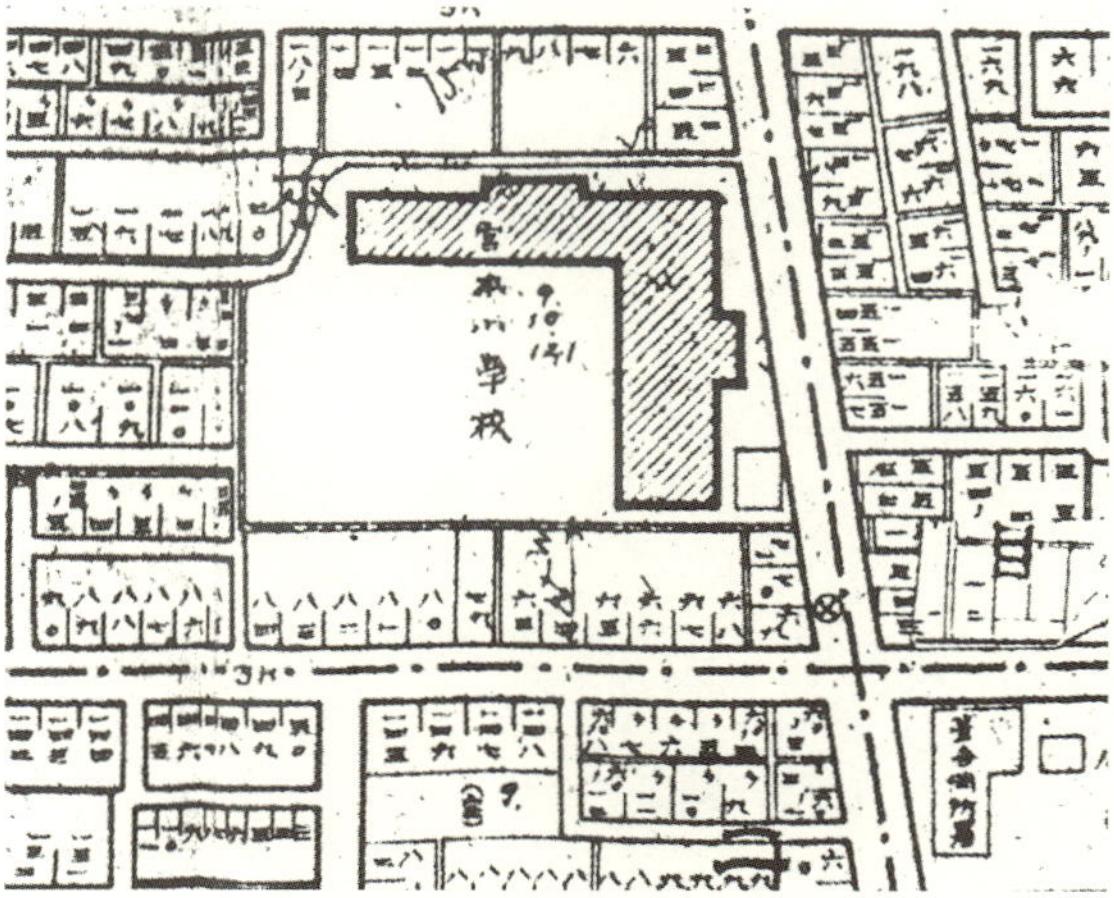

戸番図・宮本校

宮本校 校庭側

宮本校 講堂バルコニーの張り出し（筆者撮影）

⑤湊区

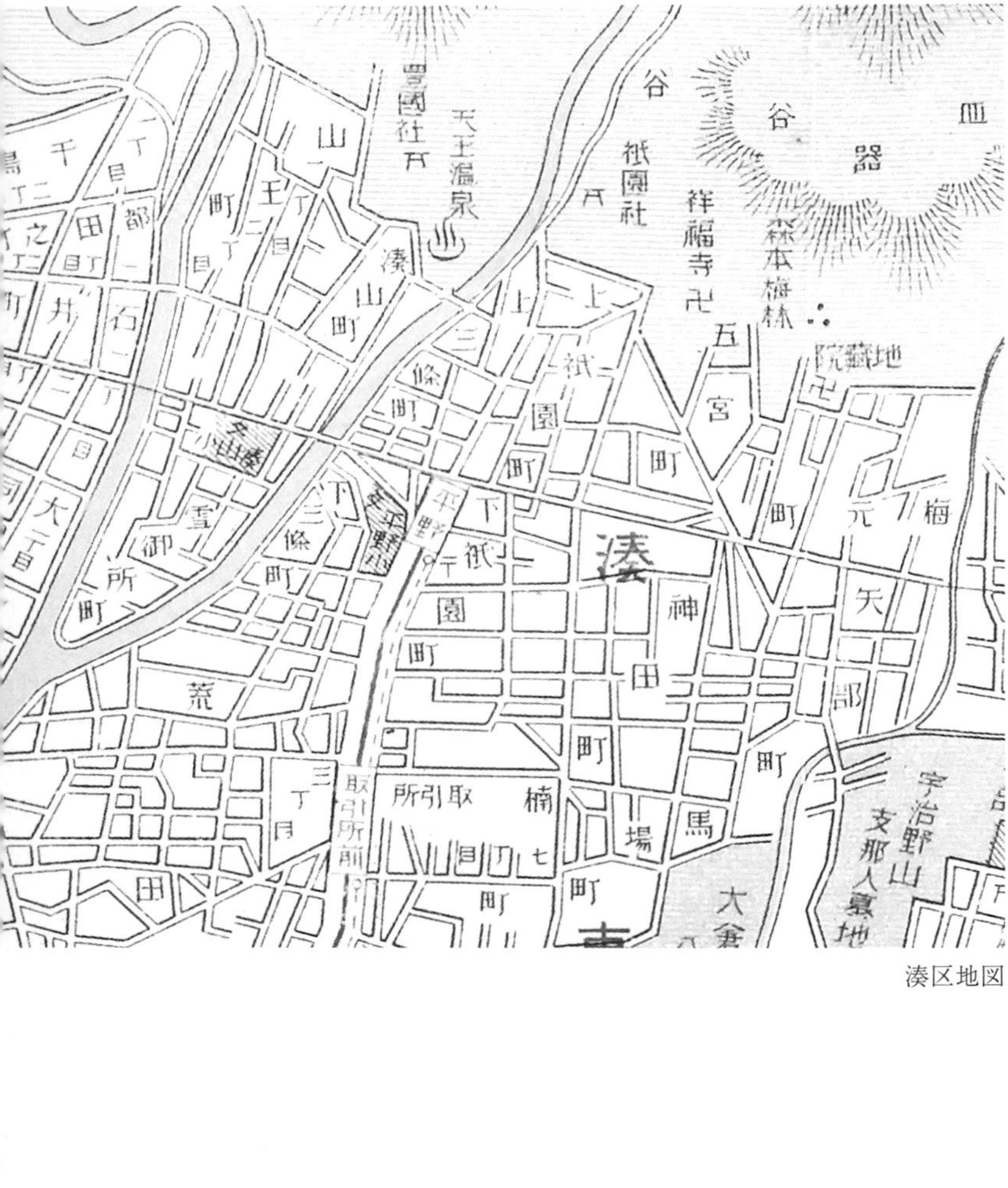
天王温泉
祇園社
祥福寺
森本梅林
湊山町
上三條町
下三條町
上祇園町
下祇園町
五宮町
元梅町
湊
神田町
矢部町
荒田町
雪御所町
取引所前
取引所
楠七丁目
馬場町
宇治野山
支那人墓地

湊区地図

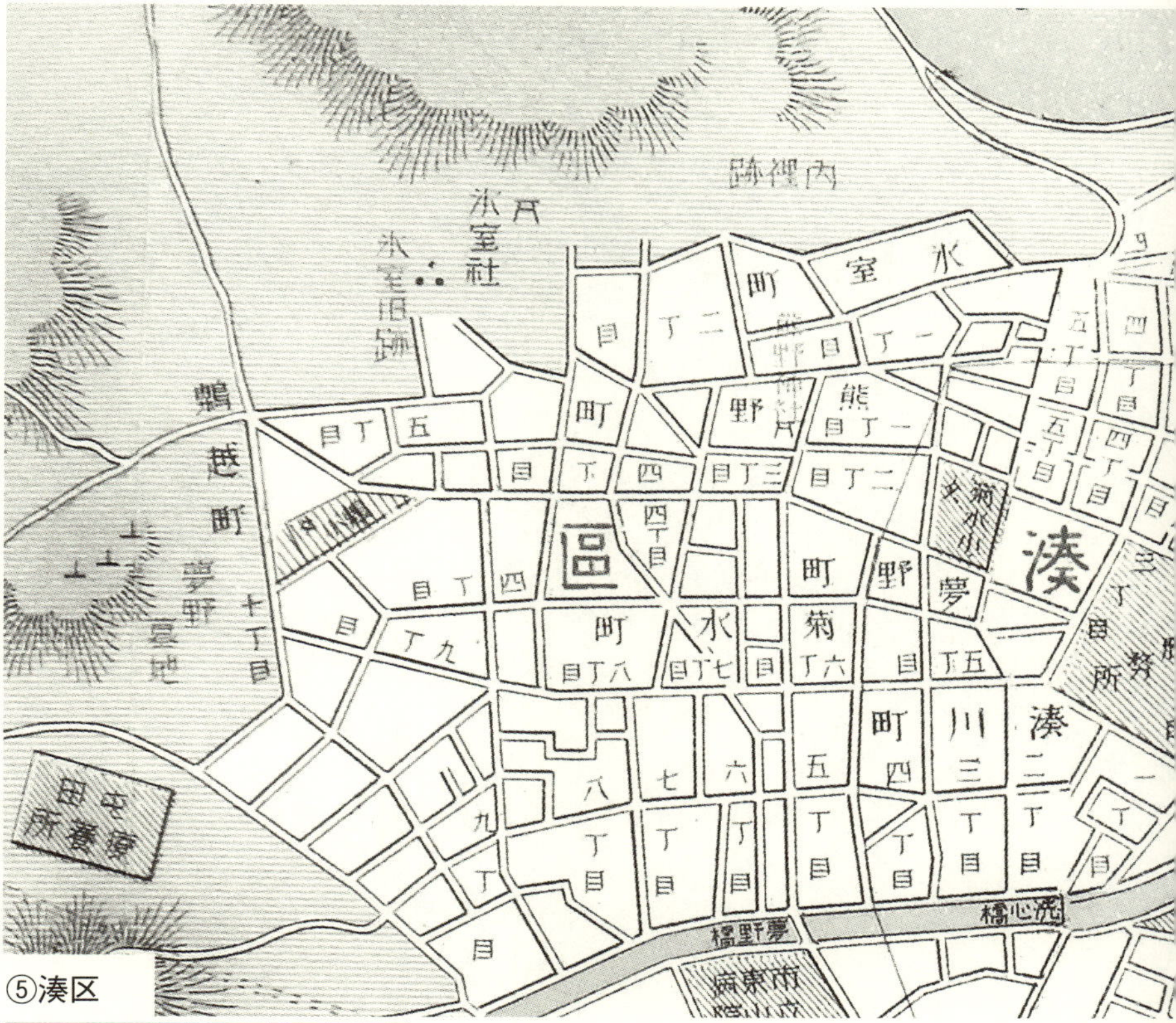

⑤湊区

湊区の小学校数	4
RC 校舎数	4
全部が RC 校舎数	1
一部が RC 校舎数	3

校名	開校年	RC の竣工年	廃校年	戦災被害（昭和 20 年）	備考
湊山	M 6	T 11.6	H 27	——	M29 年神戸市編入 現、神戸祇園小学校＊1
平野	T 4	S 7.1	H 27	校舎大半焼失	現、神戸祇園小学校＊1
菊水	T 9	S 13.9	H21	——	現、夢野の丘小学校＊2
鵯越	S 3	S 3.3	H 21	——	現、夢野の丘小学校＊2

＊1：平成27年に湊山校、平野校、荒田校、湊川多聞校が統合し、神戸祇園小学校となる。
＊2：平成21年に鵯越校、菊水校、夢野校、東山校が統合し、夢野の丘小学校となる。

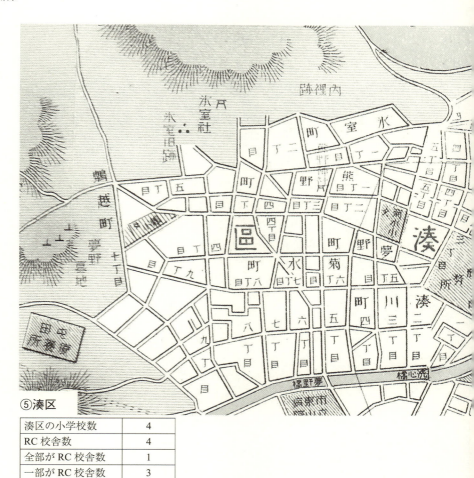

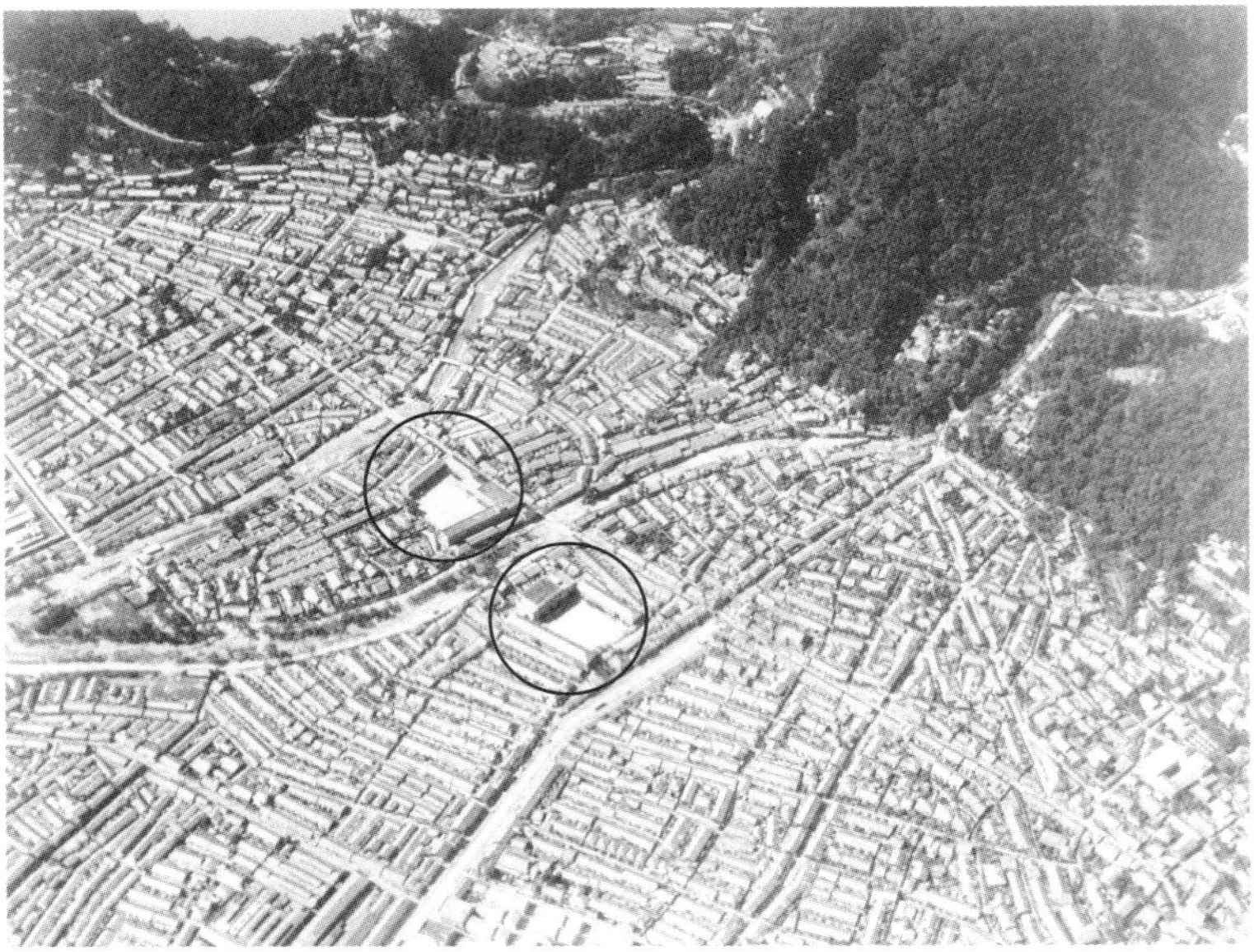

湊山校（左）・平野校（右）

湊山校 外観

湊山校 校庭側

湊山校（工事中）

湊山校 移築された海軍操練所建物
（明治初期）

湊山校 屋上（竣工記念儀式）

平野校 空撮

平野校

平野校（大正期・木造時代）

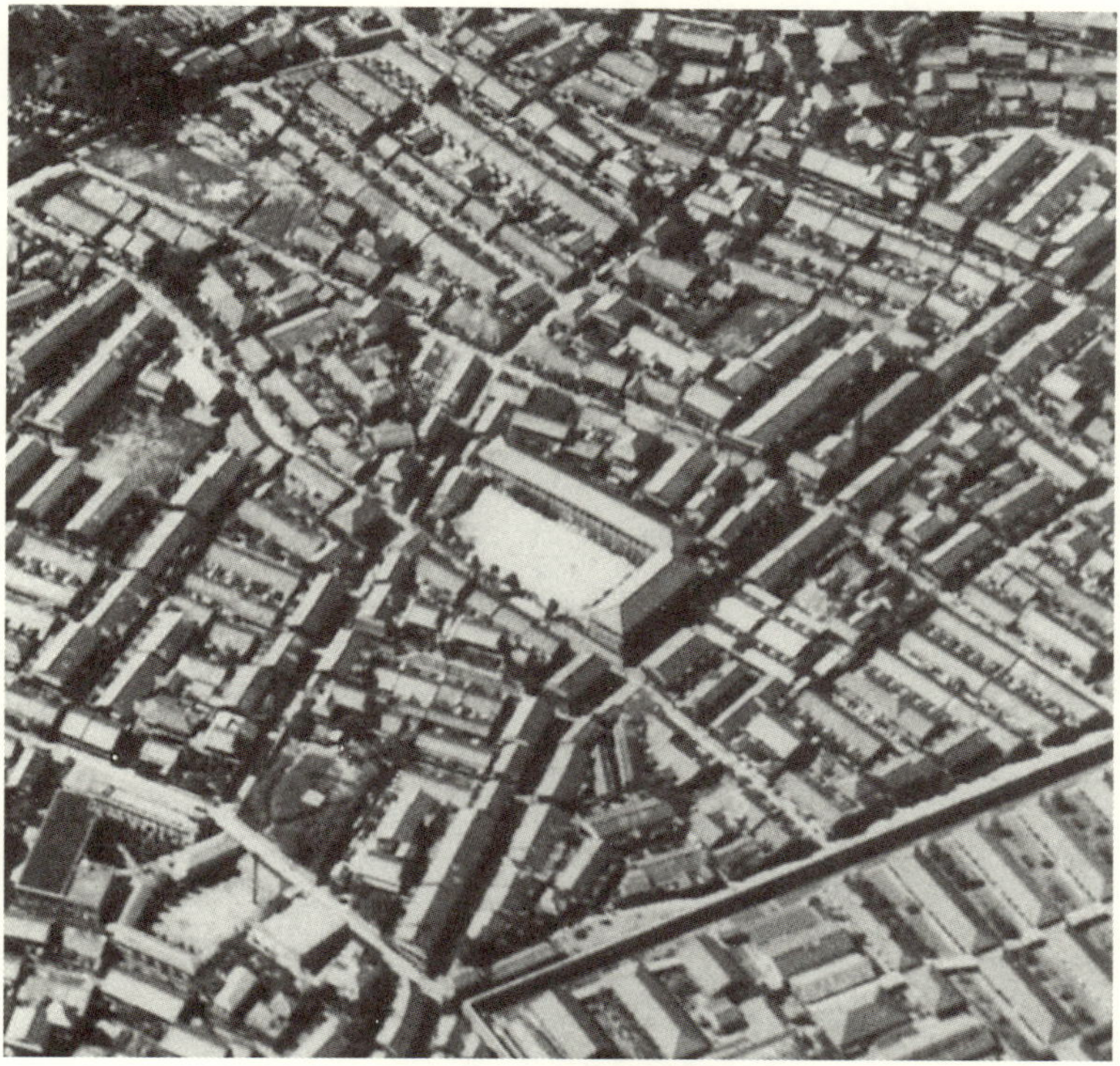

菊水校 空撮（木造時代）

菊水校 空撮（戦後）

菊水校 校庭側（筆者撮影）

菊水校 講堂（筆者撮影）

菊水校（増築竣工時）

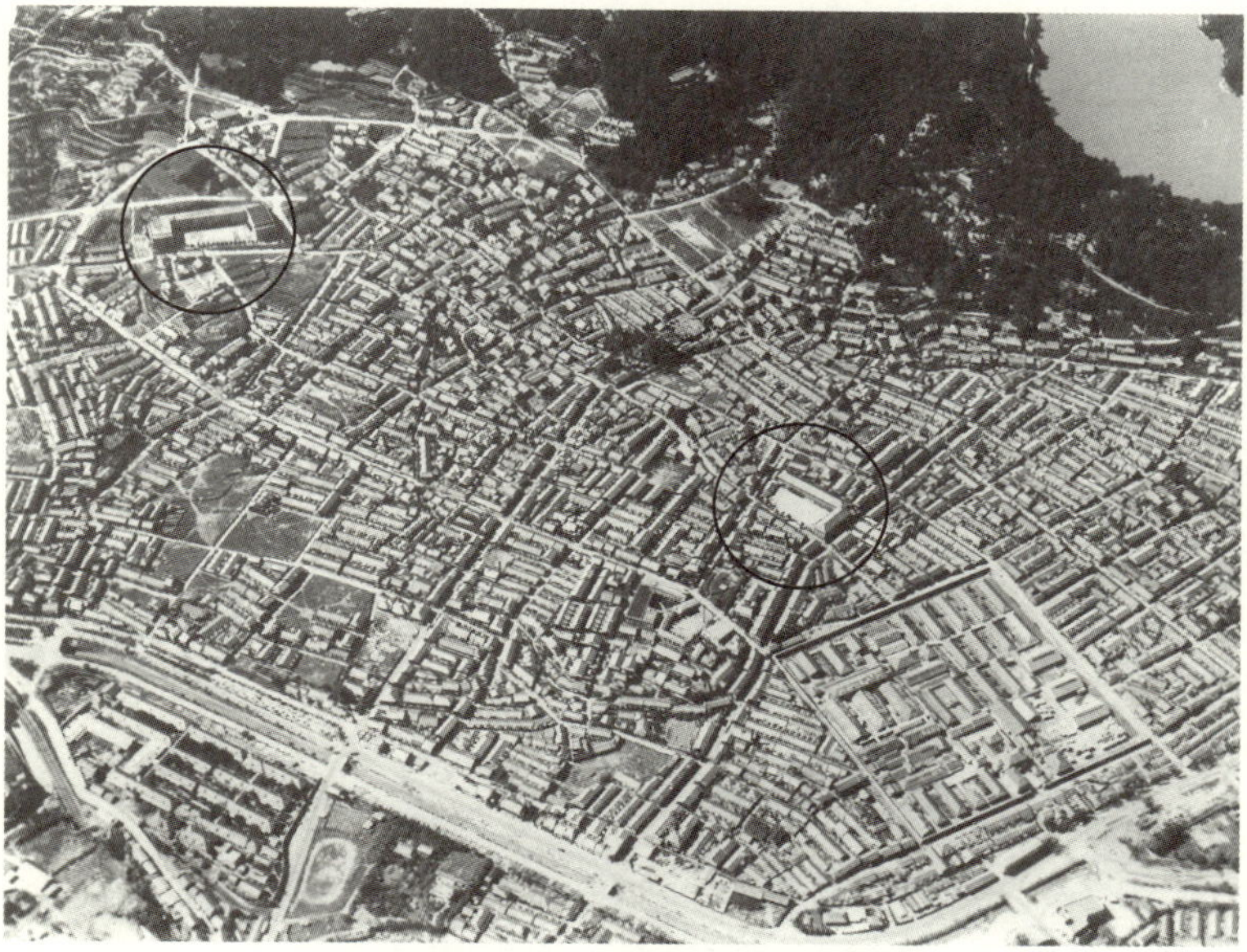

鴨越校（左）・菊水校（右）空撮

鴨越校 空撮拡大

鴨越校 全景

鴨越校（竣工・昭和 4 年 3 月 13 日）

鴨越校 屋上（昭和 24 年）

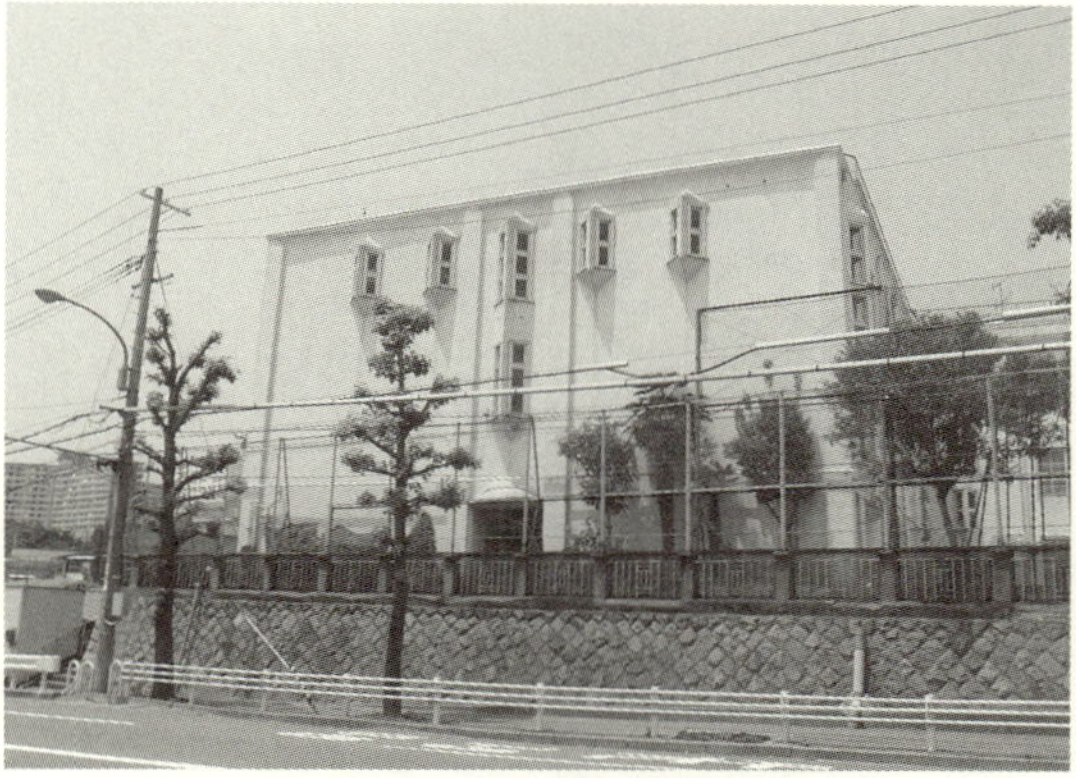

鴨越校 西側棟（筆者撮影）

鴨越校 講堂

⑥林田区

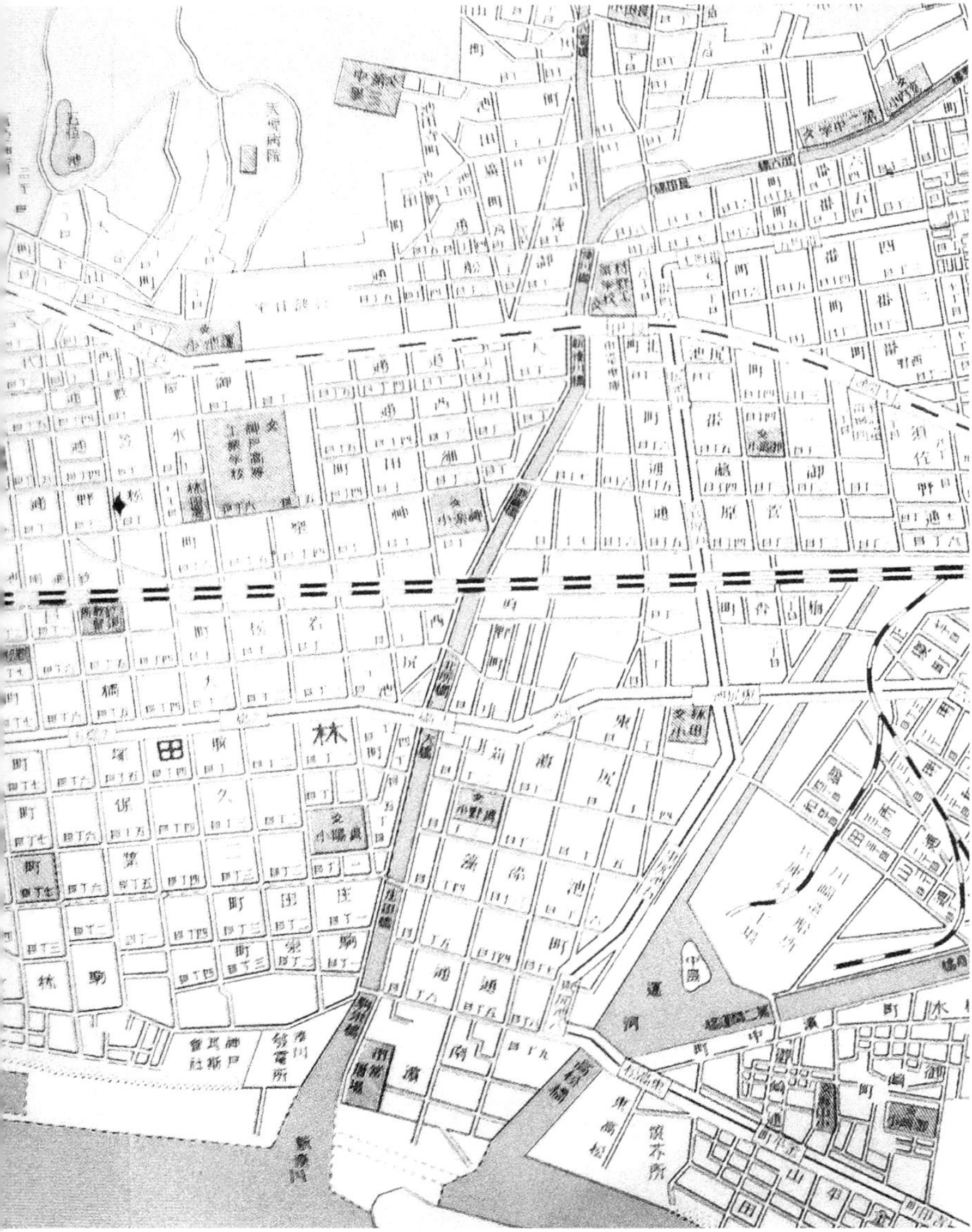

林田区地図

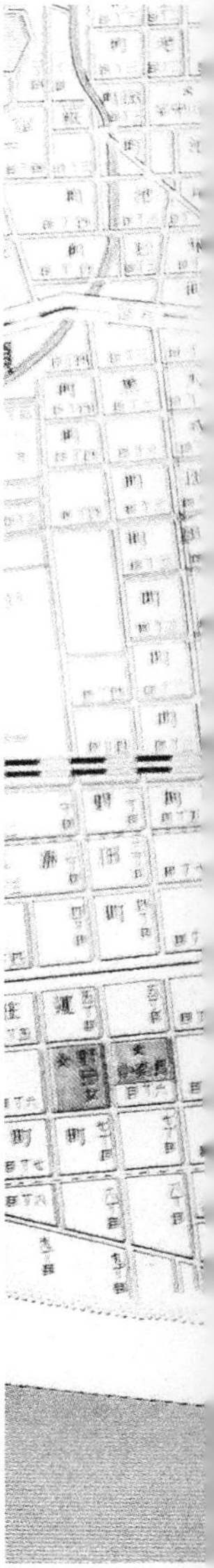

⑥林田区

林田区の小学校数	16
RC 校舎数＊1	15
全部が RC 校舎数	9
一部が RC 校舎数	6

校名	開校年	RCの竣工年	廃校年	戦災被害（昭和 20 年）	備考
真陽	M 20	T 11.5	存続	——	明治 29 年に神戸市に編入
浜山	M 42	S 7.2	存続	——	
遠矢	T 5	T 14.11	S 22	被害あり	和田岬小学校と統合
長楽	T 5	T 11.5	H 18	——	現、駒ケ林小学校＊2
真野	T 7	S 2.9	存続	——	
御蔵	T 9	S 6	存続	全焼	
神楽	T 11	T 11.12	H 10	校舎被害甚大	現、長田南小学校＊3
室内	T 14	T 14.8	存続	——	
蓮池	T 15	T 15.5	存続	——	
若松高等	T 15	T 15.3	S 22		駒ヶ林中学校になる
二葉	S 4	S 4.3	H 18	——	現、駒ケ林小学校＊2
名倉	S 8	S 7.12	存続	3 階校舎全部・2 階大部分焼失	
志里池	S 11	S 10.11	H 10	——	現、長田南小学校＊3
吉田高等	S 12	S 12.5	S 22		吉田中学校になる
池田	S 14	S 14.9	存続	——	

＊1：長田小学校は昭和20年まですべてが木造校舎。
＊2：平成18年に二葉校と長楽校が統合し、駒ケ林小学校となる。
＊3：平成10年に志里池校と神楽校が統合し、長田南小学校となる。

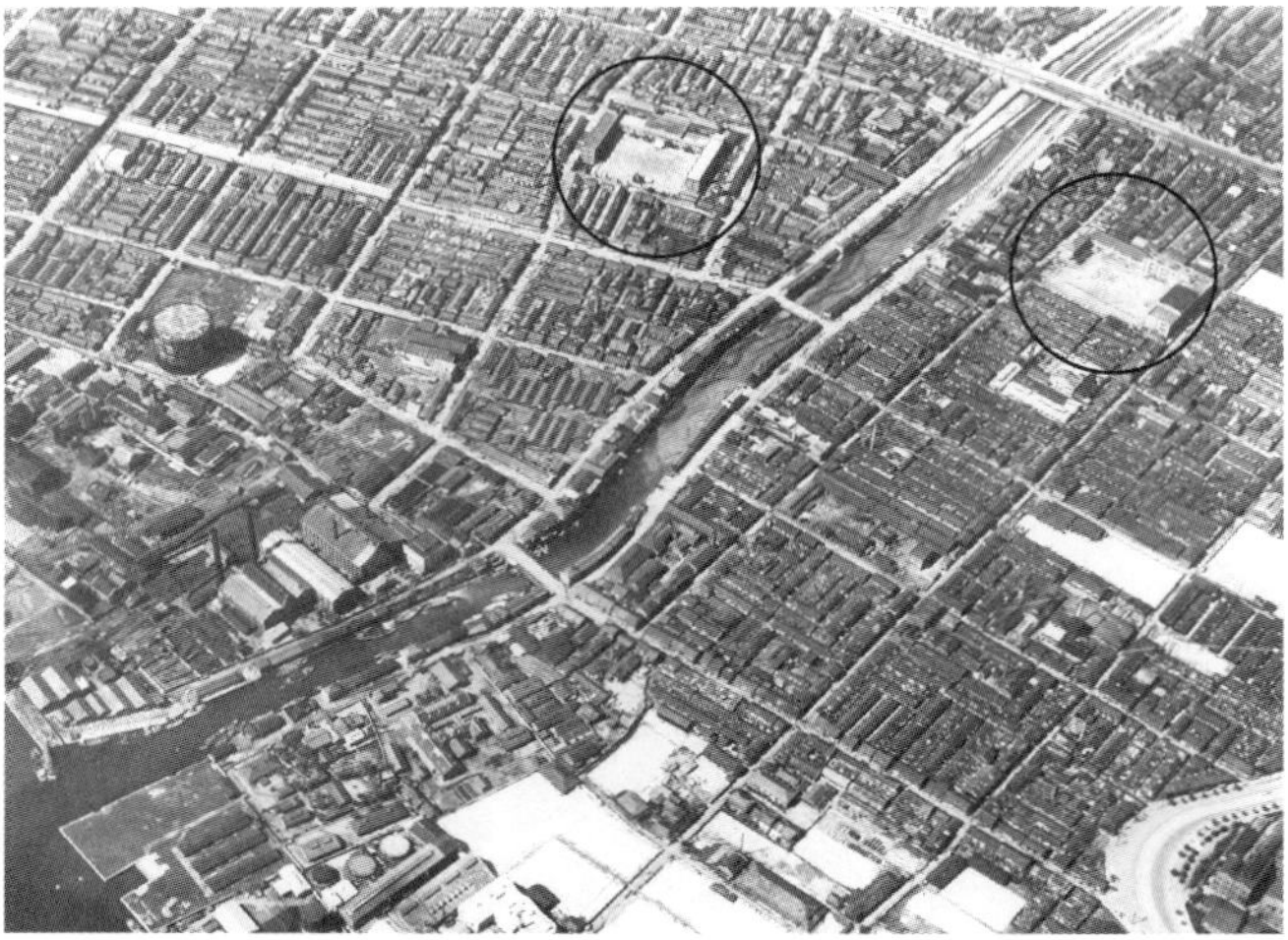

真陽校（左）・真野校（右）空撮

真陽校 空撮拡大

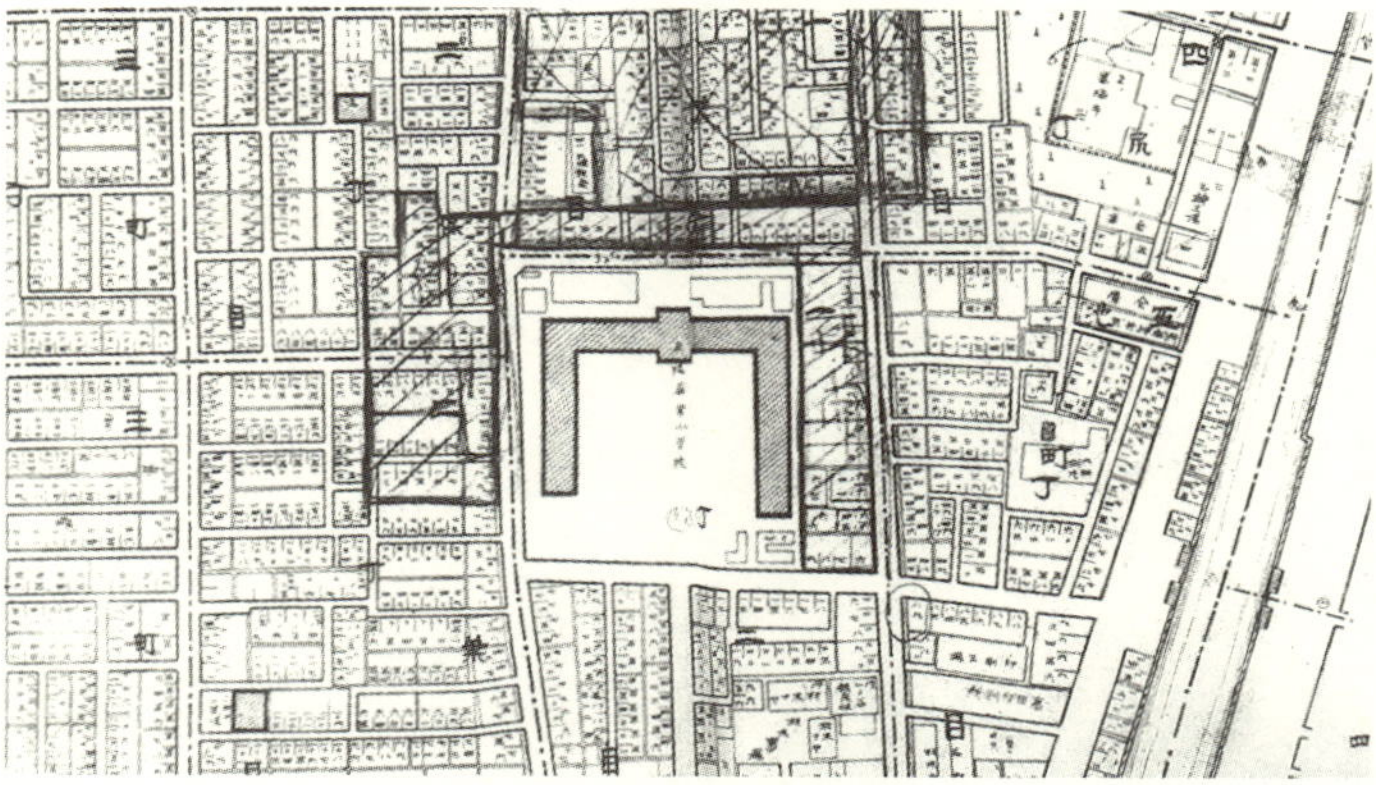

戸番図・真陽校

真陽校 朝礼

真陽校 全景

真陽校 講堂

新築校舎（工事中・大正 11 年）

浜山校 教室側

浜山校 正面

浜山校 戦後新校舎（地鎮祭）

浜山校 外観（筆者撮影）

浜山校 児童昇降口（筆者撮影）

遠矢校 空撮

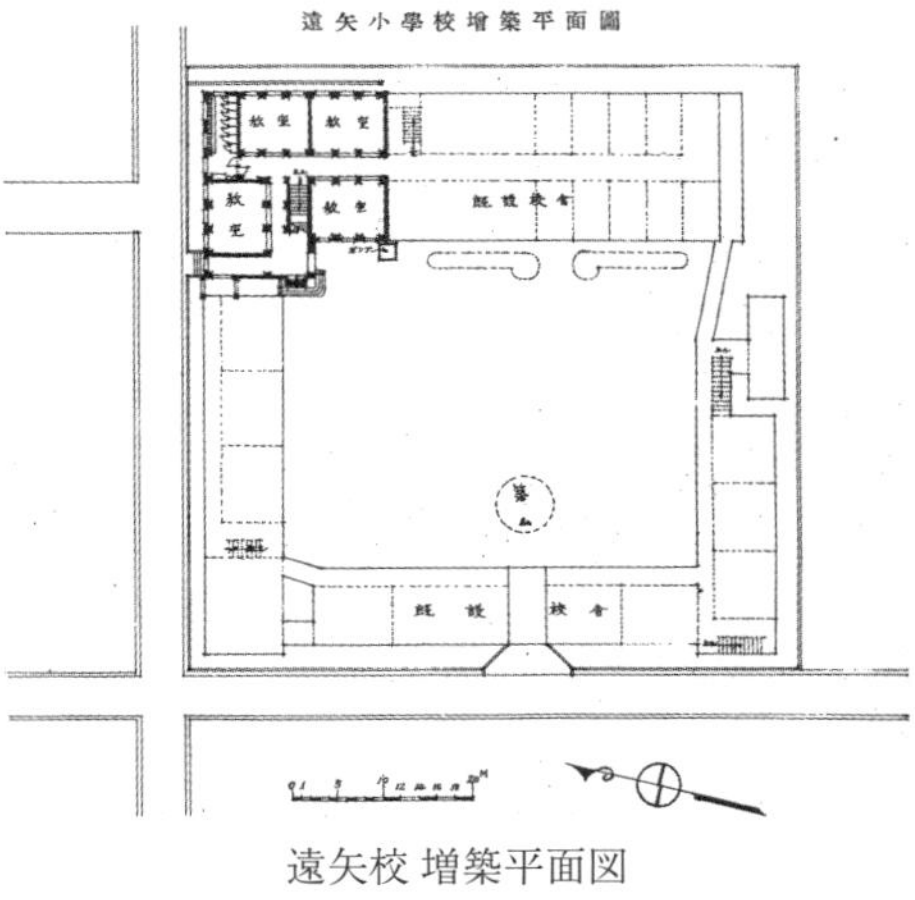

遠矢校 増築平面図

遠矢校 外観

長楽校 空撮拡大

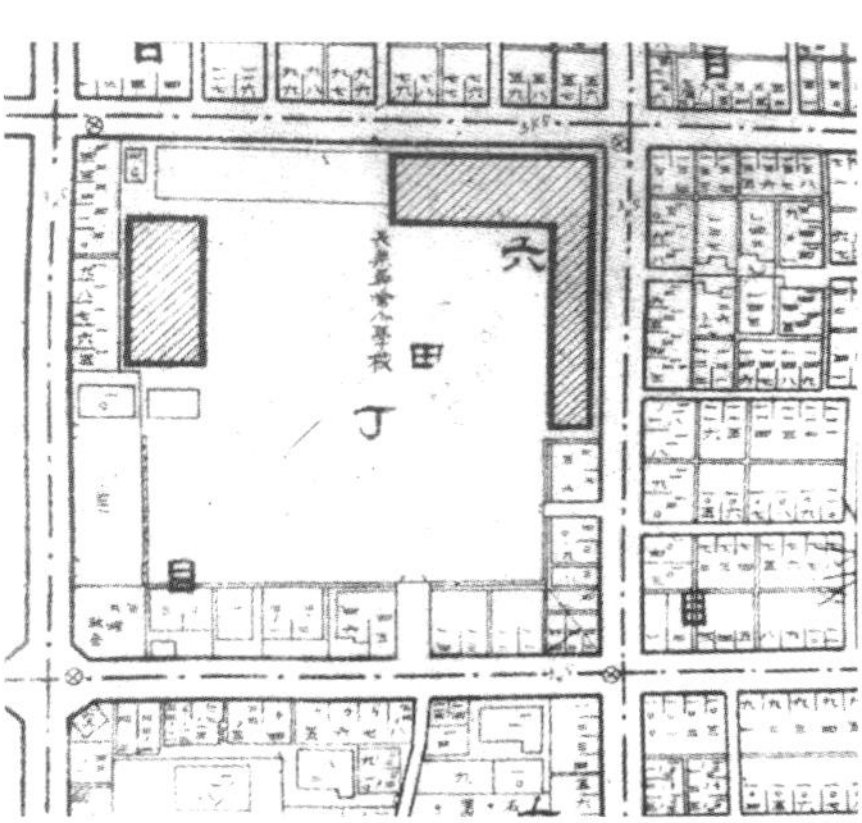

戸番図・長楽校

長楽校 校舎（筆者撮影）

長楽校 本館

長楽校 一階教室壁廻り（解体時・筆者撮影）

長楽校 遠景

長楽校（木造時代）

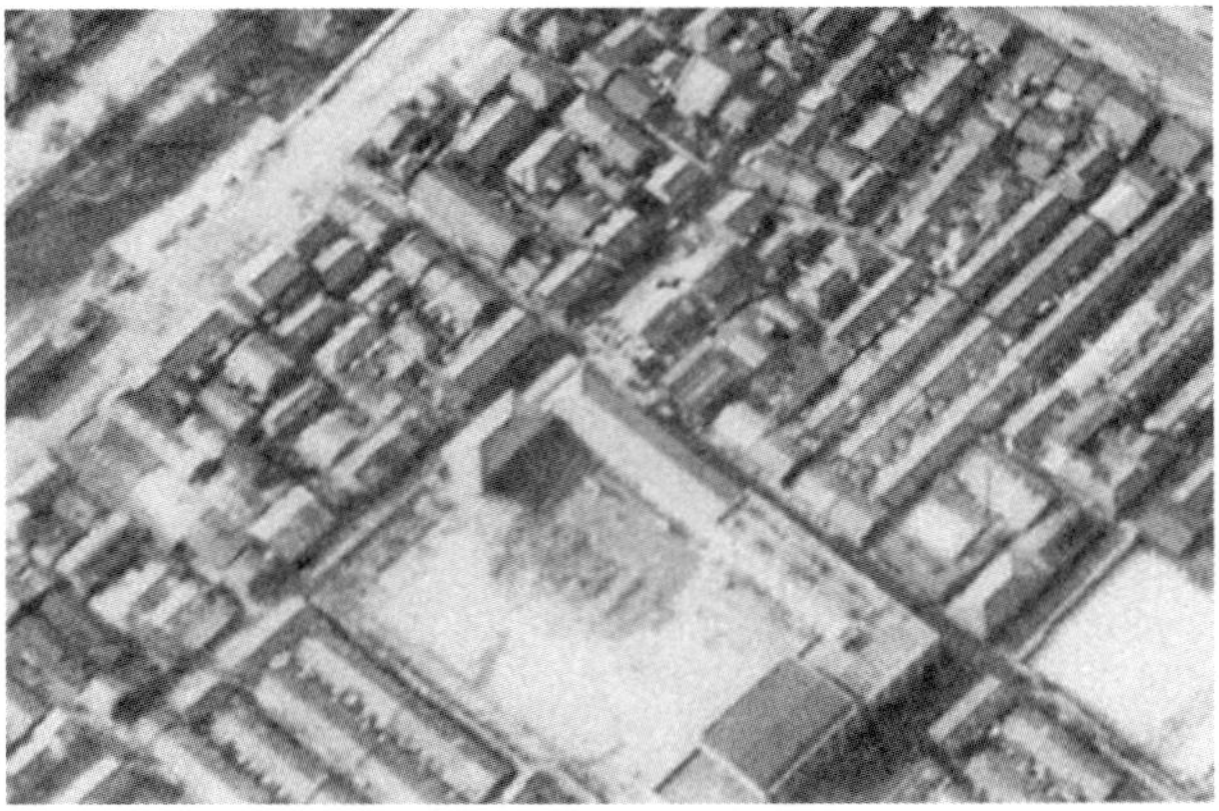

真野校 空撮拡大

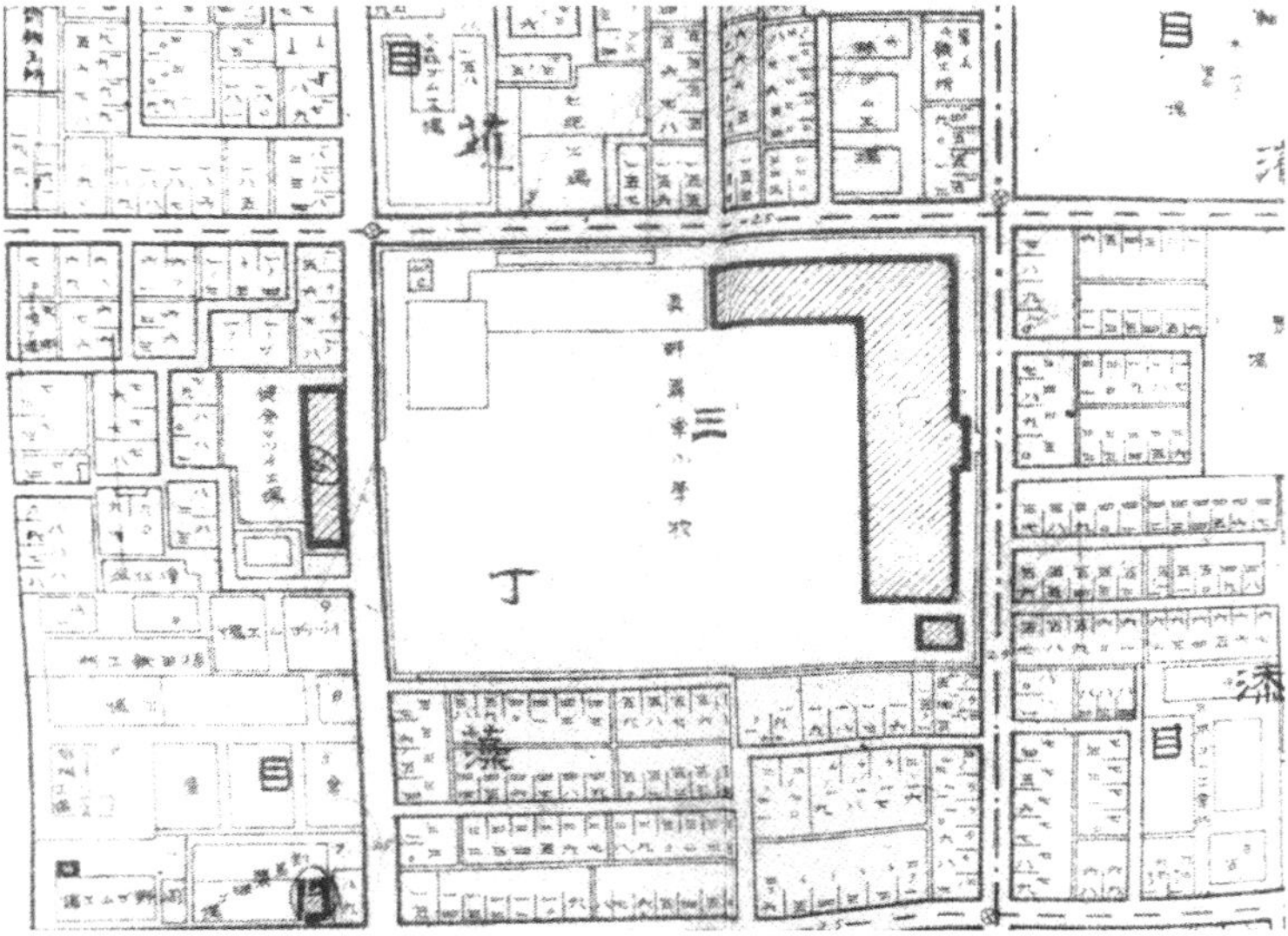

戸番図・真野校

真野校 全景

真野校 正門廻り

御蔵校 竣工

御蔵校 本館

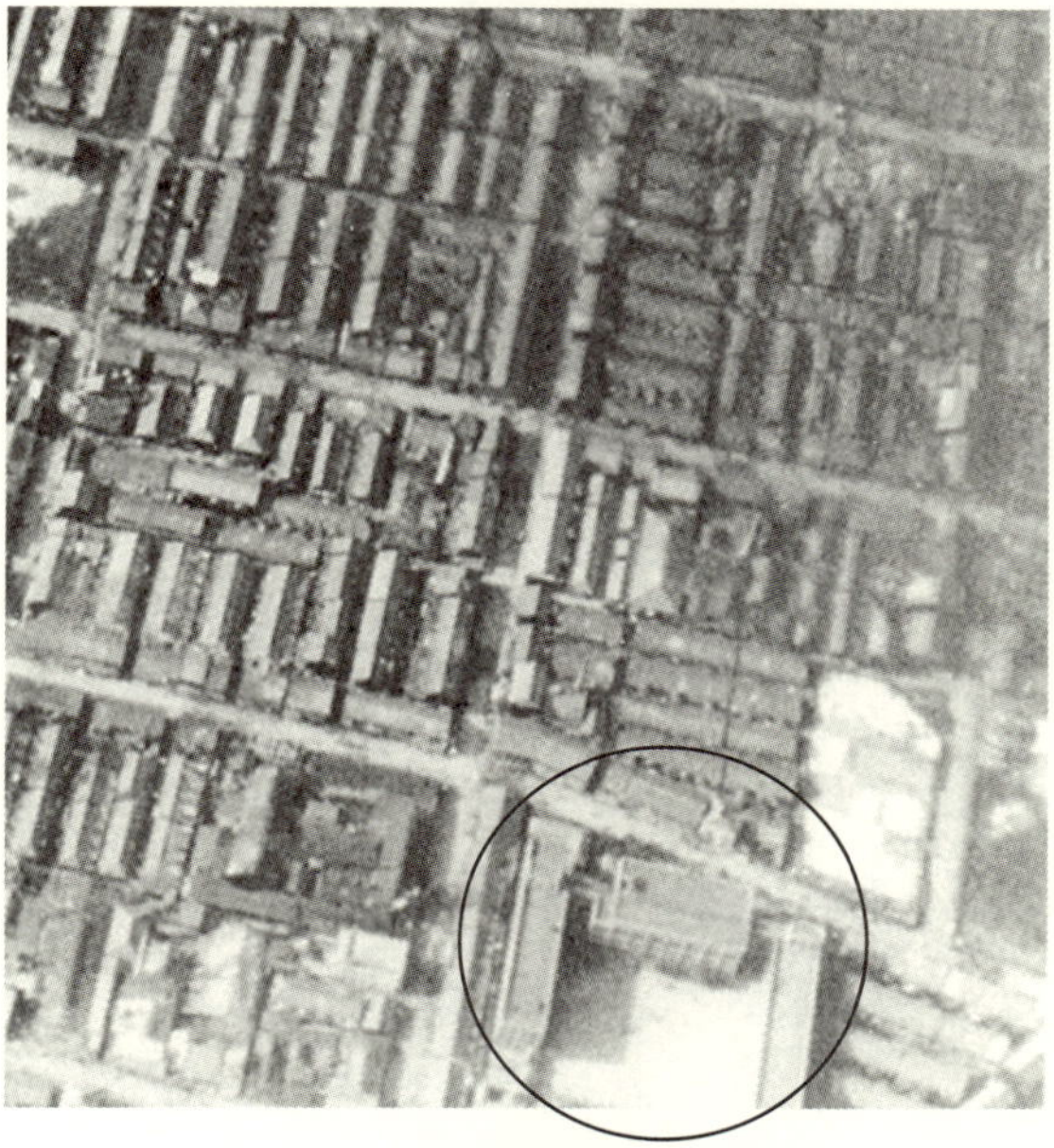

神楽校 空撮

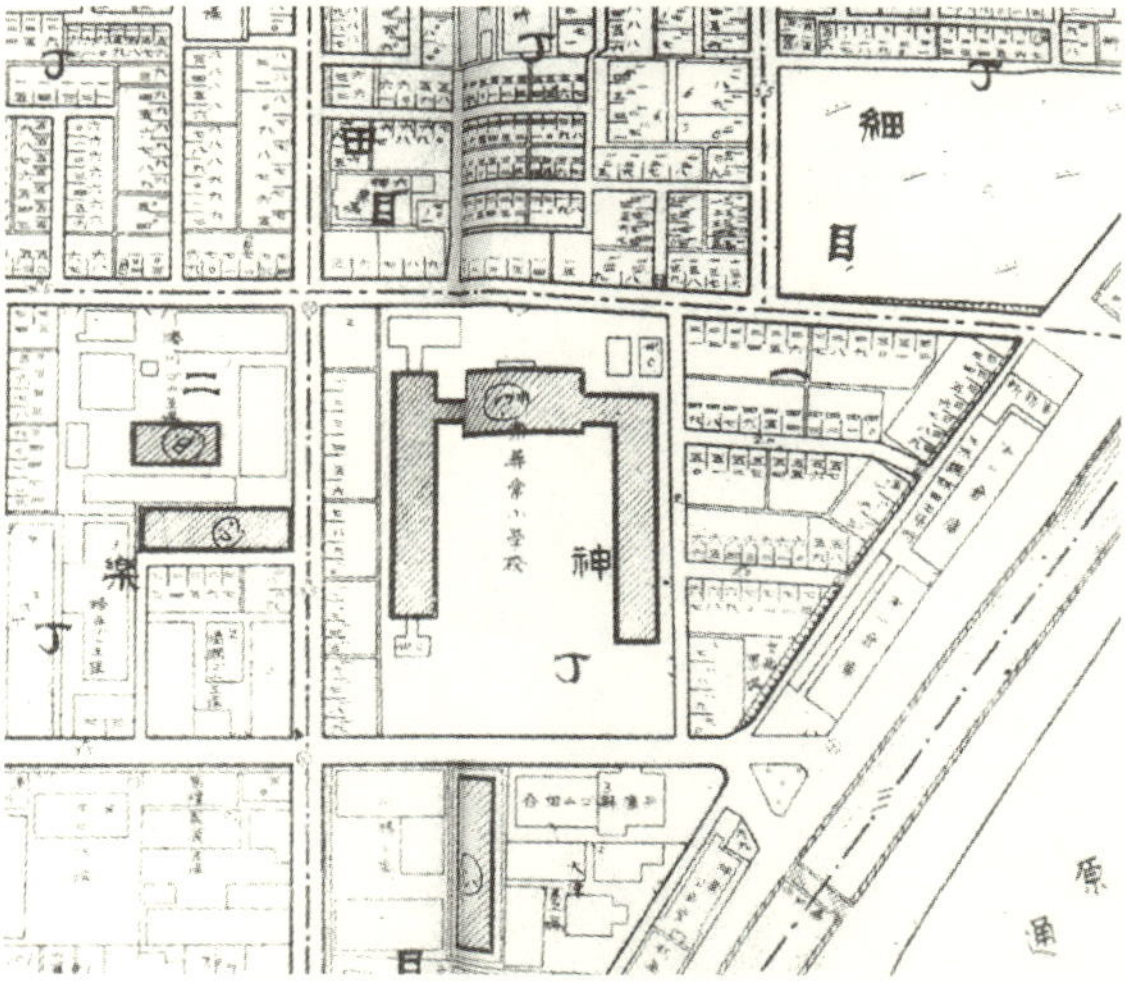

戸番図・神楽校

神楽校 西側全景

神楽校 校庭側

神楽校 講堂

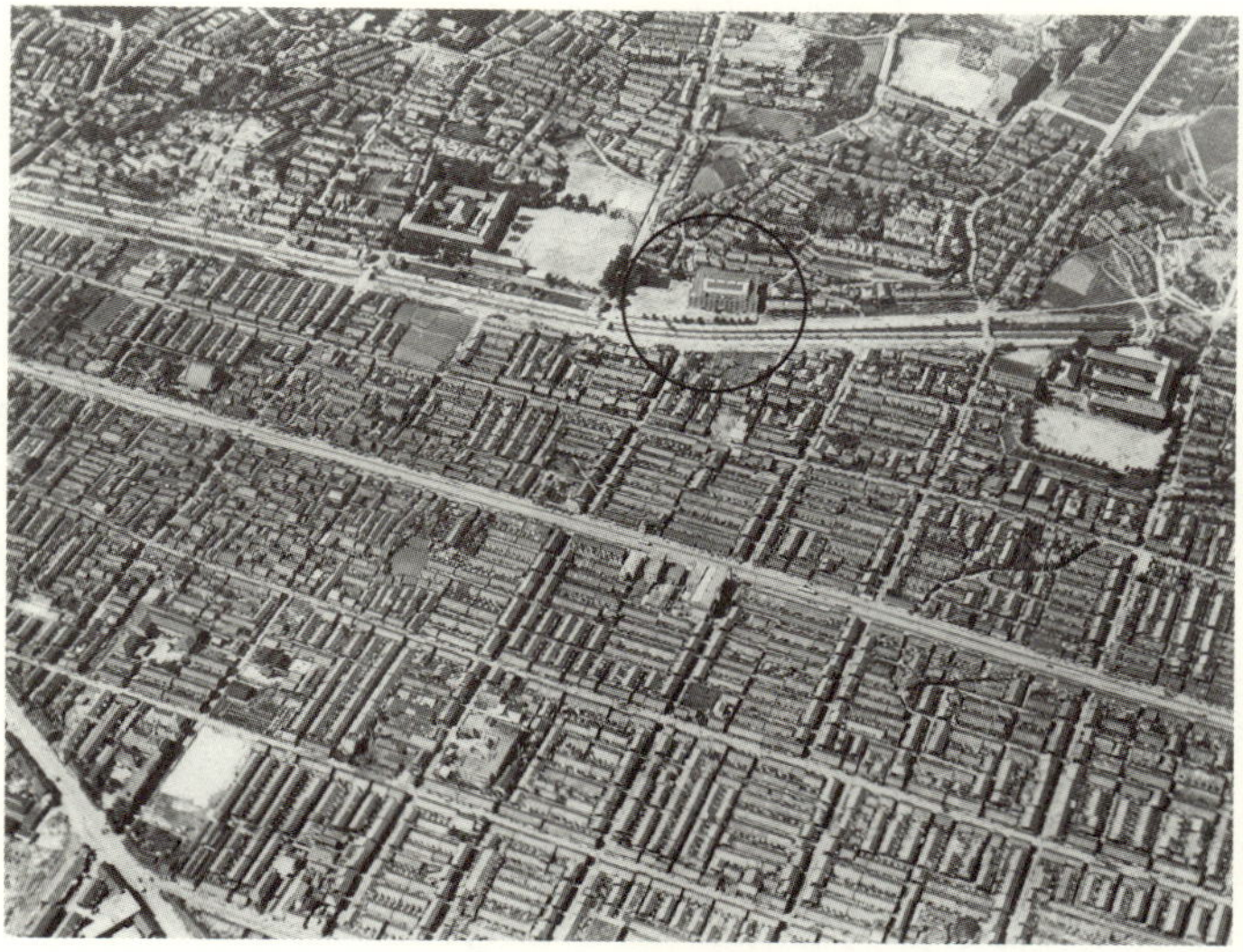

室内校 空撮

室内校 空撮拡大

室内校 内庭

室内校 外観

室内校 屋上から見た校区全景

室内校 40 周年式典

室内校 音楽会

蓮池校 空撮

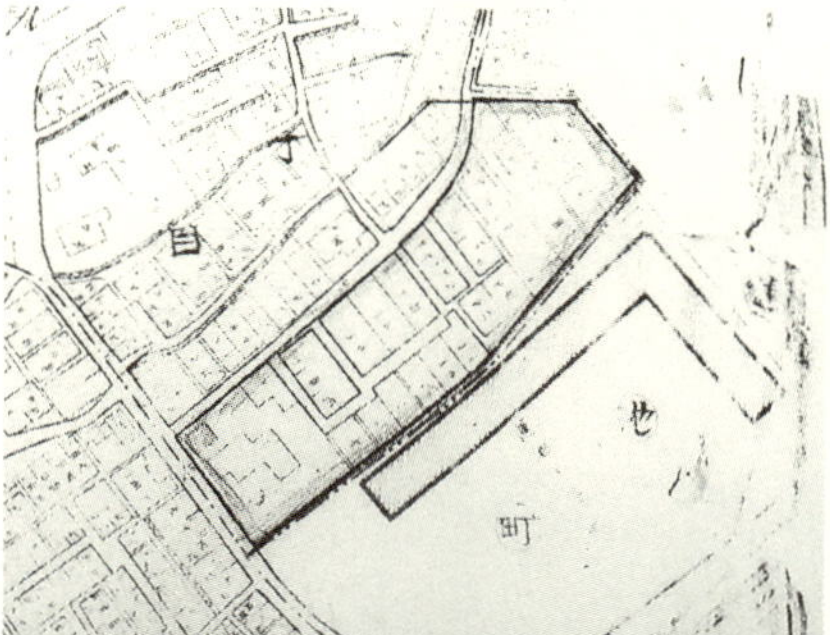

戸番図・蓮池校

蓮池校 外観

若松高等小学校（上）・二葉校（下）・長楽校（左）空撮

若松高等小学校（左側）・若松高等小学校旧校舎（右側・木造）空撮拡大

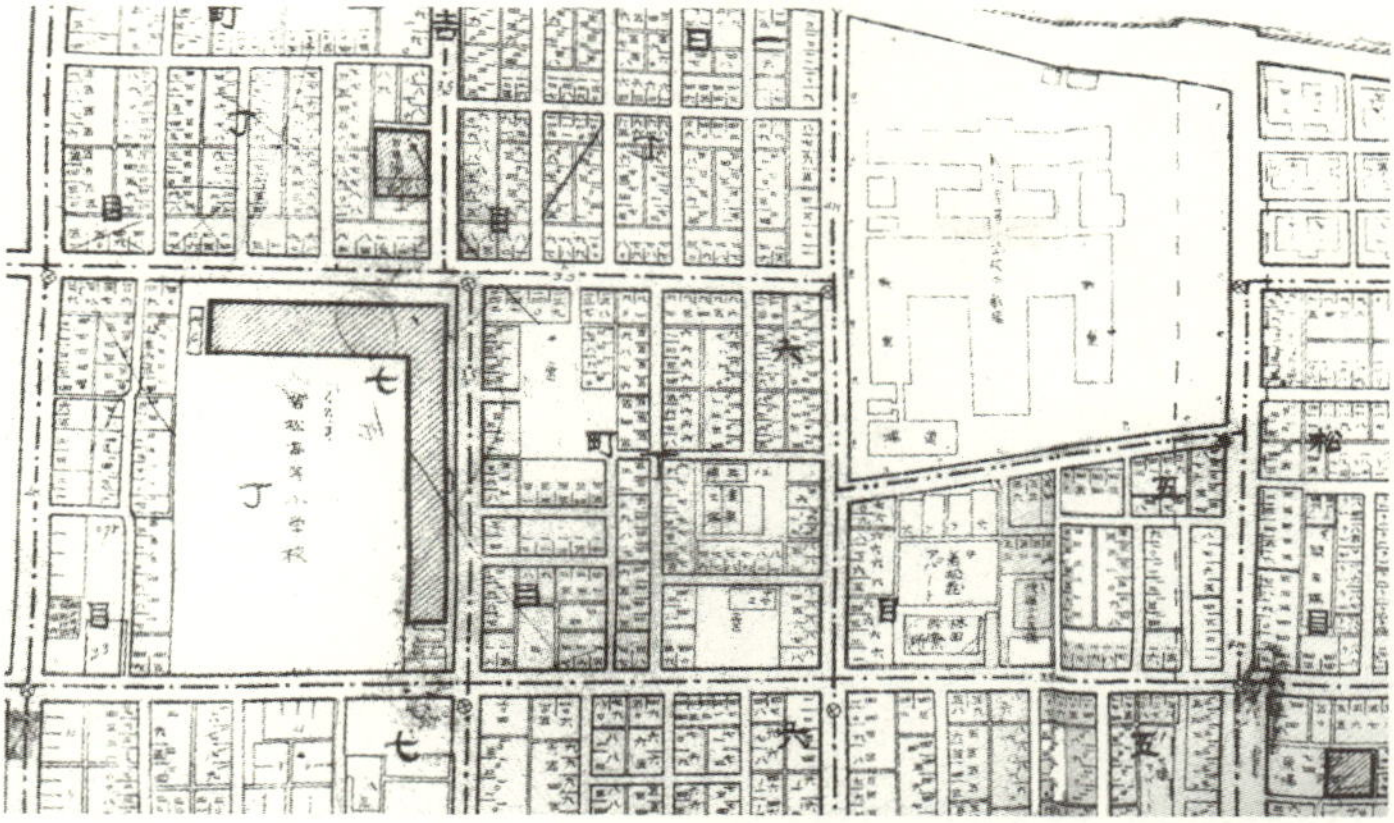

戸番図・若松高等小学校 鉄筋コンクリート造の新校舎（左）・木造の旧校舎（右）

若松高等小学校・戦災復興後

若松高等小学校・校庭側

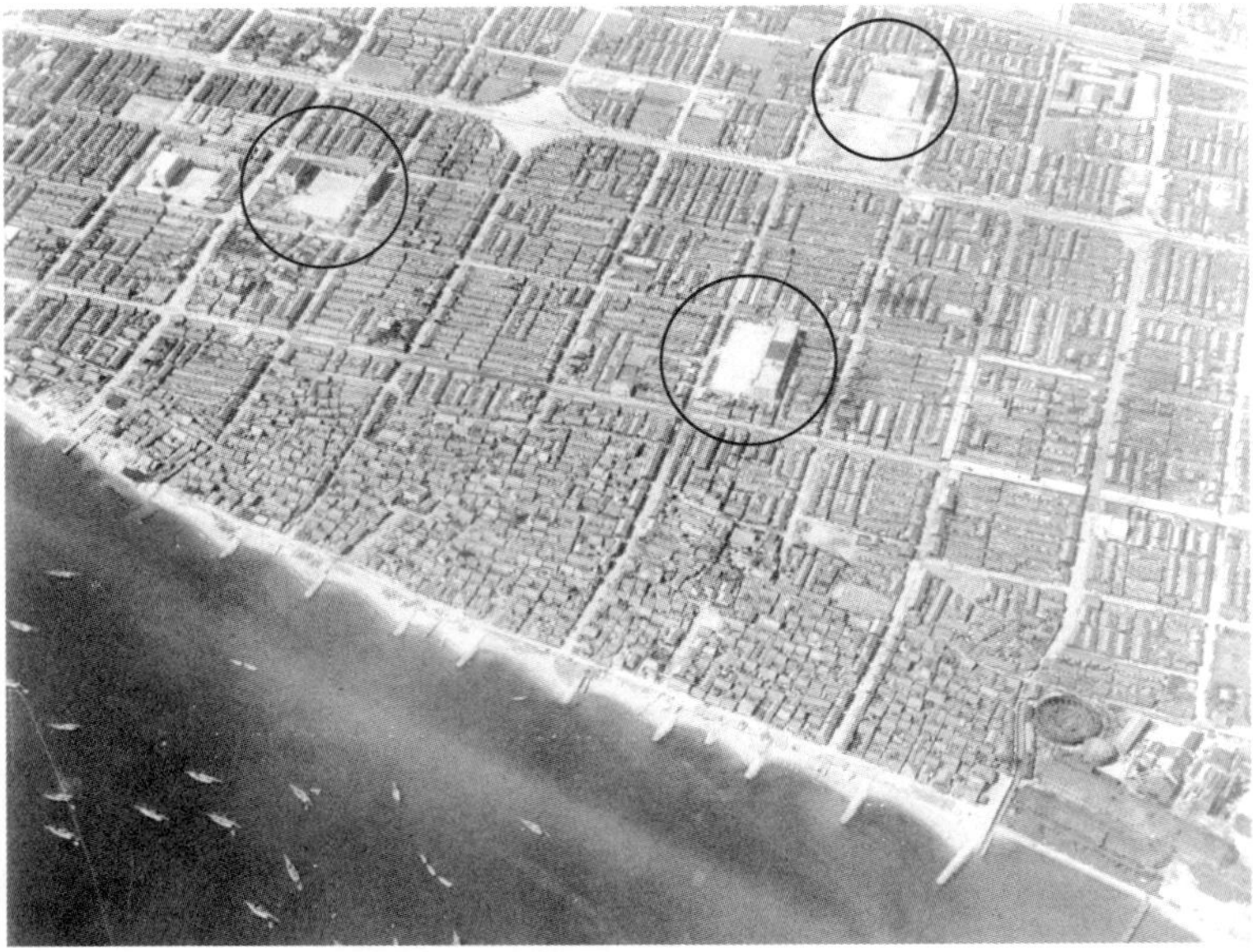

二葉校（中央）・長楽校（左）・若松高等小学校（中央上）　空撮

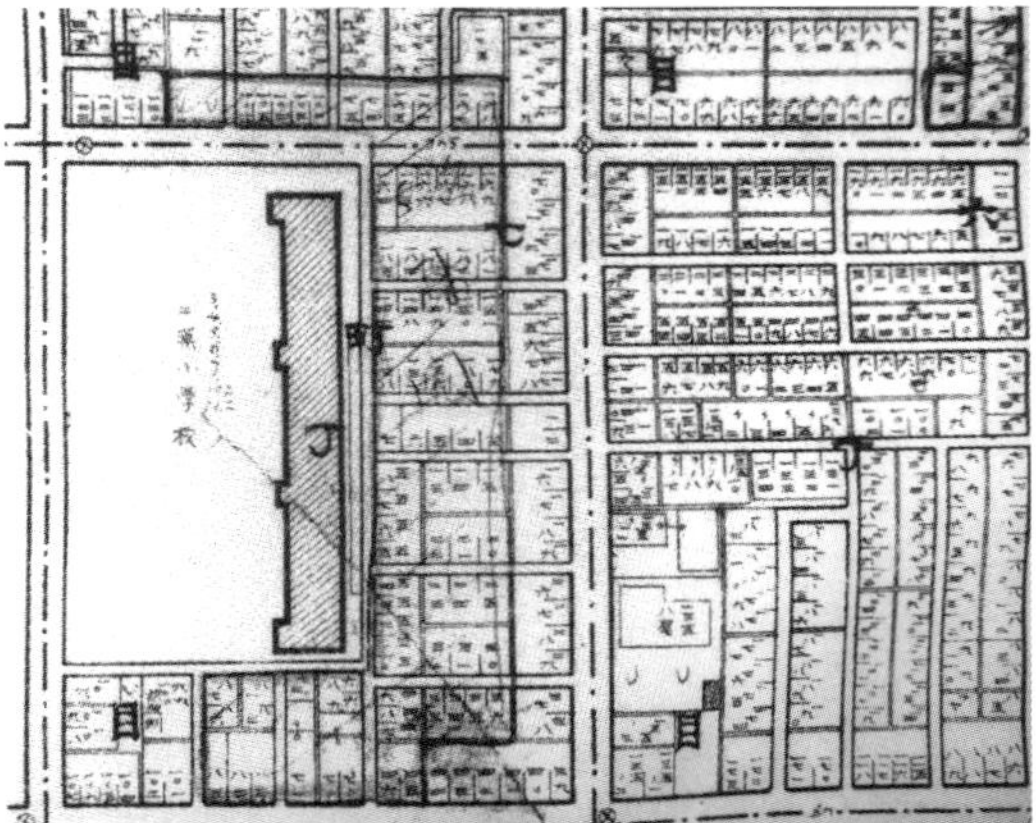

戸番図・二葉校

二葉校 空撮

二葉校 校庭側（筆者撮影）

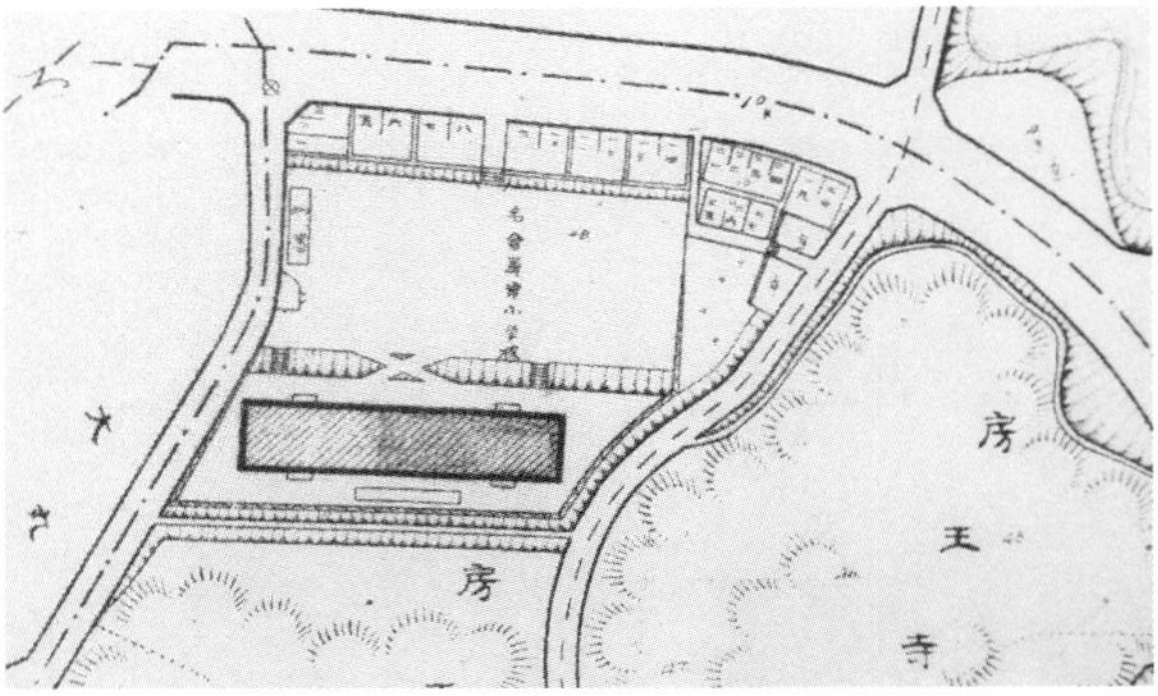

戸番図・名倉校

名倉校（竣工時）

名倉校（筆者撮影）

名倉校 増築

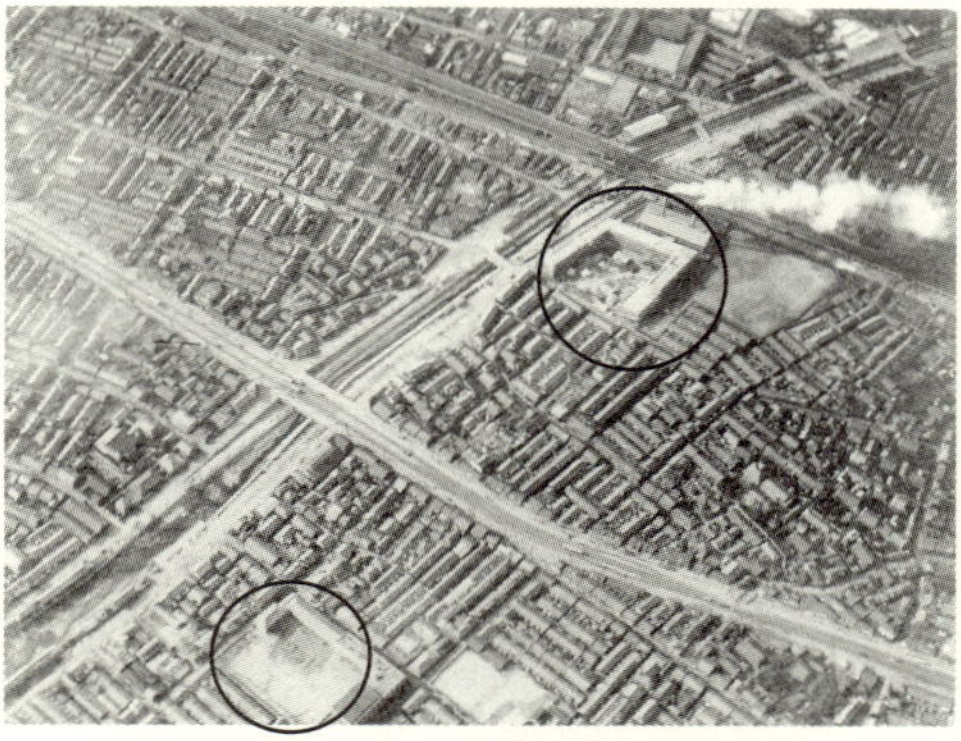

志里池校（上）・真野校（下）空撮

志里池校 空撮拡大

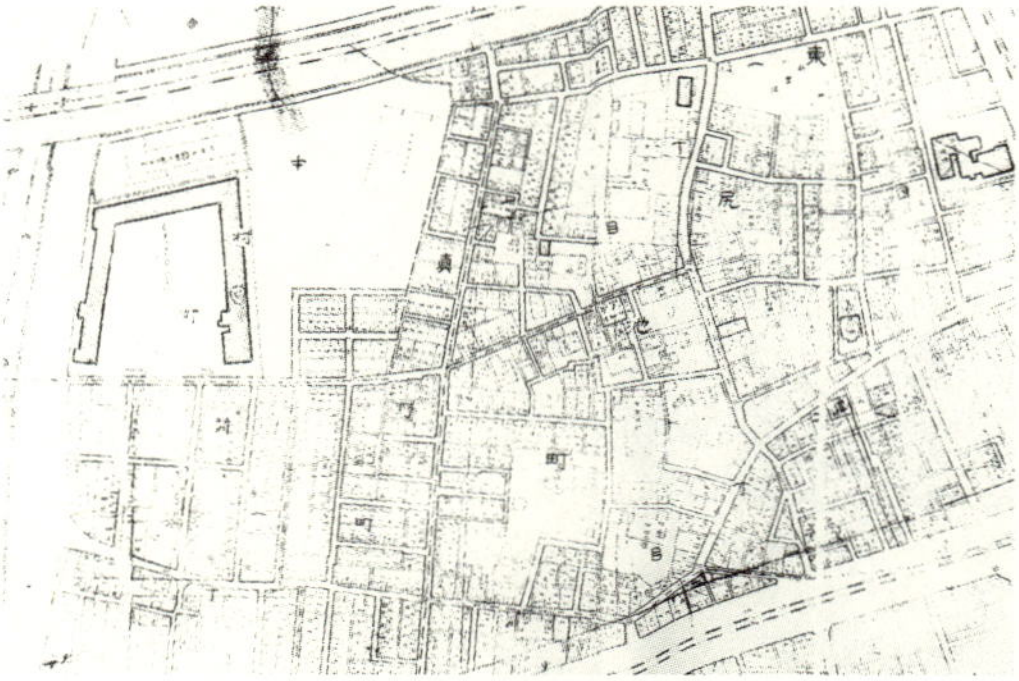

戸番図・志里池校

志里池校 講堂

志里池校 廊下

志里池校（筆者撮影）

志里池校 全景

志里池校 校庭

志里池校 正面

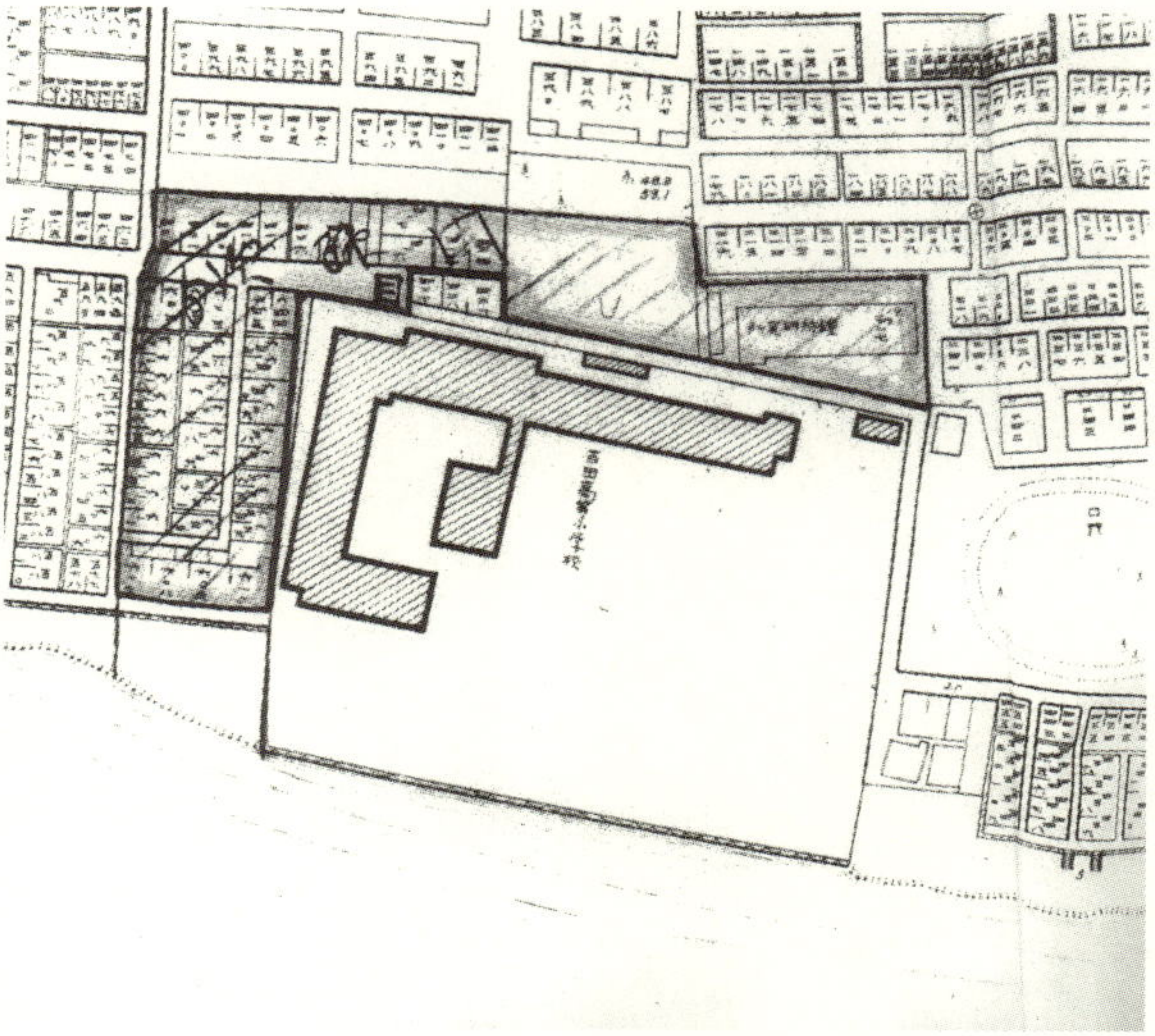

戸番図・吉田高等校

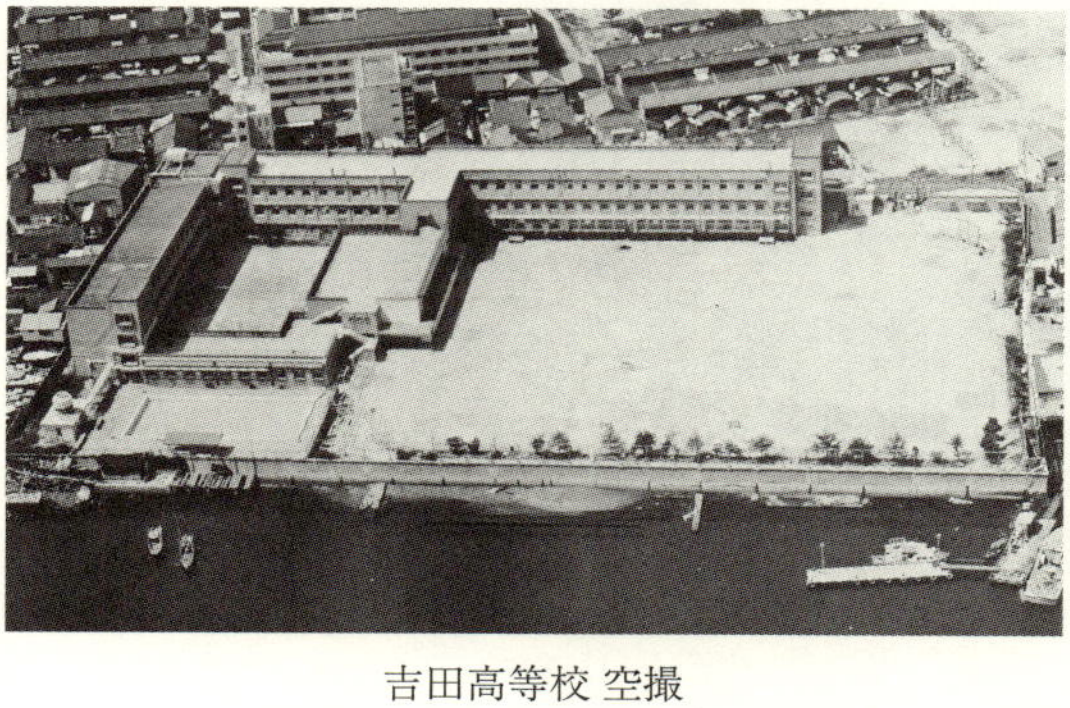

吉田高等校 空撮

吉田高等小学校（工事中）

吉田高等小学校 雨天体操場（竣工時）

吉田高等小学校 廊下（竣工時）

吉田高等小学校 校庭側全景

吉田高等小学校 校庭側外観

吉田高等小学校 玄関廻り

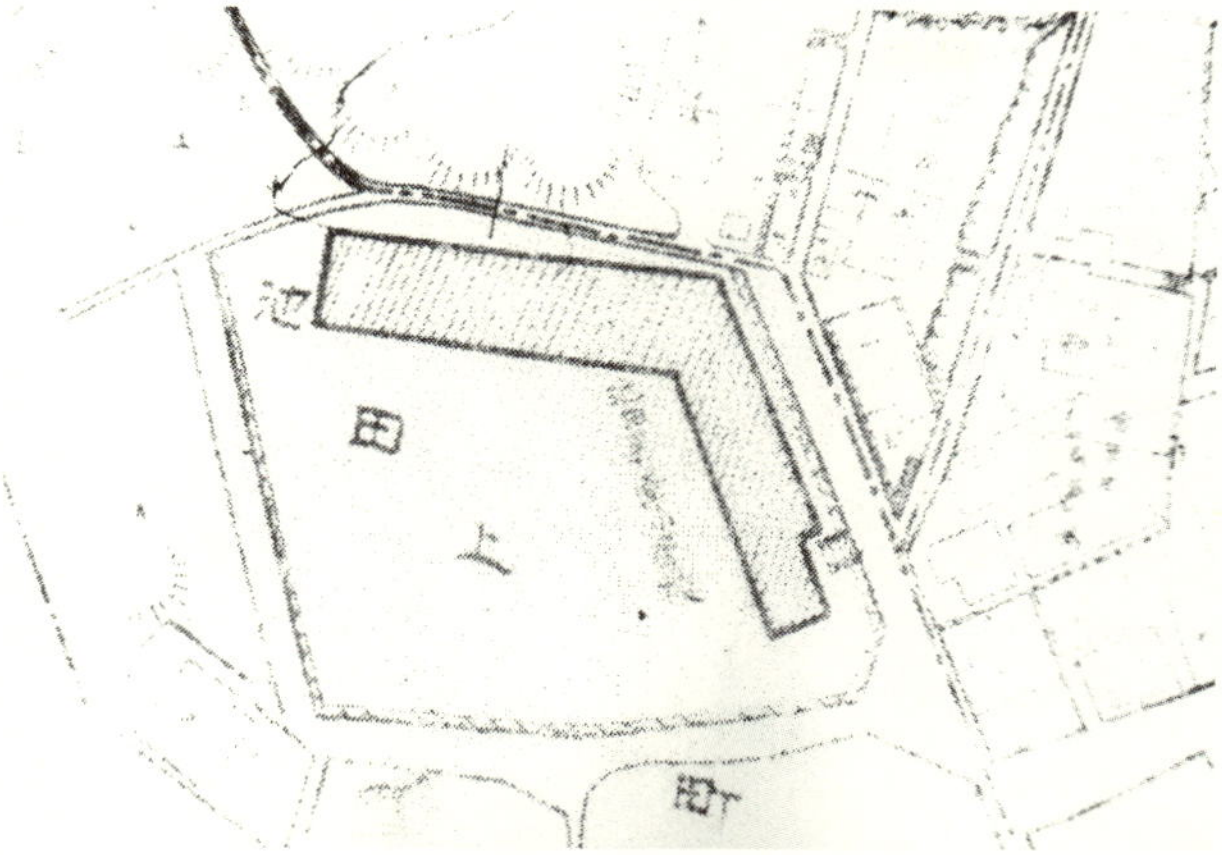

戸番図・池田校

池田校 校庭

開校式（昭和 14 年 9 月 1 日）

池田校 正面（筆者撮影）

池田校 全景

池田校 講堂内部

池田校 講堂（筆者撮影）

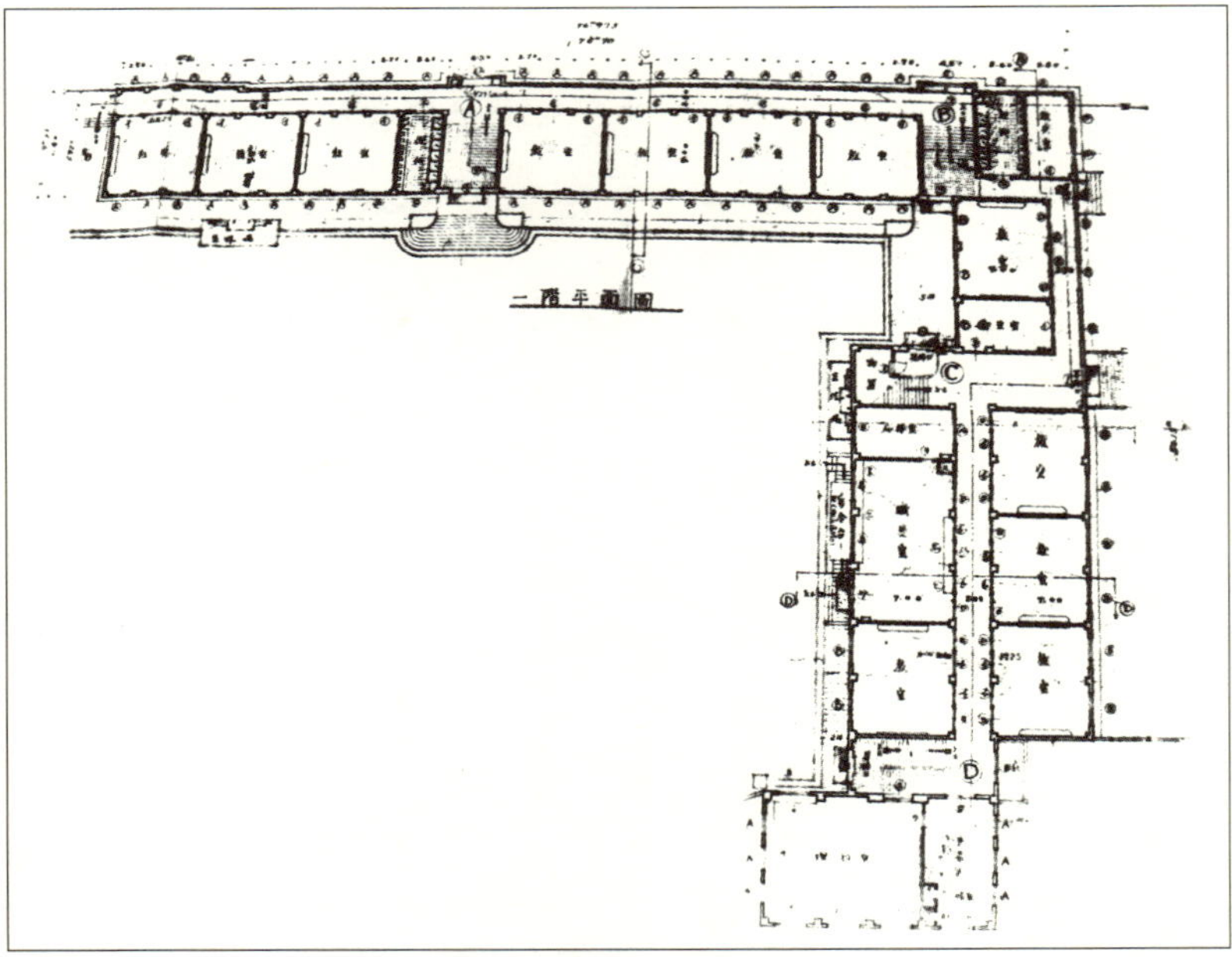

池田校 1 階平面図

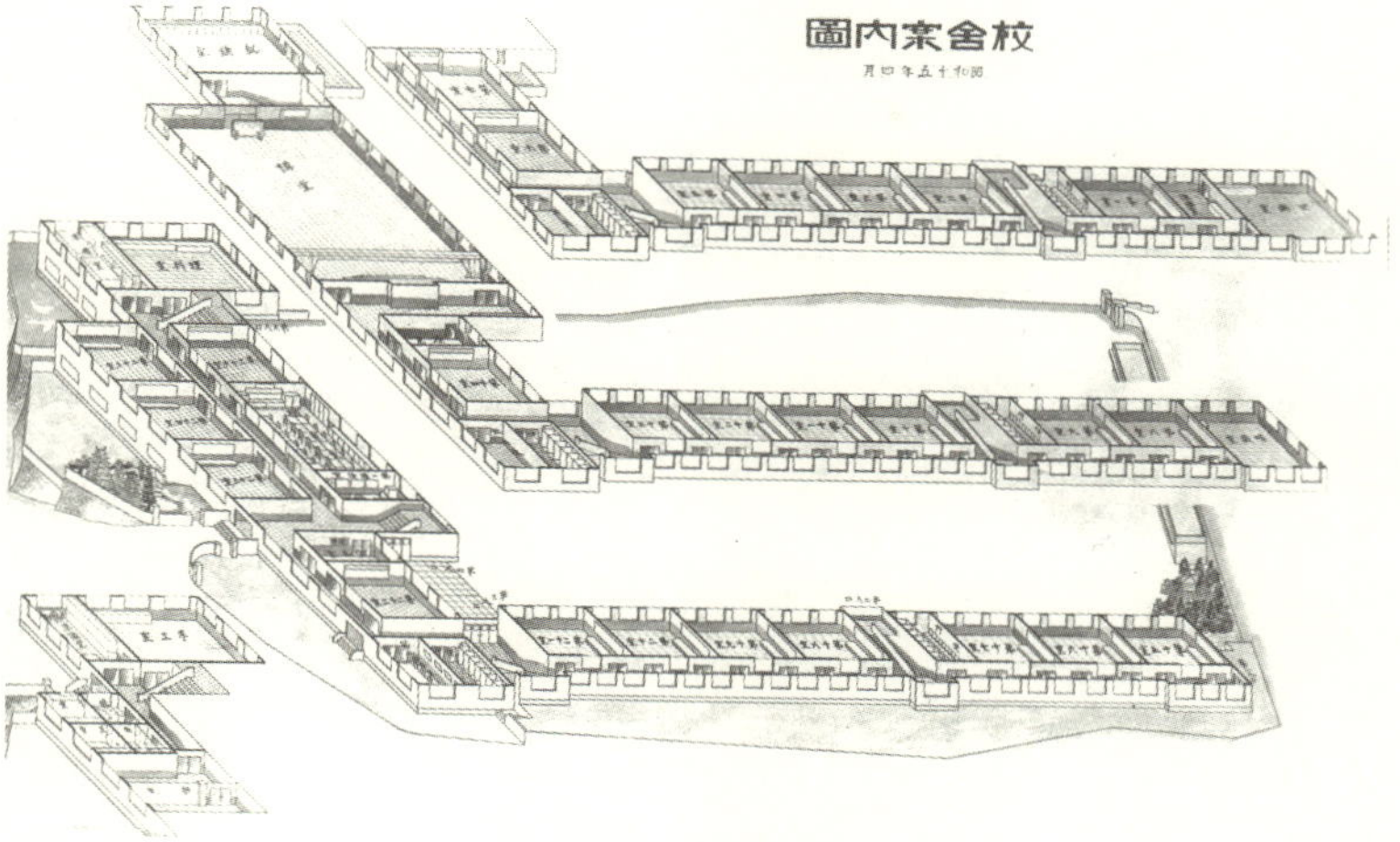

池田校 校舎案内図

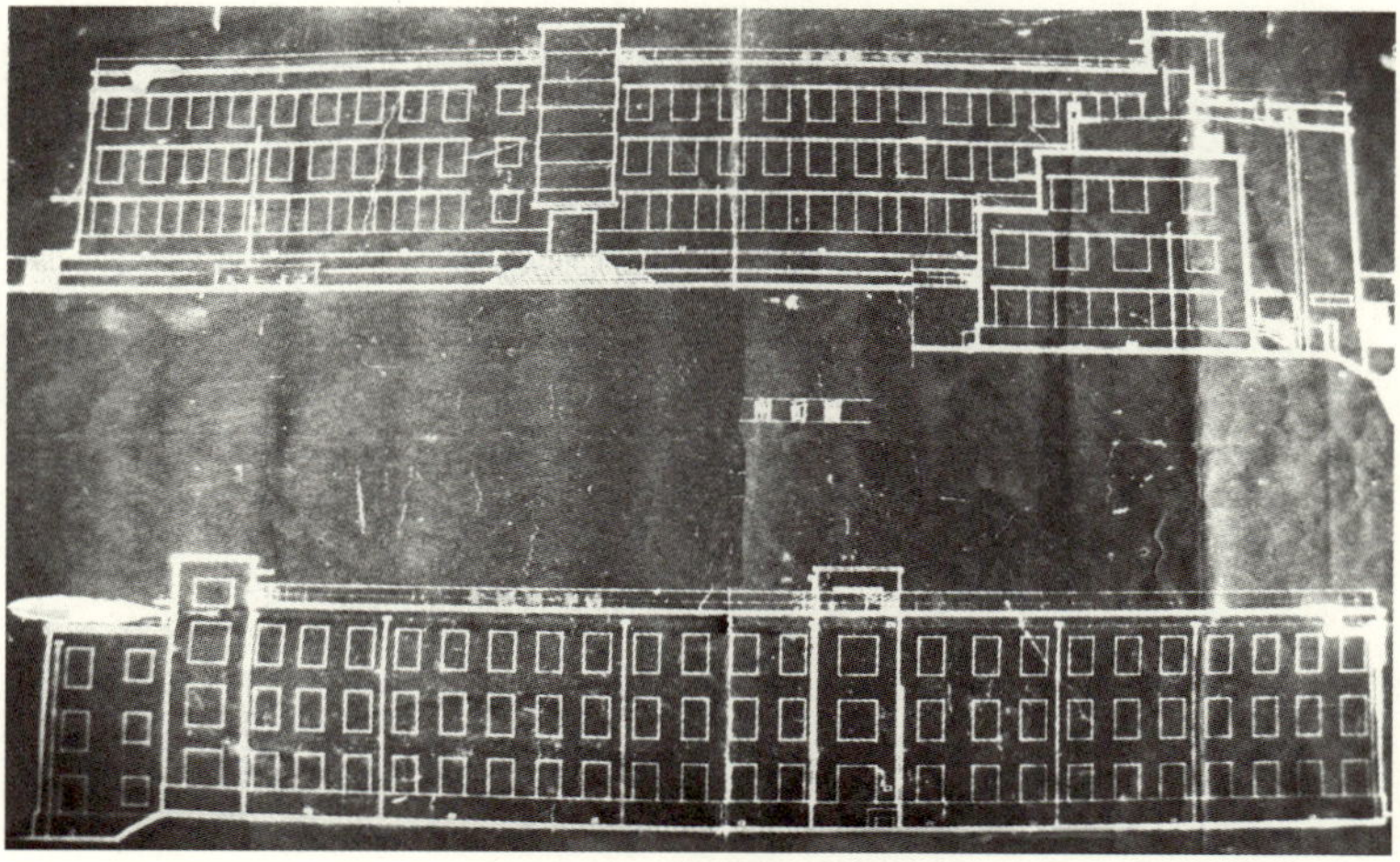

池田校 立面図

⑦須磨区

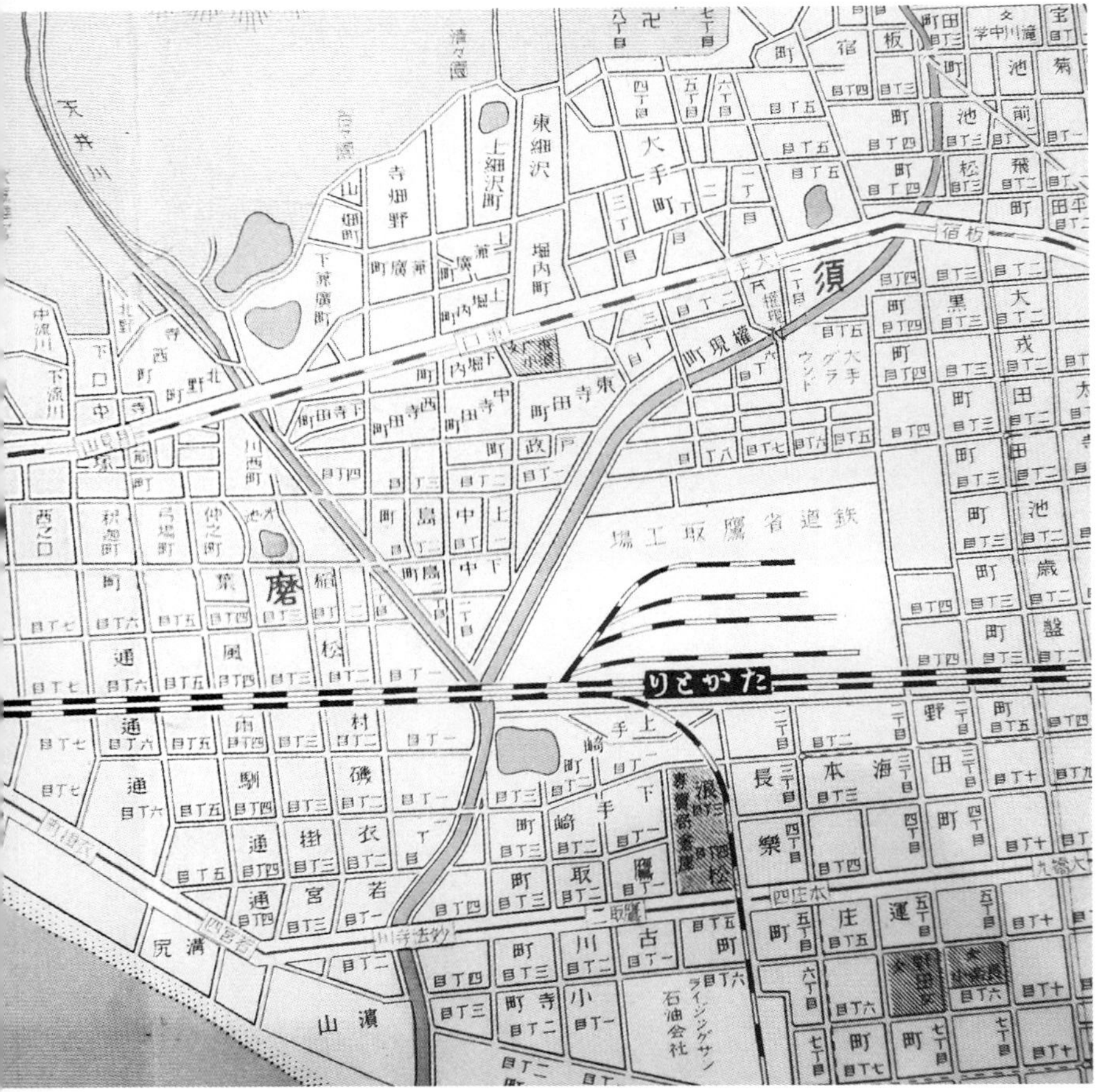

須磨区地図

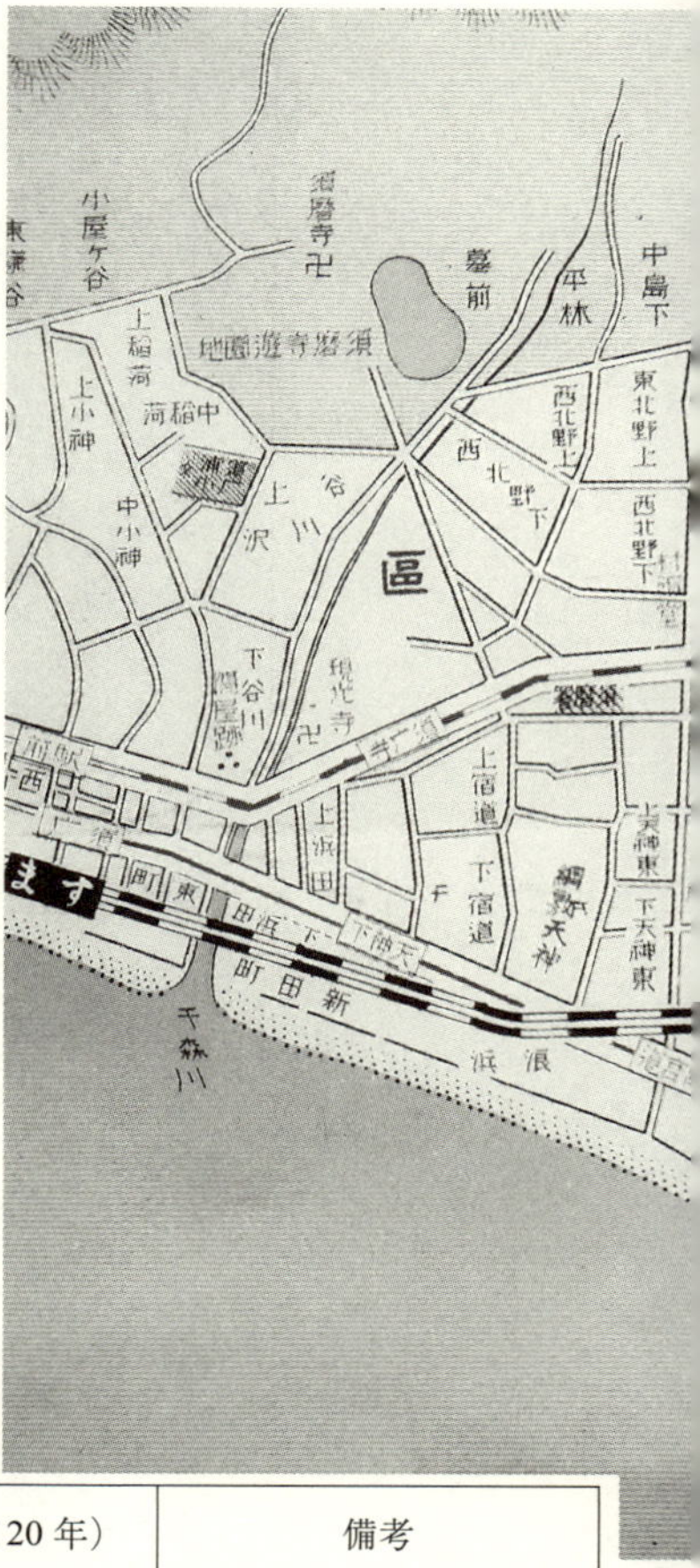

⑦須磨区

須磨区の小学校数	10
RC 校舎数＊1	7
全部が RC 校舎数	5
一部が RC 校舎数	2

校名	開校年	RC の竣工年	廃校年	戦災被害（昭和 20 年）	備考
東須磨	M 13	T 14.1	存続	—	大正 9 年神戸市に編入
須磨（西）	M 26	S 6.3	存続	—	現、西須磨小学校
板宿	S 5	S 5.7	存続	校舎 3 階焼失	
大黒	S 11	S 11.3	H 14	—	現、だいち小学校＊2
千歳	S 12	S 12.5	H 14	—	現、だいち小学校＊2
若宮	S 13	S 13.3	存続	—	校舎は鷹取中学校が一時使用
須磨高等	S 12	S 12.8			

＊1：妙法寺・多井畑・白川の三校は市街地にはなく、鉄筋コンクリート造化は戦後である。
＊2：平成 14 年に大黒校と千歳校が統合し、だいち小学校となる。

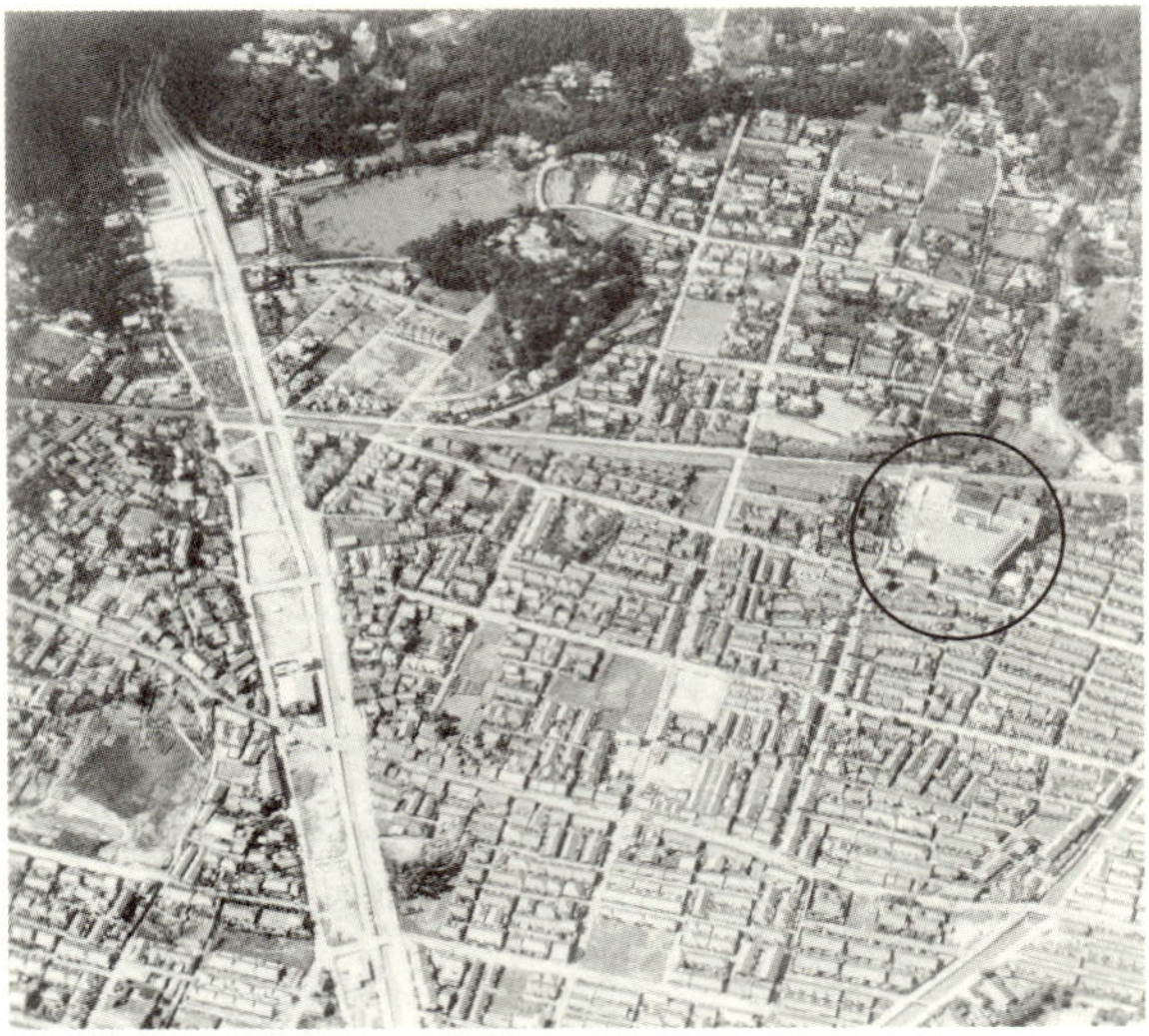

東須磨校（右端） 空撮

東須磨校 空撮拡大

東須磨校 外観

東須磨校 玄関ポルティコ

東須磨校 木造時代

須磨（西）校 空撮

須磨（西）校 空撮拡大

須磨（西）校 校庭側（筆者撮影）

須磨（西）校（竣工時）

村立時代の須磨小学校

須磨（西）校 正面側

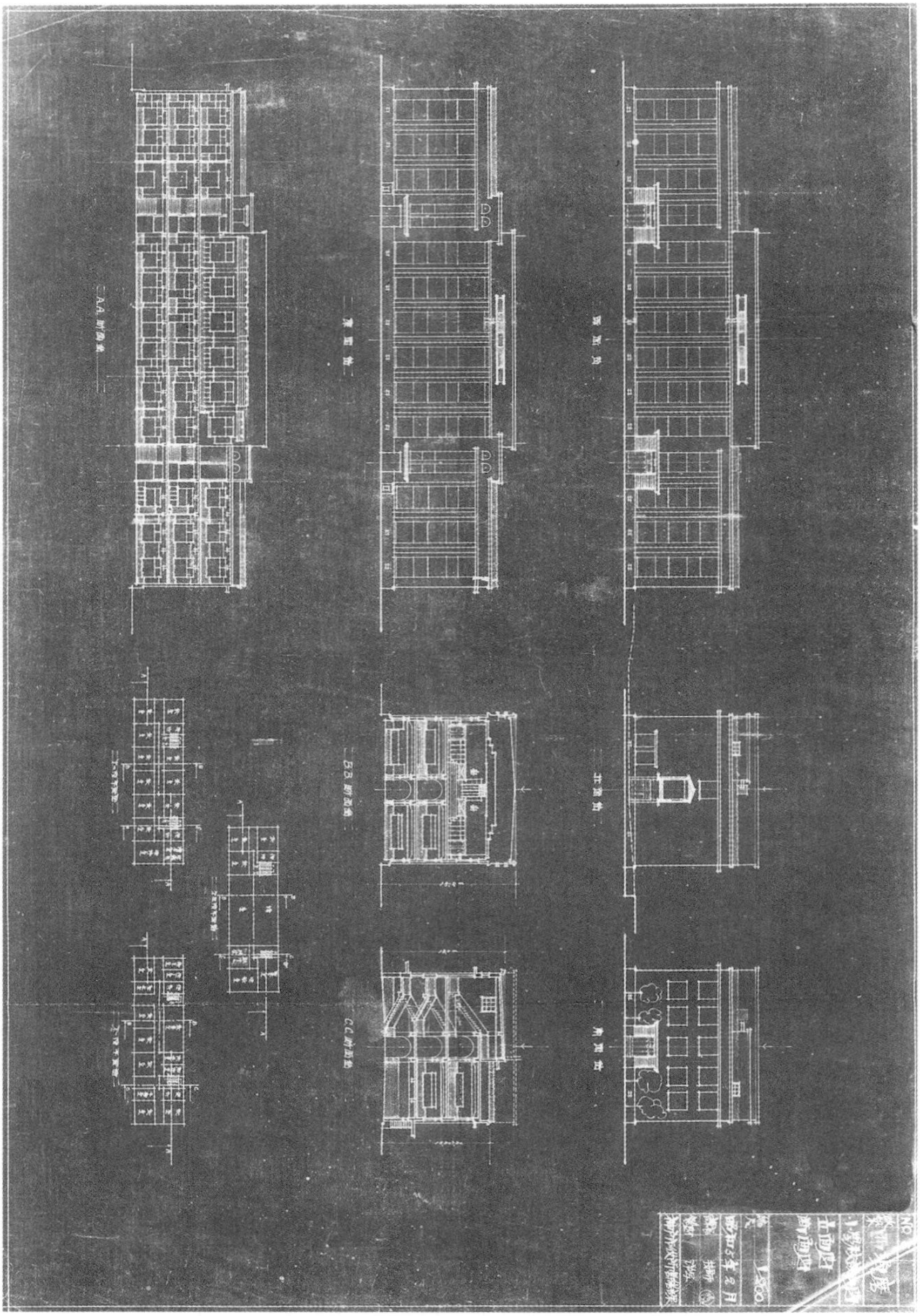

須磨（西）校立面・断面

板宿校 空撮

板宿校 外観

大黒校 全景（竣工）

大黒校 講堂入口（竣工）

大黒校 正面外観（竣工）

大黒校 講堂内部（竣工時）

大黒校 玄関廻り（竣工）

大黒校 正面側便所の内部（筆者撮影）

大黒校 校庭側（竣工）

大黒校 講堂外観（筆者撮影）

大黒校 校庭側 1（筆者撮影）

大黒校 講堂背面（筆者撮影）

大黒校 校庭側 2（筆者撮影）

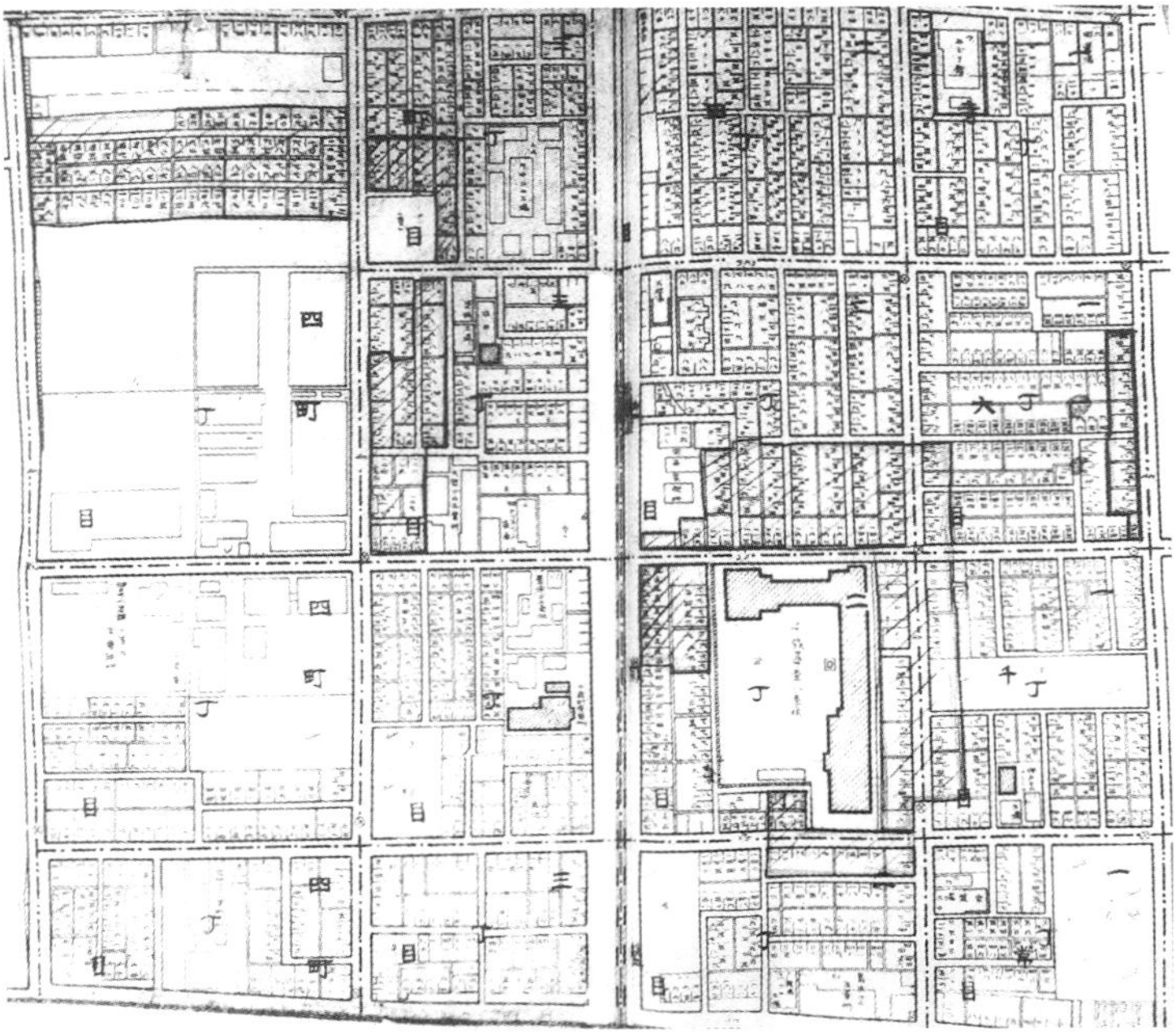

戸番図・千歳校

千歳校 玄関廻り

千歳校 全景

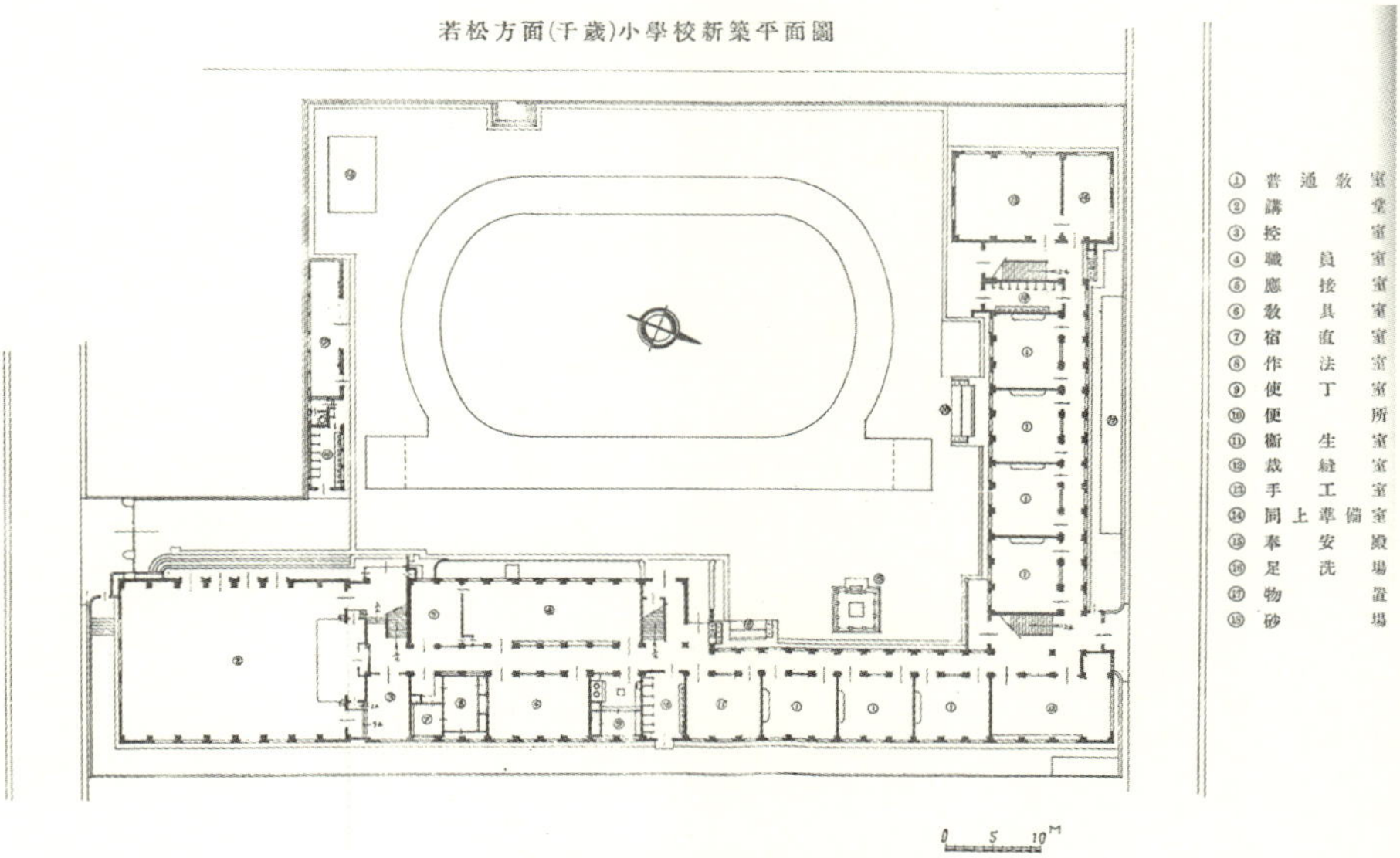

千歳校 配置図兼 1 階平面図

千歳校（昭和 11 年、筆者撮影）

千歳校 全景（筆者撮影）

若宮校全景（竣工）

若宮校（筆者撮影）

須磨高等小学校（竣工時、昭和 12 年）

須磨高等小学校 全景

須磨高等小学校 屋上

⑧灘区

灘区地図

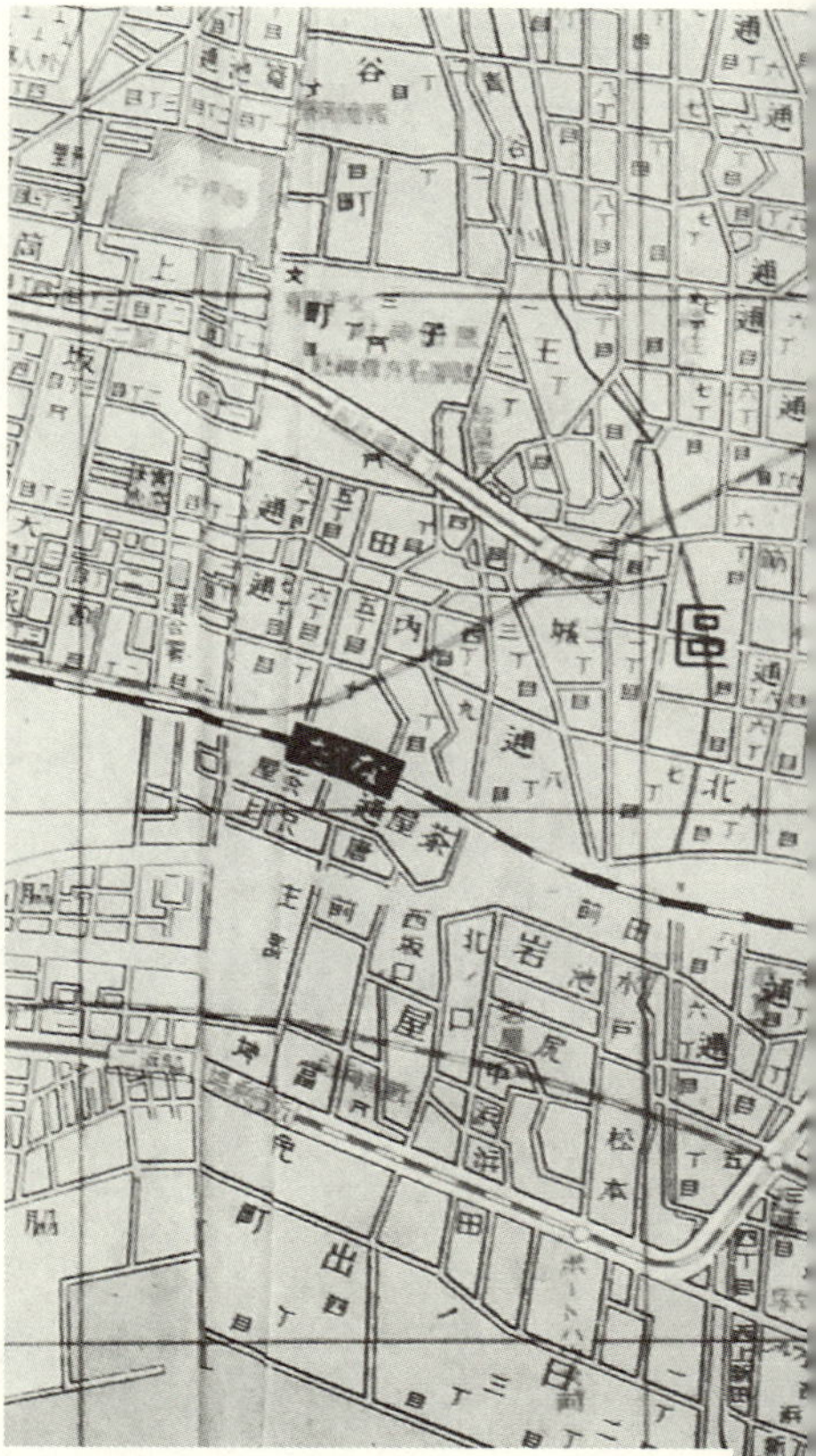

⑧灘区

灘区の小学校数	9
RC 校舎数	9
全部が RC 校舎数	5
一部が RC 校舎数	4

校名	開校年	RC の竣工年	廃校年	戦災被害（昭和 20 年）	備考
西灘第一	M 13	S 12	存続	被災	現、西灘小学校
西郷	M 15	T 15.7	存続		
六甲	M 19	S 11.12	存続	分校が 20 教室全焼	
西灘第二	T 10	S 13.4	存続	木造校舎全焼	現、稗田小学校
西灘第三	S 4	S 4.3	存続	——	現、摩耶小学校
福住	S 7	S 8	存続	戦災被害僅少	
成徳	S 7	S 7.6	存続	——	
高羽	S 13	S 13.5	存続	——	
灘高等	S 7	S 12.6			戦中に東灘国民学校高等科となり、戦後は花園中学校

西灘第一校 空撮

西灘第一校 空撮拡大

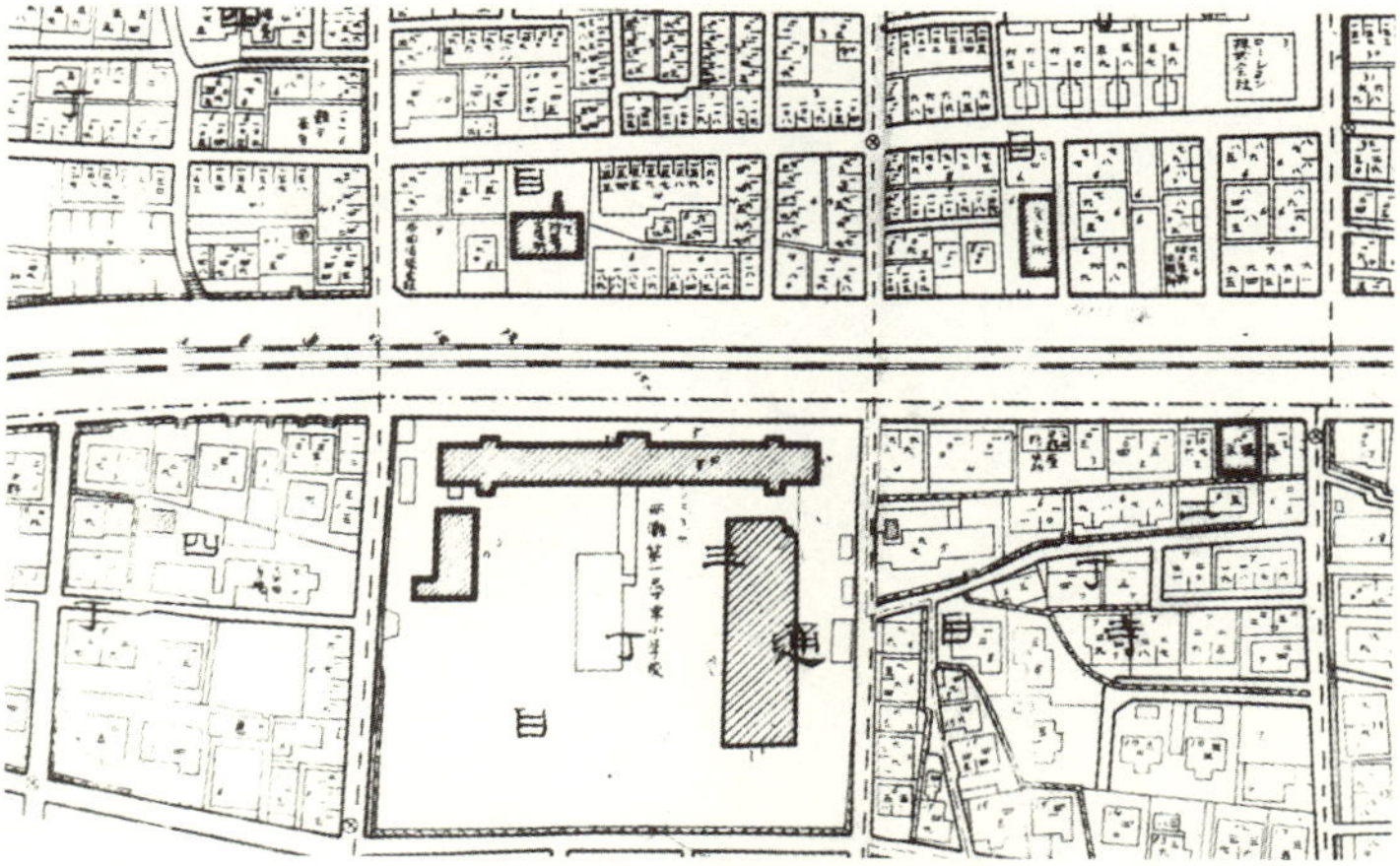

戸番図・西灘第一校

西灘第一校 道路側

西灘第一校 校庭側

西郷校（右端）空撮

西郷校（左上端）空撮

西郷校 空撮（昭和 43 年）

西郷校 増築校舎

西郷校 外観細部（筆者撮影）

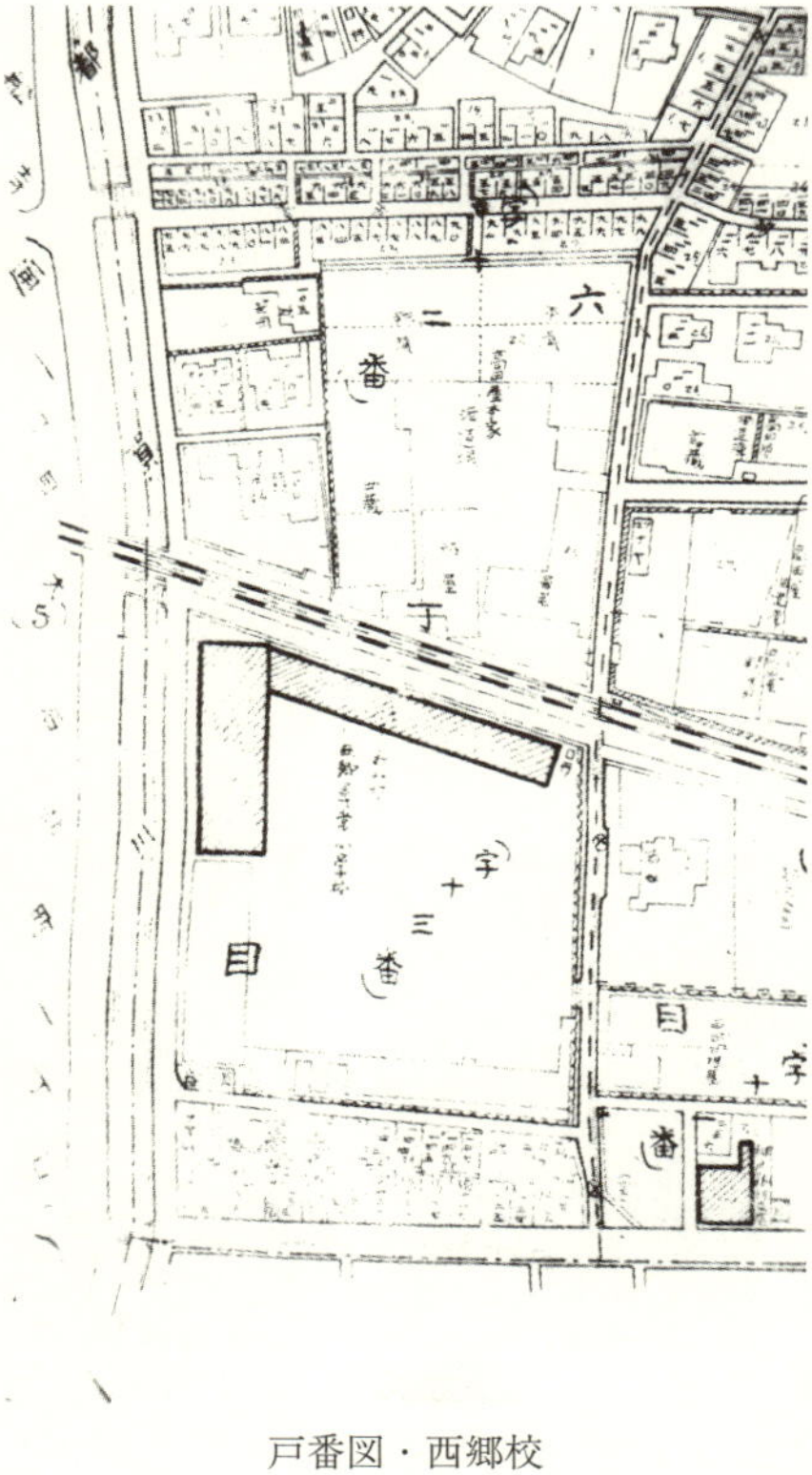

戸番図・西郷校

戸番図・六甲校

六甲校（昭和２年）

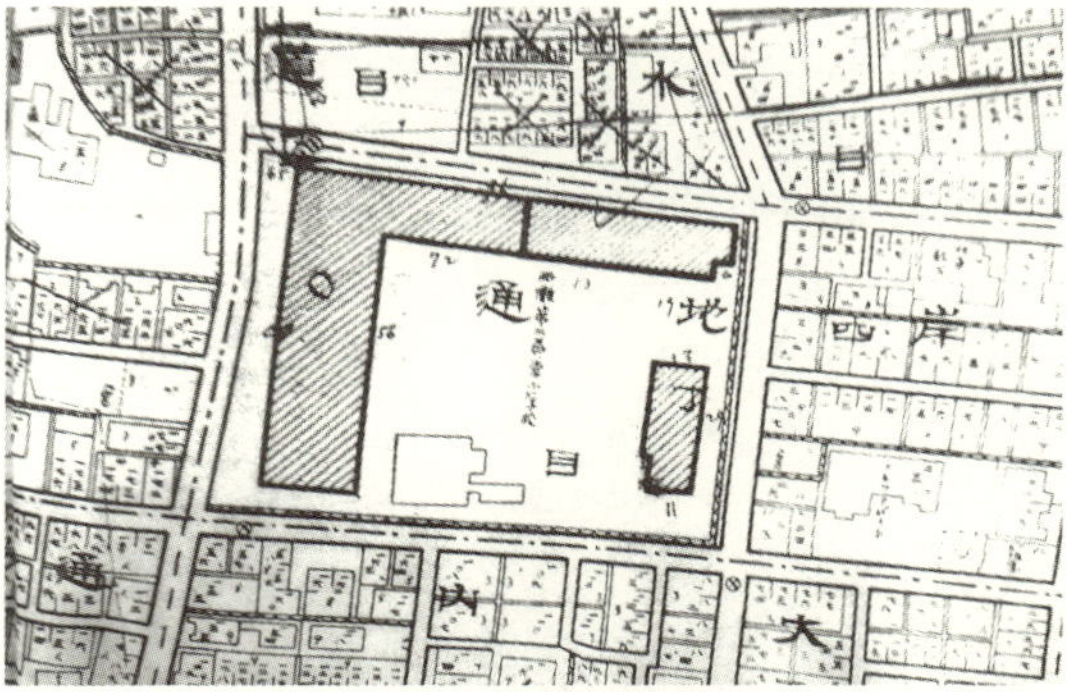

戸番図・西灘第二校

西灘第二校 正面玄関廻り

西灘第二校 外観

西灘第三校（左上端）空撮

西灘第三校 空撮（戦後）

西灘第三校 空撮拡大（増築前）

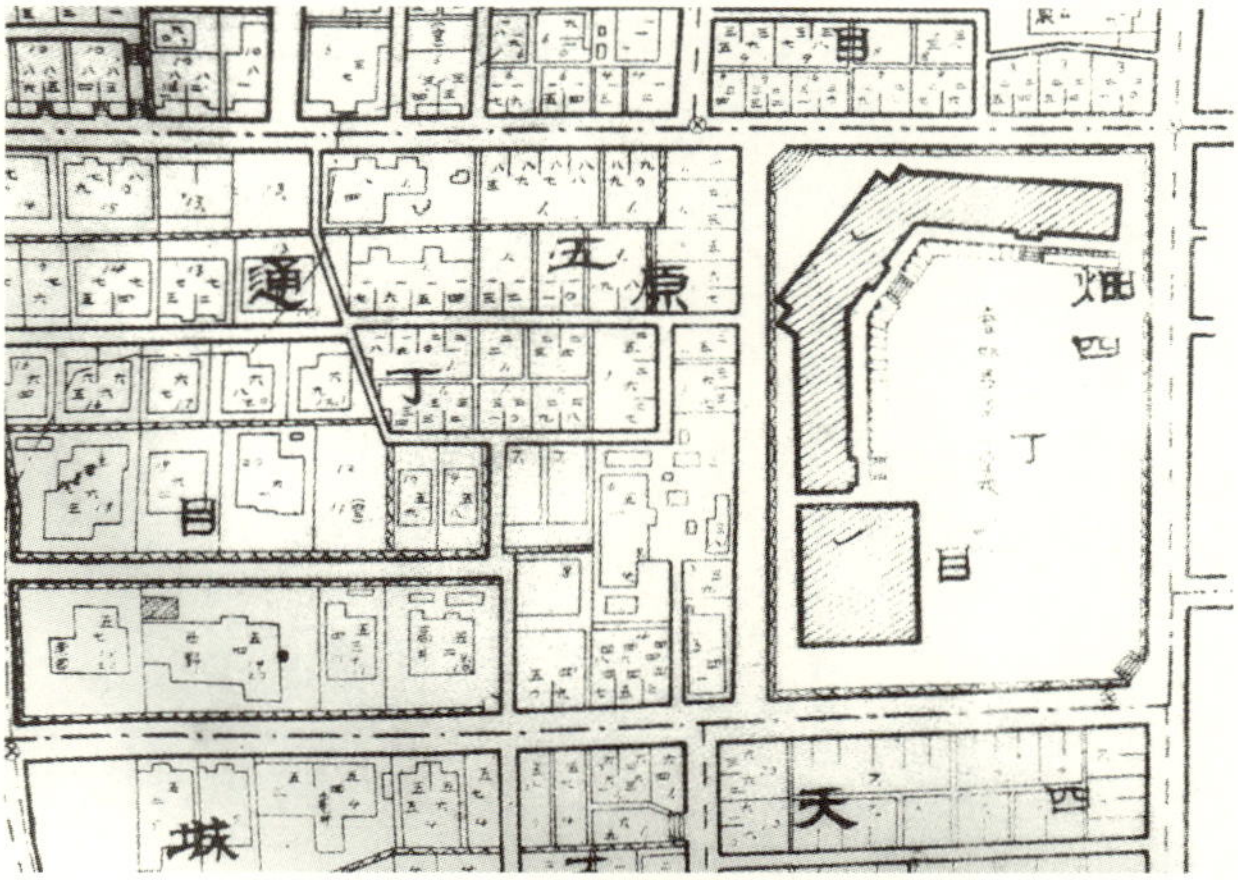

戸番図・西灘第三校

西灘第三校と町並み

西灘第三校 正面

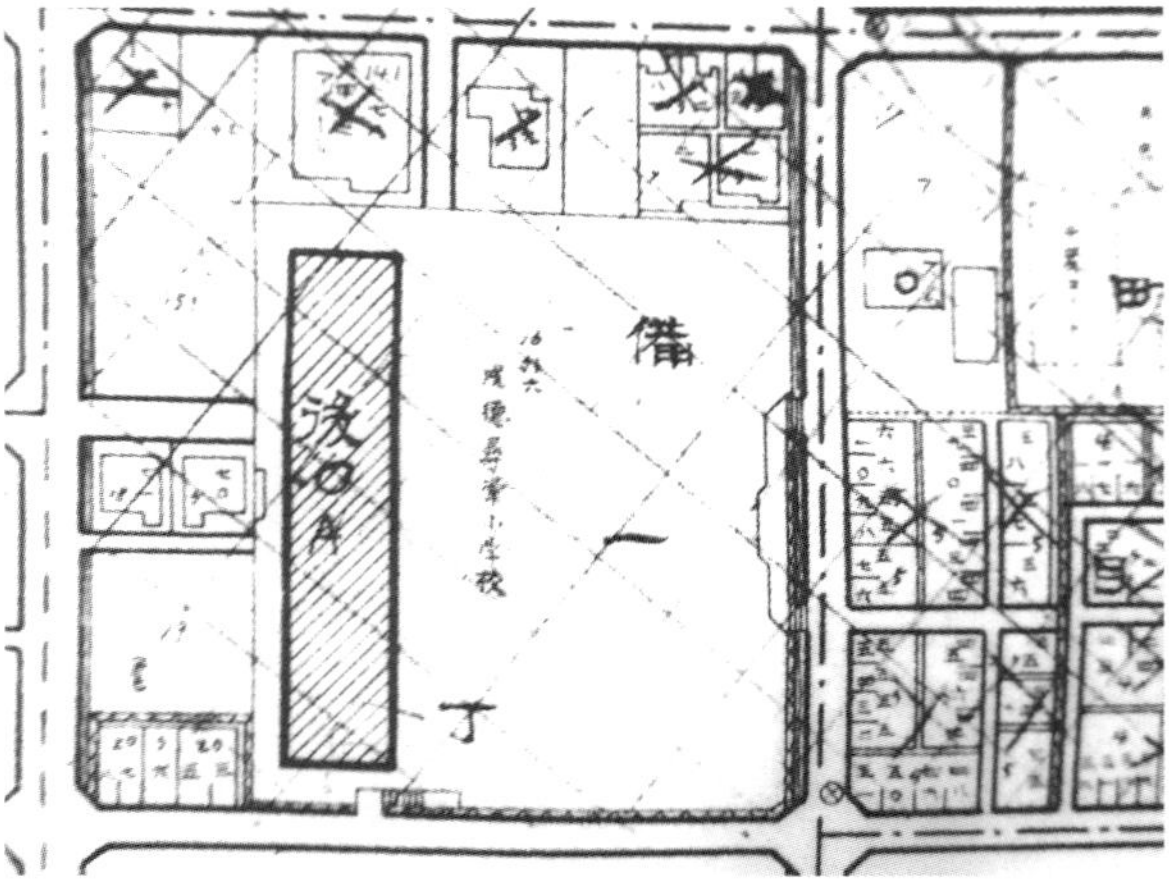

戸番図・成徳校

成徳校 東側

成徳校 東南側

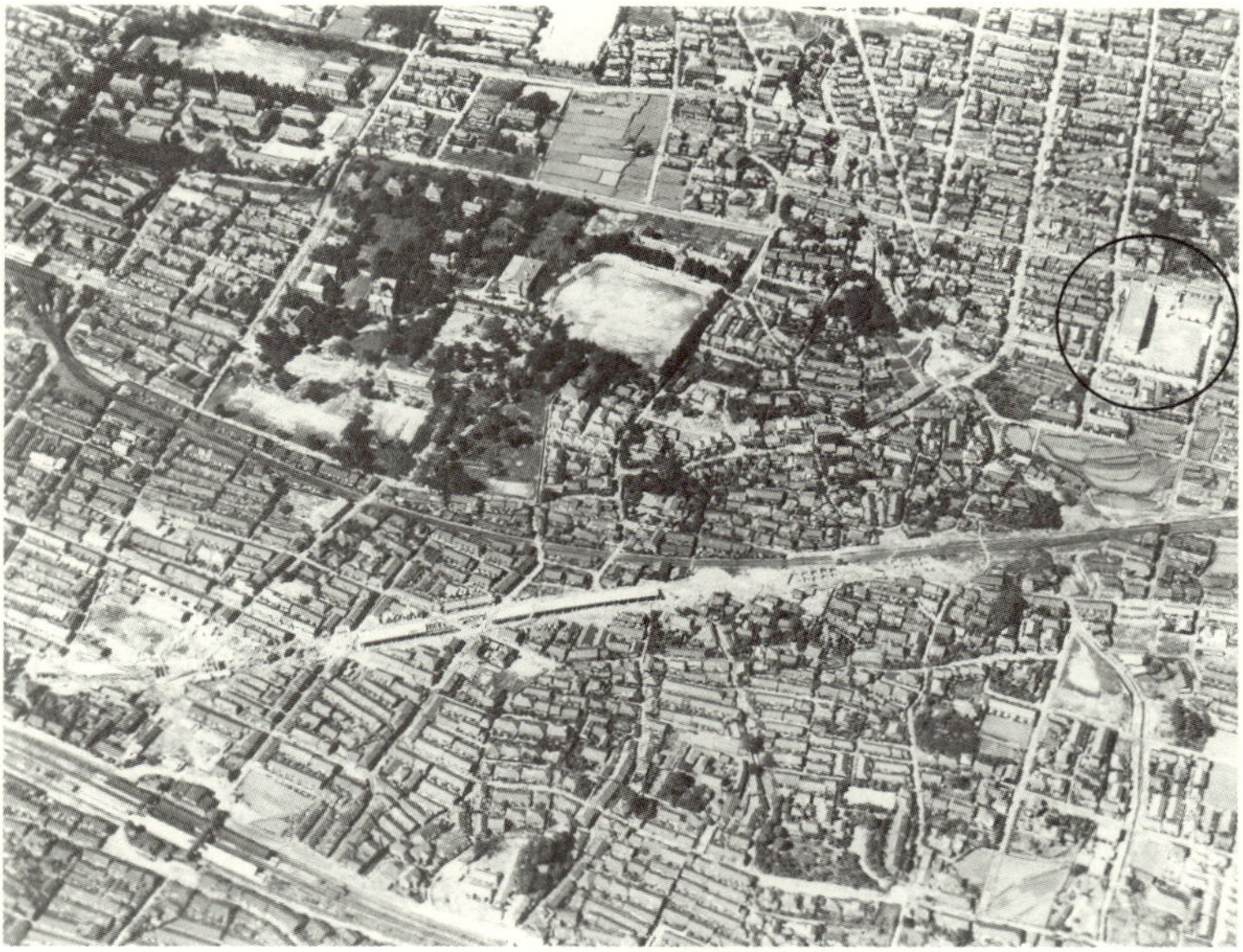

福住校（右端）空撮

福住校 空撮拡大

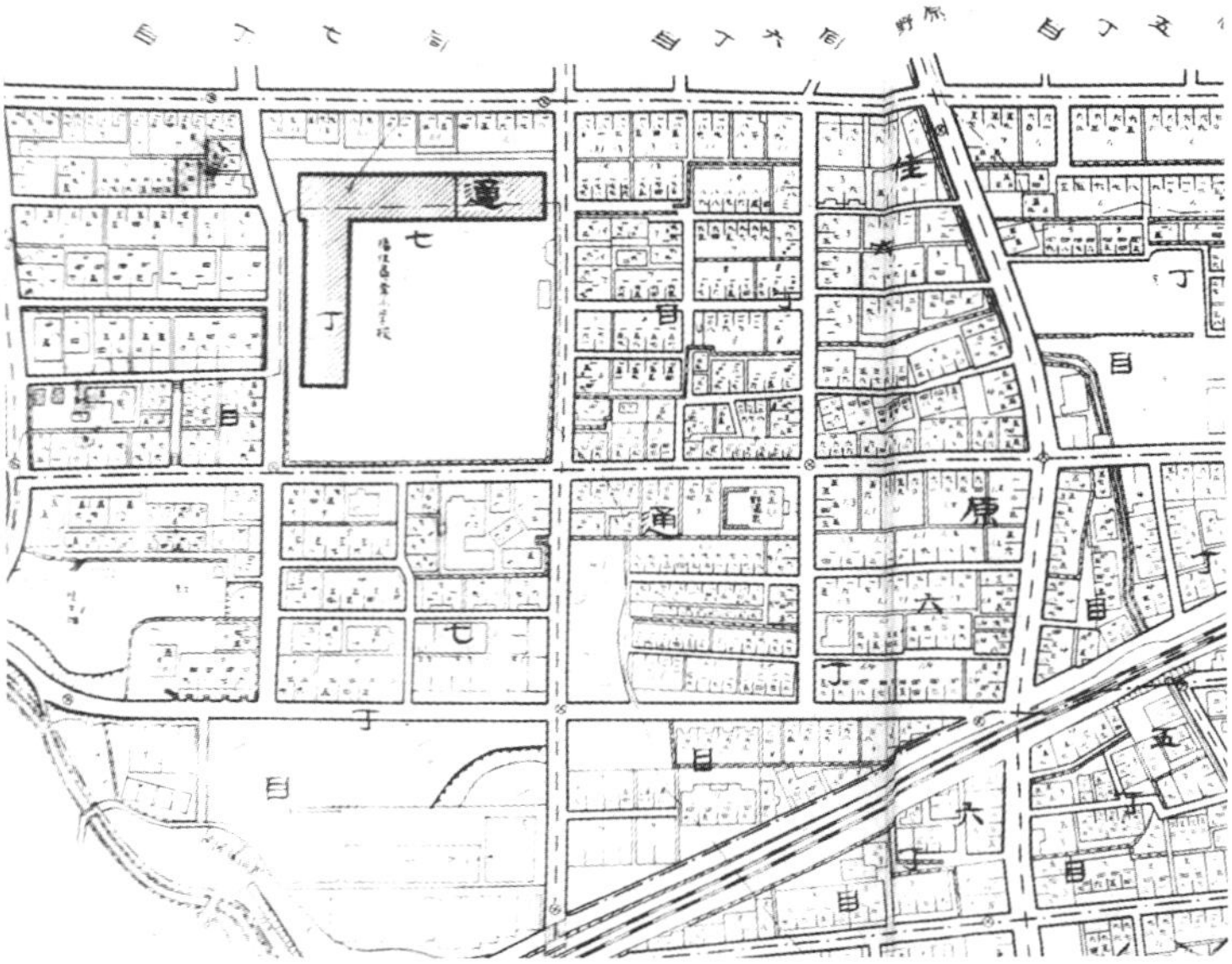

戸番図・福住校

福住校 校庭側

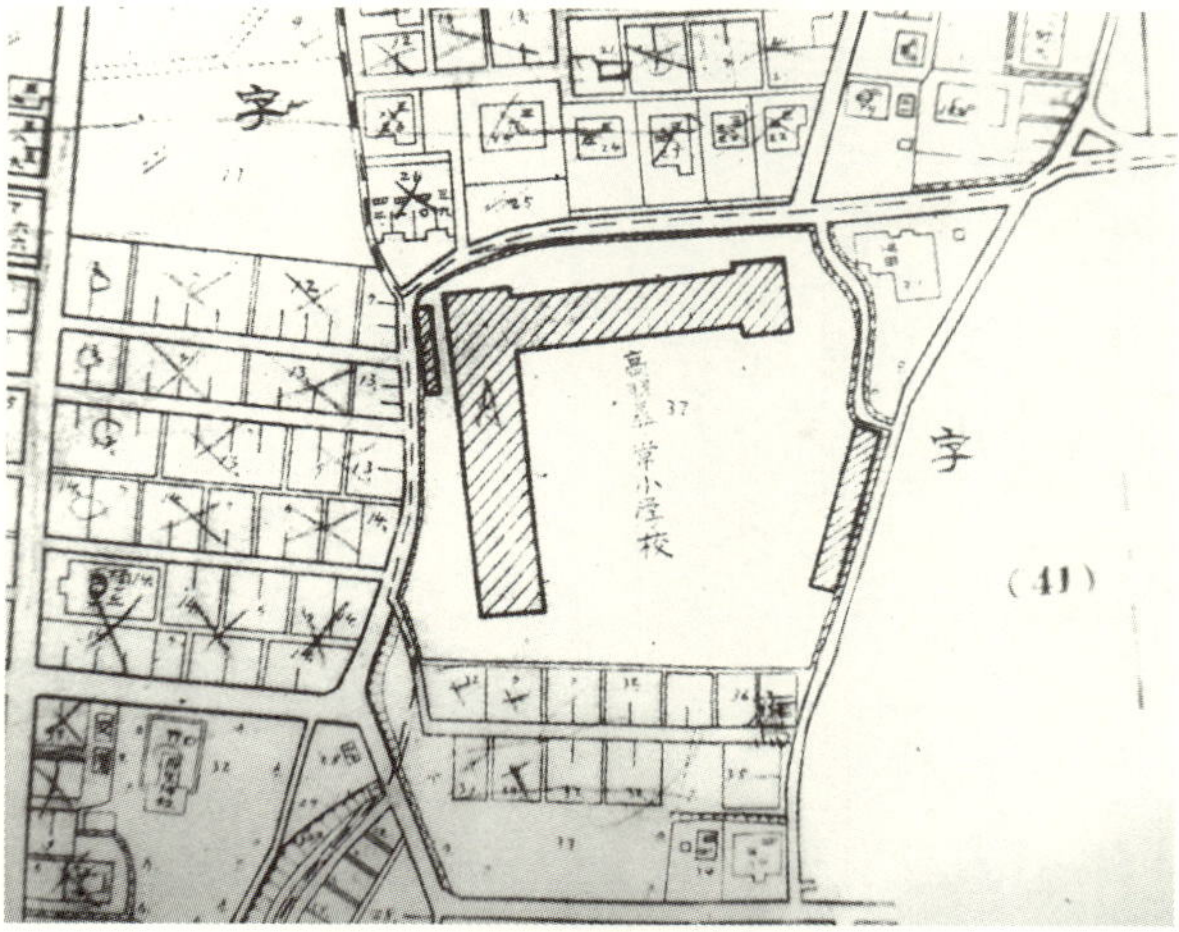

戸番図・高羽校

高羽校 外観（筆者撮影）

高羽校 校庭側

高羽校 竣工直前

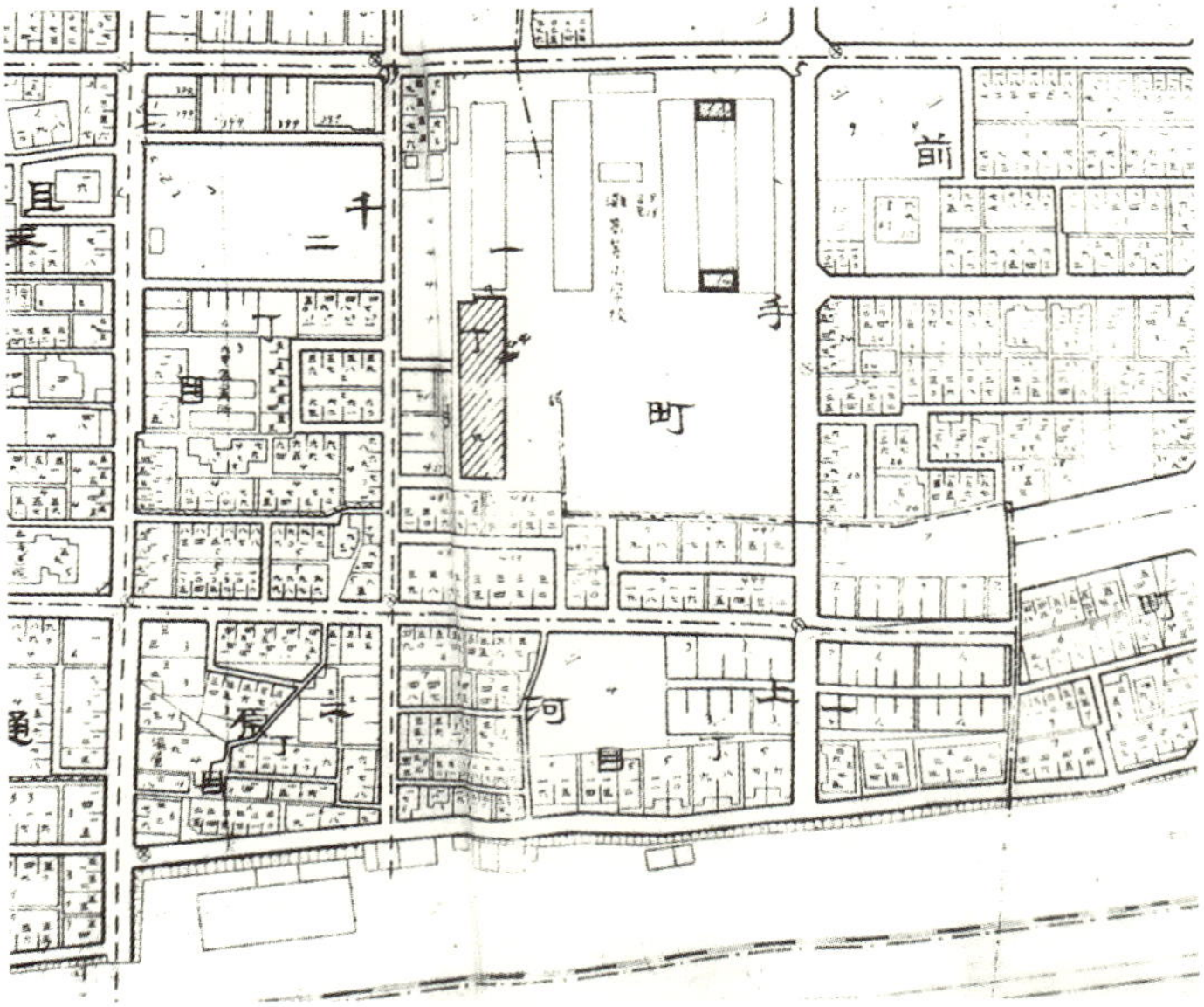

戸番図・灘高等小学校

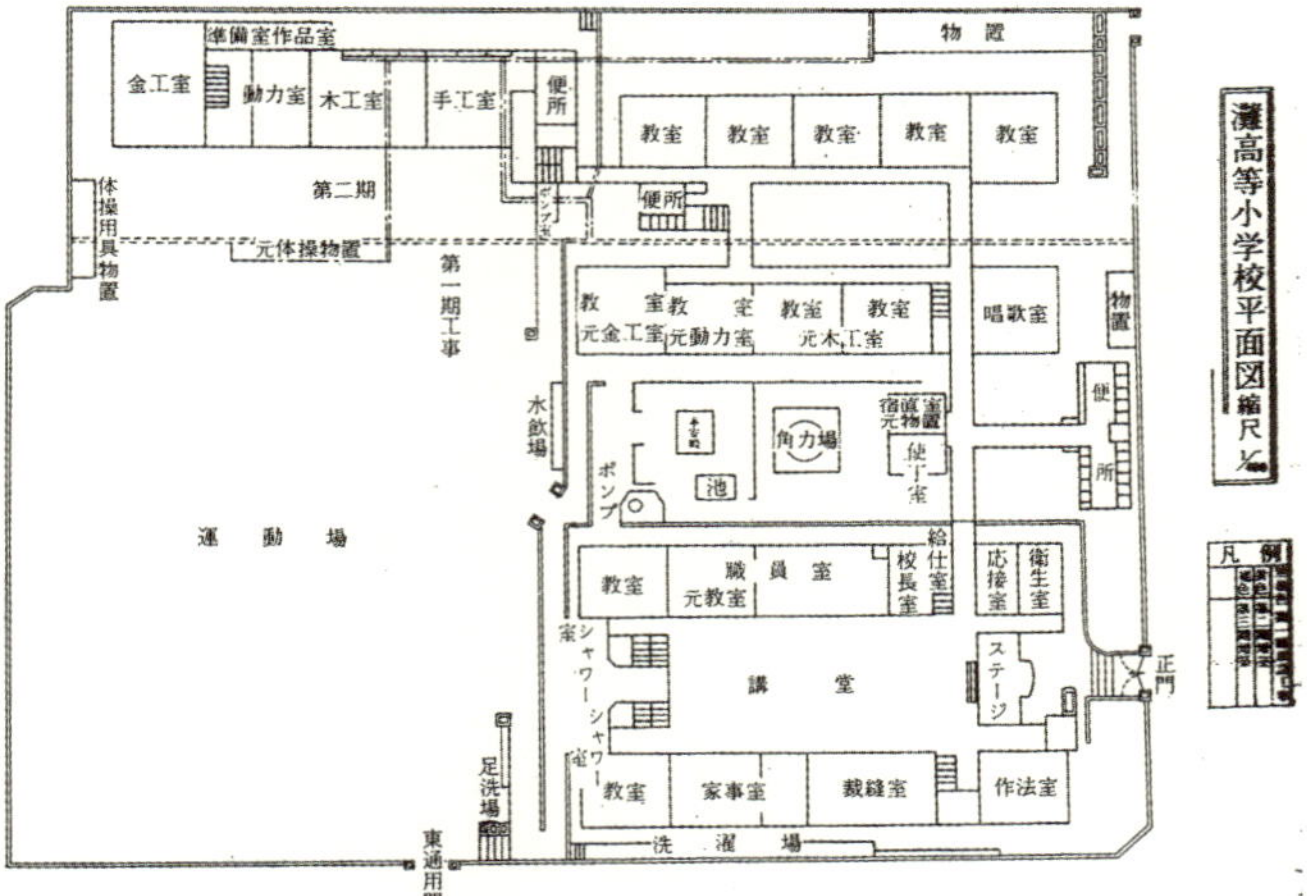

灘高等小学校 配置図兼 1 階略平面図

灘高等小学校 木造校舎（昭和 7 年）

灘高等小学校 増築校舎（昭和 12 年）

⑨東灘区

東灘区地図

出典：『神戸市区別地図 東灘区』日本特殊地図協会関西支部、1953年

⑨東灘区

東灘区の小学校数	7
RC 校舎数	7
全部が RC 校舎数	3
一部が RC 校舎数	4

校名	開校年	RC の竣工年	廃校年	戦災被害（昭和 20 年）	備考
魚崎	M 6	S 4.11	存続	——	
住吉	M 6	T 13.12	存続	——	
本庄	M 6	S 12.5	存続	大半焼失	
御影第一	M 6	S 7.5	存続	全焼	現、御影小学校
本山第一	M 8	S 2.7	存続	——	
御影第二	T 8	T 12.12	S 16	——	＊1
本山第二	S 8	S 8.3	存続	一部	

備考：東灘区で取りあげるのは、住吉小学校一校である。それ以外の小学校は三章ならびに五章で論じている。＊1：昭和 16 年に御影第一国民学校と御影第二国民学校が統合される。

住吉校（中央右）・御影第一校（左端）空撮

住吉校 空撮拡大

住吉校 戦後の空撮（昭和 40 年）

住吉校 本館

住吉校 増築（昭和 9 年）

2 芦屋市

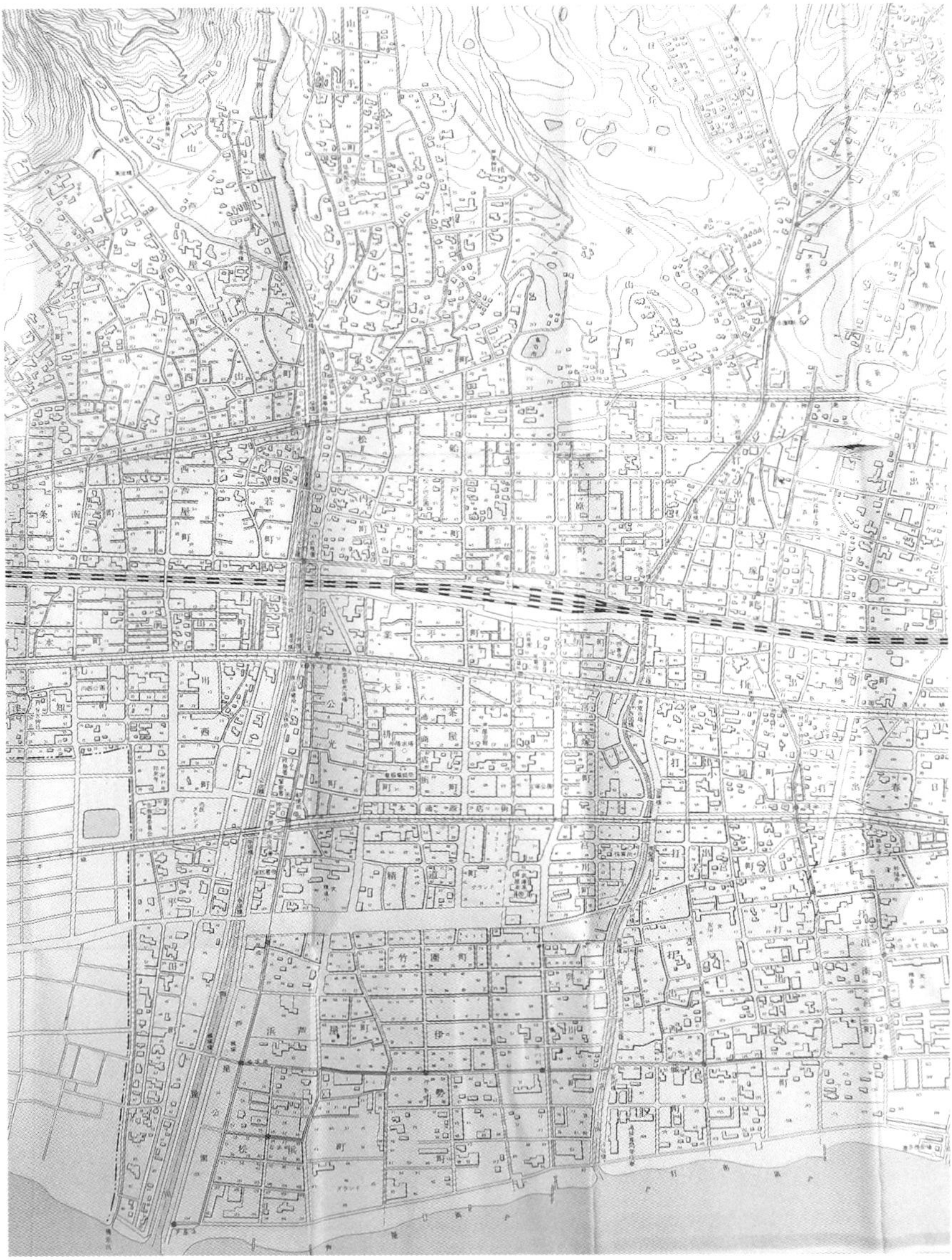

芦屋市地図

出典：『最新芦屋市街図』和楽路屋、1957 年

2　芦屋市

精道村

精道村の小学校数	4
RC 校舎数	4
全部が RC 校舎数	2
一部が RC 校舎数	2

校名	開校年	RC の竣工年	廃校年	戦災被害（昭和 20 年）	震災被害（平成 7 年）	備考
精道第一	M 5	T 13	存続	鉄筋校舎を残して焼失	仕上・塗り天井の落下	現、精道小学校＊1
精道第二	S 2	S 2.10	S22	校舎の 7 割を焼失	震災前に建替え	現、宮川小学校＊2 校舎は県立芦屋高校が使用
山手	S 8	S 8.12	存続		仕上	
岩園	S 8	S 12.9	存続	全焼	仕上･天井ボードのはずれ	

＊1：明治 23 年に精道尋常小学校と改称される。昭和 2 年に精道第二小学校設立と同時に精道第一尋常高等小学校と改称。さらに昭和 9 年に精道尋常高等小学校と改称。

＊2：昭和 8 年に校名を宮川尋常小学校と改称する。

精道校 空撮（戦後）

精道校 階段塔屋（筆者撮影）

精道校（筆者撮影）

山手校 全景

山手校 塔屋（筆者撮影）

岩園校 講堂（筆者撮影）

岩園校 木造時代

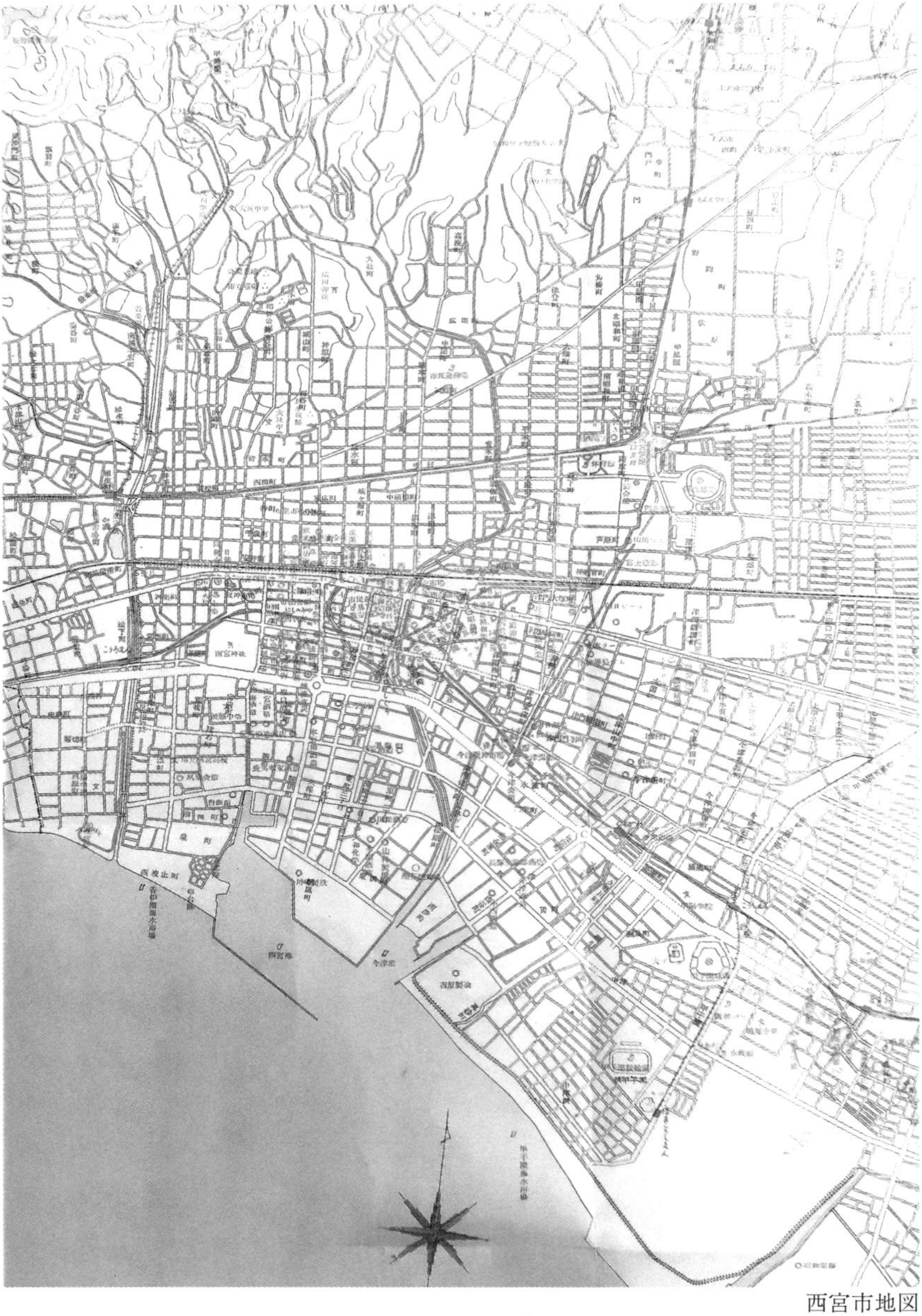

西宮市地図

出典：『最新実測西宮市街地図』西宮商工会議所、1952 年

3　西宮市

西宮町・今津町・鳴尾村・甲東村・大社村・瓦木村・芝村（現在の西宮市）

西宮の小学校数	12
RC 校舎数	12
全部が RC 校舎数	4
一部が RC 校舎数	8

校名	開校年	RC の竣工年	廃校年	戦災被害（昭和 20 年）	備考
今津	M 6	S 12.3	存続		
鳴尾	M 6	S 5	存続		
甲東	M 6	S 15.1	存続		
浜脇	M 10	S 12.3	存続	校舎被災	
芦原	M 10	S 12.8	H 29		現在、建物は総合教育センターとして活用
大社	M 20	S 8.3	存続	東館大破、講堂の被害甚大	
用海	M 34	S 12.3	存続	木造校舎全焼	
安井	T 15	S 10.10	存続		
建石	S 5	S 5.3	S 21		現、西宮香風高等学校
津門	S 6	S 12.3	存続		
夙川	S 11	S 11.3	存続		
鳴尾東	S 11	S 11.11	存続		

備考：建石小学校は昭和 21 年に浜脇小学校に統合
大社小学校は明治 16 年に中村分教場として発足し、明治 20 年に西宮小学校から分離独立して中村尋常小学校となる。この年を創立記念日に定めた。その後、明治 25 年に大社尋常小学校に改称。
用海小学校は明治 34 年に西宮第二尋常小学校として開校。昭和 5 年に西宮市用海尋常小学校と改称。

浜脇校 正面

浜脇校 校庭側

浜脇校 講堂鉄骨組立工事

浜脇校 講堂正面

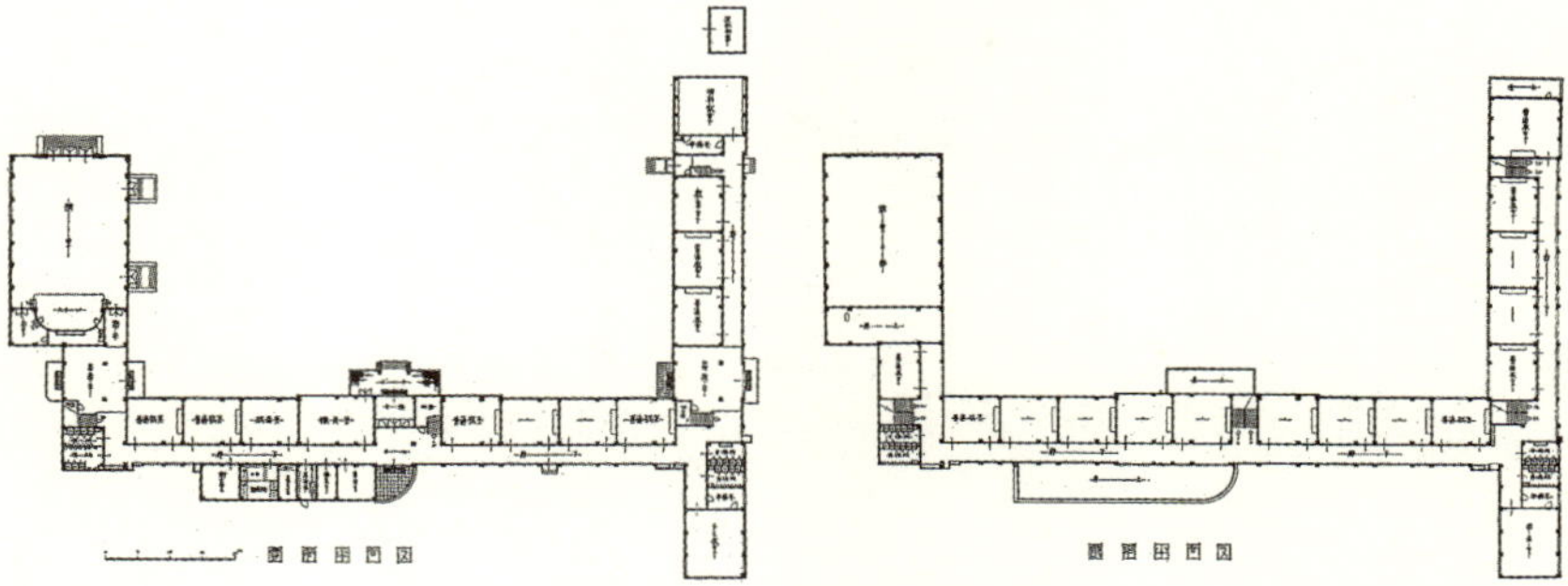

浜脇校 1 階・2 階平面図

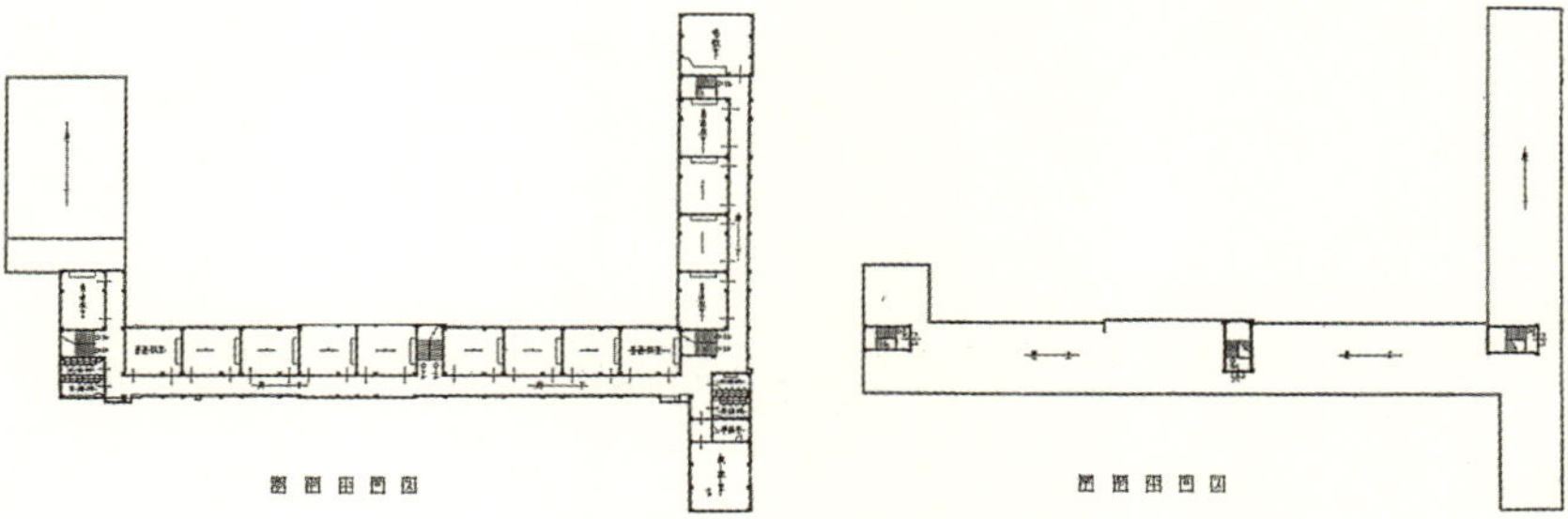

浜脇校 3 階・屋上平面図

用海校

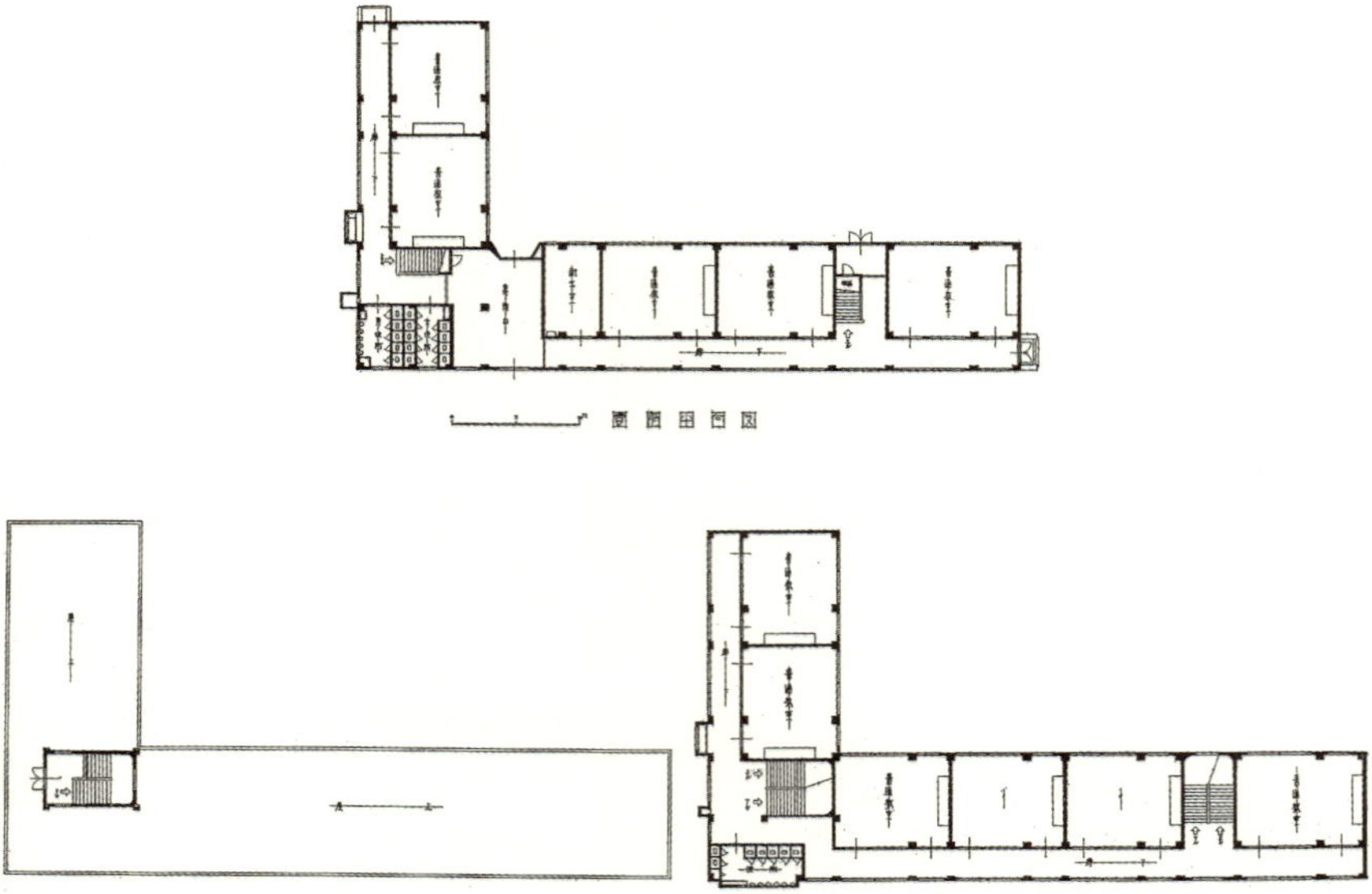

用海校 平面図

建石小学校

建石校 空撮

安井小学校

安井校・講堂

今津小学校

明治期の今津校の遺構（筆者撮影）

今津校 外観

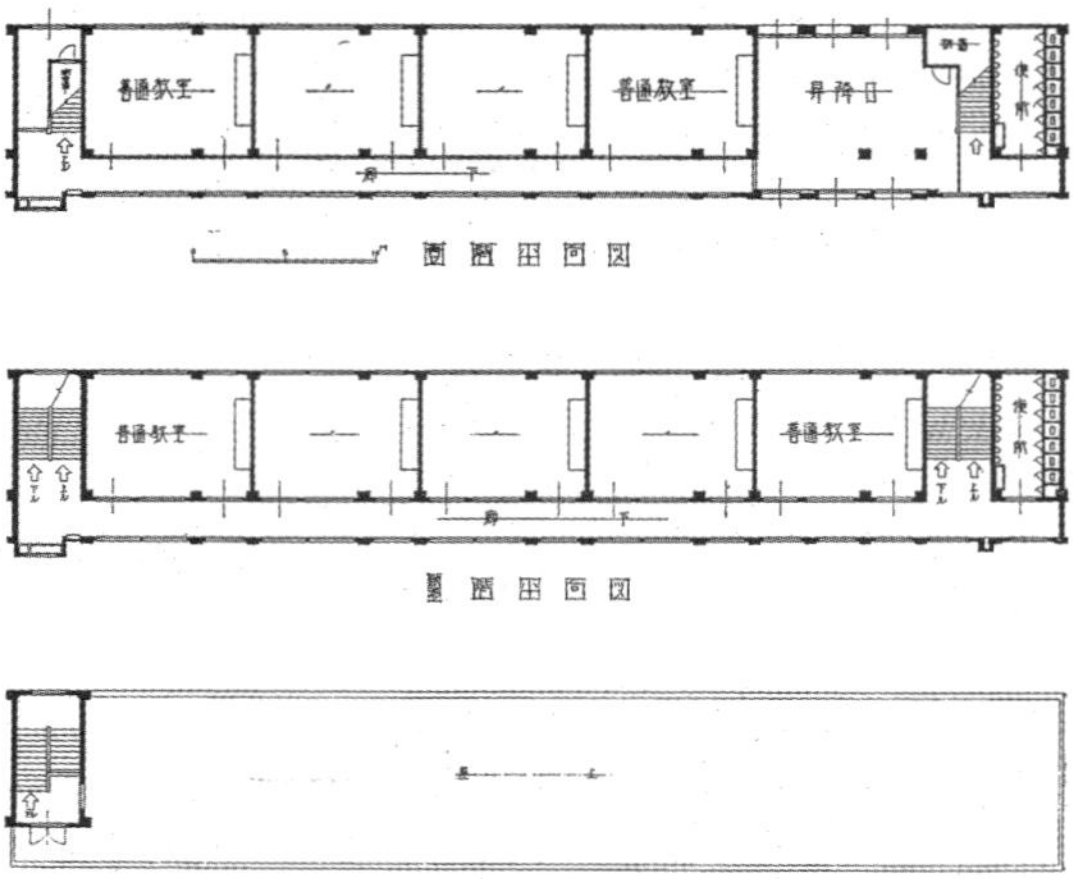

今津校 平面図

津門小学校

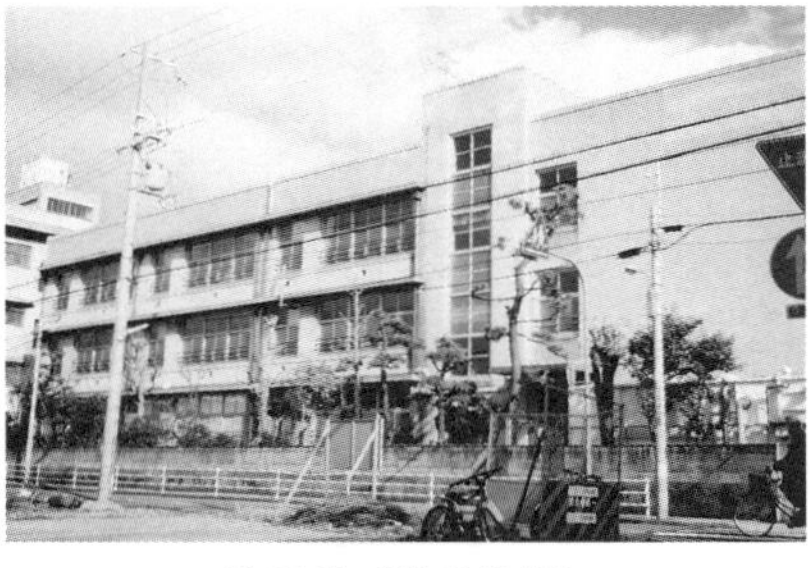

津門校（筆者撮影）

芦原校・外観

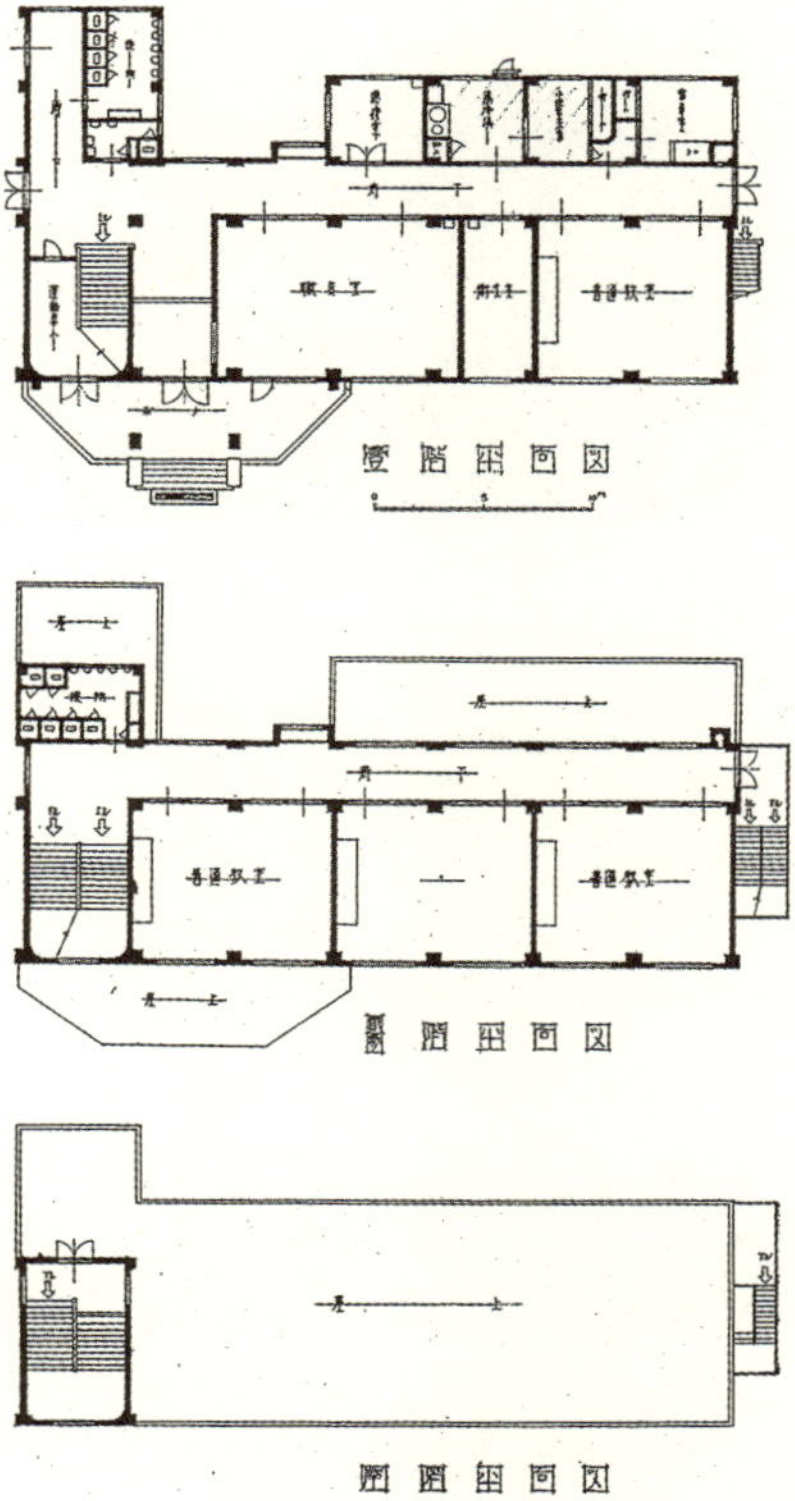

芦原校 平面図

大社校 正面

大社校 入隅部

大社校 全景（筆者撮影）

夙川校 外観

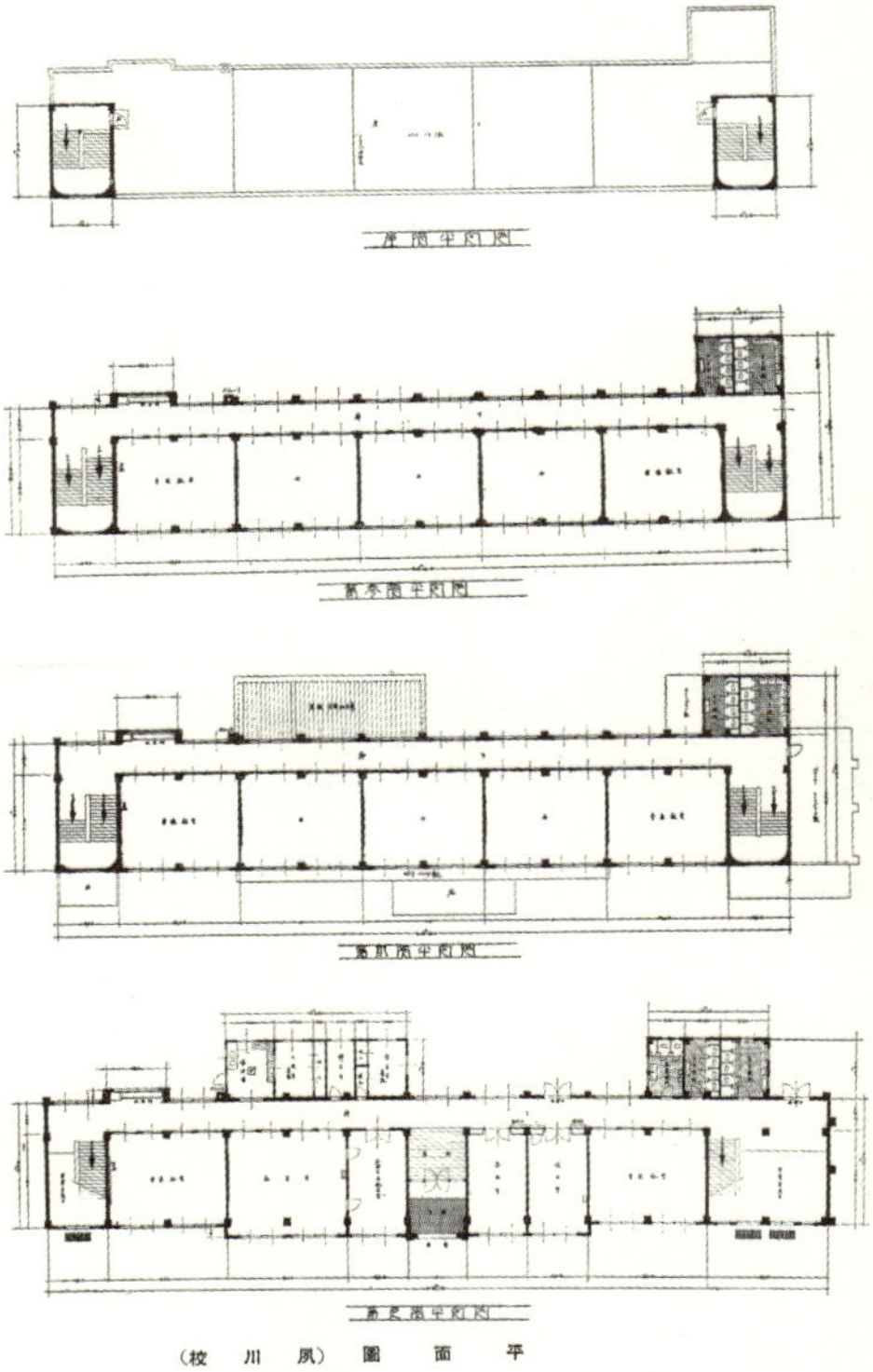

夙川校 各階平面図

夙川校 正門（昭和 11 年）

夙川校 校庭側（筆者撮影）

夙川校 正面玄関

甲東校 外観

鳴尾東校 全景

鳴尾東校 正面玄関

鳴尾校 正面側

鳴尾校 正面玄関廻り（筆者撮影）

鳴尾校 校庭側

鳴尾校 模型

4　尼崎市

大庄村・武庫村（現在の尼崎市）

大庄村・武庫村の小学校数	3
RC 校舎数	3
全部が RC 校舎数	2
一部が RC 校舎数	1

校名	開校年	RC の竣工年	廃校年	戦災被害（昭和 20 年）	備考
武庫	M 6	S 13.12	存続		戦前期の RC 校舎が現存
大庄	M 9	S 8.8	存続		戦前期の RC 校舎が現存
西	S 14	S 14.3	存続		解体

備考：大庄小学校は明治 9 年に西新小学校が設立。その後、成文小学校と改称し、明治 33 年に武庫郡村立大庄小学校と改称。武庫小学校は明治 6 年に常松小学校が設立。その後、名称変更の後、明治 40 年に武庫尋常高等小学校と改称。

大庄校 講堂のシャンデリア
（筆者撮影）

大庄校 外観（筆者撮影）

大庄校 講堂（筆者撮影）

大庄校 貴賓室（筆者撮影）

大庄校 階段ホール（筆者撮影）

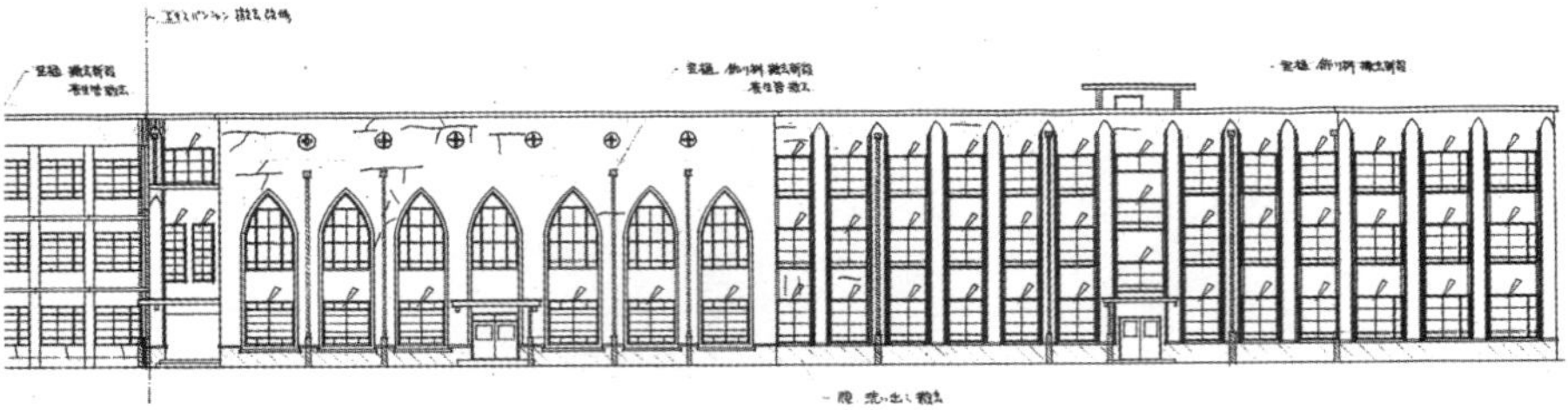

大庄校 立面図

西校 正面（筆者撮影）

西校 校庭側（筆者撮影）

武庫小学校

武庫校 玄関廻り（筆者撮影）

武庫校 正面（筆者撮影）

武庫校 階段室（筆者撮影）

武庫校 玄関・床タイル
（床の「2598」とは皇紀の年号で、昭和13年を意味する・筆者撮影）

武庫校 側面（筆者撮影）

5　宝塚市

良元村（現在の宝塚市）

良元村の小学校数	1
RC 校舎数	1
全部が RC 校舎数	1
一部が RC 校舎数	0

校名	開校年	RC の竣工年	廃校年	戦災被害（昭和 20 年）	備考
宝塚第一	S 11	S 11.10	存続		

備考：良元村立宝塚第一尋常小学校として開校

宝塚第一校

初出一覧

川島智生「建築家清水栄二による学校建築」『アゴラ』第二三号　西日本工高建築連盟　昭和六三年
川島智生「建築家清水栄二の足跡と業績について（一）」『日本建築学会近畿支部研究報告集』昭和六四年
川島智生「大正・昭和戦前期の神戸市における鉄筋コンクリート造小学校建築の成立とその特徴について」『日本建築学会計画系論文報告集』第五一四号　平成一〇年
川島智生「近代建築」『阪神・淡路大震災と歴史的建造物』思文閣出版　平成一〇年
川島智生「大正・昭和戦前期の大都市近郊町村における鉄筋コンクリート造小学校建築と民間建築家との関連―兵庫県旧武庫郡の町村を事例に」『日本建築学会計画系論文報告集』第五一五号　平成一一年
川島智生「建築家清水栄二の経歴と建築活動について」『日本建築学会計画系論文集』第五四四号　平成一三年
川島智生「摩耶ホテルと設計者今北乙吉について」『日本建築学会学術講演梗概集』平成一三年
川島智生「近代建築の粋―御影公会堂」『まちなみ』第四〇巻二号　大阪府建築士事務所協会　平成一三年
川島智生「建築家古塚正治の経歴と建築活動について」『日本建築学会計画系論文集』第五五二号　平成一四年
川島智生「摩耶ホテル―霊山上でのモダニズム」『まちなみ』第四一巻四号　大阪府建築士事務所協会　平成一四年
川島智生「明治の学校建築　兵庫県の学校二―神戸・阪神間」『文教施設』二四号　文教施設協会　平成一八年
川島智生「近代の建築と景観」『本庄村史　歴史編』本庄村史編纂委員会　平成二〇年
川島智生「昭和四（一九二九）年建設の鳥羽市鳥羽小学校校舎の建築位相―清水栄二設計の鉄筋コンクリート造校舎」『文教施設』三三号　文教施設協会　平成二〇年
川島智生「関西における請負業の盛衰に関する歴史的分析」『建築生産』第二四号　日本建築学会　平成二〇年

川島智生「神戸・西尻池公会堂・駒ヶ林公会堂の建築的意義について」『日本建築学会学術講演梗概集』平成二三年
川島智生「わが国最初の鉄筋コンクリート造校舎の誕生―大正期神戸の小学校における成立経緯と建築特徴」『文教施設』七一号　文教施設協会　平成三〇年
川島智生「学制一五〇年の学校建築―明治・大正・昭和戦前」『文教施設』七二号　文教施設協会　平成三〇年
川島智生「日本トラスコン社による小学校建築―大正中期における鉄筋コンクリート造の成立と建築特徴」『文教施設』七三号　文教施設協会　平成三一年
川島智生「大正期内庭型プランの小学校校舎について―神戸・室内校と佐世保・大久保校」『文教施設』七四号　文教施設協会　平成三一年

あとがき

半農半漁の鄙びた村が開港都市に選ばれたことで瞬く間にわが国を代表する都市になった神戸とは、近代が生み出した産物のひとつである。京都や大阪のように古い伝統を持ち得なかったために、新しいものを積極的に摂取していくことこそが町を発展させる重要な要素にならざるを得なかった。戦前までは欧米直輸入の新しいものが船を通して真っ先に入ってきた。わが国で最初に生まれた鉄筋コンクリート造の小学校建築の出現が神戸であったこともそのような文脈があったからこそ成し得たものであったのだ。

思い返せば、近代神戸の小学校建築を研究しはじめて、実に三十四年が経過している。歴史とは本来はばらばらにすぎない断片的な事象をひとつのかたちとして取り出す仕事でもある。リアルタイムの当事者では読めなかったものが、五十年なり百年経ってはじめて、ある構図をみせる。同様に長期間研究していると、細部の多くは忘却の彼方に消えるが、今まで気付かなかったことが浮上する。本書に盛り込んだ新しい知見とはトラスコン社と河合浩蔵と神戸市初期の鉄筋コンクリート造小学校校舎との関係である。

神戸の小学校を対象とした研究とほぼ同時に大阪・京都の小学校を廻り、さらには小学校設計のフリーアーキテクトによる近代建築一般について、関西を中心に全国の建築を研究してきた。だが研究の原点は神戸の小学校建築ならびに設計をおこなった清水栄二をはじめとする建築家の研究にある。

最初のきっかけは清水栄二設計の高嶋邸にあり、表現派を彷彿させる外観に惹かれて調査を願い出たことに端を発する。想像したとおり内部には放物線ヴォールトによる目眩く空間が隠されていた。設計者は清水栄二という当時忘れられていた建築家であり、研究を進めていく中で、初代神戸市営繕課長を務め、多くの神戸市の都市施設の設計をおこなっていたことを知る。その中でもっとも数多く建てられた建築が小学校校舎であった。

ちょうどこの時期、統廃合と耐用年数を口実に大正から昭和一桁代に建設された校舎は取り壊しの嵐にあり、毎年数校が解体されており、筆者は追いかけっこのように、解体間際の校舎に対して毎月のように調査を繰り返した。そんななかで一九八七年には清水栄二建築事務所元所員の梅本由巳氏と出会い、大正期の神戸市営繕課の様相から清水事務所の活動など、当事者でなければ知り得ない貴重な証言を得た。その翌年梅本氏は亡くなる。営繕課長を務めた井上伉一氏や中川初子氏と会ったのもこの頃である。そのような意味では半世紀以上も前の設計事情を当事者から聞くことが出来た最後のチャンスであった。その証言を得たことで、実際に設計を担った建築技術者たちの生きざまが浮かび上がり、生きられた建築史がみえてきた。

その数年後の一九九五年一月十七日に起きた阪神淡路大震災で数多くの建築の倒壊をみたが、その際に耐えたのは直近の一九八〇年代以降に建設された建築と、関東大震災から太平洋戦争までの間につくられた鉄筋コンクリート造の建築だけであった。後者の多数を占めたのが、神戸市営繕課が設計した小学校建築であり、この時には二十五校が存在していた。戦後に建設された学校建築が大きな損壊ゆえに立ち入り禁止になる一方で、毀れるものと思われていた戦前の校舎がかえって丈夫であり、家を失った人々の避難所になっている事実に驚かされた。にもかかわらず統廃合は進行し、歴史的な校舎は次々と解体され、二〇一九年現在、現役使用の歴史的校舎は筒井小学校（現春日野小学校）一校となる。この校舎は本年度中に解体されることが決まっている。残された校舎は二葉と北野の二校であり、小学校ではなく別の機能をもった施設として生き続けている。

原稿をまとめ終えて、今思う。一九八五年冬、二十代であった筆者を研究に駆り立てたものはいったい何だったのか。まずは清水栄二設計の校舎の造形的な魅力に惹かれ、圧巻されたことが大きい。戦後の学校建築の多くが標準設計によってデザイン性を失い、ただの箱と化した学校風景しか知らなかった筆者にとって、このことはある意味で価値観の転回を迫るものであった。それまでの既成概念、すなわち取るに足らないビルディングタイプとみなされていた小学校校舎が実は近代建築史のなかで、主流ともいうべき位置にあったことに気付く。またこの時期は神戸市役所など歴史的な建造物が次々と失われたことも関係する。つまり早く調査しなければ消えてしまい、何もわからなくなるという切迫感があった。さらに研究者には重要なことである、まだ誰も手をつけていない未知の分野の研究であったということが挙げられる。

小学校とは市の教育施設であり、個人的な研究ゆえに協力を得るのに難儀した側面も否定できない。だが大抵の学校では熱意は通じ、校長室の奥の金庫から古い図面を探し出してもらったり、その学校に詳しい教員に案内を受けたり、中には給食をいただいたこともあった。本書で使用した図面や写真、沿革の類いは筆者が一校一校足で学校現場を廻って見つけだしたものである。各学校の数だけ調査に出向き、一回で終わらなかった学校も多い。今ではひとりひとりの顔は思い出せないが、対応していただいた学校長ならびに教職員の方々には感謝の念で一杯である。

神戸現代史の断層ともいうべき震災により、住む家を追われ、研究中断を余儀なくされたが、三年後の一九九八年に神戸市と神戸市近郊町村の研究を含めた博士学位論文『近代日本における小学校建築の研究』を京都工芸繊維大学に提出する。その内容は神戸・大阪・京都の三都市における小学校建築史であったが、京都についてはミネルヴァ書房から二〇一五年に『近代京都における小学校建築』、大阪については大阪大学出版会から二〇一七年に『近代大阪の小学校建築史』、そして最後に残った神戸についての本書を関西学院大学出版会から本年に刊行することが出来た。書き終えて思うことは、建物も人も皆やがては消えてしまうということだ。だからこそ記録を残さなければならない、という思いを一層強くしている。研究の成果を世に送り出すことは研究者のつとめである。二十数年経ってようやく果たし終えた今、感慨無量の境地にある。

本書には博士論文のなかの神戸市ならびに神戸市近郊町村の論文にくわえ、提出後に判明した新たな史実、さらに清水栄二や古塚正治、今北乙吉について執筆した論文をくわえている。いずれもが二十年以上前の研究だが、現在清水栄二に関しては御影公会堂、古塚正治は宝塚ホテル、今北乙吉は摩耶ホテルと、これらの建築は高く評価され、都市の記憶として注目されている。清水栄二の設計した小学校では三重県の鳥羽小学校だけが文化財となって現存する。古塚をはじめとするフリーアーキテクトが設計した小学校については残念ながら一校も現存しない。

今思い浮ぶのは失われた校舎の一群とともに、研究に協力し支えてくれたひとたちの顔である。以下敬称は省くが、建築技術者では梅本由巳、中川初子、井上伉一、相原弁一、野田清三、大崎寛には直接に当時のことを御教示いただいた。建築技術者の遺族としては清水栄二の御令息英夫と俊宏、今北乙吉の御令息弘、置塩章の御令息光、また加木弥三郎・熊本一之・西村儀一・調枝明男・和田貞治郎・古塚正治・笠井正一・前川悦三・田村啓三らの遺族に対しての聞取り調査を実施し、得がたき話を聞かせて頂いた。同時代人としては甲南漬の故伊丹威や元神戸市営繕課の増渕昌利、元鳥羽市立小学校校長の村上喜雄の名前を挙げたい。あれから数十年が経過した現在多くの方は鬼籍に入られた。改めて感謝の意を表したい。

最後に大正一三年生まれの筆者の父のことを記しておきたい。父は神戸市入江小学校の卒業生で、戦前の神戸の小学校をリアルタイムで体験した。父に言わせれば戦前までの神戸は大阪や京都と違ってハイカラさがあり、そのことが校舎にも反映された印象があるという。入江校は東山魁夷や中内功が卒業している。神戸市立中央図書館、神戸市文書館、神戸アーカイブセンター写真館、神戸市教育委員会、神戸市住宅都市局、神戸市立博物館、兵庫県立図書館にも史料提供で協力を得た。本刊行は科学研究費公開 18HP5240 によるものである。出版では関西学院大学出版会の田中直哉、戸坂美果の両氏には深謝いたしたい。

ら 行

わ 行

た　行

な　行

は　行

ま　行

や　行

人名・社名索引

あ 行

か 行

さ 行

ま　行

や　行

ら　行

わ　行

た　行

な　行

は　行

建築名索引

あ 行

か 行

さ 行

や　行

ら　行

わ　行

な 行

は 行

ま 行

さ 行

た 行

事項索引

あ 行

か 行

〈著者紹介〉
川島智生（かわしま・ともお）

1957年生まれ
京都工芸繊維大学大学院博士後期課程修了
神戸女学院大学講師、京都大学研修員を経て、
現在　京都華頂大学現代家政学部教授。専門は日本近代建築史。
博士（学術）

著作
『近代大阪の小学校建築史』大阪大学出版会、2017
『近代京都における小学校建築』ミネルヴァ書房、2015
『近代日本のビール醸造史と産業遺産』淡交社、2013
『近代奈良の建築家・岩崎平太郎の仕事｜武田五一・亀岡末吉とともに』淡交社、2011
『オーラルヒストリーで読む戦後学校建築　いかにして学校は計画されてきたか』共著、学事出版、2017
『日本帝国の表象』共著、えにし書房、2016
『「大阪の学校」草創期を読む』共著、ブレーンセンター、2015
『関西のモダニズム建築』共著、淡交社、2014
『民藝運動と建築』共著、淡交社、2010

近代神戸の小学校建築史

2019年3月15日 初版第一刷発行

著　者　川島智生

発行者　田村和彦
発行所　関西学院大学出版会
所在地　〒662-0891
兵庫県西宮市上ケ原一番町1-155
電　話　0798-53-7002

印　刷　協和印刷株式会社

Printed in Japan by Kwansei Gakuin University Press
ISBN 978-4-86283-277-1